横浜 歴史と文化

開港150周年記念

YOKOHAMA History & Culture

財団法人 横浜市ふるさと歴史財団 編
高村直助 監修

有隣堂

開港150周年記念

横浜 歴史と文化

YOKOHAMA History & Culture

はじめに

横浜開港から一五〇年、横浜は一寒村からスタートし、内外のエネルギーを吸収して急速に成長を重ね、ついには三六〇万の人口を持つ巨大都市になりました。

本書は開港百五十周年を記念しての刊行であり、絶えず変貌をつづけてきた近代都市横浜の歩みに重点を置いています。しかし、この急速な成長の前提には、開港という外からの衝撃を受け止め逞しく対応してきた地域の力、地域の前史があったはずです。そういう考えから、本書は開港以前の横浜の歴史を、遠く原始・古代にまで遡って解明しています。

取り上げるべき事柄は、横浜の長い歴史のなかでは多岐にわたります。本書は、各時代を概観する「総説」、人々の生活とその変化に関わる重要な事柄についての一〇〇項目の「解説」、また文化面を含め貴重な図版を主とする三五項目の「図版特集」で構成しており、トピックで綴る横浜の通史になっています。

本書は、横浜市ふるさと歴史財団が編集・執筆に当たりました。当財団は、埋蔵文化財センター・横浜市歴史博物館・横浜開港資料館など横浜市の歴史関係施設の管理運営に当たっており、原始・古代から現代にいたる専門職員が揃っています。横浜の歴史研究を現場で担ってきた研究者たちが、長年の実績を踏まえ、最新の成果をわかりやすい形でまとめたものです。

本書が多くの読者に迎えられ、横浜の歴史を広く深く知ることで、横浜の現在についての認識を深め、将来を見通すための糧となることを願っています。

平成二一年（二〇〇九）六月二日の開港記念日を前に

横浜市ふるさと歴史財団理事長
横浜市歴史博物館・横浜開港資料館・横浜都市発展記念館・
横浜ユーラシア文化館館長
高村直助

横浜開港

1

2

横浜は、ペリーが初めて来航した嘉永六年（一八五三）から六年後の安政六年六月二日（一八五九年七月一日）、通商条約で取り決められた「神奈川」として西洋諸国に向けて開港した。

その直前に来浜したイギリス総領事オールコックは、わずかの間に村から町へと変貌した横浜を、「人の住まぬ湾のはしの沼沢から、魔法使いの杖によって、日本商人たちの住むかなり大きな雑踏する街ができた」（『大君の都』）と回顧した。横浜は、わずか数か月の突貫工事によって、国際港都への道を進み始めた。

3

1　安政6年の横浜（神奈川港御貿易場御開地御役屋敷并町々寺院社地ニ至ル迄明細大絵図にあらわす　一玉斎）

右下の東海道から分かれて海沿いに延びるのが横浜道、中央が開港場である。左上は現在の山手地区で、万延元年（1860）に横浜村との間に開削される堀川は描かれていない。安政6年（1859）。

2　ハリス御城中の図

アメリカ総領事ハリスは、通商条約を締結するため安政4年（1857）10月21日、江戸城に入り、将軍徳川家定に謁見した。その時の様子を描いたもので、中央がハリス、右が通訳のヒュースケンである。

3　開港直後の波止場と市街地（神奈川横浜二十八景〈部分〉　五雲亭貞秀）

海に突き出た2本の波止場のうち、右側の西波止場は国内の貨物、左側の東波止場は主に輸出入貨物の積み卸しに使用された。西波止場のたもとには高札場、その左側に町会所や運上所がある。東波止場から左が外国人居留地。左端は旧横浜村の住民たちが移住した本村（後の元町）。万延元年（1860）4～5月。

4　開港直後の横浜

安政6年（1859）に撮影され、最も古い横浜を写したもの。山手方面から撮影し、横浜村の農家が右手に見える。P･J･ロシエ撮影。

5　横浜休日異人遊行之図　五雲亭貞秀

右手に波止場、海にはフランスとロシアの船が描かれている。文久元年（1861）2月。

4

5

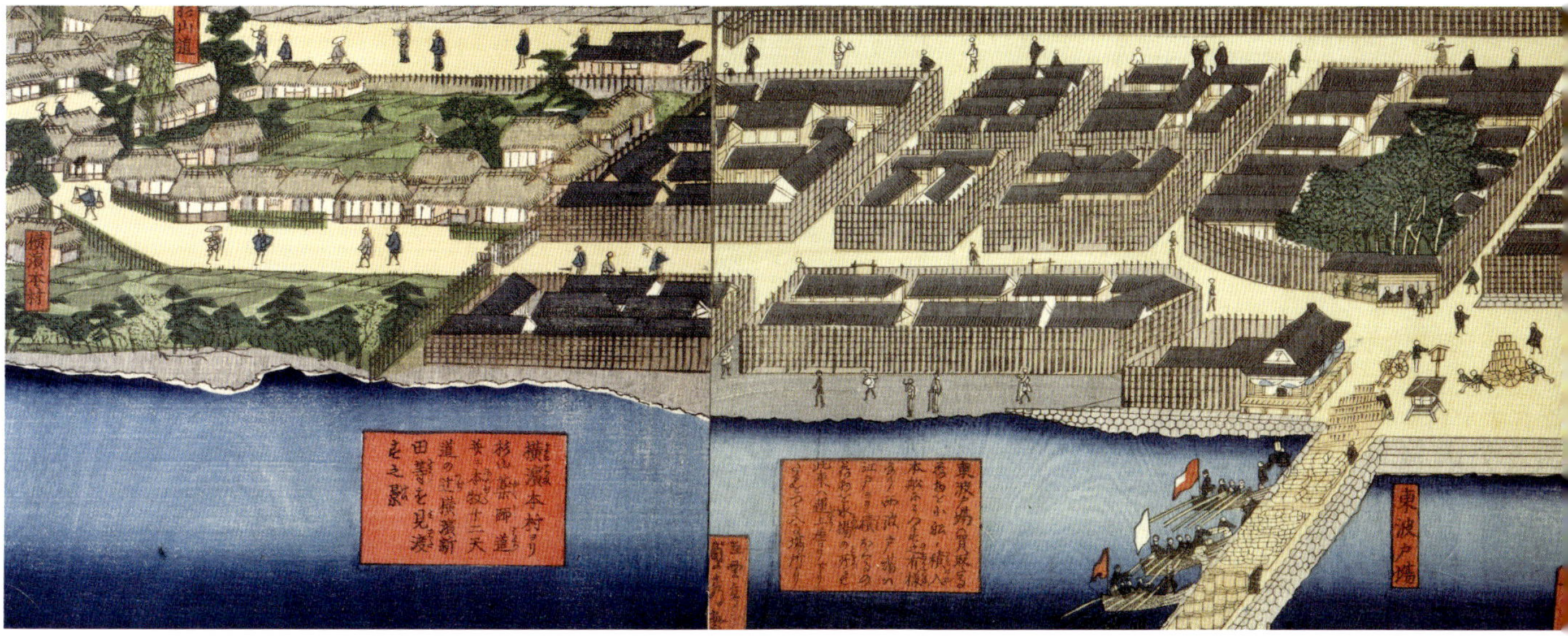

6

6　横浜開港場の図

万延元年（1860）の横浜を描いた肉筆画。中央が波止場、その下の堀に囲まれた所は港崎遊郭（現在の横浜公園）。右が現在の山手地区、左下の吉田橋のたもとには番所が見える。浮世絵師五雲亭貞秀の作品に類似する。

7　東海道名所之内横浜風景〈部分〉　五雲亭貞秀

上の図版とほぼ同じ地点から見た光景。左の町並みが日本人居住区、右が外国人居留地。堀で囲まれた地域が港崎町である。万延元年（1860）2～3月。

神奈川
子安村
生麦村
鶴見橋
鶴見川
市場村
八丁縄手
不動山
吉田橋
御番所
吉田新田
大門口

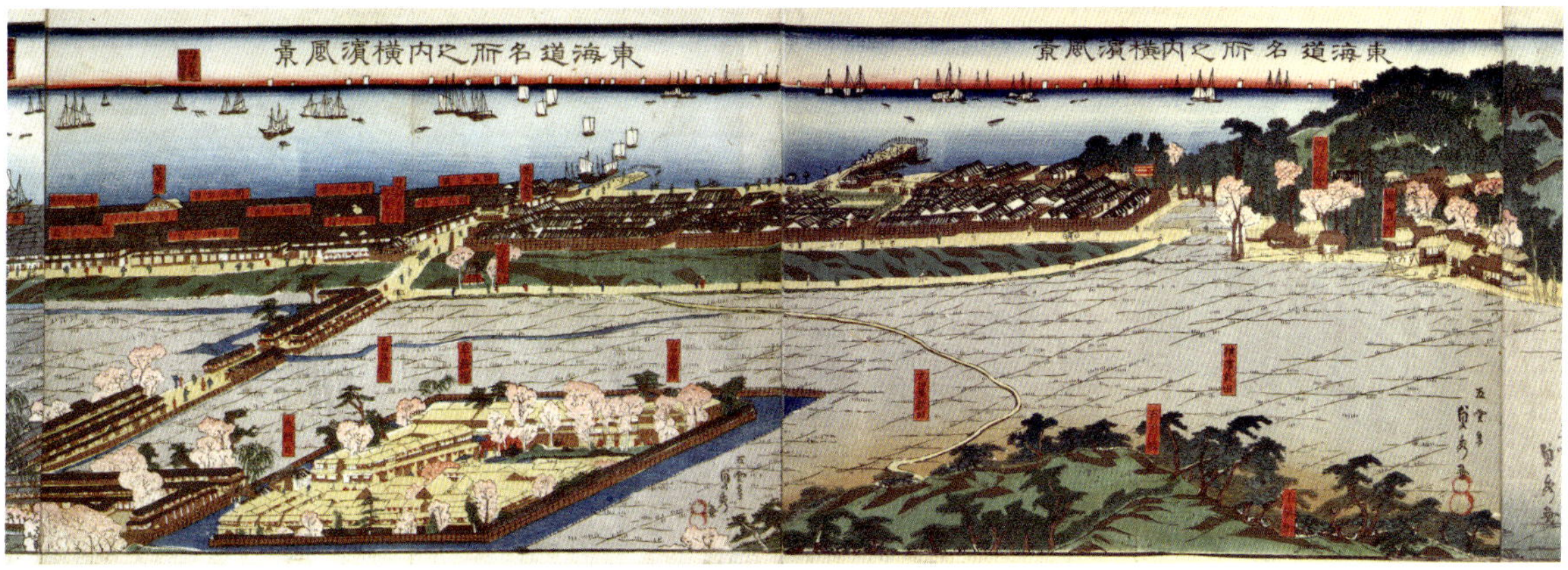
東海道名所之内横濱風景
東海道名所之内横濱風景

7

7

1

開港五十年

港都から工都へ

開港からの半世紀、一寒村にすぎなかった横浜は日本の貿易の担い手として急成長し、明治二二年（一八八九）には横浜市が誕生した。日清戦争に前後して大さん橋と防波堤が完成したが、さらに税関ふ頭（新港ふ頭）建造が開始された。

日露戦後の明治四二年には開港五十年祭がそこで行われ、ハマのマーク「浜菱」もこの時定められ、この頃から都市的施設の整備や工業都市化が課題とされるようになった。

2

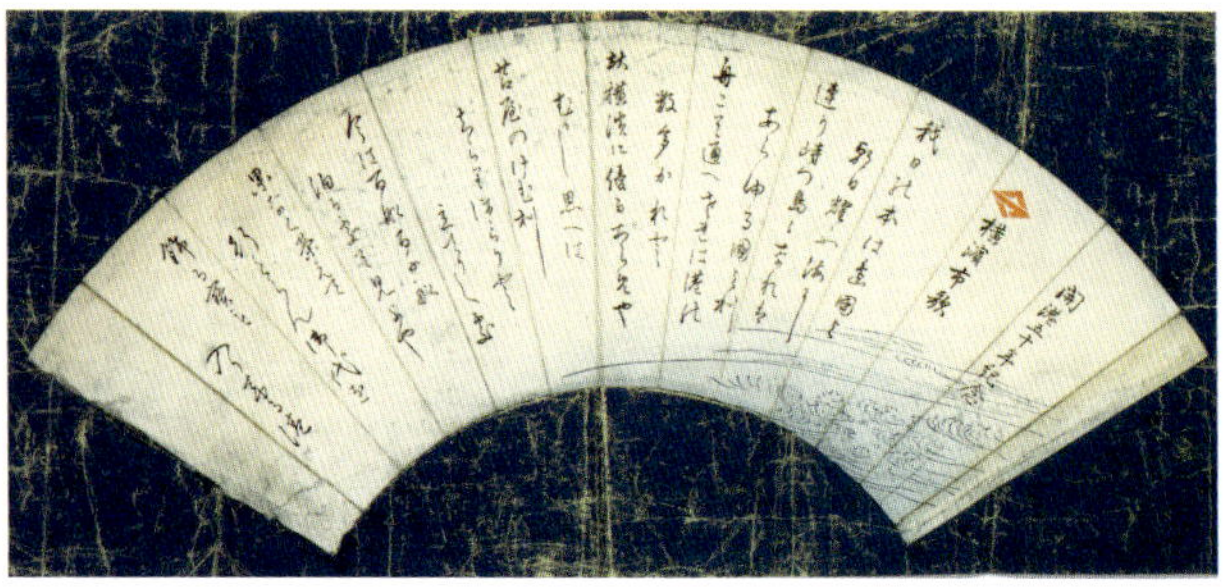

3

4

1　横浜税関より大さん橋(中央)、新港ふ頭方面(左)を望む
新港ふ頭は、建設途中からは横浜市も建設費を負担して大正３年（1914）竣工した。大型船が13隻接岸でき、引込み鉄道線路との間をクレーンで貨物を積卸しできる当時東洋一のふ頭であった。明治43年（1910）頃。

2　開港五十年祭に沸く賑町
明治42年（1909）７月１日、税関ふ頭埋立地で式典が催され、各国艦船は祝砲を放った。街では３日間、花車、手古舞、大名行列などで賑わい、その様子は電気館で活動写真として上映された。明治42年（1909）。

3　浜菱と横浜市歌を印刷した扇子
開港50年を記念して、横浜市章（浜菱）と横浜市歌（作詞・森鷗外）が制定された。この扇子は、７月１日に行われた記念式典で、参加者に配られた記念品。明治42年（1909）７月。

4　２代目横浜市役所
港町１丁目（現在の横浜市役所の位置）に明治44年（1911）に建設された。手前を走るのは明治37年に開業した横浜電気鉄道。

5　白船艦隊歓迎
国旗で飾られた弁天通り。世界一周中の米国艦隊16隻が、その白塗りの威容を横浜に現したが、市民はこれを大歓迎で迎えた。明治41年（1908）10月。

6　原合名会社（上）と三井物産（下）の生糸商標
各地の製糸場で作られた生糸には、それぞれ独自のデザインを持つ商標（ラベル）が貼付されていた。また海外へ輸出される際には、輸出商が独自の商標を貼付する場合もあった。外商を経由していた生糸貿易に、次第に日本商社が参入していった。

7　開港半世紀後の海岸線
さまざまな開発によって海岸線は大きく変化した。象の鼻のたもとから大さん橋が伸び、防波堤で囲まれた錨地のうちには、新港ふ頭が埋立中で、横浜船渠のドックも見える。鉄道線路の内側は埋め立てられているが、まだ内海が残っている。明治42年（1909）。『横浜開港五十年史』付図（部分）。

5

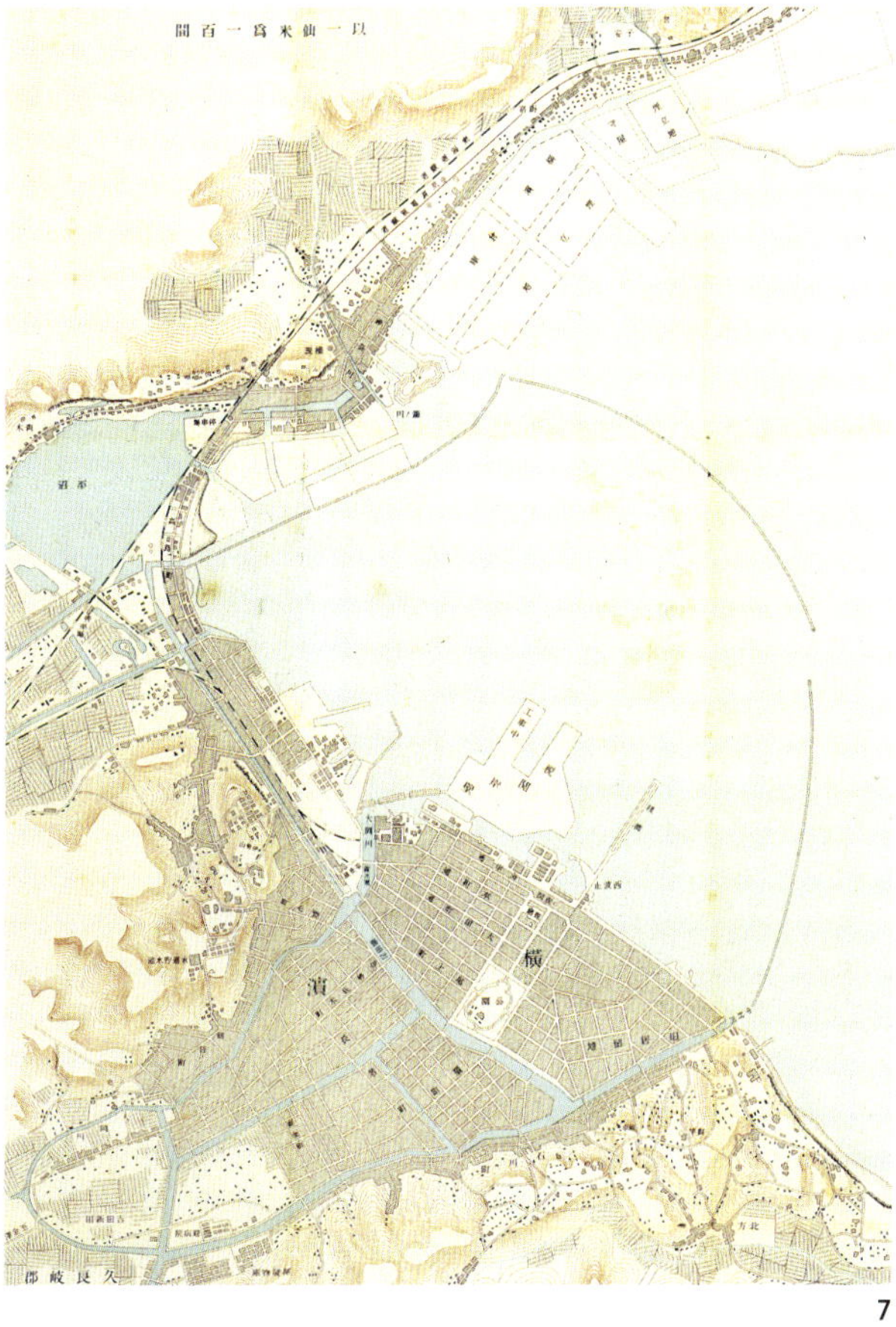

7

6

1

開港七十年

震災復興

第一次世界大戦に伴う大戦景気に沸いた横浜であったが、大正一二年（一九二三）九月の関東大震災によって中心部は壊滅し、二万余の人命が奪われた。

しかし市民の立ち直りは力強く、開港七十周年の昭和四年（一九二九）には震災復興事業を達成し、さらに「大横浜」建設を進めた。昭和一〇年には山下公園において復興記念横浜大博覧会が開催され、重化学工業化と貿易港の工業港化が進展していった。

2

3

5

4

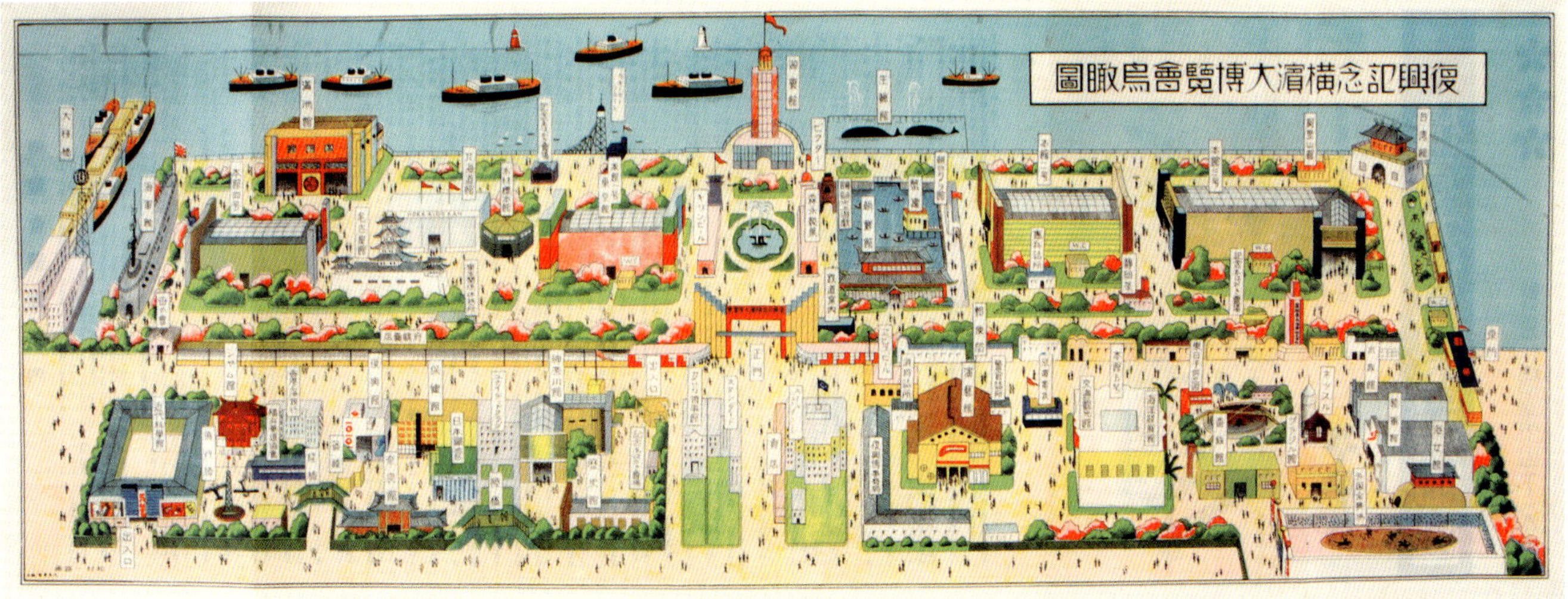

6

1　神奈川県鳥瞰図（部分）　吉田初三郎
多くの船舶が出入する横浜港、右上には完成間近の臨海工業地帯、拡がる交通網など、震災復興を完成させた横浜の様子をうかがい知ることができる。吉田初三郎は大正期から昭和期にかけて全国の鳥瞰図作成を手がけた。昭和7年（1932）。

2　昭和初年の伊勢佐木町3丁目交差点付近
最大の盛り場伊勢佐木町も震災の痛手から立ち直った。左手の洋画封切館オデヲン座も、昭和11年（1936）には25年目にして改装され、ロビーのシャンデリアが話題を呼んだ。

3　野毛山から見た関東大震災直後の横浜市街地
地震と火災とで市の中心部はほぼ全滅した。市の人口45万人に対して死者は2万人を超え、建物は全焼が6万戸弱、全壊が1万戸を超えた。大正12年（1923）。

4　ホテルニューグランドの開業式と食器類
昭和2年（1927）12月に開業したホテルニューグランドは、「最新式設備とフレンチ・スタイルの料理」で好評を博し、復興横浜を代表する存在となった。

5　龍田丸のディナーメニュー
日本郵船株式会社は、昭和4～5年に浅間丸・龍田丸・秩父丸の3隻の新造船を完成させ、サンフランシスコ航路に投入していった。昭和14年（1939）。

6　復興記念横浜大博覧会鳥瞰図
山下公園は、震災の瓦礫を埋めて昭和5年に誕生した日本初の臨海公園。昭和10年にはここを会場に復興記念横浜大博覧会が開催された。昭和10年（1935）。

開港百年

戦後復興

昭和一〇年代の横浜では、軍需景気のなかで重化学工業が急速に発展したが、日中戦争から太平洋戦争へと戦争が長期化・全面化して市民の生活は厳しく統制され、ついに二〇年（一九四五）五月二九日の大空襲で市の中心部は焼き尽くされた。

敗戦後、横浜は日本占領の軍事拠点とされて、市民は広範・長期の土地・建物接収に苦しんだが、経済復興・成長の願いを込めて、昭和二九年には開国百年祭、昭和三三年には開港百年祭が催された。

1

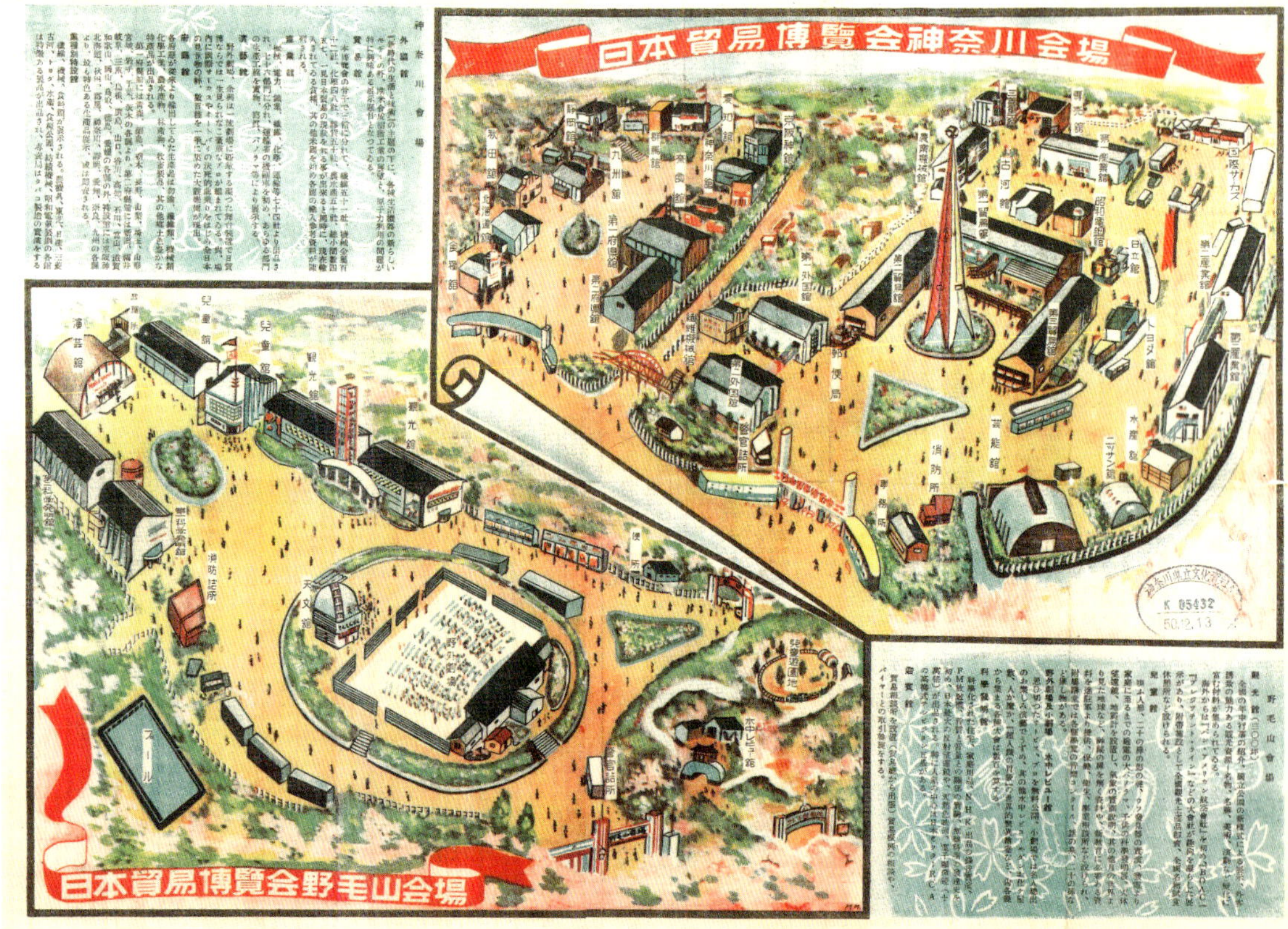

2

4

3

5

7

6

1 横浜開港百年祭のパンフレット
横浜の開港から100年目の昭和33年（1958）に横浜開港百年祭が開催された。実行委員会会長の平沼亮三市長のあいさつ文や横浜開港百年の歌「歓喜の港」の楽譜などが掲載されている。

2 日本貿易博覧会の会場案内図
日本貿易博覧会は昭和24年（1949）6月15日から3か月間、神奈川県・横浜市の共催で、神奈川会場（反町）と野毛山会場に分かれて開催された。裏面には横浜市街の鳥瞰図が掲載されている。昭和24年。

3 日本貿易博覧会野毛山会場
野毛山会場には児童館・観光館などが開館し、子供遊園地が設けられた。また、神奈川会場には貿易館・農業機械館・食糧館・外国館などが開館し、総入場者数は360万人に上った。昭和24年（1949）。

4 開国百年祭のパンフレット
日米和親条約の締結から100年が過ぎた昭和29年（1954）、神奈川県・横浜市・横浜商工会議所の共催で開国百年祭が開催された。

5 開港百年祭記念式典
昭和33年（1958）5月10日、開港百年祭記念式典が、占領期にはゲーリック球場として使用されていた横浜公園平和野球場で開催された。毎日新聞社「明星号」からの撮影。

6 開港百年祭の国際仮装行列
国際仮装行列は昭和28年（1953）に横浜商工会議所の音頭取りで始まった。開港百年祭でフロートの部で優勝したのは横浜米国総領事館の「横浜とサンディエゴを結ぶ虹のかけ橋」であった。この前年、サンディエゴ市は姉妹都市第1号になっていた。昭和33年（1958）。

7 花火大会のプログラム
国際仮装行列の当日夜に行われた「花火大会」と「みなと踊り大会」のプログラム。造成中の山下ふ頭が会場となっている。昭和33年（1958）。

開港百三十年

市政百年

高度成長期には臨海埋立事業が展開され、進出した大企業が重化学工業の発展を主導した。人口は急増し、東京のベッドタウン化という要因も加わって、ついに三〇〇万人を超えた。

それに伴う公害や都市問題は市民を悩ませたが、バランスのとれた都市再整備を図る六大事業も展開された。その要となる「みなとみらい地区」で平成元年（一九八九）、市政百周年・開港百三十周年記念横浜博覧会が開催された。

1

2

4

3

6

5

7

1　横浜博覧会 YES'89
「宇宙と子供たち」をテーマに、平成元年3月25日から10月1日の191日間、みなとみらい21地区69ヘクタールを会場に開催され、入場者は1333万人を数えた。なかでも磁気浮上式鉄道HSSTが人気を集めた。平成元年（1989）。

2　横浜博覧会公式ガイドブック
博覧会の趣旨として、①市政100周年と開港130周年の歴史的意義の確認、②21世紀の望ましい姿の希求、③海外との交流促進、④国際文化・情報都市横浜のアピールと経済・文化の発展への貢献、が掲げられている。平成元年（1989）。

3　竣工した横浜ベイブリッジ
大黒ふ頭と本牧を結ぶベイブリッジの建設は都心部の交通渋滞の緩和が大きな目的だが、その壮大な景観から横浜の新しいシンボルとなることが期待された。平成元年（1989）。

4　新横浜駅周辺
東海道新幹線の新横浜駅は開業以来長らく農地の中にあったが、昭和60年（1985）に横浜駅・関内方面とを結ぶ市営地下鉄が開通すると、平成元年に横浜アリーナ、4年に新横浜プリンスホテル、9年に横浜国際総合競技場がオープンするなど、「副都心」としての様相を次第に整えた。平成12年（2000）。

5　横浜駅西口の地下街
混雑する「ダイヤモンド地下街」。昭和39年（1964）にオープンした横浜で最初の地下街である（同59年、「ザ・ダイヤモンド」に改称）。昭和50年代。

6　多摩田園都市（たまプラーザ上空）
東京急行電鉄は戦後、川崎市から横浜市にかけての丘陵地帯に鉄道を敷設し、広大な住宅都市を開発、その名を「多摩田園都市」とした。1980年代には数多くのテレビドラマの舞台となるなど、人気の住宅地となった。昭和63年（1988）。

7　市営地下鉄のパンフレット「戸塚にタッチ。」
市営地下鉄の舞岡－戸塚間が開通し、新横浜から戸塚までが一本の線路でつながった時のパンフレット。当時、人気のあったアニメのキャラクターが起用された。昭和62年（1987）。

開港150周年記念

YOKOHAMA History & Culture

横浜 歴史と文化

【目次】

第1章 ムラからクニへ〈原始・古代〉

❖自然が生きる知恵を育んだ（先土器時代）

ヒトの活動の痕跡を物語る横浜最古の資料は、およそ三万年前の地層から発見された石器である。その地層は、「関東ローム層」の最上位に堆積する立川ローム下部層に相当する。

二万年ほど前、海面は著しく下降（海退）し、横浜に海はなかった。日本列島は、陸橋で大陸と結ばれていた。更新世《こうしんせい》最終氷期の最も寒冷な時期で、火山活動も活発だった。この頃の地層から、「礫群《れきぐん》」と呼ばれる石焼調理施設や石器を作った場所などが発見されている。横浜の歴史は、厳しい自然環境のもとで、その幕を開けるのである。

暮らしを支えたのは、狩りや木の実・野草の採集であった。自然の恵みを求め、移動を繰り返す暮らしぶりであった。集団は小規模で、携える道具も狩りや調理の道具など、必要最低限のものであったろう。ヒトは自然に適応する中で、さまざまな知識・技術を蓄えていったのである。

❖土器と弓矢の発明（縄文時代草創期）

氷期が過ぎ、気候が温暖化に向かう一万二〇〇〇～一万五〇〇〇年前、暮らしに大きな変化が起こる。土器と弓矢の発明である。それは、一万年に及ぶ縄文時代の始まりを告げるものでもあった。

土器は煮炊きの調理を容易にし、食のメニューを増やした。弓矢は、素早く行動する小動物や飛ぶ鳥を捕獲する上で、投槍よりも優れてその威力を発揮した。

❖竪穴住居と貝塚の形成（縄文時代早期）

およそ九〇〇〇年前には、明確な竪穴住居がつくられ、小規模なムラが営まれる。海辺のムラでは貝塚が形成される。金沢区の野島貝塚は、横須賀市夏島貝塚の古さには及ばないが、横浜最古の貝塚である。貝塚には貴重な情報が詰まっている。

先土器時代～縄文時代初期の遺物には、漁労具は認められず、貝塚も存在しない。気候の温暖化は、豊かな海の幸ももたらしたのである。

❖社会の繁栄と低迷（縄文時代前期～晩期）

およそ六〇〇〇年前、最温暖期となり、海が陸側に進入する（海進）。懐の深い入江が形成され、入江を望む高台には幾つもの貝塚ムラが営まれる。

温暖な気候がピークを過ぎると、低迷期を迎える。遺跡のあり方から、低迷期はおよそ五〇〇〇年前・四〇〇〇年前・二五〇〇年前に訪れたとみられる。その狭間に縄文社会の繁栄があった。

およそ四五〇〇年前、各地に大規模な「環状集落」が形成される。竪穴住居群や掘立柱建物が環を描くように配置され、それらの内側には墓地が営まれているという共通性がある。低迷期には、人口も減少し、環状集落も解体する。

およそ三五〇〇年前、人口は増加に転じ、新たな装いの環状集落が営まれる。都筑区の神隠《かみかくし》丸山遺跡や小丸遺跡などは典型的な例である。

およそ二五〇〇年前、遺跡の数は激減する。横浜市域は無人に近い状況となり、長く続いた縄文時代も終わりを告げる。

❖米つくりのムラの成立（弥生時代中期後半）

二〇〇〇～二一〇〇年前、米つくりの技術を持つ集団のムラが成立する。水田開発には、組織的な労働が欠かせない。組織力に長け、新たな生産用具を携えた新来の集団が、未開の原野に挑んだ。

横浜市北部の鶴見川流域には、この頃のムラが集中する。都筑区の大塚・歳勝土《さいかちど》遺跡のように、周囲に大規模な空堀を巡らし、隣接して墓地を営むムラ（環濠集落）が点々と存在する。空堀の掘削にも多くの労働力が投入された。

東京湾を望む磯子区三殿台遺跡は、空堀を伴わないが、長期間営まれたムラである。地域的に重要な位置を占めていたムラの事例である。

❖小地域圏の形成と古墳の出現（弥生時代後期～古墳時代前期）

二～三世紀には、小地域圏が形成される。ムラとムラとの間に政治的統合が進められた結果、有力なムラのリーダーを頂点とする地域社会の新たな枠組みがつくられつつあった。

四世紀中頃～後半には、要衝の地に古墳が造られる。墳形や規模などには格差があり、被葬者・造営集団の力の差を反映しているとみられる。

港北区日吉台と川崎市加瀬台には、全長八〇メートルを超す前方後円墳が造られた。その被葬者は、近畿地方の王権と直結し、地域にあっては、小地域のリーダーたちを束ねていたのであろう。

❖古墳の変質と終焉（古墳時代中期～終末期）

五世紀中頃、定型化した埴輪を墳丘に樹立する古墳が現れ、副葬品に武具や馬具が登場するなど、変化が見られる。ところが、何故かこの頃から一〇〇年間以上、前方後円墳は造られていない。

六世紀後半には、限られた地域で一時的に前方後円墳が復活する。埋葬施設に横穴式石室が導入され、大きく変質する。「横穴墓《よこあなぼ》」と呼ばれる墓制も導入される。いずれも追葬が可能な構造である。横穴墓は数世代にわたって営まれ、結果として群をなしている。鶴見川流域と柏尾川支流の狖《いたち》川流域に多く分布する。後者は「棺室構造」と呼ばれる特徴あるものが集中し、地域色が強い。

七世紀中頃以降、地方行政機構の整備が進み、仏教思想が普及すると厚葬の風は否定され、七世紀末頃までには、古墳づくりの時代は終わる。

❖古代国家の成立と市域の人々

六世紀の初め頃、『日本書紀』に「武蔵国造《くにのみやつこ》」の地位をめぐる争いとして記された、武蔵地域の有力首長の抗争に王権が介入した。その結果、地域を代表する首長として武蔵国造が任じられ、王権の地域支配のセンターである屯倉《みやけ》が南武蔵に四か所置かれた。この中に、市域にかかわる倉樔（倉樹＝クラキ）・橘花両屯倉があった。これらは後に久良・橘樹郡へと展開していく。屯倉の経営には文筆技術に優れた渡来系の人々が関与し、彼らの末裔の中にはその地に住み着いた者もいた。

七世紀半ばに起こった乙巳の変（いわゆる大化改新）を契機に、これまでの国造の領域、地域社会の秩序を再編して、各地に「評」という行政単位がつくられた。市域でも都筑評・久良評などが成立したと推測される。「評」のもと、人々は「戸」に編成され、「五十戸」で一つの単位がつくられた。「諸岡五十戸」（後の久良郡諸岡《もろおか》里（郷））に示されるように、七世紀後半には市域でも「五十戸」編成が行われた。

大宝元年（七〇一）の大宝律令の成立により、国家の地域支配システムとして国郡制が実施された。市域は武蔵国都筑郡・久良郡を中心に橘樹郡、相模国高座郡の一部に当たる。国には国府、郡には郡家《ぐうけ》という役所が設置され、都から派遣された

西暦	和暦	月	事項
三万年前			関東ローム層中に最古の遺物（都筑区北川貝塚東地点）
二万年前			更新世最終氷期の最寒冷期礫群や石器製作跡などが残される（都筑区権田原遺跡）
一万五千年～一万二千年前			土器と弓矢の発明（都筑区花見山遺跡）
九千～八千年前			竪穴住居のムラが営まれる（都筑区西ノ谷貝塚）貝塚が形成される（金沢区野島貝塚）
六千年前			縄文海進のピーク 貝塚を残したムラが多く営まれる（都筑区南堀貝塚・中区平台貝塚）
四千五百年前			大規模な「環状集落」が出現（都筑区神隠丸山遺跡）
四千年前			海辺のムラでは離頭銛が使われ始め、イルカも捕獲される（金沢区称名寺貝塚）
三千五百年前			ムラに「核家屋」が見られる（都筑区小丸遺跡）
二千五百年前			遺跡数が激減する（磯子区杉田遺跡・栄区桂台遺跡）
二千二百～二千年前			本格的な米作りが開始される「環濠集落」が営まれる（都筑区大塚・歳勝土遺跡）
三世紀			小地域圏が形成される
四世紀			古墳造り始まる（港北区観音松古墳・青葉区稲荷前古墳群）
五世紀中頃			古墳に多量の玉類や武器が副葬される（港北区日吉矢上古墳・青葉区朝光寺原一号墳）竪穴住居にカマドが付設される（都筑区矢崎山遺跡）

国司、地域の首長が任じられた郡司という役人がそれを掌握し、運営を行った。

青葉区の長者原遺跡は、都筑郡家の遺跡である。郡家は地域支配の拠点であり、税の収集や稲の貸付である出挙、祭祀や仏教儀礼の執行など多様な機能を果たした。郡家の支配下、人々は戸に編成され、五〇戸で一里（後には郷）が設けられた。

都筑郡は七、久良郡は八里（郷）でなりたっていた。人々には戸を通して口分田が班給され、二一歳から六〇歳の男性を主体に、調・庸といった物品税や雑徭・兵士役などの力役が課せられた。『万葉集』には、防人となった都筑郡の服部於田《はとりべのうえだ》の歌がみられる。市域の人々も確実に古代国家のさまざまな課役を負わされていた。

人々が実際に生活を営んだ集団単位はムラ（「村」）であり、里（郷）には複数のムラがふくまれていた。ムラは住居を中心とした竪穴建物や倉などの掘立柱建物から構成された。また、共同体的な関係を基礎に祭りを行う「社《やしろ》」が置かれ、その祭りを統率する「社首」（ムラのリーダー）が存在した。九世紀に「官社」（国家が管轄する神社）となった都筑郡の杉山神社もこうしたムラの「社」であったとみられる。また、都筑区の藪根不動原遺跡で双堂式の掘立柱建物群が発見されているように、八世紀の後半頃からは、仏教がムラに入り、「堂」などの仏教的施設をもつムラも現れた。

❖「兵」の時代へ

九世紀以降の東国では、俘囚《ふしゅう》や「群盗」などの武装蜂起が相次いだ。特に武蔵国ではその状況がひどく、治安維持のため郡ごとに検非違使が置かれた。こうした背景には、古代国家の基盤であった、郡司に代表される地域社会の共同体的関係の変質があった。豊かな動産所有を基礎に、調・庸の代納や私出挙《しすいこ》などにより、窮乏した農民を支配する「富豪の輩」が台頭した。彼らは国司や郡司に対抗したり、相互に結合して「党」という集団を形成していった。都筑区の神隠丸山遺跡の一〇世紀の館跡は、こうした「富豪」の居館であったとみられる。

このような状況の中、東国の国司として赴任した中小貴族層には、土着して、地域に勢力を伸ばすものもいた。彼らは、「富豪」や群盗などを編成しつつ、「兵＝つわもの」として成長していった。その代表が桓武平氏である。「兵」は、平将門の乱などの争乱を経て、次の時代を担う武士・武士団へと成長していった。一〇世紀から一二世紀に鍛冶工房が営まれた都筑区の西ノ谷遺跡は、「兵」や武士団たちを支える武器製作工房であったとみられる。このような基盤を作りながら、市域でも都筑氏、榛谷氏《はんがや》、師岡氏などの中小武士団が出現していった。

（鈴木重信・平野卓治）

六世紀前半			武蔵国造が定められ、倉樔・橘花屯倉が置かれる
六世紀後半〜末			横穴墓の造営始まる（青葉区市ヶ尾横穴墓群）
七世紀中頃			各地に「評」が作られ、都筑評・久良評が成立する
七世紀後半			「諸岡五十戸」など「五十戸」編成が進む
七〇一	大宝1		大宝律令が制定され、武蔵国都筑郡・久良郡が成立する
七五五	天平勝宝7	2	都筑郡の防人・服部於田が難波津で歌を提出
七六八	神護景雲2	6	橘樹郡の飛鳥部五百国が久良郡で白雉を捕獲し褒賞される
七七一	宝亀2		武蔵国が東山道から東海道に所属替えとなる
八世紀後半			ムラの中に仏教的施設が作られる（都筑区藪根不動原遺跡）
八三八	承和5	2	都筑郡の杉山神社が神祇官から幣帛をうける
八六一	貞観3	11	武蔵国に凶党群盗が横行。郡ごとに検非違使が置かれる
九三九	天慶2	12	平将門、新皇を称し、国司を任命する（平将門の乱）
十世紀前半頃			都筑区神隠丸山遺跡で「富豪」の館が造られる 都筑区西ノ谷遺跡で鍛冶工房が営まれはじめる
一〇二八	長元1	6	平忠常の乱が起こる この頃、都筑氏、榛谷氏、諸岡氏など武士団が出現する
一一五六	保元1	7	保元の乱。師（諸）岡氏が源義朝に従って戦う

図版特集

縄文土器のさまざま

一万年にも及ぶ縄文時代の中で、縄文土器も多様に変化した。縄文土器の変遷は連続性が非常に強いため、土器の文様を見れば、変遷過程の中でどの段階のものであるかがはっきりと捉えられる。現在の研究では、約二五年から五〇年ほどの目盛りで、縄文土器の変遷段階を捉えることができるようになっている。

縄文時代は大きく草創期、早期、前期、中期、後期、晩期に分けられている。ここでは縄文土器の細かな変遷をたどる余裕はないが、大きく分けた時期での代表的な土器を見てゆく。

（石井寛）

1　草創期の土器　花見山遺跡（都筑区）　横浜市指定文化財
土器の出現は1万2000年前とも、1万5000年前とも言われている。花見山遺跡の土器は、そうした出現期の土器で、底は丸く、口の周囲に粘土紐をめぐらせる。

2　早期の土器　西ノ谷貝塚（都筑区）
早期前半の土器で、やはり底が尖っている。この土器には文様がないが、この後、次第に文様が複雑となっていく。

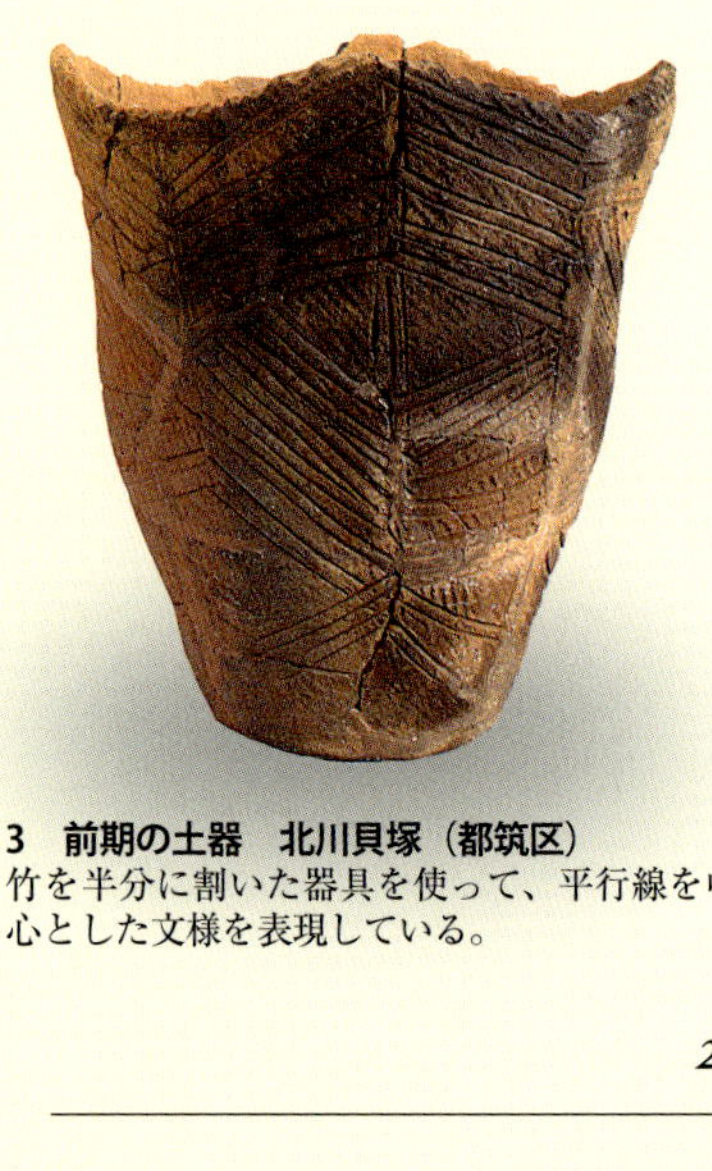

3　前期の土器　北川貝塚（都筑区）
竹を半分に割いた器具を使って、平行線を中心とした文様を表現している。

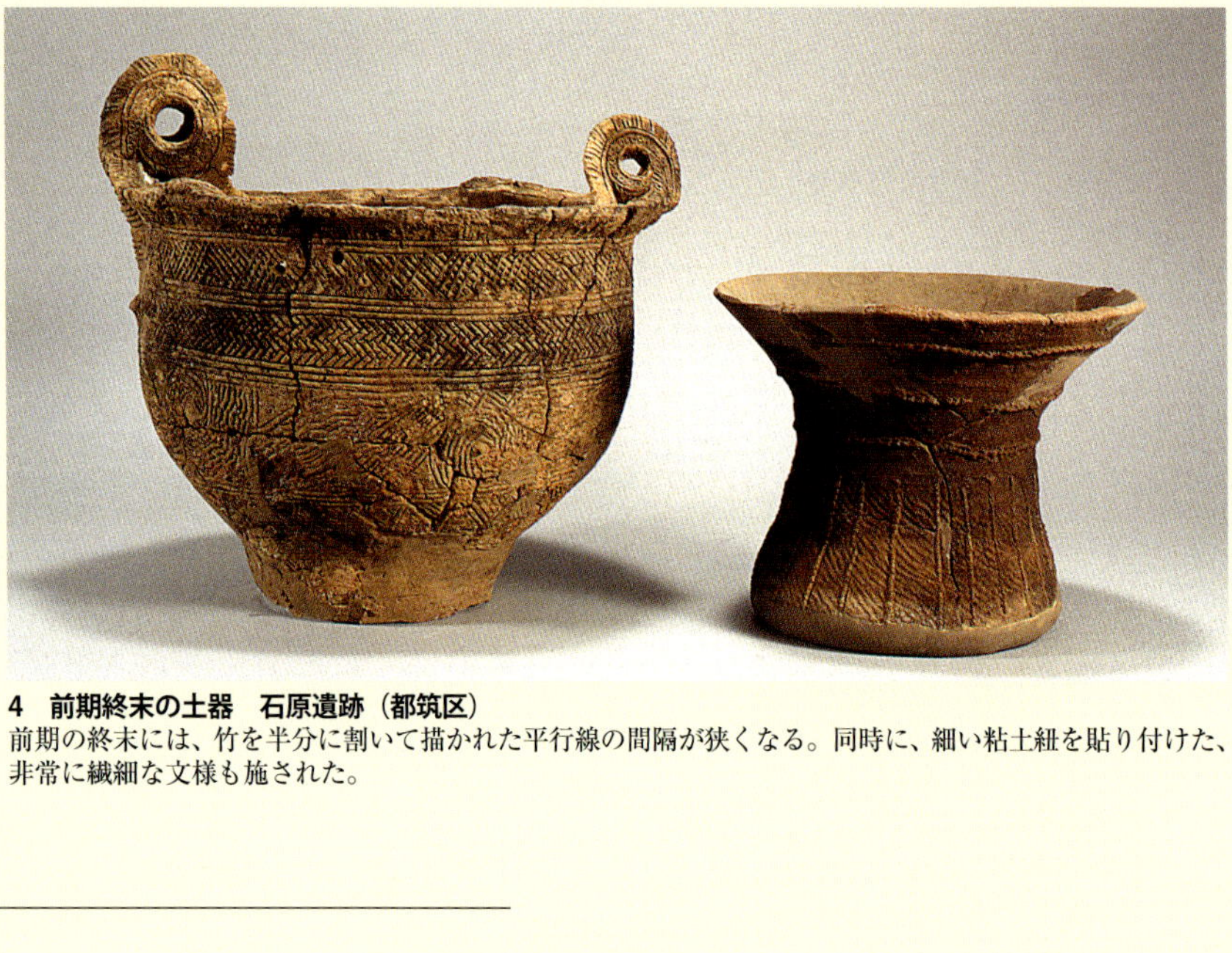

4　前期終末の土器　石原遺跡（都筑区）
前期の終末には、竹を半分に割いて描かれた平行線の間隔が狭くなる。同時に、細い粘土紐を貼り付けた、非常に繊細な文様も施された。

5　中期中頃の土器　高山遺跡（都筑区）
中期には土器の装飾が最も華やかになる。また、土器全体の形も変化に富み、把手が付けられたり、蛇や人体の装飾が表現されたりする。

6　中期後半の土器　大熊仲町遺跡（都筑区）
中期後半には土器全体の形も、文様も、簡素な方向に向かう。口の周囲には渦巻きが表現されることが多い。

7　後期中頃の土器　華蔵台遺跡（都筑区）
後期になるとさまざまな形の土器が作られるようになり、文様も繊細となる。

8　後期後半の土器　華蔵台遺跡（都筑区）
後期の後半には細い幅の縄文帯で文様を表現し、随所に瘤を付けることが多くなる。やはり形は変化に富む。

9　晩期の土器　華蔵台遺跡（都筑区）
晩期前半は後期とのつながりが強いが、晩期中ごろになると、縄文の施文が下火となる。

10　晩期の他地方の土器　華蔵台遺跡（都筑区）
晩期になると、東北地方を中心に、他地方の土器が多く移入されたり、模倣されるようになる。独自の土器文化の衰退の表れでもあり、強いては社会の衰退をも表している。

関東ロームに埋もれた文化

関東ロームとAT層

地表面を覆う黒色土の下には、赤味を帯びた黄褐色の土が厚く堆積している。これは、富士山の噴火で噴出された火山灰が降り積もった土層で、関東ロームと呼ばれる。

横浜の歴史の幕開けを示す先土器時代の遺跡は、関東ロームの最上位層である立川ロームの中から発見される。立川ロームが堆積していた時代は更新世の最終氷期にあたり、一万七〇〇〇〜二万年前の最寒冷期では、年平均気温は現在より七〜八度も低かった。また海面は現在より約一二〇メートルも低く、東京湾は完全な陸地であった。

立川ローム中には、姶良《あいら》・丹沢火山灰から成る火山灰層（AT層）がみられる。これは、はるか鹿児島湾北部の姶良カルデラから偏西風に乗って飛んできた黄白色のガラス質火山灰が降り積ったもので、横浜では立川ローム上端部からおよそ二メートルの深さの土層中で検出される。町田洋・新井房夫両氏によれば、ATが噴出した年代は現在のところ二万六〇〇〇〜二万九〇〇〇年前に入ると考えるのが妥当ということであり、年代の明らかなATが含まれる層位は、遺跡が含まれる層位の年代を検討する上で貴重な基準となる。

1　先土器時代の遺物出土状況　北川表の上遺跡（都筑区）
野営地の跡。先土器時代の遺跡では、ローム層中から石器、石屑、礫、炭粒等がまとまりをもって出土する。

2　礫群　権田原遺跡（都筑区）
川原石が集められており、ここで火を焚き調理したと考えられる。石には煤や炭化物の付着、熱による変色や割れがみられる。

横浜最古の人間活動の痕跡

横浜で最古の人間活動の痕跡は、保土ヶ谷区明神台遺跡から出土したナイフ形石器と、都筑区北川貝塚東地点で出土した礫器である。いずれもATが含まれるローム層下の黒色帯上部から出土しており、ATの位置からみて、年代はおおよそ三万年前と考えられる。残念ながら石器単体のみの出土であり、当時の様子を伝える情報は他にはない。

横浜市域ではAT降灰以前の遺跡は少数であり、AT降灰以後から先土器時代が終わる頃までの遺跡が多く発見されている。

先土器時代のくらし

先土器時代の遺跡からは石器、石器を作る際に出た石屑、礫、炭化物などが一定の空間的なまとまりをもって出土するが、その量や位置関係、内容などから長期間定住した様子は観察できない。先土器時代の人々は狩猟採集によって生活の糧を得ていたと考えられ、遺跡の状況から、寒冷な気候の中で効率よく食料を獲得するため、少人数で移動しながら短期間の野営を繰り返す暮らしを営んでいたことが推測される。住居は、地面に建てた痕跡が残っていないことから、テント状の簡素なものだったと考えられる。どのような工夫で、厳しい寒さをしのいだのかは明らかでない。遺物として残っている道具は石器のみであるが、当時は他にも植物や動物を材料に様々な生活用具を作っていたに違いない。

食事は、土器が無い時代であったため、長時間煮込む料理は難しかっただろうが、礫群と呼ばれる、火を受けたことによる変色や割れ、煤の付着がある川原石が集められている遺構が多く発見されていることから、火力で蓄熱させた石を使って焼く、蒸す、あるいは、水を入れた木や皮等の容器の中に焼け石を入れて湯を沸かす、煮るといった調理を行っていた可能性が考えられる。手間をかけて加熱調理していたということは、生食による衛生的な問題が加熱殺菌によって解決されることや、火によって味や消化が良くなることを経験から知っていたのだろう。

狩猟と採集

先土器時代の狩猟の対象は一定ではなかった。三万年前の日本にはナウマンゾウやヤベオオツノジカ、ニホンムカシジカなどの大型獣が棲息していたが、大型獣は約二万年前後に相次いで絶滅し、以後はイノシシ、シカ、ウサギ、タヌキ等種々の中・小形の動物が狩猟対象となった。一度の成功で多くの肉や毛皮を手に入れることができた狩りから、俊敏な中・小形獣を何度も捕らなければならない狩りへと変化し、苦労は格段に増した。先土器時代の狩りの詳しい方法は不明であるが、狩猟用の石器には時期によって形状やつくりに変化があり、それは、当時の人々が厳しい狩猟の辛苦を軽減させるために凝らした工夫の過程とみることができよう。

食料となったのはもちろん肉だけではなかった。チョウセンゴヨウやハイマツ、トドマツ等の針葉樹の実やクルミやドングリ等の落葉広葉樹の堅果類、その他野草等、植物は栄養価が高く、採集も容易な重要な食べ物であった。

持ち運ばれた石

鋭い刃を持つ石器の材料となる石には、緻密で硬く、打撃を加えて薄く剥がれる性質が必要である。しかし、こうした条件を満たす石材は横浜市域では得られず、黒曜石は信州から、ガラス質黒色安山岩は箱根方面から、緑色凝灰岩は相模野台地方面から、というように他地域で産出される石材が持ち運ばれて来ていた。当時の横浜の人々が石材の産出地まで出かけて採取していたのか、あるいは産出地の人々との交易によって石材を得ていたのかは不明である。また、礫群や、木の実等を叩き潰す敲石に用いた川原石は、近隣の河川敷や礫層の露頭で採取して野営地へ持ち運ぶ必要があった。当時、石の選択と入手が、生活水準を維持向上するための重大な関心事であったことが伝わってくる。

先土器時代の遺跡からは、生活の豊かさやゆとりはあまり感じられない。当時の人々は、身の周りの自然についての深い知識と手作業の技術とを武器に、寒冷で厳しい環境の中を精一杯生き抜いたのである。

（山田光洋）

3　更新世最終氷期（2万年前）の海岸線と姶良・丹沢火山灰（AT）の堆積範囲
2万年前は最終氷期の中でも寒さが最も厳しかった。ATは供給源に近いほど厚く堆積している。

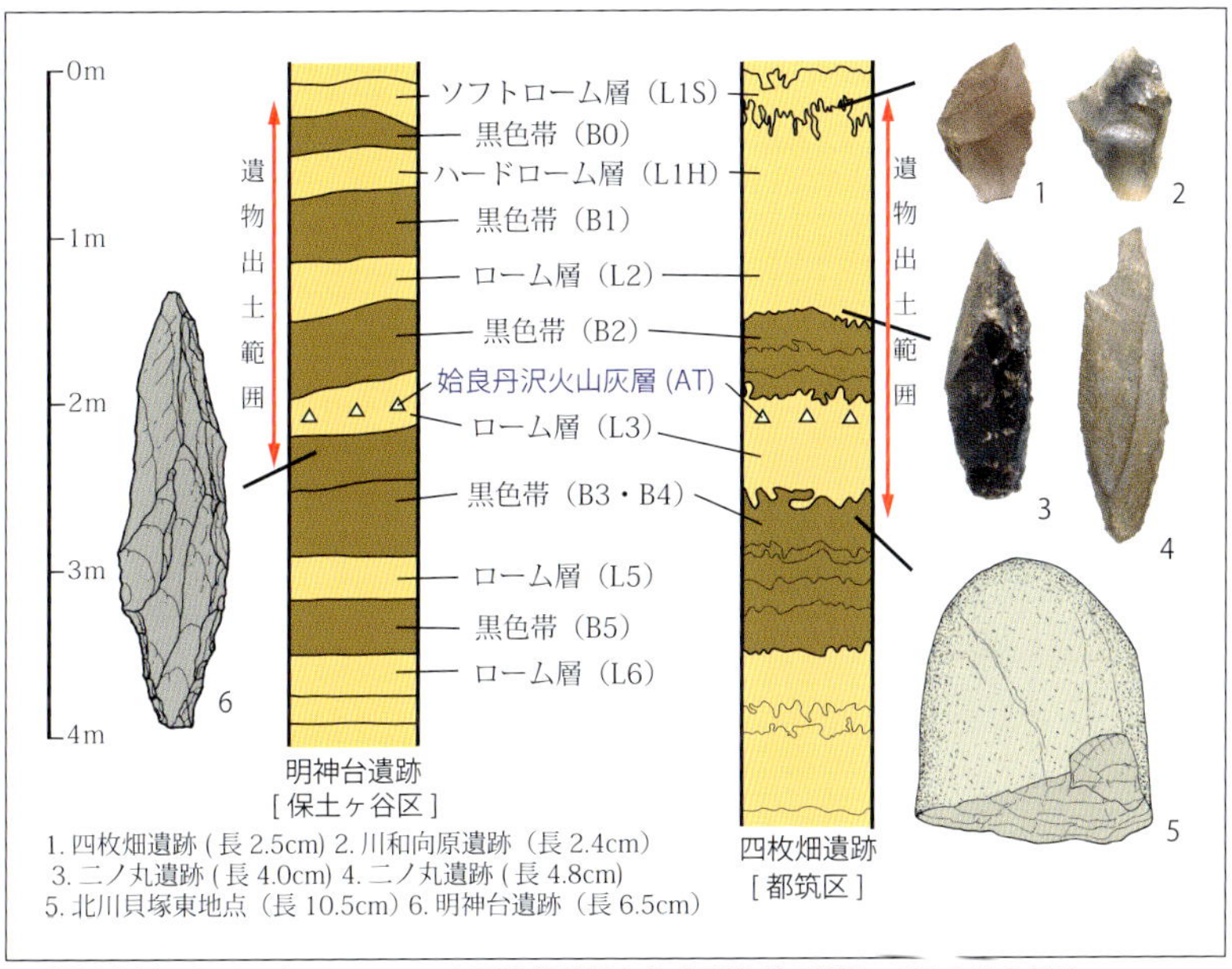

4　横浜市域における立川ロームの土層堆積状況と先土器時代の遺物・ATの出土層位
黒色土の下に堆積する立川ロームには黄褐色の層と黒味を帯びた黒色帯とがある。横浜市域の先土器時代遺跡の出土範囲は、およそ3万年前の黒色帯（B3）上部から縄文時代草創期の層位直下のソフトローム層（L1S）上部までである。黒色帯B0・B1は、地域によってはみられない。

5　先土器時代のくらし（想像図）
寒冷な気候の中、手前の3人は礫群で調理をしており、奥の男性は石器作りの最中である。住居は移動に適した簡素なものを想定している。時折、丹沢の向こうで富士山が噴煙を上げ、火山灰が舞い降りた。半井馨画。

縄文のくらしのはじまり

「縄文」という時代

縄文時代は、狩猟採集を生活の基盤として、一万年以上の長きにわたり、独特且つ多様な技術文化や造形美術、精神文化が花開いた時代であった。縄文社会の発展は、自然の恵みに依存した生活という限界を超えるものではなく、時には自然に翻弄されるという不安定さを常にもっていたが、出土した大量の遺構・遺物は、縄文時代の人々が厳しい環境の中で豊かな生活を懸命に追求し、実現していたことを今日に伝えている。

縄文草創期の従来の年代観

縄文時代の幕開けは草創期における土器と弓矢の出現に象徴されるが、現在、考古学ではその年代観と歴史的な意味づけが問題となっている。

従来、日本考古学では、土器と弓矢の出現を、約一万二〇〇〇年前の完新世開始時の気候の急激な温暖化によって形成された、新しい自然環境に適応するための生活技術の革新であると考えてきた。即ち、土器は、寒冷期の針葉樹から温暖期の落葉広葉樹へと変化した森で大量に得られるようになったドングリなどの植物を食用に適するように煮るための道具であるとして、また、弓矢は、草木が生い茂る山野で俊敏な中形・小形の動物を効率よく狩るための道具であると理解してきたのであり、温暖化による環境変化と食料獲得に余裕をもたらす優れた道具の獲得との過程に秘められた、縄文時代開始の歴史的意味を解き明かそうと努めてきたのである。

新しく提示された年代観

しかし、一〇年ほど前から炭素14年代測定法の精度が年輪年代法等による較正によって格段に向上し、縄文時代草創期初めの土器の年代が一万六〇〇〇年～一万五〇〇〇年前と測定されて発表されるに至り、状況は一変した。従来よりも縄文時代のはじまりが三〇〇〇～四〇〇〇年も古くなるという測定結果が意味するのは、縄文時代が完新世初めの温暖化期ではなく、更新世最終氷期の只中に始まったということである。草創期の終わりの年代も、従来の約九〇〇〇年前という年代観より約二五〇〇年古い、一万一五〇〇年前と測定されており、完新世初めの温暖化が進んで現在の気温に近くなった頃ということになる。その間の約四〇〇〇年間は気候の激動期にあたり、長く続いていた寒冷期中に温暖なベーリング期を迎えた後、再び寒冷な古ドリアス期となり、続くアレレード期に寒さが緩んだ次にはまた「寒の戻り」の新ドリアス期を迎え、さらに完新世に入って急激な温暖化が進む、というように、劇的な温暖化と寒冷化とを繰り返す期間であった。温暖化が進んだ安定した環境となって縄文時代が始まり、草創期の生活が営まれたという従来の歴史観とは程遠い、厳しい環境である。土器と弓矢の出現についても自然環境の変化に起因したというよりは、約一万六〇〇〇年前、長く続く寒冷期中に突如として現れた道具とみるのが適当となる。

割れる年代観

較正された炭素14年代測定法が考古学に与えたインパクトは非常に大きいものであり、新しい科学的な年代観を積極的に採り入れる研究者は多くなっている。だが一方、縄文草創期の測定事例がまだ少ないことや、年輪年代法で較正できる年代が一万一〇〇〇～一万二〇〇〇年くらいまでで、それ以前の年代較正にはサンゴ年輪の年代測定値や湖沼の年縞堆積物のデータ等が使われるため基準に一貫性が確保されないこと、草創期の遺跡から当時の自然環境を示す花粉等がなかなか検出されず、環境面からの年代検証が未だできていないこと等を理由に、年代観を直ちに切り替えることに慎重な研究者も少なくない。当面は、二種類の年代観が並存する状況が続くとみられ、縄文時代開始の歴史認識が定まるまでにはしばらく時

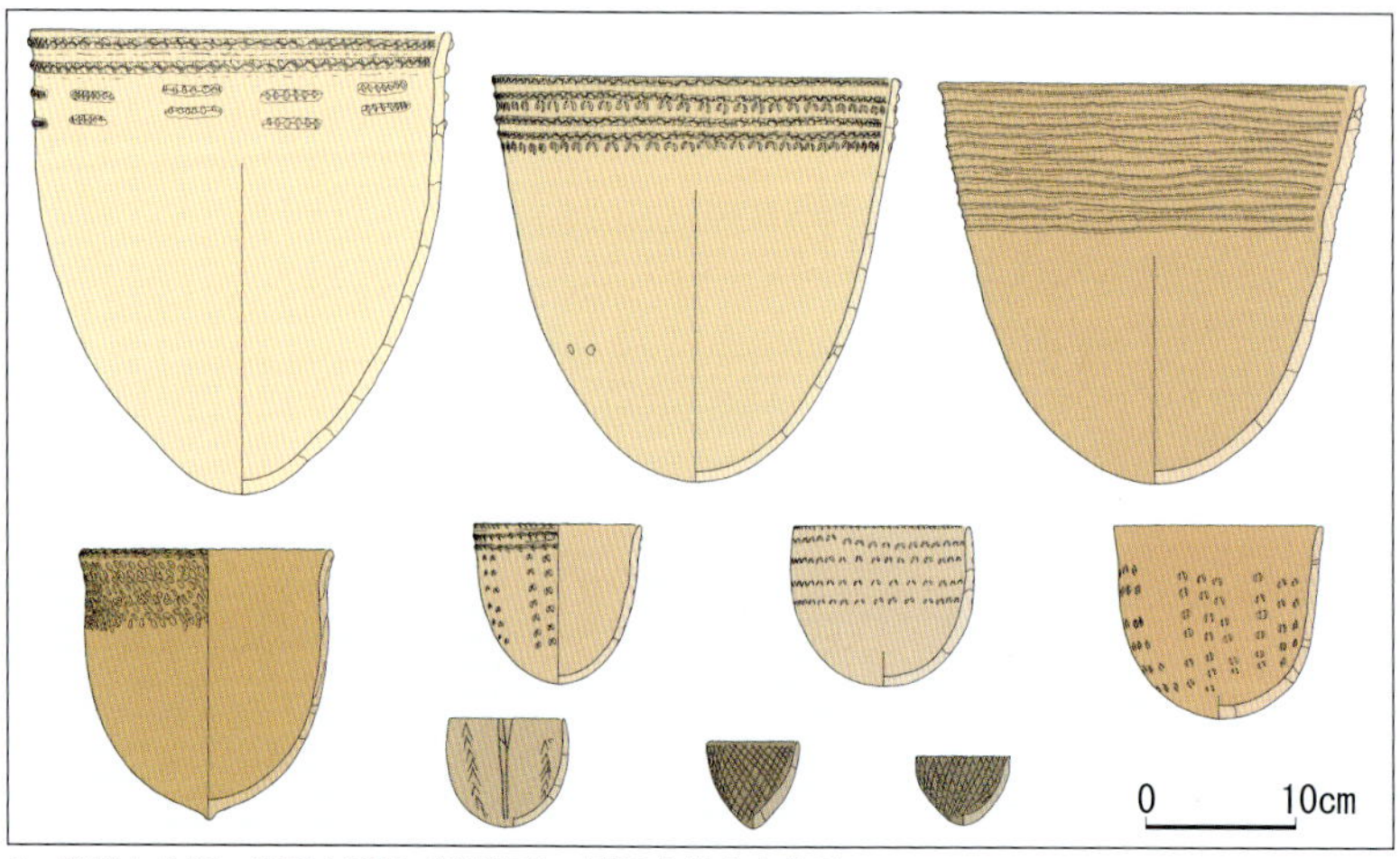

1　隆線文土器　花見山遺跡（都筑区）　横浜市指定文化財
横浜市域最古の土器。草創期の隆線文土器は横方向に細い粘土を貼付、もしくは工具を押し付けて施文した紐状の文様が特徴である。他にハの字文や斜格子文が施文された土器も出土している。サイズには大小差がある。

3 住居跡と考えられる竪穴状遺構と遺物の出土状況 花見山遺跡（都筑区）
竪穴状遺構は長3mほどの簡素なつくり。埋土の中から遺物が出土した。

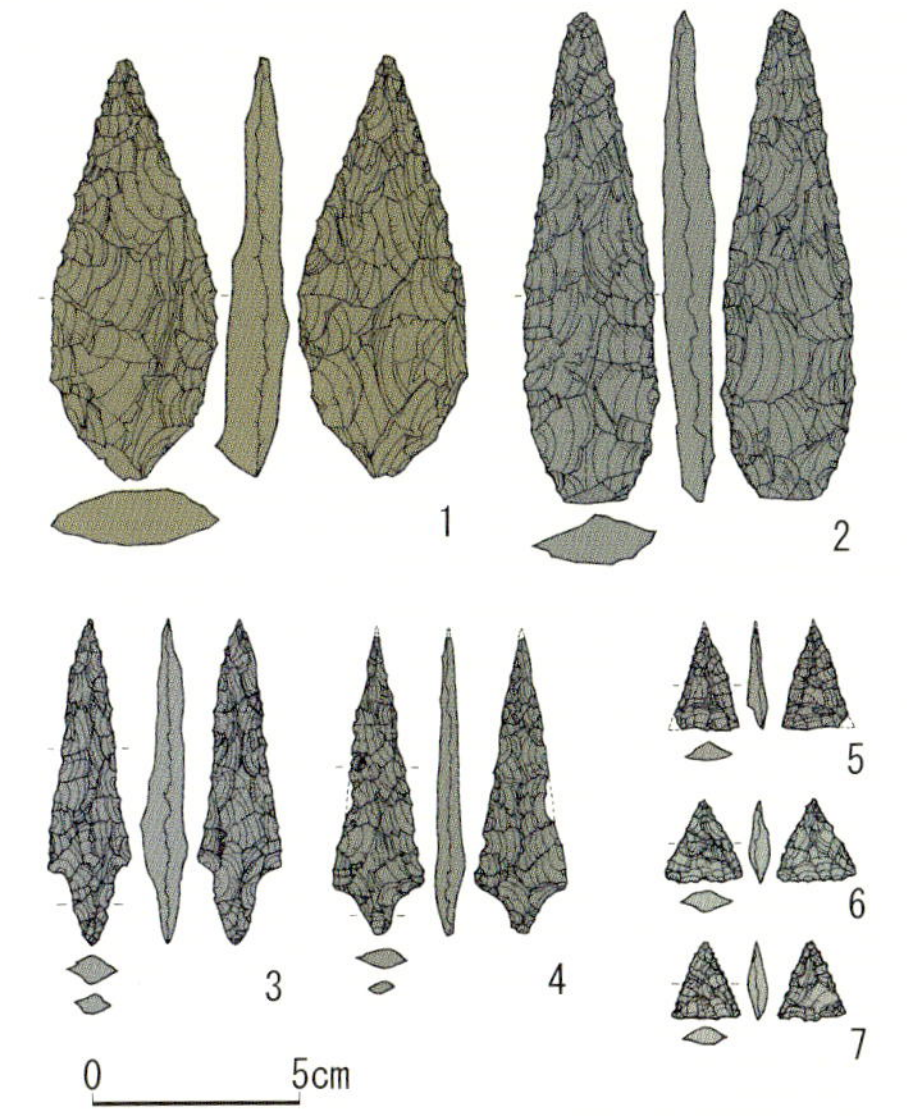

2 狩猟用の石器 花見山遺跡（都筑区）横浜市指定文化財
1・2木葉形尖頭器（槍先）、3・4有茎尖頭器（投げ槍）、5・6・7石鏃（矢じり）。弓矢の使用は狩猟効率を格段に高めた。

間がかかりそうである。

花見山遺跡

都筑区花見山遺跡は、昭和五二年（一九七七）から五三年にかけて港北ニュータウンの造成に伴って調査された、横浜市域を代表する縄文草創期の遺跡である。出土した土器片一四二〇点、石器一三三六点という遺物数は、草創期の遺跡としては全国的にみても非常に多く、土器片の接合作業から約一二〇個もの土器が識別され、そのうち破片の残りが良い三二個が完全な形に復元されたことは、大変稀で貴重な調査成果となった。土器はいずれも丸底で、火を受けて煤が付着したり、熱で傷んだ底部が失われているものが多い。日常の調理でよく使われていたことが分かる。大きさには大小差があり、土器出現当初から用途によって使い分けをしていたらしい。煮炊きには小さすぎる土器も出土しているが、使い方は不明である。狩猟用の石器は、木葉形尖頭器、有茎尖頭器、石鏃の三種が出土し、それぞれ、槍先、投げ槍、矢じりと考えられる。対象の動物や狩猟の環境に応じて道具を作り、狩りの効率を高めていたのだろう。その他、削器や掻器等の石製工具も作られていた。また大変珍しい、住居の跡と考えられる、地面を掘り窪めた遺構も発見された。先土器時代の移動生活から定住生活へと移行する過程を示す重要な出土例である。花見山遺跡が今日に伝える情報の豊かさは市域の草創期遺跡の中で突出している。

定住のはじまり

本格的な定住とムラの形成は、次の縄文時代早期前半に始まる。小高い台地の上に竪穴を掘り、床面に掘った穴に柱を立てて上屋をつくるという居住様式が確立し、一時期数軒程の小規模なムラが営まれた。当時の竪穴住居には一辺が三メートル程の小さなものから、九メートルを超える大きなものまであるが、住居の平面形が隅丸方形で、壁際や床面に割合細い柱穴が掘られ、中央に用途不明の方形の掘り込みを持つといった共通性が認められる。気候が安定し、食料の確保も安定した中で縄文社会は発展していった。

（山田光洋）

4 縄文時代早期前半（撚糸文期）のムラの跡 西ノ谷貝塚（都筑区）
竪穴住居はこの頃確立した。同時期の遺跡からは、木の実等植物を叩き潰す道具と考えられるスタンプ形石器が多く出土しており、周辺の森から安定して食料を調達していたことがうかがえる。

気温の上昇と貝塚の形成

縄文海進

約二万年前、現在よりも約一二〇メートル低かった海面は、気候の温暖化に伴って上昇を続け、約七五〇〇年前には現在と同じ高さに達した。その後もさらに気温と海面は上昇し、約六五〇〇年前から五五〇〇年前、縄文時代早期末から前期にかけて最温暖期を迎えた頃には、海面は現在よりも最大で四メートル前後高くなった。海面が上昇し海岸線が陸側に進んでくることを「海進」というが、海面が現在よりも高かった縄文時代の海進は特に「縄文海進」と呼ばれている。縄文海進が進んだ縄文時代早期末から前期、海岸線は陸側へと大きく入り込み、それまで河川流域であった低地は複雑な海岸線をもつ内湾や入り江へと姿を変えた。当時の海水温は現在よりも二～三度ほど高かったと考えられており、横浜市域の縄文前期の貝塚からは、アサリやハマグリ、マガキ等に混ざって、現在横浜市周辺では生息していない温暖種のハイガイも多量に出土している。

ムラと貝塚の形成

縄文海進によって形成された内湾や入り江は、当時の人々にとって格好の漁場、採集場となり、沿岸部には多くのムラや貝塚がつくられた。温暖な気候の下で大量に繁殖した魚類や貝類は縄文のくらしを支え、発展させる重要な自然の恵みであった。海の幸を盛んに獲得して消費する活動には当然、ゴミ処理の必要が伴った。当時の人々は、貝殻や魚骨等の不可食部分を特定の決まった場所に廃棄しており、廃棄物が堆積した結果として貝塚が形成された。貝塚には他に、狩りで得た種々の動物の骨や、不要になった土器、石器、骨角器等の道具も廃棄されており、まさに「ムラのゴミ捨て場」であった。縄文時代の遺跡では、魚骨や獣骨、角や骨で作られた各種の漁撈具・装身具等は、

1　約6000年前の縄文海進時の海岸線と縄文時代前期貝塚の分布（赤丸が貝塚）
貝塚は干潟や砂浜が発達した市域北半の海岸線付近に多く形成された。河川は現在の流路を図示。

2　竪穴住居跡の中に形成された地点貝塚　西ノ谷貝塚（都筑区）
マガキ、ハイガイ、ハマグリが主体。当時、早渕川流域は内湾だった。

3　斜面貝塚の発掘調査状況　元町貝塚（中区）
海を見下ろす台地の縁辺に形成された前期後葉から中期初めの貝塚。

長い年月を経るうちに酸性の土壌に分解され、朽ちて残らないのが普通であるが、貝塚では貝殻の豊富なカルシウムによって保護され、今日まで残存している。また、貝塚には不要となったものが総合的に継続して廃棄され、堆積しているため、その豊富な物的情報から、当時の人々がどのようなものを食べ、どのような道具を使い、どのようなくらしをしていたのか、またその移り変わりがどうであったかを読み解くことができる。

　貝塚はゴミの山であるが、考古学には宝の山である。貝塚には、ムラの周辺の斜面や空き地に形成された斜面貝塚・平地貝塚と、廃絶された竪穴住居の中など、ムラの特定の地点に形成された地点貝塚とがある。いずれもゴミの臭いや衛生的な問題を考慮し、特定の合理的な場所を設定したものと考えられる。

前期貝塚分布の偏り

　縄文海進が進んだ縄文時代前期の貝塚分布を見ると、市域北部、古鶴見湾周辺の海岸線沿いに集中しており、この地域の貝塚からは、ハマグリ、アサリ、カガミガイ、シオフキなど砂浜に棲む貝類と、ハイガイ、オキシジミ、マガキ、オオノガイなど泥質の干潟に棲む貝類の貝殻が大量に出土している。当時、古鶴見湾周辺の海岸には遠浅の干潟や砂浜が広がっていたことが分かっており、貝類の採集に適した地域であったことから多くの貝塚が形成されたと考えられる。

　一方、古帷子湾以南の海岸は、急な崖が続き、水深も急に深くなる地形であったため、砂浜や干潟は入り江内の限られた場所にしか形成されなかった。貝を採る生活に不適な環境であったため、貝塚形成も少なかったとみられる。

　縄文海進当時、内陸部にも数多くのムラが造られた。豊かな山の幸も社会の発展に大きく寄与した。

（山田光洋）

4　縄文海進時に形成された貝塚の貝層　平台貝塚（中区）
市域南半部では数少ない縄文時代前期貝塚の貝層。混貝土層の上部に間層を挟まない純貝層を形成していた。多くの魚骨と獣骨、土器や石器も含まれていた。

5　縄文海進時に当時の人々によって採集され、廃棄された貝類　平台貝塚（中区）
平台貝塚では、カガミガイ、オキシジミが主体で、次いでアカニシ、イタボガキ、アサリ、ハマグリ、マテガイが多い。温暖種のハイガイが水温の高さを物語る。貝塚周辺の干潟と砂浜が主な採集の場であったと考えられる。

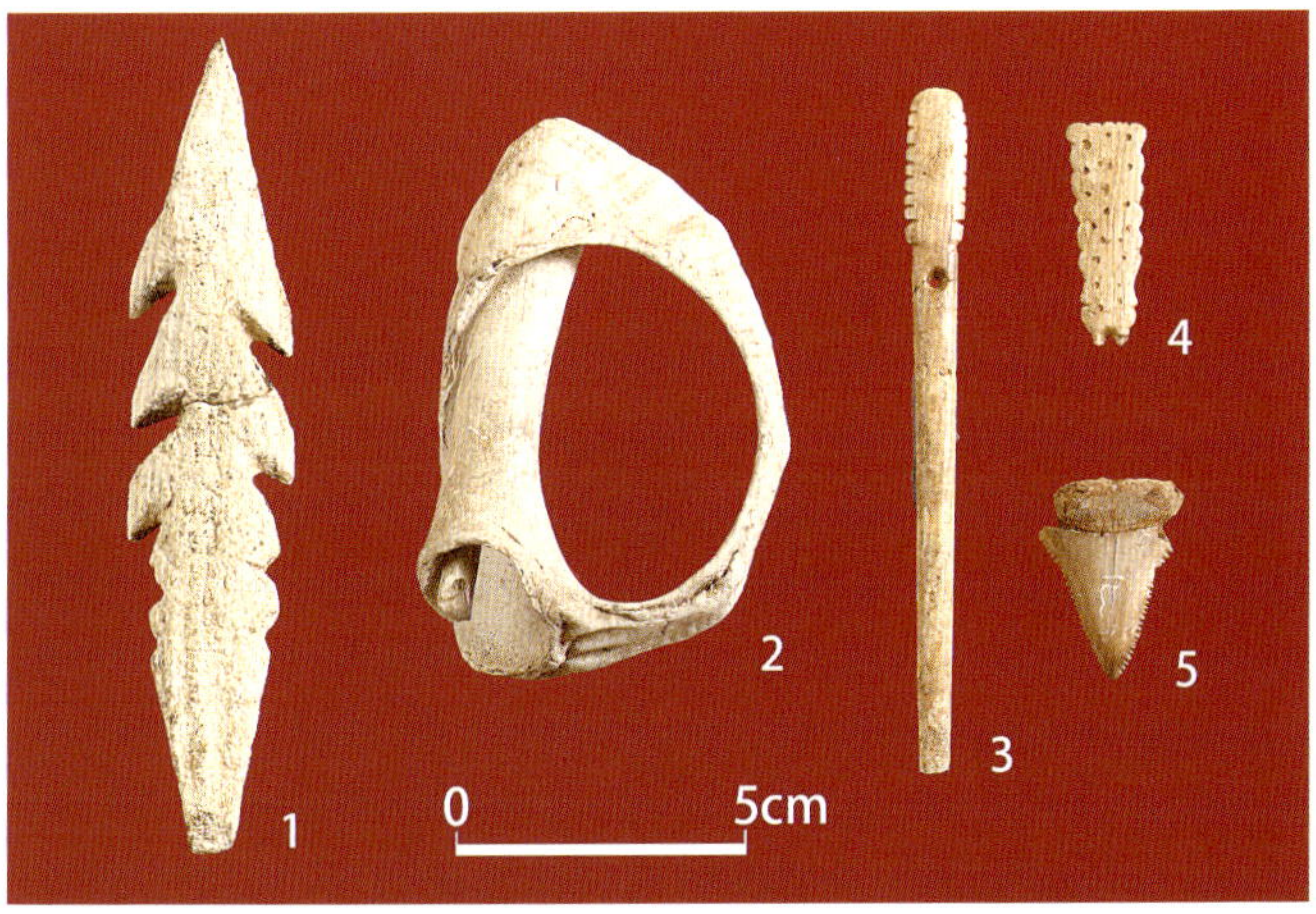

6　都筑区の縄文時代前期貝塚から出土した骨角器　1：南堀貝塚　2～5：北川貝塚　1：鹿角製モリ（漁撈具）　2：アカニシ製貝輪　3･4：鹿角製髪針（下部欠損）　5：鮫の歯製装飾品。骨角器は漁撈具と装身具が多い。貝塚の豊富なカルシウムによって保存されていた。

縄文社会の最盛期

中期の環状集落

一万年間にも及ぶ縄文時代にあって、社会は幾度かの盛衰を繰り返した。気温が温暖化した前期は盛期のひとつであったが、気温の低下とともに前期社会は衰退してしまう。その低迷期ののちに、縄文社会が最も栄えた中期社会が形成されてくる。

縄文時代の集落を構成する遺構（生活の跡）には、住居や住居以外の建物、食料の貯蔵施設、調理の場、墓、湧き水を使用した施設（水場）などがある。これらの施設は計画的に配置されており、その計画性に一定のパターンを読み取ることができる。そのパターンのひとつが「環状集落」で、横浜など関東地方での縄文集落の代表的な形となっている。

環状集落とは、中央の広場を中心に、周囲に住居などの諸施設を配置した集落を指す。図版1の神隠丸山遺跡は港北区（現都筑区）に所在した縄文時代中期と後期の遺跡で、環状集落の状態を良く示している。外側を竪穴住居が巡り、その内側には掘立柱建物跡という、多機能の建物が建てられている。中央は広場とされ、その一角には墓域も設定される。

竪穴住居の構造

竪穴住居跡は地面を五〇センチほど掘り下げ、平らな床面を造りだした住居で、平面形は円形や方形など、時期による変化がある（図版2）。中期の場合は円形や楕円形が多い。柱は地面に細い穴を掘り、そこに埋め込む。柱の数は住居の大きさに伴って変化するが、四本の方形配置が最も基本的な構成である。この主柱の他に、入口にかかわる穴や、壁の保護に関係した柱や溝なども発見される。入口から見て住居の中央やや奥側に寄せて囲炉裏を設置し、入口から囲炉裏の周囲にかけてが団らんや住居内での通路、あるいは作業空間とされる。壁際は寝床や物置の場にあてられ、床面にはムシロなどが敷かれていたらしい。

さまざまな施設と中央広場

掘立柱建物跡は多くの機能をあわせ持った建物で、住居の他、集会所や作業場としても用いられたらしい（図版3）。また、乾燥させた木の実などの保管場所ともされたようである。図版5は熱した石を用いた「石蒸し料理」の跡である。

中央広場には、墓地が形成される。中期の墓は楕円形が主体で（図版4）、やや古い頃には円形を呈するものも多かった。埋葬姿勢は、中期では膝や腕を

1　神隠丸山遺跡全体図（都筑区）
中期だけでなく、後期にも良好な集落が形成された。しかし、中期と後期の間には、無人化した期間が挟まれる。

折り曲げた「屈葬」が多く、後期では腕・脚を伸ばした「伸展葬」が主体となる。写真のように、頭に土器を被せたり、土器の大形破片で体を覆うような埋葬も行われた。墓地が集落の中心に造られることで、彼らは祖先と共に暮らしていたことになる。祖先が彼らの団結の象徴であり、社会維持にあって、「血縁」が重要な役割を果たしていたことを暗示している。

中央広場は他にもさまざまな用いられ方がなされたと推定される。特に祭りは当時の社会にあって、重要な催事であったろう。集落内の日常的でこぢんまりとした祭りから、周辺地域の住人も集まるような規模の大きな祭りも持たれたであろう。そこでは人々の交流がなされ、広場は社会生活の集約的な場とされていたことがうかがわれる。

周辺集落との関係

一つの集落は単独で完結していたわけではなく、周囲の集落と密接に関わりながら、集落群を形成していた。これを地域集団と呼んでみる。地域集団は横浜市内の二〜三「区」に相当する程の範囲で示され、やはり周辺の地域集団と関係して、社会の網を広げていた。一つの集落も、地域集団も、決して閉鎖された集団ではなく、一つの集落内に、外部の人間が住まうこともしばしばあったようである。（石井寛）

2　中期の竪穴住居跡　小丸遺跡（都筑区）
柱穴は７本で、柱穴を結ぶ浅い溝は住居内間仕切りの跡。手前の浅い穴が入口部になる。

3　掘立柱建物跡　前高山遺跡（都筑区）
柱穴の組み合わせで確認される。時として囲炉裏が確認される場合があり、基本的には住居の一型式であった。

5　集石　前高山遺跡（都筑区）
石の上で火を焚き、石を熱して、石の下にある食料を調理する。現在も南太平洋の島々では同様の調理方法が行われている。

4　墓壙　月出松遺跡（都筑区）
頭部に相当する個所から、土器が逆さの状態で出土した。恐らく頭に被せられていたものであろう。

縄文社会の成熟と衰退

後期社会への道程

　繁栄した中期社会も、気候の寒冷化などの影響と、増加した人口とのバランスがとれなくなり、衰退へと向かう。それまでの集落のほとんどは崩壊し、小規模な集団に分散していった。中期の終末期に向けて人口は極端に減少してしまうが、そうした厳しい状況の中で、生活の中に祭祀の占める役割が大きくなってゆく。後期になって人口は再び増加に転ずるが、祭祀の役割はさらに増大してゆき、縄文時代後期から晩期にかけての社会を語る上で欠くことのできない要素となる。そうした時期の精神性は、住居にも表現された。住居の入口部や炉の周り、あるいは壁沿いに石などを敷設する「敷石住居」が盛んに造られるようになる。図版1は後期の、人口回復期の敷石住居の一例である。

後期集落の構成

　復調した後期社会は中期集落とは異なる面を見せるようになる。後期の初め頃には住居二～三軒程度に分散しての生活が中心で、個々の住居の独立性が高かった。住居が集合して集落を形づくっても、食料管理はそれぞれの住居ごとに行っていたような様子が見られるのである。しかし、後期の中頃へ向けて、集落の中に特に中核的な住居が造られるようになり、集落としてのまとまりが強められてゆく。

　図版2はそうした集落の中核的な住居と、その前面に設定された墓域を表す。右奥に見えるのが中核的な住居で、柱穴で穴だらけになるまで同じ個所で住居が建てられ続けている。もちろん、古い柱穴は埋められたり、内部に古い柱の根元が残されたりしているので、穴の状態にはない。写真ほぼ中央に見えるのが墓のまとまりで、中核的な住居の近くに設営されていることから、中核的な住居には、埋葬にかかわる儀礼などを執行した司祭者が住んでいたことも考えられる。また、集落の中心となる住居であることから、集落を統括するような、「長」のような人物の住まいであったことも考えられて良い。そして、規模がやや大形であることから、集落の構成員が集まって、屋内儀礼が執り行われていたことも考えられる。

　こうした集落の中核となる住居を、「核家屋」と呼称している。核家屋と関係する人物の存在が明瞭とされてきた背景には、集団をまとめあげる上で、「血縁」がさらに強く意識される社会へと変質していったことが考えられる。集落の中心的な家屋に住む人物は、そうした血縁

1　敷石住居跡　小丸遺跡（都筑区）
手前の張り出した部分が入口部になる。こうした形態の住居を柄鏡形住居と呼んでいる。石が敷かれた中で、丸く石の抜けている個所が囲炉裏になる。

2　核家屋と墓域　小丸遺跡（都筑区）
核家屋は集落を見下ろせる台地の根元に建てられる場合が多い。入口部には柱の列が立て並べられた。

集団を代表する立場にあって、祖先祭祀を執り行う人物でもあったのだろう。

海辺の集落

横浜市内には、縄文時代後期にも多くの貝塚が残された。金沢区の称名寺境内とその周囲にある称名寺貝塚は全国に知られている著名な貝塚で、その他にも明治時代から多くの学者によって調査された有名な貝塚がたくさん存在していた。

図版3は磯子区杉田町にある杉田貝塚で、貝層の厚さは一メートル以上にも及ぶ。一〇〇〇年に及ぶ長い期間をかけて形成されたものであるが、海岸から標高六〇メートルもある台地上の集落へと、貝を持ち込んでいる。海岸部で調理した中身だけを持ち込む方が軽くて済むが、一度熱処理することで、貝の持つ「旨味」を失ってしまう。貝は食料でもあり、同時に調味料でもあったのだ。

標高の高い位置にある杉田貝塚に対して、称名寺貝塚は標高六メートル程の砂州上に築かれている。称名寺貝塚の発掘調査では、普通の魚骨とともに、すこぶる多量のイルカの骨が出土している。集落の西側が入り江となっており、そこへイルカを導き込んで捕獲したものらしい。近現代のイルカ漁では、多数の舟を出してイルカを湾や砂浜に導くが、果たして縄文時代にそうした方式の漁が行われていたか、興味がもたれる。称名寺貝塚からは、そうした漁労に用いられた多数の道具が出土する。

3　杉田貝塚の貝層（磯子区）
杉田貝塚は古くから知られた縄文時代後期を中心とした遺跡で、縄文時代終末まで生活の痕跡が残されている。

4　骨や角で作った漁猟用具・装身具　称名寺貝塚（金沢区）
上は突く道具のヤス。下は装身具で、左下の髪飾りは先端が折れている。

縄文時代の木道

都筑区の古梅谷遺跡では谷を渡るための木道が検出され（図版5）、NHKテレビなどでも大きく報道された。木道がない場合、谷を隔てた対岸へと足を運ぶには、谷の奥を迂回しなければならず、大変な時間がかかる。木道下には枕木を敷いたり、それらを杭で固定するなど、かなり入念な工作が行われていた。

5　谷の湿地を渡る木道　古梅谷遺跡（都筑区）
発見時には木には皮が付いていたが、すぐに乾燥してはがれてしまった。木には石器で切り倒した痕がはっきりと見て取れた。

縄文社会の衰退

後期中頃から晩期へと遺跡数は減少し、集落規模も縮小が続く。特に晩期後半には、横浜市内に残された遺跡の数は数える程度にまで減少してしまう。また、残された遺跡も規模は小さいものがほとんどで、一時的に集団が留まったと思われる遺跡が主体となってしまう。住居跡など、はっきりとした生活の痕跡はほとんど残されていない。この頃、西日本ではすでに本格的な稲作が開始されていた。横浜を離れた人々の一部は西方に移住し、そうした新しい技術や文化との接触をもっていたのかも知れない。

（石井寛）

図版特集

環濠集落と方形周溝墓

弥生時代になると、周囲に溝（濠）を巡らせる形態の集落があらわれる。このような集落を環濠集落といい、集落を防御するため環濠を築いたと考えられている。市内では大塚遺跡（都筑区）をはじめ、綱崎山遺跡（都筑区）・観福寺北遺跡（青葉区）・殿屋敷遺跡C地区（港南区）・そとごう遺跡（戸塚区）などでみられるが、とくに鶴見川とその支流域に多く分布する。

方形周溝墓は、弥生時代を中心に古墳時代前期まで造られた、四辺を溝で区画した墓である。周溝で囲まれた内側に土を盛って方台状にし、その中央に掘られた土坑（穴）に埋葬する。このころの墓域は居住域に近接して形成される。中期にはひとつの集落で数基から数十基の方形周溝墓が造られるが、後期になるとその数は減少する。

（橋本昌幸）

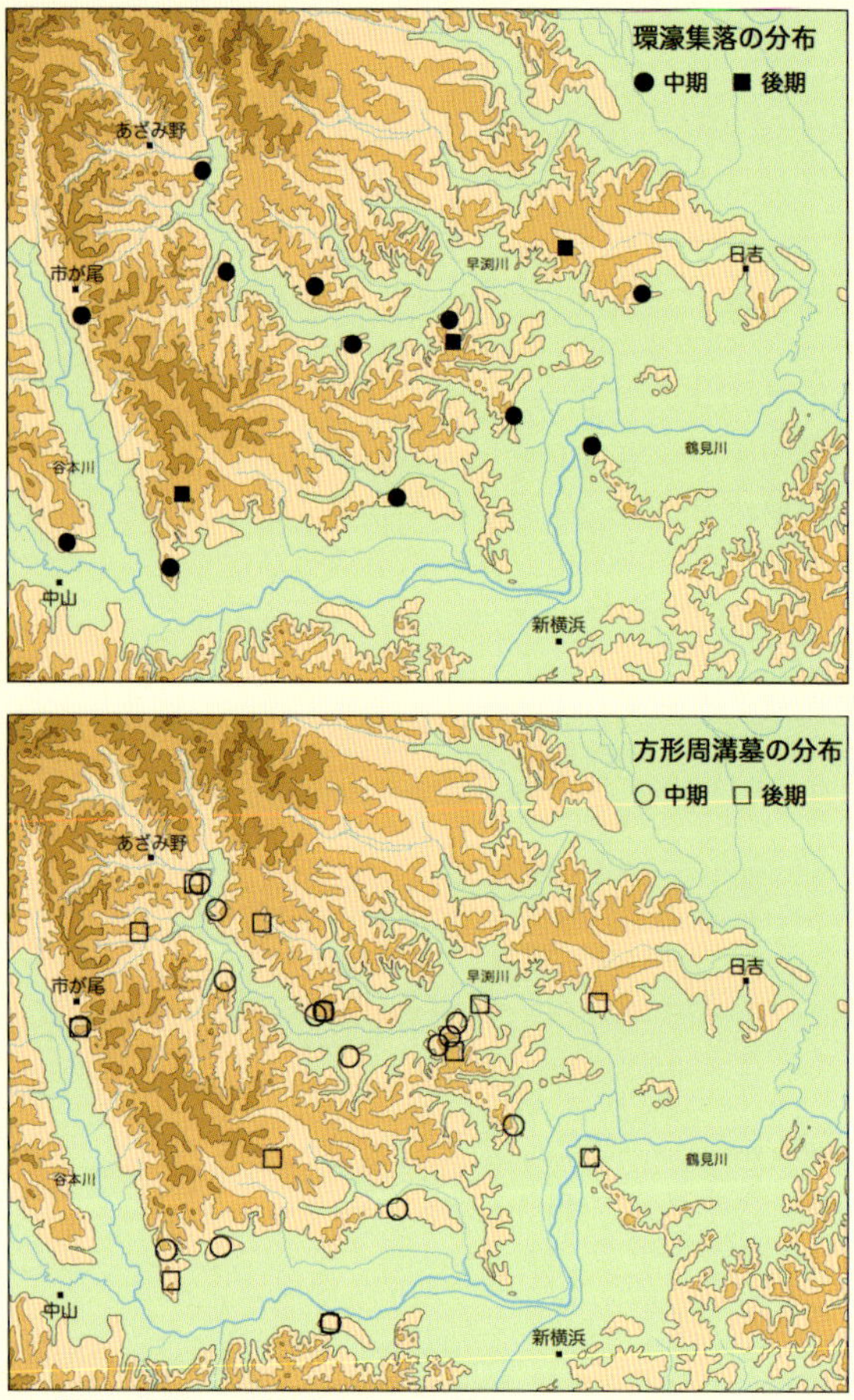

1　鶴見川流域の環濠集落と方形周溝墓
中期の環濠集落は河川に臨む台地の縁辺に分布している。眼下の沖積地で稲作を行うのに適した場所を選んだのであろう。方形周溝墓は環濠集落の隣接地に多く造られており、環濠集落の分布に重なる。

3　後期の環濠集落　四枚畑遺跡（都筑区）
大塚遺跡のような幅広で深い環濠ではなく、もはや防御施設としての機能は失われ、集落を区画する意味合いが強いものと考えられる。溝は全周せず、谷などの地形を利用して台地上にのみ環濠を造っている。

2　中期の環濠集落　大塚遺跡（都筑区）
住居跡群を取り囲むように環濠が巡っている。環濠は新旧の二条あり、谷戸部分では新期の環濠の一部が谷を横断している。環濠の底面は平らで逆台形を呈している。環濠の内側には90軒を超す竪穴住居跡が検出された。写真上位には歳勝土遺跡が存在する。

5　周溝に埋設された土器棺　歳勝土遺跡（都筑区）
方形周溝墓の埋葬施設は、中央の方台部以外にも、周溝中に掘り込んで造られた例がある。3号方形周溝墓の溝中より出土した土器棺。その大きさから幼児用の棺と推定される。また他の遺跡では、方台部から複数の埋葬施設がみつかっている例もあり、家族を埋葬したものと考えられている。

4　中期の方形周溝墓群　歳勝土遺跡（都筑区）
中期の方形周溝墓の溝は、四隅が途切れ各辺の溝が独立した形状のものが多い。歳勝土遺跡では25基の方形周溝墓が調査されているが、調査範囲以外にもさらに広がっている可能性が高い。これらの方形周溝墓は整然と並んでいる。

6　周溝から出土した土器　権田原遺跡（都筑区）
方形周溝墓の埋葬施設から出土品が発見される例は少なく、多くは周溝内からみつかる。ここから出土する土器は壺や高坏など供献用のものが中心であることから、葬送や祭祀の時に使われたものと思われる。

7　後期の方形周溝墓　E 5遺跡（都筑区）
後期になると方形周溝墓の規模は大きくなり、中期のような群集墓が減少する。このことは、方形周溝墓が集落の有力者の墓としての性格へと変貌していったことを示している。写真は3基の方形周溝墓が同じ方向に並んで造られており、大きいものは一辺約20 m、小さいものでも約8 mを測る。

8　巨大な方形周溝墓　折本西原遺跡（都筑区）
折本西原遺跡は、中期の竪穴住居跡80余軒や環濠のほか、一辺約20 mの方形周溝墓2基がみつかっている。この時期の方形周溝墓は、歳勝土遺跡や能見台遺跡などのように、まとまって築造されることが多いが、ここではほかに類をみない巨大な墓が造られていることから、地域の集落を統括する人物の墓であったと推察されている。

環濠集落の時代

稲作の伝播と弥生時代のはじまり

西日本から広がってきた弥生文化は東海や東北地方へと広がっていったが、関東地方ではやや後れて始まったようで、横浜市域でみられるようになるのは中期後半である。縄文時代晩期～弥生時代前期にはほとんどみられなかった遺跡が、この時期にいたって急激に増加するようになる。このころの遺跡の多くは河川流域の沖積地に臨む台地を中心に営まれており、とくに鶴見川水系の中流域は南関東のなかでも高い密度で分布する地域として知られている。

弥生時代の最大の特徴は稲作の本格的な導入である。九州の一部の遺跡から縄文時代の終わりの水田跡が発見されているが、東日本に広がるのは弥生時代中期になってからである。残念ながら横浜市内からは水田跡は発見されていないが、大塚遺跡（都筑区）や三殿台遺跡（磯子区）などから炭化米がみつかっており、市内でも稲作が行われていたと考えられる。

近年の研究で弥生時代の開始が約五〇〇年遡るという年代測定値が公表され、弥生時代のはじまりについて再検討が進められている。

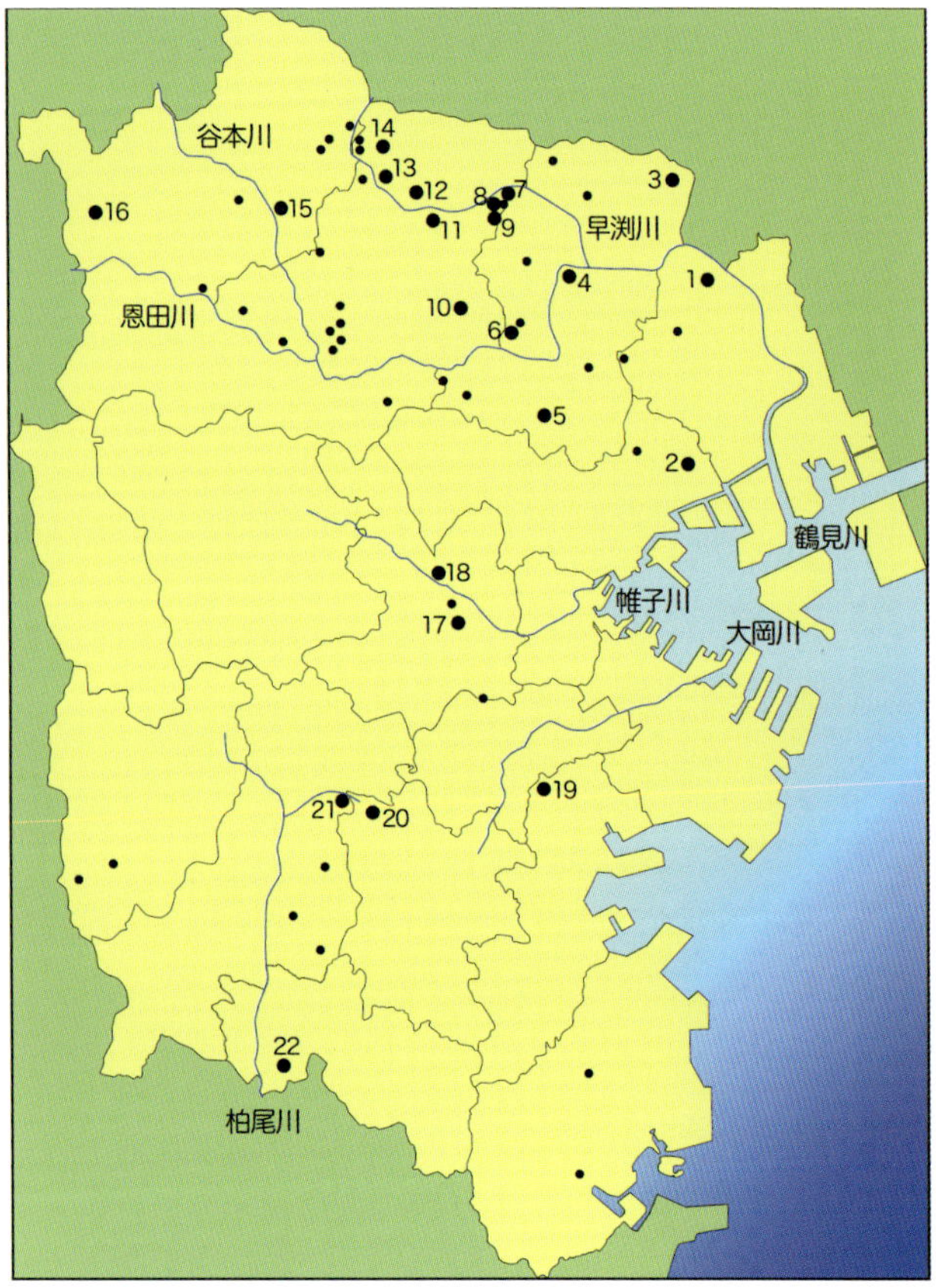

1　弥生時代の主な遺跡
市内では500か所以上の弥生時代の遺跡が確認されている。
1：上台北遺跡　2：神ノ木台遺跡　3：日吉台遺跡　4：牢尻台遺跡　5：山王山遺跡　6：新羽大竹遺跡　7：北川貝塚　8：権田原遺跡　9：大原遺跡　10：折本西原遺跡　11：綱崎山遺跡　12：大塚遺跡・歳勝土遺跡　13：八幡山遺跡　14：Ｅ５遺跡　15：朝光寺原遺跡　16：受地だいやま遺跡　17：明神台遺跡・明神台北遺跡　18：釜台町上星川遺跡　19：三殿台遺跡　20：殿屋敷遺跡　21：そとごう遺跡　22：笠間中央公園遺跡

2　集落跡　八幡山遺跡（都筑区）
中期および後期の住居跡などがみつかった集落跡。

ムラの様子

集落内には居住用の竪穴式住居のほか、収穫した穀物などを貯蔵するための掘立柱建物が建てられる。またこれらが占める区域とは画された場所に墓域が設けられている。このような集落の中には、周囲に濠（溝）を巡らせた環濠集落という形態をもつものがあり、国指定史跡である大塚遺跡はその代表的な遺跡として有名である。稲作の普及により食料を確保・貯蔵するようになり、一方で耕地や生産物・技術などの資財をより多く得るため集団間の争いが激しくなった。そこで集落を守る防御施設としての環濠を構築するようになってきた。外敵を防ぐため集落を囲む溝を掘り、その外側には土塁を築き、柵などを設けていたと考えられている。中期の早渕川流域では権田原遺跡（都筑区）・綱崎山遺跡（同区）・大塚遺跡（同区）・矢崎山遺跡（同区）などの環濠集落が一定の距離をおいて形成され、その周囲に環濠をもたない小規模な集落が点在することがわかっている。ところが後期になるとこの地域の集落は小規模化し、環濠集落を含めた大規模な集落は、東京湾沿岸部や多摩川下流域に多くみられるようになる。また、これまで遺跡の分布が少なかった鶴見川上流や帷子《かたびら》川、柏尾川流域で集落が形成されるようになってくる。

3　方形周溝墓　権田原遺跡（都筑区）
中期の方形周溝墓群。多くは四隅にブリッジを有する形態である。

弥生土器の特徴

人々が日常使う土器にも縄文時代との違いがあらわれる。それまで深鉢形が中心であった土器が、食物を煮炊する甕形土器や籾などを貯蔵する壺形土器の二器種を柱とし、埦・高坏・鉢などその用途によって多様な形態がみられるようになってくる。

市内の中期後半の遺跡から出土する土器は、広く南関東に分布する宮ノ台式土器と呼ばれる土器形式が主体となっているが、後期になると地域による特徴が顕著にあらわれてくる。東京湾岸に中心をもつ久ヶ原式・弥生町式土器が市域の多くの地域でみられるが、鶴見川水系の谷本川・恩田川上流や帷子川流域を中心とする地域では、朝光寺原遺跡（青葉区）を標式遺跡とする朝光寺原式土器の分布圏が形成される。この土器は櫛描波状文を特徴とする土器群で、釜台町上星川遺跡（旭区）などでも出土している。また、戸塚区・栄区・金沢区などの一部では、相模湾、三浦・房総地方などの地域の様相をもつ土器群がみつかっている。

4　弥生土器
（上）中期の土器（大塚遺跡・都筑区）（下）後期の土器（北川貝塚・都筑区）

あらたな技術と道具の導入

この時代には、稲作とともにあらたな技術や道具が導入された。とくに金属器―鉄器―はこれまでの石製の道具に比べて作業効率が数段高く、生産性も大きく飛躍した。とはいえ、当初金属は貴重で数も少なく、いまだ石器が主体的に使われていたと考えられる。石器も縄文時代の系統を引くもののほか、大陸の影響を受けた磨製石器が出現する。縄文時代にも磨製石斧はみられたが、弥生時代にはその用途によって太形蛤刃石斧、扁平片刃石斧、柱状片刃石斧など、豊富な種類の磨製石器が作られた。後期になって金属器が普及してくると、市内の遺跡から出土する例が増えてきた。権田原遺跡CY2号住居から出土した鉄斧をはじめE5遺跡の1号土壙から出土した鉄剣など工具や武器などの道具だけでなく、三殿台遺跡からみつかった青銅製の指輪や腕輪など装飾品にも利用されるようになってきた。

（橋本昌幸）

5　鉄斧　権田原遺跡（都筑区）
金属製の道具の利用は、これまでの石器に比べ、飛躍的に生産性を高めた。

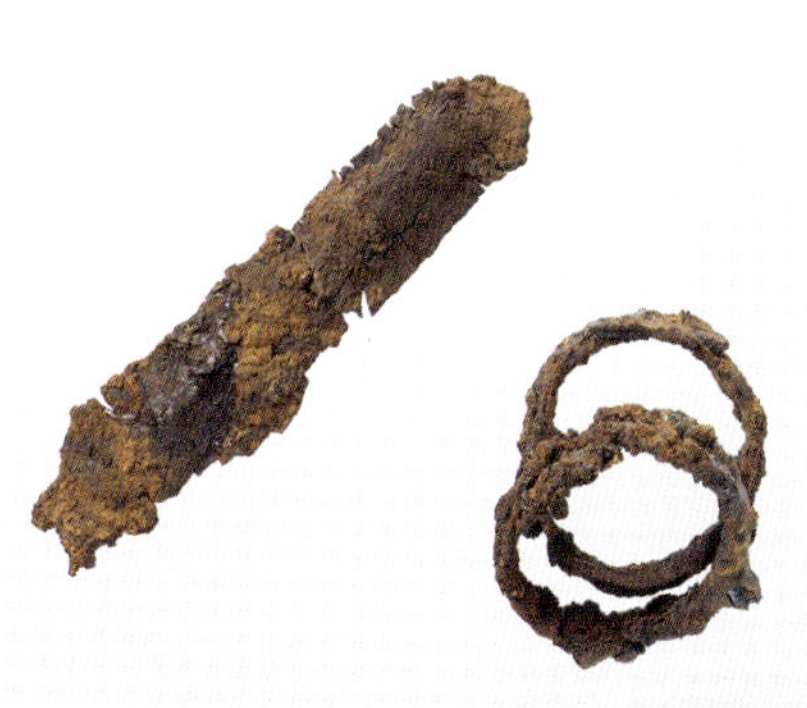

6　鉄剣と鉄釧　E 5遺跡（都筑区）
当時きわめて貴重だった金属器を身につけて埋葬された被葬者の地位が推察される。

7　青銅製の装飾品　三殿台遺跡（磯子区）
青銅器は装飾品などに多く用いられた。

8　磨製石斧
用途によってさまざまな種類がみられる。

弥生社会の再編と古墳の成立

弥生時代後期の社会

中国の史書にみえる「倭国大乱」の時期を含む紀元前後～二世紀は、日本考古学の時代区分では弥生時代後期にあたる。この時期、九州から南関東に至る本格的な稲作農耕を基盤とした地域では、鉄器が普及して大規模な灌漑農耕を成立させるとともに、三世紀半ばの古墳時代の幕開けに至るまでムラ同士の政治的統合が進んだとされている。

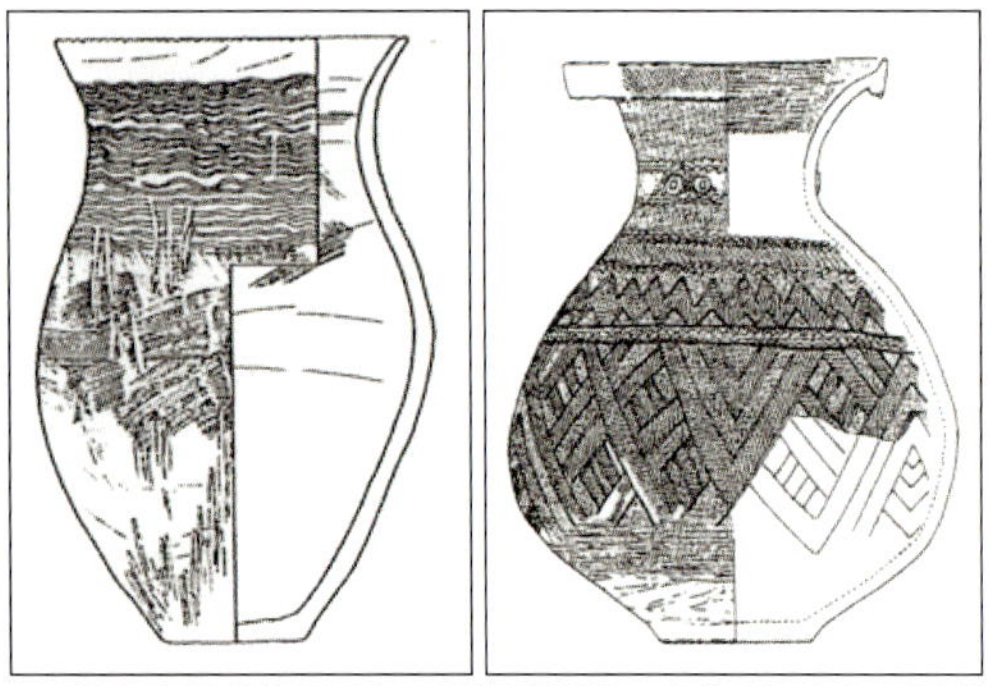

1　朝光寺原式土器（左：関耕地遺跡・青葉区）と久ヶ原式系統の土器（右：二ツ池遺跡・鶴見区）
両者は遺跡の中で共存するが、型式的に交り合うことはなく、明瞭に見分けることができる。

弥生時代中期後半には宮ノ台式土器と呼ばれる土器群が南関東一円に分布しており、後期にはその系譜を引く久ヶ原式土器などの土器群が東京湾沿岸地域に分布するようになる。宮ノ台式も久ヶ原式もどちらも文様に帯状の縄文を多用することが特徴で、いわば親子関係にある土器群である。ところが市域北部では、後期になると、現在の青葉区を中心とする西の丘陵地帯に別な土器を使う人たちがやってきたようだ。朝光寺原式と呼ばれる、櫛描文を多用する中部高地系（長野・山梨・群馬）の土器群の登場で、このときから横浜市域の東西で二大分布圏を形成するようになる。

2　弥生時代後期の環濠集落跡　大原遺跡（都筑区）
遺跡が立地する台地は標高約 45 mほどで、周辺の遺跡よりも 15 ～ 20 mほど高く奥まった場所にある。まるで、周囲を警戒するかのような立地だ。

両者が共伴して出土する遺跡は多く、二つの集団が極度に緊張状態にあった様子はうかがえないが、新たな中部高地系の人々の移入は、中期後半（宮ノ台式土器の時期）に鶴見川・早渕川流域に展開していた大環濠集落群の解体に何らかの形で関わっていると考えられる。

後期になっても、都筑区大原遺跡・四枚畑遺跡、港南区殿屋敷遺跡、戸塚区そとごう遺跡など、環濠が確認されている集落はあるが、中期に比べてその数は減り、集落規模も著しく縮小している。しかし、市域全域の弥生時代中期から古墳時代前期の遺跡動態をしらべると、遺跡全体の数はむしろ弥生時代後期～終末期に増加することが指摘できる。大局的には後期においても安定的な農耕社会が横浜市域に存在したといえるだろう。

悉皆的な遺跡群調査が行われた港北ニュータウン地域の一例を挙げてみよう。弥生時代中期の中で解体に向かった諸環濠集落のなかで都筑区権田原遺跡のみについては、小支谷を挟んで隣接する台地上に後続する遺跡群が展開することがわかっている。大原遺跡（弥生後期）→北川貝塚の弥生集落（弥生後期～終末期、後期中心）→北川表の上遺跡（弥生後期～終末期～古墳前期、弥生終末期中心）というように多少時期を重複させつつ消長しており、全体がひとつのコロ

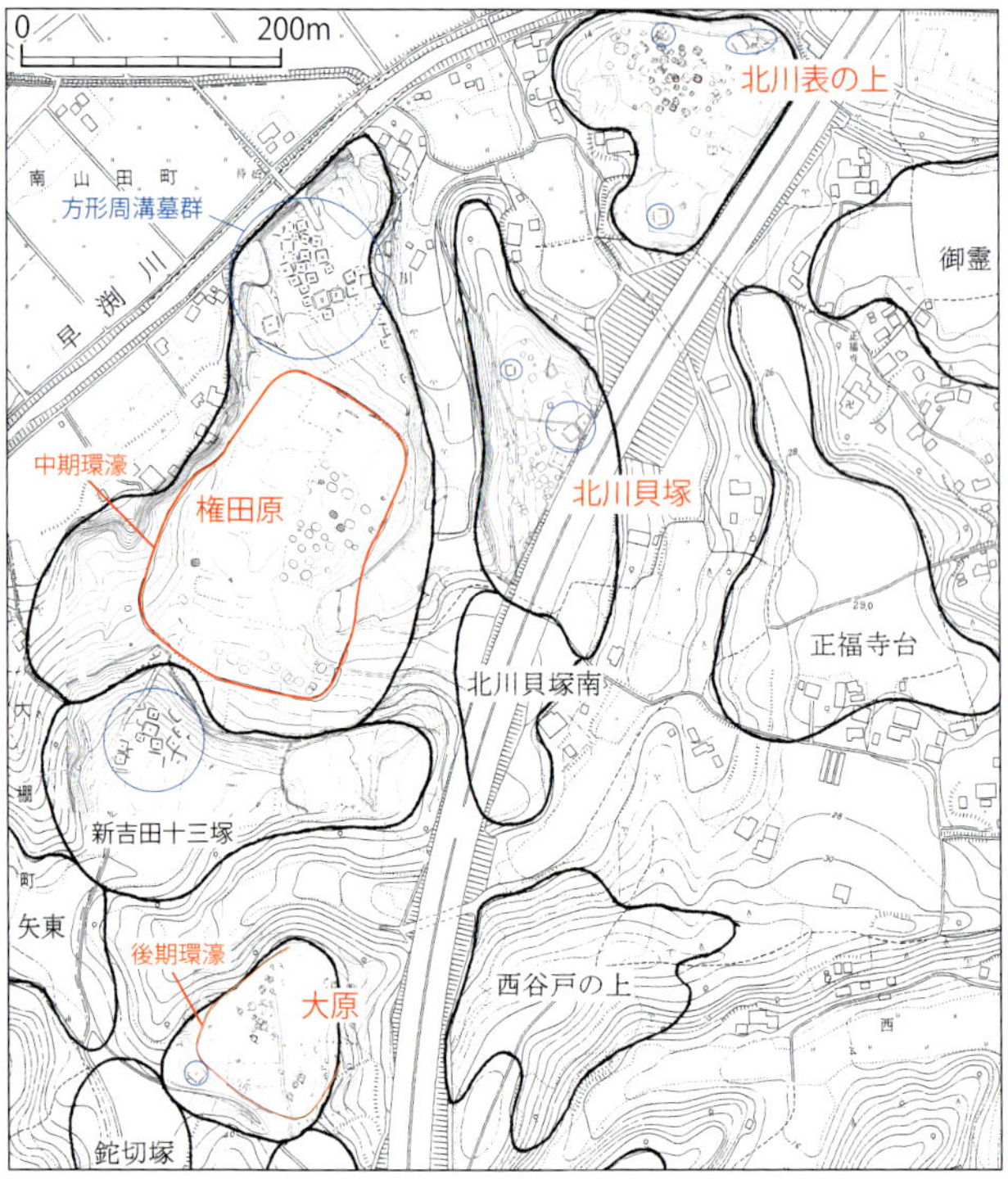

3　権田原遺跡（都筑区）周辺の弥生遺跡の動態
早渕川の沖積地に半島状に突き出した複雑な形の台地上に、弥生時代中期～古墳時代前期の遺跡がひしめく。中期の権田原遺跡からはじまり、後期中葉以降は大原遺跡、北川貝塚、北川表の上遺跡と、時期を重複させつつ続く。第三京浜道路をはさんで東側の御霊遺跡・正福寺台遺跡は未発掘だが、古墳時代前期の土器が発見されており、一帯が大型集落の景観を有している。

ニーのように有機的に関連しつつ機能していたようだ。個々の集落を見れば短期間のうちに消長しているが、近接した遺跡をグループで見ていくと、弥生時代の伝統の延長上に古墳時代を迎えていることが分かる。

古墳の築造と地域統合

古墳時代には、弥生時代後期の鉄器の普及以降に増加した人口を統括する指導的な役割をもった人物があらわれ、しだいに複数のムラ、さらに複数の地域が政治的に統合されていったと考えられている。

弥生時代中期の大規模な集落には必ずと言っていいほど数十基からなる方形周溝墓群が付随していたが、後期にはその数は一桁台となり、方形周溝墓に葬られる人物が限定されてきたことがうかがえる。緑区東耕地遺跡や南区・保土ヶ谷区市道高速二号線№6遺跡例のように古墳時代前期になっても方形周溝墓は依然として継続するが、青葉区稲ヶ原遺跡A地点では前方後方形を志向した形態の墳墓が発見され、また青葉区観福寺北古墳群（関耕地地区）・寺下遺跡一号墳のようにすでに高い墳丘を伴っているために方墳として扱った方が良いようなものが出現している。

隣接した諸地域を統合したと考えられる人物の墓は、古墳時代前期中頃に登場するものと見られる。戸塚区東野台古墳群は近接して弥生時代後期から古墳時代前期にかけての集落遺跡があり、それらを地盤として古墳時代前期中葉に至って五四メートルの規模をもつ前方後方墳（二号墳）が成立したことがよくわかる。このように二〇メートル足らずの方形周溝墓とは隔絶した規模を持つ中規模古墳は、鶴見川上流域の青葉区稲荷前古墳群、大岡川中流域の南区殿ヶ谷古墳群というように限られた地域にしか存在しない。規模の大きな墳墓を築くためには、大土木工事に必要な労働力を投下できる人口と生産力が必要であるから、これらの地域では流域の一定範囲が政治的に統合されたものとみられる。

青銅鏡をもつ古墳

さらに広い範囲を統括したとされる人物の墓は市北東部の日吉台と、隣接する川崎市加瀬台の地域にしかない。加瀬白山古墳と日吉観音松古墳は共に全長が九〇メートルに近い前方後円墳であり、横浜市・川崎市域のすべての前期古墳の規模をはるかに凌駕した存在である。先の中規模墳とは異なり副葬品に青銅鏡が含まれていることが大きな特色で、少なくとも多摩川南岸と鶴見川下流をあわせた広大な沖積地を生産基盤とする多数の集団を背景に成立した大首長の墓と目される。また、加瀬白山古墳からは三角縁神獣鏡が出土していることから、被葬者は畿内政権とも交渉をもった人物であったと考えられる。

なお、これら前方部を敷設する古墳のほかに、青葉区虚空蔵山古墳・観福寺裏古墳、保土ヶ谷区仏向町古墳、港北区新羽南古墳（前方後円墳の可能性もあり）などの中規模の円墳が古墳時代前期中葉以降になって出現する。弥生時代以来の方形周溝墓の被葬者に代わって、新しい古墳時代的な社会的枠組みを基盤とした小首長が、新たにムラのリーダーとして台頭したものと考えられる。

（古屋紀之）

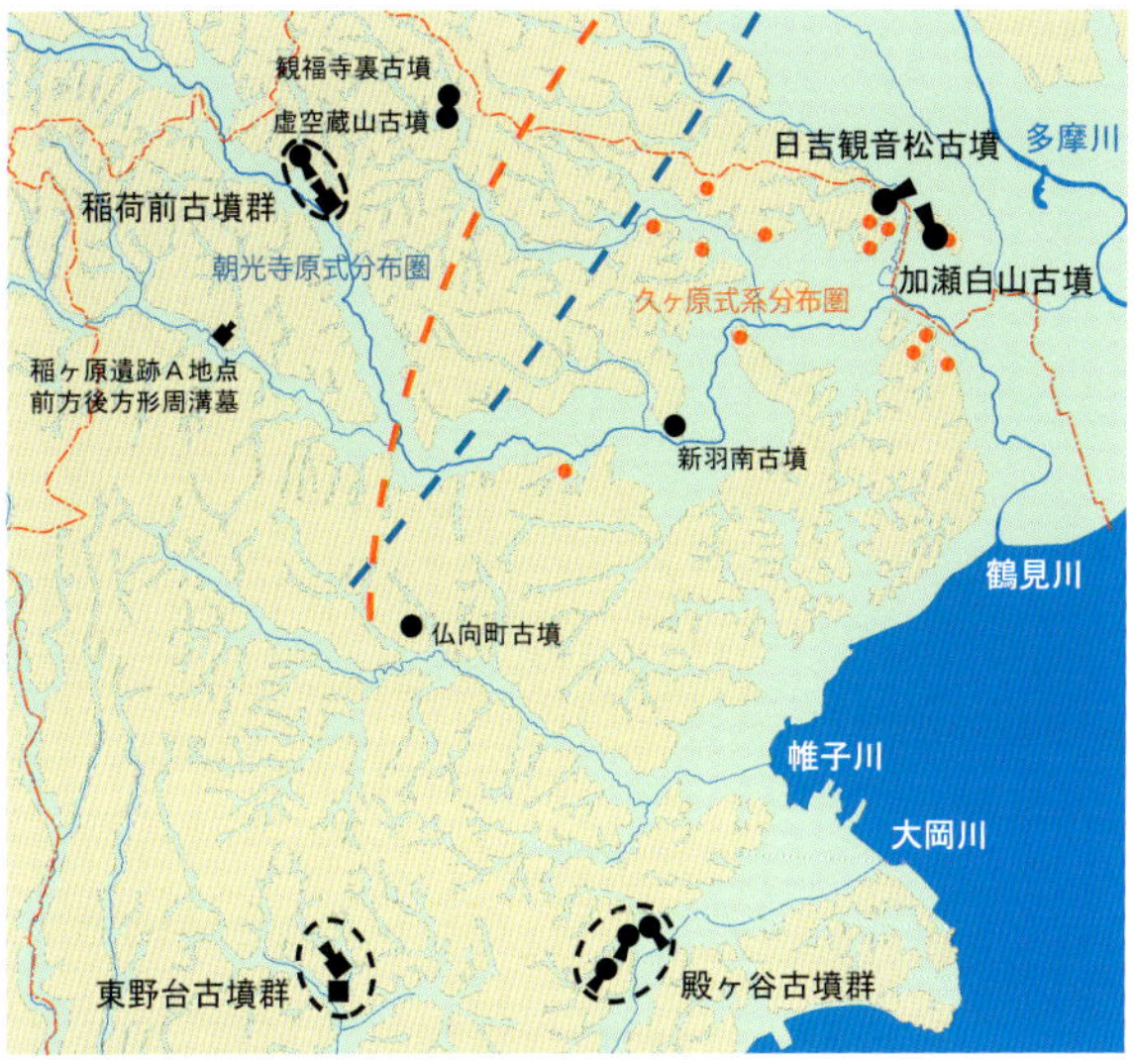

4 弥生時代後期の2大土器様式圏と前期古墳
弥生時代後期の2大土器様式分布圏を大まかなラインで示した。また、赤丸は久ヶ原式系の大型集落の位置を表している。こうした土器様式から推測される弥生時代後期の集団関係は、のちに築造される前期古墳のあり方に大きな影響を与えていると考えられる。

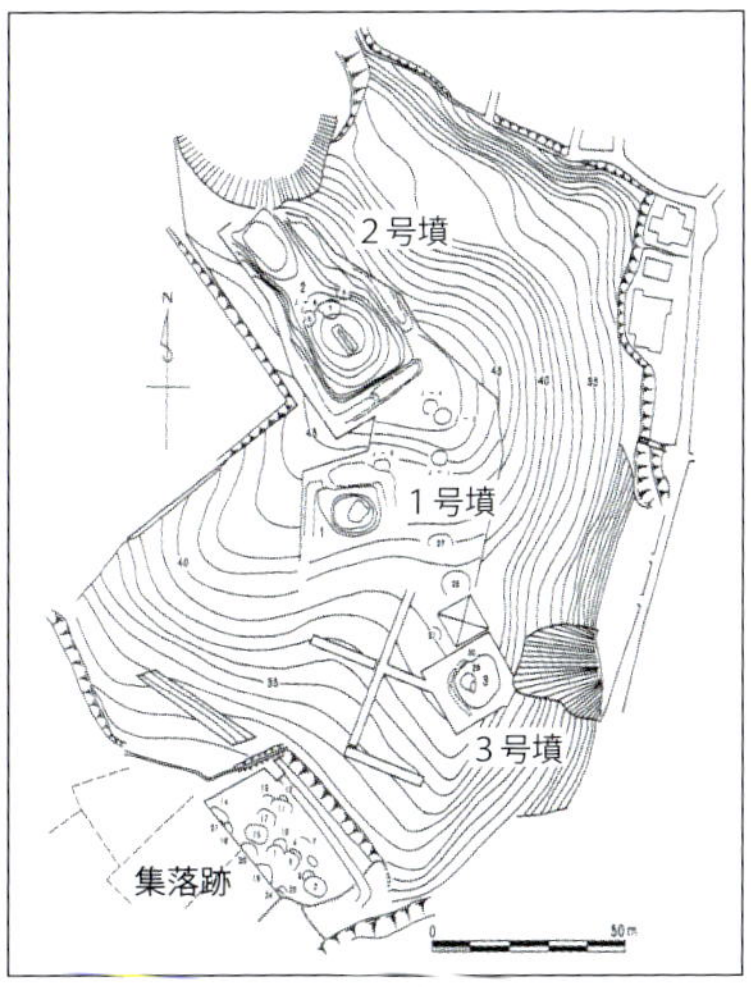

5 東野台古墳群（戸塚区）
台地上に方形周溝墓・方墳・前方後方墳が占地し、台地のふもとでは墳墓を築造した集団の集落が発見された。

6 内行花文鏡 日吉観音松古墳（港北区）

図版特集

埴輪の移り変わり

横浜市域では、およそ九〇基の古墳が知られている。埴輪をともなう確かな古墳は一四基を数える。最も古く位置づけられる埴輪は、四世紀後半の稲荷前一六号墳（青葉区）出土の壺形埴輪で、焼成前の底部穿孔がみられる。定型化した円筒埴輪は、港北区に所在する五世紀中頃の日吉矢上古墳出土の埴輪が古く、綱島古墳が次ぐが、朝顔形をふくむ円筒埴輪のみが知られる。

形象埴輪の登場は、六世紀中頃以降と考えられる。動物・器財・人物など、各種の形象埴輪はあまり時を経ずに登場するようである。六世紀末頃には、埴輪は古墳に樹立されなくなる。

市域では、埴輪製作に関連する遺跡は発見されていない。多くは他の地域で製作されたものであると考えられる。粘土にふくまれる鉱物や元素、作り方の特徴などが、埴輪製作地を探るてがかりとなる。六世紀の埴輪には、遠隔地から搬入されていることが判明しているものがある。

（鈴木重信）

1　壺形埴輪・土器類　稲荷前 16 号墳（青葉区）　神奈川県指定史跡
壺形埴輪や土器類は、墳頂部や墳裾部から出土した。4 点は底部が焼成前に穿孔されている。外面は赤彩が施される。大きさ形態とも不揃いな点が注意される。左端は高坏形土器の一部。中央手前 2 点は小形の壺。この古墳は全長 38m の前方後方墳。埋葬施設は未調査のため不明。

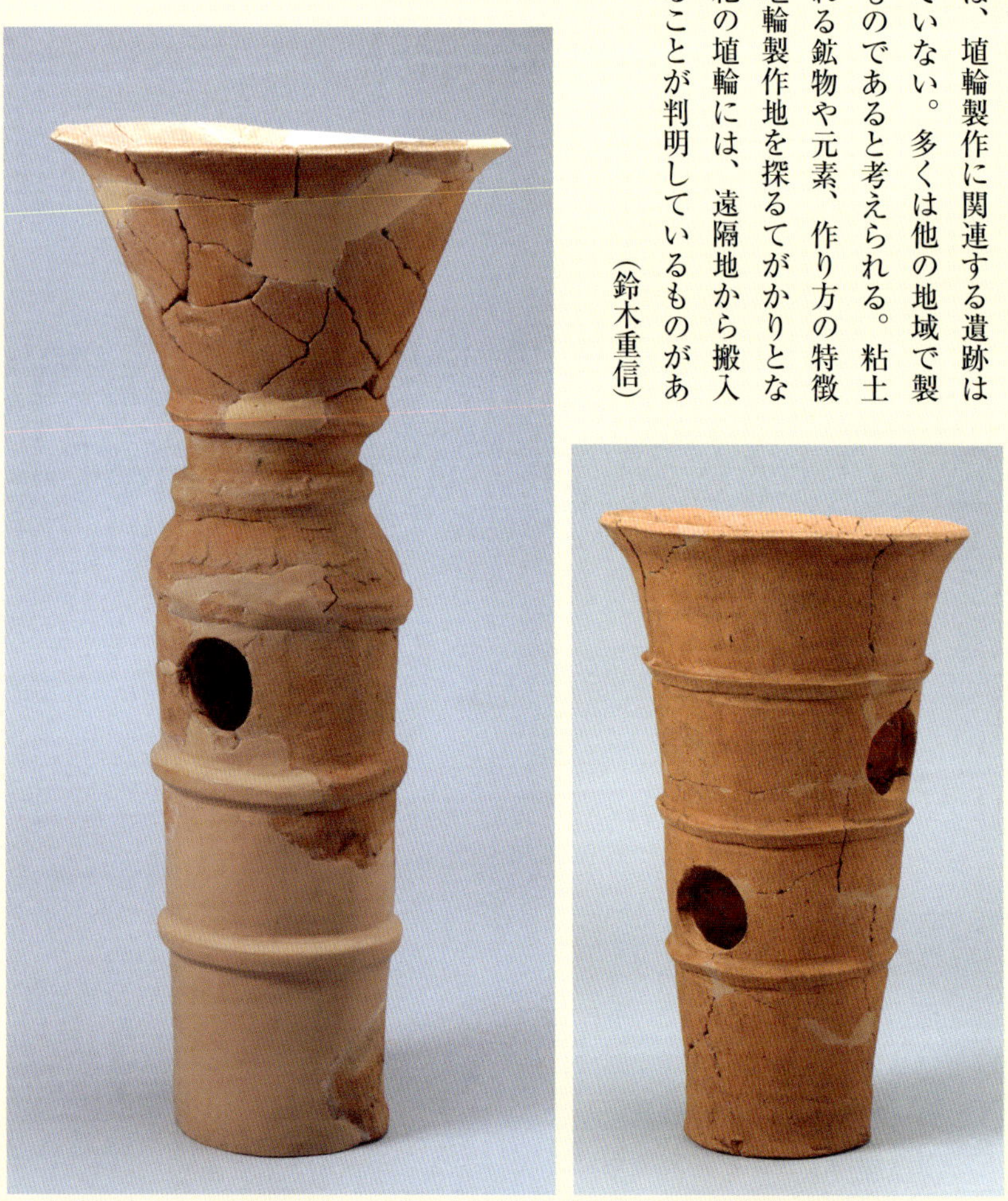

3　円筒埴輪（右）と朝顔形埴輪　上矢部町富士山古墳（戸塚区）　横浜市指定文化財
古墳は長径 29m 程の円墳で、墳丘は後世に大きく削平されていた。墳丘の東側から南側の裾部および周溝内から、円筒・朝顔形埴輪のほか人物・馬形・鳥形埴輪など多量の埴輪が出土した。円筒埴輪には粘土、施工具などに違いがみられ、複数の工人集団によって製作されたと推測される。朝顔形埴輪は肩部の張りがなくなっている。朝顔形埴輪は高さ 68cm、円筒埴輪は高さ 43.5cm。古墳の築造は 6 世紀中葉。

2　朝顔形埴輪　日吉矢上古墳（港北区）
朝顔形埴輪は器台の上に壺が載せられた状態が合体して形象化されたもの。基底部と口縁部を欠く。肩部には張りがあり、壺の面影を残す。重厚なつくりで、外面は赤彩が施されている。透孔右側に 4 条の線刻が見られる。高 40.5cm。

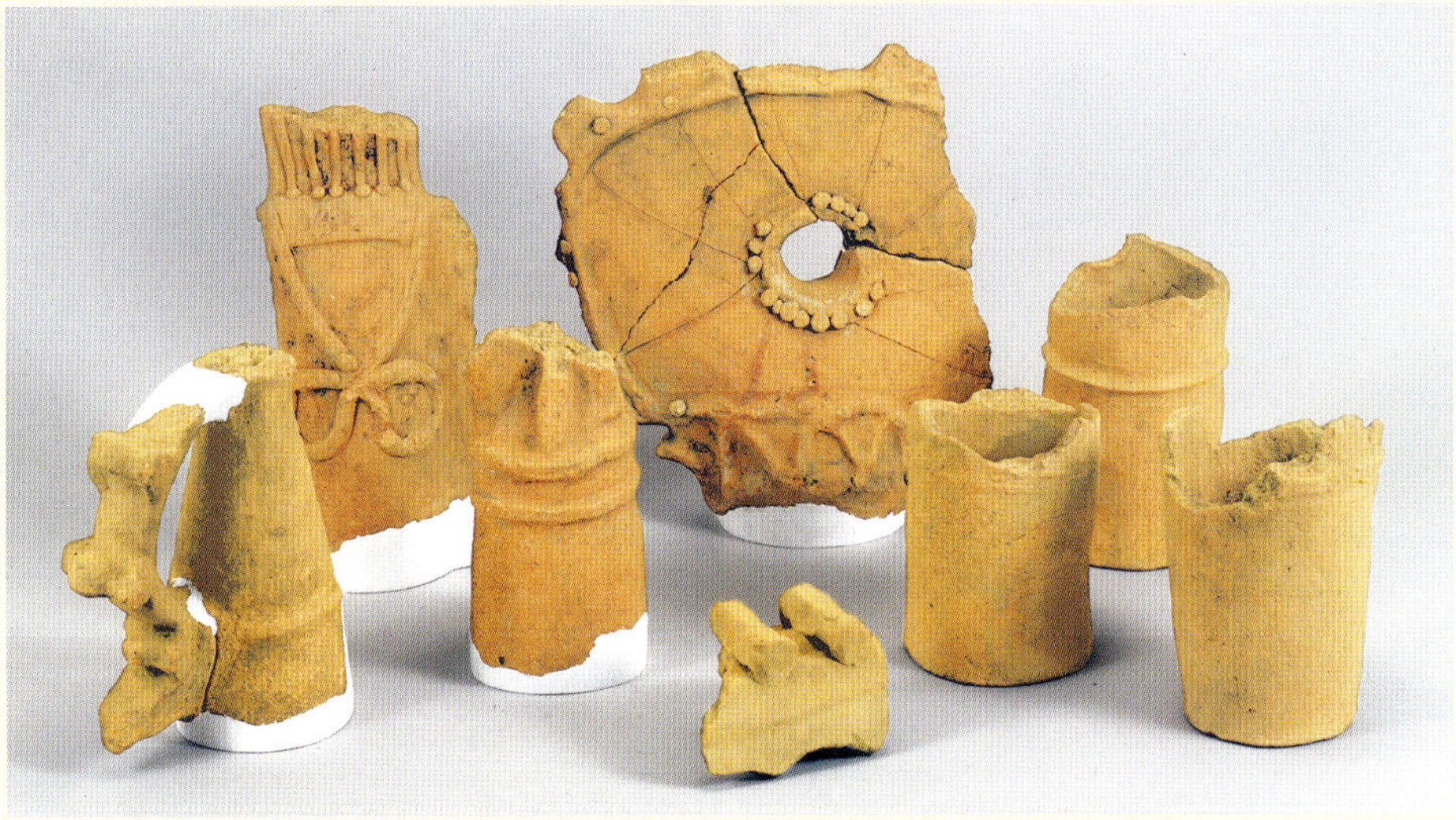

4　形象埴輪群　駒岡堂の前古墳（鶴見区）
左から三輪玉（みわだま）で飾られた太刀（柄部）、靫（ゆぎ。矢を入れて背負う道具）、矛または戟（げき）、中央奥は「さしば」、中央手前は家（鰹木が載る屋根部）。右3点は、形象埴輪の基部。粘土には角閃石安山岩が含まれており、群馬県前橋市周辺から搬入された可能性が高い。

5　靫形埴輪（左）と人物埴輪　瀬戸ヶ谷古墳（保土ヶ谷区）
古墳は全長約41mの前方後円墳。墳丘のまわりに三重に円筒埴輪・朝顔形埴輪が立てられおり、後円部から前方部西側にわたって形象埴輪が配列されていた。形象埴輪には、大型の家をはじめ大刀・盾・靫・帽子などの器財埴輪や、男女の人物・馬などがあった。いずれも非常に丁寧に製作されており、群馬県の埴輪との関係も指摘されている。6世紀中葉の築造とみられる。靫形埴輪は高さ112.8cm。人物埴輪は33.2cm。

6　馬形・鳥形埴輪　上矢部町富士山古墳（戸塚区）　横浜市指定文化財
馬形埴輪は面繋・尻繋・前輪・後輪・輪鐙・障泥などを装着した飾り馬。鳥形埴輪には、くちばしが水平で水鳥を表現したもの（左）と、鋭いくちばしの表現がなされた鷲・鷹などの猛禽類を表現したものがみられる。馬形埴輪は高さ59.5cm。

図版特集

縄文〜古墳時代の装飾品

装飾品は市域の一二〇以上の遺跡から四〇〇点以上が出土している。

装飾品は原始時代からあり、髪飾《かざり》、耳飾、垂飾（ペンダント）・頸飾、腕飾、腰飾などいろいろな種類のものが見つかっている。縄文時代の貝塚からは、獣骨・歯牙製品、貝製品も出土している。住居跡や墓穴などからは、新潟県糸魚川地域で産出するヒスイや山梨県甲府市でとれた水晶製の玉類など、遠くから運ばれた材料で作られた装飾品も出土する。

弥生時代には、石・ガラス製の玉類のほか青銅・鉄製の腕輪が方形周溝墓に副葬されている。古墳時代初頭の青葉区上谷本遺跡からは、碧玉製の玉の工房跡が発見されている。後期になると古墳や横穴墓から出土する勾玉はコの字形を呈し、大きさも整ってくる。そのほか、琥珀で作られた棗玉の出土例がある。琥珀産地は岩手県久慈市周辺や千葉県銚子市が有名で、人々の広範囲な交流がうかがえる。

（水澤裕子）

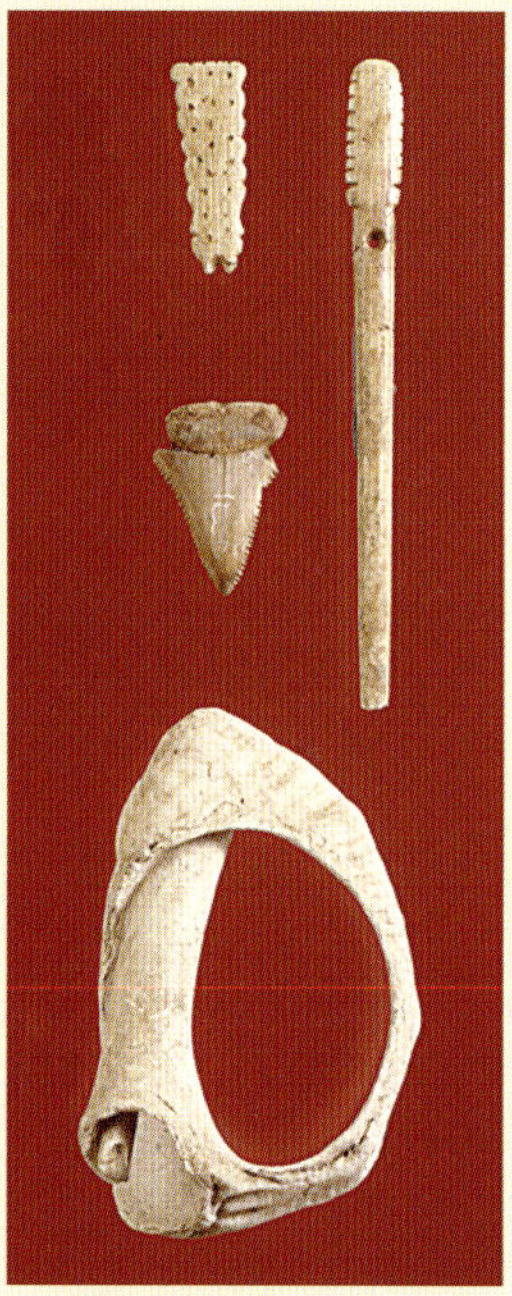

1　髪飾・貝輪・歯加工品　縄文時代前期　北川貝塚（都筑区）
J26号住居跡覆土出土、鹿角製。髪飾は合計3点出土。1点は頭部のみ。サメの歯加工品は垂飾の未製品か。

2　玉類・玦状耳飾（ピアス）　縄文時代前期　南堀貝塚（都筑区）
滑石製玉と滑石製玦状耳飾、土製玦状耳飾。玦状耳飾は、前期に流行したもので、切れ目のところから、耳たぶにあけた穴に通して使用。二つに割れると、両方に孔をあけて補修したり、垂飾に転用している。

3　玦状耳飾　縄文時代前期　北川貝塚73号土坑（都筑区）

4　垂飾と耳飾（耳栓）　縄文時代中期　三の丸遺跡・石原遺跡（都筑区）ほか
縄文時代前期に多く出土する玦状耳飾の半欠品の流れをくむ垂飾は、中期でも出土する。

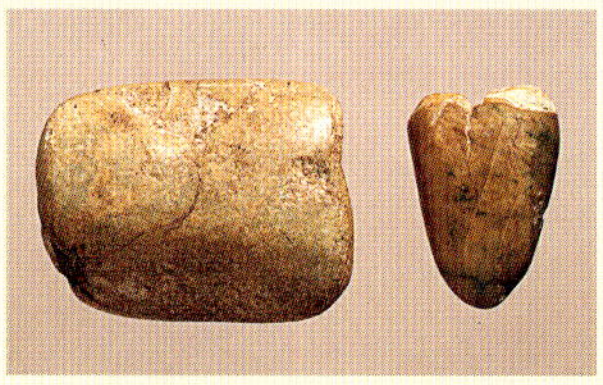

5　ヒスイ大珠（垂飾）　縄文時代中期　大熊仲町遺跡・三の丸遺跡（都筑区）
ヒスイに孔をあけた「大珠」という垂飾である。

6　垂飾状鹿角製品　縄文時代中期　元町貝塚（中区）
大きさは、長さ6.5cm、幅2.3cm、厚さ0.3cm。

7　貝輪（腕輪）　縄文時代中期　元町貝塚（中区）
貝輪は縄文時代前期〜晩期まであり、主に女性が腕に複数個を装着。

8　車輪形耳飾（ピアス）　縄文時代後・晩期
華蔵台遺跡（都筑区）
土製。径2cm～最大8cmほどである。徐々に大きい物に替えていくらしい。透かし彫りや、ベンガラで赤く彩色したものもある。本来2個一対で装着したと考えられるが、左下のようにそろって出土することはまれである。

11　銅釧（腕輪）　古墳時代後期　鴨居原古墳石棺主体部（緑区）
人骨に伴い、2個一対で出土。細身で断面が六角形、側面に刻目がある。

9　鉄釧（腕輪）・玉類（頸飾）　弥生時代後期　大原遺跡（都筑区）
第1・2号方形周溝墓の主体部から出土した。上段中央の勾玉は長さ1cm、幅0.6cmヒスイ製、小玉はガラス製、他は土製。

10　垂飾　古墳時代初頭　上谷本第二遺跡A地区3号住居跡（青葉区）
市域では類例のない形をしている。上方に線刻による綾杉文とその中心線上に一対の円孔と両端には同径のえぐりがみられる。中段には柱状の透かし彫り、下方に線刻による文様帯と半円状の透かし彫りがみられる。高さ3.4cm。滑石製。

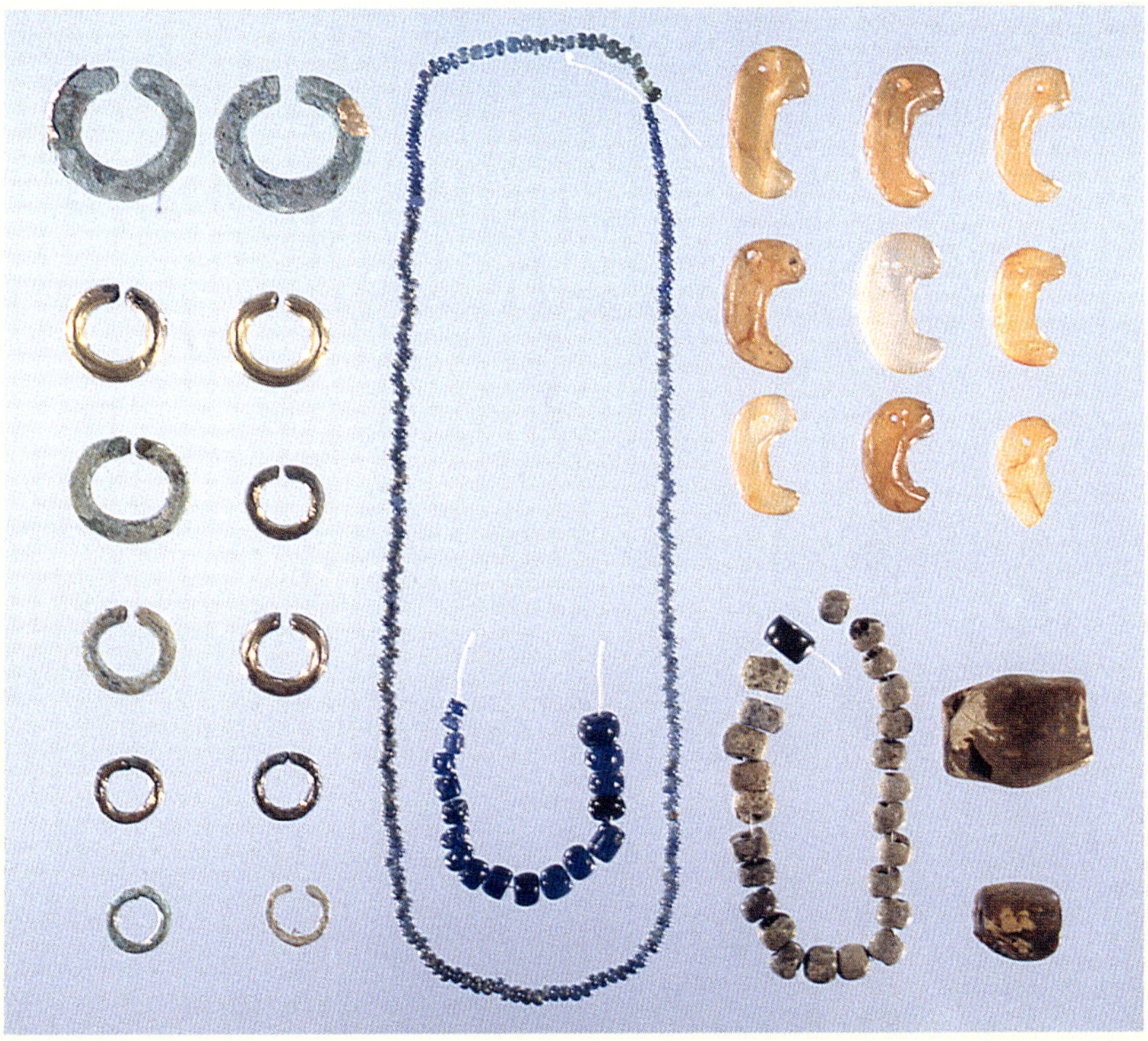

12　金環（耳飾）・ガラス玉（頸飾）・玉類
古墳時代後期　東方横穴墓群（都筑区）
金環やガラス玉は特別な技術が必要であり、琥珀製の棗玉も含め、交易を通して入手したと考えられる。

古墳の展開とムラ

古墳の地域的なまとまり

横浜市域の古墳分布を調べると、河川流域ごとに地域的なまとまりをもっていることに気付かされる。やや広い範囲のまとまりとして概観してみよう。

河川流域では、市域北部の鶴見川水系に分布密度が高い。前期古墳（おおむね四世紀後半）を含むグループは、矢上川下流の日吉・加瀬古墳群、鶴見川中流新羽・大熊古墳群、上流谷本川東岸の大場・市ヶ尾古墳群、早渕川上流の荏田・元石川古墳群、大岡川流域の井土ケ谷古墳群、柏尾川流域の上矢部・秋葉古墳群の六群がある。このうち、日吉・加瀬古墳群中には観音松古墳と加瀬白山古墳という二基の前方後円墳が含まれる。ともに全長八〇メートルを超える規模で、多摩川対岸の蓬莱山古墳・亀甲山古墳の一〇〇メートル級の前方後円墳に次ぐ位置を占めている。副葬品も銅鏡や玉類・鉄製品など豪華なものが見られる。

これに対して、上流の大場・市ヶ尾古墳群では、全長三八メートルの前方後方墳の稲荷前一六号墳が、荏田・元石川古墳群では径三五メートルの円墳、虚空蔵山古墳が造られている。稲荷前古墳群では、六号墳と名付けられた前方後円墳があるが、何らかの事情により築造途中で放棄されていた。近年、中流域でも新羽・大熊古墳群中の港北区新羽南古墳が、前期に遡るものであることが判明した。径二一メートルの円墳と推定されている。これら中・上流域の前期古墳の副葬品は玉類と少数の鉄製品のみで、銅鏡が見られない点が共通している。

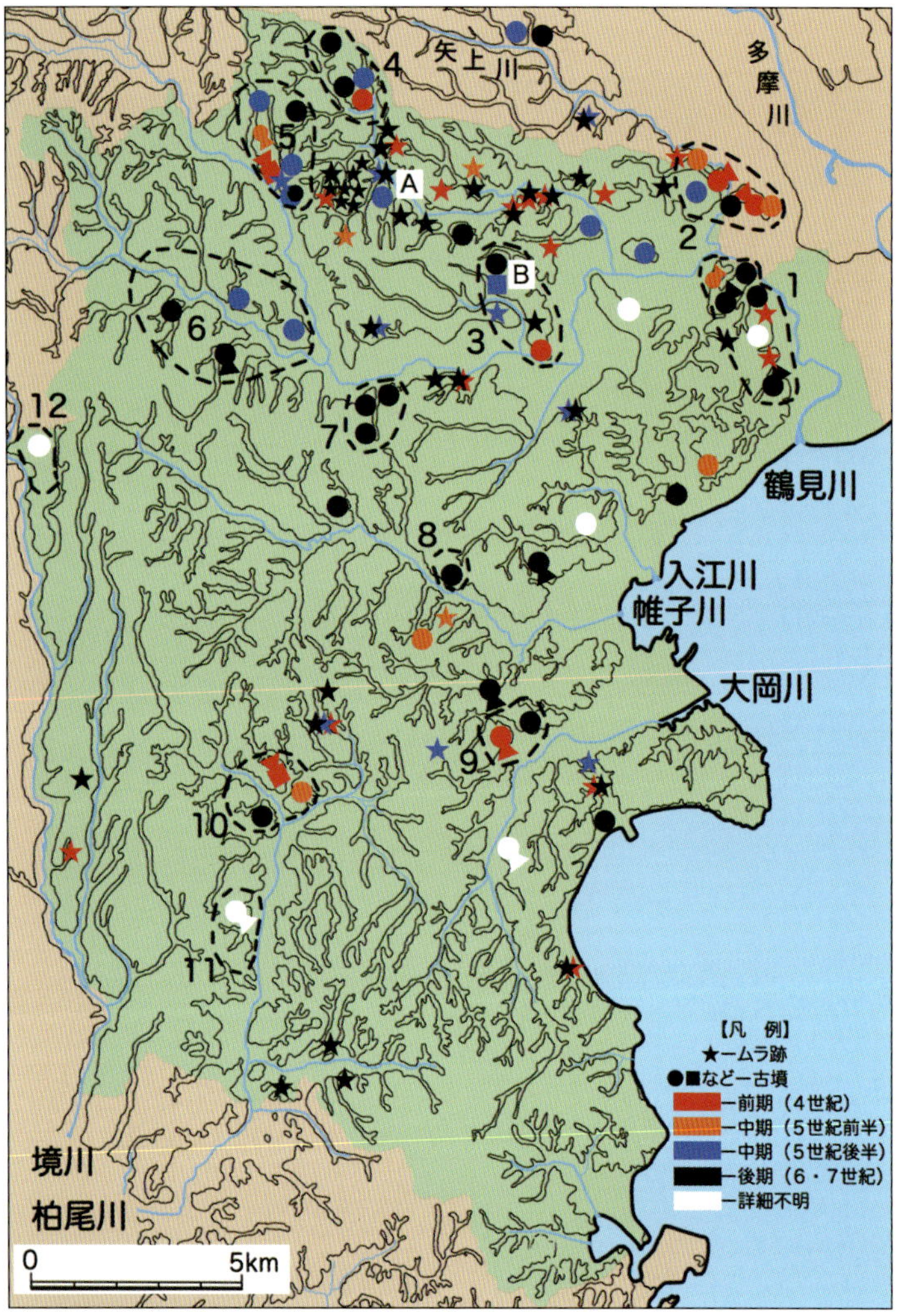

1　横浜市域の主な古墳とムラの分布
1：駒岡・末吉古墳群　2：日吉・加瀬古墳群　3：新羽・大熊古墳群　4：荏田・元石川古墳群　5：大場・市ヶ尾古墳群　6：新治古墳群　7：鴨居古墳群　8：釜台古墳群　9：井土ケ谷・太田古墳群　10：上矢部・秋葉古墳群　11：富塚古墳群　12：瀬谷古墳群
A：矢崎山遺跡・矢崎山古墳　　B：東原遺跡・上の山古墳群

大岡川流域の井土ケ谷・太田古墳群中の殿ヶ谷古墳群は三基の前方後円墳が含まれるが、最大のもので全長四二メートルで、目立った副葬品もみられなかった。また、柏尾川流域では上矢部・秋葉古墳群中の東野台二号墳が造られている。全長五四メートルの前方後方墳で、副葬品は玉類と少数の鉄製品のみであった。鶴見川の中・上流域のあり方と似ている。富塚古墳群については、詳細が明らかでない。

古墳群のさまざまな様相

日吉・加瀬古墳群はじめ、大場・市ヶ尾古墳群や荏田・元石川古墳群では、ほぼ古墳時代を通じて古墳が営まれているが、井土ケ谷古墳群や上矢部・秋葉古墳群では中期（おおむね五世紀代）の一部に属する古墳が見られない。これに対して、駒岡・末吉古墳群や新治古墳群では、中期のある段階から古墳造りが開始されている。また、鶴見川本流南岸の鴨居古墳群や帷子川下流の釜台古墳群のように、古墳時代のほぼ後期後半（六世紀後半）以降に開始されるグループもある。この頃になると、古墳が見られない地域にも、「横穴墓」と呼ばれる形態の墓が盛んに造られるようになる。このほか、中期以降になると単発的に造られる古墳もある。

古墳時代前期の段階では、各河川流域の要の位置に古墳が造られた。四世紀後半の加瀬白山古墳以降、日吉・加瀬古墳群を造った集団の長を頂点とする体制が続いたと推定される。

その後、中期中頃以降、古墳の様相は

大きく変わる。その典型が大場・市ヶ尾古墳群中の朝光寺原一号墳で、新来の鉄製武具や馬具、多量の鉄製武器が副葬されていた。その被葬者は、これまでの地域首長の性格とは異なるようである。あるいは、中央から派遣された人物であったかも知れない。古墳に見るこのような様相から、五世紀中頃は大きな画期であったといえる。

古墳の数とムラの数は不均衡

古墳造りをささえたムラの姿は、実はあまり判っていない。例えば、日吉・加瀬古墳群が造られた台地には、弥生時代後期の大規模なムラが埋もれていることが知られているが、古墳時代のムラについては断片的にしか判っていない。中期前半（おおむね五世紀前半）のムラに至っては、古墳の数より少ないムラの数しか知られていない。しかも、発掘された遺跡では、数軒の竪穴住居跡が発見される程度の小さなムラばかりなのである。沖積微高地上に大規模なムラが埋もれていると推定されているが、いまだにそのシッポはつかめていない。

後期後半（おおむね七世紀前後）には、各地で横穴墓が盛んに造られるが、やはりムラの数が不釣り合いである。市域南部の猶《いたち》川流域では、おそらく二〇〇基以上の横穴墓が造られているが、ムラの数は少数が知られているに過ぎない。

時代の画期とムラ

古墳時代には、前方後円墳の出現と終焉などいくつかの画期があるが、ここで中期中頃（おおむね五世紀中頃）の画期にふれておく。古墳にも大きな変化が見られた時期に相当する。

数は少数であるが、台地上に長期にわたって営まれる大規模なムラが、突如として成立する。竪穴住居には、熱効率の高いカマドが作り付けられている。いわば「台所革命」である。竪穴の暮しも大きく変化する。「須恵器《すえき》」と呼ばれる陶質土器など、新来品ももたらされる。

都筑区の矢崎山遺跡や同東原遺跡は、この時期に成立するムラである。ともに台地の緩やかな斜面に営まれている。矢崎山遺跡では、南側背後の丘の上に矢崎山古墳があり、東原遺跡では大熊川を隔てて上の山古墳群がある。ムラと古墳の直接的な関係をうかがうことができる数少ない事例でもある。

（鈴木重信）

2　新羽・大熊古墳群中の上の山古墳群（都筑区）
鶴見川中流域支流の大熊川北岸の尾根上に4基が列をなして造られている。中期中頃から後期前半（5世紀後半～6世紀初頭）に営まれた。小規模な方墳と円墳で構成される。大熊川対岸（学校のある場所）には、東原遺跡という同時期のムラ跡が発掘されている。

3　竪穴住居跡（上）とカマド（下）　矢崎山遺跡（都筑区）
竪穴住居は斜面に重なり合っている。粘土で作られたカマドは、天井が崩れている。器が設置されたままの状態で発掘されたものもある。

横穴墓のひろがり

横穴墓の構造

古墳時代における墓制で中心的存在となるのは高塚古墳であるが、横穴墓も古墳時代後期の墓制の一つとして広く知られている。横穴墓は丘陵の山腹や崖面を掘削して造られ、その基本的な構造は内部施設である玄室・羨道と外部施設である墓前域から構成されている。

玄室とは亡骸（棺）を安置する空間のことで、礫床と呼ばれる河原石を底面に敷いたものも多く認められる。また、棺座と呼ばれる一段高く据え付けられた（掘り残された）亡骸を安置する台状の施設を有するものや、造付の石棺などを有するものもある。羨道は横穴墓の入り口と玄室を結ぶ空間を指し、羨道と玄室との境を玄門、墓前域との境を羨門と呼ぶ。玄門は明瞭に造られ、玄室に前壁をもつものや、境界が不明瞭で区別のつきにくいものがある。羨門部分には、板状のものを嵌め込んだと思われる刻み目や、土丹や石積みなどで閉塞した痕跡が認められるものも多い。墓前域とは墓前方区域という言葉を短縮した用語で、墓前祭祀を執り行うエリアをいい、ここからは祭祀に使用された遺物の出土が多く認められる。また、この墓前域は前庭部や墓道と呼ばれることがある。

横穴墓の構造からみると、平面形状では矩形や徳利形や羽子板形、断面形状では天井部がドーム形やアーチ形を呈するものなどさまざまな形状のものがあるが、概して時代が下るとともに、玄室と羨道の境目が不明瞭に、ドーム形からアーチ形なっていく傾向が認められる。

1　横浜市域の高塚古墳と横穴墓の分布図

横穴墓の分布と特性

古墳時代の主な埋葬形態である高塚古墳の築造数は、古墳時代を通じ時間が経つにつれて徐々に多くなることは知られているが、特に古墳時代後期や終末期になると、それまでの時期の分布とは異なり、各地域で爆発的に増加する。こうしたなかで、おもに六世紀代に展開した後期群集墳や七世紀代に展開した終末期群集墳と併行して、横穴墓も数多く造営されるようになる。

そもそも、横穴墓の初現は五世紀後半代の九州地方に求められ、次第に東に広がりながら八世紀前葉まで造営されるが、横浜を含む神奈川県下では六世紀後半代にその出現時期を求めることができる。ただし、横穴墓については、古墳時代後期から終末期群集墳の一翼を担ってはいるものの、高塚古墳のように全国的に普遍的に存在しているわけではなく、その分布地域には偏りがあることが分かっている。全国的に見ると、西は九州から本州の東北地方南部にまで求められ、関東から東北地域にかけては、太平洋沿岸地域での分布が多く認められているが、内陸部の分布は少ないのが特徴的である。

こうした分布特性は神奈川県下においても顕著で、沿岸地域である大磯や三浦半島、横浜、川崎などに多く分布している。また、横浜市域の横穴墓の分布についてもかなりの偏在性が認められ、瀬谷・旭・泉区等の北西部の内陸地域では極端に少なく、鶴見川流域の鶴見・港北・都筑・青葉・緑区の五つの区、ならびに帷子川下流域の西区、大岡川流域の南区、狖《いたち》川流域の栄区などに多く認められている。

横浜市域において最も多くの横穴墓が確認されているのが鶴見川流域である。上流域から下流域にかけいくつかの地域を中心に分布している。鶴見川流域の古墳時代後期の首長墓と考えられる石室を有する古墳の多くは、七世紀前半代に築造されたものと考えられ、これらの高塚古墳の周辺に横穴墓群の展開が認められる。このように、高塚古墳と横穴墓群が混在しているのが鶴見川流域における後期古墳の特徴で、同時期の神奈川県内の他地域では、厚木市や伊勢原

2　市ヶ尾横穴墓群（青葉区）神奈川県指定史跡
本格的な墓前域の調査がなされた横穴墓として知られている。

5　綱崎山横穴墓群 3 号墓の閉塞状況
羨道入り口をシルト岩ブロックで閉塞している様子が分かる。

3　綱崎山横穴墓群の全景（都筑区）
6 単位群、15 基の横穴墓群が検出されている。

4　綱崎山横穴墓群 4 号墓の全景
羨道部に閉塞施設の残骸が残り、墓前域から墓前祭祀に使用した遺物が出土している。

6　綱崎山横穴墓群 4 号墓の玄室
シルト岩で区画した内部に河原石を敷き、礫床上には人骨が遺存している。

市などの高塚古墳の分布が中心となるなかにおいてわずかに横穴墓が展開している地域、三浦半島や鎌倉市域、大磯や藤沢周辺などの横穴墓が群集墳墓の主体となって展開している地域とは様相を違えている。

また、横浜市南西部を流れる柏川流域に展開する横穴墓群には特徴的な形態を持つものが認められる。一般的な横穴墓の構造とは異なり、羨道にあたる部分が極端に短く玄室と一体化し、玄室にあたる部分の奥壁に穴を穿ち棺室という空間を設けている。

棺室構造を持つ横穴墓の多くは、棺室入り口部に段を有するものもあり、棺室入り口において板状の石材を嵌め込んで閉塞をしたと考えられ、羨道での閉塞の痕跡はあまり認められない。こうした棺室構造をもつ横穴墓は、横浜市域では柏川流域以外では森浅間山横穴墓群（磯子区）、松ヶ崎横穴墓群（港南区）、矢上上ノ町横穴墓B支群（港北区）でわずかに確認されているのみである。そのため、棺室構造の横穴墓が多く分布している地域の名称を用いて、かつては「鍛冶ヶ谷式」という呼称が使用されていたが、近年では柏川流域のみではなく隣接する鎌倉市域まで展開していること、これらの地域が旧鎌倉郡域に展開することから「鎌倉型」という呼称も使用されはじめている。

群集墳墓としての横穴墓

群集墳としての横穴墓がどのようにして形成されたかについては、高塚古墳における群集墳の群構成を利用し類型化されている。すなわち、個別の造営主体の墓域が明確に区分された中において一世代一基の累代的な造営、近接する複数の古墳が同時的に造営、墓域を特定したなかにおける同時期の複数古墳を含む累代的な造営、同時期の古墳が群在し継続的な造営の概ね四類型となる。

この類型を横浜市内の代表的な横穴墓群にあてはめた場合、最初の類型には衛門谷横穴墓（青葉区）、熊ヶ谷東横穴墓群（緑区）などがあたり、二番目の類型は認められていない。また、三番目の類型には浅間下横穴墓群（西区）があてはまり、四番目の類型には宮ノ前横穴墓群（栄区）、綱崎山横穴墓群（都筑区）などがあたる。また、熊ケ谷横穴墓群（緑区）は、最初と三番目の類型が混在しており、市ヶ尾横穴墓群（青葉区）、などは三番目と最後の類型が混在している類型で、七石山横穴墓群（栄区）、桂町横穴墓群（栄区）などは三番目から最後の類型へと移行するものとなり、横浜市域においては横穴墓群中に明確な個別造営単位が複数の横穴墓を造営しつつ、累代的に形成されるという類型が主体をなしているようである。（鹿島保宏）

図版特集

古墳時代の武人

五世紀の倭王権は武器・武具を集中管理する軍事システムを確立し、朝鮮半島から鋲留《びょうどめ》技法などの新技術を導入して技術革新を行い、甲冑などを量産していった。王権は、それらを近畿地域の中心部の首長のみならず西日本や東国の各地域の首長にも供給し、彼らを武人として軍事システムに組み込んでいった。埼玉県行田市の稲荷山古墳出土の辛亥《しんがい》年銘鉄剣にみえる「杖刀人《じょうとうじん》」は、武人として王権に奉仕する東国の地域首長を示している。また、東国では六世紀頃から盛んにつくられる、甲冑を装着する武人を表現した人物埴輪には、完全武装した武人の姿がうかがえる。

市域では、三基の小規模な円墳から構成される朝光寺原古墳群（青葉区）において、一号墳から三角板鋲留短甲と眉庇付冑をはじめ、数多くの鉄刀、鉄剣、鉄鉾、鉄鏃、二号墳・三号墳では轡《くつわ》金具や杏葉《ぎょうよう》などの馬具が発見されている。こうした副葬品は、王権の軍事システムに組み込まれ、武人として奉仕した被葬者を想起させる。（平野卓治）

1　三角板鋲留短甲と眉庇付冑　朝光寺原１号墳（青葉区）横浜市指定文化財
短甲は１辺約 11 ～ 18㎝の三角形の板を鋲で固定し、縁辺部分は革紐で綴じている。胴の右前が開閉するようになっており、右胴部には２つの長方形の蝶番金具が鋲で留められている。現存の高さは 37．1㎝。冑は鉢の上部の装飾である管と受鉢、頚部を保護する錣が欠損している。眉庇には幾何学的な透彫が施されている。現存の高さは 15.6㎝。

2　朝光寺原１号墳の全景（青葉区）
１号墳は径約 37 ｍで、幅約 12 ｍの周溝がめぐっており、墳丘は高さ 2.5 ｍで盛り土による３段築成である。２号墳は径 23 ｍ、高さ３ｍで、幅 6.5 ｍの周溝がめぐっている。３号墳は径約 20 ｍ、高さ 2.5 ｍで、周溝の幅は 3.5 ｍであった。遺物から１号墳は５世紀中頃、２号墳はそれに次ぎ、３号墳は６世紀前後に造営されたとみられる。森昭撮影。

3　朝光寺原１号墳の主体部の様相（青葉区）
主体部は墳頂部にあり、長さ 4.3 ｍ、幅 75㎝の割竹形木棺の直葬。棺内の遺体の頭部上方には、冑を中に納めた三角板鋲留短甲が後胴を遺体に向けて置かれ、遺体の両側には鉄剣６振、鉄刀３振、鉄鉾１口が平行して、足元には鉄鏃４束が配され、頭部付近には玉類が散乱していた。２号墳の主体部も割竹形木棺の直葬で、３号墳は盗掘のため不明。森昭撮影。

6　剣菱形杏葉　朝光寺原３号墳（青葉区）　横浜市指定文化財
杏葉は馬の胸や尻の部分に付けた装飾品のひとつ。朝鮮半島南部から舶載され、模倣品がつくられていった。剣菱形のほかに、方形・円形・ハート形・心葉形などの形がある。この杏葉は鉄製で金銅張りの技法でつくられており、金めっき部分がわずかに残っている。また縁の部分に鋲の頭の形が鋳出されている。長さ15.9㎝。

4　鉄鏃　朝光寺原１号墳（青葉区）　横浜市指定文化財
矢の先に付けられた鉄製の鏃。右側２点は束になった形で出土したもので、矢を束ねた形で副葬したが、矢柄は残らず、鉄鏃部分のみが残ったもの。鏃には、腸抉式（左の４点）、片関片刃箭式、鑿頭箭式など多様な形式のものがふくまれている。また、２号墳からは16点、３号墳からは３点の鉄鏃がみつかっている。

5　轡金具　朝光寺原２号墳（青葉区）　横浜市指定文化財
馬の口の中に入る部分である銜、銜の両端に装着されて銜が左右に動くのを防ぐ鏡板、銜の両端に組み合わせて手綱を結びとめる棒状の部分である引手から構成されており、ほぼ完形。横幅16.7㎝。2号墳からは吊り金具も出土している。

7　盾持人埴輪　上矢部町富士山古墳（戸塚区）横浜市指定文化財
6世紀中葉頃に築造された長径29m程の円墳の裾部および周溝内から出土した。革帽様の帽子をかぶる人物と頭部が開口する人物の２種類がある。このうち、開口頭部の盾持人埴輪は利根川下流域に比較的多くみられる。甲冑を装着した武人の姿ではなく、簡略・類型化された武人の人物埴輪であるが、盾をもち、首長の居館などを護衛した姿を想起させる。左端長さ70.8㎝。

武蔵国造の乱と屯倉

武蔵国造の内紛

『日本書紀』安閑天皇元年（五三四）閏一二月是月条には、次のような武蔵国造《くにのみやつこ》の地位をめぐる争いの記事がある。

「武蔵国造笠原直使主《かさはらのあたいおみ》と同族の小杵《おき》とが国造の地位を争い、年を経ても決着をみなかった。小杵は秘かに上毛野君小《かみつけぬのきみお》熊《くま》に援助を求めて、使主を殺害しようとした。使主は京に逃げ至って情勢を報告し、朝廷は裁決して使主を国造として、小杵を殺した。使主はお礼として横渟《よこぬ》・橘花《たちばな》・多氷《たひ》・倉樔《くらす》の四ヶ処の屯倉《みやけ》を置いた。」

五世紀代には、埼玉県行田市の稲荷山古墳から出土した辛亥年（四七一）銘鉄剣に「杖刀人《じょうとうじん》」とみえるように、各地域の首長は自らの持てる能力にしたがって大王と貢納・奉仕関係を結んでいた。六世紀以降、倭《わ》王権はこの関係を前提として、首長とその住民のなかに大王宮への出仕をはじめとする諸役に従う集団として「部《べ》」のシステム化をはかった。それとともに、王権に従属した地域の首長に政治的地位を与え、権力構造の末端に位置づけた。これが国造である。

倭王権によって任命された国造は、地域における首長としての行政権・刑罰権・軍事権・祭祀権を承認された。一方、国造自身あるいはその子弟の中央への出仕、調《つき》などの貢納物や采女《うねめ》・舎人《とねり》の献上、軍事力、労働力の提供など王権への奉仕の内容は強化された。各地に設置された部民の管理、屯倉の管理もそれにふくまれていた。

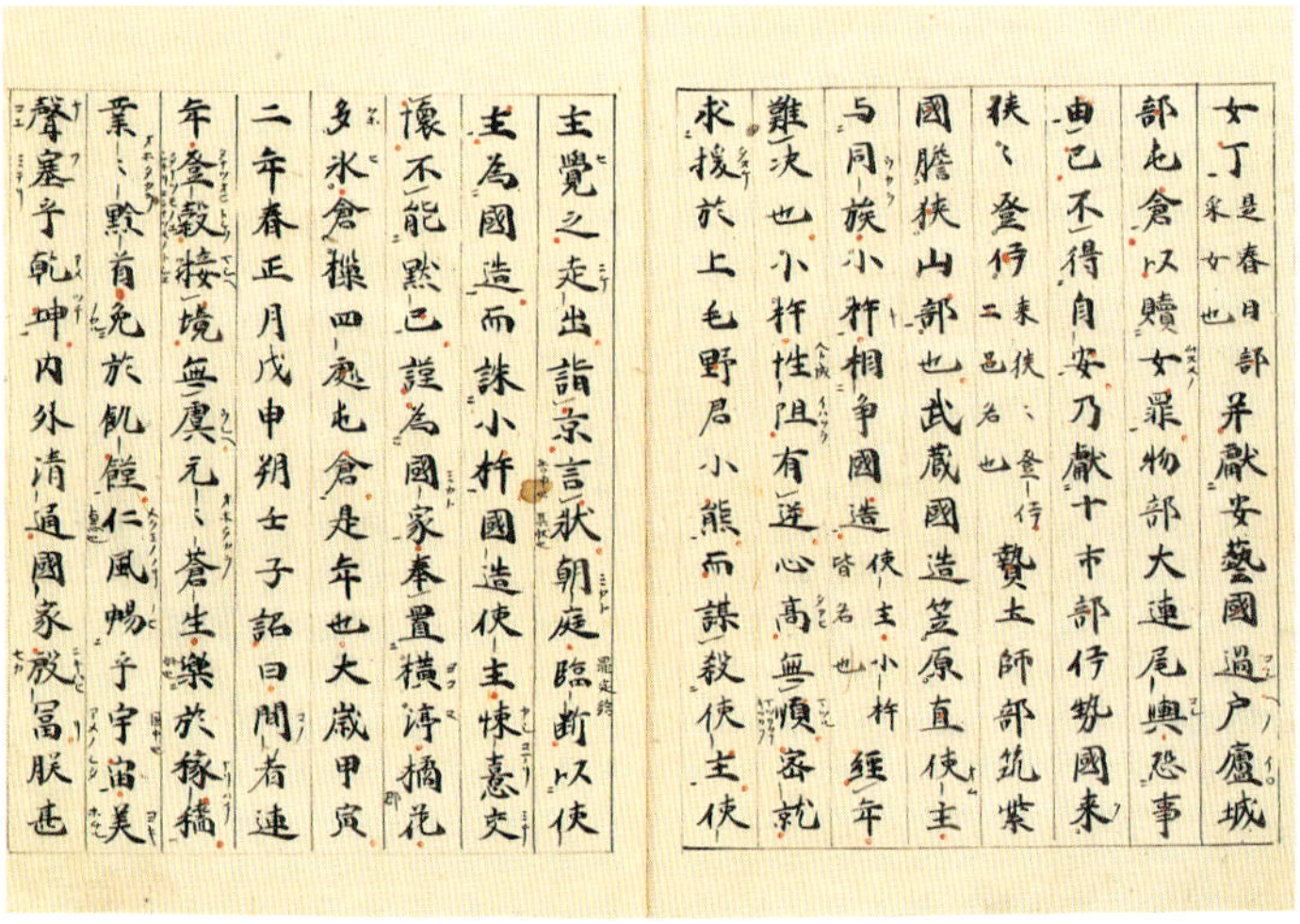
女丁是春日部采女也并獻安藝國過戸廬城
部屯倉以贖女罪物部大連尾輿恐事
由己不得自安乃獻十市部伊勢國来
狭々登伃来狭々登伃二邑名也贄土師部筑紫
國膽狭山部也武蔵國造笠原直使主
与同族小杵相争國造使主小杵皆名也経年
難決也小杵性阻有逆心高無順密就
求援於上毛野君小熊而謀殺使主使
主覺之走出詣京言状朝廷臨断以使
主為國造而誅小杵國造使主悚憙交
懐不能黙已謹為國家奉置横渟橘花
多氷倉樔四處屯倉是年也太歳甲寅
二年春正月戊申朔壬子詔曰間者連
年登穀接境無虞元々蒼生樂於稼穡
業々黔首免於飢饉仁風暢乎宇宙美
聲塞乎乾坤内外清通國家殷富朕甚

1 『日本書紀』安閑天皇元年閏 12 月是月条
卜部兼右本とよばれる『日本書紀』の写本。室町時代以前の写本の中でも良本とされる。5 行目から 12 行目に、武蔵国造の争いと 4 か所の屯倉が置かれる記事がみられる。

先の記事は、武蔵国造の地位をめぐる争いとなっているが、その内実は王権による圧迫を契機として引き起こされた武蔵地域の首長層、すなわち北武蔵地域の首長と南武蔵地域の首長の連携の破綻、分裂と対立とみられる。おそらくこの争いを契機として、武蔵国造の地位が確立していったのであろう。笠原直氏は、武蔵国埼玉郡笠原郷（埼玉県鴻巣市笠原付近）を本拠とした地域首長とみられる。六世紀以降、武蔵地域における古墳分布の中心は北武蔵、荒川上流の埼玉古墳群の周辺にあり、この地域の首長に武蔵地域を代表する首長権が固定され、武蔵国造の地位も独占的に授与されていったと推測される。

四つの屯倉と南武蔵

屯倉は、六世紀以降に設定された王権の地域支配の拠点であり、水田開発・経営のみならず山野の産出物の収取なども行った。ここにみられる四つの屯倉の所在地を確定することは困難であるが、橘花屯倉は後の律令制下の橘樹郡（川崎市）、倉樔は倉樹の誤りで後の久良郡（横浜市南東部）に当たるとみられる。また多氷は多末の誤りで後の多磨郡にあたるとみられるが、現在の大井に該当するという見解もある。横渟は北武蔵の横見（埼玉県吉見町・東松山市）を指すとする考えもあるが、『万葉集』に「多摩の横山」、鎌倉初期の和歌に「玉の横野」とみえることから、横山に対する横渟（横野）であり、多磨郡に置かれた屯倉と考えられる。このように、四つの屯倉はいずれも南武蔵地域に置かれたものと推定できる。

おそらく、武蔵地域の首長層の抗争の結果、北武蔵地域の首長が南武蔵地域の首長に勝利したのであり、南武蔵の主要部分は、敗れた側による倭王権への貢進の形をとり、王権の支配の拠点として屯倉が設置されたのであろう。これらの地域は敗北した小杵の支配領域であったとみられる。彼が争いの解決に上毛野君を頼ったことが示すように、この南武蔵の地域は上野地域（現在の群馬県）と深い関係をもった地域であったと推定される。

古代国家の五畿・七道（山陽・山陰・西海・南海・北陸・東海・東山道）という交通体系・行政ブロックにおいて、武蔵国は当初は東山道に属しており、都から武蔵国へ至るには上野国（現在の群馬県）から南下するのが正式のルートとされていた。また、武蔵国と相模国の国境が多摩川ではなく、横浜市域の大部分が武蔵国の領域にふくまれる形で設定されている。これらは、古墳時代以来の武

2　埼玉古墳群（埼玉県行田市）
利根川と荒川にはさまれたローム台地の上に立地するすくなくとも40基をこえる古墳群。稲荷山古墳は5世紀末～6世紀初頭の築造で、多くは6世紀代を中心とする時期のものとみられる。多くの前方後円墳が狭い地域に集中し、多くが長方形の二重の堀をもつという特色がある。6世紀代の北武蔵地域の首長墓群。

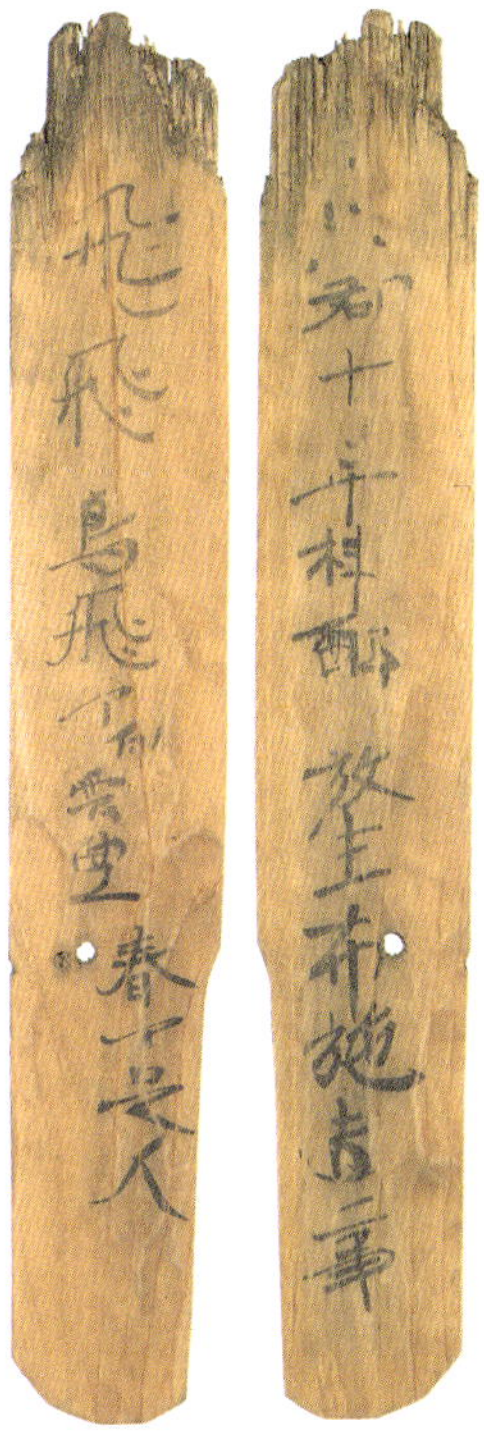
・×□郡十年料□　放生布施□事
・×□飛飛鳥飛部　伊□豊　春部足人

3「飛鳥部」が記された木簡（複製）
茅ヶ崎市の居村Ｂ遺跡から出土した放生の布施に関係する木簡。片面には「飛鳥部」の習書がみられる。この遺跡は相模国高座郡内に位置しており、この地域にも飛鳥部が居住していた可能性がある。

蔵地域、特に南武蔵地域の北関東との強い結びつき、南北ラインの結びつきに規定されたためであろう。

屯倉の経営と渡来系の人々

六世紀以降に設置された屯倉の経営には、渡来系の人々が深く関与した。瀬戸内海沿岸に設置された白猪《しらい》屯倉・児島屯倉では、百済から招聘された王辰爾《おうしんじ》の一族である胆津《いつ》が屯倉の経営に活躍している（『日本書紀』欽明天皇三〇年〔五六九〕正月朔・四月条）ように、屯倉の経営には渡来人が有した文筆の技能・技術が利用された。南武蔵地域に設置された橘花屯倉や倉樔屯倉などでも同様であったと考えられる。

平安時代初めの仏教説話集である『日本霊異記』には、多磨郡鴨里の「吉士《きし》火麻呂」が防人《さきもり》として登場している。「吉士」は朝鮮半島における首長号に由来し、百済・加耶・新羅からの渡来集団であることを示すカバネである。また『続日本紀』には、武蔵国橘樹郡の飛鳥部吉士五百国《いおくに》が、久良郡において白雉を捕らえ、祥瑞《しょうずい》（天皇の政治が良好であることを天が示すめでたいしるし）として朝廷に献上し、褒賞されたことがみえる（神護景雲二年〔七六八〕六月癸巳条）。五百国も吉士のカバネをもっており、飛鳥部を管轄する飛鳥部造は、百済国末多王の後裔との伝承をもっている。

このように屯倉の置かれた多磨郡・橘樹郡には渡来系の氏族が居住しており、彼らは屯倉の経営に関与した渡来系の人々の子孫である可能性が高い。また、橘樹郡の人が郡域をこえて久良郡で白雉を捕らえていることは、いずれも屯倉が置かれていた地域であり、飛鳥部吉士が久良郡にも何らかのネットワークをもち、その一族が居住していた可能性も憶測される。

（平野卓治）

古代国家と地域支配

律令制以前の支配体制

七世紀半ばに起こった「乙巳《いっし》の変」（いわゆる「大化改新」）を契機に、倭《わ》王権は権力集中を行い、律令（律は刑罰法、令は行政法）という法に基づく国家の形成へと向かった。『常陸国風土記』には大化五年（六四九）と白雉《はくち》四年（六五三）に「郡」（実際には「評」）が設置されたことが伝えられている。それは、「茨城国造《くにのみやつこ》の地八里と那珂国造の地七里とを合わせ割いて行方郡（評）が置かれた」というように、これまでの国造に代表される地域社会が再編成され、新しい「評」という支配組織が作り出されたことを示している。国造やその配下にあった地域の首長たちは「評」の役人となり、その運営に携わることとなった。「評」は八世紀以後の「郡」につながっていく。

「評」制のもと、地域の人々は「戸」に編成され、戸籍に付され、五〇戸で一つの単位が作られていった。七世紀の後半にはこの五〇戸は「里」とされ、列島各地は「国―評―里」という体制に編成された。人々は「戸」を介して物品の貢納や種々の力役が課せられたが、その支配の内実・実状は、飛鳥宮跡・藤原宮跡などから次々と発見される木簡などによって明らかになりつつある。

奈良県明日香村の石神遺跡からは七世紀後半の「諸岡五十戸」と記された木簡が出土している。この木簡が中央に貢進された物品に付けられた荷札であるかは定かではないが、「諸岡五十戸」は、後の武蔵国久良郡諸岡里（郷）（鶴見区師岡町を中心とした地域にあたる）の前身形態であるとみられる。現在のところ、横浜市域に関わる最古の文字資料である。また、川崎市宮前区の影向寺《ようごうじ》遺跡からは、「无射志國《むさしのくに》荏原《えばら》評《ひょう》」と刻まれた七世紀後半に位置づけられる瓦が出土している。「荏原評」は、影向寺遺跡が位置する「橘樹評」に隣接する「評」で、この地域に「評」制が施行されたことを示している。これらの史料をふまえれば、七世紀後半には、横浜市域をふくむ南武蔵地域でも五〇戸の編成、「国―評」という地域支配の体制が展開していたことが明らかであろう。

諸岡五十戸田□□〔皮カ〕

1 「諸岡五十戸」木簡（複製）
明日香村の石神遺跡から出土した木簡。裏面には何も記されていない。年紀はないが、記載様式と出土状態から7世紀後半のものと判断できる。「諸岡五十戸」は後の久良郡の諸岡里（郷）に当たるとみられる。

2 宮久保遺跡出土木簡（複製）
綾瀬市の宮久保遺跡から出土した木簡。裏面には「田令軽マ（＝部）麻呂　郡稲長軽マ真國」と記されており、稲の収取に際して使用されたものと考えられる。宮久保遺跡は官衙的性格をもつ施設の一部とみられている。

地域支配体制とその変遷

大宝元年（七〇一）に制定された大宝律令では、地域行政システムは「評」が「郡」に変更され、「国―郡―里」の体制となった。国には中央から派遣される国司、郡には地域の首長が任じられる郡司という役人が配され、国府・郡家という役所が置かれ、地域の支配が行われた。里は五〇戸で構成され、里ごとに代表者である里長が置かれた。しかし、この体制は霊亀三年（七一七）に「国―郡―郷―里」という形に変更された。これまでの里が郷とされ、一郷に二～三の「里《こざと》」を設け、郷には郷長、里には里正が置かれることとなった。さらに天平一一年（七三九）ころに、郷の下の「里」が廃止され、「国―郡―郷」という体制へと変化したのである。

こうした郷・里の変遷は、現在の横浜市域をふくむ神奈川県域でも実施されたことが検証される。すなわち、綾瀬市の宮久保遺跡で発見された木簡には「鎌倉郷鎌倉里軽マ（＝部）□寸稲天平五年九月」とあり、天平五年（七三三）には「郷―里」制が相模国鎌倉郡でも施行されていたことが判明する。また、正倉院に残る調庸布（税目の調・庸として納入された布）には「天平勝宝八歳十一月」・「武蔵国橘樹郡橘樹郷刑部直国当」と記されたものがあり、天平勝宝八年

3　古代の国・郡と横浜市域
横浜市域は、古代国家の国郡制において、武蔵国都筑郡・久良郡を中心に、橘樹郡の一部、隣国である相模国高座郡・鎌倉郡に及んでいる。

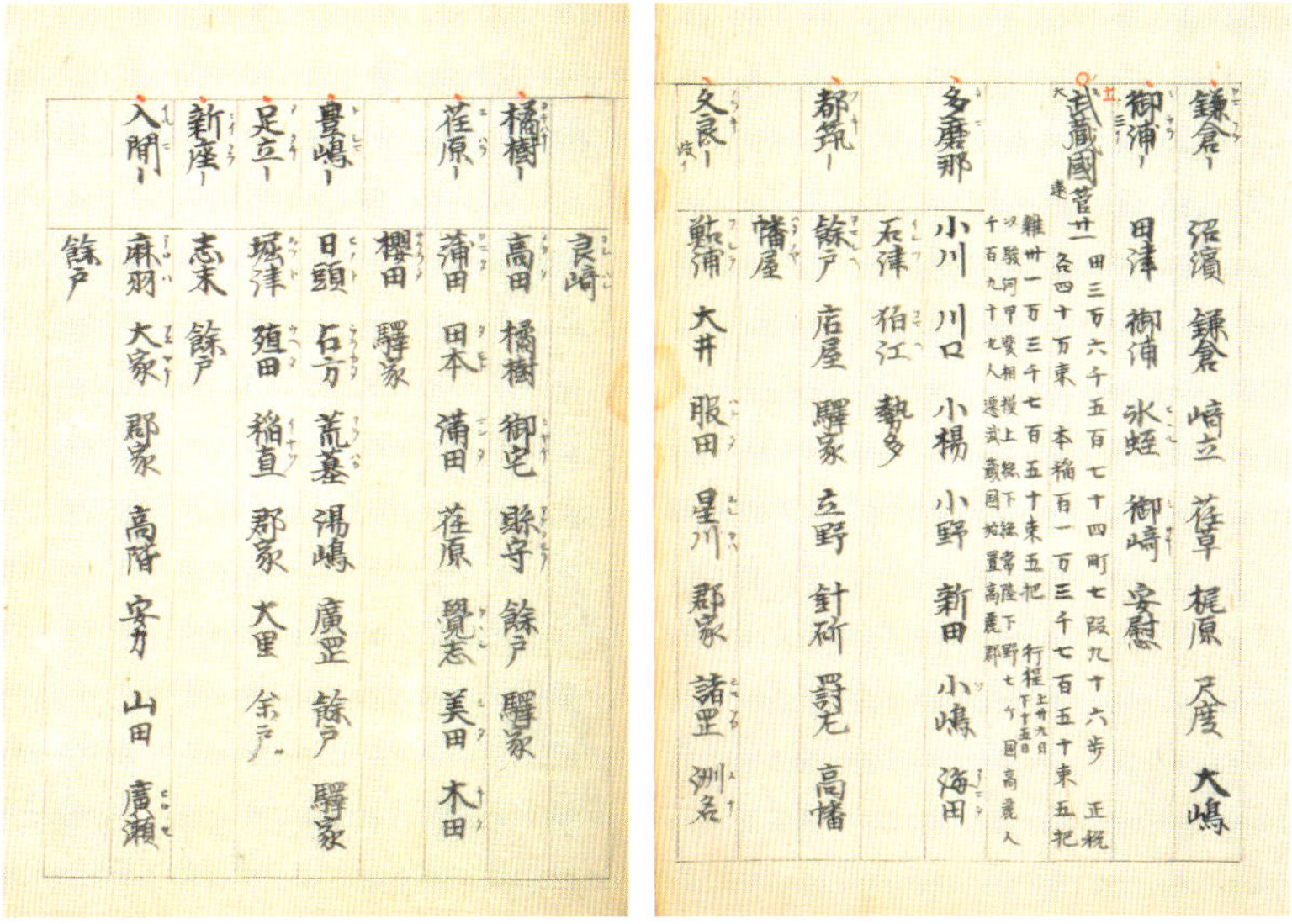

4　『和名類聚抄』郡郷部
『和名類聚抄』は承平初年頃（10世紀の前半）に、醍醐天皇の皇女である勤子内親王の要請により源順が編纂した辞書。郡郷部には、全国の郡名・郷名が所載されている。

（七五六）に武蔵国で「郡─郷」制が行われていたことが明白である。郡内の地域編成が変化を繰り返したのは、ひとつの郡内に存在する複数のリーダーが把握する人間集団を、国家がいかに編成するのが有効であるのかが問題となったためであろう。

都筑郡と久良郡

古代の地域行政システムにおいて、横浜市域は武蔵国の都筑郡と久良郡を中心とし、橘樹郡の一部、さらには相模国高座郡と鎌倉郡の一部に及んでいたとみられる。

郡・郷の構成は、一〇世紀に成立した分類体の百科事典である『和名類聚抄』により網羅的に知ることができる。それによれば、都筑郡・久良郡には次のような郷が存在したとみられる。

都筑郡　余戸《あまるべ》・店屋《まちや》・駅家《うまや》・立野・針斫《はざく》・高幡・幡屋

久良郡　鮎浦・大井・服田《はとだ》・星川・郡家・諸岡・洲名・良崎

『和名類聚抄』に所載された郡・郷は平安時代初期のものと推定されているので、八世紀の様相は若干異なっていた可能性がある。藤原宮跡で発見された「久良□(解)郡大井□里」と記された木簡が、武蔵国久良郡のものであるとすれば、「大井□里」という里が八世紀には存在したことが知られる。

古代の郷が現在のどの地域に当たるのかは、現状では地名の類似で比定する方法にたよらざるをえない。ほぼ妥当であるとみられるのは、都筑郡の店屋郷・針斫郷、久良郡の諸岡郷・星川郷で、他の郷は未詳とせざるをえない。

都筑郡の店屋郷は、一〇世紀半ばに成立した施行細則の集成である『延喜式』にみえる武蔵国の東海道の駅である「店屋駅」の所在郷とみられる。東京都町田市鶴間に町谷の地名があり、この周辺地域に比定することができる。また針斫郷は、横浜市緑区の西八朔町・北八朔町に比定される。武蔵国分寺跡から出土した文字を記した瓦には「針」とヘラ書きされたものがある。久良郡の諸岡郷は港北区師岡町および鶴見区西部に比定され、中世の「師岡保」の存在からもほぼ確実である。星川郷は旧都筑郡星川村（保土ケ谷区星川）が古代では久良郡に属していたと考えることにより比定される。

都筑・久良郡の北に位置する橘樹郡は、現在の川崎市域に相当するが、その中の高田郷は横浜市港北区高田町に比定することができる。武蔵国分寺跡からは「高田」とヘラ書きされた瓦が出土している。

今後は地名だけではなく、奈良・平安時代の集落遺跡がどのように分布するかを検討することにより、郷の場所を推定する作業が必要であろう。（平野卓治）

役所と寺院

国府と郡家

　古代国家の地域行政の根幹は国と郡であった。国の役人は中央から派遣された国司《こくし》で、国司には一国内のあらゆる行政的機能が集中されていた。一方、郡の役人である郡司《ぐんじ》には地域のリーダー（首長）が任じられた。郡司は国司の行政的機能の前提となる地域の共同体的諸関係や秩序をとりまとめる機能を担っていた。国と郡という性格の異なる行政区画は相互に関連して機能し、国には国府、郡には郡家《ぐうけ》という役所が置かれた。

　国府は、政務・儀式の場である国庁を中核として、官舎群、正倉《しょうそう》、兵庫、館、民家などの建物、また宿駅、市（国府市）、船所、付属寺院、神社など多様な諸施設で構成され、都市的な様相を呈していた。横浜市域は武蔵国と相模国にふくまれるが、武蔵国の国府は多磨郡に所在し（東京都府中市）、相模国の国府は大住《おおすみ》郡（平塚市）から平安時代には余綾《よろぎ》郡（大磯町）に移転したとみられる。府中市、平塚市では発掘調査により、その姿が明らかになりつつある。

　一方、郡家は中枢である郡庁をはじめ正倉、館、厨《くりや》、門、垣などで構成されたことが文献資料で知られる。全国各地の発掘調査により、その構造が判明してきており、郡庁は建物の配置や構成などで多様性に富むことが知られる。また、近接して寺院が設置されていることが多く、郡家と相俟って各種の法会や儀礼を執行していたとみられる。

都筑郡家と橘樹郡家

　横浜市域は、古代においては武蔵国の都筑郡と久良郡を中心に橘樹郡などに及んでいる。

　都筑郡の郡家跡は、青葉区荏田西の長者原遺跡とみられる。遺跡は東西約一七〇メートル、南北三九〇メートルの範囲の北にのびる比高一〇～二〇メートルの二つの舌状丘陵上に位置する。東側の丘陵の中央部では、七世紀代の長大な建物をL字型に配置したものから八世紀代の品字型に配置したものへ変遷する大型の掘立柱建物が検出され、郡庁に当たるとみられる。七世紀代のものは、郡に先行する評の役所の一部と推測される。その南側には数回の建て替えを行った掘立柱建物が展開し、厨・館に相当するとみられる。西側の丘陵には総柱建物（柱と柱を結んだ線の交点上にも柱をもつ形式の建物）と礎石建物が整然と配置されており、大がかりな区画は設けられていないが、倉が建ち並ぶ正倉域であると考えられる。遺物には円面硯《えんめんけん》の破片、「都」の字を記した墨書土器、灰《かい》釉《ゆう》陶器、緑釉《りょくゆう》陶器の破片など官衙的なものが発見されている。都筑郡家は、二つの舌状丘陵上を巧みに利用し、郡庁・厨・館・正倉という郡家の必要要素を配置したものといえる。

　川崎市高津区千年の千年伊勢山台北遺跡は橘樹郡家関係の遺跡である。遺跡は、多摩川の右岸、標高四一メートル前後の東西にのびる舌状に入り組んだ台地上に位置し、発掘調査により柱間三間×三間の総柱建物が三〇棟近く検出されている。これらは七世紀後半から奈良時代後半に至る三時期に区分され、各時期とも極めて計画的な配置をとっており、橘樹郡家を構成する正倉院の一部とみられる。周辺でも建物跡が発見されているが、郡庁や厨などに相当する遺構はみつかっていない。

　また、遺跡の西側には影向寺《ようごうじ》がある。天平一一年（七三九）の創建と伝えられ、平安時代の木造薬師如来・両脇侍、塔の心礎とみられる「影向石」などが残されている。発掘調査により塔の基壇、瓦

1　長者原遺跡（青葉区）の発掘状況
郡家の中枢部である「郡庁」に相当する部分の発掘状況。非常に長大な建物がL字型に配置されており、これらは郡家に先行する7世紀後半代の評の役所の施設とみられる。斜めに横切っている道路は東名高速道路。

2　都筑郡家復元模型
長者原遺跡の調査成果を基に８世紀前半期の郡家を復元した模型。左側の建物が２列に整然と並んでいる部分が「正倉」、右側上の長細い建物が品字型に配置されている部分が、郡家の中枢部である「郡庁」、その右下部の建物群が給食施設である「厨」、その左下部の建物が横に並んでいる部分が「館」。郡家を構成する４つの要素が２つの舌状台地の上に巧みに配置されている。

溜まり、区画溝などが検出されており、「无射志國荏原評」と線刻された瓦の出土は注目される。この瓦から、寺は七世紀後半には建てられており、「荏原評」と隣接の評名が記されているように、その造営・運営は一つの評で完結していなかったことが知られる。影向寺は、橘樹郡家とその前身の評の役所と密接に関係する寺院であったとみられる。

弘明寺と久良郡家

南区の弘明寺《ぐみょうじ》は元正《げんしょう》天皇の養老五年（七二一）の創建と伝え、平安時代中期の造像とみられる木造十一面観音像を本尊とする。境内とその周辺では古瓦が採集されている。古い時期とみられる平瓦は、影向寺跡から出土する瓦と類似しており、七世紀末から八世紀初頭頃のもので、創建期の瓦とみられる。八～九世紀の平瓦もあり、寺はこの時期に修復されたと考えられる。影向寺と橘樹郡家との関係をふまえるならば、弘明寺は久良郡の郡家と密接に関連する寺院であると推測することができ、久良郡家、さらにその前身の久良評の役所は、弘明寺周辺に所在したとみられる。弘明寺の北西に位置する東台遺跡では、瓦・須恵器・土師器などが出土し、弘明寺との関連が想定される。その北側には「永田町字長者ケ谷」の地名があり、郡家の有力候補地のひとつとなっている。　（平野卓治）

3　影向寺遺跡（川崎市高津区）出土の文字瓦
「无射志國荏原評」と線刻されている。「荏原評」は荏原郡の前身で、東京都大田区・世田谷区に当たる。影向寺の所在地は「橘樹郡（評）」であり、評の領域を越えた瓦である。影向寺からは都筑郡（評）を示す「都」銘の瓦もあり、7世紀後半の時期、この寺は評の領域を越えた位置づけをもつ寺であったとみられる。

4　木造十一面観音立像　弘明寺蔵
弘明寺の本尊として本堂の厨子にまつられている。像高181.7cm。丸彫り・一木造り。鉈彫り像という、丸のみの彫り痕を像の表面に残した特殊な彫り口の作品。11～12世紀頃の造像とみられている。

奈良・平安時代のムラ

ムラの変遷

　五〇戸で編成された里（郷）は、複数のムラ（村）から構成されていた。例えば『播磨国風土記』では、宍禾《しか》郡の柏野里は土間《ひぢま》村・敷草村と伊奈加川・飯戸阜《いいべおか》をふくむとみえ、里名を付された中心のムラ（ここでは柏野村）のほかに、主たるムラとして二村があり、それ以外にも小さなムラがあったと推定される。

　発掘調査によれば、奈良・平安時代の集落遺跡は、住居を主とした竪穴建物と掘立柱建物とで構成されていることが知られる。また、相模地域の古墳時代後期以降の集落遺跡は次のように変遷することが指摘されている。すなわち、古墳時代後期の集落は低地をのぞむ台地の縁辺部に立地するものが多いが、それらは六世紀後半から七世紀初めの時期に成立し、短期間で廃絶したり、断続する傾向がみられ、大部分は八世紀までには廃絶してしまう。これに対し、七世紀後半に成立する集落が多くみられ、沖積低地の開発が本格化する中で、砂丘地への進出も盛んになる。これらの集落の大半は、奈良・平安時代を通じて長期に継続するという特徴がみられる。こうした動向は横浜市内でもみられる。

　例えば、笠間中央公園遺跡（栄区笠間町）は縄文時代から近世にいたる複合遺跡で、古墳時代前期の遺構では竪穴建物跡一五棟、後期では竪穴建物跡一四棟、掘立柱建物跡八棟、竪穴状遺構、土坑、奈良・平安時代では竪穴建物跡一〇棟、竪穴状遺構、土坑などが発見されている。ここでは、集落は弥生時代後期から古墳時代前期へとつながるが、中期の集落はみられず、七世紀後半代に、再び集落が形成され、八世紀以降へと続いていくという変遷がみられる。このような集落遺跡の動向をみると、七世紀後半から八世紀はひとつの画期となっている。これは、編戸やそれに基づく五〇戸編成、評の成立、班田収授による口分田の班給などにより、集落が整理統合、再編された結果であると考えられる。

1　笠間中央公園遺跡
栄区笠間町に所在し、柏尾川と支流の砂押川ならびに狆（いたち）川に挟まれた丘陵上に展開する。縄文時代から近世にいたる複合遺跡で、集落は弥生時代からみられる。

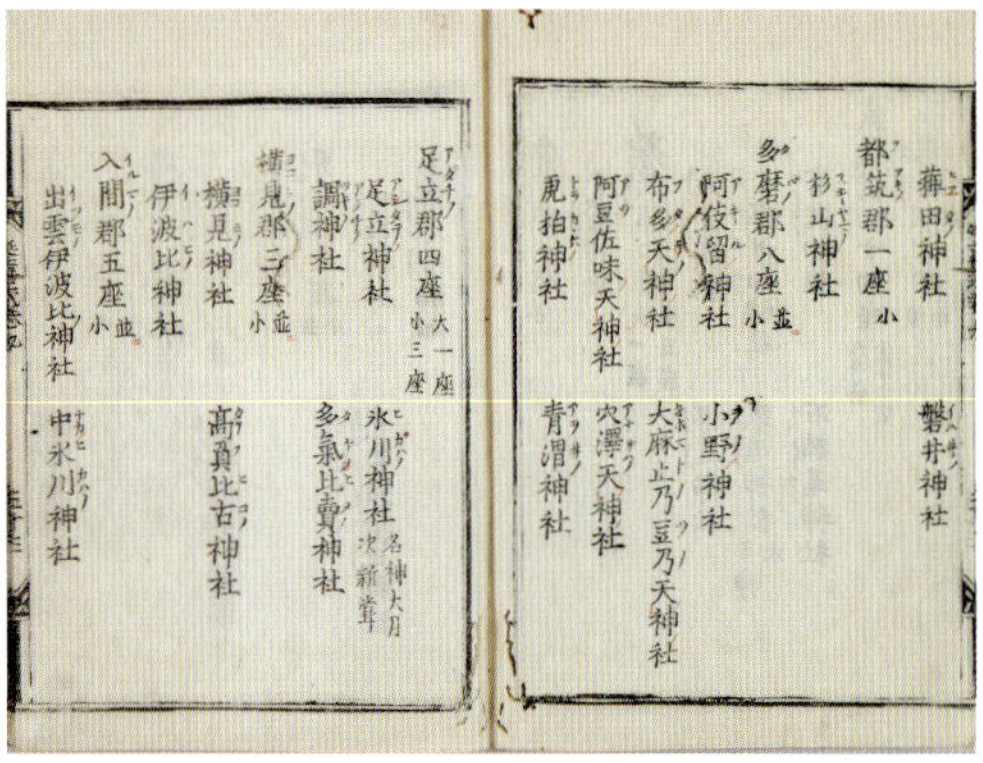
薭田神社　磐井神社
都筑郡一座 小
杉山神社
多磨郡八座 並小
阿伎留神社　小野神社
布多天神社　大麻止乃豆乃天神社
阿豆佐味天神社　穴澤天神社
虎柏神社　青渭神社
足立郡四座 大一座 小三座
足立神社　氷川神社 名神大 月次新嘗
調神社　多氣比賣神社
横見郡三座 並小
横見神社　高負比古神社
伊波比神社
入間郡五座 並小
出雲伊波比神社　中氷川神社

2　『延喜式』「神名帳」
『延喜式』は延喜年間に作成された式の集成。式は律令の付属法令で、施行細則である。その巻九・十は「神名帳」であり、官社が列記されている。武蔵国の官社は44座で、都筑郡は杉山神社１座である。

ムラと祭祀

　ムラの中の様子を伝える文献史料としては、法解釈を集成した『令集解《りょうのしゅうげ》』に引用された、八世紀の中頃に成立した「古記」の春時祭田をめぐる解釈が注目される。そこでは、ムラごとに春・秋に祭りを執行していたこと。ムラごとに私的に「社首」と呼ばれる「社官」が存在し、その人が祭りの中心的存在であること。祭りの費用はムラ・ムラ人が準備したことが示されている。このようなムラの祭りは、古代の横浜市域でも行われていたと推測される。

　一〇世紀に成立した『延喜式』には、全国の官社（国家にその存在を認められた神社、祈年祭に国家から幣帛を頒布される）が所載されており、横浜市域に該当する武蔵国都筑郡では、杉山神社一社のみがみえる。この杉山神社は承和五年（八三八）二月に「霊験」があったことにより官社となっている（『続日本後紀』）。一国・一郡内には官社・非官社の多数の神社が存在しており、古代の都筑郡内でもムラごとに社が存在したことは間違いない。杉山神社も、元来はムラのリーダーやムラ人によって祭られた神社であったと考えられる。古代において杉は神の依代《よりしろ》とみなされた樹木であり、杉を冠した名称の神社には杉原神

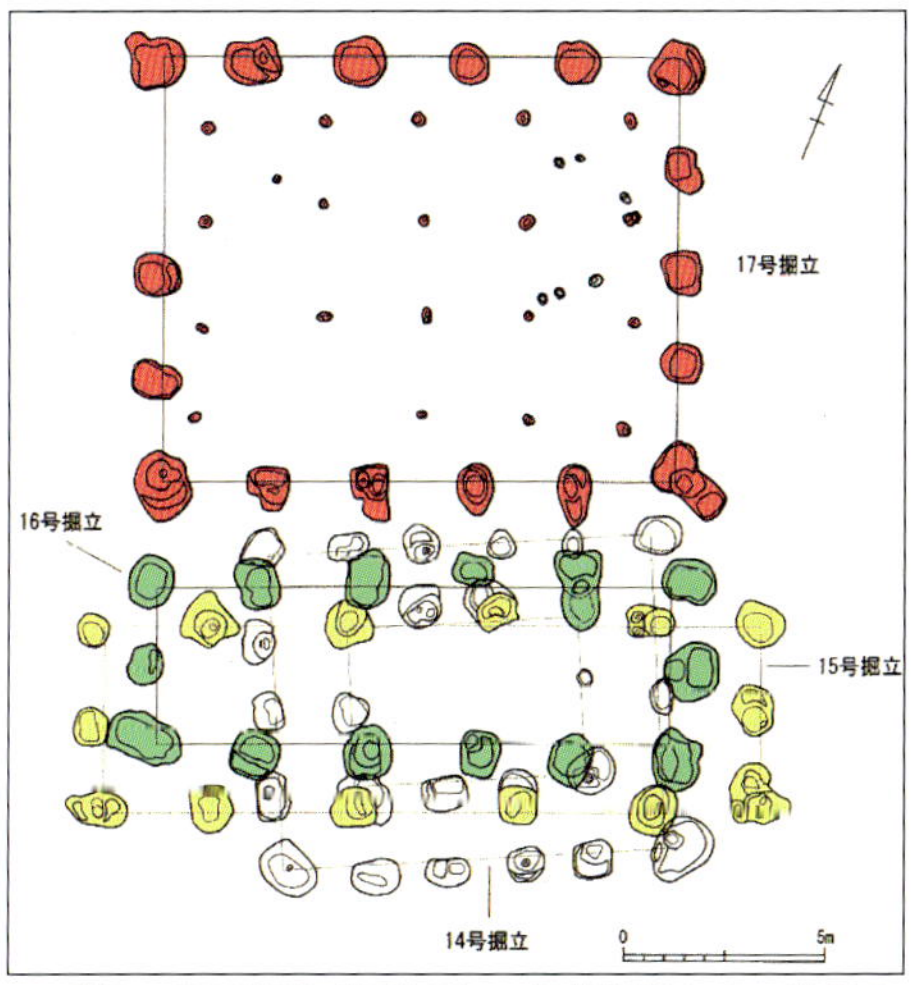

3　藪根不動原遺跡（都筑区）の仏教施設とその模式図
2棟以上の掘立柱建物の組合せから構成される特異な建物群の一つ。柱間4間×5間の床張をもつ掘立柱建物と、その前面に位置する2間×5間の横長の建物から構成される双堂式の仏教施設。時期は9世紀後半～10世紀前半とみられている。

4　東耕地遺跡（緑区）出土の墨書土器
8世紀後半代の竪穴建物から出土した、「岡本寺」と記された高坏形の土器と蓋のセット。蓋の頂部に孔が2つあり、香炉とその蓋（火舎）とみられる。仏教施設の遺構は確認されていないが、8世紀に「岡本寺」が近くに存在していたことは確実であろう。

社や杉杜神社が知られる。杉山神社の名は、神の依代となる杉が叢生する山を象徴したものであり、あるいは本来はその山自体が信仰の対象であった可能性も想定できる。

ムラと仏教施設

　関東地方の古代の集落遺跡では、仏教施設をもつムラが存在することが明らかになってきている。それらの仏教施設は、(1)庇《ひさし》付の掘立柱建物が中心で、四間×五間規模の四面庇付建物が多い、(2)八世紀後半頃から出現し、九世紀に増加するという傾向をもつ、(3)「寺」の墨書土器、素焼きの塔である瓦塔《がとう》の破片、奈良三彩・二彩壷、鉄鉢《てっぱつ》形土器、浄瓶・水瓶などの仏教関連遺物が出土する、(4)具体的な寺名を記した墨書土器が出土する場合もある、という様相を呈している。

　こうした施設は、整った伽藍配置をもつ国分寺などの寺とは異なり、茅葺の建物で、中には仏像や瓦塔が置かれ、灯明が灯されたとみられる。平安時代初頭の仏教説話集である『日本霊異記《にほんりょういき》』には、ムラの人々が建てた「堂」「寺」が登場する。発掘されたムラの仏教施設は、このような「堂」「寺」に当たるものとみられる。

　都筑区池辺町の藪根不動原遺跡では、奈良・平安時代の竪穴建物や掘立柱建物で構成されるムラの遺跡が発見されている。ここでは、二か所で二棟以上の掘立柱建物跡群の組み合わせがみられ、いずれも四面に庇が付いた建物とそれに付属する建物から構成されている。また、建物群の周囲からは灰釉陶器の浄瓶や素焼きの塔である瓦塔の破片がみつかっている。この建物群はいずれも双堂式の建物配置、すなわち、仏像を安置する堂宇と礼拝のための堂宇の二つの建物からなるもので、東大寺の二月堂・三月堂と共通する構造である。ここでは、東大寺と同じように、「悔過《けか》」とよばれる仏教儀礼が行われていたと考えられる。また、権田原遺跡（都筑区）でも堂宇のような建物跡、東耕地遺跡（緑区）では「岡本寺」と記された土師器の蓋・高坏などが発見されている。このように、八世紀後半以降には、仏教がムラの中へと広がっていった状況がみられる。

（平野卓治）

調・庸と力役

さまざまな負担

律令制下において、人々はさまざまな負担（税）を課せられた。租税は租・庸・調などの物品税と、雑徭《ぞうよう》・仕丁《してい》・兵役などの力役に大別される。

租は支給された口分田に対し、一段につき二束二把の稲を納めるもので、税率は収穫量の約三パーセントに相当した。

調は地域に応じて特産品となるさまざまな品目が課せられたが、正丁《せいてい》（二一～六〇歳の男子）一人につき、布であれば長さ二丈六尺（約七七二・二センチ）、幅は二尺四寸（約七一・三センチ）の正調と、付加税として調副物という物品を納めた。なお次丁《じてい》（六一～六五歳の男子）は正丁の二分の一、中男《ちゅうなん》（一七～二〇歳の男子）は四分の一となっていた。

調副物は、養老元年（七一七）に中男の調とともに廃止され、代わりに中男に対して繊維製品や水産物などが、中男作物として課せられることになった。一方、庸は正丁一人につき一〇日の労役（歳役）か、布二丈六尺（歳役の一日が二尺六寸に相当する計算）を納めることになっていた。養老元年には、調と庸の布を合成して正丁一人当たり調庸布一端（長四丈二尺）を出すことに変更された。

現在、東大寺の正倉院には各地から貢納された各種の布が残っている。この中には天平勝宝八年（七五六）に武蔵国橘樹郡橘樹郷の刑部国当が貢納した調庸布一端があり、その布の大きさはこの規格に合致している。なお、調と庸はいずれも律令国家・中央政府の財源となっており、各地から百姓の手により都まで運ばれることになっていた。

武蔵国の調と庸

一〇世紀はじめに成立した律令の施行細則である『延喜式』によれば、武蔵国は調として帛《はく》・布・綾、庸として布・綿といった繊維製品、中男作物として麻・紙・木綿・紅花《べにばな》・茜を納めることになっていた。平城京跡二条大路からは「橘樹郷茜十一斤」と記された荷札形の木簡が発見されている。これは、八世紀においても武蔵国橘樹郡橘樹郷が中男作物として茜を貢納していたことを証明するものである。

調・庸、中男作物となる品々は、まず、五〇戸で構成される郷（里）ごとで整えられ、郡家へ運ばれて検査を受け、さらに国の役所である国府へと運ばれ、帳簿などとの照合・チェックを受けた。その後、一部は交易されて必要な品々が揃えられ、国の役人である国司に率いられて百姓の手により都へと運ばれた。物品に付けられた木簡は、それぞれの段階でチェックされ、その物品が最終的に消費された都の役所などで廃棄された。

現在までのところ、横浜市域に該当する武蔵国都筑郡・久良郡からの貢納物に付けられた明確な木簡は発見されていない。しかし、藤原宮跡からは久良郡に関わる木簡などが出土しており、他地域と同様に多くの物品が税として都に運ばれたことは確実である。

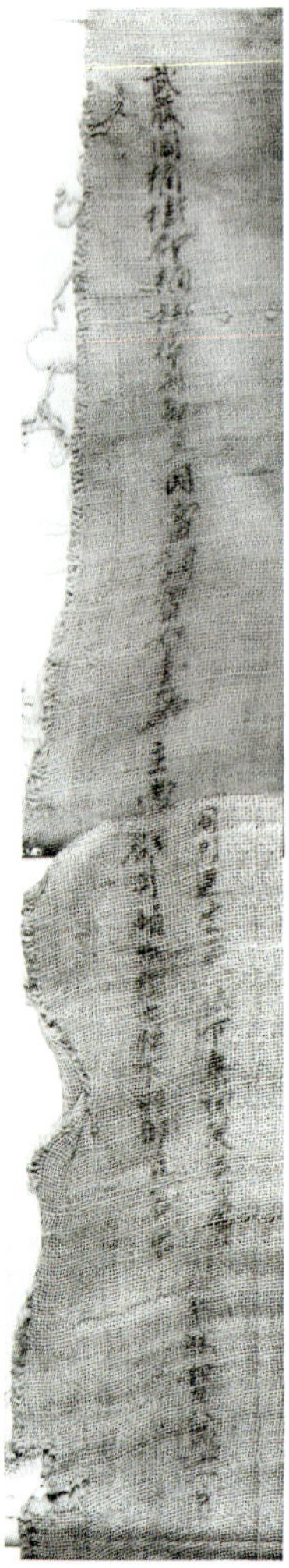

武蔵国橘樹郡橘樹郷刑部直国当調庸布壹端　主当　国司史生正八位下秦伊美吉男□ 郡司領外従七位下□□直名虫　天平勝宝八歳十一月

1　調庸布墨書銘（正倉院御物）
「武蔵国橘樹郡橘樹郷刑部直国当調庸布壱端」とあり、続いて「主当」として、国司と郡司の名が2行割りで記されている。これは調庸布の貢納に国司・郡司が関与していることを示している。はっきりと見えないが、武蔵国の国印も押されている。

力役と兵役・防人

力役のうち、雑徭は国司の命により正丁は年間六〇日まで働かされるもので、国府などの造営や修繕、物品の運搬などの労働が課せられた。仕丁は五〇戸につき二人の割合で徴発され、都において中央官司の雑役を勤めるものであった。

兵役は一郷から五〇人が兵士として徴発されるもので、兵士は国司が管轄する軍団に編成された。武蔵国の軍団がどこに存在したのかは不明であるが、相模国には「大住団」があったことが知られる。八世紀後半以後に本格化する蝦夷との戦争には、関東地方の多くの兵士が動員された。また、兵士からは衛士《えじ》と防人《さきもり》が選ばれ、衛士は都に赴いて衛門府《えもんふ》・左右衛士府・左右兵衛府《ひょうえふ》に配属され、宮門・中央官庁の警備に当たった。一方、防人は筑紫に赴き、大宰府の管轄下において対外的な警備に従事した。

『万葉集』には「天平勝宝七歳（七五五）乙未二月、相い替わりて筑紫に遣はさるる諸国防人の歌」として、東国一〇か国（上総・下総・武蔵・相模・遠江・駿河・常陸・信濃・上野・下野国）から摂津国の難波津に集結した防人たちの歌八四首が収められている。これらは、当時、兵部省の次官として防人関係の仕事を担当していた大伴家持が集め、「拙劣な歌」を省いて編集したものである。この中には、次のような都筑郡出身の防人である服部於田《はとりべのうえだ》とその妻の歌がみられる。

わが行きの息衝くしかば足柄の峰延ほ雲を見とと偲はね

右の一首は、都筑郡の上丁服田於田のなり

わが背なを筑紫へ遣りて愛しみ帯は解かななあやにかも寝も

右の一首は、妻服部呰女《あざめ》のなり

前者は、「私の旅が、嘆かれるときは、足柄の山にはう雲を見ながら私を偲んでおくれ」、後者は「私の夫を筑紫へやってしまって、恋しくて帯は解かずに心乱れて寝ることであろうか」という意であり、防人として筑紫に向かった夫と妻との間の深い情愛の念が読みとれる。

古代の行政区分では、武蔵国は宝亀二年（七七一）までは東海道ではなく東山道に属していた。武蔵国から西へ向かうには上野国まで北上し、信濃国・美濃国を通っていくルートが正式のものであった。しかし、防人歌には「足柄」が歌われており、現在の南足柄市関本から矢倉岳の南側の山裾を通り、足柄峠を越えて西へ赴く東海道ルートも利用されていたことがうかがわれる。『万葉集』には橘樹郡の物部真根の歌も載っているが、久良郡の防人の歌はみえない。しかし都筑郡や橘樹郡と同様に、久良郡からも防人が派遣されていたことは確実であろう。

（平野卓治）

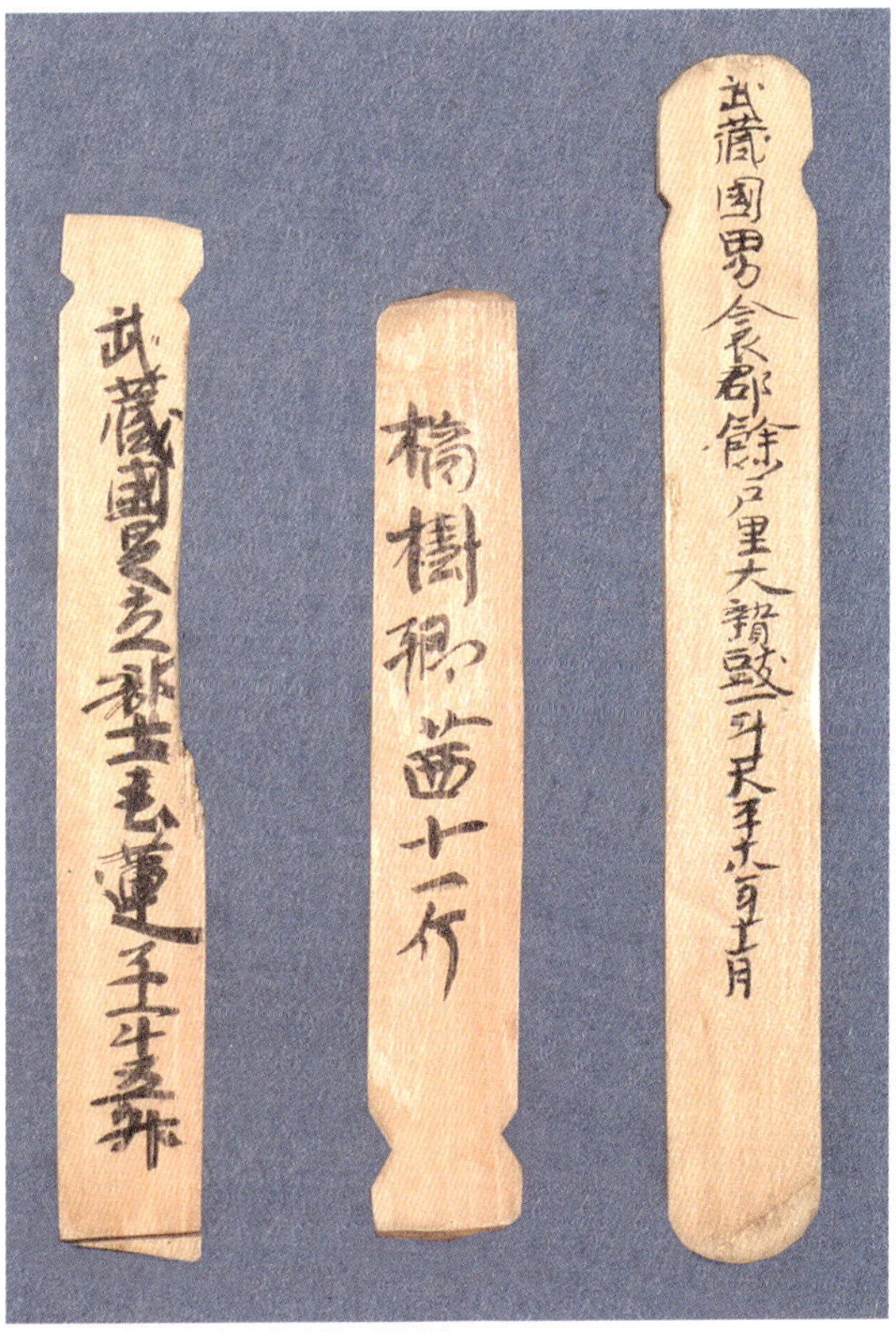

2　平城宮・京跡出土木簡（複製）
上部あるいは下部に左右から切り込みが入っており、いずれも武蔵国から税として納められた物品につけられた付札。右から「大贄として鼓」「（中男作物として）茜」「土毛として蓮の実（蓮子）」を貢納したことが記されている。

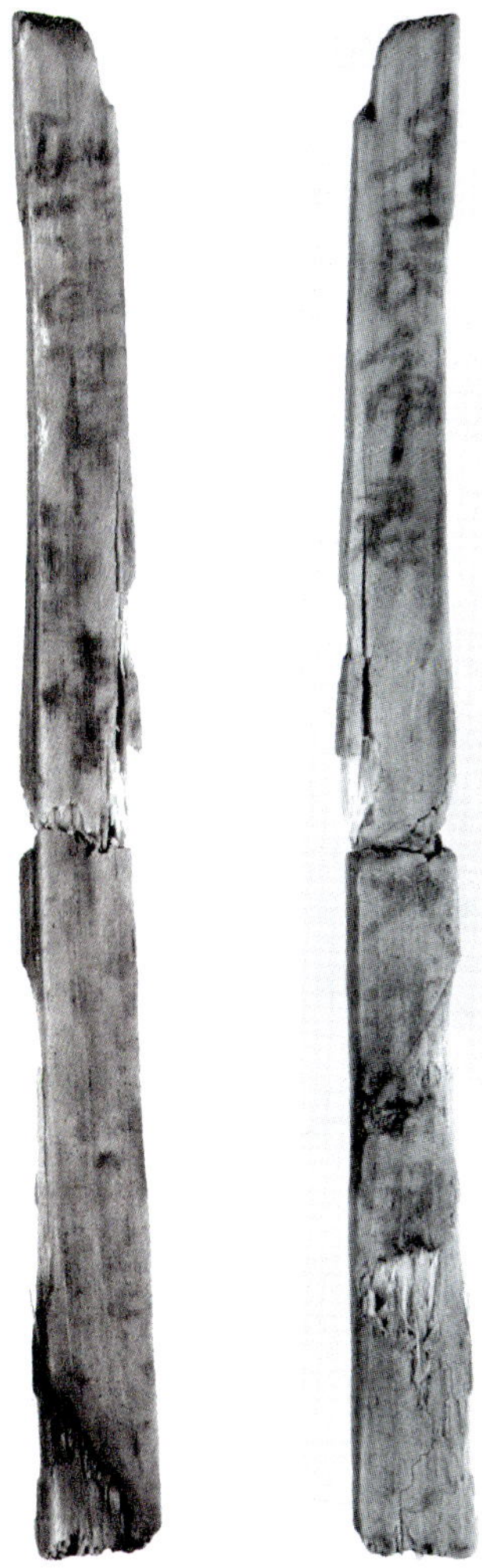

3　藤原宮跡出土木簡
表面は「久良□（解ヵ）郡　大井□里」、裏面は「□　□□□　」。どのような用途に使用された木簡かは不明であるが、貢進物に付けられた付札か。「久良□（解ヵ）郡」は3字の表記となっているが、武蔵国の久良郡の可能性が高い。

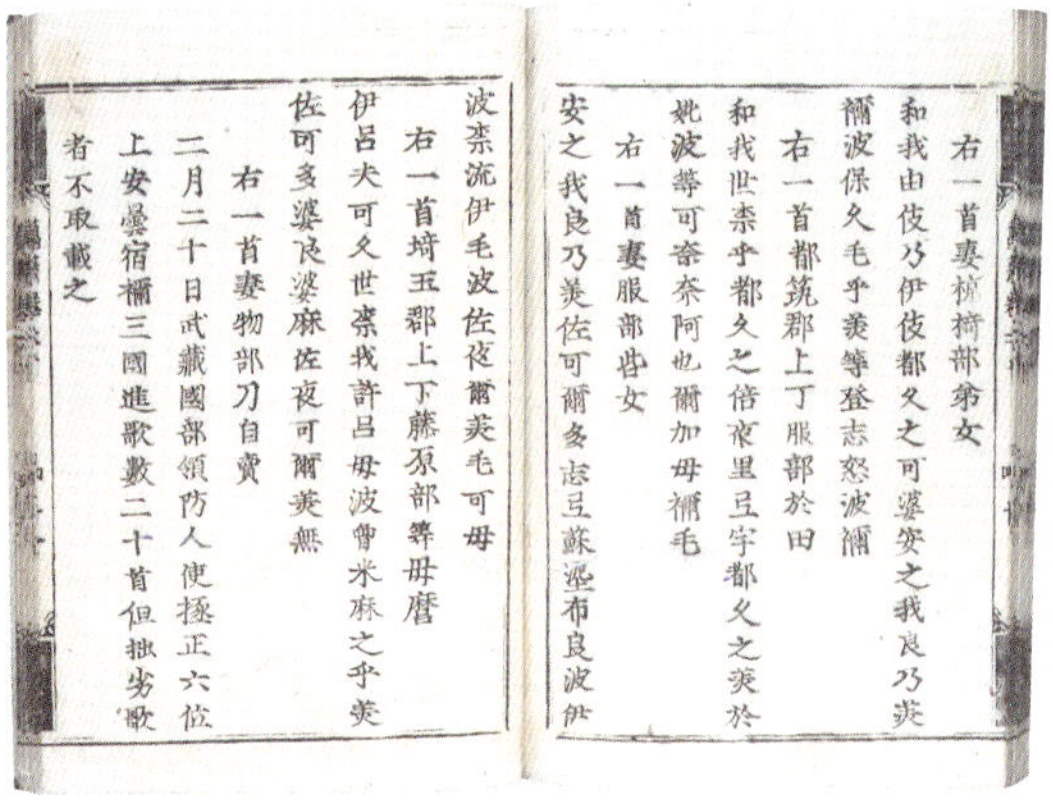

右一首妻椋椅部弟女
和我由伎乃伊伎都久之可婆安之我良乃美
禰波保久毛乎美等登志怒波禰
右一首都筑郡上丁服部於田
和我世奈乎都久之倍夜里弖宇都久之美於
妣波等可奈奈阿也尓加母祢毛
右一首妻服部呰女
安之我良乃美佐可爾多志弖蘇泥布良波伊
波奈流伊毛波佐夜爾美毛可母
右一首埼玉郡上丁藤原部等母麿
伊呂夫可久世奈我許呂母波曽米麻之乎美
佐可多婆良婆麻佐夜可爾美無
右一首妻物部刀自売
二月二十日武蔵國部領防人使掾正六位
上安曇宿禰三國進歌數二十首但拙劣歌
者不取載之

4　『万葉集』巻二〇
慶長古活字版。巻二〇には、東国の防人の歌が所載されている。武蔵国では、部領防人使の安曇宿禰三國が大伴家持に提出した20首のうち11首が採用されている。秩父郡・荏原郡・豊島郡・橘樹郡・都筑郡・埼玉郡の防人とその妻の歌である。

5　足柄峠を望む
足柄峠（足柄坂）は現在の神奈川県南足柄市と静岡県駿東郡との境にあたる。古代では、東山道の碓氷峠と共に東国の境とされていた。税を運んだり、兵役や労役のために都や西国へ赴く東国の人にとっては、足柄峠は外界への境界と認識されていた。中央右は矢倉岳。

「兵」の誕生

九、一〇世紀の東国の状況

九世紀以降の東国（関東地方）では、東北地方から移配された俘囚《ふしゅう》（国家に帰服した蝦夷）や「群盗」などの武装蜂起が相次ぎ、争乱状態が生み出されていった。このような状況に対して、元来は京中の治安維持に当たる検非違使が諸国にも置かれた。特に「凶猾党を成し、群盗山に満つ」という状態である武蔵国では、貞観三年（八六一）に郡ごとに検非違使一人が設置された。こうした社会状況の背景には、郡司層に代表されるこれまでの共同体的関係の変質があり、豊かな動産をもって、調・庸を代納したり、稲の貸付である出挙を私的に行うことにより、窮乏した農民を支配する「富豪の輩」・富豪層の急速な台頭があった。

彼らは中央の王族や貴族たちと結びつき、その権威を背景として国司・郡司に対抗したり、逃亡した農民を組織しつつ、相互に結合して「党」とよばれる集団を形成していった。陸上輸送網を掌握して略奪行為を働き、東国一帯に大きな被害をもたらした「僦馬《しゅうば》の党」はその代表といえる。

このような状況の中、「群盗」の追捕などの命を受けて国司として派遣された中央の中小貴族層の出身者には、国司としての任期が終了した後にそのまま土着し、地元の有力者とネットワークを結び、勢力を伸ばすものもいた。その代表が桓武平氏である。彼らは、武力により紛争を調停したり、群盗などを編成したりし、「兵＝つわもの」として成長していった。「兵＝つわもの」は、一〇世紀半ばの平将門の乱や一一世紀初めの平忠常の乱など東国全体を巻き込んだ争乱を経て、中世社会を担う武士・武士団へと成長していく。このような状況の一端は横浜市域でもみてとることができる。

神隠丸山遺跡と「富豪」の館

都筑区新吉田町に所在した神隠丸山遺跡は、鶴見川の支流である早渕川の支谷の最奥部の標高三八～四三メートルほどの平坦な台地上に位置する。発掘調査は港北ニュータウン埋蔵文化財調査団により一九七八～八〇年にかけて行われ、縄文時代中・後期の大規模な環状集落跡とともに、平安時代中期の居館とみられる遺構が発見された。

平安時代の遺構は、一辺五三メートル（約半町）のほぼ方形に区画する溝と掘立柱建物跡四棟、竪穴建物跡一軒、土坑三基が検出された。南側の溝は東半分が少し湾曲し、中央部分は途切れており、出入口とみられる。区画内の中央には東西四間×南北二間（一一・六×七・一メートル）の建物があり、その西側には中央の建物を囲むように東側が開く「コ」の字形の細長い建物（東西一七メートル、南北三二メートル）が配置され、その東端は、南側の溝が途切れる地点にそろえられていた。区画内の東半分は庭となっており、北東の隅で小さな竪穴建物が検出された。出土した遺物は少なく、土師器の坏や須恵器で、その年代は一〇世紀前半代とみられている。

この遺構の特徴として、⑴ほぼ半町四方を溝で区画し、極めて高い企画性をもって、整然と建物が配置されている。⑵各遺構には建て替えが認められず、存続期間は比較的短期間であったとみられる、という二点をあげることができ、竪穴建物を中心に構成される一般集落とは異なることは明らかである。九～一〇世紀の東国の状況をふまえるならば、神隠丸山遺跡は、「党」という集団を組織した「富豪の輩」の館とみることができるであろう。

武器製作工房―西ノ谷遺跡

また、横浜市域における「兵」と密接に関係するとみられるのが、神隠丸山遺跡とは早渕川の対岸に位置する西ノ谷遺跡である。

1　神隠丸山遺跡（都筑区）の平安時代館跡の全景
館跡を南正面の上空から見たもの。方形の溝の中に、母屋とみられる掘立柱建物、それを取り囲む長屋状の建物跡が確認できる。点在している円形状の彫り込みは縄文時代の竪穴建物の跡。

2　西ノ谷遺跡（都筑区）の全景
10世紀後半から11世紀にかけての時期の遺構。10世紀には写真中央の大きな溝が掘られ、その東側の平場に工房・土坑が作られ、鍛冶作業が開始された。11世紀前半には大溝は狭まり、工房は集約して大型化している。

遺跡は、都筑区南山田に位置し、鶴見川の支流である早渕川の中流部の北岸に派生する牛久保谷の北側、標高四一メートルの台地の南面に立地している。港北ニュータウン埋蔵文化財調査団により一九八七～八八年に調査が行われ、先土器時代から現代に及ぶ複合遺跡で、各時代の遺構・遺物が発見された。このうち一〇～一二世紀には鍛冶工房が営まれている。一〇世紀には大溝が掘られ、その東側に竪穴形の鍛冶工房が形成され、少しずつ位置を移動しながら次第に規模が大きくなる。一一世紀前半には掘立柱建物へと変化し、一二世紀前半には長大な掘立柱建物を中心とした建物群が形成され、後半期には小規模化する。この時期の遺物としては鉄製の札《さね》（鉄札《てつざね》）・鉄鏃・刀子・引手などの武器・武具、鎌・鍋・釘・金鋏《かなばさみ》などの多種類の鉄製品、多量の鉄塊系遺物・炉壁・鉄滓類がある。科学分析の結果、他地域から搬入された銑鉄《せんてつ》塊《かい》を素材とする精錬作業と、それによって得られた鋼を用いて製品を作る作業が一貫して行われ、鉄の原材料は鉄鉱石であることが判明している。

また、未製品をふくむ数種類の鉄製の札（鉄札）＝大鎧を形作る材料が出土している点は注目される。大鎧は、革製の札と鉄製の札からなる札、組紐や鹿の皮などを用いた威《おどし》、鍍金や鍍銀の金属の縁取り・覆輪《ふくりん》が施される金具廻《かなぐまわり》、蝙蝠付や弦走などの革所《かわどころ》などから構成され、その製作には高い技術をもつ各種の工人が必要となる。西ノ谷遺跡では、革製品や金具廻の製作、漆作業を示す遺物は発見されておらず、大鎧の材料としての鉄札を製作・供給していたのであろう。

このように、西ノ谷遺跡は大鎧の材料である鉄札をはじめ鉄鏃・刀子・引手など、「兵」に必要な武器・武具の製作工房であったとみられる。この工房を経営していた「兵」は不明であるが、「高名の馬乗馬飼なりけり」（『古今著聞集』）と評された都筑経家の都筑氏、榛谷《はんがやの》御厨《みくりや》を掌握した榛谷氏、鶴見川河口の師岡保をおさえた秩父平氏の一族である河越氏流の師岡氏などが想定される。

（平野卓治）

4　さまざまな鉄鏃　西ノ谷遺跡（都筑区）
雁又（上段左の2点）、柳葉、圭頭、長三角、片刃、鑿根などの様々な形式のものがみられる。また鉄鏃の基部とみられるものも出土している。

3　鉄札　西ノ谷遺跡（都筑区）
3行19孔の札と2行13孔の札の2種類がある。最下段の左は札の未製品。革製の札（革札）を交ぜ、下の孔を利用して札を革紐で横に綴じて札板を作り、漆塗りの後、上の孔を利用して組み紐で上下に威していく。

第2章 東国武士の世界〈中世〉

❖鎌倉幕府の成立と横浜

治承四年（一一八〇）、伊豆に配流中の源頼朝は、三浦氏・北条氏などの勢力を頼み、反平家の旗を挙げた。相模・武蔵国の武士の多くは一時平家方となり追討に加わったが、やがて頼朝のもとに馳せ参じ、幕府創設を支えた。市域には榛谷《はんがや》氏・平《たいら》子《こ》氏・鴨志田氏・都筑氏・寺尾氏・奈良氏などの武士がいて、鎌倉御家人となっていく。

頼朝の死後、元久二年（一二〇五）、幕府の重臣であった畠山重忠が武蔵国二俣川（旭区）で北条氏によって討たれると、縁族の榛谷氏、稲毛氏なども連座する。これ以降、北条氏の支配が強まる中で、鎌倉の後背地であった相模・武蔵の武士たちは徐々に姿を消していく。先に挙げた鴨志田氏や都筑氏などが、歴史上から姿を消していくのもこの時期からである。

その中で、久良岐郡平子郷（中区・磯子区）を支配した平子氏は例外であった。平子氏は頼朝挙兵時の戦功により、周防国仁保荘（山口県山口市）の地頭職を得て西遷、また承久の乱後の新補地頭として越後国（新潟県）に北遷している。そして、横浜の本貫地を維持しながら各地に土着していく。

❖横浜に根づいた鎌倉文化

鎌倉幕府の実権が執権北条氏に移ると、都市鎌倉の発展にともない、さまざまな文化が流入してくる。幕府による宋の禅僧の招聘は、建長・円覚寺などの大伽藍の造営を見た。宋風の仏像や絵画の様式の伝播は、鎌倉独自の様式を生み出した。宋・元との貿易は青磁などの中国製品をもたらし珍重された。こうした大陸文化の流入は、鎌倉に異国文化を漂わす役割を果たした。また、鎌倉大仏の造営は、関西の鋳物師の移住と活発な鋳造活動を促した。奈良西大寺系律宗の進出は、大規模な石塔造営の技術をもたらした。そして、これらは時をおかずして鎌倉周辺にその影響を及ぼすのである。

北条氏の庶流で六浦を支配した金沢氏は、鎌倉時代の後期、称名寺（金沢区）を建立する。また、金沢文庫を創設し内外の貴重書を集めた。境内にある金沢顕時らの五輪塔は西大寺系石工の造営であり、地下からは中国渡来の青磁壺が発見された。称名寺の律宗の影響は、同じ北条氏庶流の時広の所領であった鶴見川流域の佐江戸（都筑区）や荏田地域（青葉区）に色濃く残された。佐江戸郷を殺生禁断の地としたこと、荏田真福寺の清凉寺式釈迦如来立像の存在がそれを物語っている。

また、市内の称名寺・東漸寺（磯子区）・妙光寺（瀬谷区）には、大仏鋳造後に定着した河内鋳物師物部氏の作例が残る。同氏は鎌倉時代の名鐘建長・円覚寺鐘を始め、同時代を通して北条氏と関わりのある寺院の鐘を鋳造する。

❖鎌倉府・関東管領上杉氏と横浜

鎌倉時代の政治・文化の担い手であった執権北条氏は、元弘三年（一三三三）の幕府滅亡によって滅ぶ。室町幕府の成立は、南北朝の騒乱を経て、関東にも新たな政治体制をもたらす。鎌倉公方に関東足利氏が、それを補佐する管領に上杉氏がつく鎌倉府の成立である。鎌倉府が成立すると、金沢北条氏の菩提寺であった称名寺は、室町幕府の祈祷寺となることで安堵される。鎌倉幕府滅亡後、混乱をきわめた市域も、やがて落ち着きを取り戻す。

応永一六年（一四〇九）鎌倉公方に足利持氏がなり、上杉憲顕が管領につくと、もとの管領上杉禅秀は反乱を起こす。いわゆる上杉禅秀の乱である。この戦いでは鎌倉周辺の武士は戦乱に巻き込まれ、市域でも、飯田（泉区）や瀬谷（瀬谷区）の台地の原などで激戦が相次いだ。この折り、恩田（青葉区）の領主恩田美作守らが討たれている。勝利した持氏は、室町幕府六代将軍足利義教と対立し、永享一〇年（一四三八）、管領上杉憲実の制止を聞かず合戦が開始される。この時金沢（金沢区）は合戦の場となっている。市域の武士としては、平子因幡守や上杉憲直が持氏方として戦っている。憲直は上杉氏の庶流で榎下城（緑区）の城主であったが、金沢で自害している。

　永享の乱が収まると、鎌倉府が再興される。しかし再び幕府と対立し、享徳三年（一四五四）親幕方の上杉憲忠が殺害されると、鎌倉公方と扇谷・山内両上杉氏との対立が起こり、康正元年（一四五五）鎌倉公方は下総国古河（茨城県古河市）に移って、関東の大乱へと発展する。

❖道と湊、横浜を訪れた人々

　六浦は南北朝以降も鎌倉の外港の地位を譲ることはなく、東京湾の海上交通の要衝として大量の物・人が行き交った。鎌倉の禅宗寺院が年貢集積等のため、六浦に出張所としての末寺を構えたことも、これを物語っている。一方、神奈川湊は室町時代には管領上杉氏の支配下に入る。同氏が、伊豆国や伊豆諸島を含め、各地から六浦・神奈川方面に通ずる海上交通を支配すると、伊勢など西国からの回船が入る神奈川湊は、やがて近隣の品川（東京都品川区）とともに六浦をしのぐ湊になっていく。

　この時代、景勝の地であった金沢には多くの禅僧が訪れた。五山文学僧として有名な義堂周信も、建長・円覚寺の禅僧とともに瀬戸神社を訪れている。東漸寺には、無学祖元・一山一寧らによる風景を詠み、漢詩を刻んだ詩板が掲げられた。

　また、多くの僧侶による勧進などの活動も見られる。

　横浜を通る道は、鎌倉時代よりの上の道・中の道・下の道があった。いずれの道も市域北部を流れる鶴見川を渡るが、この川にはすでに南北朝時代には橋が架けられていた。天台宗深大寺（東京都調布市）の僧侶長弁は、応永一二年（一四〇五）に綱島郷内の鶴見川に橋を架け、その供養のため卒塔婆を立てている。鶴見川には早くから架橋により通行人の便が図られ、その架橋は僧侶の勧進活動によって行われていたのであった。

　また、人々の活動範囲も広がった。相模国中村出身の臨済禅僧である抜隊得勝は、諸国行脚の途中で、平子郷の人々に布教する。康暦二年（一三八〇）甲斐国塩山（塩山市）に抜隊により向嶽寺が開かれると、平子郷の住人がわざわざ諸供養のため同地に赴いている。

❖開発と横浜村の登場

　農業技術の発達した中世は土地の開発も進む。鎌倉時代には、北条氏は延応元年（一二三九）小机郷鳥山等の荒野の開発を行った。また、仁治二年（一二四一）には武蔵野の開発を計画している。南北朝時代の「武蔵国鶴見寺尾郷絵図」からは、溜池や灌漑用水を利用して耕地としていることが読みとれる。また台地上は野畠として開発されていたこともわかる。谷戸での水田、丘陵での野畠

西暦	和暦	月	事項
一一八五	文治1	3	壇ノ浦の合戦で、平家が滅亡
		11	守護・地頭の設置
一一九二	建久3	7	源頼朝、征夷大将軍となる
一一九七	建久8	2	源頼朝、平子重経に周防国仁保荘の地頭職を与える
一二〇五	元久2	6	畠山重忠、二俣川で戦死
一二一六	建保4	11	運慶、光明院の大威徳明王像を造像
一二三九	延応1	2	鎌倉幕府、佐々木泰綱に小机郷鳥山の開発を命ず
一二四一	仁治2	4	北条泰時、朝夷（比）奈切通しを開く
一二五二	建長4	8	鎌倉大仏、鋳造開始
一二七五	建治1	5	北条実時、六浦荘金沢に籠居、金沢文庫この頃に成立
一二九八	永仁6	1	物部国光、東漸寺梵鐘を鋳造
一三〇五	嘉元3	4	六浦の瀬戸橋が完成
一三〇八	徳治3	7	院保ら、称名寺の清涼寺式釈迦如来像を造像
一三二三	元亨3	4	院興ら、称名寺の金剛力士像を造像
一三三三	元弘3	5	金沢貞将、鶴見辺で新田義貞勢と戦い敗走
		5	鎌倉幕府が滅亡
一三三四	建武1	5	「武蔵国鶴見寺尾郷絵図」が作られる
一三三五	建武2	7	北条時行、鎌倉を占拠（中先代の乱）
一三三六	建武3	11	足利尊氏、京都に室町幕府を開く
一三四九	貞和5	7	足利基氏、鎌倉に下向（鎌倉府）
一四〇三	応永10	10	琉球船、六浦に入港

など耕地化が進む中、新しい村落の成立が見られるようになる。

「横浜村」の村名は、嘉吉二年（一四四二）の市河季氏・比留間範数連署寄進状に現れるのが初見である。なぜ横浜と呼ばれたかは定かではないが、半島状に長くのびた砂州の付け根に位置する地形から、このような名がついたものと思われる。

中世も後半になると、古文書史料の残存数が増える。また小田原の北条氏による検地の実施などにより、村名が記される史料が見られるようになる。現在の横浜市域の地名は、その多くが戦国時代にすでに成立している。

❖小田原北条氏の進出と横浜

古河公方・両上杉氏の抗争は、関東各地を戦乱に巻き込む。文明一〇年（一四七八）山内上杉氏の家宰長尾景春の乱が起こり、太田道灌がその与党が籠もった小机城を攻めた戦いもその一つである。やがて道灌が文明一八年（一四八六）に主人上杉定正により殺害されると、小田原北条氏がその間隙をぬって、相模に進出する。

永正七年（一五一〇）扇谷上杉氏の家臣であった神奈川権現山城主上田氏が北条方に寝返り、これを扇谷上杉朝良と山内上杉憲房が攻撃する。この時北条方は敗れ、武蔵国南部への進出は一時頓挫する。しかし、同九年（一五一二）三浦半島を除く相模国を制圧した北条氏は、再び武蔵国南部への進出を試みる。同年に北条早雲・氏綱が武蔵国本牧の領主平子牛法師丸に制札を与えるが、これはこの軍事行動時の発給と思われる。

大永四年（一五二四）北条氏綱が江戸城（東京都千代田区）を攻め取るにおよび、市域を含む武蔵国南部はその支配下にはいる。

北条氏の武蔵国南部支配は、在地領主に大きな変化をもたらした。北条氏の家臣として生き残るか、または他に移るかなどの選択を余儀なくされたのである。鎌倉以来平子郷を支配した平子氏は、当時越後上杉氏の家臣となり越後に拠点を構えていたから、本貫地である平子郷を放棄し、越後に移る道を選んだ。鎌倉以来の名族が姿を消した瞬間である。

北条氏の横浜支配は、南部の久良岐郡は玉縄城（鎌倉市）を中心に、北部の橘樹・都筑郡は小机城を中心に家臣団を配置することから始まる。いわゆる玉縄衆・小机衆である。小机城主北条氏堯は「桐圭」という独自の印判を使用し、支配領域の統治者のしるしとした。

天正一八年（一五九〇）豊臣秀吉が小田原城を包囲する。市域には同年四月の日付をもつ一六点の禁制が確認され、称名寺などの寺院、小机荘内の一一か郷などがその宛先となっている。市域への秀吉軍の来襲の証拠である。

（遠藤廣昭）

一四一六	応永23	10	瀬谷原で上杉禅秀と足利持氏が戦う（上杉禅秀の乱）
一四三八	永享10	8	鎌倉公方足利持氏、室町幕府と対立（永享の乱）
		11	持氏、金沢称名寺で出家
一四三九	永享11	11	持氏、鎌倉永安寺で自害
一四四二	嘉吉2	4	比留間範数等、石河宝金剛院（現宝生寺）に横浜村の薬師堂免田畠を寄進（横浜の地名の初見）
一四五二	宝徳4	4	瀬谷の住人山田経光、恩田万年寺梵鐘（正中二年〈一三二五〉物部守光作）を手に入れ妙光寺に寄進
一四六七	応仁1	1	応仁の乱が起こる
一四六九	文明1	2	鎌倉仏所弘円、大誓寺の聖徳太子像を造像
一四七八	文明10	4	太田道灌、小机城を攻め落城（長尾景春の乱）
一五一〇	永正7	7	小田原北条氏と上杉氏、神奈川権現山で戦う
一五一二	永正9	12	北条早雲・氏綱、本牧四か村の領主平子牛法師丸に制札を与える
一五四二	天文11	11	横浜市域の村々、北条氏の検地を受ける
一五七三	天正1	7	室町幕府が滅亡
一五七八	天正6	2	北条氏繁、岡村竜珠院の寺領を安堵する
一五九〇	天正18	4	豊臣秀吉、市内の称名寺等の寺院や小机荘内の郷等に禁制を下す
		7	北条氏、豊臣秀吉に攻められ滅亡

図版特集

横浜の中世仏像

平成一九年（二〇〇七）、金沢区光明院の大威徳明王坐像が、納入文書から建保四年（一二一六）の運慶作と判明し、半世紀ぶりの発見として注目された。

横浜には、藤原末期から鎌倉初期のいわゆる藤末鎌初の定朝様の仏像が残ることも忘れてはならない。しかし、鎌倉時代は時代の担い手である東国武士が、力感に富んだ運慶一門の作風を好んだこともあって、その外港として栄えた六浦地域の寺院を中心に慶派系仏師の作例が残る。やがて、金沢北条氏による称名寺等の経営が本格化すると、京都に仏所を置く院派仏師による造像も目立ってくる。南北朝時代以降もこうした慶派系・院派系仏師の造像が見られるが、室町時代に入ると、「鎌倉仏所」といった肩書をつけた仏師が登場する。なかでも、寿福寺の門前に仏所を構えた下野弘円は仏像の造像や修理を精力的に展開し、市域でもその作例が見られる。

（遠藤廣昭）

1　木造阿弥陀三尊像　神奈川県重要文化財　平安時代末　宝樹院蔵
常福寺（廃寺）の本尊。平成4年（1992）の修理に際し修理願文が発見され、弘安5年（1282）に称名寺開山の審海が、仏師土佐公法橋円慶に命じ修理したことがわかった。この折り、彫眼であったものが玉眼に改められるなど、頭部や体部などが改変されている。金沢区。

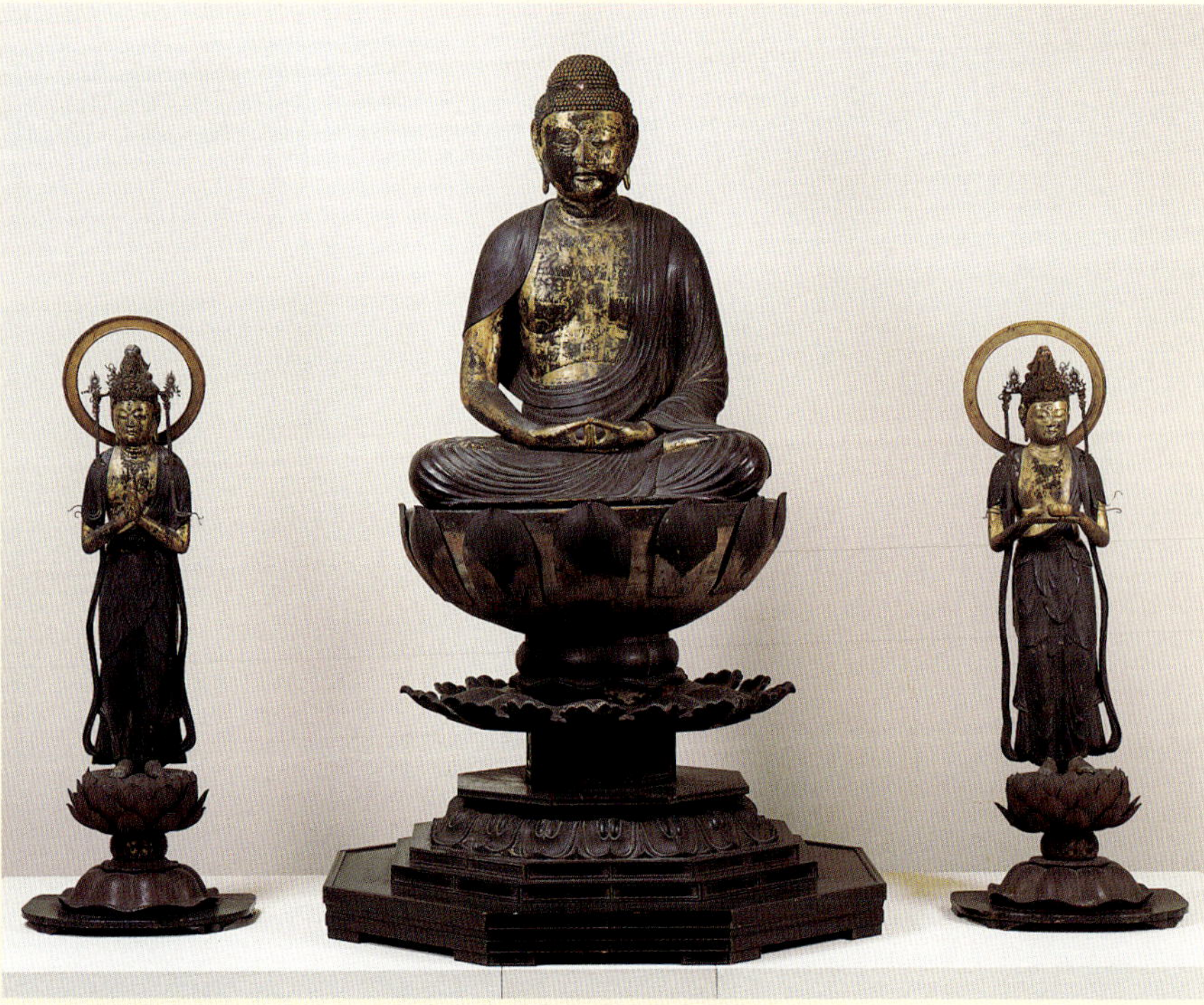

2　木造阿弥陀如来及両脇侍像　重要文化財　鎌倉時代　證菩提寺蔵
定印の阿弥陀如来を中尊とし、図版右に蓮台を捧げる観音像を、左に合掌する勢至像を配した来迎の阿弥陀三尊像。全体的に穏やかに仕上がった体躯は中央の定朝様にならった典型的な像で、12世紀後半頃の造立と思われる。栄区。

3　木造大威徳明王坐像　重要文化財　建保4年（1216）運慶作　光明院蔵・神奈川県立金沢文庫保管
源氏大弐殿より発願された大日如来・愛染明王・大威徳明王の中の大威徳明王にあたる。源氏大弐殿は、甲斐源氏の有力者加賀美遠光の娘で、鎌倉将軍家の源頼家・実朝の養育係を勤め、後に3代将軍源実朝の後宮において実質的なトップを勤めた大弐局と考えられている。金沢区。

5　木造薬師如来坐像　神奈川県重要文化財　鎌倉時代　東漸寺蔵
もと東漸寺塔頭東光庵の本尊。作風は重厚、量感豊かで運慶の様式を忠実に継承している。胎内には修理銘があり、鎌倉時代末の徳治2年（1307）にはすでに修理が行われたことがわかる。東漸寺は永仁6年（1298）の梵鐘銘によれば、弘安4年（1281）に住持となった明窓宗鑑により禅宗寺院に改められたことがわかる。磯子区。

4　木造薬師如来坐像　神奈川県重要文化財　承久3年（1221）　保木薬師堂蔵・神奈川県立歴史博物館保管
承久3年3月6日に仏師尊栄が本像を造立し、開眼供養を行った。願主の名は不明であるが、尊栄が願主に合力して菩提のために造立したものである。均整の良い姿の像で、鎌倉時代初期の制作年・仏師が特定できる市域では貴重な作例の一つである。青葉区。

6　木造釈迦如来立像　重要文化財　徳治3年（1308）称名寺蔵・神奈川県立金沢文庫保管

称名寺釈迦堂に祀られていたと伝えられる。清凉寺式と称される釈迦如来像。徳治3年7月26日に院保以下の院派仏師により造立された。この年は称名寺を開創した北条実時の33回忌にあたり、当時六波羅探題南方として京都にいた孫の金沢貞顕が造立したものと考えられる。同じく安置されていた十大弟子も作風から同時期の作と推定される。金沢区。

7　木造釈迦如来立像　重要文化財　鎌倉時代　真福寺蔵

京都清凉寺の本尊を模刻した清凉寺式の釈迦如来像。鎌倉時代には関東にも、叡尊・忍性により戒律の復興と釈迦への回帰を願う律宗が広がり、その影響で清凉寺式釈迦如来像が造立される。本像は切れ長の眉や眼、への字に固く結んだ唇などに個性的な表情をもつが、衣文などは模刻像の中でも比較的忠実な像である。青葉区。

8　木造金剛力士立像　神奈川県重要文化財　元亨3年（1323）　称名寺蔵

元亨3年に称名寺2代釼阿が、院興以下の院派仏師に命じて造立させた。奈良東大寺の金剛力士像は別として、通例の金剛力士像よりも二回り大きい像（像高約4メートル）である。金沢貞顕と釼阿による称名寺の伽藍整備の一環と思われる。金沢区。

12　木造聖徳太子立像　横浜市指定文化財　文明元年（1469）　大誓寺蔵
聖徳太子が父用明天皇の病気平癒を祈った16歳の姿を写した孝養太子像。文明元年2月15日に下野法眼弘円により造立された。弘円は、鎌倉の寿福寺門前に仏所を構え、平塚市光明寺の聖観音菩薩立像の修理や青梅市天寧寺釈迦如来坐像の修理などを手がけた、当時の鎌倉仏所を代表する仏師である。栄区。

9　木造方崖元圭坐像　神奈川県重要文化財　南北朝時代　金龍院蔵
金龍院の開山像。永徳2年（1382)、関東管領となって六浦を支配した上杉憲方が、建長寺の方崖元圭を招いて瀬戸に能仁寺を建立する。金龍院は中世末期には衰滅してしまった能仁寺の後身と思われる。方崖は翌年に没するが、本像は、高名な禅僧らしい風貌を余すことなく表現する。金沢区。

13　木造地蔵菩薩坐像　横浜市指定文化財　大永4年（1524）　龍華寺蔵
龍華寺境内の地蔵堂に安置される。山口彦右衛門・十郎太郎を檀那として、洲崎の六斎衆などの人々の結縁によって造立された。仏師は上総法眼宗琢である。山口氏は洲崎を拠点に東京湾で海運業を行う有力者であった。江戸から明治にかけて洲崎の人々により修理され、現在でも厚い信仰を得ている。金沢区。

11　木造達磨大師坐像　横浜市指定文化財　応永2年（1395）　東漸寺蔵
伽藍神同様、胎内銘から院覚の造立とわかる。禅宗の祖師達磨大師像の影像は市内でも少なくないが、制作年・作者が明確な中世の作例は珍しい。磯子区。

10　木造伽藍神倚像　横浜市指定文化財　応永2年（1395）　東漸寺蔵
禅宗において伽藍の守護の任にあたる。道服をまとう姿に表されている。仏師院覚の作。院覚は、「院」字を冠することから、院派仏師の一人と考えられる。作者・制作年代が明確な中世の伽藍神の作例は少なく貴重である。磯子区。

源頼朝旗揚げと横浜の武士

石橋山の合戦と飯田家義

　一二世紀半ば、京都で源義朝《みなもとのよしとも》が平清盛の軍勢に敗れた平治の乱後、南関東一帯には平家の勢力がおよび、各武士団も再び平氏政権のもとに従属していた。秩父氏一族の畠山重能《はたけやましげよし》や小山田有重《おやまだありしげ》は平氏の従者として在京し、鎌倉党の大庭景親《おおばかげちか》など関東の多くの武士団も平氏方に与《くみ》していった。

　治承四年（一一八〇）八月、伊豆国（静岡県）で流人生活を送っていた源頼朝は、北条時政と共に約三〇〇騎の軍勢を率いて蜂起し、伊豆国目代平兼隆《たいらのかねたか》を滅ぼして鎌倉に向かう。しかし、途中の石橋山（小田原市）で大庭景親の軍勢に敗れた。これが石橋山の合戦である。『吾妻鏡』には、大庭軍のなかに鎌倉郡長尾郷（戸塚区長尾台）の長尾新五為宗《ためむね》や山内荘（戸塚区）の滝口経俊《つねとし》、渋谷重国《しげくに》を父に持つ飯田五郎家義《いえよし》という、市域の武士の名前が挙げられている。

　このなかで飯田家義は、後世の武者物語にしばしば取り上げられる活躍をしている。大庭景親に敗れた頼朝が杉山に身を潜め、景親が再度攻撃を仕掛けたとき、家義は手勢わずか六騎を景親にけしかけ、その間に頼朝を逃れさせた。その後、家義は頼朝の落とした念珠《ねんじゅ》を拾って届け、頼朝軍に加わったというのである。驟雨《しゅうう》の中、険阻《けんそ》な杉山で行われた激しい戦いの一場面である。

　その後、頼朝は土肥実平《とひさねひら》の手引きにより相模国真鶴から安房国（千葉県）に逃れ、諸氏の帰伏を受けて鎌倉に入る。そして同年九月二二日の平維盛《これもり》による追討軍進発を受けて、駿河国（静岡県）黄瀬川《きせがわ》に着陣、一〇月二〇日に富士川の合戦で平氏軍に勝利をした。

　この富士川合戦でも、飯田家義は頼朝軍に加わっていた。家義と息子太郎は退却する平維盛軍を追って、敵方の紀伊国の武士・伊藤次郎と戦った。家義の息子は戦死し、家義は伊藤を討ちとったという。二二日に家義は伊藤の首級を頼朝のもとに持参し、合戦の次第と息子の戦死を報告した。すると頼朝は「本朝無双の勇士なり」と石橋山以来の武功を讃えたという。

1　伝源頼朝坐像
もと鶴岡八幡宮の白幡神社に祀られていた像で、鎌倉地方にのこる俗体武将像のうちの一つ。

合戦後の恩賞・処罰

　治承四年一〇月二三日、相模国府（大磯町）に着いた源頼朝は、石橋山合戦から富士川合戦に至るまでの、初めての論功行賞を行い、また叛逆者を処罰した。『吾妻鏡』によれば、まず恩賞に関しては「北条殿・武田信義・安田義定・千葉常胤・三浦義澄・千葉広常・和田義盛・土肥実平・安達盛長・土屋宗遠・岡崎義実・狩野親光・佐々木定綱・同経高・同高綱・工藤景光・天野遠景・大庭景義・宇佐見祐茂・市河行房・加藤景員入道・大見実政・同家秀・飯田家義以下」と、頼朝に従った多くの武士たちが列記されている。

　恩賞の内容には本領安堵と新恩給与とがあり、三浦義澄《よしずみ》が三浦介に補され、下河辺行平《しもこうべゆきひら》は従来の下河辺郷を安堵されている。飯田家義も勲功の賞に連なり、おそらくは従来の所領である相模国鎌倉郡飯田郷一帯（泉区下飯田町）を安堵されたのではないか。同町富士塚団地一帯は飯田家義の屋敷跡と伝わっている。

　一方、処分について、まず大庭景親は富士川の合戦を前に再び平氏方に参陣しようとするも自ら頼朝軍に投降し、一〇月二六日に片瀬川辺り（藤沢市）において梟首《きゅうしゅ》された。また長尾為宗は岡崎義実《よしざね》に身柄を預けられ、滝口経俊も山内荘を没収の上、土肥実平に預けられている。河村義秀も河村郷（山北町）を没収されて大庭景義に預けられた。『吾妻鏡』は「このほか石橋合戦の余党数輩ありと雖も、刑法に及ぶの者はわづかに十が一かと云々」と記している。

　このうち、滝口経俊は藤原秀郷《ひでさと》を祖とする武士で、山内首藤《すどう》氏とも称して、市域から鎌倉市に及ぶ山内荘を領した。一一月二六日、滝口経俊に斬罪の沙汰が下ると、経俊の老母尼は頼朝のもとに参上し、先祖の勲功を挙げて助命を嘆願した。すると頼朝は石橋山合戦の際に着していた自らの鎧を取り出し、刺さっていた経俊の矢を見せたという。この後、おそらく経俊はその罪を赦されて奥州合戦に供奉している。

相武の武士の掌握

　源頼朝は、相模国府での論功行賞の後、佐竹秀義《ひでよし》追討のため常陸国（茨城県）に進発し、秀義が逃亡した後の所領を収公して一一月一七日に鎌倉に帰還した。

　頼朝の関東武士の掌握方法は、それまで郡司《ぐんじ》や在庁官人を勤めていた各地の中小武士を取り込むことで、関東一円の支配システムをそのまま頼朝のもとにスライドさせるというものであった。安房国から鎌倉に至る凱旋の最中、武蔵国の多くの武士たちの帰伏を受けた頼朝は、彼らに旧領を安堵し、江戸重長《しげなが》を通じて武士たちに「国の諸雑事《しょざつじ》」を行わせている。この雑事とは、それまで国衙が賦課していた年貢諸公事などの課役を徴収する権限のことであり、頼朝は、武士たちがそれまで保持していた荘園の下司や荘司、郡郷の郡司・郷司として行う税金の徴収システムを踏まえた上で、その納入先を頼朝にするように、江戸重長に命じたのである。おそらく相模国府で行われた論功行賞も、相模国の武士による従来の権限の安堵を含んでいたと考えられる。

　こうして頼朝は、武蔵国と相模国をはじめ、関東武士の権利を保持し、後の鎌倉幕府と鎌倉御家人との関係を創り上げていくことになる。後の建久六年（一一九五）三月、頼朝の南都東大寺供養列参に際して供奉する平子氏・都筑氏・師岡氏ら市域の中小武士もまた、この相模国府での論功行賞を転機として、鎌倉御家人になっていったのではないだろうか。

（阿諏訪青美）

2　富士川の合戦に勝利し八幡大菩薩に感謝する頼朝
頼朝は平家が総退却し、戦わずして勝利したのは八幡大菩薩のおかげと手を合わせる場面を描く。この絵巻は越前松平家に伝来したもの。全36巻からなる。『平家物語絵巻』巻五下より。

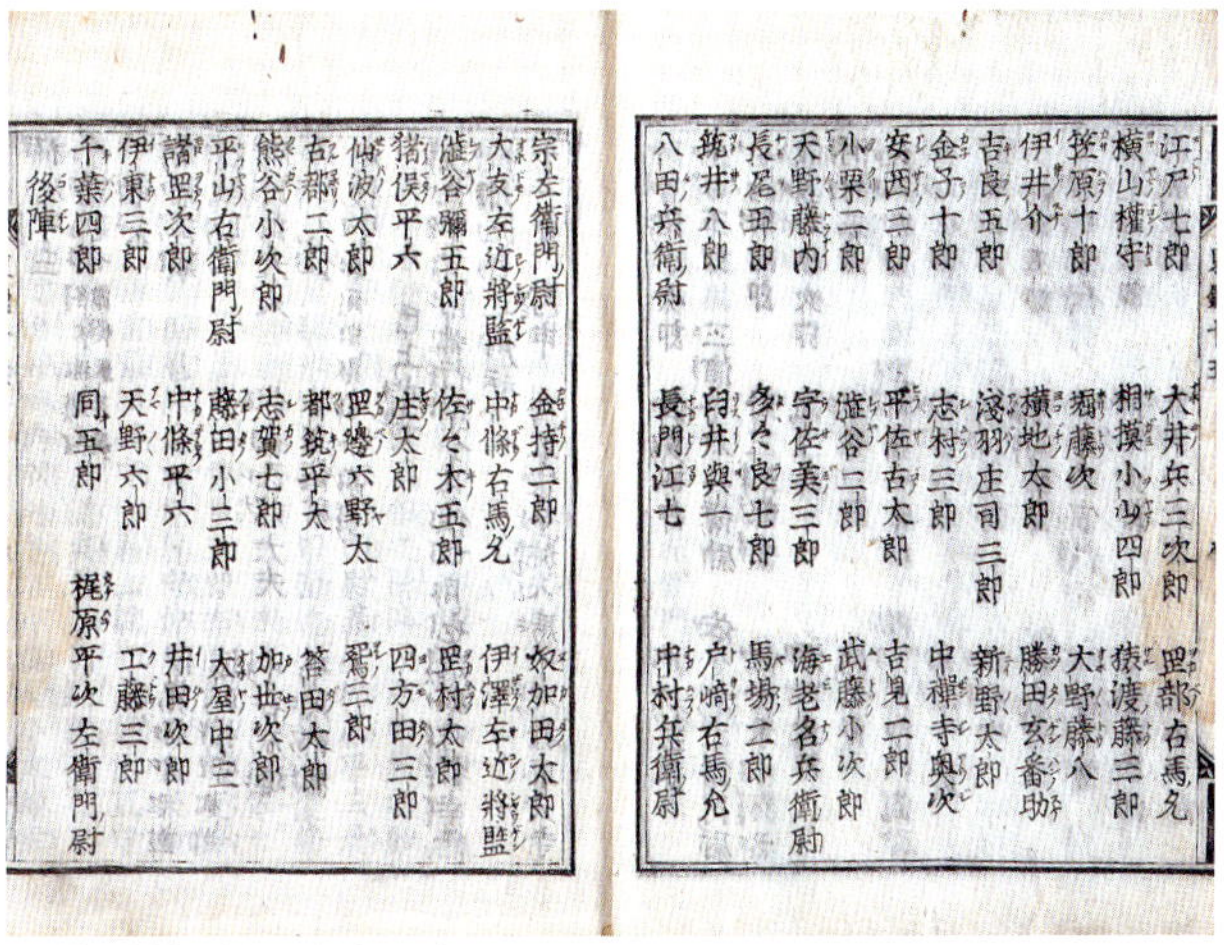

江戸七郎　大井兵三次郎　岡部右馬允
横山権守　相摸小四郎　猿渡藤三郎
笠原十郎　獨藤次　大野藤八
伊井介　横地太郎　勝田玄番助
吉良五郎　淺羽庄司三郎　新野太郎
金子十郎　志村三郎　中禅寺奥次
安西三郎　平佐古太郎　吉見二郎
小栗二郎　澁谷二郎　武藤小次郎
天野藤内　宇佐美三郎　海老名兵衛尉
長尾五郎　多々良七郎　馬場二郎
筑井八郎　臼井與一　戸崎右馬允
八田兵衛尉　長門江七　中村兵衛尉

宗左衛門尉　金持二郎　奴加田太郎
大友左近将監　中條右馬允　伊澤左近将監
澁谷彌五郎　佐々木五郎　岡村太郎
猪俣平六　庄太郎　四方田三郎
仙波太郎　岡邊六野太　鶴三郎
古郡二郎　都筑平太　筥田太郎
熊谷小次郎　志賀七郎　加世次郎
平山右衛門尉　藤田小三郎　大屋中三
諸岡次郎　中條平六　井田次郎
伊東三郎　天野六郎　工藤三郎
千葉四郎　同五郎　梶原平次左衛門尉
後陣

3　『吾妻鏡』建久6年（1195）3月10日条
平重衡によって焼き討ちされた奈良東大寺の大仏が再建され、開眼供養に列席するため上洛する頼朝に供奉した武士たちの名前が記される。都筑氏・諸（師）岡氏・平子氏の名が見える。

4　富士塚城址の碑
飯田家義の屋敷址は横浜市と藤沢市の境である境川沿いの泉区下飯田町にあったと伝えられている。

平子氏と宝生寺・真照寺

横浜武士の西遷・北遷

横浜市域には鎌倉御家人として北部に師岡氏・都筑氏・鴨志田氏などが展開していた。

市域南部には久良岐郡平子郷（中区・磯子区付近）を中心に平子《たいらこ》氏がいる。平子氏は三浦半島を本拠地とする三浦氏の一族で、平安時代末に久良岐郡平子郷に進出し、地名を冠して平子氏と称するようになった。

鎌倉時代になると、同氏は石橋山の合戦の戦功によって、周防国仁保荘（山口県山口市）の地頭職を得て西遷する。また、越後国山田郷（新潟県）の地頭職を得て北遷する。これはおそらく、承久《じょうきゅう》三年（一二二一）の承久の乱で幕府方の武士として戦い、得た領地と思われる。こうしてその庶流が各地に進出してゆく。

西遷・北遷した彼らは、その後、周防国では守護大内氏や戦国大名毛利氏の重臣として、また越後国では、守護上杉氏・戦国大名上杉氏の重臣として中世を生き抜き、多くの史料を現在に伝えている。

武蔵の平子氏

本拠地平子郷を支配した平子氏も、史料は少ないまでも、戦国時代までその活動を追うことができる。鎌倉時代の初めには源頼朝の御家人として、東大寺供養の際の随兵として平子右馬允が、また中頃にも京都閑院殿の造営に平子左衛門跡などが見えている。室町時代には永享の乱の時、鎌倉公方足利持氏近衆の面々に平子因幡守が見える。戦国時代の永正九年（一五一二）には、武蔵国南部に進出した小田原の北条氏から、本牧（中区）を領する平子牛法師丸への制札の発給が見られ、依然として平子氏による平子郷支配が続けられていたことがわかる。

宝生寺と真照寺

平子郷内には、平子氏関係の寺院として宝生寺（南区）と真照寺（磯子区）がある。

宝生寺は、寺伝によれば承安元年（一一七一）に覚清が一寺を建立し熊野権現を勧請して鎮守としたのが始まりであるという。室町時代の初めに覚尊が住持となると、応永一六年（一四〇九）には御室仁和寺（京都市）の欠坊宝金剛院の寺号を許される。こうした経過から、覚清を始祖とし覚尊を開山としている。郷内の石川村にあることから、平子氏の庶流石川氏の菩提寺と思われる。

真照寺は禅馬山三郷院と号している。草創は不明だが、元暦元年（一一八四）に平子弥平右馬丞有長が再興したという。平子氏本家の菩提寺と思われる。

この宝生寺と真照寺の関係は、平子次郎師通の子息が出家し円鎮と名乗り、宝生寺の三世となってから密接になる。彼

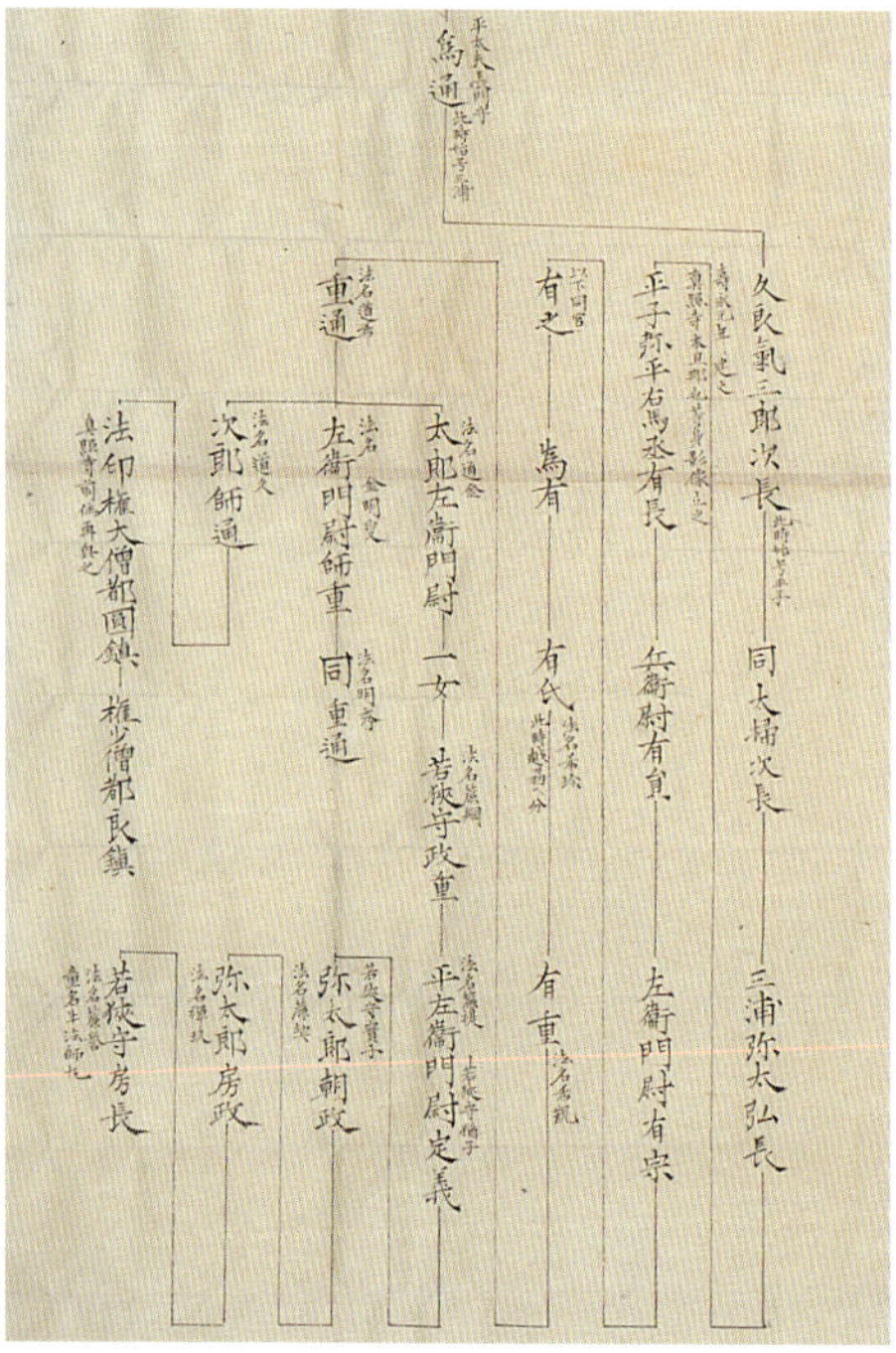

1　平子氏系図（部分）
越後国守護上杉氏の重臣として政治の表舞台に登場し、本拠地平子郷も支配した政重・朝政が見える。また最後の領主牛法師丸（房長）が見える。平子郷を放棄した平子氏は、上杉謙信の家臣として信濃川の渡船場がある小千谷市の薭生城を拠点とし、戦国時代を生き抜いている。

2　宝生寺本堂
延宝8年（1680）8月に第15世空弁によって灌頂堂が再建されたが、これが現在の本堂である。南区。

3　真照寺本堂
背後の禅馬山・伊勢山、東に腰越山に囲まれている。付近に平子氏の館があったものと推定される。磯子区。

5　大楽（平子）館付近
県道123号線の信越本線を渡る陸橋から大楽館付近を見たもの。手前が信越本線の線路で、右がJR直江津駅。駅の西方に「大楽館」の字名が残り、平子氏の府中館と考えられる。イトーヨーカ堂の右脇あたりが「大楽館」の跡である。

6　薭生城址遠景
JR小千谷駅より見たもの。中央の一番高いところが主郭。南北朝時代に上杉氏の家臣として越後国に入部した平子氏の拠点。新潟県小千谷市。

4　平子重経像　鎌倉時代　重要文化財　源久寺蔵
源久寺（山口県山口市）は周防平子氏の菩提寺。この法体像は、石橋山合戦の戦功により、周防国仁保荘に地頭職を得て入部した平子重経が、出家して西仁と号した晩年の姿である。精悍な鎌倉武士の風貌を伺うことができる。

は応永三〇年（一四二三）一一月二一日に宝生寺開山覚尊の弟子円祐から同寺で伝法灌頂を受けている。さらに同寺に住持した後、真照寺を再興して住持となり、文明五年（一四七三）一一月三日に七二歳で没するのである。

寛正四年（一四六三）の真照寺円鎮が宝生寺四世円真に宛てた寄進状によれば、円鎮は父師通から相続した所領平子郷根岸村からあがる年貢七貫三五〇文のうち七貫文を宝生寺に、三五〇文を真照寺にと分けて納めさせ、両寺の興隆を図っている。また、文明五年（一四七三）の真照寺円鎮寄進状によれば、彼は父師通の譜代知行の所領であった平子郷内の禅馬・根岸両村の三分の一を嫡子として相続するが、出家の後に先祖の菩提のために真照寺に寄進している。後に、円鎮が没すると、真照寺はその子息良鎮が住持となるのである。

平子氏の菩提寺である両寺は、室町時代前半には同氏出身者が住持となり、その寺領なども含め、一体として運営されるようになっていく。

惣領は越後国に

文明四年（一四七二）の円鎮譲状には、伝宗庵分という真照寺の寺領が一時押領され、それを回復する経過が述べられている。それによれば、伝宗庵分の寺領は平子左衛門尉重道（円鎮の祖父）が京都より下向して元のように真照寺に渡し、その後も平子若狭守政重により安堵されていることがわかる。

この左衛門尉重道と若狭守政重は、いずれも越後平子氏系図に見える重道と政重である。重道には三子あり、出家し師通の嫡子でありながら平子郷内の所領の相続分を放棄した形になった円鎮に代わり、その支配は越後平子氏につらなる政重の系統に引き継がれる。政重は越後薭《ひ》生《う》城（新潟県小千谷市）を本拠地とし、府中に屋敷を構える守護上杉房定の重臣である。

南北朝時代、上杉氏の越後国入部に同行した平子氏は越後を拠点とする一方で、平子郷も本領として維持しながら、上杉氏の重臣として越後や関東に活躍を見る。やがて、武蔵国において北条氏の支配が強まると、鎌倉時代からの本領である平子郷を放棄し一族は越後に移り、その支配は終焉を迎えるのである。

この譲状からは、師通の子息円鎮が両寺を兼帯する以前から、越後平子氏が平子氏の惣領として、実質的に本領である平子郷の支配を行っていたであろうことが推測できるのである。

平子氏が平子郷を放棄すると、宝生寺・真照寺も同氏の保護を離れ、新しい支配者である小田原北条氏保護下の寺院へと変貌をとげることになる。（遠藤廣昭）

図版特集

金沢北条氏と称名寺

古刹・称名寺（金沢区）は、金沢実時《さねとき》が鎌倉時代の正嘉《しょうか》二年（一二五八）以前に、亡母の菩提を弔うために金沢の別邸内に建てた念仏堂にはじまる。実時は、鎌倉に奈良西大寺の律僧・叡尊《えいそん》を迎え、その弟子である極楽寺忍性《にんしょう》に依頼して、下野国薬師寺の審海《しんかい》上人を称名寺開山に迎えた。このときから称名寺は金沢氏一族の菩提寺としてのみならず、関東の律宗の拠点寺院として伽藍の拡張が行われていった。

しかし、二代顕時《あきとき》が弘安八年（一二八五）のいわゆる霜月騒動に巻き込まれて鎌倉幕府より追放されると、称名寺をふくむ金沢の地の発展は一時的に衰退する。そして鎌倉幕府執権にまで昇進した三代貞顕《さだあき》の時代を迎えると、六浦荘は鎌倉に続く都市として整備され、称名寺も長老釼阿《けんな》を迎えて大伽藍が整備されていった。

現在、称名寺境内に建つ神奈川県立金沢文庫には、金沢氏三代以来称名寺に伝わる、多くの美術品や古文書等が保管されており、さまざまな歴史的事象を見ることができる。

（阿諏訪青美）

1　金沢実時像　国宝
実時は鎌倉幕府の重臣として、執権経時および時頼の時代に両執権を補佐し、また鎌倉幕府引付衆・評定衆をへて引付頭人にまで昇進した。称名寺には、この他に2代顕時、3代貞顕、4代貞将の像が伝わり、四将像と称されている。鎌倉時代。

2　称名寺絵図并結界図（部分）　重要文化財
元亨3年（1323）2月24日に称名寺で営まれた結界作法（修行に相応しい浄域を定める儀式）と伽藍配置の様子を示した絵図。境内に浄域を示す朱線が引かれる。3代金沢貞顕の時代に景観を整えた称名寺の全体像を示している。元亨3年。

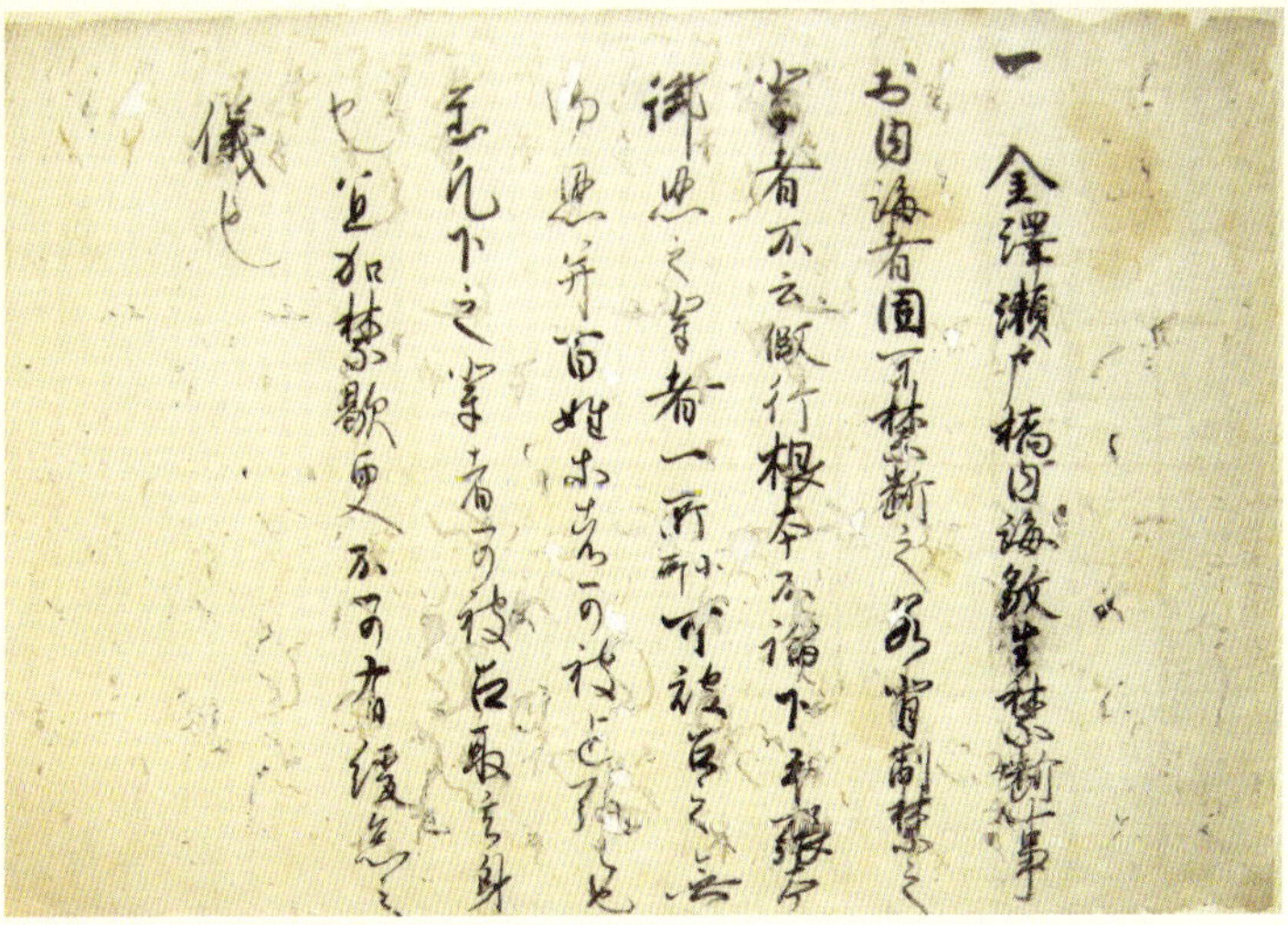

3　金沢瀬戸内海殺生禁断事書　重要文化財
称名寺前からつづく瀬戸内海を殺生禁断の地と定めた文書。文中に「金沢瀬戸橋内海」とあり、この時には瀬戸橋が完成していたことが分かる。鎌倉時代。

4　弥勒菩薩立像　重要文化財
称名寺の本尊。立像頭内の墨書により、建治2年（1276）の金沢実時の一周忌に完成したことがわかる。鎌倉時代。

5　青磁壺　重要文化財
称名寺境内、金沢顕時五輪塔の下から発見された。中国・龍泉窯で焼かれたもの。当時、日本国内で人気のあった輸入品のひとつ。鎌倉時代。

6　称名寺の本堂と赤橋　国指定史跡
弥勒菩薩の浄土を模す阿字ケ池に赤橋がかかる。平成20年度の修理により、赤橋は往時の姿を再現させている。

金沢北条氏と六浦荘

金沢氏と六浦荘の支配

金沢区六浦付近は、鎌倉時代以前より開けており、港湾をふくむ一帯を「六《むつ》浦荘《らのしょう》」と称した。鎌倉時代の建治《けんじ》三年（一二七七）の仁和寺の塔頭《たっちゅう》・勝宝院《しょうほういん》の古文書には「武蔵国六連庄」と見え、この時仁和寺は備中国巨勢荘《こせのしょう》（岡山県）の支配権と引き替えに、六浦荘を鎌倉幕府へ譲渡している。一三世紀末頃、六浦荘は京都寺院の所有であったようだ。

一三世紀末より六浦荘を支配したのが、金沢《かねさわ》氏になる。金沢氏とは、鎌倉幕府の執権を勤める北条氏の一族で、鎌倉の東の要地である六浦を押さえてその地名を冠した。金沢氏は北条義時の五男・実泰《さねやす》にはじまり、初代実時《さねとき》は幕府執権の補佐役として引付衆《ひきつけしゅう》・評定衆《ひょうじょうしゅう》等を歴任していた。

金沢氏が六浦荘を実際に領有したのは、建暦《けんりゃく》三年（一二一三）の和田合戦と宝治《ほうじ》元年（一二四七）の宝治合戦で、和田・三浦両氏が滅亡した後である。ふるくから三浦半島に勢力を持っていた三浦氏は、その同族和田氏を半島付根の六浦荘に置いていたと考えられ、『吾妻鏡』には和田合戦で和田方として討死した武士に「六浦三郎、同六郎、同七郎」の名前が記されている。金沢氏は、これら三浦・和田両氏の持っていた権益を得て、大きく発展をしていった。

この実時が、六浦荘に建てた別邸とその念仏堂が、現在の称名寺の前身になる。実時は幕府での執務の傍ら書物を好み、朝廷に仕える学者・清原教隆について学問を修した。そして記録に「財人」と記されるほどの財力を使って、京都や中国から取り寄せた文献を読み、書写していったのである。そのようにして集めた多くの書物や聖教《しょうぎょう》類の一部が、金沢の地に運ばれ、後年の金沢文庫の端緒となっていった。

1　六浦荘の旧地形模型
瀬戸橋に隔てられる瀬戸内海と平潟湾の様子。現在は平潟湾の一部を除いて埋め立てられている。

2　三艘が浦の古事
『江戸名所図会』には「唐船三艘この浦に着岸せり。故に名付くとぞ」とある。現在の金沢区六浦の三艘第一公園付近。

鎌倉の外港としての繁栄

六浦には大きく入り組んだ内海があり、北半分を瀬戸内海《せとのうちうみ》、南半分を平潟湾《ひらかたわん》と称した。この入江を六浦津《むつらのつ》と呼び、当時、関東地方でも有数の船運の拠点となっていた。六浦津には、東京湾岸や房総湾岸、また古利根川や荒川を経由した北関東一帯から運ばれるさまざまな物資が荷揚げされており、朝比奈切通しを経て鎌倉に至る鎌倉の物流拠点であった。またかつては唐船による海外貿易が行われたと伝わり、金沢氏ゆかりの品々には金沢実時が中国（南宋）より輸入した七〇〇〇帖におよぶ宋版一切経や、青磁花瓶をはじめ、おおくの聖教類や美術品類を見ることが出来る。

実時は、下野国（栃木県）薬師寺の審《しん》海《かい》を称名寺開山に招いており、この審海を中心として、金沢称名寺には国内外から多くの学問僧が集まっていたようだ。称名寺の梵鐘には、宋僧慈洪《じこう》や入宋僧円《えん》種《しゅ》の名が刻まれており、鎌倉末期、執権北条高時の招いた禅僧清拙正澄《せいせつしょうちょう》は、六浦の景色を見て「浙江亭上疑似多し」と、南宋の首都臨安府（杭州西湖）の様子と

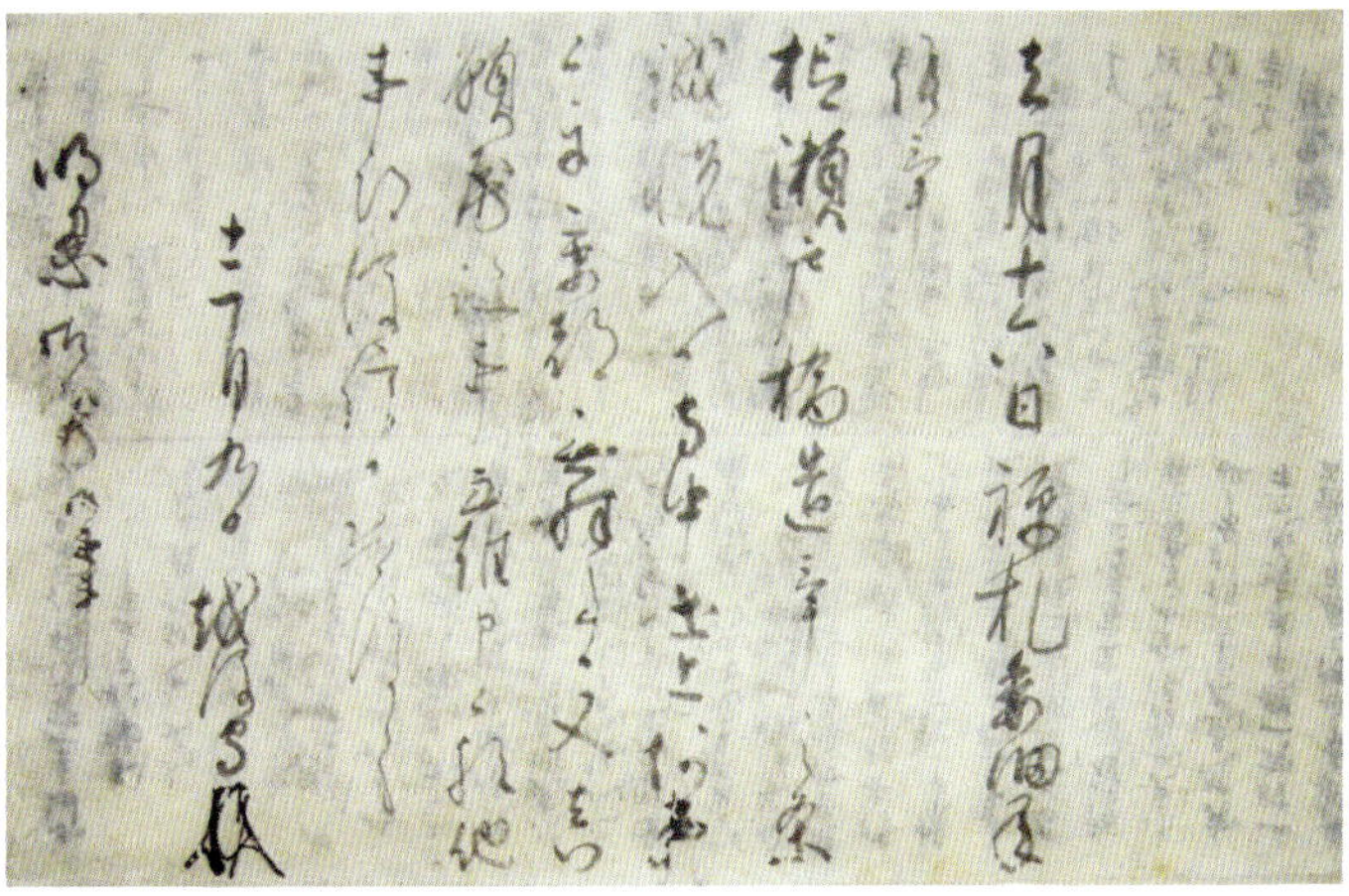

4　金沢貞顕書状　重要文化財
在京する貞顕が称名寺釼阿に宛てた書状。瀬戸橋完成の喜びを伝えている。嘉元3年（1305）。釼阿本秘鈔口決本鈔十七巻　倉栖兼雄筆。

3　金沢貞顕像　国宝
3代金沢貞顕の最盛期頃の姿をとどめるもの。烏帽子と直垂をつける。

似ていると詠んでいる。

貞顕時代の六浦荘

二代顕時《あきとき》が霜月騒動に連座して下総国に配流され、金沢氏の勢力が低迷した後、ふたたび金沢氏と六浦荘を盛り立てたのが、三代貞顕《さだあき》になる。

貞顕は、金沢氏の家督を継ぐと幕府の京都出先機関である六《ろく》波羅探題《はらたんだい》に任じられ、京都の政界に交わって知己を広げながら大陸から輸入される宋版の漢籍など文献をおおく収集した。また正和《しょうわ》三年（一三一四）に鎌倉に帰ると、北条高時の執権就任を受けて連署《れんしょ》に就き、嘉暦《かりゃく》元年（一三二六）には、幕府最高位の執権に就任している。

貞顕の出世と時を同じくして、金沢の地も整備されていった。まず六浦津のうち瀬戸内海と平潟湾をつなぐ部分は、干満に際して急流が発生する難所であり、実時の時代には堤が建設されていたらしい。そこに堅固な橋を架けたのが貞顕であり、工事は鎌倉幕府の後ろ盾を得て進められた。当時京都にいた貞顕に代わって現場を取り仕切ったのが、延慶《えんぎょう》元年（一三〇八）に称名寺長老に就任した釼阿《けんな》であり、総工費は二三二貫文、完成は嘉元《かげん》年間（一三〇三〜〇六）であったという。この橋の完成によって、金沢館と称名寺から朝比奈切通しを経て鎌倉にいたる金沢道が開通し、野島や乙艫《おっとも》に着いた船荷がスムーズに運輸された。湊の発展に従い、鎌倉時代後期以降、瀬戸神社対岸の洲崎に町屋が形成されていく。

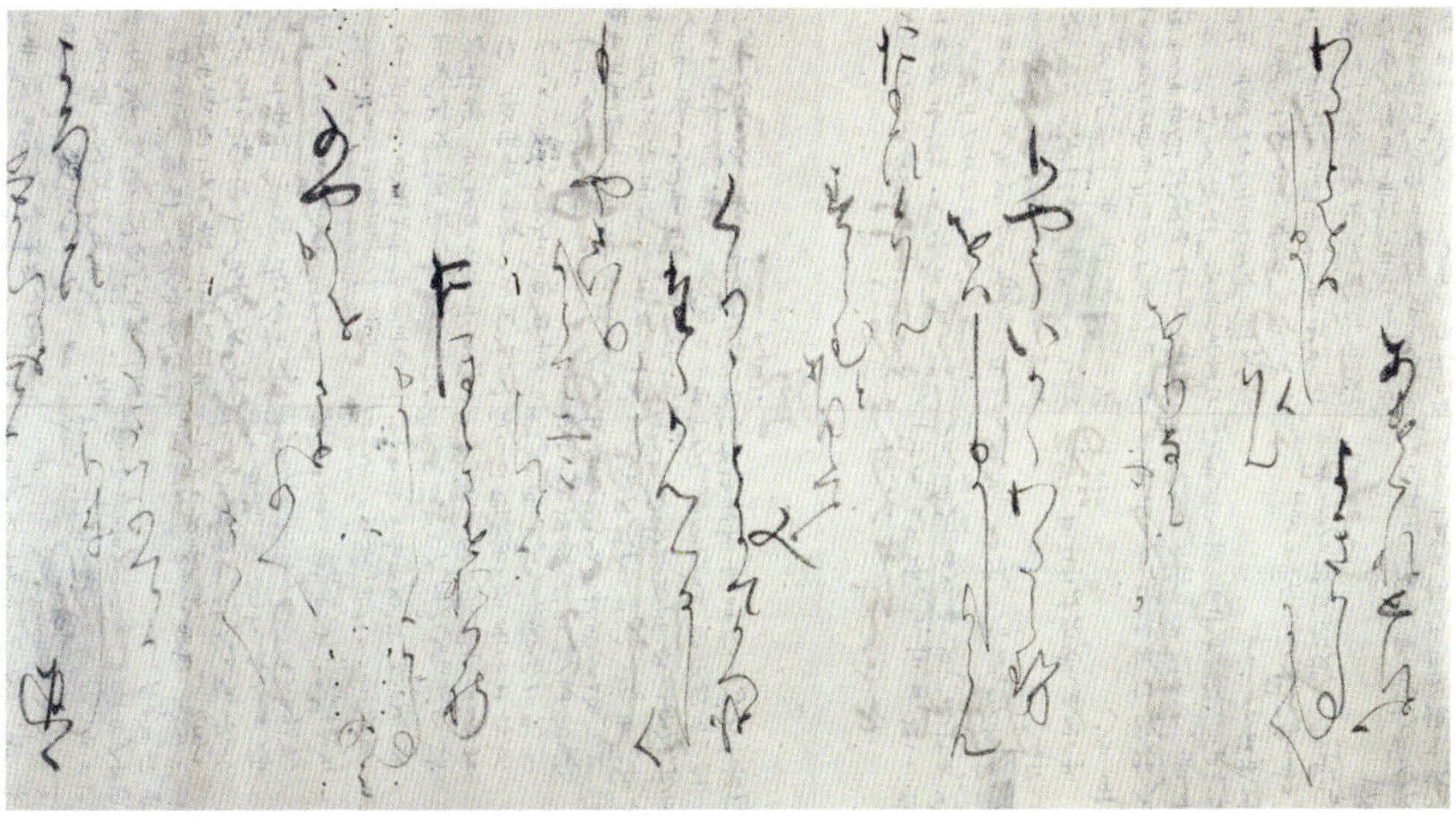

5　鎌倉時代仮名消息　横浜市指定文化財
数通の書状が一巻に貼り継がれているもの。紙の順番がまちまちなため内容は定かではないが、称名寺僧を師として慕う内容であろう。金沢氏ゆかりの女性が認めたと考えられる。称名寺長老釼阿の「薄草子口決」紙背として伝わった。

また称名寺は、顕時の時代に行われていた建設を受けて、伽藍整備を進めていく。まず文保《ぶんぽう》元年（一三一七）五月に金堂造営が始まり、その用材を幕府関係者や円覚寺等の援助を受け、紀伊国（和歌山県）熊野など遠隔地から船で運ばせていた。また苑池《えんち》は元応《げんおう》二年（一三二〇）に完成し、さらに講堂の上棟を経た元亨《げんこう》三年（一三二三）二月に称名寺結界作法《けっかいさほう》が行われている。この時の称名寺の姿は、同寺に伝わる「称名寺絵図并結界記」に見ることができる。

（阿諏訪青美）

南北朝内乱と鶴見合戦

新田義貞の鎌倉攻め

鎌倉幕府最後の得宗《とくそう》（北条氏嫡流の当主）・北条高時は一四歳で執権職に就いた。約五〇年間にわたる南北朝時代の争乱を描いた軍記物語『太平記』によれば、高時は奢侈に耽り、人々を顧みない政治を行ったという。一三世紀末から一四世紀半ばにかけて、全国では異常気象や大地震・疫病の流行などが相次ぎ、鎌倉でも徳治《とくじ》二年（一三〇七）三月の大洪水や同年八月の赤斑瘡《あかもがさ》の流行、正中《しょうちゅう》二年（一三二五）の旱魃などが起こっていた。社会不安の高まる中、人々は新しい政治を望んでいたのである。

元弘《げんこう》三年（一三三三）五月八日、新田義貞は、上野国（群馬県）生品《いくしな》神社で蜂起した。軍勢は上野国府を経た後、鎌倉街道上の道を南下して鎌倉に向かい、関東諸勢はことごとく義貞に呼応したという。『太平記』によれば、当初一五〇騎だった新田軍には、その日のうちに越後国（新潟県）や甲斐国（山梨県）・信濃国（長野県）等の軍勢七〇〇〇騎が加わり、さらに上野・下野・上総・常陸・武蔵の諸勢も参集して、およそ二〇万七〇〇〇騎に達したという。新田義貞蜂起の知らせを受けた鎌倉幕府は、同月九日に軍評定を行って対策を協議した。『太平記』には、まず桜田貞国《さだくに》を大将とする六万騎を、鎌倉街道上の道を北上して新田勢の正面から迎え撃たせ、また金《かね》沢貞将《さわさだゆき》を大将とする五万騎を下総国下河辺荘《こうべのしょう》へ向かわせ、新田勢を背後から攻撃をさせようとしたとある。

大軍となった新田勢は、鎌倉街道上の道を南下する途中、入間川河畔の小手指原（所沢市）および多摩川河畔の分倍河原（多摩市）で、桜田貞国率いる鎌倉幕府軍と激しく戦って大勝利をおさめ、さらに鎌倉に敗走する幕府軍を追って、一路鎌倉街道上の道を南下していった。

武蔵国瀬谷原《せやがはら》（瀬谷区）は、武蔵国と相模国との境目、境川沿いに広がる地域である。新田軍が鎌倉に到達する直前の五月一七日、『太平記』には載らないが、ここでも幕府軍との戦いが起こっていた。戦いに参加した陸奥国（福島県）の武士・石川義光《よしみつ》の軍忠状には、一七日の瀬谷原の戦いから参加し、翌日の鎌倉・稲村が崎の戦いで負傷をしたと記される。石川義光ははるばる陸奥国を出発して、瀬谷原で新田軍に追いついたようだ。

この瀬谷原では、後年の応永二三年（一四一六）の上杉禅秀の蜂起に際しても、鎌倉を争う足利持氏と禅秀方との間で戦いが起こっていることから、瀬谷原とは鎌倉を目前にした最後の合戦の地であったようだ。

幕府滅亡と二度目の鶴見合戦

鎌倉が新田軍に攻め込まれようとする頃、鎌倉街道下の道を下河辺荘に向かっていた金沢貞将軍もまた、鎌倉に向かって敗走していた。

金沢貞将は、当時幕府の要職にあった金沢貞顕《さだあき》を父とする金沢北条家の嫡男で、この時三一歳。六波羅探題南方をつとめた経験を持つ若き武将であった。貞将は、下の道の途中で下野国の武士・小山秀朝《ひでとも》と、上総下総を治める千葉貞胤《さだたね》の軍勢に遭遇し、その戦いに敗れてもと来た道を敗走している。戦いの行われた場所について、『梅松論《ばいしょうろん》』には「武蔵の鶴見の辺において相戦ける」とあり、戦いは鎌倉街道下の道沿いの、武蔵国鶴見付近（鶴見区）で起こっていたようだ。この戦いを鶴見合戦と呼ぶ。

小山氏・千葉氏はともに、関東の名族であり、鎌倉時代は有力御家人として活躍していた。『太平記絵巻』の「先帝還幸の事」には、隠岐島に配流される後醍醐天皇の行列を警護する幕府側の武士として、小山秀政と千葉貞胤が描かれている。千葉貞胤は母の出自が金沢北条氏であり、金沢貞将とは母方の従兄弟の関係

1　北条高時の遊楽
「ようれいぼしを見ばや」舞に興ずる北条高時の周囲に、沢山の異形の物が現れた。歌声に引かれて扉から覗いた侍女が驚いている。妖霊星（ようれいぼし）とは、天下が乱れるときに現れて災いをもたらす星のこと。『太平記絵巻』巻一より。

にあった。しかし、この鶴見合戦を契機として、小山氏・千葉氏は鎌倉幕府を離れ、敗走する金沢貞将を追って鎌倉に攻め込んでいった。金沢貞将は、北条氏一族が籠もる鎌倉・東勝寺で討ち死にをしたと、『太平記』には記されている。

中先代の乱と二度目の鶴見合戦

鎌倉幕府崩壊の後、北条高時の遺児・時行《ときゆき》は、鎌倉奪還の機会をうかがって信濃国に潜伏していた。全国で後醍醐天皇による建武政権への不満が高まるなか、建武《けんむ》二年（一三三五）七月、北条時行は諏訪氏一族とともに蜂起し、鎌倉を占拠する。これが中先代《なかせんだい》の乱である。時行軍は鎌倉街道上の道を南下し、武蔵国井出《いで》沢《さわ》（町田市）で足利直義《ただよし》と護良《もりよし》親王の軍勢をやぶると、七月二五日に鎌倉に攻め込んでいった。

この途上、時行軍の一派と常陸国（茨城県）佐竹氏が、鎌倉街道下の道の武蔵国鶴見辺で戦っていた。これが二度目の鶴見合戦である。佐竹氏とは、平安時代末より常陸国に栄えたが、源頼朝の挙兵に際して平家方に味方したことにより、鎌倉時代には常陸国の所領のほとんどを北条氏に奪われていた。この中先代の乱に際して足利方に付いたことで、佐竹氏は南北朝・室町時代以降に大名として成長する機会を得たのであり、佐竹氏にとって鶴見での合戦は一族の命運を分けた重要な合戦であった。『佐竹系図』によれば、この戦いで当主・佐竹貞義の五男・義直《よしなお》以下、家臣達が多く戦死したようだ。家臣小野崎氏は、佐都西郡小野崎郷（常陸太田市）を本拠とする武士で、小野崎通胤《みちたね》は佐竹師義と共に足利義直軍に加わり、また息子の通養は、「武州鶴見合戦ニテ一日三度高名」と記されている。

北条時行の挙兵の知らせを受けた京都の足利尊氏は、弟・直義と合流して鎌倉を急襲し、八月一九日には鎌倉を奪還する。こうして北条時行による反乱は、わずか二〇日たらずで収束し、足利尊氏は鎌倉に留まって、京都の後醍醐政権に反旗を翻していくことになる。

（阿諏訪青美）

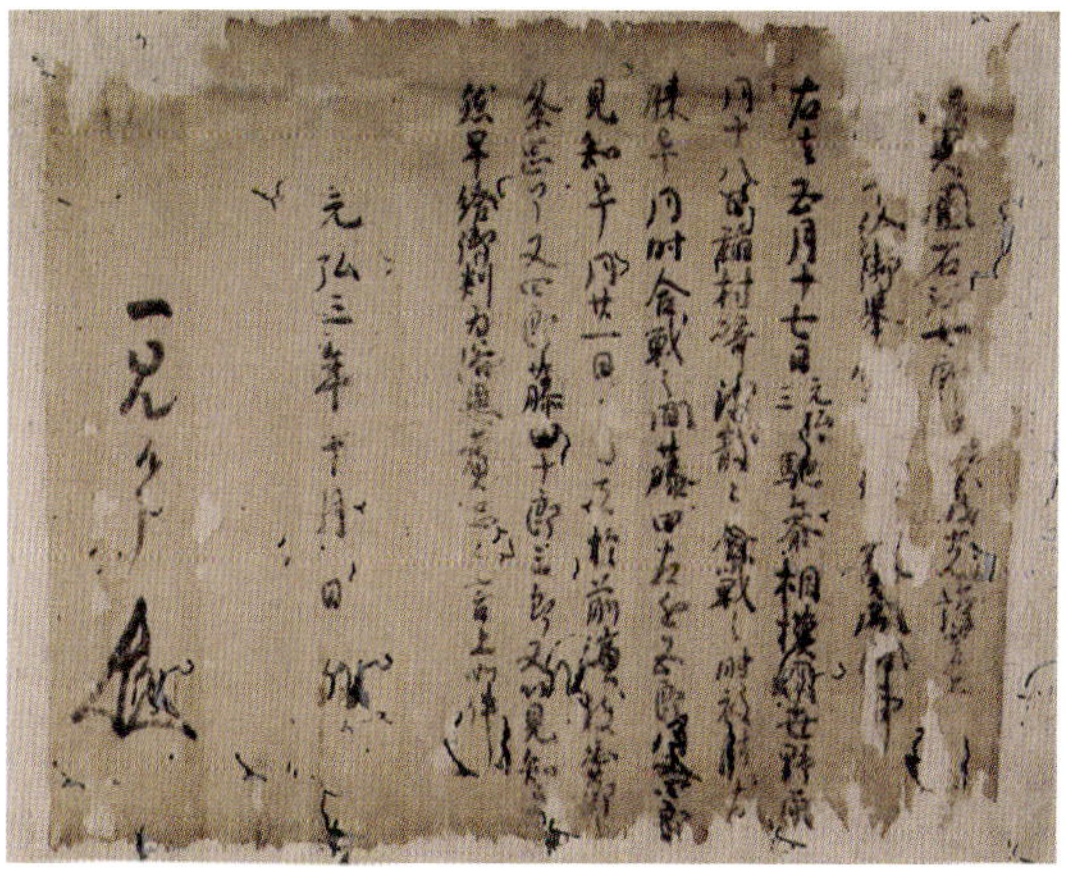

2　石川義光軍忠状
陸奥国（福島県）の武士石川義光が新田軍に参加したことを示すために、提出した文書。奥部に新田義貞の花押が据えられる。石川義光は「五月十七日　元弘三、相模国世野原に馳せ参じ、同十八日稲村崎、散々に合戦を致し、右膝を討たれ畢」と記し、恩賞を請求する証拠文書とした。元弘3年（1333）。

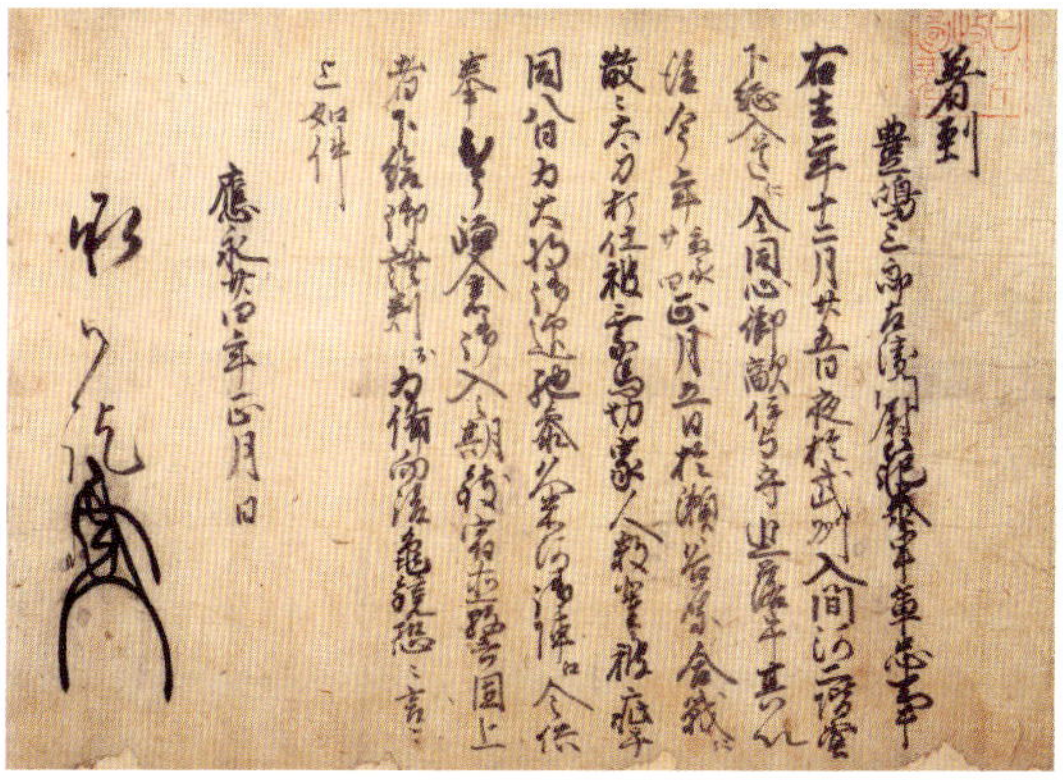

3　豊嶋範泰着到軍忠状
武蔵国豊嶋郡（豊島区付近）の武士豊嶋範泰が、応永24年（1417）正月5日に瀬谷原の戦いに参加したことを記す。この戦いは鎌倉公方足利持氏と上杉禅秀との間で、鎌倉の掌握をめぐって起こった。豊嶋範泰は入間川（所沢市）や瀬谷原、久米川、鎌倉など、鎌倉街道上の道沿いの各地で奮戦しており、瀬谷原では「散々に太刀打ち仕り、乗馬を切られ、家人数輩疵を被り畢」と記す。

4　北条時行の挙兵を受けて鎌倉に向かう足利尊氏の一行
中央の馬に乗るのが尊氏。二引両の旗が翻る。また隔てて描かれる岩牢の貴人は護良親王。武蔵国井出沢の戦いで時行に敗れた足利直義は、敗走に際して護良親王を殺害していった。『太平記絵巻』巻五より。

図版特集

武蔵国鶴見寺尾郷絵図

1　武蔵国鶴見寺尾郷絵図　重要文化財
絵図の裏面には、「正統庵領鶴□□□図」「建武元　五十二」とある。正統庵とは鎌倉・建長寺の塔頭であり、ここから絵図の「寺」が建長寺塔頭正統庵の末寺だったことが分かる。絵図は建武元年（1334）5月12日に作成されており、鎌倉幕府滅亡からちょうど1年経た頃であった。南北朝時代。

2　本来の「寺」の領地を示す「本堺堀」
「寺」の位置は現在の総持寺の北に当たるとされる。この「寺」を中心に領地を囲む朱線のかたわらには「本堺堀」の文字が見える。範囲は広く北は環状2号線の北側から南は海、東は馬場3丁目付近、西は鶴見川に及ぶ。相論で寺が主張した寺領の範囲であろう。

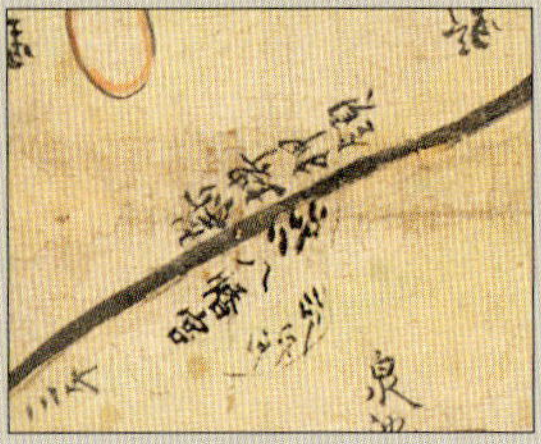

3　寺領が押領された「新堺押領」
朱線で囲まれた寺領をY字の墨線が切り取っている。この線の傍らには「新堺押領」と見え、相論に際して押領の様子を訴えたのであろう。「本堺堀」が複数の谷戸を抱え込んで広範囲にわたるのに対し、「新堺押領」は現在もある尾根道であり、鶴見区を南北に鋭く分断している。

「武蔵国鶴見寺尾郷絵図」は、南北朝時代の横浜市鶴見区の様子を描く、この時代のものとして関東地方に唯一現存する、極めて貴重な絵画資料である。鶴見区の古刹・松蔭寺《しょういんじ》に伝わり、現在は神奈川県立金沢文庫に所蔵されている。この絵図は、建武元年（一三三四）に鶴見で起こった土地争いを記した相論絵図と言われる。相論の詳細は不明だが、「寺」の本来の領地が朱線で囲まれ、それを分断する墨線が見える。

また絵図のもう一つの特徴は、絵図が「寺」を中央に上部を西にして描かれており、「寺」の下部の蛇行する鶴見川や、川に沿って橋を渡る古東海道（鎌倉街道下の道）、鶴見川に架かる橋（現鶴見川橋付近）、その他「小池《こいけ》堂」（現東福寺）や「子ノ神」（現八幡神社）、「白幡宮」（現白幡神社）、入江や子安郷など、現在に続く多くの寺社や地名などを見いだすことができることである。この絵図から、変化に富んだ鶴見の地形や地名は、中世以来続くものであることが分かる。（阿諏訪青美）

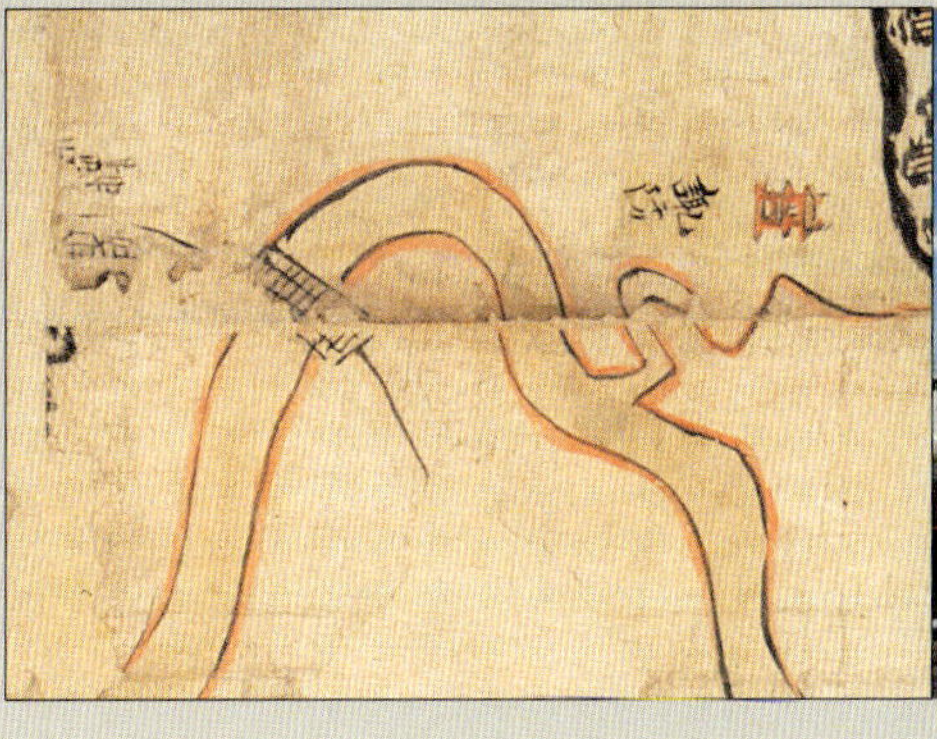

4　鶴見川の橋と橋詰めの集落

鶴見川には常設にみえる橋が架かり、橋詰めの街道沿いには集落が描かれる。江戸時代の『新編武蔵風土記稿』には長さ25間・幅3間の橋があったとあり、『江戸名所図会』にも大橋として描かれる。一方、集落は後の鶴見宿を表現しているようだ。室町時代の応安4年（1371）には「鶴見郷同新市」において、市場の人々へ押買以下の狼藉を禁ずる禁制が出ている。

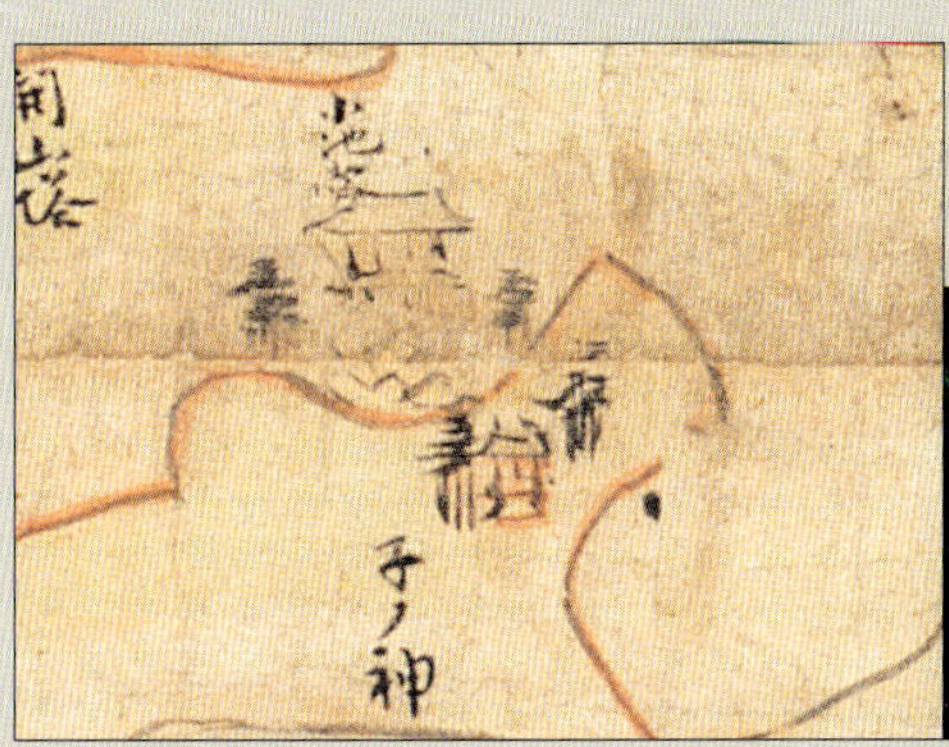

6　小池堂と子ノ神

「寺」の下部には、小池堂の堂と子ノ神の小祠が描かれる。これは現在の子生山東福寺と八幡神社に相当する。東福寺は江戸時代以降に安産・子育ての御利益があるとして多くの参詣者を迎えたが、南北朝時代には小池を守護する小堂だったようだ。

5　溜池の面影

絵図には、いくつかの溜池が描かれる。鶴見の地形は小規模な谷戸の集合であり、谷々の耕地を潤す水を溜池によって確保していた。絵図の「泉池」と「七曲旧池」のうち、泉池はすでに埋め立てられているが、七曲旧池の一部は現在も岸谷公園の市営プールとして面影をとどめている。

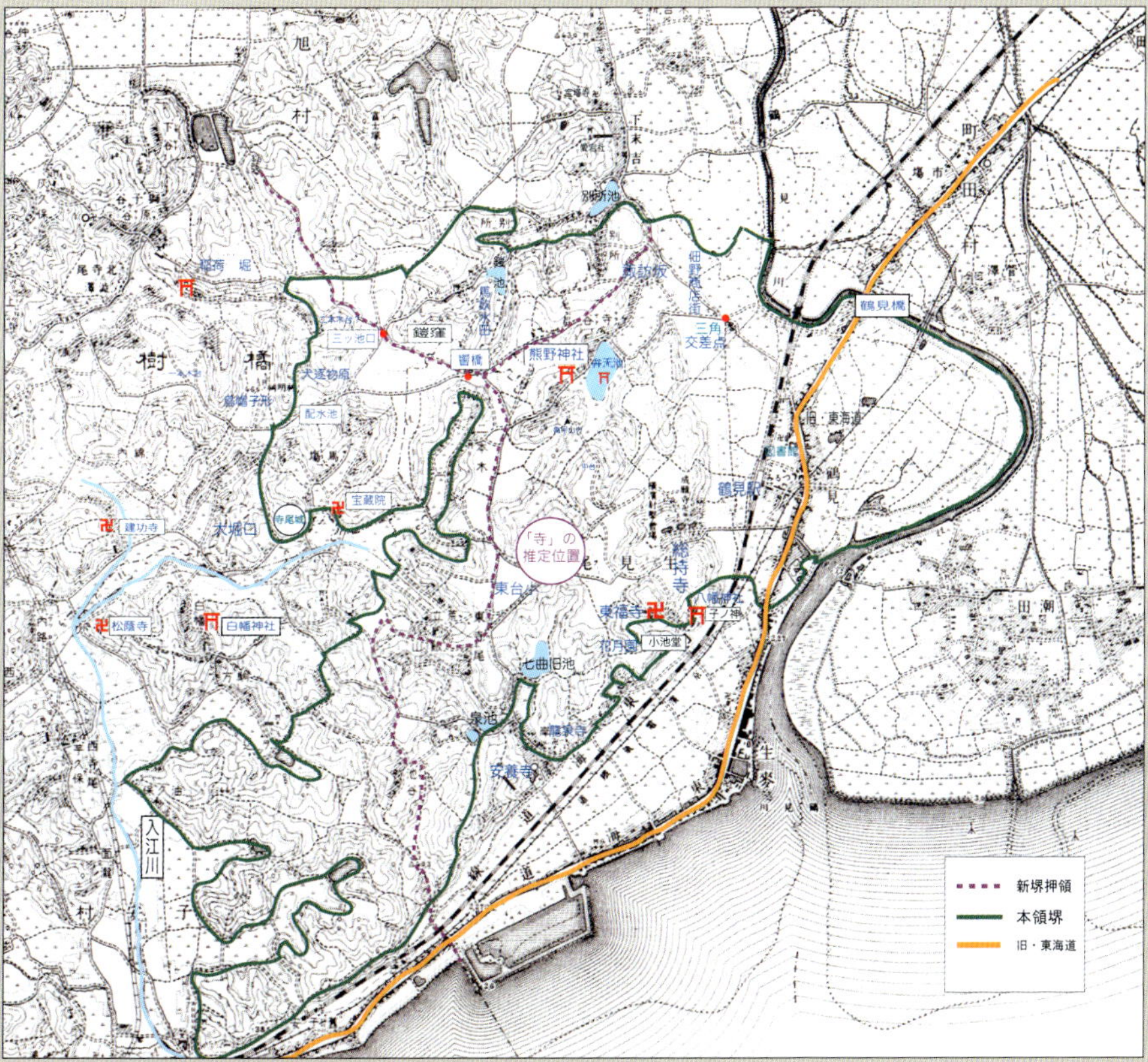

8　武蔵国鶴見寺尾郷絵図の範囲

2万分1地形図「神奈川」（陸地測量部・明治42年）を使用。

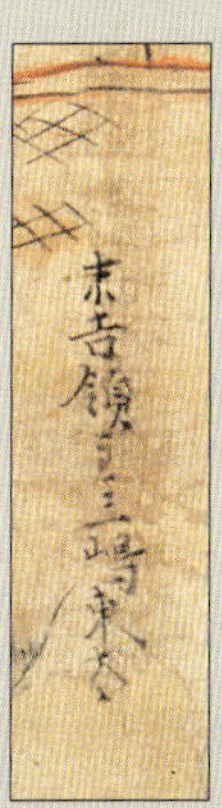

7　3人の押領者

鶴見区の土地をめぐり「寺」と争った人物の名前が記されている。「寺尾地頭阿波国守護小笠原蔵人太郎入道」（左）、「師岡給主但馬次郎」（中）、「末吉領主三嶋東大夫」（右）である。小笠原蔵人太郎入道は鎌倉御家人として戦功を立てて阿波国守護に就任した小笠原氏であるが、他の2人は不明である。しかし、いずれも寺尾（鶴見区）・末吉（鶴見区）・師岡（港北区）など、近隣の地名を冠しているところから、鎌倉時代には鶴見に何らかの権利を有していたと推測される。

発掘された鎌倉古道

少ない道路遺構の検出例

　古代以降、人の交流や物流の頻度が増すのに伴って、集落のみならず幹線道路や間道も徐々に整備されるようになる。道路遺構についても、生活遺構の一つとして発掘調査が行われるが、住居や墓地などの遺構と比べると、その検出例は圧倒的に少ない。また、中世の主要幹線道路にあっては、遺構が築造されてから度重なる改修を加え現代に至っている事例も多く、故にそのほとんどが残存していない。

　さらに、現代の主要幹線道路では、集合管等の地下埋設物の設置を前提としているため、地中に残されている遺構については破壊されてしまう。このため、事業地が遺跡として周知化されていれば特に問題ないが、周辺に集落や埋蔵文化財の包蔵地がない場合、遺構が残存しているにもかかわらず、調査することなく破壊されてしまうのが大半と思われる。

　このように検出例が数少ない道路状遺構であっても横浜市内では発掘調査が実施され、その内容が明らかになっているものも存在している。このうち、中ノ宮北遺跡（泉区）の発掘調査例は、横浜市内で最も長い距離の道路状遺構を調査したものとなっている。

1　鎌倉街道の概念図

中ノ宮北遺跡

　中ノ宮北遺跡は、平成九年（一九九七）に都市計画道路環状四号線道路の街路整備に伴って財団法人横浜市ふるさと歴史財団によって調査された遺跡である。遺跡地周辺の道路は、調査以前では歩道のない車道のみの狭い道であった。そのため、利用者の利便性や安全性を高めるために、現状道路の東側を拡幅し、歩道等を有した新たな幹線道路へと整備することとなり、それに伴って発掘調査を実施する必要が生じた。発掘調査の範囲については、横浜市教育委員会の試掘確認調査の成果によって、遺構の残存している可能性の高い約一四〇メートルの範囲が調査範囲として決定された。

　調査の結果、この調査範囲のほぼ全面が道路状遺構であることが判明した。この道路状遺構は、片側（西側）に側溝を持ち、この側溝の東側に道路面が設けられており、調査範囲を僅かに斜めに走行している。検出部での最大幅は、一五メートルと非常に幅広い。検出された側溝と同様の側溝が道路面の東側に存在している可能性も考えられたが、一部を試掘溝状に調査を実施したものの、側溝を発見するには至っていない。また、道路面を形成している硬化面が切れていることを考えると、もともと片側溝の道路状遺構であったと考えるのが妥当である。

　道路面は平坦に設えられ、長い間使用されたためか上面は非常に硬く、竪穴住居跡の貼床状のように締まっている。また、この道路面は見た目において特徴的で、まるで横断歩道の文様のように道路の走行方向に直交した縞状を呈している。この縞状に見えるものは、いったん地山を畝状に掘り、そこへ黒褐色土を充填した後に、上面をローム層で付き固めているために、地山を形成するローム層との色調差が縞状に見えるわけである。こうした掘り込みは波形状凹凸遺構ともよばれ、東京都町田市で調査された野津田上の原遺跡でも同じような遺構が確認されている。この凹凸については、いくつかの性格付けがなされている。

　まず、重量のある物資等を運搬する際に地面に丸太を半分埋め、摩擦係数を少なくして運搬を楽にするために造られた施設、またわざと窪ませることによって足掛りとなって力が入り易くなるものなどとも考えられている。この他には、大雨つづきで余分な水分が道路面に沁みだして泥濘《ぬかる》まないようにするための地下施設としても考えられている。また、一部の道路面上からは轍痕とも考え

2　鎌倉上道と考えられる道路状遺構　中ノ宮北遺跡（泉区）
左側が道路面で、右側が側溝。

3　縞状を呈する硬化した道路面
縦方向に轍状の痕跡も認められる。

4　完掘された波板状凹凸遺構
畝状やピット状を呈している様子がうかがえる。

5　中世道路状遺構　笠間中央公園遺跡（栄区）
わずかに縞状を呈しているのがわかる。

6　完掘された道路状遺構
波板状凹凸遺構の様子が非常によく分かる。

7　道路状遺構　中ノ宮遺跡（泉区）
黒っぽい部分が硬化面となっている。

られる道路の走行方向とほぼ一致する痕跡も、いくつか確認されている。

調査以前の道路は、市街化が進んでいない明治一四年（一八八一）作成のフランス式彩色地図を見ると、南北に直線的に延びる道路であったことがわかる。この様子からも、地元の人たちがこの道路を「立つの道」と呼称していたことが容易に理解できる。

鎌倉道は軍事的あるいは物資運搬面からも意識的に直線的に造られたとされるが、この要素からも中ノ宮北遺跡で見つかった道路状遺構が鎌倉道であったことが考えられる。また、鎌倉道の上道の経路を考える上で、『宴《えん》曲《きょく》抄《しょう》』は欠かせない。『宴曲抄』は正安三年（一三〇一）に成立したもので、鎌倉上道を通って鎌倉から善光寺に参詣する道すがらの地名を盛り込んでいる。この中にも飯田が謡われており、調査地点の周辺を通っていたことが裏付けられよう。

中ノ宮北遺跡の南側に位置する中ノ宮遺跡においても道路状遺構が検出されている。こちらは、中ノ宮北遺跡で検出されたような道路状遺構とは異なり、浅く掘り込んだ溝状を呈する窪みの内に道路面となる硬化面を数枚持つもので、側溝をもつタイプの道路状遺構とは大きくその様相が異なっている。ただし、硬化面下には波板状の窪みやピット状の窪みを有しており、道路状遺構であることは間違いない。また、その走行方向も中ノ宮北遺跡には向かってはおらず、どちらかというと丘陵の縁辺に存在する寺社に向かっていくものと思われる。中ノ宮北遺跡においても主たる道路状遺構の他に直交した方向に道路状遺構が検出されており、この遺跡で検出されたそうした脇道のひとつである可能性を有している。

笠間中央公園遺跡

また、笠間町（栄区）においても、鎌倉道と考えられる中世の道路状遺構が調査されている。こちらは、公園整備事業に伴って笠間中央公園遺跡として調査されている。調査区の北側に位置し、その向きを南西から北東方向に道路状遺構が検出されている。台地の平坦部から斜面にかけて検出され、平坦部では片側に側溝を持ち、斜面部では両側に側溝を有している。道路面には中ノ宮北遺跡と同様に波板状凹凸遺構が検出され、最大の道幅は最大で九メートルを越すものとなっている。

遺跡の位置する場所は、横浜市でも最も南西寄りの鎌倉市大船に隣接する地域で、この辺りは鎌倉中道・下道の両道（分岐前）があった場所とされている。鎌倉道のルートには研究者により諸説あるが、おおよそ中道・下道については岩瀬から笠間にかけてを通っているという解釈が通説である。これにより、笠間中央公園遺跡内で検出された道路状遺構についても、その規模からみて鎌倉道であったと解釈してよいだろう。

こうした道路状遺構は、天災などの要因で時代によって当然道筋は変化しているものと思われる。現在鎌倉道と呼ばれていても、中世までに遡るものではないものも多く、こうして発掘調査によって調査されることで道筋解明につながる場合もあることから、今後の発掘調査事例の追加を待ちたいものである。

（鹿島保宏）

図版特集

棟札と梵鐘

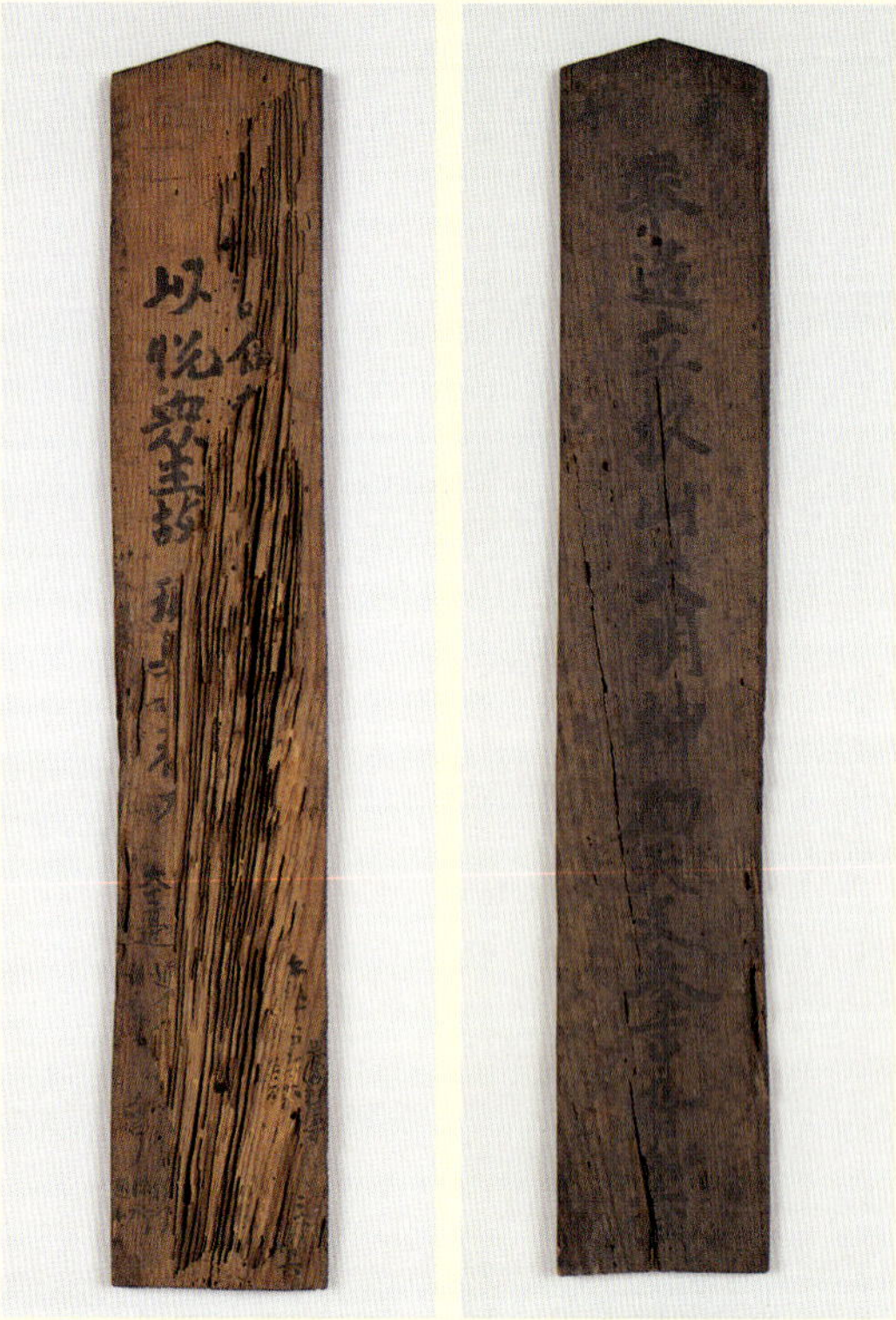

1　杉山神社棟札　天文3年（1534）9月16日奉納
茅ヶ崎（都筑区）のミヤト（宮谷戸）にある杉山神社の棟札。この棟札から天文3年に社殿が造立されたことがわかる。また裏面の文字は消滅して判読できない部分も多いが、長沢新左衛門の名や直近らの大工名が読みとれる。造立にかかわった人々である。（右：表／左：裏）都筑区。

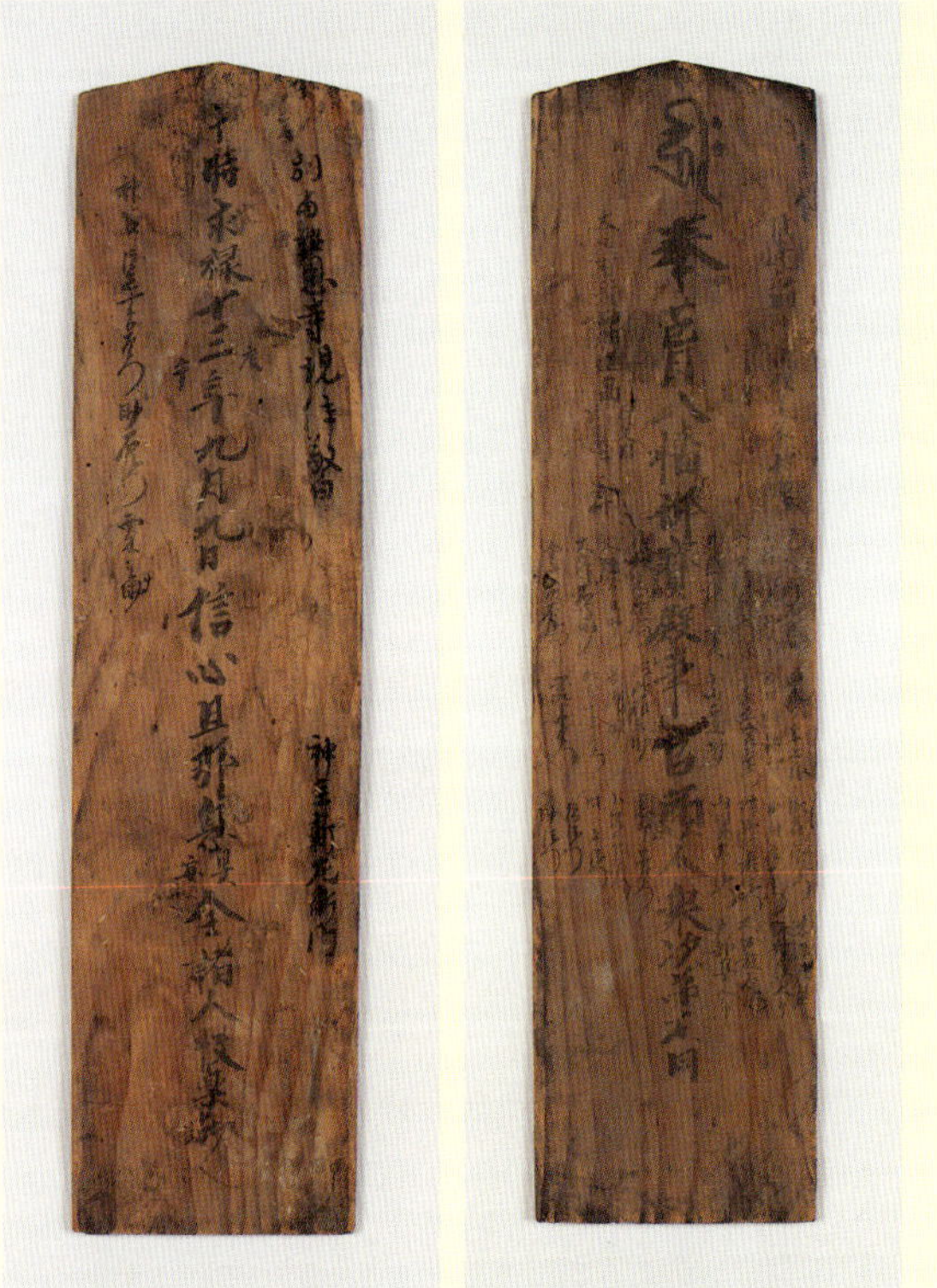

2　八幡神社棟札　永禄13年（1570）9月9日奉納
古くは金沢郷（金沢区）の鎮守であったと思われる八幡社の棟札である。寺前代官の渡辺与助、町屋代官の大須賀藤助が銭や畠を寄進し、寺前・町屋・谷津の3村寄合で造営された。彼らの願いは「信心旦那息災安全諸人快楽」であった。戸部・粟飯原・木下などの百姓の名が見えるが、これらの名字の一部は現在も寺前付近に現存している。（右：表／左：裏）金沢区。

杉山神社

八幡神社

中世の横浜の歴史を語る資料としては、紙に書かれた古文書がその代表である。しかし、棟札・梵鐘・板碑・仏像の胎内銘など、木や石、鋳造品に記された銘文も多くの歴史を語ってくれる。いわゆる金石文と呼ばれるものである。

　棟札は、建物の棟上などの際に、建造の年月日や施主・大工などを記して後日に伝えるために製作され、棟木などに打ち付けられた板札のことである。もともとは、建物の建立を記録することが目的であったが、中世にはいると建立に込めた人々の願いや、居住地、身分、名前などが記されるようになる。

　市域には鎌倉時代から南北朝時代の梵鐘が四口残っている。このうち、三口が鎌倉時代に河内国（大阪府）から移住し、鎌倉幕府に関係する寺院の梵鐘を鋳造した物部姓鋳物師の作である。梵鐘には、鋳造年をはじめ、施主名・住持名・目的・鋳物師名などが記されている。

　いずれも、古文書に現れない人々の願いや名前などが記され、寺社の歴史ばかりではなく、地域や人々の歴史を明らかにする上で貴重な資料となっている。

（遠藤廣昭）

4　称名寺梵鐘　重要文化財　物部国光・依光作
北条実時が、文永６年（1269）父母の菩提を弔うために鋳造したものを、のち破損したため、正安３年（1301）に子の顕時が改鋳した梵鐘である。金堂前の鐘楼に懸かるこの梵鐘は、金沢八景の一つ「称名晩鐘」として古くから名が知られた。国光は同年、鎌倉時代の名鐘として名高い円覚寺（鎌倉市）の梵鐘を鋳造した鋳物師である。金沢区。

3　東漸寺梵鐘　重要文化財　物部国光作
釈迦堂内に安置される。永仁６年（1298）に東漸寺（磯子区）に住山した了欽が、人々から募金して造立にあたったもの。東漸寺が僧宗鑑により禅宗に改められたことも教えてくれる。宗鑑は建長寺（鎌倉市）の開山蘭渓道隆の法嗣で、明窓宗鑑といい、弘安４年（1281）に東漸寺に住持し、のち京都建仁寺に住持した臨済禅僧である。磯子区。

5　物部姓鋳物師の作風（東漸寺梵鐘の竜頭）
物部姓鋳物師が鋳造した梵鐘は、梵鐘の完成形態ともいわれ、全体的にバランスも良く優美な姿を見せる。特徴は、竜頭に見られ、特に上方にたなびく鬣の先端を渦巻状に逆立てるところ。眉毛や耳上の毛、口髭の先端までも小さな渦巻状に突起させるところ。笠形からのびる円柱を噛む上唇部分が嘴状に突き出し、勇猛な姿に表されているところなどである。磯子区。

6　妙光寺梵鐘　県重要文化財　物部守光作
もとは、武蔵国恩田（青葉区）の万年寺（現廃寺）という禅宗寺院の梵鐘で、正中２年（1325）に道周が発願し、広鑑を大檀那とし造立された。追銘から、宝徳４年（1452）に、相模国瀬谷郷（瀬谷区）の住人山田伊賀入道経光が、質流れとなっていたこの梵鐘を手に入れ、妙光寺に寄進したことがわかる。追銘の鋳物師は和泉守恒国で、相模国毛利荘（厚木市付近）に居た人物と考えられている。瀬谷区。

図版特集

中世城郭と茅ヶ崎城

横浜市内の中世城郭は、いずれも市域に展開する丘陵・台地の地形をたくみに利用した丘城と呼ばれるもので、一四世紀末から一六世紀後半にかけて築造されたものと考えられる。都筑区茅ヶ崎東二丁目にある茅ヶ崎城址は「茅ヶ崎城を見ずして、中世城郭を語ることなかれ」といわれるほど保存状態が良く、全体の構造をうかがい知ることができる希有な例である。現在、横浜市環境創造局によって歴史公園として整備が行われ、一般に公開されている。保存状態の良好な中世城郭としては、他に、港北区の小机城址、緑区の榎下城址、都筑区の荏田城址、栄区の長尾台などがある。

（平子順一）

1　横浜市域の主要な中世城郭の分布
市内の中世城郭は、文献史料に乏しく、構築者や構築年代については不明のものが多い。また、幕末に編纂された地誌の記述に基づいて、その所在が推測されるのみの事例が多く、実際に遺構が確認されているものは多くはない。ここでは、史料に登場する著名なものと、遺構が現存する主要な城郭址を示した。

2　茅ヶ崎城址　中郭で検出された遺構群
茅ヶ崎城址は、平成2年（1990）から平成17年（2005）にかけて9回の発掘調査が行われ、その結果、空堀・土塁の構造・郭内の施設・構築年代が明らかにされている。平成10年に行われた中郭南部の調査では、倉庫群と考えられる建物跡が検出され、竪穴を伴う、下層土壁・上層板壁の2階建ての倉庫と考えられる建物も発見されている。平成10年（1998）調査。

3　茅ヶ崎城址
茅ヶ崎城址は、都筑区茅ヶ崎東2丁目、早渕川南岸の標高35mの低位台地にある丘城で、空堀と土塁によって画された西・中・北・東・東下・東北の6郭で構成され、総面積は、55,000㎡に及ぶ。保存状態がきわめて良好なことで知られている。14世紀末から15世紀前半に成立したものと考えられ、15世紀後半には最大規模となり、16世紀後半まで利用された可能性がある。平成元年（1989）撮影。

4　茅ヶ崎城址の出土品
これまでの発掘調査で、国産陶器·中国磁器·中国銭·鉄釘・鎹・硯・石臼・壁土・台石などの遺物が出土している。これらの遺物は15世紀後半のものが主体となるが、特に、底部内面に渦巻文をもつ土器は、扇谷上杉氏に関連する遺物と考えられ、注目される。

6　小机城址
小机城址は、JR 横浜線の小机駅の北西、港北区小机町にある丘城で、鶴見川の沖積地に突き出した標高 42m の舌状台地に占地し、現在「小机城址市民の森」として整備されている。西側には第三京浜道路が縦断しているが、保存状態が良好な城郭として著名である。空堀と土塁によって画された東·西２つの郭とその間にある帯郭によって構成される。15 世紀後半から 16 世紀後半にかけて構築され、小田原北条氏の拠点となった支城として知られている。昭和 52 年（1977）撮影。

5　寺尾城址の空堀
寺尾城址は、鶴見区馬場３丁目にあり、入江川によって形成された標高 35m ほどの舌状台地に占地する丘城である。「諏訪三河守」の居城と伝承される。平成５年（1993）に殿山公園の一角で発掘調査が行われ、空堀が検出されている。殿山公園内には、この空堀と並走する土塁、小規模な郭状の平場が現存する。平成５年（1993）調査。

7　長尾台の粘土版築による切岸遺構（トレンチ調査）
長尾台は、長尾台の塁または長尾砦とも呼ばれ、柏尾川流域の栄区長尾台町および田谷町に所在し、標高 60 ～ 68m ほどの北に張り出した丘上にある。鎌倉氏の一族「長尾氏」発祥の地といわれ、16 世紀代には南に位置する鎌倉市の玉縄城の一支城として、小田原北条氏によって再構築されたものと考えられる。昭和 55 年に行われた詳細分布調査におけるトレンチ調査では、地業層・建物跡の一部・粘土版築による切岸遺構が確認され、14 世紀から 16 世紀代の遺物が検出されている。昭和 55 年（1980）調査。

中世の神奈川湊

鶴岡八幡宮の支配

現在の横浜市西区および神奈川区の海に面した一帯は、中世より続く湊であり、資料に神奈川湊と記される。この神奈川湊は、東京湾の西側に位置する六浦湊（金沢区）・品川湊（東京都）とならんで、関東を代表する湊の一つであったようだ。

神奈川に関する資料の初見は古く、鎌倉時代の文永《ぶんえい》三年（一二六六）五月、北条時宗の下知状に鶴岡八幡宮領の「武蔵国稲目《いなめ》・神奈河両郷」と見える。この当時、蒙古襲来の社会不安の中で、鎌倉幕府は神威を増すべく仏神領の興行を行っており、鶴岡八幡宮領に懸けられる課役も免除されていった。湊をふくむ神奈川一帯は、少なくとも鎌倉時代から鶴岡八幡宮領として成立していたと考えられる。下って室町時代の嘉吉《かきつ》元年（一四四一）の室町幕府奉行人連署奉書には、おなじく八幡宮の本地護摩供料所《ほんちごまぐりょうしょ》として「武蔵国師岡保柴関所《もろおかのほしば》」とある。柴関所とは神奈川湊のうち、現在の西区浅間町付近に当たり、鎌倉街道下の道（旧東海道）の通る交通の要衝であった。このような湊と街道の接する場所に関所が置かれ、八幡宮での法会費用が徴収されていたようだ。

神奈川湊の様子は、室町時代の臨済宗僧侶・万里集九《ばんりしゅうきゅう》の『梅花無尽蔵』に記される。万里集九は太田道灌の招聘に応じて江戸へ向かう途中、神奈川を通過して「神奈の民鄽《みんてん》板屋連なる、深泥、馬を没して打てども進み難し」と詠んでいる。当時の神奈川湊付近には、板屋根の商店や住屋が軒を連ねる町場が形成されていたようだ。

同じ頃、集九は品川も通過しており、湊に米を満載する伊勢商船が着岸していることを記している。神奈川湊および品川湊には、船荷を扱う商店や問屋が建ち並び、多くの船が入港していた。

品川湊・神奈川湊の入港税

ところで一四世紀後半以降、神奈川湊と品川湊では、入港する船に帆別銭《ほべつせん》という入港税が課せられていた。

帆別銭の初見は、永和《えいわ》四年（一三七八）八月の武蔵守護上杉憲春施行状《のりはるしぎょうじょう》であり、そこには武蔵国神奈川・品川以下浦々の出入りの船から「帆壱段別銭貨参百文《ほいったんべつ》」を取ること、それは当年から三年間分を円覚寺仏日庵《ぶつにちあん》造営要脚に寄進することが記されている。この命令は、武蔵国目代長尾景守《かげもり》に出されているものの、実際の徴収は、文書の末尾に「且《かつ》は使者を寺家雑掌の相副《あいそ》え、且は浦々宿屋各一宇を点じ、彼の雑掌に沙汰し据え、寺納を全うすべし」とある通り、仏日庵の雑掌《ざっしょう》（事務方の僧）もしくは湊の宿屋を徴収人に指定して行われていったようだ。帆一枚につき三〇〇文の入港税を以て、仏日庵

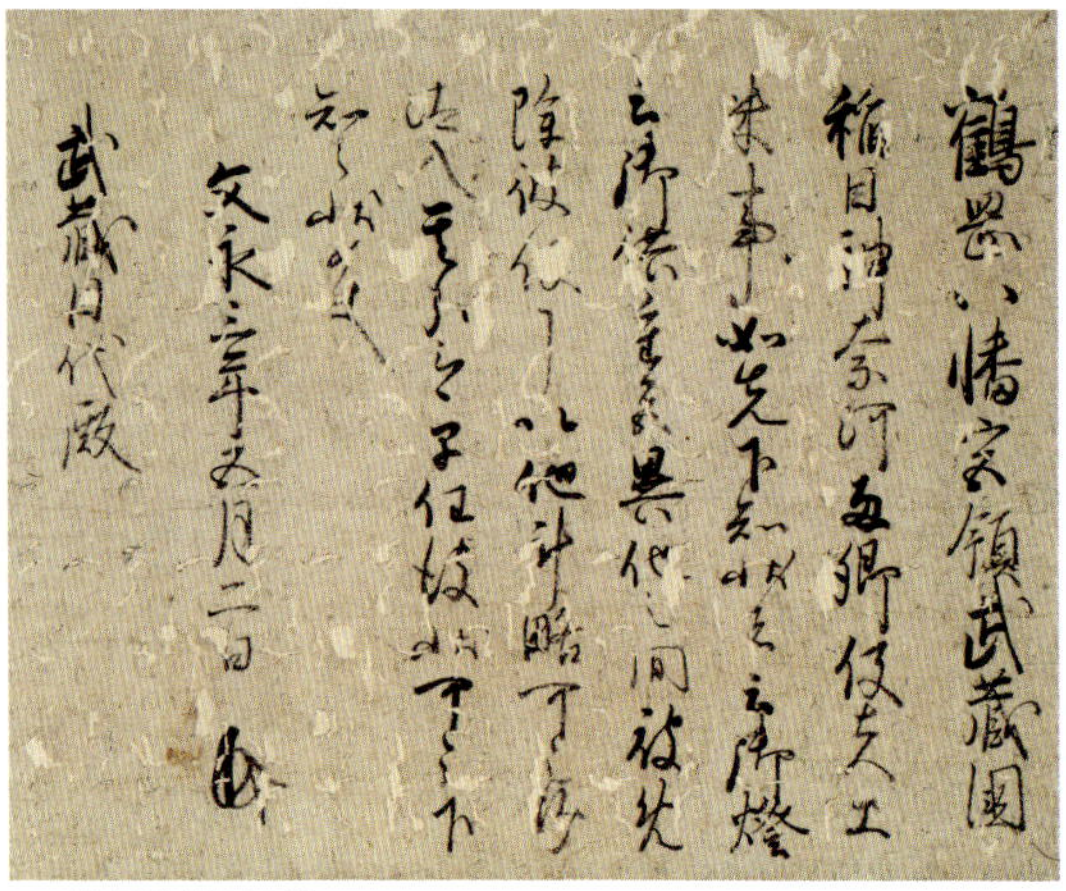

1　北条時宗下知状
文永３年（1266）５月２日に出された北条時宗下知状。武蔵目代宛て。国ごとに徴収された伊勢神宮の造営料である役夫工米を、鶴岡八幡宮領からは徴収しないことを命じたもの。

2　中世神奈川湊概念図
滝ノ川を中心に、東は入江川、西は帷子川に挟まれた一帯。中世の神奈川湊の中心は、権現山から帷子川の辺りであったといい、正中２年（1325）には遊行上人５世安国が「芝宇宿」で賦算を行っていた。

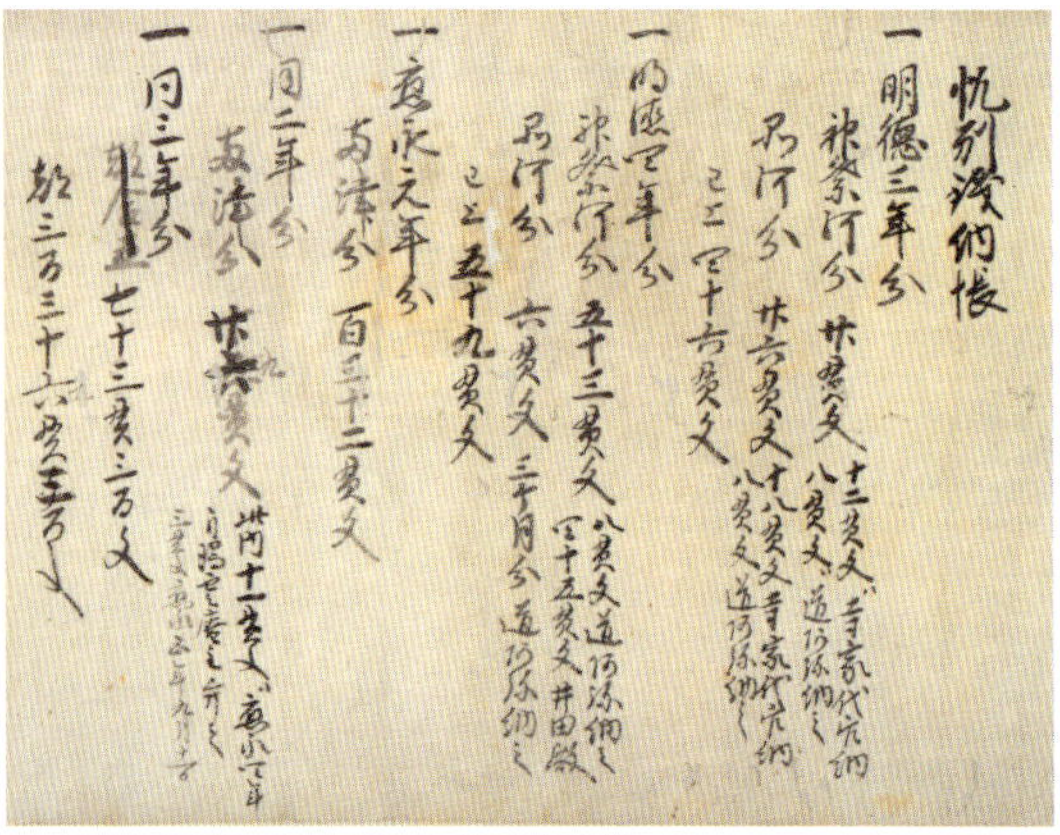

3　武蔵国品川・神奈川両湊帆別銭納帳
室町時代の明徳３年（1392）から応永３年（1396）にかけて、神奈川湊と品川湊で徴収した入港税である帆別銭を集計した帳簿。徴収の目的が称名寺の造営だったため、称名寺で作成された。帆別銭とは船の帆壱枚あたりに懸けたことから、名付けられた。

の修造は無事に行われたに違いない。

　それから約一四年後の明徳三年（一三九二）から応永三年（一三九六）にかけて、神奈川・品川の両湊では再び帆別銭が徴収されており、徴収記録である帆別銭納帳が作成されている。納帳には、湊別に、各月の徴収金の総額と各年の合計が算出されており、明徳三年には神奈川湊に二〇貫文・品川湊に二六貫文、翌四年には神奈川湊に五三貫文・品川湊に六貫文と、多額の帆別銭が集まっている。そしてこの金額は、五年間で三三九貫三〇〇文にものぼっていった。

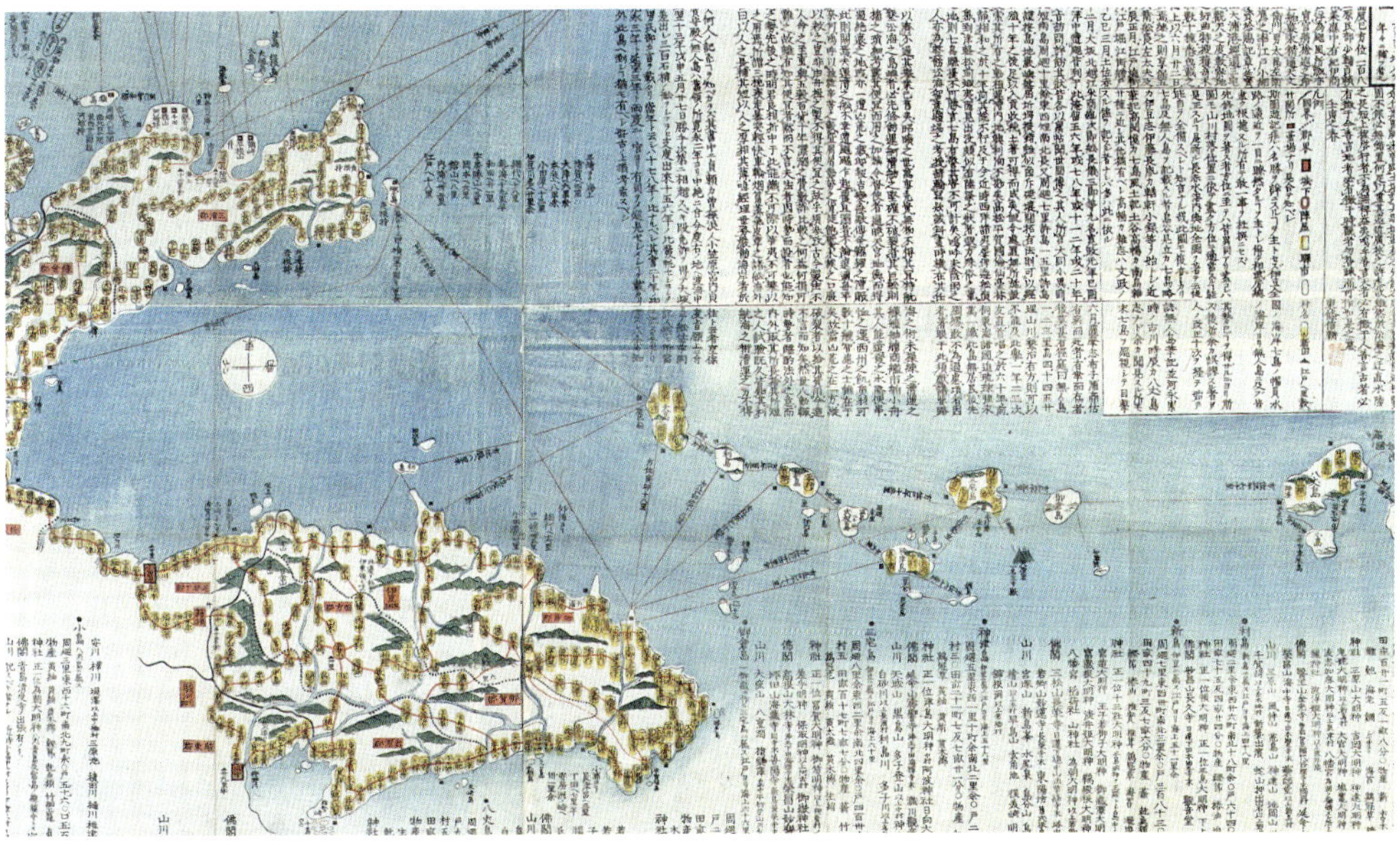

4　伊豆七島全図（部分）
東京湾・相模湾のほか、伊豆諸島までを描く。

5　木造女神坐像
八丈島・八丈小島・青ヶ島の総鎮守優婆夷宝明神社の女神像。八十八重姫が八丈島に渡って古宝丸を産み、2人の子孫で八丈島が繁栄したとされる始祖神、農耕神。像裏には「旦那宗麟」の墨書が見える。

　このようにして集められた帆別銭は、応永二年六月から始まった称名寺の修造費用に充てられていった。同寺の記録を見ると、材木や釘・檜皮などの材料費と、番匠《ばんしょう》や鍛冶などの職人代として、総額二七四貫文余りの費用のうち、約九割に当たる二五二貫文を帆別銭で賄っていたことが分かる。

湊の領主が八丈島を支配

　多くの船の入港する神奈川湊には、室町時代になると、遠く伊豆七島までの航海路を掌握する、奥山氏が拠点を据えていたようだ。

　奥山氏は、室町時代の神奈川湊領主・長尾忠景《ただかげ》の書状に登場する。書状には、奥山氏は長尾氏の代官として、神奈川湊の「関銭《せきせん》・浦方《うらかた》」または「船役銭《ふなやくせん》・蔵《くら》方《かた》」という賦課を、徴収して納める立場にあること、しかし奥山氏はそれらを納入していないことが記されている。浦方とは沿岸の漁師たちに課す夫役《ぶやく》であり、関銭や船役銭とは帆別銭のような船への入港税、蔵方とは湊の問屋層への税金になる。

　ここから奥山氏とは、神奈川湊において漁師たちや入港する船、蔵を持つ有徳人層から銭や労働力などの税を徴収することのできる、土地の有力者であり、時には支配者・長尾氏に対抗する実力を有していたことが推測されよう。

　この奥山氏は、神奈川湊より約三〇〇キロ南方の島・八丈島をも支配していた。八丈島について、南北朝期から近世初頭までの出来事をまとめた『八丈実記』に、奥山氏は「神名川ノ領主奥山宗林八丈島ヲ支配スル事六十余年」として登場し、また『八丈島年代記』には、奥山氏は神奈川より代官を派遣して八丈島を支配したとして、その代官の名前を記している。この後、小田原北条氏の伊豆・相模国への侵攻にともなって八丈島は、奥山氏勢力と三浦氏、北条氏の勢力による争いが起きていくこととなる。

　八丈島の総鎮守優婆夷宝明《うばいほうみょう》神社の木造女神坐像には、その裏面に「旦那宗麟」との墨書が読み取れる。室町時代の奥山氏の八丈島支配を示す資料であり、神奈川湊の住人・奥山氏の足跡をたどることのできる数少ない資料である。

　神奈川湊を拠点とした奥山氏は、伊豆七島を経て黒潮を越え、八丈島まで達することのできる航海技術を持った人物であり、その実力と経済力は、『北条五代記』に八丈島に唐船が漂着したという記事から、海外貿易への関与も推測できるのではないだろうか。（阿諏訪青美）

太田道灌と小机落城

長尾景春の乱

小机城は、横浜市港北区、鶴見川に突き出る舌状台地に位置する城址である。市域北部一帯を占める小机荘のほぼ中央に位置し、戦国時代には小田原北条氏の下で、小机領を支配する支城として機能した。

小机城の初見は、文明一〇年（一四七八）二月に古河《こが》公方《くぼう》足利成氏《しげうじ》が下野国（栃木県）小山城の小山梅犬丸に出陣を求める書状に、「下武蔵事は、御方者共《みかたのものども》小机要害へ馳籠《はせこもり》候の処、去月廿八日、太田道灌差寄せ、陣を取進《まいら》せ候」とあるもので、小机城は「小机要害」と記されている。この時、足利成氏と敵対する上杉定正《さだまさ》は武蔵国河越城に出陣しており、文明九年（一四七七）には山内上杉氏に不満を持つ武士たちが、足利成氏を擁して武蔵国二宮城（あきる野市）や相模国小沢城（愛川町）・小机城にそれぞれ立てこもって反旗を翻していた。

この足利成氏方勢力の蜂起を受けて、駿河国（静岡県）今川氏の内紛処理にあたっていた扇谷上杉家の家宰・太田道灌は、急遽相模国に戻って敵を攻め落とした。『太田道灌状』によれば、道灌は同年三月に江戸城を出陣すると、練馬城・石神井城を攻略し、また翌年正月に再び平塚城（豊島区）に籠もった豊島氏を攻め落とすと、翌々日には江戸城から丸子城へ攻撃を仕掛け、二月六日には豊島氏の逃げ込んだ小机要害の近くに陣取って大石駿河守や千葉孝胤ら小机救援の軍勢を引き退かせたので、四月一〇日に小机城は陥落した、という。この時、道灌が陣取ったのが、小机城と鶴見川を挟んで相対する亀甲山だと伝わっている。

1　享徳の乱前後の関東の勢力図

関東の戦国時代が始まる

そもそもこの争乱は、享徳《きょうとく》三年（一四五四）に、鎌倉府の実権を握る関東管領上杉憲忠《のりただ》を、鎌倉公方足利成氏が謀殺した、享徳の乱に始まる。

成氏は下総国（茨城県）古河に逃れて古河公方となり、憲忠の跡を継いだ房顕《ふさあき》は、古河公方に対抗すべく、河越城・岩槻城・江戸城などを強固にした。関東の戦国時代の幕開けである。

戦乱が続く中、関東管領を勤める山内上杉氏の家宰・長尾景信が死去し、後任として景信の嫡子・景春ではなく、叔父の忠景が任命された。これに対して長尾景春は文明八年（一四七六）に上杉氏に対抗する兵を挙げる。これが長尾景春の乱である。

景春が、上野・武蔵両国を結ぶ武蔵国鉢形《はちがた》城（埼玉県寄居町）に籠もり、足利成氏や在地の武士・安保《あぼ》氏を味方に付けて、上杉氏の拠点である五十子《いかっこ》陣（同本庄市）を攻撃すると、同時に上杉勢力に反発する大石氏・金子氏・豊島氏・毛呂氏・本間氏・海老名氏などが各地で兵を挙げていった。『松蔭私語』には「尾張守ニ鬱憤を含ム者二・三千余、国家ニ於いて蜂起充満ス、五十子陳（陣）下へ出入りの諸商人、往復通路を指し塞ぐ、或は路次に戦い或は村里に争う」とある。そしてこの争いは、小田原北条氏が関東に進出するまでの約五〇年間続いていくこととなった。

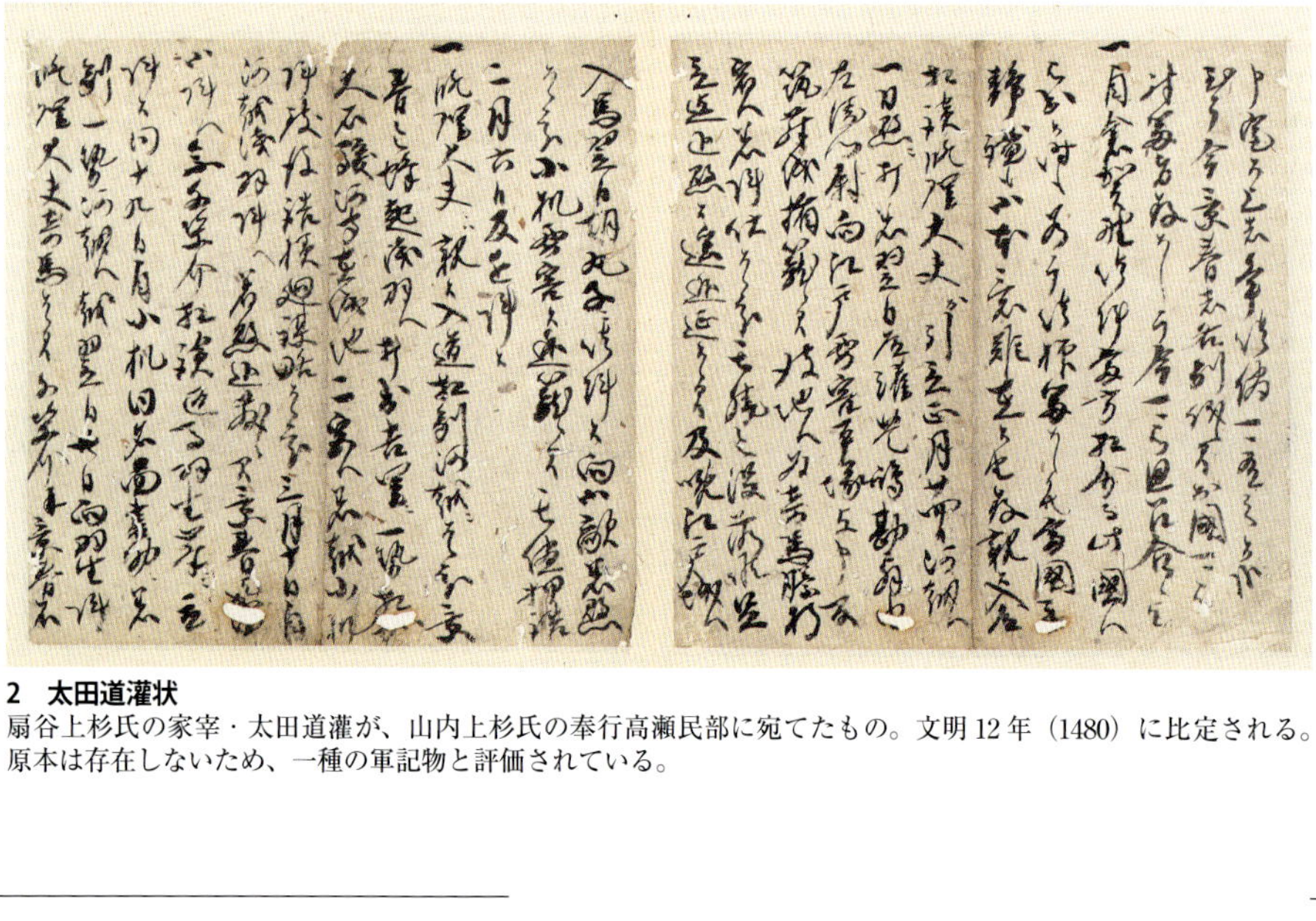

2　太田道灌状
扇谷上杉氏の家宰・太田道灌が、山内上杉氏の奉行高瀬民部に宛てたもの。文明12年（1480）に比定される。原本は存在しないため、一種の軍記物と評価されている。

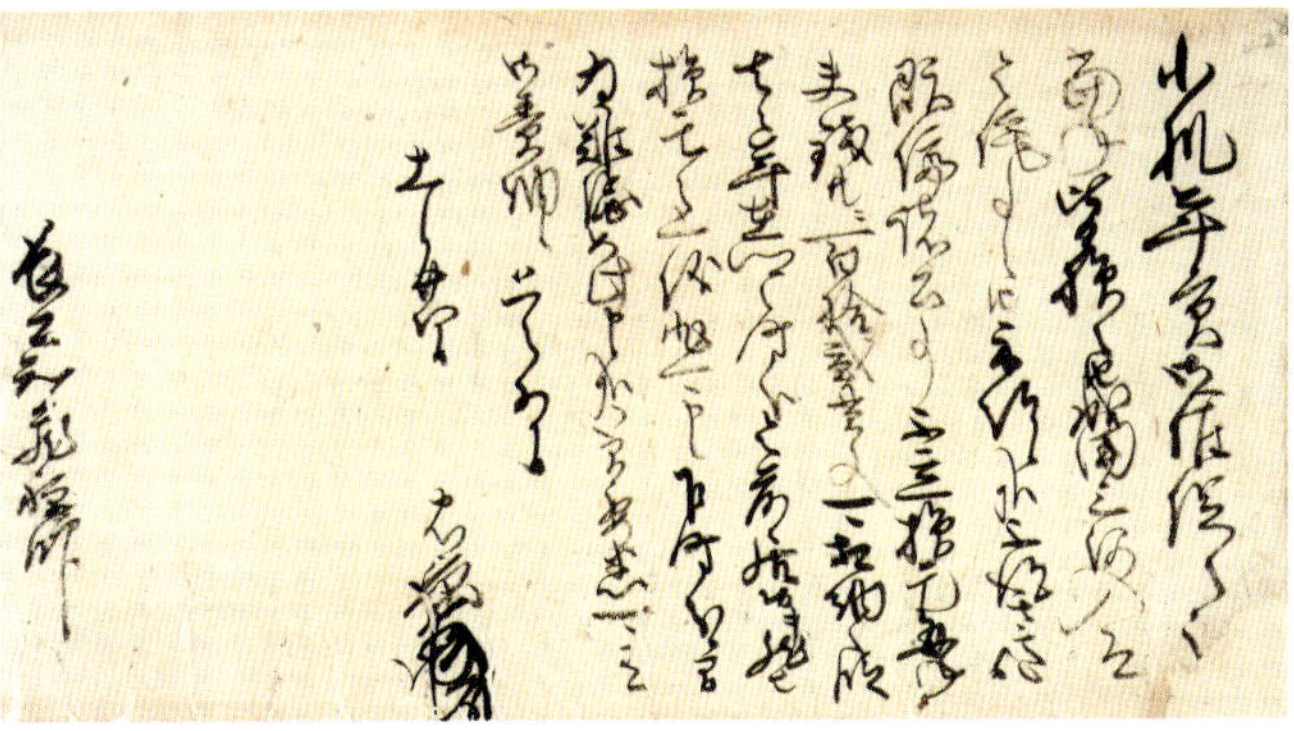

3　長尾忠景書状
小机一帯を領有する山内上杉氏の家宰・長尾忠景が、小机の年貢を雲頂庵主久甫淳長に催促させたもの。当地の代官である成田三河入道による催促が不振なため、年貢催促人として淳長に依頼している。

小机城主・矢野兵庫助

『鎌倉大草紙』には、長尾景春方として蜂起した武士たちの中に、小机城主矢野兵庫助が登場する。矢野兵庫助は小机城で蜂起する以前、景春方の軍勢の大将として河越城攻略のため苦林《にがばやし》（埼玉県毛呂山町）に陣取り、河越城の太田氏等に悉く打ち負かされたと記されている。

矢野氏については、現在までのところ、伊勢国から関東に下向し、山内上杉氏の家宰・長尾氏の被官となって関東を転戦していた武士と考えられており、矢野氏の名前は、たとえば一四世紀半ばの関東管領上杉憲春《のりはる》奉書には「矢野左近」と見え、また享徳の乱勃発後の康正《こうしょう》元年（一四五五）には矢野与次郎が上杉景棟《かげむね》の被官として上杉持朝《もちとも》に従って戦功を挙げ、さらに下野国鑁阿寺《ばんなじ》へ軍勢の濫妨狼藉を禁じる禁制を発布したり、武蔵国比企郡の浄蓮寺梵鐘を鋳造したりするなど、各地に見ることができる。

一方、長尾景春の乱が収束した後に神奈川を治めた長尾忠景の下には、被官・矢野憲信《のりのぶ》がいた。憲信は神奈川郷の代官を務め、神奈川郷から小机にかけての年貢公事等の徴収に関与している。この時、長尾忠景はしばらくの間小机城に在陣して執務にあたっていたようで、矢野憲信も伴っていたと考えられよう。小机城から神奈川にかけての一帯には、長尾景春の乱以前には長尾景信・景春に仕えた矢野兵庫助が、乱後には長尾忠景に仕えた矢野憲信が勢力を持っていたのではないだろうか。

4　太田道灌像
兜を脱ぎ、床机に腰を掛ける道灌を描く。出陣中の様子を表現するものか。東京都北区の静勝寺所蔵の木像と並んで、道灌生前の様子を伝えている。

太田道灌の死

太田道灌は、文明一八年（一四八六）七月に、扇谷上杉定正によって謀殺される。道灌はその書状の中で、景春に味方し、後に道灌を通じて帰参した武士へ恩賞や所領安堵が十分でないことを述べて「関東御静謐急度《きっと》有り難く候」と山内上杉氏を非難していた。

長尾景春の乱を平定した道灌は、関東武士から多くの人気を得ていたようだ。その人気を不安に感じた扇谷上杉定正は、相模国の扇谷上杉の館に道灌を呼び出して殺害する。『北条記』には、道灌父子が山内上杉氏と対決するために要害を構えているとの讒言を聞いた扇谷上杉定正と山内上杉顕定が共謀したとある。道灌の人気と実力が、関東の管領の座を脅かすことを怖れたのだろうか。しかしこの事件をきっかけとして両上杉氏は分裂し、小田原北条氏の介入を招いていくこととなる。

平成二〇年（二〇〇八）に発掘された伊勢原市丸山遺跡は、幅一六メートル・深さ七・五メートルの堀が囲む館跡であり、当時の最高権力者・上杉定正の館跡、ひいては道灌終焉の地ではないかとも考えられている。

（阿諏訪青美）

5　小机城址
城山と呼ばれる標高約40メートルの丘陵。鶴見川をはさんで、太田道灌が陣取ったと伝える方向から望む。現在は小机市民の森として開放されている。港北区。

小机雲松院と天叟順孝

市域への曹洞宗の展開

戦国時代になると、横浜市域には小田原北条氏の一族やその家臣団を外護者として、禅宗の一派である曹洞宗の寺院が建てられるようになる。曹洞宗は、戦国時代に全国の戦国大名や領主層に外護され展開する宗派である。市域には最大門派の本寺である最乗寺（南足柄市）系統(了庵派)の寺院や、遠江国石雲院(静岡県榛原郡榛原町）系統の寺院が展開する。たとえば、北条氏の水軍の統括者であった玉縄北条氏が創建した伝心寺（金沢区）や龍珠院（磯子区）は、最乗寺系統の寺院であった。

小机の雲松院は、石雲院系統の寺院である。この中に崇芝《そうし》性岱《しょうたい》を祖師とする崇芝派と呼ばれる一派がある。崇芝派は東海地方を中心に、西は備中国（岡山県）、東は相模・武蔵国に展開する。雲松院はこの崇芝派の関東展開における拠点寺院の一つとして、重要な位置を占めた。

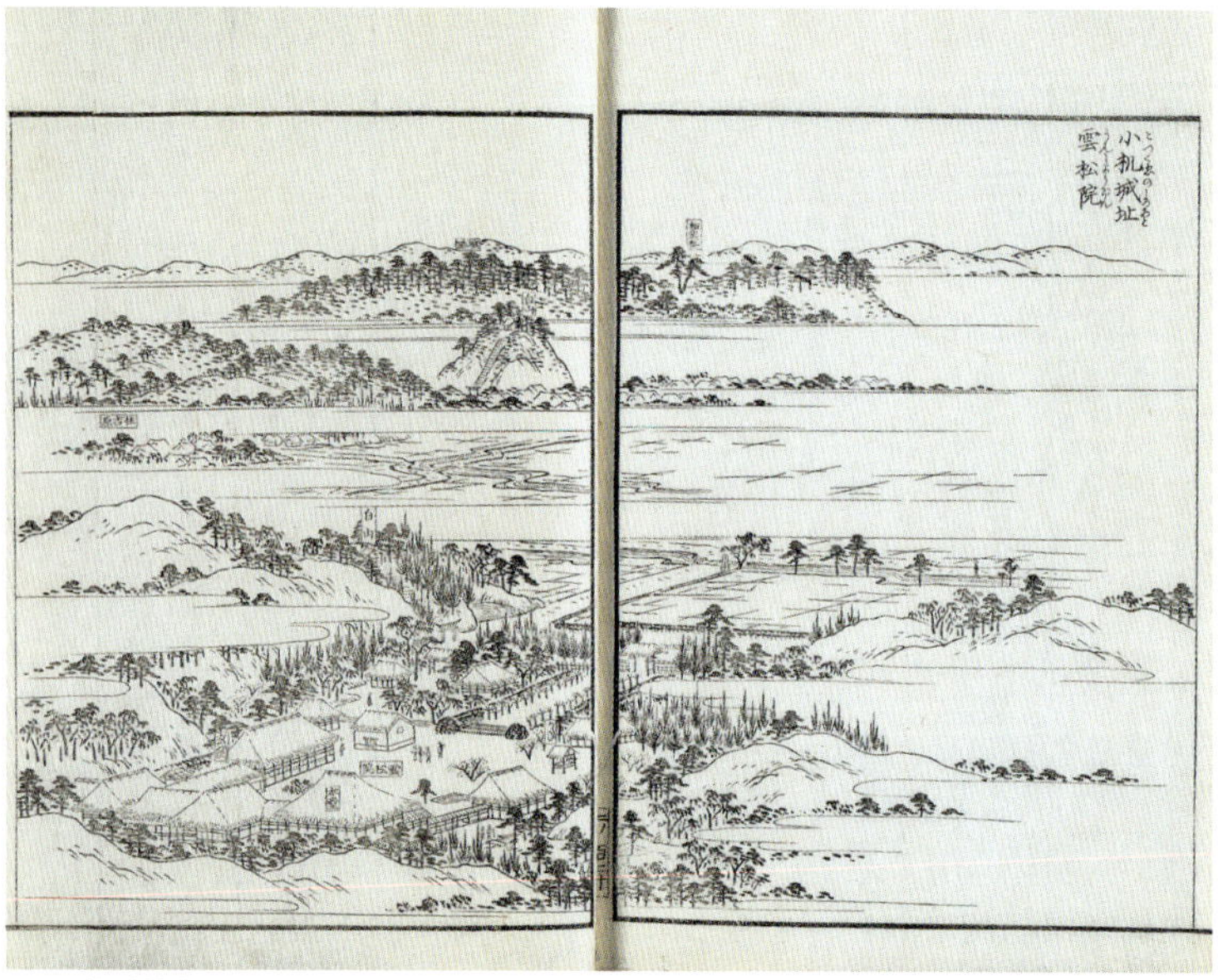

1　雲松院境内
江戸時代後半の雲松院近隣が描かれる。境内の様子や門前に水田が広がる様子、また小机城との位置関係などがよくわかる。『江戸名所図会』より。

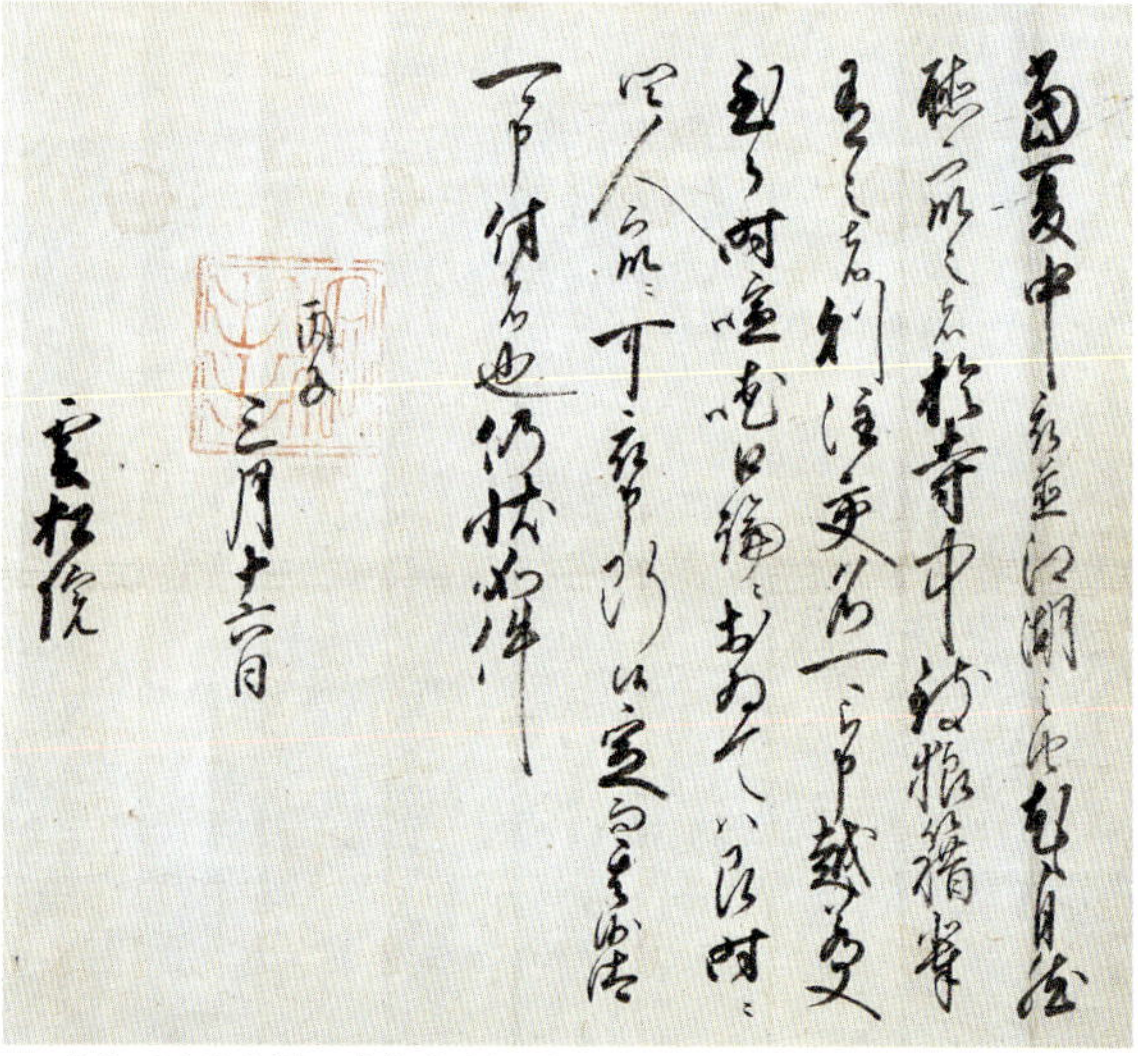

2　北条氏堯朱印状　市指定文化財
夏安居において、寺中での乱暴狼藉、喧嘩口論を禁止している。曹洞宗で最も有名な江湖会は、元亀年中に信濃国岩村田の龍雲寺で行われた「千人法幢会」である。龍雲寺は甲斐武田氏の外護する寺院で、実際には僧侶 642 人が集まったといわれる。

季雲永岳と天叟順孝

崇芝派には七哲と称される七人の禅僧がいる。この中に季雲永岳《きうんえいがく》がおり、季雲の一派は季雲派と呼ばれた。季雲には六人の弟子がいたが、その弟子の一人に雲松院を開いた天叟順孝《てんそうじゅんこう》がいる。

天叟は下総国（千葉県）の生まれで、石雲院の季雲永岳のもとで修行し弟子となる。文明一六年（一四八四）には武蔵国由井（八王子市）の城主大石定久の招きで心源院を開く。また雲松院を開いた後、相模国天応院（相模原市）を開山し、享禄五年（一五三二）七月一七日に没している。

小机雲松院の開創

雲松院は『臥龍山雲松院起立記』によれば、小机城主笠原信隆、信為親子が天叟順孝に帰依し、信隆が没するとその子息信為が、「雲松道慶庵主」の法号を授けてもらい、さらに父の冥福を祈るため、寺院の創建を計画し、城の南の龍見山下の龍池の地を選んで堂塔伽藍を建立し、天叟を開山に招いたことに始まるという。そして、山号を臥龍、院号を雲松と号したという。

また、『新編武蔵風土記稿』によれば、もとは神太寺村（神奈川区）に季雲によって開かれたという。二世天叟の時に神太寺村から現在の地に移され、寺号を神太寺とも乾徳寺とも言ったというのである。さらに、天叟のことに奇異の談ありとして、次のような話を載せている。

現在雲松院が建っている境内は、昔はすべて池で龍蛇の住みかであった。これを天叟が龍蛇を得脱《とくだつ》して池を埋め立てて寺を建立したというのである。さらに五世玄室宗頓のとき、龍が再び出現して玄室が偈を授けると小蛇となってしまったので、捕らえて末寺の江戸市ヶ谷長龍寺に贈って宝物としたともある。

曹洞禅僧の伝記には、このような人々に災いを与える龍神などをその法力で鎮圧し、地域の人々に受け入れられ寺院

3　季雲永岳像　雲松院蔵
雲松院開山。胎内納入文書から元禄10年（1697）の造像であることがわかる。季雲は石雲院の崇芝性岱に参じて嗣法。石雲院に住持したのち、遠江国円成寺を開山し、大永6年（1526）2月15日に没している。港北区。

4　天叟順孝像　雲松院蔵
雲松院2世。胎内文書から万治2年（1659）の造像であることがわかる。天叟は雲松院の開創時、師である季雲永岳を勧請し開山第1世とし、自らは2世となった。港北区。

を建立するという説話が多く残る。

天叟が菩提寺の建立にあたり、笠原氏の外護を得られた背景には、菩提寺の住僧に必要な葬祭や法要の能力が認められたことと、こうした地域の庶民層の災いを取り除くことができるという、禅僧の持つ能力が受け入れられたためとも考えられるのである。この龍蛇鎮圧の伝承は、曹洞禅僧の地域庶民への浸透の常套手段であった。

雲松院の発展

雲松院は、寺院を創建した笠原氏から寺領などの寄進を受けるが、やがて笠原氏に変わって小机城主となった北条氏より外護を受けるようになる。それによって寺勢はますます発展したらしく、天正四年（一五七六）には江湖会《ごうこえ》が行われ、それに伴う朱印状が出されている。江湖会は結制《けっせい》ともいって、多数の僧侶とともに三か月の間安居《あんご》（修行のため禁足して籠ること）することである。四月一五日から七月一五日までを夏《げ》安居といい、一〇月一五日から一月一五日までを冬《とう》安居という。修行を重んじた禅宗では特に重要な行事であった。

江湖会の開催時には、その一派が展開している地域から、僧侶や修行生活を支えるための俗人が多数集まったから、領主層にとって自己の権威を他に知らしめるにまたとない機会でもあった。これは執行する寺院にとっても同様であった。

雲松院は北条氏支配下で、江湖会を執行できるほど、同地域における曹洞宗の中心寺院として発展していたことがわかる。

戦国時代末の激動の時期に、雲松院がどのようにして生き残ったかについては明らかではないが、その寺勢は江戸時代にも続き、慶長四年（一五九九）六月八日には徳川家康より寺領二〇石の朱印を安堵されるのである。そして、橘樹・都筑・久良岐の三郡に二四か寺、江戸市ヶ谷に八か寺、計三二か寺の門末寺院を有する季雲派の中核寺院に発展するのである。

（遠藤廣昭）

5　笠原氏の墓所
雲松院の開基家である笠原氏は小田原北条氏の重臣で、弘治2年（1556）に笠原信為が没するまで小机城の城主であった。港北区。

神奈川権現山の合戦

上杉と北条の戦い

　戦国時代の永正《えいしょう》七年（一五一〇）七月一一日、神奈川権現山城の城主・上田政盛《まさもり》は、扇谷上杉方を離反して小田原北条方につき、反撃の狼煙を挙げた。戦国の軍記物語『北条記』には、「権現山落城之事」として「去程ニ上田蔵人入道武州神奈川へ打テ出テ、熊野権現山ヲ城クワク《（城郭）》ニ取リ立、小田原ノ宗瑞ト引合、ムホンノ色ヲ立ニケリ、（中略）上田カ主ノ治部少輔入道建芳、大将トシテ神奈河へ押寄ル」とある。北条早雲（宗瑞）に呼応して謀叛を企てた上田に対し、扇谷上杉朝良《ともなが》と山内上杉憲房《のりふさ》の率いる諸勢は権現山を攻撃した。

　当初、上田勢は盛んに反撃したが、やがて「後陣ノ軍兵重テ押寄、十一日ヨリ十九日迄夜昼廿日セメラレテ、其上出城ノ本学《（覚）》寺山ヲトラレケレバ、不叶ヤ思ヒケン、城ニ火ヲ懸、同十九日夜中ニ上田ヲ初メ不知行方落ケレハ、皆悉ク敗北ス」と、両上杉勢の攻撃の前に、城に続く本覚寺の山を押さえられ、七月二〇日には城に火を懸けて没落している。これが権現山の合戦である。この戦いの様子は『北条記』の他、『鎌倉九代後記』『相州兵乱記』等にも記されている。

1　北条早雲像　重要文化財　早雲寺蔵
北条早雲とは近世以降の俗称。仮名を伊勢新九郎、実名を盛時といい、出家後は早雲庵宗瑞と称した。駿河国今川家の内紛の調停に関与した後、明応4年（1495）に相模国小田原城を攻略して関東に進出した。5代100年間つづいた小田原北条氏の祖。

『神奈川砂子』にみる合戦

　文政七年（一八二四）に神奈川宿住人・煙管亭喜荘《きせるていきそう》の記した地誌『神奈川砂子』は、いくつかの軍記より引用して、権現山合戦の様子を、挿絵と共に細かに描写している。

　まず上田蔵人が立て籠もった権現山城は、扇谷上杉朝良をはじめ、成田氏・渋江氏・矢野氏など、約二万騎の軍勢が取り巻いた。上田政盛方は権現山に続く本覚寺の地蔵堂を根城にして敵を眼下に見下ろし、射手は弓を引き絞り、塀裏に大石大木を積重ねて敵勢に対峙したとある。戦いは、上田政盛の守る東の大手に始まった。上杉方の成田下総守が五〇〇騎を率いて、逆茂木《さかもぎ》を引き破って城中になだれ込むと、神奈川住人・間宮彦四郎が紫威《むらさきおどし》の甲冑を着け、栗毛の駒に乗って応戦した。間宮は四尺余の大太刀で敵を蹴散らし、その様子は「獅子の怒れる如く」だったという。城中からは「間宮を討たすな」の声と共に二百人余が加勢し、上杉方の成田勢がその勢いに敗れて兵を退くも、新たな軍勢が城山を駆け上って続き、両上杉勢との戦いは半時あまり続いたとある。挿絵には、権現山城を両上杉方の大軍が取り囲む様子と、城中の戦いで大太刀をふるう間宮彦四郎の勇姿が描かれている。

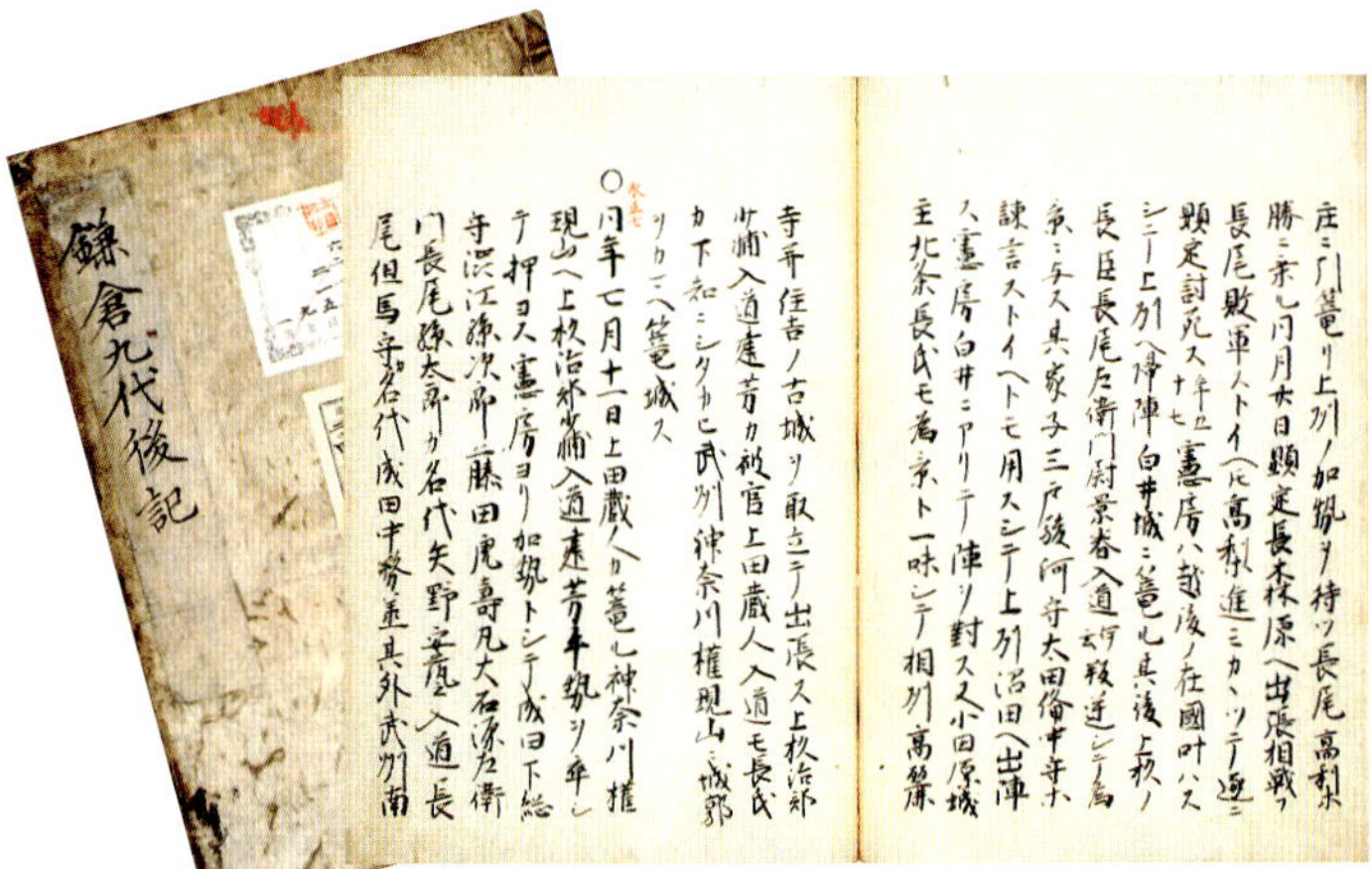

2　『鎌倉九代後記』
鎌倉公方の年代記。江戸時代初期に成立。政氏の項に「上田蔵人カ籠ル神奈川権現山へ、上杉治部少輔入道建芳勢ヲ率シテ押ヨス」とある。

「神奈河之城」の呼称も

　この権現山城は『神奈川砂子』に「神奈川ノ城」とも記されており、神奈川湊を望む高台（現幸《こう》ケ谷《や》公園）に築かれていた。近世には東海道神奈川宿のうち青木町に含まれ

4　明治初期の神奈川権現山周辺
左が権現山。新橋－横浜間の鉄道敷設にともなう開削や海面埋立などのため、地形は大きく変わった。中央は東海道の青木橋、前方の海は横浜駅西口一帯である。『ファー・イースト』1871年10月2日号より。

3　権現山合戦
文政7年（1824）神奈川宿の商人煙管亭喜荘の『神奈川砂子』は、生麦松原から保土ヶ谷入口までの東海道沿いの風物や名所旧跡を記す。権現山合戦についてのこまかな描写があり、挿絵は間宮彦四郎の勇姿を描いた唯一のもの。『神奈川砂子』より。

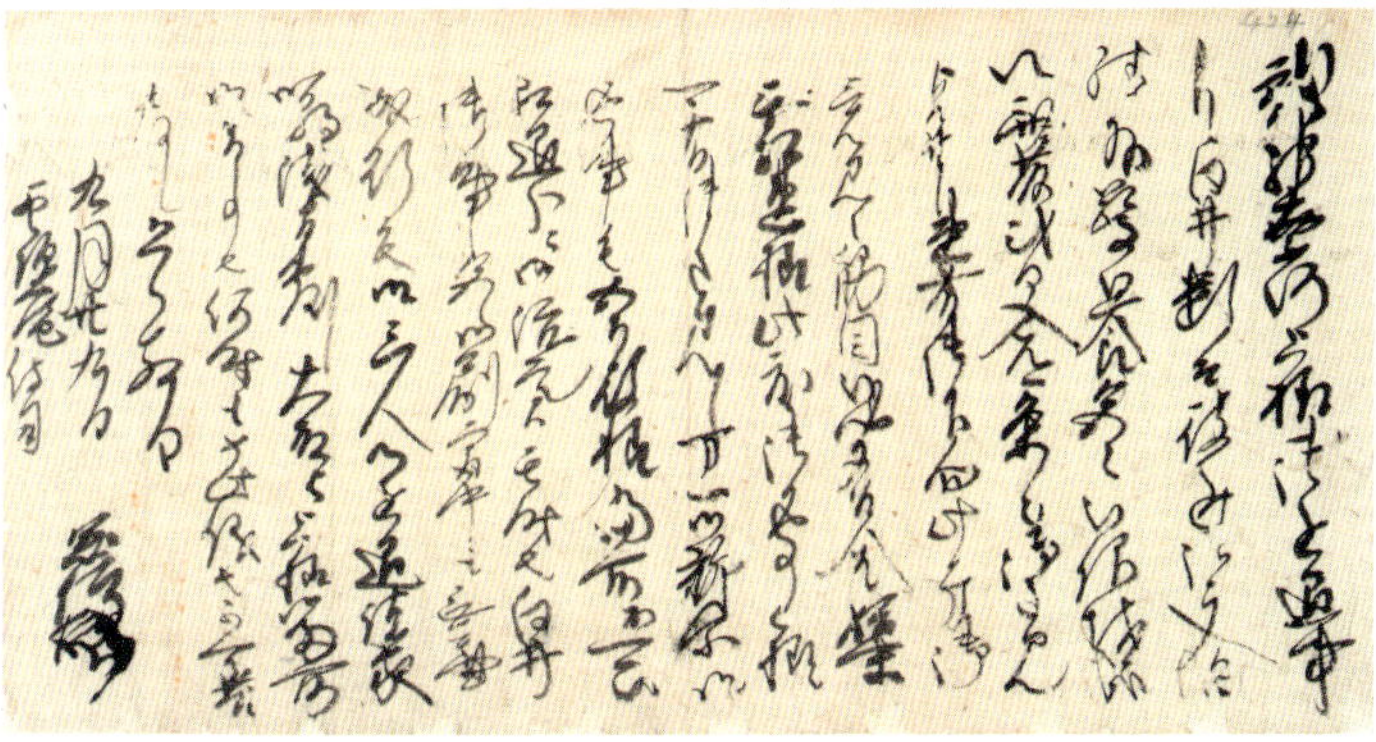

5　矢野憲信書状
長尾氏の有力被官矢野憲信の書状。内容は「神奈川上様」をはじめとする一族の進退について、雲頂庵主久甫淳長からの助言を求めるもの。この時神奈川一帯は長尾氏が支配しており、矢野は神奈川郷の代官を務めていた。

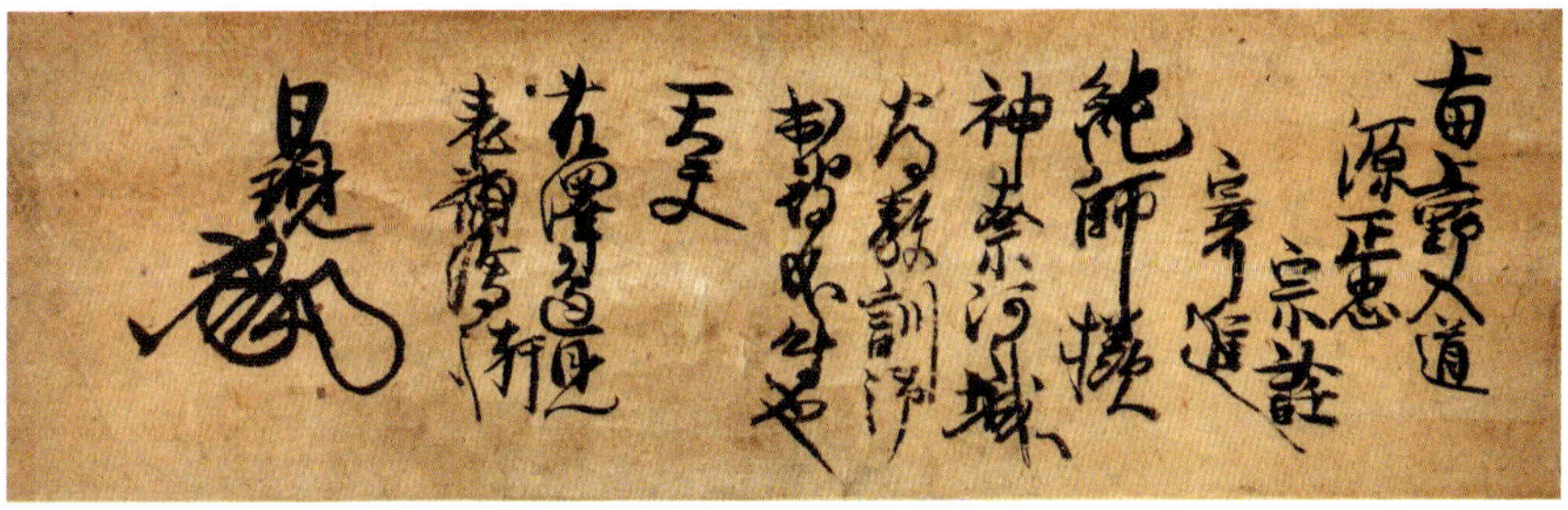

6　日現上人自筆裏書
池上本門寺第11世日現の書き付け。天文年間に上田上野入道宗詮が神奈川城に来た日純に寄進したものの裏書になり、裏書きのみが現存する。神奈河之城という記載や、城主上田宗詮の名前が記される貴重な資料。

る、滝の川と帷子川とに挟まれた場所に位置し、城付近には峰続きの本覚寺や山頂の熊野神社、城下の湊付近には宗興寺と洲崎神社が安房国（千葉県）から勧請されていた。湊の水面より屹立《きつりつ》する山肌と湊の間には、東海道（鎌倉街道下の道）が通り、交通の要衝をおさえる砦城だったと考えられる。

神奈川城については、南北朝時代の公卿・洞院公賢《とういんきんかた》の日記『園《えん》太暦《たいりゃく》』に、観応《かんのう》三年（正平七年・一三五二）閏二月、新田義貞の遺児・義宗《よしむね》と義興《よしおき》が上野国で蜂起して鎌倉を襲撃する武蔵野合戦が起こる中、新田義宗が「同十八日、鎌倉に攻入り候の處、尊氏已下凶徒已に没落、武州狩野河《かのがわ》に楯籠もり候間、今日十九日彼方に発向仕り候」と朝廷に報告をする記事が見える。また同記録には「関東凶徒等、武州狩野河之城を没落す」と、尊氏勢が新田側の攻撃により、神奈川城から武蔵国府中および同国石浜まで逃れたと記されており、これが神奈川城（権現山城）の史料上の初見であろう。

室町時代に神奈川湊から小机にかけての一帯を押さえた山内上杉氏の家宰・長尾忠景《ただかげ》の夫人は、家臣・矢野憲信の書状の中で「神奈川上《かみ》様《さま》」と称されている。忠景が神奈川城に在城していたことから夫人にもこの呼称が付いたのであろうか。しかしこの後、長享の乱で山内上杉氏と扇谷上杉氏が争って山内上杉氏が鎌倉を去ったことで、神奈川城には扇谷上杉氏の重臣・上田氏が入ったのではないか。権現山合戦の少し前、池上本門寺の僧・日純は、布教のため神奈川に出向き、その折りに神奈川城の上田上野入道宗詮から軸を寄進されている。日純の弟子・日現は、天文年間（一五三二〜五五）になって、師・日純の行状を軸の裏面に記し、上田上野入道のいた城を「神奈河之城」と記している。

権現山（神奈川）城は、神奈川湊を見下ろす砦城として、少なくとも南北朝期には成立しており、権現山の合戦以前には、城主の常住する城として機能していたのである。

（阿諏訪青美）

小田原北条氏の支配

北条氏の領国支配と支城

北条氏第二代の氏綱《うじつな》は、小田原城を本城として相模国・武蔵国を平定し、領国支配を敢行した。北条氏の支配方法は、本城のほかに各地に支城を構築し、その周辺を領域と定めて支配する分割統治が基本であり、北条氏の領国には武蔵国鉢形《はちがた》城や八王子城、岩付《いわつき》城など、いくつもの支城領国が形成されていった。

横浜市域を領国とする支城は、玉縄城と小机城になる。玉縄城は相模国東部と武蔵国久良岐郡を、小机城は武蔵国橘樹郡と都筑郡をそれぞれ管轄した。玉縄城には永正《えいしょう》九年（一五一二）の築城以降、北条氏時《うじとき》をはじめとする北条一門が城主となり、また小机城も当初、重臣の笠原氏が入ったものの、弘治《こうじ》三年（一五五七）以降には北条氏尭《うじたか》が入った。いずれも本城・小田原城に隣接する軍事上の重要拠点として、北条氏直轄領に準じた地域であったようだ。

虎朱印の創出

北条氏歴代の当主は、それまでの戦国大名には見られない、さまざまな政治的ならびに経済的な改革を行った。まず氏綱は、虎の図案の下に「禄寿応穏《ろくじゅおうおん》」の四文字を配した朱印を創り、それを文書に押して年貢公事の納入や夫役徴用を命じる、虎の印判状を創出した。その初見は永正一五年（一五一八）九月、伊豆国長浜・木負《きしょう》の百姓中および代官山角と伊東に宛てたものであり、竹木や猟師（の獲物）・美物などの高級品・人夫役など、それまで定数化されていなかった賦課について、今後は印判状によって賦課数を指定することを通達している。末尾には「虎之御印判なくハ、郡代同じく代官の判形有ると雖《いえど》も、用うべからず」とあり、北条氏による直接の賦課以外を排除せよと村の百姓たちに命じていた。朱印の文字には、万民の幸福を願う意味が込められていたとされるが、このような虎の朱印状は、大名と村との関係を一元化すべく、村宛て文書を出すために考案されていった。

また、三代の氏康《うじやす》は、氏綱による大名と村との一元化策をさらに強化し、氏綱の時代に奨励された、村民による大名への直接の訴訟（直訴）を、制度として整えていったと考えられている。これを「目安制《めやすせい》」という。氏康は、小田原城や支城の城郭の門などに目安箱を設置し、百姓によって投函された訴状を、北条氏重臣で構成される評定衆で裁いていった。

さらに北条氏は、各領国と小田原とを結ぶ交通を統括する伝馬《てんま》制度も整備した。現在およそ六〇通の伝馬手形が確認されており、そこには虎朱印とは別の「常調《じょうちょう》」の朱印が捺されている。伝馬にかかわる郷民の負担については、たとえば一六世紀半ばの平井郷（東京都西多摩郡日の出町）の伝馬掟に、郷中から一日三疋の馬を出し、料金は一里一銭もしくは二里三銭とすること、免除の印判状を持つ飛脚へは運賃を請求しないこと等とあることから、村人に無理な負担を強いず、馬の数や利用の料金をほぼ統一し、北条氏による公的使用に関してのみ免除を要求する物だったようだ。

「小田原衆所領役帳」と上原氏

北条氏の家臣団編成を伝える「小田原（北条家）衆所領役帳」は、氏康が家臣の普請役賦課の状況を調査し、その台帳として永禄二年（一五五九）頃に作成させたものである。内容は、家臣を軍事編成上の単位である衆ごとに分け、その知行地について貫高と郷村名・役賦課状況

1　北条氏綱像　神奈川県重要文化財　早雲寺蔵
北条家2代当主。小田原城を居城とし北条を称した。大永2年(1522)に相模国一宮（寒川神社）を修復し、天文元年（1532）からは鶴岡八幡宮の修造を行っている。また虎の印判による行政制度を整備した。

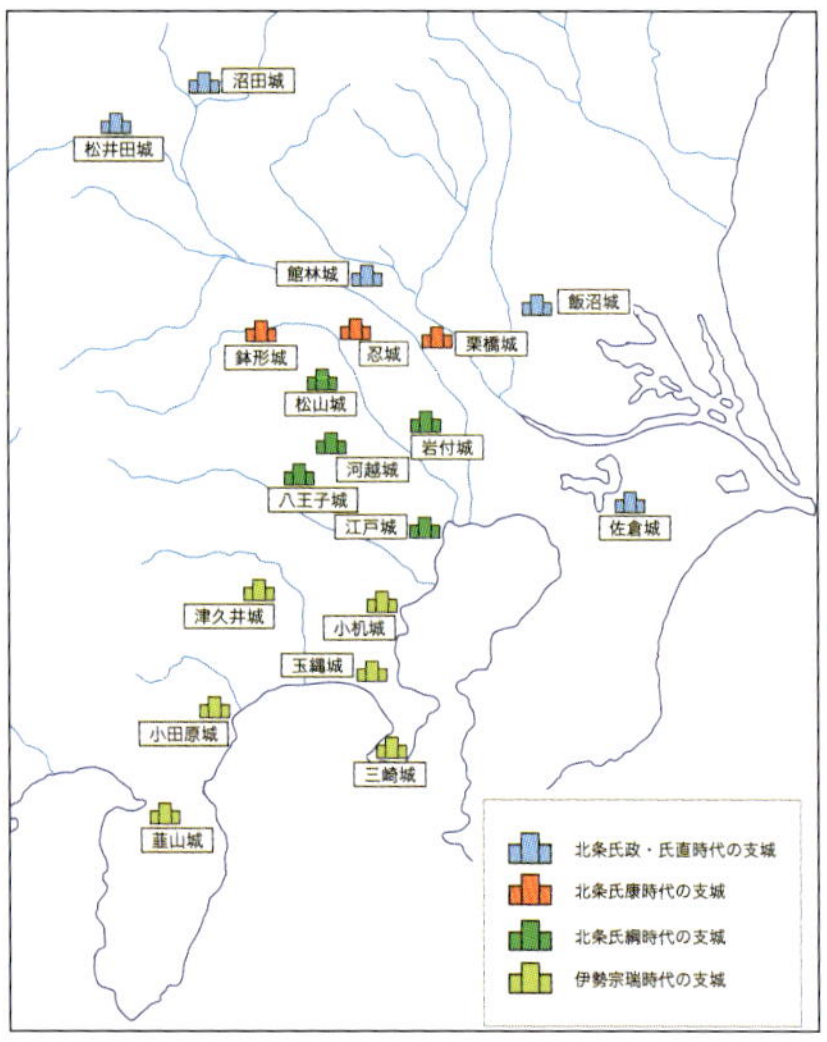

2　北条氏の領国と支城図
本城である小田原城を起点として、北条氏の領国が北にのびるにつれ支城が置かれていった。

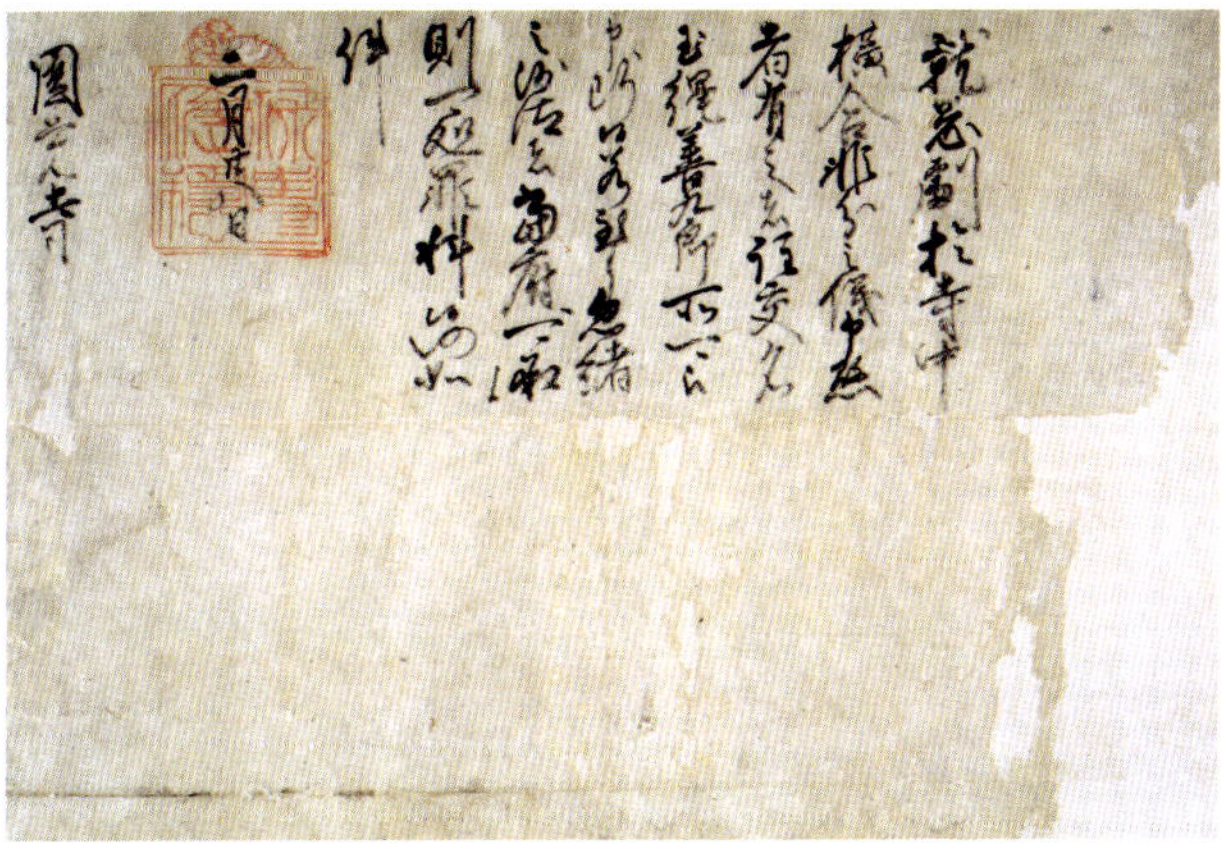

3　北条家朱印状
永禄４年（1561）２月28日付で、氏康が円覚寺に発給した朱印状。折紙。印文「禄寿応隠」を刻んだ縦横7.5㎝の方印の上に、うずくまる虎が乗る虎朱印が押されている。

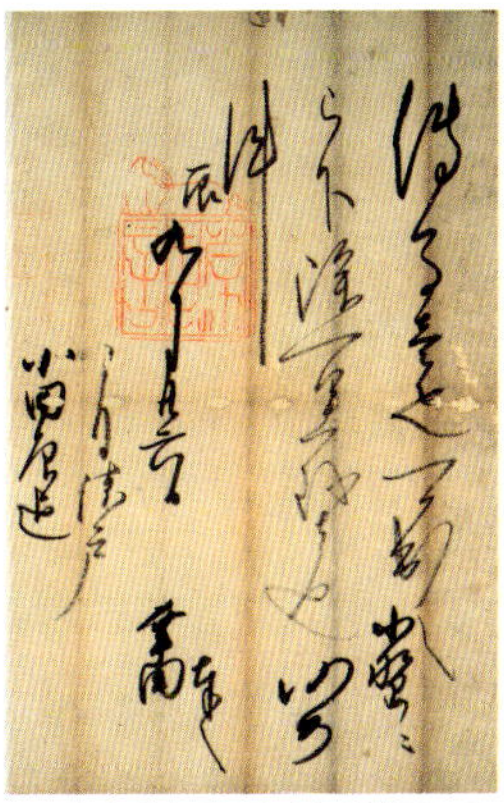

4　北条家伝馬手形と「常調」印
清戸（東京都清瀬市付近）から小田原まで、伝馬を１匹出すように命じている伝馬手形。これを得た者が街道沿いに示すことで馬を調達できた。印判は「常調」の文字の上に馬をかたどったもの。

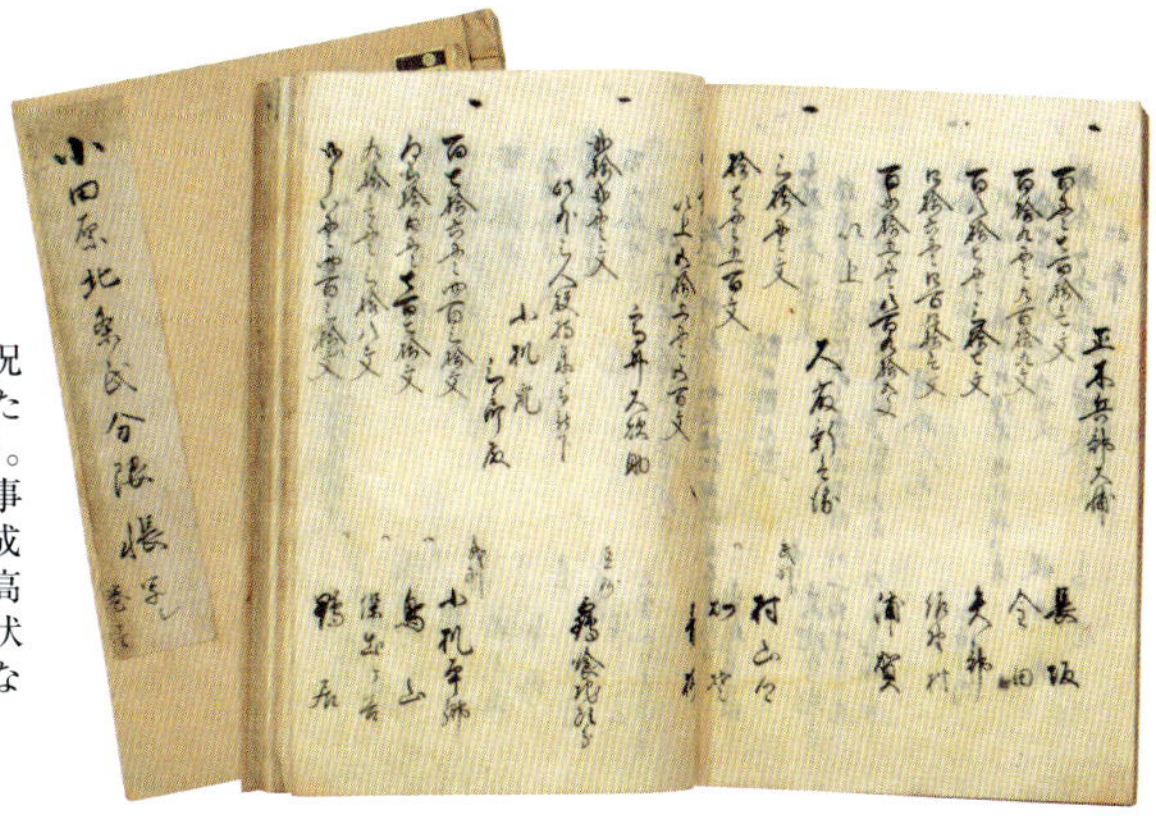

5　小田原衆所領役帳
３代氏康が家臣たちの普請役賦課の状況を調査し、その台帳として作成させたもの。「小田原北条氏分限帳」ともいう。永禄２年（1559）頃成立。内容は、軍事編成上の単位である「衆」ごとに構成され、家臣の知行地についてその貫高と郷村名が列記され、知行役賦課の状況が記されている。北条氏の基本的な家臣団構成を知ることができる資料。

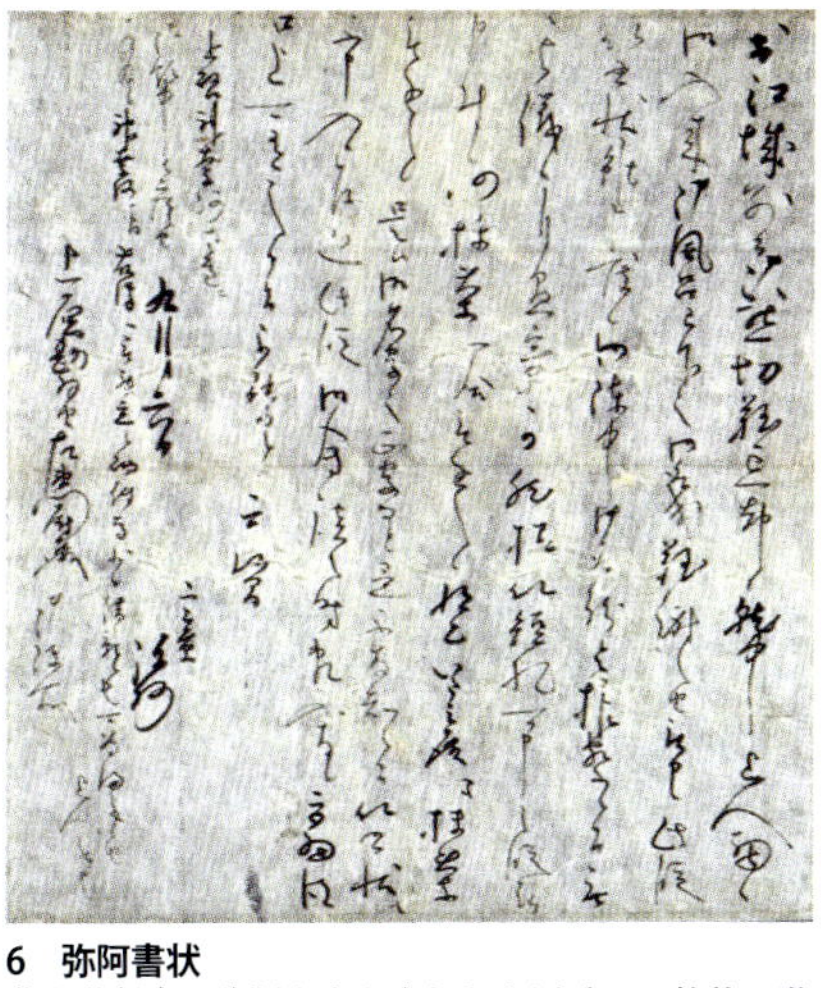

6　弥阿書状
藤沢遊行寺の弥阿上人が出した上原氏への礼状。遊行上人はかつて正中２年（1325）に神奈川湊「芝宇宿」で初めて賦算をしており、以来同地へ立ち寄るのが通例だったのではないか。追記部分に神奈川宿での伝馬の手配を頼んでいる。

を記しており、ここから北条氏の家臣の構成や各人の知行地を知ることができる。

横浜市域を知行地とした北条氏家臣には、北条幻庵や氏尭《うじたか》・氏秀《うじひで》などの北条家一門をはじめ、太田康資《やすすけ》・間宮豊前守・笠原新左衛門など、約六〇人の武士が見える。彼らは北条氏の重臣として新たに知行地を得たり、また在地の武士として北条氏に従い、従来の土地を安堵されていた。

このうち、上原出羽守は、もと岩槻城太田氏の家臣であり、太田氏の同心として江戸城に所属する江戸衆となった。その知行地は小机領の市郷（市ヶ尾）に四八貫五〇〇文、久良岐郡の富部大鏡寺分に六七貫七八〇文と記されており、末尾に「美濃守御敵申す時、岩付まで引切り馳参り候、其時市郷下され諸不入の御判形頂戴す」とある。上原氏は岩槻城の戦功の恩賞として市郷を手に入れていたようだ。そして現在、上原氏が伝えた上原家文書には、同氏の戦国時代の活動をゆたかに見ることができる。

上原氏の知行した久良岐郡富部《とべ》は、現在の西区戸部町付近に当たる。古くから東海道沿いの神奈川湊に隣接する、軍事的にも経済的にも重要な土地であった。上原氏がこの地を領したのは、天文一七年（一五四八）五月の「当方に住所有るべきに就き、武州の内戸辺の郷に七十貫文の地を進らせ候」という氏康の判物の後であったが、それに先立つ天文一二年（一五四三）二月に、上原氏は郷の代官として夫銭《ふぜに》を課されており、八貫文の供出を行っている。また天文一七年（一五四八）八月にも戸辺郷の未進年貢について催促を受けていることから、上原氏は一五世紀前半には戸辺郷の代官として同地を手に入れており、後に知行地をあらためて安堵されたと考えられよう。

豊臣秀吉との戦い

がはじまる直前の天正年間、江戸城に藤沢遊行寺の遊行上人が訪れていた。上原勘解由左衛門尉は、城内で上人一行を歓待し、風呂を用意するなど丁寧にもてなしていたようだ。上人側が上原氏に宛てた歓待の礼状には、抹茶一合を進上する旨が記されている。そしてその追而《おって》書に「神奈河近辺に御領中御座候よし承り候、神奈河より藤沢へ罷立たれ候砌《みぎり》、伝馬少々借し預り候はば、満足たるべく候」とある。江戸城から藤沢に戻る上人は、上原氏の所領が神奈川にあることを知り、神奈川で伝馬の借用を要請している。

上原氏とは江戸城内で太田氏の下に奉公しつつ、神奈川湊付近を領する武士として、北条氏による伝馬手形の発給とは別に、移動手段の手配をすることができた人物であったようだ。（阿諏訪青美）

北条氏海賊衆と里見氏

東京湾を挟んで対立

　東京湾は、関東各地とつながる内陸河川の水運や、隣接する相模湾水運、太平洋海運などの機能をあわせ持つ、中世をつうじての東国流通の大動脈である。湾岸には品川湊・神奈川湊・船橋津など中世以来の湊があり、人や物資・文化などさまざまな交流が行われていた。その中でとりわけ横浜市から三浦半島にかけての沿岸部と房総半島の内房は、互いを「向かい地」と呼ぶ関係にあり、ひんぱんな往来があったようだ。

　戦国時代、関東に進出し小田原に本拠を置いた北条氏は、安房国里見氏と東京湾を挟んで対立する。争いが激化するきっかけは、大永四年（一五二四）に北条氏綱が扇谷上杉朝興《ともおき》を攻めて江戸城を攻略し、湾岸の交通を掌握する立場についたことであり、里見方の海賊大将正木通綱《みちつな》は品川へ攻撃を行い、里見義豊もまた海を越えて鎌倉に攻めこんでいた。北条氏と里見氏の戦いは、東京湾を舞台に海賊衆が活躍していたのである。

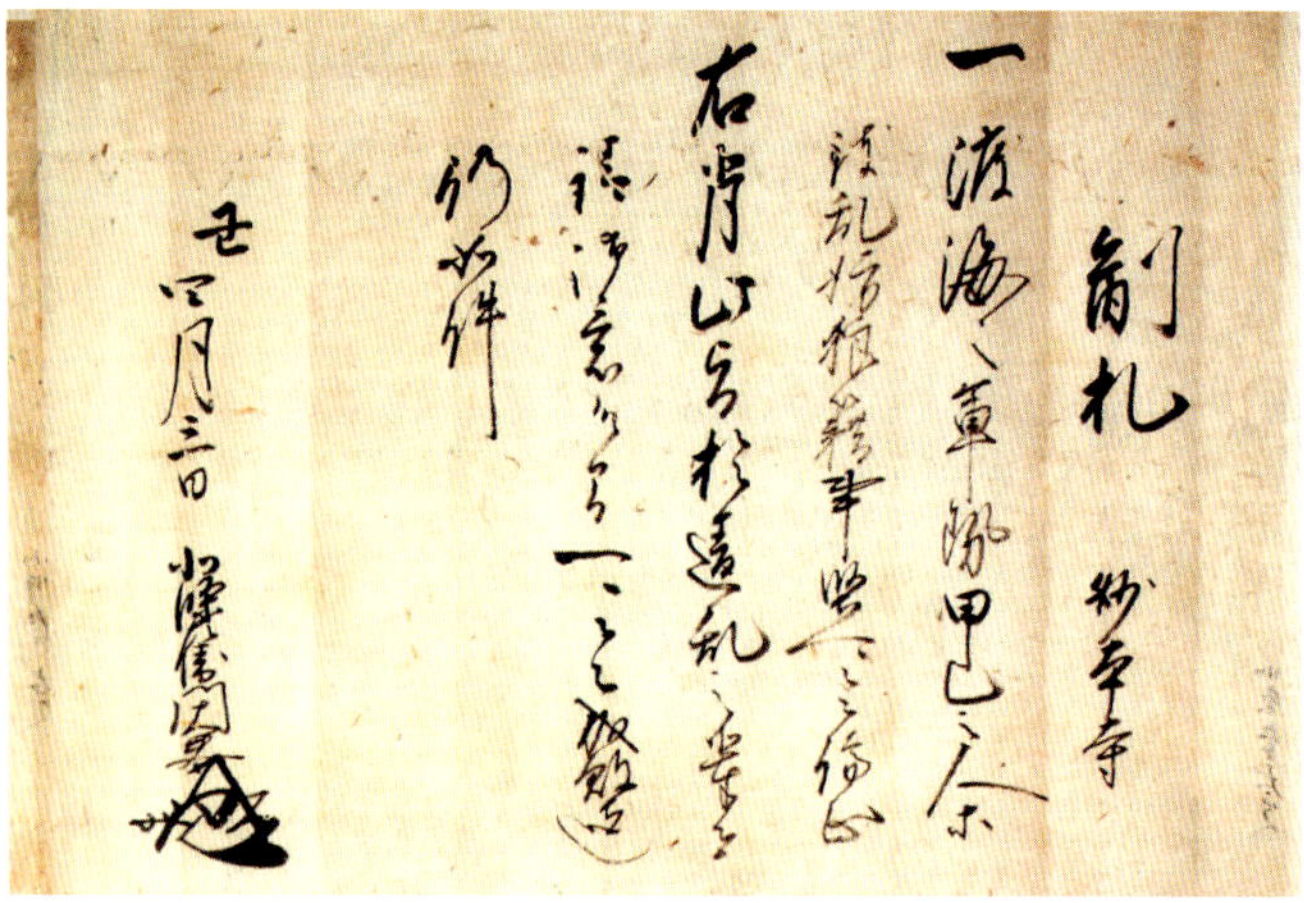

1　北条綱成制札　千葉県指定文化財
北条氏康の軍勢により、房総半島沿岸の妙本寺砦が攻撃された際に、綱成が発給した制札。「渡海の軍勢」による寺への濫妨狼藉を禁止している。この当時、北条勢は金谷城を焼き、峰上城を攻撃したのちに、2年後には里見義堯の居城である久留里城を包囲した。天文22年（1553）。

　天文七年（一五三八）に、第一次国府台《こうのだい》合戦で里見氏に勝利した北条氏は、本格的な房総への侵攻を開始した。そして弘治《こうじ》元年（一五五五）、房総の国人衆に起こった内乱に乗じて金《かな》谷《や》城（富津市）を攻略し、また里見義堯《よしたか》の籠る久留里《くるり》城（君津市）を包囲すると、義堯は越後国長尾景虎（上杉謙信）に助力を懇願する。そうして謙信による五度にわたる関東侵略、いわゆる「越山《えつざん》」が開始された。

　のちに甲斐国武田氏が、小田原の背後にあたる駿河国に侵攻すると、武田・長尾・北条・里見その他の諸勢力を巻き込んだ湾岸をめぐる争いが開始され、豊臣勢力の関東侵攻まで続いていくこととなる。

北条氏の海賊衆は傭兵

　ところで北条氏は、自前の海賊衆を持たなかったとされる。北条氏方の海賊衆は、まず伊豆国田子《たご》浦を拠点としていた山本氏であり、また遠く紀伊国の梶原氏や愛洲《あいす》氏といった海賊衆を、傭兵として招致したものだった。彼らは北条氏に雇用されて領国内で商売を行う商人でもあり、東京湾で自軍による出稼ぎを行っていたのである。一方、里見氏方の海賊衆は、房総半島湾岸の国人・土豪層で構成された。なかでも内房海賊は安西氏、外房海賊は正木氏に代表され、彼らは里見氏が安房国に入部する以前から海上に勢力を築いていた。里見氏は彼らと婚姻関係を結ぶことで海賊という軍事力を取り込んでいったようである。

　海賊衆は、東京湾をのぞむ海岸沿いの高台に築かれた砦を拠点とし、海上を通行する船を監視し、沿岸の漁民をも統制していった。たとえば北条氏は、東京湾の西の玄関口である三浦半島三崎城に海賊衆の拠点を置き、天正一三年（一五八五）七月に湾岸の通行を規制する文書を発給している。内容は、沿岸漁民等に往来する船の乗船名簿を提出させ、航行には海賊衆の朱印を得ることを命じており、たとえ漁船であっても勝手な航行をした場合は処分する旨を記している。同様に、里見方の海賊衆正木氏も、天正一七年（一五八九）一〇月に安房国から武蔵・下総国へ向かう船舶を百首城《ひゃくしゅ》（富津市）で臨検するよう、命じられている。

　このような海賊衆同士の戦い・海戦とは、沖を航行する敵方の輸送船を拿捕して兵粮を奪うこと、また敵方の湊や

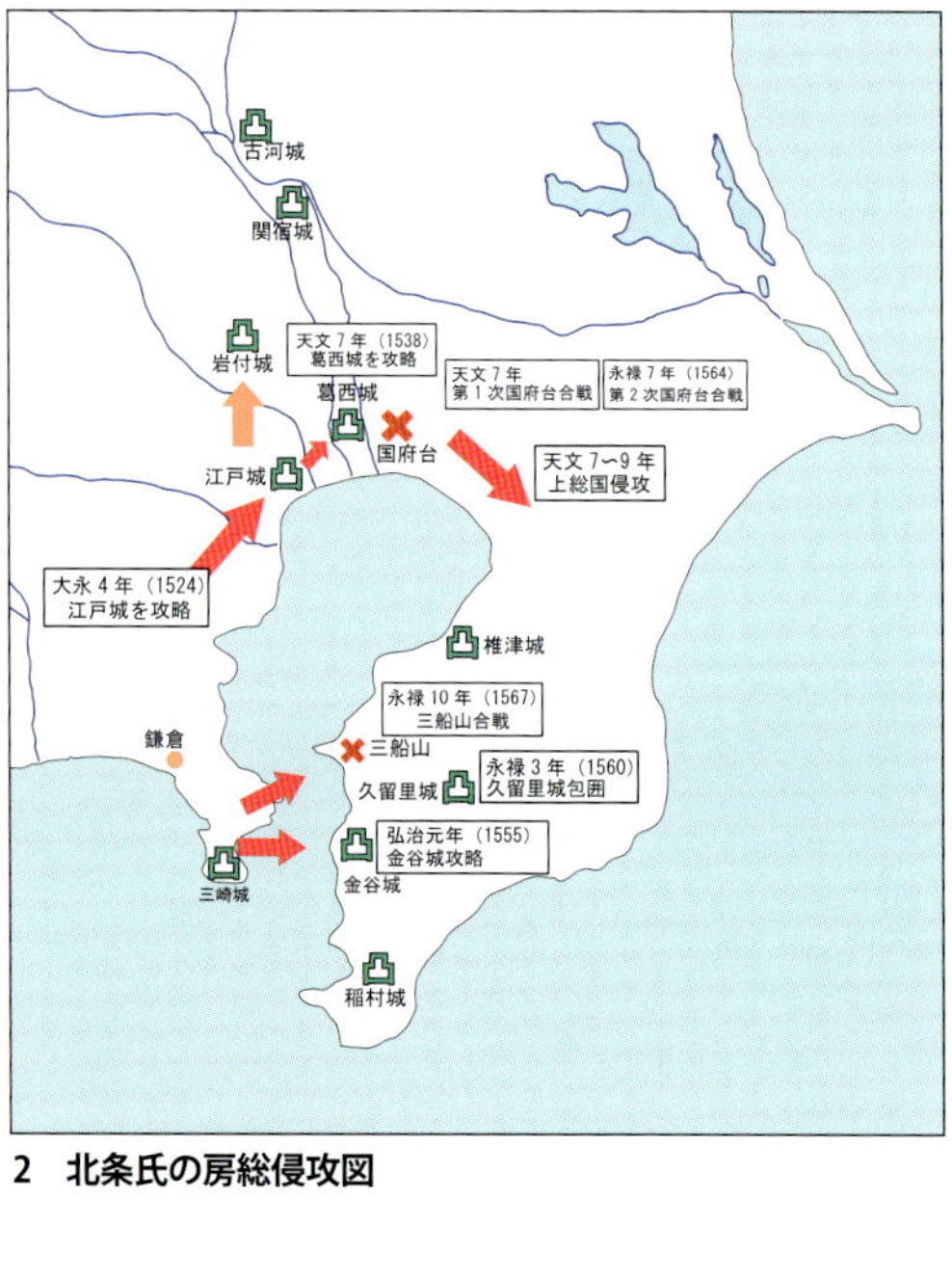

2　北条氏の房総侵攻図

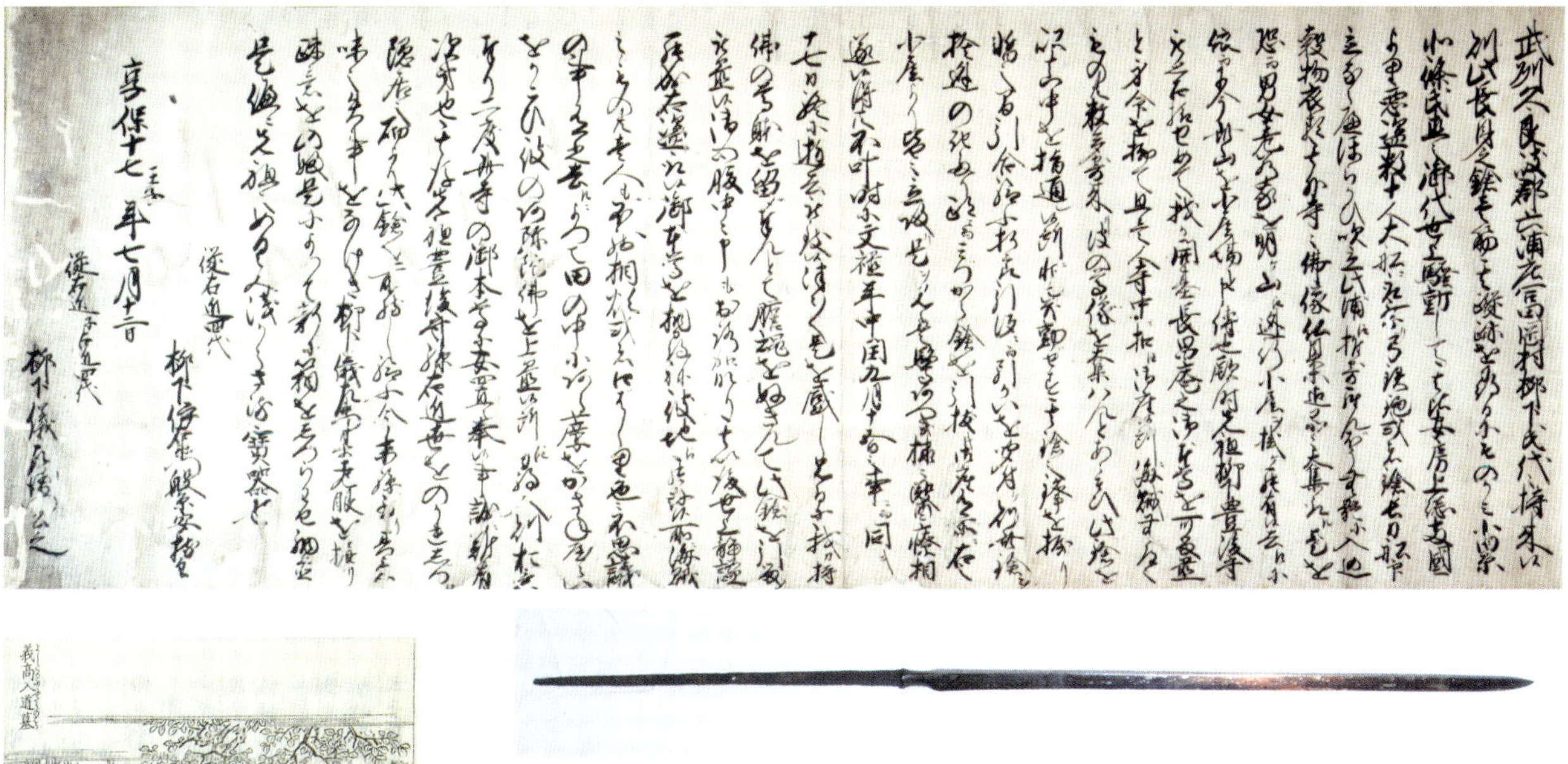

3　柳下豊後守の子孫に伝わる鑓とその由来書
柳下家（磯子区）に伝わる鑓とその経緯を記したもの。鑓はなかご部分を加えて約1ｍ。柄部分は残っていない。

4　義高入道の墓
里見義高（堯）の墓と伝わる堂。名所図会に描かれる堂そのものが鶴見区松蔭寺の境内にあり、現在はその周囲に建てた鞘堂を見ることができる。毎年５月に開帳する。『江戸名所図会』より。

5　義高入道坐像
鶴見区松蔭寺の義高（堯）入道堂に納められている義高(堯)坐像。像高20㎝ほど。右手に軍扇を持ち、鎧を着けている。像奥には石地蔵が祀られ、『江戸名所図会』に「古墳の前に石の地蔵尊を安ぜし小堂あり」と記された像と考えられる。

沿岸集落を襲って戦力を削ぐことであった。永禄一二年（一五六九）六月三日、三代当主北条氏康《うじやす》と三崎城主北条氏規《うじのり》は、海賊大将山本左衛門太郎に対して「金沢船三艘が（里見）海賊に取られた処を取り返し、敵船と戦って相手を富津浦に追い上げたことは、素晴らしい働きである」という内容の書状を発給している。また江戸時代に記された北条方の軍記『北条五代記』には「里見方海賊が夜半に小船を盗んで浜辺の里を騒がし、あるいは三〜五〇艘で襲来して、里に放火し女や童を生け捕る」とある。

　横浜市や三浦半島の湾岸部の村々には、このような海賊による活動が日常的に横行していたのではないか。金沢区に古くから続く山口家には、房総までの渡海中の安全を保障した、里見氏からの書状が伝えられている。

鶴見・松蔭寺に残る渡海伝説

　天正五年（一五七七）末、里見義弘と北条氏政は和睦し、東京湾をめぐる両勢力の争いに終止符が打たれた。

　しかし金沢区富岡には、文禄年間に海賊が襲来したとの言い伝えが遺っている。『新編武蔵風土記稿』によれば、文禄二年（一五九三）閏九月、富岡村に住した北条氏家臣の柳下《やぎした》豊後守は、僧侶となって同村長昌寺にいた。すると安房・上総両国より盗賊数十人が上げ潮に乗って襲い来り、本尊を守護していた豊後守を鑓で負傷させたという。豊後守はその疵がもとで亡くなり、現在子孫のもとには豊後守を刺した鑓とその由緒書が残されている。同様の海賊襲来は頻繁に起こっていたと考えられ、同村には村人の避難小屋があった「小屋場」や、海賊が撤退の合図に鐘を鳴らした「鐘掛松」などの地名が遺っている。

　鶴見区松蔭寺に建つ「義高入道堂」は、里見義堯を祀った小堂である。義堯は里見氏六代に当たり、善政・撫民を掲げた為政者だったとして東京湾各地に義堯の渡海伝説が伝わる。この堂について『江戸名所図会』には、義高入道の墓であり、この地の百姓の祖先が義堯に仕えていたため祀ったものと記されている。

　現在、松蔭寺の義高入道堂は、『江戸名所図会』の堂舎を新しい堂で覆っており、堂脇の仁王像には祈願と平癒御礼の小石が積まれている。

（阿諏訪青美）

豊臣秀吉の襲来

秀吉の台頭

一六世紀の約一〇〇年間、関東一帯は小田原城を本拠とする戦国大名北条氏によって支配されており、天正九年（一五八一）頃、その領国は伊豆・相模・武蔵・上総・下総の五か国をはじめ、駿河・下野・上野の一部に及んでいた。一方、その頃の畿内方面では織田信長が勢力を持ち、天正元年（一五七三）には宇治槇島《まきしま》城に挙兵した室町幕府将軍足利義昭《よしあき》を河内国に追放し、事実上室町幕府を滅亡させていた。

天正六年（一五七八）、北条氏政は駿河国に侵攻した武田勝頼と対立し、上野国の旧上杉方の国衆の離反を受けた。そこで氏政は同八年（一五八〇）三月に織田信長に使者を派遣し「御縁辺相調《ごえんぺんあいととの》へ、関東八州御分国《ごぶんこく》に参るの由なり」と伝え、北条氏の領国を信長の支配下に置き、その傘下に下ることを申し出ている。北条氏は中央政権と結びつくことで、武田氏の進出を押さえ、領国の維持を図ったようだ。

しかし天正一〇年（一五八二）六月二日、織田信長が本能寺の変で滅亡すると、上洛した豊臣（羽柴）秀吉は明智光秀を天王山で破り、賤ヶ岳の戦いで柴田勝家を滅ぼすと、太閤検地を実施、さらに天正一一年（一五八三）に大坂城を築くなど、天下統一に乗り出していくこととなる。

1　豊臣秀吉像
慶長3年（1598）5月の秀吉の没後に「豊国大明神」として描かれたもの。唐冠をかぶり、白色の直衣を着て、右手に笏（しゃく）を持ち、繧繝縁の畳の上の菊花をあしらった錦の敷物にすわっている。慶長5年（1600）。

惣無事令の発布

本能寺の変の後、北条氏は上野国厩橋《まやばし》城の滝川一益《かずます》を追い落とし、また同年一二月に古河公方足利義氏《よしうじ》が死去したことを受けて、関宿《せきやど》城を手中に収めて関東の諸衆に号令を掛け、名実ともに関東一帯の支配者となっていた。

一方、関白の座に就いた秀吉は、まず天正一三年（一五八五）一〇月に「九州の事、（中略）先ず敵味方とも双方弓箭《きゅうせん》を相止む旨、叡慮《えいりょ》候」とする九州停戦令を発布する。この冒頭には「勅諚《ちょくじょう》に就き」とあり、天皇の意を奉じた天下の代理人としての秀吉の立場を示していた。その後、九州統一後に秀吉が出した直書《じきしょ》にも「日本六十余州の儀、改めて進止すべきの旨、仰出でらるの条、残らず申付け候」と見え、秀吉は日本全国への支配権が自らの手中にあることを公言していった。

天正一五年（一五八七）一二月、秀吉は関東と奥州の各大名へ向けて、「関東奥州両国惣無事之儀」を主題とする直書を発布する。これが「惣無《そうぶ》事《じ》令」と呼ばれるものであり、内容は大名間の私戦を禁じ、秀吉の下に紛争裁定権を集約するとしたものであった。

関東の北条氏政のもとへ、徳川家康によってこの惣無事令がもたらされたのは、同令が各大名に交付される以前の天正一四年一一月一五日であった。家康は「よくよく御勘弁を遂げられ、御報に示し預かるべく候」と、受諾の可否を返答して欲しいと告げる。ここに北条氏は豊臣秀吉の傘下に下るか、または要求を受け入れずに全面的な対立を標榜するか、迫られることとなった。

秀吉の関東侵攻

秀吉による関東への侵攻は、天正一三年頃より噂されており、北条氏は本城小田原城をはじめ各支城を普請して城の防衛力を強化していた。また各村の百姓中に身分や所属の如何に関わらない「よき者」を選んで名前を提出することや、彼らを「ひらひらと武者めくように支度」させ、弓・鑓・鉄砲などの道具を用意することなどを記した、兵士徴収を目的とする「人改め令」を発布したり、武将の城内への招集や兵粮・武具等の徴収も同時に行っていった。

氏政は惣無事令に従うことに異を唱えて隠居するものの、北条氏は天正一五年閏五月に受諾の意志を表し、北条氏規《うじのり》が上洛して京都・聚楽第で秀吉に謁見した。これを受けた秀吉は、北条領国の確定とその紛争解決について使者を派遣していた。ところが、上野国沼田領をめぐる北条氏と真田氏の間での割譲に際して、沼田城主の猪俣邦憲《いのまたくにのり》が領内の名《な》胡桃《くるみ》城を突如として攻撃する。秀吉はこの反乱を北条氏による惣無事令の違約行為と判断し、北条氏の追討を開始していった。

天正一七年一一月、豊臣秀吉は北条氏に対し宣戦布告状を送付し、翌年三月一日に約二二万もの軍勢を率いて京都を出発した。秀吉は東海道諸国と近江・美濃両国の軍勢を率いて進軍し、加賀・信濃・越後諸国は前田利家と上杉景勝が率いて、北条氏の領国を南北の二方向から攻撃することとなった。

東海道を下る秀吉の軍勢は、三月二七日には早くも駿河国（静岡県）三枚橋《さんまいばし》城に到着し、二九日に伊豆国と相模国との境目である山中城を攻撃、同城を半日で陥落させると箱根山中の防衛線を突破して、四月五日に箱根湯本の早雲寺に本拠を置いた。秀吉は、石垣山城の築城を開始し、眼前の小田原城の攻略に取りかかっていった。

天正一八年四月、市域へ侵攻

秀吉が、石垣山城の築城に着手した頃、横浜市域にも秀吉軍が来襲していた。市域には、天正一八年（一五九〇）四月の日付を持つ一六点の「豊臣秀吉禁制《きんぜい》」（写を含む）が確認され、その宛所には称名寺（金沢区）や宝生寺（磯子区）などの寺院をはじめ、師岡保・二俣川郷、小机荘内の一一か郷など、複数の村々の名前を見ることができる。

禁制とは、迫り来る軍勢から人命や財産を守るべく、寺社や村々が戦国大名に発給を要求するものであり、人々はその禁制を得た上で、略奪や放火をする雑兵たちに応戦していった。秀吉軍の侵攻により、市域の村々も戦火の被害を受けていたと考えられる。

現在のこる禁制をみると、一つの禁制に複数の村名や村々の纏まりである郷名を載せる場合が多いことに気付く。これは禁制を共有する村々の間に、非常事態に際して助け合う地域的な繋がりがあったこと、さらに禁制の取得に際して豊臣方とその仲介者に支払われる礼銭を分担していたこと等が想定できよう。

こうして天正一八年七月、小田原城は北条氏政・氏直父子が投降して落城、秀吉は徳川家康に江戸城を与えて統治に着手させ、関東の戦国時代に幕が下ろされることとなった。

（阿諏訪青美）

2　小田原陣仕寄陣取図

小田原城攻めを開始した秀吉軍が作成した図。相模湾に面した小田原城を秀吉方大名が取り囲む。秀吉が陣を置いた早雲寺には「関白様只今の御座所」とあり、石垣山には「関白様御城」と記すことから、石垣山一夜城が完成する以前の５月頃までに作成された。

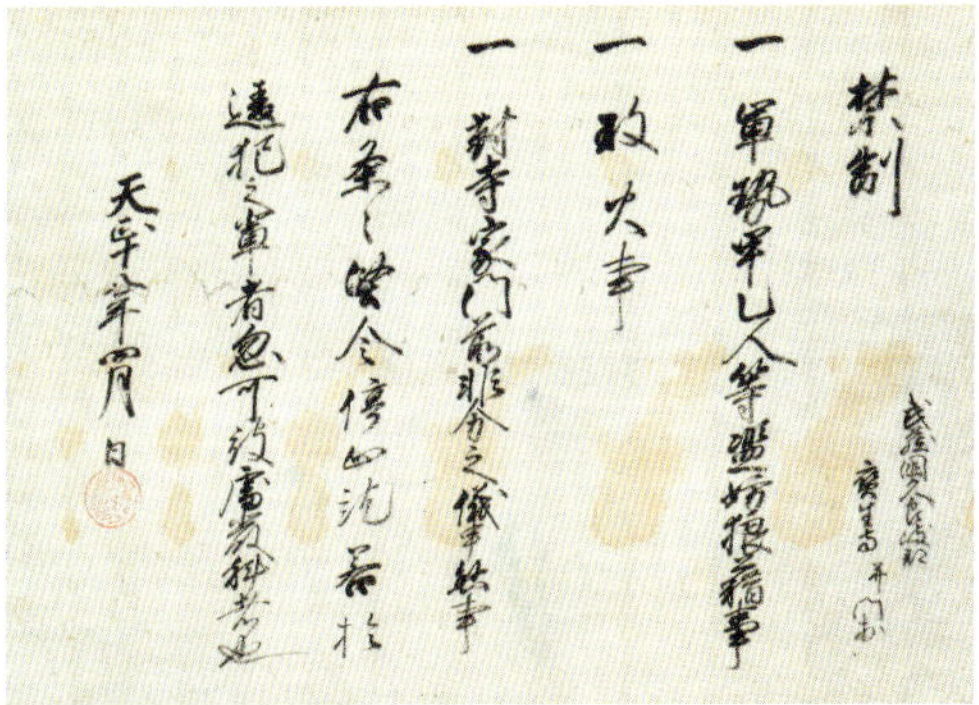

禁制
一 軍勢甲乙人等濫妨狼藉事
一 放火事
天正十八年四月 日

3　豊臣秀吉禁制　天正 18 年 4 月付

久良岐郡宝生寺と門前に宛てた禁制。内容は、秀吉軍による濫妨狼藉の禁止、放火の禁止、寺家門前へ非分の儀を申懸けの禁止であり、この３か条はどの禁制にも共通する項目である。宝生寺も秀吉軍の襲来に備えて、禁制交付を求めていた。

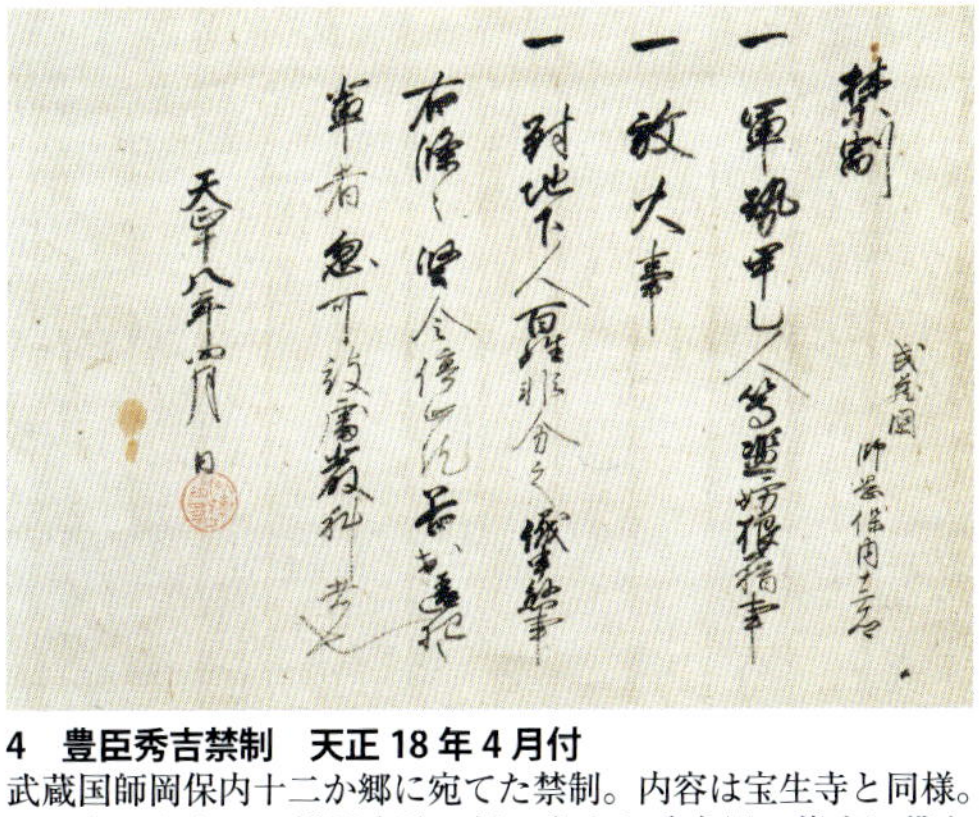

禁制
一 軍勢甲乙人等濫妨狼藉事
一 放火事
天正十八年四月 日

4　豊臣秀吉禁制　天正 18 年 4 月付

武蔵国師岡保内十二か郷に宛てた禁制。内容は宝生寺と同様。三か条からなる。横浜市域の村々もまた秀吉軍の襲来に備えて禁制を手に入れており、交付費用の工面が難しい時には、複数か村が共同で出費し、禁制を得ることもあった。

5　石垣山一夜城址

豊臣秀吉は天正 18 年（1590）4月から6月まで約 80 日間を費やして総石垣の城を築き、湯本・早雲寺から本陣を移した。城址は関東大震災で大きな被害を受けたが、本丸一帯には石垣が残されており、整備が進められている。

第3章 江戸近郊の宿と村

〈近世〉

❖大都市江戸の近郊地域

天正一八年（一五九〇）七月、豊臣秀吉に降伏した後北条氏の旧領国をほぼそのまま継承する形で、それまで東海・東山地方を領していた徳川家康が関東へ入り、武蔵国江戸を新たな居城とした。家康の新領国は、武蔵国橘樹郡・都筑郡・久良岐郡と相模国鎌倉郡の四郡合計約二〇〇か村からなる横浜市域を含む、伊豆・相模・武蔵・上野・下総・上総の六か国に及んだ。

江戸に入った家康は、江戸城から五～一〇里（約二〇～四〇キロ）の範囲に徳川氏の直轄地（後の幕府領）と中下級家臣（後の旗本）を、領国の外縁部に上級家臣（後の大名）を、それぞれ配置するというほぼ同心円状の知行割を行った。幕府領と旗本領が多く存在するという市域村々の領主配置の基本は、江戸からおおむね一〇里内外の距離という市域の地域性をふまえて、この際に確定したのである。

家康の関東への転封自体は、豊臣政権下の大名として秀吉の指示によるものであったが、慶長三年（一五九八）の豊臣秀吉の死去、同五年（一六〇〇）の関ヶ原合戦における勝利、同八年（一六〇三）の征夷大将軍宣下＝江戸幕府の開設という一連の政治過程を経て、徳川氏は全国政権へと成長していく。

これ以降、「徳川の平和」と呼ばれる二六〇年間にわたる長い泰平の時期が続くこととなる。この間、江戸城とその城下町である江戸は、日本の政治・経済・文化の中心として繁栄し、人口一〇〇万人を数える世界的な規模の大都市となった。

そして、横浜市域を含む、江戸から一日行程（一〇里＝約四〇キロ）の範囲内にあたる地域は「江戸廻り」「江戸城付地」と呼ばれる、いわば江戸の首都圏としての役割を担うこととなり、幕府領（代官支配）・旗本領を中心とする所領配置と、政治・経済面における江戸との緊密な関係性といった特徴を持つこととなる。

実際、幕府領や旗本領が多かった市域村落の村役人たちは、さまざまな連絡・打合せ・訴訟等の事由により頻繁に江戸を訪れる必要があり、江戸はきわめて近いというのが実感であったと思われる。また、江戸の材木商・吉田勘兵衛による吉田新田を代表例とする市域の新田開発も、江戸との近接性を前提にしたものであり、幕府による市域河川の治水工事等も江戸周辺農村の生産性維持を目的とした政策であったと考えることができる。

❖陸上交通と海上交通の正門

全国各地と江戸とは、多くの街道や航路によって結ばれていたが、関東地方を政治的基盤とする徳川幕府にとって、政治的・経済的・軍事的に最重要であったのは、京都の朝廷や経済の中心地である大坂との連絡路や、仮想敵国ともいえる西国の外様大名に対する備えとなる、西方へと伸びる街道や航路であった。

江戸より西方へ向かう街道としては東海道・甲州街道・中仙道があるが、中でも東海道は江戸と上方（京都・大坂）を結ぶ大動脈として重要視され、市域には神奈川宿・保土ヶ谷宿・戸塚宿という三つの宿場が置かれていた。これらの宿場は、起点である江戸日本橋より七～一〇里程度の距離にあり、江戸に対する陸上交通の正門の位置にあたる。特に保土ヶ谷宿と戸塚宿は、江戸から西へ向かう旅人にとって最初の宿泊地となることが多かった。

江戸から西南方向に伸びる東海道とほぼ西方へのルートをとる甲州街道の間には矢倉沢往還が、東海道と矢倉沢往還の間に中原街道が通っている。矢倉沢往還と中原街道は市域内陸の丘陵部を通り、東海道のバイパスとして機能していた。また、主に江戸から西南方向へ伸びるこうした主要な街道の間には、それらを結ぶさまざまな道が網の目のように結ばれていた。

江戸にとって最重要な海路は、経済の中心地・大坂と最大の消費地・江戸を結ぶ太平洋海運であった。横浜市域には金沢（六浦）・神奈川という中世以来の湊があり、東京湾の最奥に位置する江戸の立地上、東京湾西岸に位置するこうした湊は、海上交通における正門にあたる。

享保七年（一七二二）に従来の所在地であった下野国皆川（栃木市）から金沢へと陣屋が移転することによって成立した、市域に本拠を有する唯一の大名である武州金沢藩（藩主米倉氏）の存在も、同五年（一七二〇）に行われた船改番所の下田から浦賀への移転に伴い、その内側に小規模とはいえ一定の軍事力を配置しようとする幕府の措置と考えられ、東京湾の入口に位置する市域の特徴を示すものである。

このように横浜市域は、陸路においても海路においても江戸の入口に位置する、いわば江戸の正門ともいうべき地域性を有していたのである。

❖陸の道と海の道の結節点・神奈川

こうした市域の地域性が最も具体的に表れているのが神奈川周辺である。ここにはかつて横浜駅から相鉄線天王町駅周辺まで入り込んでいた入海があり、台町の沖合が神奈川湊における船舶の停泊地であった。この入海の東側に面するように東海道の神奈川宿が、西側の帷子《かたびら》川河口地点には同じく保土ヶ谷宿があり、各地の湊との交易により外へと広がっていた神奈川湊は、神奈川・保土ヶ谷両宿を通じて内陸とつながっていたのである。

神奈川宿は、近世前期には、将軍の休泊地である神奈川御殿や、おおむね橘樹郡・都筑郡全域に該当する「神奈川領」「小机領」「稲毛領」「川崎領」と荏原郡「六郷領」（大田区）といった江戸西南部の幕領支配を一円的に管轄した神奈川陣屋が存在する政治拠点であった。中後期においても、市域やその周辺各地から神奈川へといたる神奈川道や鶴見川水系が集まる陸上交通・海上交通の結節点として栄え、一九世紀半ばには人口六〇〇〇人を数える市域最大の町場であった。

保土ヶ谷宿も同様に、東海道と金沢道、さらに帷子川に沿った相州道との交差地点で、人口は三〇〇〇人弱であった。神奈川宿に近接しているため、近世初頭は神奈川宿の地域圏に組み込まれていたようであるが、一七世紀末頃には一定の中心地となっていった。

以上のような神奈川湊と神奈川宿・保土ヶ谷宿によって構成される地域のあり方が、安政六年（一八五九）の開港時における開港場・横浜を直接支える地域構造となっていくのである。

また、神奈川宿よりは小規模ではあったが、東海道の戸塚宿、矢倉沢往還と中原街道の宿場であった荏田・長津田・佐江戸・瀬谷、さらには武州金沢藩の陣屋町である金沢などの集落は、町場を形成していた。こうした場所は、江戸から放射状に伸びる主要街道と、それを相互に結ぶ環状の道とが交わる地点であり、地域の経済・文化の中心となっていたのである。そして、そうしたネットワー

西暦	和暦	月	事項
一五九〇	天正18	7	徳川家康が関東へ入り、江戸城を新たな居城とする
一五九八	慶長3	8	豊臣秀吉死去
一六〇〇	慶長5	9	関ヶ原の合戦、徳川家康の東軍が勝利する
一六〇一	慶長6	1	徳川家康、「伝馬朱印状」を東海道神奈川宿・保土ヶ谷宿へ発給
一六〇二	慶長7	6	「駄賃定書」が保土ヶ谷宿へ出される
一六〇三	慶長8	2	徳川家康、征夷大将軍となる（江戸幕府の成立）
一六〇四	慶長9	4	代官頭長谷川長綱死去 東海道の宿場として戸塚宿が設置される
一六〇六	慶長11		代官頭彦坂元正失脚
一六四〇	寛永17		東海道各宿の常備人馬数が百人・百疋となる
一六五六	明暦2	7	吉田新田の第一回の工事始まる
一六五七	明暦3	5	吉田新田の工事、大雨により潮除堤が流失してしまう
一六五九	万治2	2	吉田新田の第二回工事始まる
一六六二	寛文2		吉田新田における耕作が開始される
一六六八	寛文8		永島泥亀により泥亀新田が開発される
一六七二	寛文12	5	橘樹郡の村々が江戸町人による新田開発反対の訴状提出
一六七三	延宝1	8	久良岐郡の村々が江戸町人による新田開発反対の訴状提出
一六七四	延宝2		吉田新田検地
一六八五	貞享2		小高新田が完成する

クの存在こそが、幕末期において開港場・横浜を起点とする新たな経済・文化が急速に展開していく前提であった。

❖村の「自治」と結合

「兵農分離」を支配原理とする近世社会では、武士（城下町）と農民（村）では居住地が異なっている。村は農民の生活と生産の単位であり、領主・代官からの年貢や諸役はこの村宛に賦課された。

領主・代官から村々へ伝達される指示・命令や、村側から出される届や訴願は、文書を介して行われた。これは、「読み書き算盤」とよばれる文書の読解・作成と計数に関する技術、さらにはそれをふまえた上での「自治」の能力を、村（少なくとも名主・組頭といった村役人）が保持していることが前提となっているのであり、そうした技術や能力を次世代に受け継いでいくための教育が必要とされた。

領主・代官と村の関係だけではなく、村と村との関係も重要な事柄であった。同じ領主や代官が支配する村々や、同一の宿場への助郷をつとめる村々の間では、領主・代官・宿場などからの指示・対応を円滑に行うため、日常的な連絡網が形成されており、また治水・用水・入会地の利用等、さまざまな契機にもとづくいろいろな村落相互の結合が存在していた。一九世紀に入り、欧米諸国の外国船が日本列島に接近するようになると、幕府は東京湾・相模湾の沿岸に大名を配置して、江戸防備の体制（「海防」）を整備していく。東京湾西岸に面する市域の村々もこうした枠組の中に組み込まれていくのである。

❖往来する人々

「徳川の平和」の下、農村における生産力は次第に上昇していき、一八世紀も半ばを過ぎる頃には庶民にも物質的・時間的余裕が生じるようになっていく。こうした中、各地の名所旧跡・神社仏閣へと多くの人々が往来するようになるとともに、各地での祭礼が次第に華やかになっていく。

大都市である江戸や当時の大動脈であった東海道に近接している横浜市域にもいくつかの名所が存在していた。特に金沢八景は、西の近江八景と並ぶ景勝地として知られ、鎌倉・江の島などとセットで遊覧されることが多かった。

一方、水田稲作のサイクルを生活の基盤とする市域農村の人々も、時間的余暇が生じたことで、数日間で往復できる江戸や大山等の近隣地域だけではなく、伊勢参りなどといった長期間の日数を必要とする遠隔地にも出かけるようになった。こうした人々の頻繁な往来によって、街道や宿場が賑わいを増していく様子は、広重の浮世絵などからうかがうことができる。

（斉藤司）

一六八六	貞享3	7	吉田勘兵衛死去
一六九四	元禄7		明僧東皐心越が金沢八景を漢詩に詠む
一七〇〇	元禄13	2	「吉田新田耕作掟」が作成される
一七〇七	宝永4	11	富士山宝永火口より噴火、降灰が市域一円に降る
一七一六	享保1	8	紀州藩主徳川吉宗が八代将軍となり、享保改革はじまる
一七二〇	享保5		船改番所が下田より浦賀へ移転
一七二二	享保7	7	米倉氏の陣屋が金沢へ移転される（武州金沢藩の成立）
一七二五	享保10	11	「東海道保土ヶ谷宿助郷帳」作成される
一七三〇～三一	享保15～16		この頃、鶴見川・帷子川・大岡川の改修工事が行われる
一七六二	宝暦12	11	橘樹郡大師河原村名主の池上幸豊、東京湾沿岸の新田開発候補地調査
一七八六	天明6		藤江新田の開発はじまる
一七八七	天明7	7	老中松平定信による寛政改革はじまる
一八二三	文政6		神奈川宿の地誌『神奈川駅中図会』が作成される
一八二四	文政7		神奈川宿の地誌『神奈川砂子』が作成される
一八二五	文政8		異国船打払令
一八三三	天保4		岡野新田の開発
一八三七	天保8	6	モリソン号、浦賀沖に来航
一八三九	天保10		平沼新田の開発
一八四一	天保12	5	老中水野忠邦による天保改革はじまる
一八四六	弘化3	閏5	ビッドル艦隊、野比沖に来航、武州金沢藩も浦賀へ派兵

図版特集

描かれた東海道

江戸と京都を結び、政治・経済・文化の大動脈として、さまざまな人々が往来した東海道は、屏風や絵巻、浮世絵、双六といったさまざまな絵画の対象となることが多かった。豪奢な装幀がつく屏風や絵巻は、大名や豪商・豪農といった上級階層の人々が一点ごとに注文して製作され、一方、一般の庶民は比較的安価な浮世絵や双六を購入した。こうした絵画によって、東海道を往来したことのある人はその風景を想い出し、往来したことのない人はその旅情を楽しむことができたのである。（斉藤司）

1　東海道図屏風　神奈川宿
東海道屏風（図版3）のうち、神奈川宿の部分。上段2曲目の左側に位置する。東海道の両側に町並みがならぶ。海岸にせり出している海側の建物が特徴的である。

2　東海道図屏風　保土ヶ谷宿・戸塚宿
東海道屏風（図版3）のうち、保土ヶ谷宿と戸塚宿の部分。上段3曲目に位置する。画面を左右に横切る東海道のほぼ真ん中の上方に位置する松が、武蔵国と相模国の国境になろう。それより右側が保土ヶ谷宿、左側が戸塚宿となる。

3　東海道図屏風
東海道を題材とした屏風で、六曲一双の右隻部分。上下2段からなり、上段右→上段左→下段右→下段左の順序で進む。起点の江戸（城）は描かれていない。上段右の最初の橋が多摩川に架かる六郷大橋で、その左が川崎宿となる。以降、4曲目の小田原（小田原城がみえる）、5曲目の箱根（芦ノ湖が描かれている）までが神奈川県域である。

4　東海道絵巻　品川～大磯

品川～大津間の東海道を描く絵巻のうち、品川～大磯の部分。最初の橋は六郷大橋。その左が川崎宿。神奈川宿には「御ちや屋」（御茶屋）＝神奈川御殿が描かれる。保土ヶ谷宿は「かたひら」（帷子）と「ほとかや」（保土ヶ谷）の２つの町並みに分かれており、17 世紀前半の様相を示している。

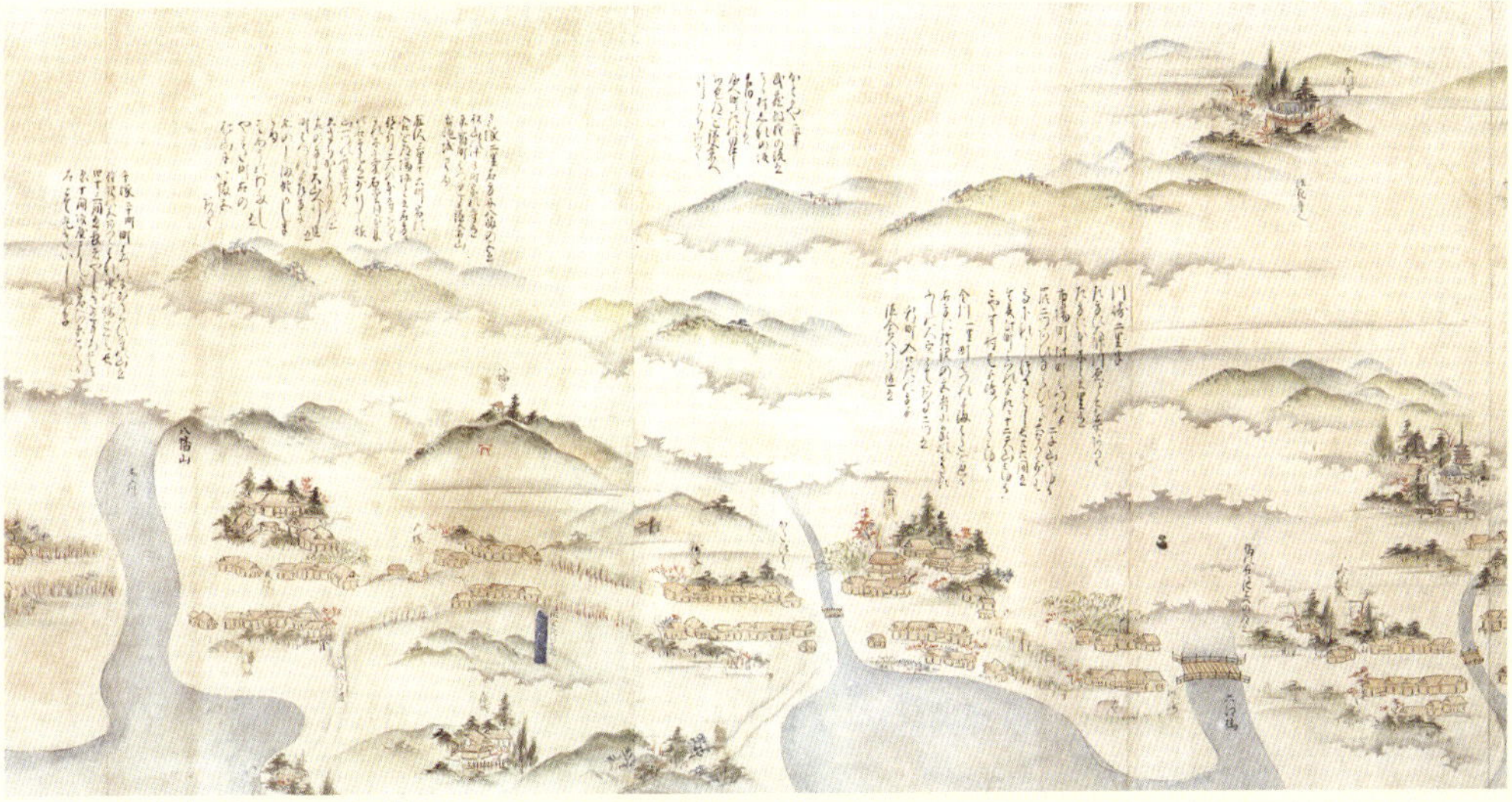

5　東海道西海道絵巻　品川～藤沢

東海道からさらに西へ延び、九州の長崎までを対象とした東海道西海道絵巻のうち、品川～藤沢の部分。この絵巻は25㎝前後ごとに折り目があり、元来は折り本仕立てであったと思われる。「金川」（神奈川）・「ほどがや」（保土ヶ谷）・「戸塚」といった宿場の名称が記されている。

6　東海道分間絵図　遠近道印著　菱川師宣筆

江戸〜京都間の東海道の情景を木版刷で表現した東海道分間絵図のうち、冒頭と市場（鶴見区）〜戸塚（戸塚区）の部分。1町を3分に表現するという縮尺（1万2000分1に相当）や、所々への方位の挿入など、旅の実用に使用するために作成された。宿場名は黒の長円形の内部に記されている。なお、保土ヶ谷宿は「新町」と表記されている。元禄3年（1690）。

8　東海道分間延絵図　保土ヶ谷宿

東海道分間延絵図の部分。「保土ヶ谷宿」と記された文字の下部辺りで、東海道より下方へ向かって分岐する道は金沢道である。それより左側の屈曲部に軽部本陣が位置している。

7　東海道分間延絵図　神奈川宿

東海道分間延絵図の部分。道中関係を統括する江戸幕府の道中奉行所が調査・作成したもので、1里を7尺2寸で描いており、縮尺は1800分1にあたる。神奈川宿は、中央やや右よりに位置する滝の橋を境に、右側（東側）の神奈川町、左側（西側）の青木町から構成されている。滝の橋に隣接した神奈川町では、東海道と平行する道が上方と下方（海側）に1本ずつみられ、このあたりが本来の宿場の中心であったことをうかがわせる。文化3年（1806）。

11　東海道五拾三次之内　神奈川　広重

初代広重が手がけた最初の東海道物で、版元が保永堂であることから、一般に保永堂版と呼ばれるシリーズ。台町に立ちならぶ茶屋街と旅人の情景が描かれている。右手の海には和船が停泊し、港としての賑わいもうかがわせている。

9　東海道分間延絵図　戸塚宿

戸塚宿の西側の、戸塚町中宿・台宿・天王町・田宿・八幡宿に該当する部分。

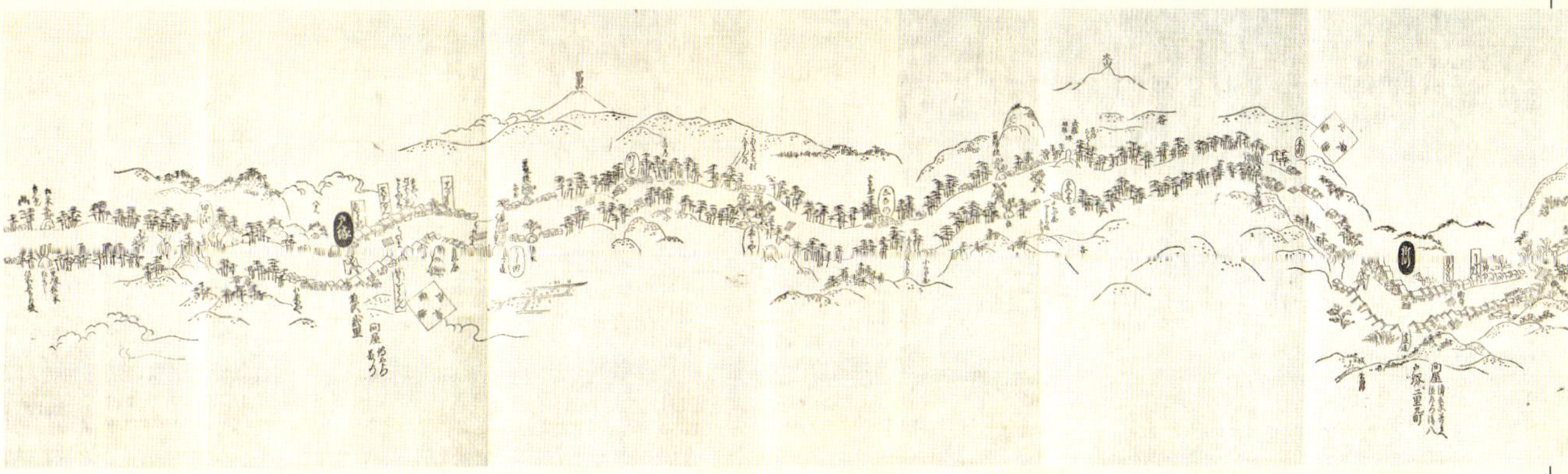

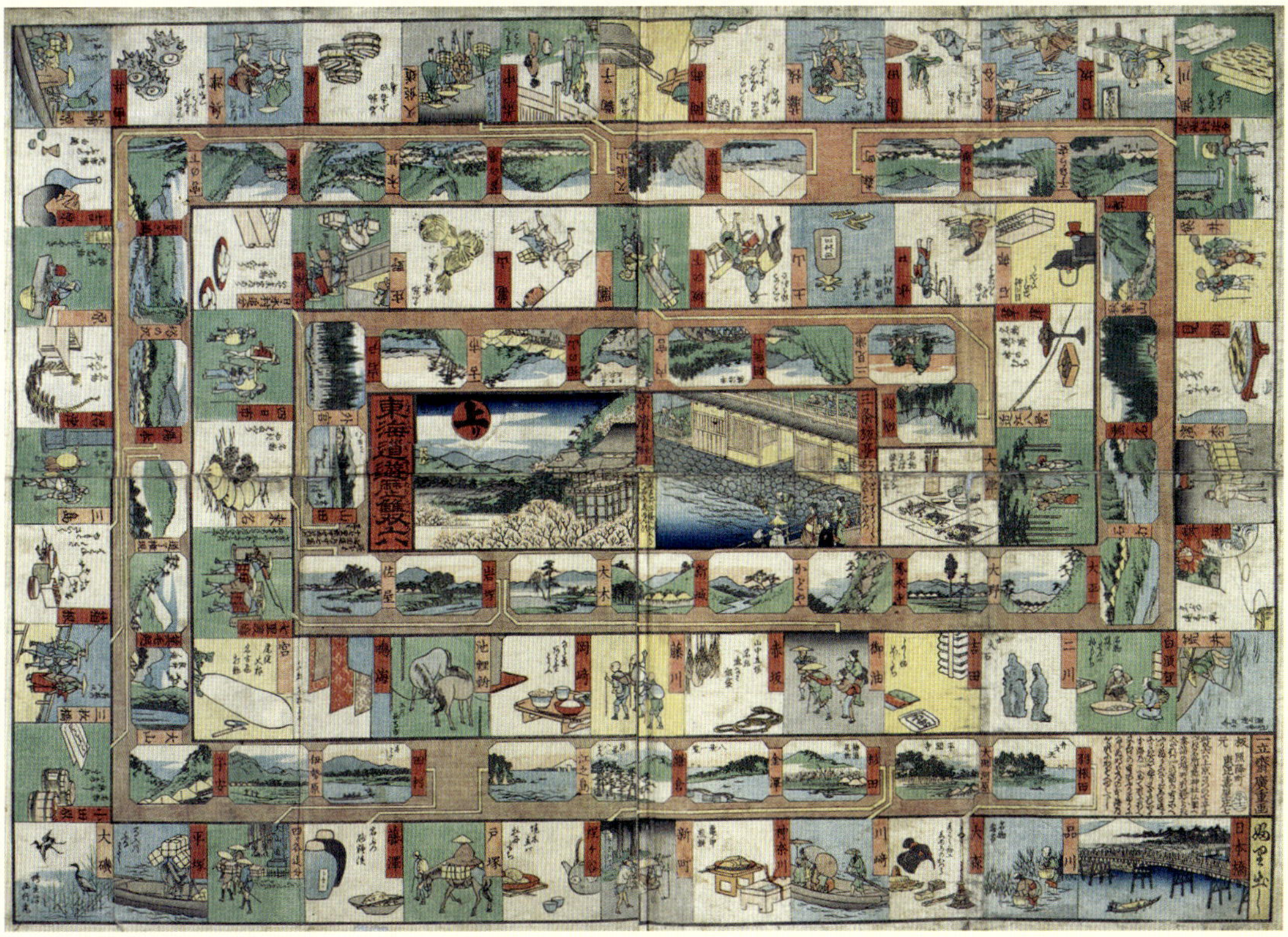

10　東海道遊歴雙六　広重
江戸照降町の恵比寿屋庄七を版元として刊行されたもので、各コマの絵は初代広重によって描かれている。「振り出し」の江戸日本橋から東海道を西へ進み、京都の清水寺が「上がり」となっている。この双六は、日本橋から２コマ目の大森に止まると、「羽根田」＝羽田・大師川原をまわって、３コマ目の川崎へ出るルートを通るようになっている。当時、大森から大師川原（河原）に所在する川崎大師（平間寺）を参詣した後、東海道の川崎宿へ出る経路があったことを示している。嘉永５年（1852）。

13　東海道五拾三次之内　戸塚　広重
保永堂版。東海道が柏尾川をわたる吉田橋周辺を題材とする。橋の左側に「左り　かまくら道」の道標がみえ、東海道と鎌倉道の分岐点であることを示している。茶屋「こめや」の軒先には、さまざまな講中の定宿であることをしめす「まねき看板」が掲げられている。

12　東海道五拾三次之内　保土ヶ谷　広重
保永堂版。江戸側から帷子川に架かる帷子橋（新町橋）越しに対岸を見た構図。帷子川と直角に交差するように帷子橋が架橋されているため、対岸の東海道は右へ屈曲しており、画面に奥行きが出ている。橋上には旅人や駕籠が往来する情景が描かれている。

徳川家康の江戸入封と代官頭

徳川家康の江戸入府

天正一八年（一五九〇）七月、後北条氏の降伏をうけて、豊臣秀吉は関東地方の新たな知行割を行った。これにより、伊豆・相模・武蔵・上野・下総・上総という後北条氏の旧領国は、それまで三河・遠江・駿河・甲斐・信濃を領していた徳川家康へ与えられることとなった。

家康は、広大な新領国の居城として、東京湾の最奥に位置する武蔵国の江戸城を選択した。そして、江戸から五里・一〇里四方といった一日で往来できる範囲には、徳川氏の直轄地（後の幕府領）や五〇〇〇石未満の中・下級の家臣（後の旗本に相当）の知行地を設定、領国の外縁部には自己の配下のみで一定の軍団が構成可能な五〇〇〇石～一〇万石の上級家臣（後の譜代大名に相当）を配置している。こうした関東地方における領国配置の原則は、おおむね幕末まで変化することなく維持されていく。

武蔵国橘樹郡・都筑郡・久良岐郡と相模国鎌倉郡に広がる横浜市域では、おおむね江戸を中心とした一〇里内外に位置することから、主に徳川氏の直轄地とされ、「代官頭」の長谷川長綱と彦坂元正による支配が行われた。

長谷川長綱と東京湾

長谷川長綱の支配領域は、三浦半島から東京都大田区という、東京湾西岸沿いの地域であり、横浜市域では武蔵国橘樹郡・都筑郡と久良岐郡のほぼ南半分がそれに該当する。

長谷川長綱は、今川氏の旧臣で、同氏の没落後、徳川家康に仕えて、天正一八年以前より代官として活躍していた。同年の関東移封後は、相模国三浦郡の西浦賀（横須賀市）に支配の拠点である陣屋（浦賀陣屋）を構え、三浦半島一帯を支配している。また、浦賀の南に位置し、東京湾と相模湾を分かつ三浦半島の先端の相模国三崎（三浦市）には、向井正綱（政綱）の他、小浜景隆・千賀孫兵衛等といった徳川水軍の「隊将」の屋敷が置かれていた。浦賀と三崎は、ともに中世以来の湊であり、東京湾の咽喉にあたる要地である。また、水軍の中でも中心的人物である向井正綱は、長谷川長綱の姉妹を妻としており、いわば浦賀陣屋の設置と三崎への水軍の配置は、東京湾の海上交通を統制するという意図のもとに統一的に行われたものと理解される。

市域における重要な港湾は六浦（金沢）と神奈川であるが、まず六浦については、近隣の久良岐郡寺前村（金沢区）の称名寺に長谷川長綱を修理・再興の願主とする仏涅槃図や古幡《ばん》八流などが伝えられているように、長綱が同寺の大檀那的な立場にあったことがわかる。実際、久良岐郡南部に存在する金沢周辺の村々は「金沢領」と称され、長綱の配下で今川氏旧臣の八木正重が、同郡町屋

1　東照宮（徳川家康）御神影
武蔵国久良岐郡坂本村（金沢区）の禅林寺が所蔵する徳川家康の画像。坂本村は、江戸城内の紅葉山東照宮の別当・知楽院の領地であった。

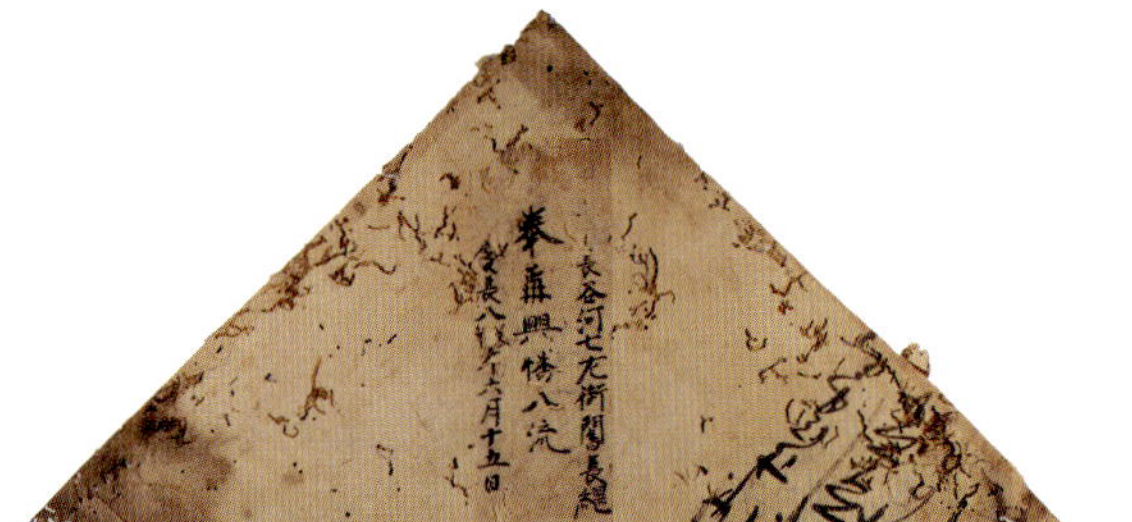

2　長谷川長綱が再興した幡の芯紙
「長谷河（川）七左衛門長綱　奉再興幡八流　慶長八癸卯年六月十五日」の銘文があり、同年に長谷川長綱が金沢の古刹・称名寺の幡（仏・菩薩を供養する荘厳具）八流を再興したことがわかる。慶長８年（1603）。

村（金沢区）に陣屋を置き、支配を行っていた。なお、一七世紀前半における「金沢領」には、金沢周辺の一四か村の他、太田・蒔田・大岡・戸部の四か村が含まれていた（これ以外の久良岐郡幕府領は「本牧領」とよばれ、間宮氏の代官支配である）。この村々は大岡川下流部から「洲乾湊」が存在する入海（後の吉田新田の所在地）周辺に位置していることから、港湾の掌握という意図があったものと思われる。

　神奈川についても、長谷川長綱の配下とされる小泉吉次が周辺幕領の支配を行っていた。なお、慶長五年（一六〇〇）に徳川家康が江戸城を発して西へ向かう際には、神奈川から向井正綱の指揮する国市丸（国一丸）に乗船して金沢へ向かっており、神奈川・金沢（六浦）の両湊には徳川水軍の施設があったことになろうか。また、天正二〇年／文禄元年（一五九二）に長綱と連名で知行書立を発給している松下伊長の知行地が、鶴見川の河口付近左岸に位置する橘樹郡潮田村（鶴見区）に設定されているのは、鶴見川の河川交通を掌握する上での配置であろう。

3　海宝院と長谷川長綱の墓所
逗子市沼間の海宝院と、同寺にある長谷川長綱の墓。

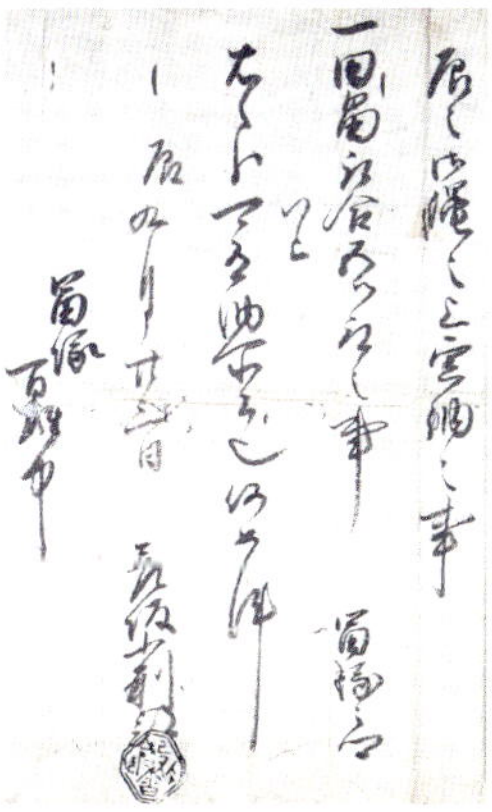

4　辰之御縄之上定納之事
彦坂元正が相模国鎌倉郡戸塚町（戸塚区）宛に発給した、納入年貢の税率を示した文書。「彦坂小刑部」の署名と印判がみえる。「田畠取合五ツ取之事　冨塚之郷」とあり、同年の税率が「五ツ」(50%)であることがわかる。慶長9年(1604)。

　以上のように天正一八年（一五九〇）以降における橘樹郡・都筑郡と久良岐郡南部については、東京湾西岸地帯を一体的に掌握する中で、代官頭長谷川長綱とその配下による支配が行われていた。その後、慶長九年（一六〇四）に長綱が死去すると、その配下であった八木正重と小泉吉次は独立した代官となっていく。

彦坂元正と岡津陣屋

　一方、市域のうち、相模国鎌倉郡に属する地域については、同じく代官頭であった彦坂元正の支配下にあった。長谷川長綱同様に、彦坂元正も天正一八年（一五九〇）の関東入国以前より徳川氏の農政担当者として活躍していた。関東入国後は、相模国高座郡・鎌倉郡（以上、東郡）、大住郡・愛甲郡・淘綾郡（以上、中郡）、津久井郡の徳川氏直轄地の村々の支配を担当しているが、文禄三年（一五九四）に、同じく代官頭である伊奈忠次との間で支配領域の変更が行われた。それまで伊奈忠次の支配地域であった伊豆国が新たに彦坂元正の支配となり、かわって元正の担当であった相模国中郡・津久井郡が伊奈忠次の支配下となった。しかし、相模国東郡は変わりなく元正の支配領域であり、これ以降、元正は伊豆国と相模国東郡の支配を担当していくこととなる。

　相模国における元正の支配拠点は、鎌倉郡岡津村（泉区）に設置された陣屋（岡津陣屋）である。現在の岡津小学校・岡津中学校に相当するこの場所は、戸塚宿の江戸側の手前である不動坂で東海道から分岐し、ほぼ阿久和川に沿って北西方面に伸びる街道に面している交通上の要地である。また、急な坂の頂部に位置する高台という立地性からは小規模な城郭としての機能も持ち合わせていたと考えられる。

　元正は、支配下の村々における検地や、それにより確定された村高を記した文書である検地目録の作成などを行ったが、慶長一一年（一六〇六）に失脚してしまう。これ以降、鎌倉郡の幕領村々は、藤沢陣屋（藤沢市）の領域に編入されていくようである。

（斉藤司）

神奈川御殿と神奈川陣屋

市域最大の都市・神奈川

江戸城の近接地帯という地域性から、横浜市域には大名の居住する城や城下町は存在しなかったが、交通・経済の必要性からおおむね一〇キロから二〇キロという一定の間隔をあけて、それぞれの地域の中心となるような町場が各地に点在していた。なかでも神奈川宿（神奈川区）は、天保一四年（一八四三）には人口六〇〇〇人弱で、同様に東海道の宿場であった保土ヶ谷宿・戸塚宿の二倍の人々が住む、市域最大の規模であった。

東側の神奈川町と西側の青木町から構成される神奈川宿は、当時の主要幹線であった東海道と中世以来の湊である神奈川湊が交差する交通・経済の結節点であるとともに、近世前期においては将軍の休泊場所である神奈川御殿と武蔵国橘樹郡・都筑郡・荏原郡（現在の横浜市の東部半分、川崎市域全域、大田区域の南部）の幕領を管轄する神奈川陣屋が存在する支配拠点でもあった。

神奈川御殿

神奈川御殿は、将軍の江戸・京都間を往復する際の休泊施設として設置されたものである。江戸時代の初頭においては、征夷大将軍の宣下が京都で行われるなど、初代家康・二代秀忠・三代家光という歴代の将軍・大御所は、頻繁に東海道を往来していた。

神奈川御殿の成立時期は慶長一五年（一六一〇）とも元和八年（一六二二）とも伝えられるが、明確ではない。おそらく慶長六年（一六〇一）の近世東海道の成立以後、それほどの時間を経ていない時期に完成したものであろう。

神奈川町本陣石井家文書に残る絵図面などによれば、東海道に面して表御門がつくられ、そこから御殿へと真っ直ぐに御殿道が伸びており、「二ノ御門」「三ノ御門」を経たところが、神奈川御殿の敷地となる。将軍が休泊する建物である「御守殿」が存在したこの場所は、「御本丸」と称され、周囲に土手や空堀が巡らされているなど、軍事機能を合わせ持っていたと思われる。

また、東海道から「御本丸」へといたる道の両側には、周辺の幕領を管轄する神奈川陣屋や御殿の管理を行う御殿番の屋敷などの付帯施設が並んでいた。ただし、四代家綱以降、征夷大将軍の宣下が朝廷の使者を江戸に迎えて行われるよ

1　東海道絵巻　神奈川宿
東海道を描いた絵巻のうち神奈川宿の部分。「御ちや屋」（御茶屋＝御殿）という金色の付箋の右側の豪奢な建物が神奈川御殿。東海道から少し奥に入り込んだ位置関係がうかがえる。

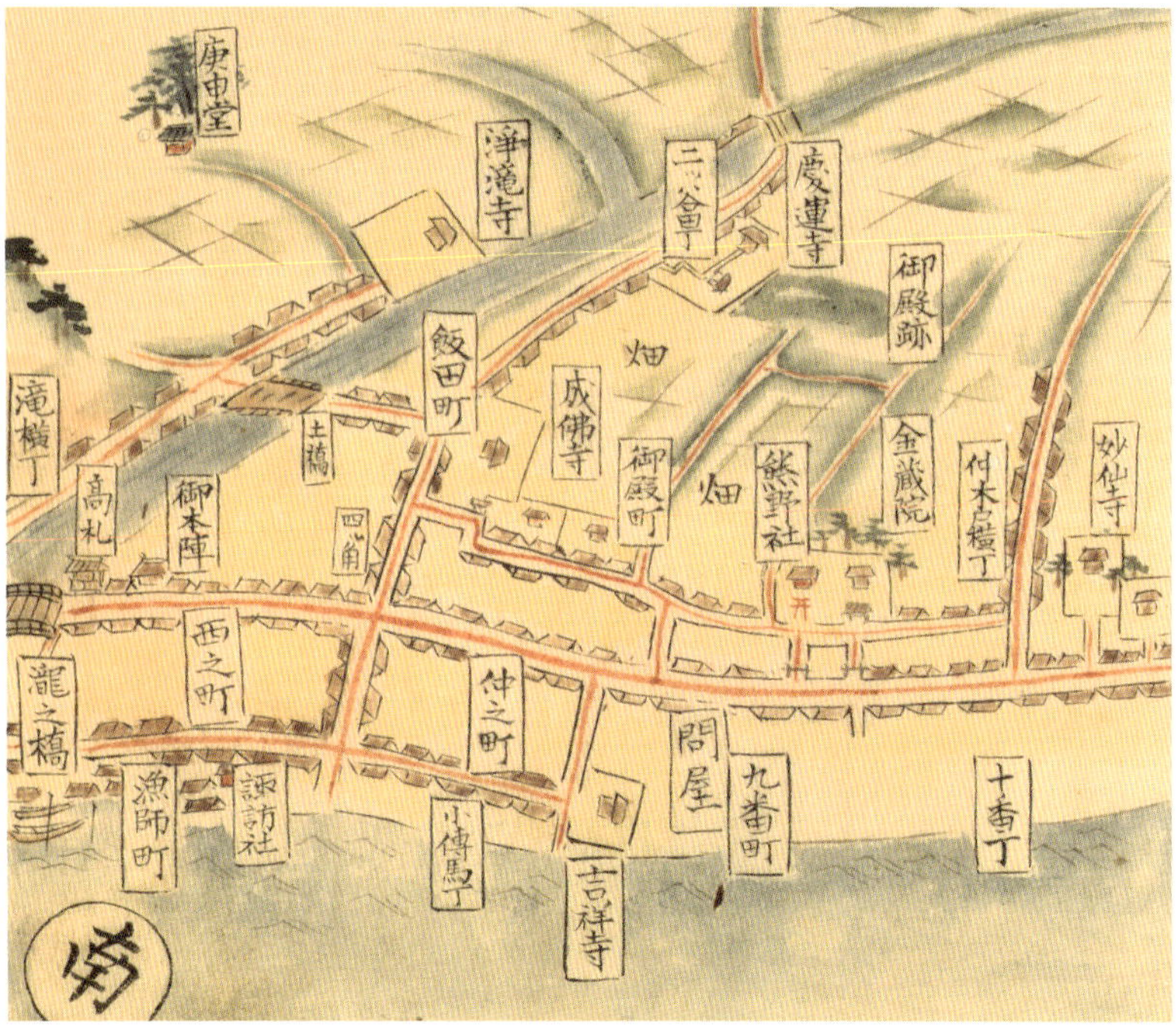

2　神奈川方角（部分図）
煙管亭喜荘が作成した神奈川宿の地誌『金川砂子』（神奈川砂子）の挿絵の一つ。左側の「瀧之橋」から「四ツ角」を経て右へと伸びる道が東海道。神奈川御殿へは、「熊野社」の左から内陸へ進んでいき、「御殿跡」と記された周辺が神奈川御殿の所在地となる。文政７年（1824）。

うになり、一七世紀後半には将軍が東海道を往来することが無くなったため、神奈川御殿の建物も順次解体・移築されていった。

御殿廃止後の元禄八年（一六九五）に行われた検地によれば、付帯施設を含めた神奈川御殿全体の面積は三町三畝二一歩（九一一一坪）という広大なものであり、その造営にあたっては一定度の範囲の平坦地を必要とする立地のため、敷地に含まれた百姓所持地の田畑や成仏寺の境内地などが召し上げられている。また、京浜急行の駅名となっている「仲木戸」という地名も、この御殿造営時にともなって造られた木戸に由来するものであろう。おそらく神奈川御殿の造営によって、江戸時代の神奈川町の町割が確定したと思われる。

神奈川陣屋

神奈川陣屋の面積は五反二畝（一二〇〇坪）であり、神奈川御殿に隣接して存在していた。一七世紀後半に廃止された神奈川御殿とは異なり、享保年間（一七一六～三六）まではその存続が確認でき、武蔵国西南部における支配拠点として機能していた。

長谷川長綱の死後、独立した代官となった小泉氏が幕領支配を行った寛永五年（一六二八）までは、武蔵国橘樹郡・都筑郡の全域と荏原郡の南部にあたる神奈川領・小机領・稲毛領・川崎領・六郷領（横浜市域の東半分、川崎市域の大部分、大田区域の大半）を管轄範囲としていた。その後、伊奈氏の代官支配となった享保八年（一七二三）では神奈川領・稲毛領・川崎領・六郷領・麻布領・品川領・馬込領・世田ヶ谷領（おおむね横浜市の東半分、川崎市・大田区・品川区の大半、世田谷区・渋谷区の一部）という多摩川両岸の八つの「領」が管轄範囲となっている。

神奈川湊

神奈川湊の所在地は、横浜駅から相鉄線天王町駅付近へと伸びていた入江であり（現在では埋め立てられ都市化してしまい、想像することは困難であるが）、本牧の台地や権現山などに囲まれ風避けの適地である、青木町の台町の沖合（横浜駅付近に相当）が停泊地であった。そこから荷物を小船に載せ、陸地へ運んだ。神奈川湊における荷揚げ地点としては、神奈川町・青木町の境である滝の川の河口と保土ヶ谷宿付近の帷子川河口が想定され、滝の川河口からは小机→町田→八王子、あるいは綱島→小杉・溝の口、帷子川河口からは東海道・金沢道、相州街道といった輸送ルートが考えられる。

（斉藤司）

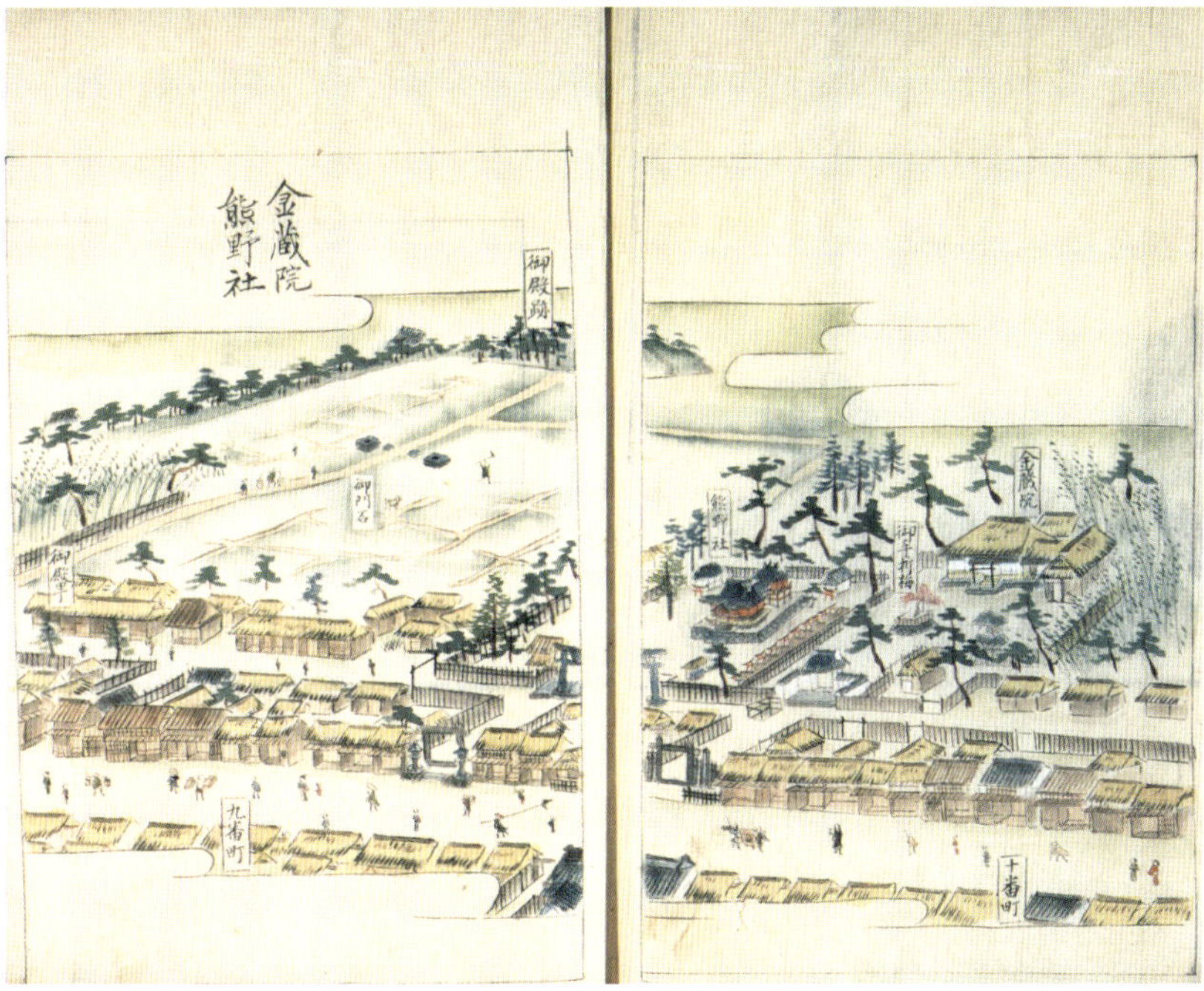

3　金蔵院熊野社
中央上部に「御殿跡」が、そのやや左下に御殿への門の礎石である「御門石」が見られる。『神奈川砂子』文政7年（1824）より。

4　神奈川御殿の板戸
神奈川御殿のものと伝えられる板戸。獅子の絵が描かれている。神奈川御殿の建物の一部が武蔵国金剛院（岩槻市）へ移築され、さらにそれが金剛院の末寺の一乗院（越谷市）へ移転して残ったもの。

東海道三宿の成立

神奈川・保土ケ谷・戸塚宿の設置

江戸時代の陸上交通路としては、江戸日本橋を起点とする五街道が有名である。なかでも政治の中心地・江戸から、横浜市域を通って、西あるいは西南方向へ伸び、経済の中心地である上方（京都・大坂）へといたる東海道は、政治・経済・文化の大動脈として機能した。江戸（日本橋）～京都（三条大橋）の約一二五里（約五〇〇キロ）の間には、おおむね二里（八キロ）程度を目安に品川～大津にいたる五三の宿場（東海道五十三次）が置かれ、公用の荷物の運送を負担するため人足一〇〇人・馬一〇〇疋を常備していた。

東海道五十三次のうち、市域には東から順に神奈川宿（神奈川区）・保土ケ谷宿（保土ケ谷区）・戸塚宿（戸塚区）という三つの宿場があった。江戸日本橋を出て最初の宿場である品川宿から数えて、それぞれ三番目・四番目・五番目の宿場にあたる。こうした宿場では、東海道の両側にほぼ同じ間口×奥行きの長方形の屋敷地が連なるという独特の町並みとなっていた。

各宿の人口・家数は、天保一四年（一八四三）の調査によれば、神奈川宿（武蔵国橘樹郡神奈川町・青木町の二か町から構成）が五七九三人・一三四一軒、保土ケ谷宿（武蔵国橘樹郡保土ケ谷町・帷子町・神戸町・岩間町の四か町から構成）が二九二八人・五五八軒、戸塚宿（相模国鎌倉郡の戸塚町・吉田町・矢部町の三か町から構成）が二九〇六人・六一三軒で、数百人・数十戸という通常の村落とは規模を異にする町場として、地域の経済・文化の中心として繁栄していた。

慶長六年に「伝馬朱印状」を発給

慶長五年（一六〇〇）九月の関ヶ原合戦以後、上方方面に滞在していた徳川家康は、自らの領国の居城である江戸との連絡をより緊密化するためであろうか、翌慶長六年（一六〇一）正月に「伝馬朱印状」と通称される文書を、市域の神奈川宿・保土ケ谷宿を含む東海道の各宿場宛に発給した。保土ケ谷宿宛のものは現存している。神奈川宿宛のものは現存しないが、幕府編纂の徳川家康の伝記である『朝野旧聞裒藁《ほうこう》』慶長六年正月条に「同国（武蔵国）神奈川百姓甚左衛門所蔵古文書」として所収されている。「伝馬朱印状」は、「此御朱印なくして伝馬不可出者也」とあるように、指定された朱印を捺していない書類での伝馬使用を禁じた内容で、逆にいえば、指定された朱印が捺された書類による伝馬の供出を義務付けたものである。

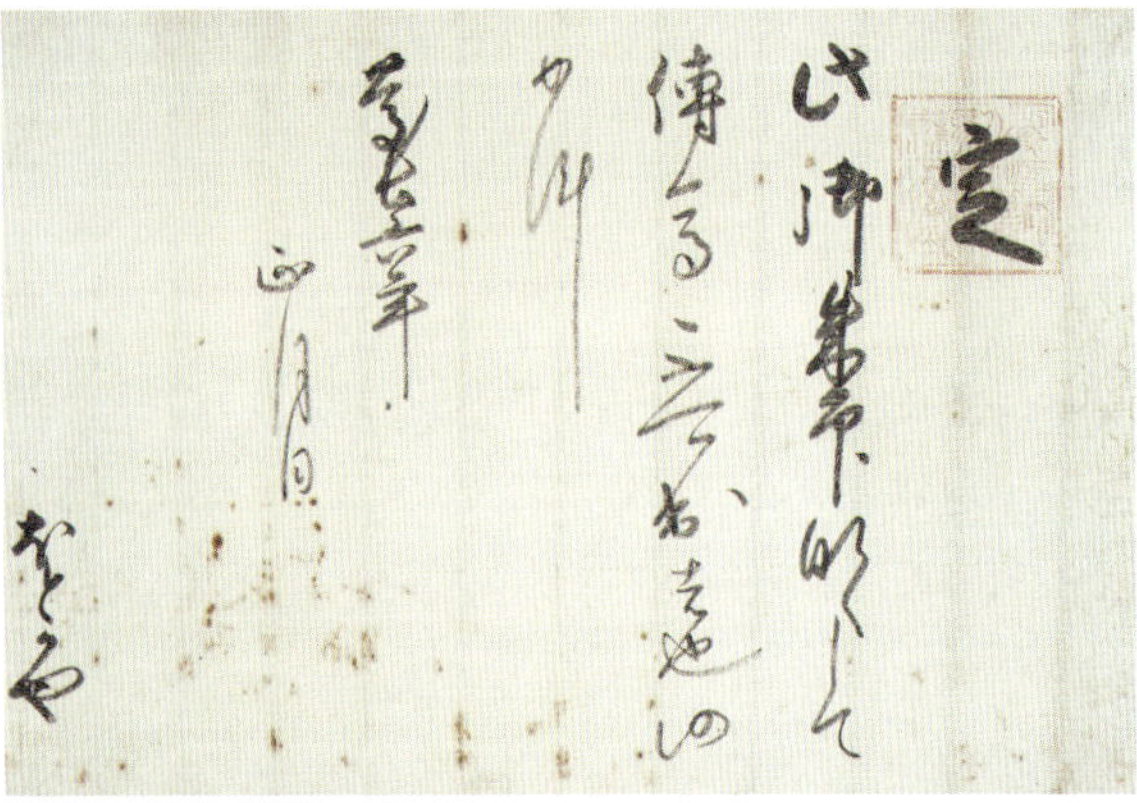

1　慶長6年の伝馬朱印状
保土ケ谷宿が、東海道の宿場として公用の伝馬を負担することを指示した文書。慶長6年（1601）時に徳川家康より各宿場宛に出されたものであるが、現物が残っているのは珍しく、神奈川県内でも保土ケ谷宿だけである。同宿の名主・問屋・本陣を勤めた軽部家に伝来している。なお、軽部家は、元来は「苅部」姓であったが、明治以降「軽部」姓となった。

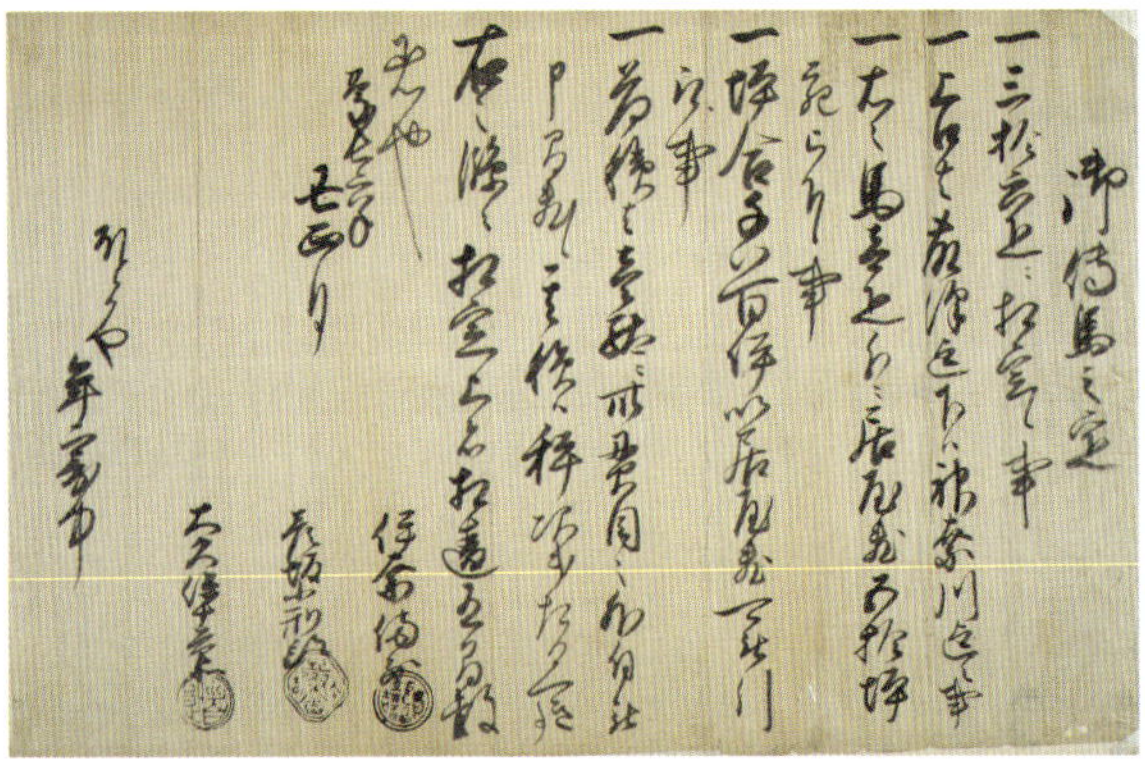

2　慶長6年の御伝馬之定
徳川氏の行政・農政・街道関係を統括していた代官頭たちによって発給された文書で、「伝馬定書」と通称されている。伝馬朱印状によって指示された宿場としての役割を具体的に明示した内容で、伝馬朱印状とともに軽部家へ伝来した。

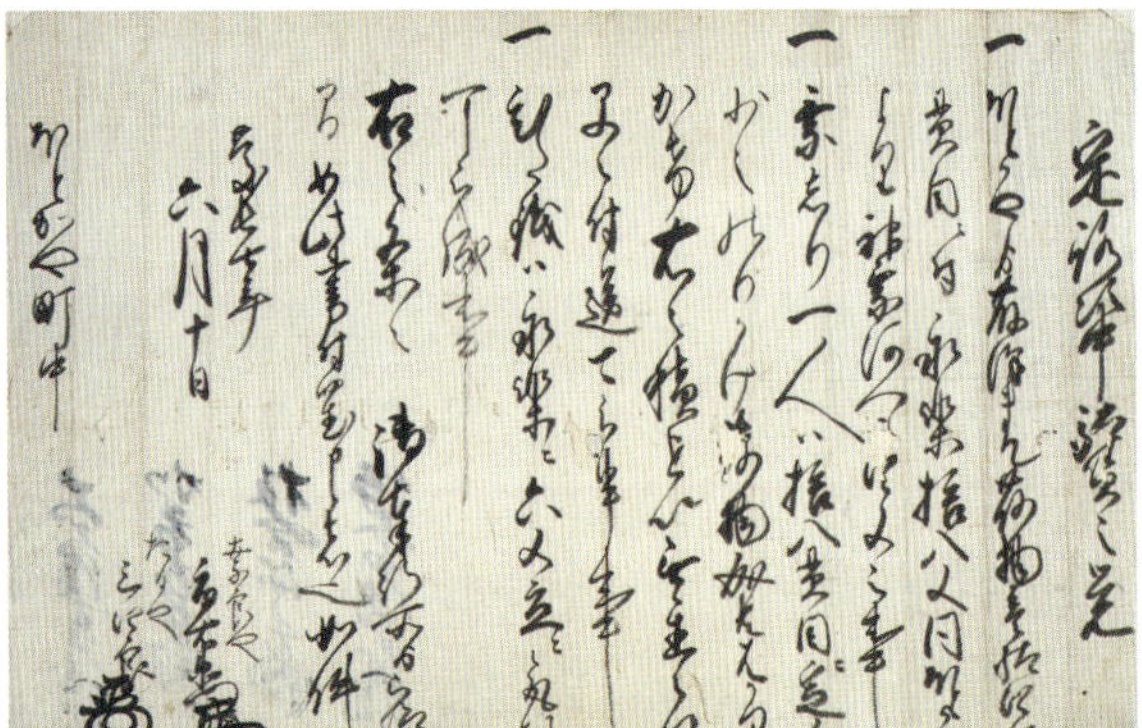

3　慶長7年の定路次中駄賃之覚
「伝馬朱印状」「伝馬定書」の翌年に発給された文書。「駄賃定書」とよばれるように、荷物を継ぎ送る隣宿までの駄賃額を定めている。その駄賃額はおおむね宿場間の距離に比例しており、保土ケ谷・神奈川間に比べて、保土ケ谷・藤沢間がきわめて長いことがうかがわれる。そのため、慶長9年（1604）に中間にあたる戸塚宿が設置されることになる。

一般にはこれをもって江戸時代の東海道とその宿場が成立したとされる。とはいえ、「東海道五十三次」とよばれる五三の宿場すべてがこの段階で設置されたわけではなかった。神奈川県域に限定すれば、慶長六年に成立した東海道の宿場は、神奈川・保土ヶ谷・藤沢・平塚・大磯・小田原の六宿のみであり、川崎・戸塚・箱根の三宿はそれよりも遅れて成立したものである。

なお、文禄五年（一五九六）／慶長元年一〇月二日・慶長二年（一五九七）六月一二日・慶長五年（一六〇〇）七月二一日に出された徳川氏代官頭連署による伝馬手形によれば、徳川氏領国内の江戸・三島間における伝馬を負担する宿として、品川・神奈川・保土ヶ谷・藤沢・大磯・平塚・大磯・小田原・三島の各宿がすでに存在しており、それがそのまま慶長六年における東海道の宿場になったのであろう。

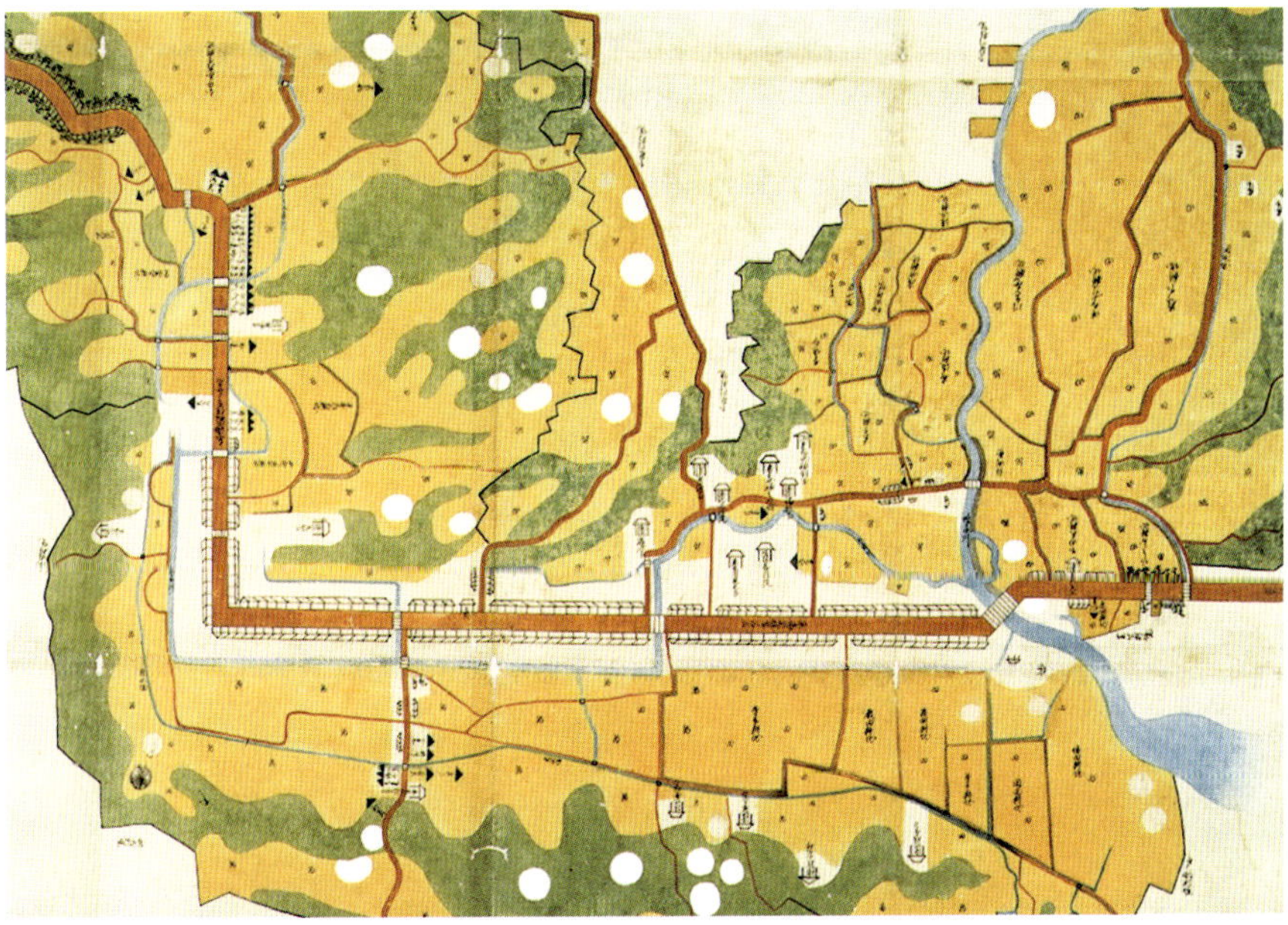

4　東海道往還町並絵図
東（江戸）寄りの帷子橋（新町橋）から西（京都）寄りの権太坂・境木にいたるまでの東海道保土ヶ谷宿の町並みを描く絵図。18世紀後半〜19世紀半ばに作成されたと思われる。左右に伸びる太い朱線が東海道で、左下の部分でほぼL字状に屈曲している角の外側に本陣を勤めた軽部家の屋敷がある。

5　軽部家歴代の墓所
軽部家は、小田原北条氏の旧臣の系譜を引くとされ、その歴代の墓所は、保土ヶ谷区の大仙寺に置かれている。

伝馬定書と駄賃定書

「伝馬朱印状」が発給された東海道の宿場には、同時に伊奈忠次・彦坂元正・大久保長安の連署による全五か条の「御伝馬之定」（伝馬定書）が下されている。「伝馬朱印状」をふまえて具体的な事柄について指示を与えたものであり、その内容を現存する保土ヶ谷宿宛のものでみると、⑴伝馬三六疋の常備、⑵継送を行う次宿の指定（上り＝京都方向は藤沢宿、下り＝江戸方向は神奈川宿）、⑶伝馬負担への反対給付としての屋敷地年貢の免除（伝馬一疋あたり屋敷五〇坪、三六疋分総計で屋敷一八〇〇坪）、⑷馬一駄の重さ制限（三〇貫まで）となっている。

翌慶長七年（一六〇二）六月一〇日には、江戸の町年寄である奈良屋市右衛門・樽屋三四郎の連署（大久保長安・伊奈忠次等の裏書がある）による「定路次中駄賃之覚」（駄賃定書）が、各宿へ出された。これは前年の伝馬定書によって定められた継ぎ立てを行う宿場間の運賃（駄賃）を定めたものであり、保土ヶ谷宿宛のものによれば、重さ四〇貫に定められた荷物一駄について、保土ヶ谷・藤沢間は永楽銭一八文、保土ヶ谷・神奈川間は同四文とされている。なお、永楽銭は計算上の単位で、実際に使用されている鐚銭《びたせん》との換算値は、永楽銭一文＝鐚銭六文と定められている。

さらに、慶長九年（一六〇四）には保土ヶ谷・藤沢間の行程が長距離であるため、その中間にあたる戸塚宿が新たに設置された。こうして東海道と宿場にかかわる基本的な事柄が確定されていったが、東海道を往来する人々は次第に多くなり、宿場の常備人馬数は次第に増加し、寛永一七年（一六四〇）には人足一〇〇人・馬一〇〇疋とされた。これに伴い、免除される屋敷地の面積も増加し、一疋あたり一〇〇坪で一〇〇疋分総計一万坪の屋敷地年貢が免除されることとなった。また、駄賃銭の価格も次第に上昇し、その都度改定されたが、正徳元年（一七一一）以降は、同年に定められた駄賃額を基準として、五年間・一〇年間といった一定期間ごとに一割増・二割増といった増額割合を指定する方式となった。（斉藤司）

矢倉沢往還と中原街道

東海道の脇往還

江戸時代の横浜市域における最も重要な街道は東海道であるが、この他、江戸から西南方向へ伸びる主要な道として、矢倉沢往還と中原街道があった。この二本の街道は、いわば東海道の脇往還（バイパス）に相当し、東京湾沿いを通る東海道に対し、内陸部のルートであった。

矢倉沢往還は、東海道と江戸から西へ進む甲州街道の中間地帯を進み、現在の国道二四六号線の原型となっている街道である。市域においては、東名高速・国道二四六号線・東急田園都市線などと平行しながら、青葉区・緑区・瀬谷区をおおむね東北~西南に貫いている。

その行程は、江戸城の赤坂御門から青山・三軒茶屋を経て、二子の渡しで多摩川をわたり、荏田・長津田・鶴間などの丘陵部を通り、相模川を渡って厚木・伊勢原にいたる。そこから秦野・松田を経て矢倉沢関所を経て、御殿場を通り、沼津において東海道に合流する。

途中、厚木・伊勢原からは、江戸市民や周辺村々の人々による信仰対象であった大山詣りの参詣路として盛んに利用されたため、「大山道」「大山街道」などとも呼ばれていた。また、幕末の文久三年（一八六三）には、前年に起きた生麦事件を契機に通行の安全性を確保するため、東海道のルートを平塚から相模川右岸を北上し、厚木から江戸への矢倉沢往還の経路へ変更することが計画されている。

中原街道は、矢倉沢往還と東海道の間を西南方向へ伸びる街道である。現在の市域においては「丸子中山茅ヶ崎線」と呼ばれ、東から都筑区・緑区・旭区・瀬谷区を通っている。

江戸城虎ノ門を出てから、丸子の渡しで多摩川を越えて橘樹郡へ入り、小杉御殿・小杉陣屋の所在地である小杉（中原区）を経て、都筑郡の丘陵部へと上がる。途中、鶴見川の渡河地点の北側にある佐江戸村（都筑区）、神奈川から八王子へと抜ける八王子道との交差地点にある下川井御殿（旭区）などを経ながら、地形の関係上若干の屈曲を取る部分はあるものの、ほぼ丘陵上を西南方向へ真っ直ぐに伸び、相模国中原（平塚市）へいたっている。

ただし、都筑郡の村々では「新道」「相州中原新道」などと呼ばれており、江戸時代の前半に若干のルートの変更が行われた可能性もある。終着点である中原には中原御殿・中原陣屋があり、江戸時代の初めには大御所として駿府（静岡市）に居城を構えた徳川家康が、江戸へ往来する際のルートとして使用されるなど、重要な街道であった。

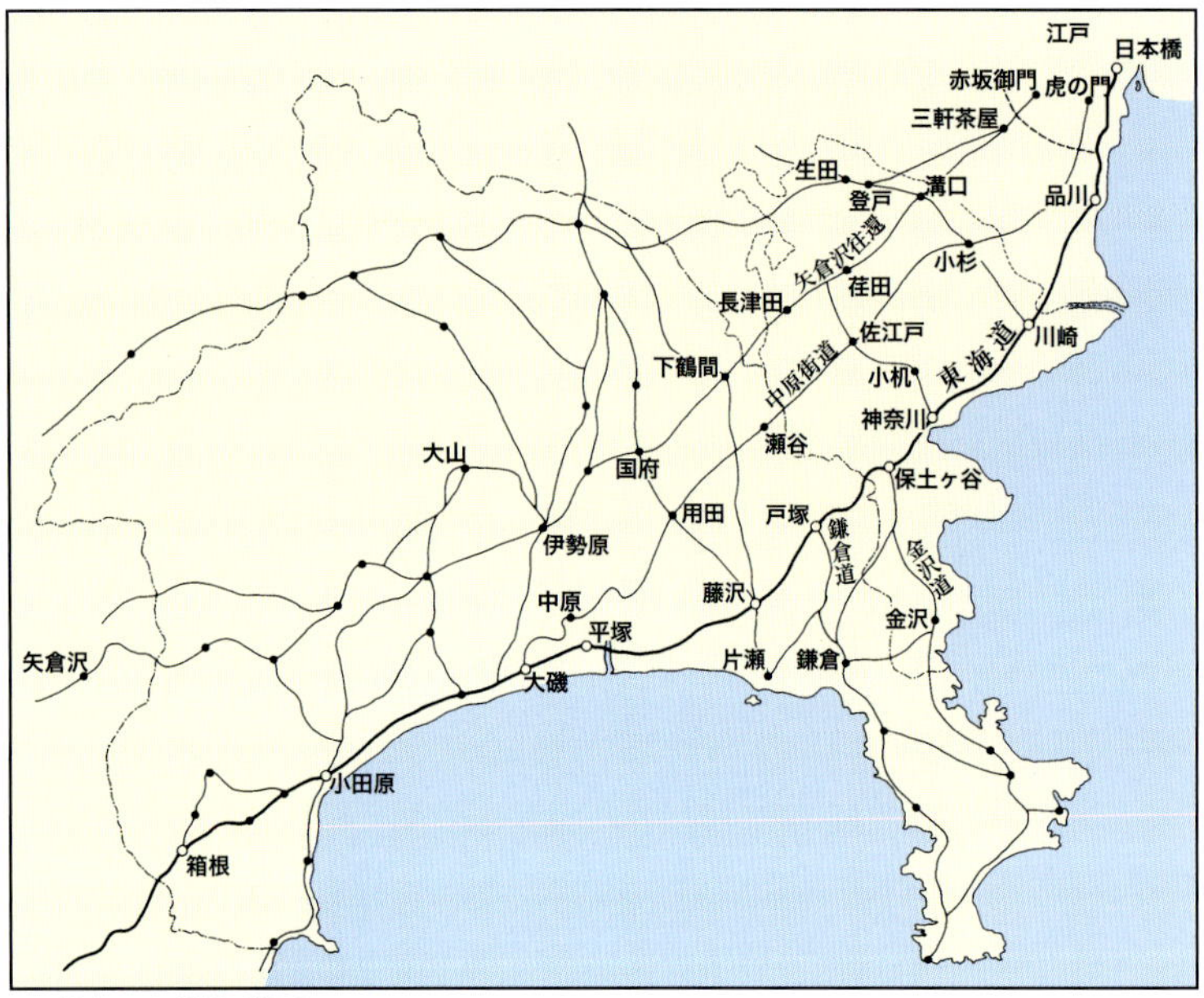

1　神奈川県域街道概念図
江戸から武蔵国西南部・相模国へ向かう主要な街道として、南側から東海道・中原街道・矢倉沢往還の３本の道筋が存在していた。

荏田宿と長津田宿

東海道と同様に、矢倉沢往還にも公用の人馬の継立場である宿が置かれていた。市域では武蔵国都筑郡の荏田宿（青葉区）と長津田宿（緑区）が該当する。江戸からの距離は荏田宿が七里（約二八キロ）、長津田宿が九里（約三六キロ）であり、おおむね江戸から最初の宿泊地になることが多かった

荏田宿は、現在の田園都市線江田駅の南側に位置し、現在は拡張された国道二四六号線が旧宿内を横断している。宿場の出入口は、両側ともほぼ直角に屈曲しており、その間の直線状の矢倉沢往還の両側に二十数軒の屋敷が連なる町割となっていた。一九世紀前半には、天保二年（一八三一）に渡辺崋山が宿泊した「枡屋」や、大山講・富士講の招き看板を残す「柏屋」など、四軒の旅籠が存在していた。

荏田宿では馬一疋・人足二人を用意して、東側の武蔵国橘樹郡の二子宿・溝口宿（ともに高津区、両宿が合同で宿場を構成していた）までの二里と西側の長津田宿までの二里を負担していた。なお、矢倉沢往還の宿場にも、繁忙時に宿場へ人馬を提供する助郷村が付けられる事例がみられるが、荏田宿には助郷村は存

在していなかった。
　長津田宿は、長津田駅の南側に存在する。恩田川沿いの低地帯から丘陵上に登り、西に向かってやや登りながらも、直線状の見通しのよい町割となっている。長津田宿には、いずれも都筑郡の榎下村（緑区）・小山村（緑区）・八朔村（緑区）・川井村（旭区）・十日市場村（緑区）・恩田村（青葉区）の七か村が長津田宿の助郷村に指定されており、長津田村を含んだこの八か村は「長津田霞」と呼ばれた。ちなみに次宿の鶴間（大和市）までは一里一〇丁（約五キロ）であった。

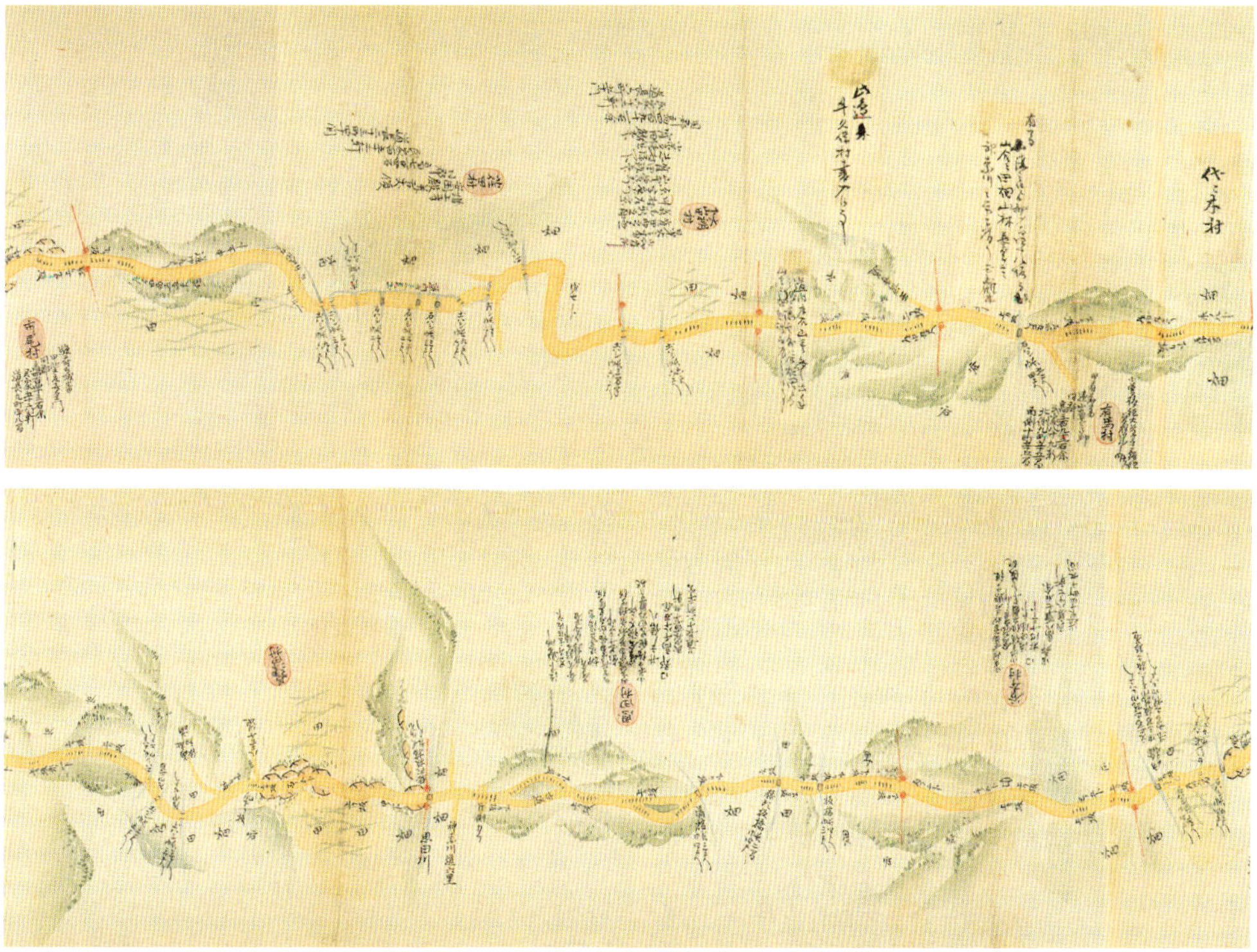

2　**大山街道図巻（荏田宿・長津田宿付近）**
江戸城赤坂御門から厚木を経て平塚にいたる道筋を描いた絵巻。江戸・厚木間が矢倉沢往還（大山街道）となる。文久3年（1863）の東海道移転計画の実地調査の際に作成されたものであろう。荏田宿・長津田宿付近の部分を所収。

3　**鎌倉江ノ島大山新板往来双六「長津田」「荏田」**
江戸日本橋から大山への参詣ルートを題材とした双六。絵師は葛飾北斎。往路は東海道を進み、戸塚から鎌倉・江ノ島を経て大山へ至るルート。帰路は矢倉沢往還を通っている。横浜市域の矢倉沢往還の宿場である長津田宿・荏田宿の部分を所収。

佐江戸宿・瀬谷宿と川井御殿

　同様に中原街道においても公用人馬の継立のため、宿場が設置されている。このうち、市域に属するのは、武蔵国都筑郡佐江戸村（都筑区）と相模国鎌倉郡瀬谷村（瀬谷区）であった。鶴見川と恩田川の合流点のやや下流に位置する佐江戸宿は、鶴見川の渡河地点としては地形的に安定した場所であり、また、鶴見川左岸沿いに伸びる街道（現在の横浜上麻生線）と交差する地点でもあった。その集落は、鎮守の杉山神社が存在する小高い丘陵を背にして、その裾沿いに伸びる中原街道の丘陵部寄りの比較安定した場所に東向きに屋敷地が連なっている。相模国最初の宿場となる瀬谷宿は、保土ヶ谷宿から厚木へと向かう相州道が交錯する交通上の要地であった。

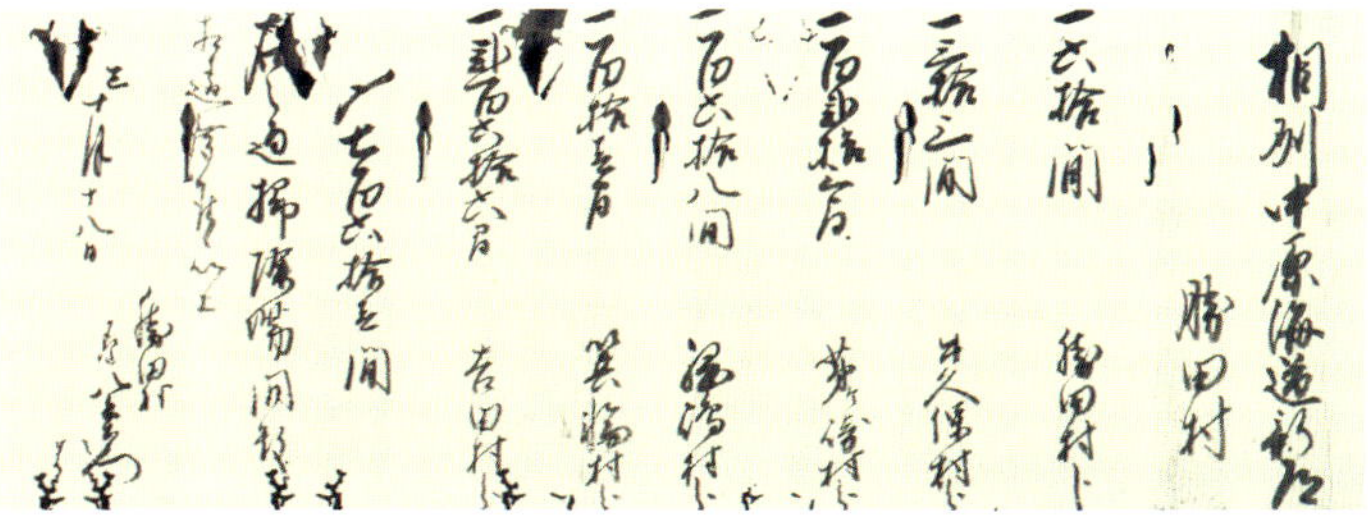

4　**相州中原海道新道掃除場間数覚**
都筑郡勝田村（都筑区）の村内を通る「相州中原海道新道」（＝中原街道）の761間（約1370 m）について、道路の維持管理・補修を行う「掃除場」の分担区間を書き上げた文書。地元の勝田村の他、牛久保村（都筑区）・茅ヶ崎村（同）・綱嶋村（港北区）・箕輪村（同）・吉田村（同）の村名がみえる。

　また、佐江戸宿と瀬谷宿の中間には、中原街道と神奈川から八王子へ抜ける八王子道が交差する都筑郡下川井村（旭区）に休泊場所として川井御殿が設置されている。下川井村は、同村で一五〇石を領していた旗本倉林氏の知行地であり、江戸時代の初期には同氏の屋敷が存在していた。ちなみに幕府内における倉林氏の職掌は鷹匠であり、中原街道を往来しながら鷹狩りを行ったとされる家康が休泊するには適地であったと考えられる。

（斉藤司）

旗本領の村

旗本小田切氏

幕府の軍事力の中核を構成する旗本たちは、原則として江戸の屋敷に居住することが定められている。しかし、江戸への定住が義務づけられる寛永年間（一六二四～四四）の前半までは、与えられた知行地の村に屋敷や陣屋を置き、そこから必要に応じて江戸へと往来していた。

また、従来から村落に存在していた寺を中興・保護したり、あるいは新規に建立するなどして、知行地に菩提寺を設置する事例もみられる。武蔵国橘樹郡獅子ヶ谷村（鶴見区）を知行地とする旗本小田切氏もそうした事例として考えることができる。

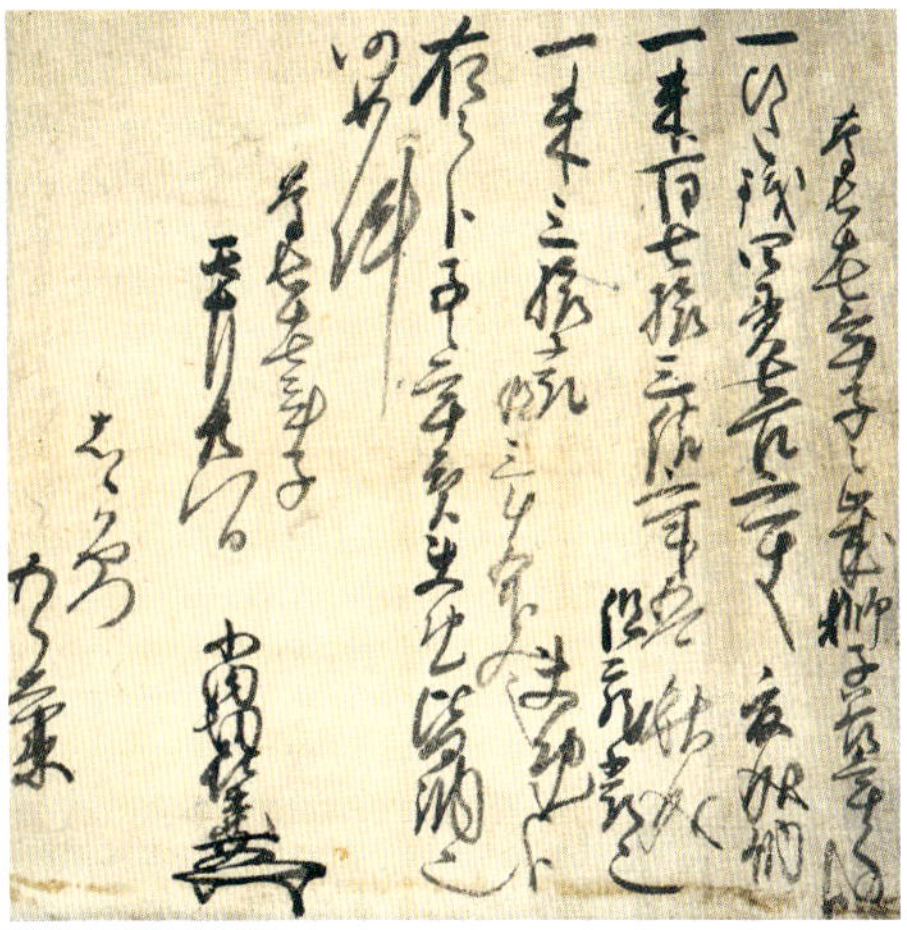

1　慶長十七年子之歳獅子谷年くの事
旗本小田切氏の初代喜兵衛光猶が発給した上獅子ヶ谷村分の年貢皆済状。旗本の当主である光猶自身が署名し、花押を捺している。宛名の「しいかやつ　五郎兵衛」は当時の横溝家の当主である。慶長17年（1612）。

獅子ヶ谷村の名主横溝家に残された、元治二年（一八六五）に一〇代目直道が作成した小田切氏の「先祖書」によれば、初代光猶が徳川家康に仕え、慶長二年（一五九七）九月に「武蔵国小机郷獅子谷内」で一五五石余を与えられた。これ以降、二代須長の代に一九三五石五斗、三代直利の時に二九三五石五斗となり、七代直年において三五〇〇石という石高が確定する。同家の歴代当主は、短命で無い限り江戸町奉行・京都町奉行・大坂町奉行といった役職に就任しており、三〇〇〇石～三五〇〇石という石高と合わせて、典型的な上級旗本といえよう。

小田切氏の屋敷と菩提寺

一九世紀の前半に幕府によって編纂された武蔵国の地誌である『新編武蔵風土記稿』には、獅子ヶ谷村の箇所に「旧跡小田切屋敷跡」という項目がみられる。すなわち、同村にはかつて領主小田切氏の屋敷が存在していたのである。その記述によれば、村の西側に位置する「殿屋敷」「殿山」と呼ばれる場所が小田切家の屋敷地であり、江戸への移住後、名主五郎兵衛家（横溝家）へ与えたとされている。

享保一二年（一七二七）正月に小田切氏の家臣より獅子ヶ谷村名主の五郎兵衛に宛てた文書によれば、代々名主役を「実躰」に勤めていることの褒美として、「屋敷畑山藪」他二か所の合計二町五反四畝一八歩の土地が小田切氏より五郎兵衛へ与えられ、五郎兵衛は「御礼金」として二八両を小田切氏へ納めていることが確認できる。おそらく、この文書にみられる「屋敷」が、『新編武蔵風土記稿』に記されている小田切氏の屋敷に該当するのであろう。

また、獅子ヶ谷村の隣村にあたる上駒岡村には、曹洞宗の常倫寺が存在する。同寺の寺名は、宝永四年（一七〇七）に上駒岡村の領主となった旗本久志本氏の先祖左京亮常倫の名前に由来するが、それまでは「瑞雲山吉祥院」という名称であり、小田切氏の「御菩提所・御祈願所両用之寺」であった。『新編武蔵風土記稿』上駒岡村の箇所には、「大檀那小田切土佐守従五位下直利」と記された元禄六年（一六九三）に小田切氏より寄進の同寺の鐘の銘文が確認できる。

文久三年（一八六三）時における小田切氏領村々の年貢収納状況の内容を書き上げた帳である「御収納帳」には、獅子ヶ谷村の年貢のうち、一俵が「常倫寺御仏供米」として同寺へ渡されている。獅子ヶ谷村に屋敷をもつ小田切氏は、知行地ではないもの、幕領であった上駒岡村の瑞雲山吉祥院（常倫寺）を菩提所・祈願所としたのである。

小田切氏と獅子ヶ谷村

小田切氏と獅子ヶ谷村のこうした密接な関係は、江戸時代を通して継続されていたようである。資料的に確認できるだけでも、江戸屋敷における門松の用材を獅子ヶ谷村から供給したり、また、嘉永三年（一八五〇）二月に火事により屋敷が焼失した際には、その後始末である「灰寄」を獅子ヶ谷村の人々が行っている。

また、関東に存在する知行地の村々では毎年正月に年賀として、小田切氏の当主や家老などへ小豆を納めているが、獅子ヶ谷村のみは「黒大豆」「牛房（牛蒡）」を上納している。特に「牛房（牛蒡）」は百姓の軒別で一軒あたり一五本ないしは一六本ずつ納めており、その納入物や納入方法は小田切氏の屋敷が獅子ヶ谷村に存在していたころに遡ることが想定される。

幕末期における小田切氏の知行地は、武蔵・上総（千葉県）・下総（千葉県）・下野（栃木県）・摂津（大阪府）の五か国一〇か郡に属する二〇か村であるが、このうち、江戸にある同氏の屋敷から一日行程の範囲（約四〇キロ）内に存在す

2　獅子ヶ谷村絵図
旗本小田切氏領である上獅子ヶ谷村と、旗本久志本氏領である下獅子ヶ谷村を合わせた獅子ヶ谷村全体の村絵図。上獅子ヶ谷村分については田畑の所有者などが詳述されているが、下獅子ヶ谷村分については「下獅子ヶ谷村田場」などと記されているだけである。東を上、南を右とする方位で描かれ、下部中央にみえる「西」の左側のあたりに横溝家の屋敷が存在する。明和6年（1769）。

るのは、武蔵国に属する唯一の知行地であり、江戸から六里余（約二四キロ）の地点にある獅子ヶ谷村のみであった。

　このように領主小田切氏にとって獅子ヶ谷村は、かつて自らの屋敷が存在し、かつ距離的に最も近い知行地として、重要視されていたものと思われる。また、同村の名主家である横溝家に対しても、他の村の名主とは異なる親近感を感じていたことであろう。

（斉藤司）

3　現在の横溝屋敷
現在、横溝家の屋敷には主屋・長屋門などがあり、横浜市農村生活館・みその公園「横溝屋敷」として一般公開されている。

吉田新田の開発

吉田新田とその範囲

武蔵国久良岐郡吉田新田（中区・南区）は、大岡川・中村川とＪＲ京浜東北線（根岸線）によって囲まれた釣鐘状の範囲で、かつては現在の元町あたりから北へと伸びる横浜村の砂州によって東京湾と仕切られていた入海であったが、一七世紀後半に行われた新田開発の結果、広大な田園地帯へとその姿を変えた。

その内部は、新田中央部を東西に貫流し、用水体系の根幹である中川（おおむね現在の大通り公園）を基準として「北」と「南」に分かれていた。また、新田を南北に貫く六本の道を境に、東側（海側）から順に「一つ目」「二つ目」「三つ目」と呼称され、最西側の「七つ目」にいたる。新田内部の地名は、この二つを組み合わせて「南一つ目」「北六つ目」などと呼ばれていた。

安政六年（一八五九）の横浜開港以後は、開港場の隣接地として、伊勢佐木町に代表される繁華街・町場の形成が進み、「関外」と総称されるようになり、開港場＝「関内」とともに、近代都市・横浜の中核となった地域である。

吉田勘兵衛による新田開発

吉田新田の名称は、開発者である江戸の商人・吉田勘兵衛良信の名前にちなんだものである。なお、吉田新田という名称が付与されるのは、寛文九年（一六六九）からであり、それ以前は野毛村新田あるいは野毛新田と呼ばれていた。

吉田勘兵衛は、慶長一六年（一六一一）に摂津国能勢郡（兵庫県）で生まれ、寛永一一年（一六三四）に江戸へ出て本材木町（中央区）において木材・石材の商業を営んだ。万治元年（一六五八）の江戸城本丸御門普請に参加していることから、かなりの豪商であったことが想像され、その財力・資本の一部を吉田新田の開発へ投下したものと考えられる。

明暦二年（一六五六）七月一七日に始まる開発工事は、まず新田の範囲を確定する堤を築造したようであるが、翌三年（一六五七）五月一〇日～一三日の大雨による洪水のため、潮除堤が流失して失敗してしまう。しかし、万治二年（一六五九）二月一一日に再度の工事に着手、おおむね三か年の間に、新田全体を囲む堤の築造（大岡川・中村川沿いの堤の長さは合計三一一五間＝五六二五メートル、海に面した潮除堤は一〇三三間＝一八五九メートル）と海水の排出、干上がった土地における用水路（総延長八二〇〇間＝一四七六〇メートル）・道路や田畑の区画の確定といった作業が終了した。この工事に必要な土砂は、いずれも入海に面した久良岐郡太田村の天神山、同郡石川中村の大丸山、同郡横浜村の宗閑島から採取した。

寛文二年（一六六二）二月から新田での耕作が開始された。ただし当初は、寛文六年（一六六六）の小作証文に「こうや」（荒野）と記されているように、海の干拓によるという成立事情もあわせて生産力が低かったようで、寛文二～六年の五か年は、新田耕地に年貢が賦課されない「鍬下年季」の期間であったと思われる。おそらくそれが過ぎた寛文七年（一六六七）から年貢が賦課されるようになり、その前提として幕府による耕地

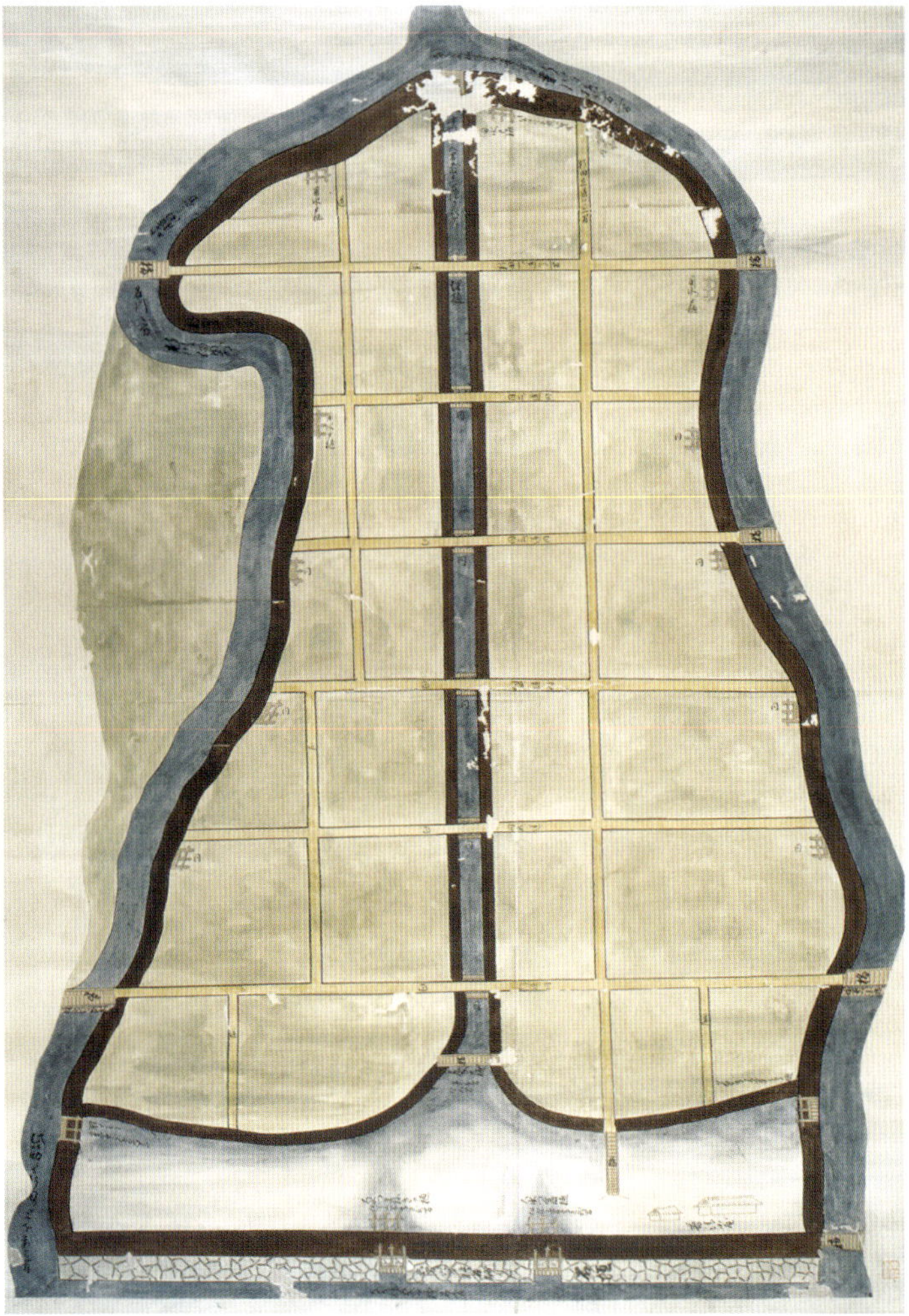

1　吉田新田開墾図
吉田新田の開発状況を描いた絵図。方位は、西を上、北を右とする。下側の石垣を組んだ堤は「潮除堤」と呼ばれ、おおむね現在のＪＲ京浜東北線に相当する。釣鐘の頂部から右側（北側）の川が大岡川、左側（南側）の川が中村川である。新田内部の中央を上下に流れているのが中川で、現在の大通り公園にあたる。寛文10年（1670）以前。

の面積・石高・所持者の把握が行われたと考えられる。

開発に参加した人々

吉田新田の開発には、吉田勘兵衛の他に、相模国三浦郡内川新田(横須賀市)や武蔵国葛飾郡砂村新田(江東区)の開発者である砂村新左衛門、箱根用水の開削計画に関与していた友野与右衛門や宮崎市兵衛なども参加しており、江戸町人を中核に構成されていた「惣中間」「新田御中間衆中」による共同出資事業であった。吉田勘兵衛はその中心である「金本」をつとめ、出資額の五割を負担していた。

開発が進展するなかで、出資者へは出資金額に対応する広さの耕地が分配されたが、順次吉田勘兵衛による購入が行われ、最終的には吉田新田全体が勘兵衛の所有となった。第一回目の工事失敗からうかがえるように、入り海とはいえ海の埋立による新田開発はリスクの高いものと考えられ、多額の費用が必要とされることも合わせて、多くの出資者による事業の遂行は合理的なものであったと理解される。

新田の耕作者

延宝二年(一六七四)の検地によって確定した吉田新田の村高と面積は、元禄一三年(一七〇〇)の年貢割付状によれば、村高一〇三八石三斗四升七合、面積一一六町三反五畝八歩(約三五万坪)になる。面積のうち、約八割が田方であった。

吉田新田の田畑を耕作している全ての農民が署名している元禄一三年二月の「吉田新田耕作掟」によれば、同年時において吉田新田に居住している農民は八一人、周辺の村々に居住し吉田新田の耕地を耕作している農民は一一七人の、合計一九八人となっている。吉田新田居住の農民の多くは、武蔵国久良岐郡の横浜村(中区)・石川中村(中区)・堀之内村(南区)・蒔田村(南区)・太田村(南区)・野毛村(中区)といった周辺各村から移住してきたものと思われる。こうした農民たちの手により、吉田新田の耕地は耕作され、「吉田新田耕作掟」に記された小作米の総量は約一五〇〇俵(一俵四斗入りの換算で六〇〇石)に達している。

農民たちの移住によって新たに成立した新田村落の場合、村・村人たちの結合のシンボルとして新たに鎮守としての神社が勧請されるのが一般的で、吉田新田においてもこれは同様であり、寛文五年(一六六五)に釣鐘状の頂点にあたり、新田全体の主要な用水の取水口である南七つ目に宮地四〇〇坪が確保され、寛文一三年(一六七三)には吉田勘兵衛によって、同地に日枝神社(お三の宮)が創建されている。同社には延宝二年(一六七四)に勘兵衛の縁者と思われる人々によって寄進された水鉢などが残されている。また、勘兵衛は、延宝四年(一六七六)に北一つ目の地に菩提寺である日蓮宗常清寺を建立している。

吉田勘兵衛は、その後も、新田の経営を進めていったが、貞享三年(一六八六)七月二六日、七六歳の長寿を全うしている。

(斉藤司)

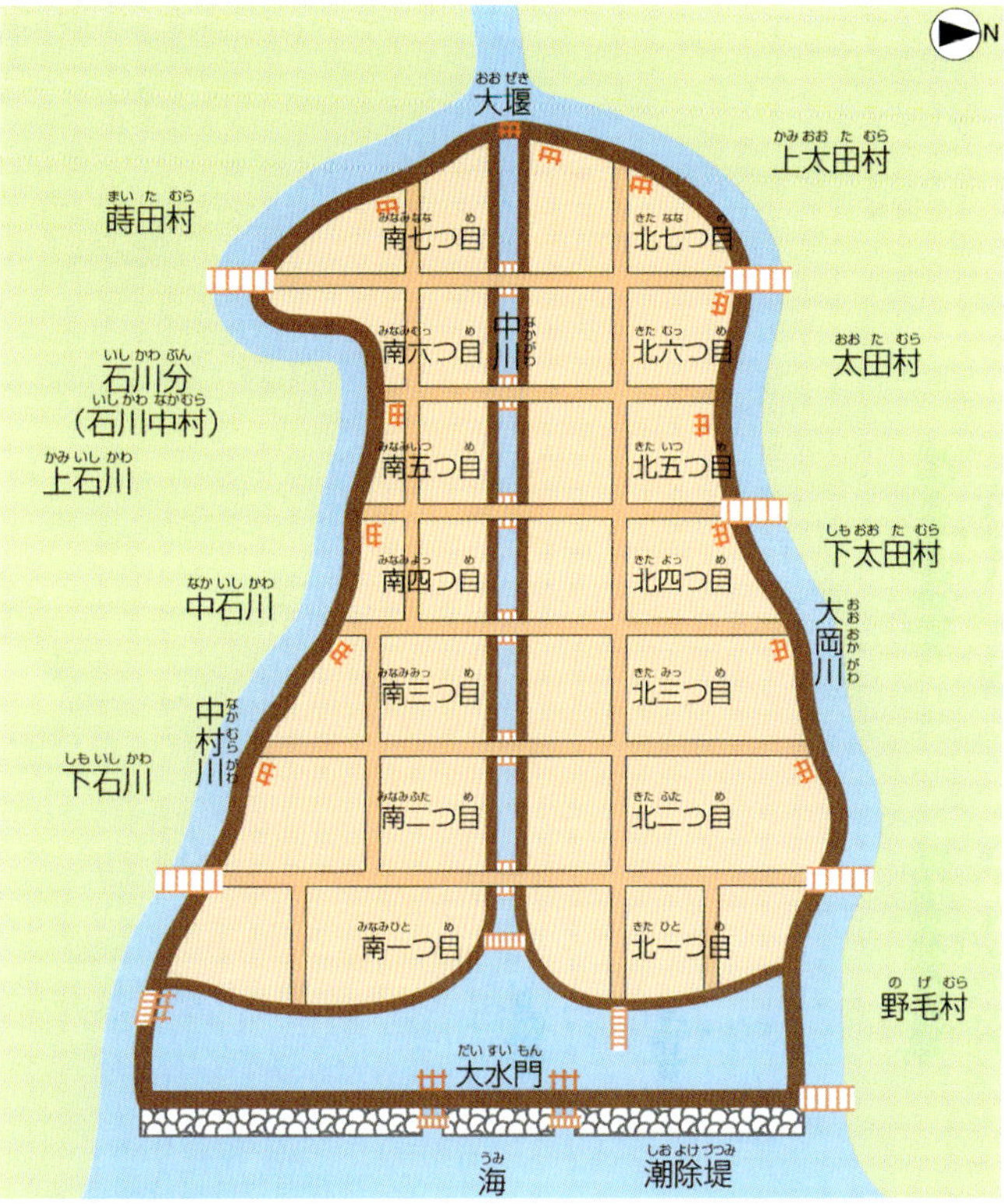

2 吉田新田概念図
吉田新田開墾図を概念化した図面。新田内部におけるおおよその地名呼称を記した。

3 日枝神社(お三の宮)
吉田新田の鎮守・日枝神社(お三の宮)の情景を着色した絵葉書。日枝神社は、大岡川を左右に分ける釣鐘の頂部に位置すると共に、その近くの「大堰」から稲作に必要な用水を取水していた。明治後期。

図版特集

国絵図・村絵図

1　武蔵国絵図
武蔵国を描いた絵図。村名は、楕円型の中に記されている。東海道・甲州街道といった主要な街道と宿場、主な河川が記されている。秩父郡・多摩郡の山々は緑色で描かれている。江戸後期。

2　相模国絵図　鎌倉郡・三浦郡部分
相模国を描いた国絵図のうち、市域が含まれている鎌倉郡とその周辺部分。中央やや左寄りに江ノ島がみえる。その沖合(下部)の朱線は航路を、内陸にみえる太い朱線は東海道を、それぞれ示している。江戸時代後期。

国絵図・村絵図といったさまざまな絵地図は、視覚的にも理解しやすく、江戸時代の景観を知る上で、きわめて貴重な資料である。

武蔵国・相模国といった一国単位に描かれた国絵図のように、広範な地域を対象とする絵図は、現在の地図と同じように、空中から垂直方向に地上をみるようなイメージで作成されている。

個別の村落を対象とする村絵図などの狭い範囲を描く絵図は、一般的には村の中から水平方向に眺める生活者の感覚にもとづいて作られるケースが多いが、実際にはさまざまな目的・用途に応じて作成されており、表現の仕方もそれに応じて多様である。ここに紹介した上大岡村・石川村の絵図は内陸の丘陵部、生麦村・本牧本郷村の絵図は海岸に面した村の情景が描かれている。

（斉藤司）

3　武蔵国輿地絵図（部分）

武蔵国全体を木版色刷で描いた武蔵国輿地全図のうち、上大岡村の属する久良岐郡を中心とした部分。東海道の「程ヶ谷」「帷子」から分かれ、「大田」「井戸ヶ谷」「蒔田」を経て、「大岡上下」へ至り、さらに金沢方面へと続く赤い線は、金沢道を表している。天保７年（1836）。

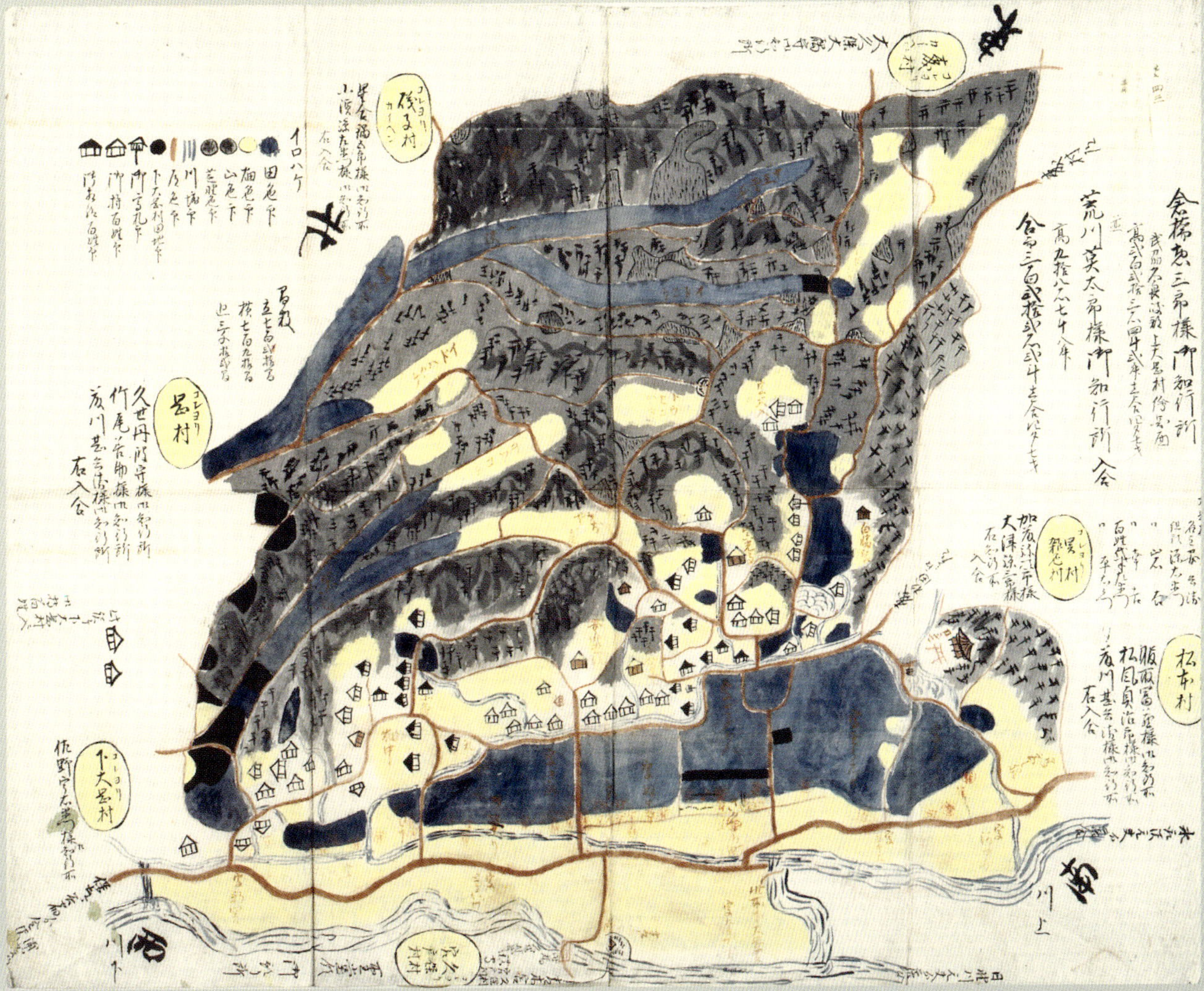

4　上大岡村絵図

武蔵国久良岐郡上大岡村（港南区）の村絵図。左上の「イロワケ」（色分）によれば、田・畑・山・芝野・川堀・道・下大岡村田地・御高札・御持百姓・御相給百姓という項目ごとに、該当する色や記号が記されている。方位はおおむね北東が上部になっている。これは、絵図下段を南（右）から西（左）へ流れる大岡川から、北東方面にかけて村内の地形が次第に高くなっているためであろう。大岡川沿いには、畑を表す黄色が帯状に広がっており、やや微高地であることがわかる。この微高地を大岡川の上を平行しながら左右に伸びるやや太い朱線は、左下の注記によれば「保土ヶ谷宿より金沢・浦賀道」であり、現在の鎌倉街道に相当する道である。濃い藍色で表現されている水田は、大岡川沿いの下部と、北西方向より入り込んでいる谷戸に存在している。谷戸の奥はやや高くなっているためであろうか、黄色の畑地が多い。家の形をした記号で示されている農民の屋敷は、大岡川に近い水田の北東に沿って点在している。

5　石川村絵図
武蔵国都筑郡石川村（青葉区）を描く村絵図。早渕川の本支流にそって展開する谷戸にいくつもの集落が点在するのが見てとれる。尾根筋によって分けられる他村との境界には、塚が築かれている。なお、この絵図に作成年代の記述はないが、周辺村々の領主名の記載から、おおむね1750年前後の状況を示すものと考えられる。江戸中期。

6　生麦村絵図
武蔵国橘樹郡生麦村（鶴見区）の村絵図。海に面した南東が下部に位置する。海岸に沿って左右に伸びる道は東海道で、同村の屋敷の多くは東海道の両側に存在する。上部（北西）には丘陵と谷戸が展開している。享保 11 年（1726）。

7　本牧本郷村絵図
武蔵国久良岐郡本牧本郷村（中区）を描いた絵図。右下（東南方向）にやや欠損がみられる。淡い緑色が丘陵・山を表現しており、その間の谷戸に田畑が展開している。本牧村は、周辺では比較的高い山が東京湾へ突き出すように伸びており、神奈川湊や横浜港に停泊する船舶にとっては、いわば風除けの屏風になっていた。江戸中期。

宝永の砂降りと大岡川の改修

市域の主な河川

横浜市域における主要な河川としては、鶴見川・帷子川・大岡川・侍従川・柏尾川があり、この他、市域西部の大和市・藤沢市との境界を境川が流れている。市域最大の河川である鶴見川は、武蔵国橘樹郡生麦村（鶴見区）を河口とし、恩田川・大熊川・早淵川・鳥山川・矢上川などの支流を含めて、鶴見区・港北区・都筑区・青葉区・緑区といった都筑郡と橘樹郡北部を流域としている。

また、帷子川は、現在は横浜駅周辺が河口となっているが、かつては現在の相鉄線天王町駅付近で神奈川湊が存在した入り海へ流入していた。その流域はおおむね相鉄線状に遡上し、支流の今井川と合わせて保土ヶ谷区・旭区といった橘樹郡南部に分布している。

大岡川は、現在、桜木町駅と関内地区の間を河口としているが、吉田新田の成立以前は日枝神社（お三の宮）付近が河口であった。上流では笹下川と日野川の二つの流れであり、武蔵国久良岐郡上大岡村（港南区）で合流して大岡川となる。磯子区・港南区・南区といった久良岐郡北部が流域となっている。

侍従川は、かつての六浦湊、現在の平潟湾へ流入する川で、久良岐郡南部の金沢区が流域である。柏尾川は境川の支流になるが、相模国鎌倉郡東部に位置する戸塚区・栄区・泉区が流域となっている。

これらの河川は、水田稲作に不可欠な用水の供給源としての利用、河川そのものを利用した水上交通や河川沿いに伸びる道を媒介とする交通網の存在、洪水を防ぐ水防など、利水・治水の両面にわたり、市域の村と人々の生活・生産活動と密接な関わりを持っていたのである。

1　伊東志摩守日記（写本）
日向国（宮崎県）に領地を持つ旗本伊東志摩守祐賢の日記の写本。宝永４年（1707）に起きた富士山の噴火の様子が記されている。現在の宝永山火口から噴煙が高く舞い上がっている情景が描かれている。

宝永の富士山噴火と河川改修

大岡川の河道は、かつて「九十九曲り」といわれるほどの蛇行・屈曲を示しており、周辺の村々では洪水に見舞われることが度々であったという。特に宝永四年（一七〇七）一一～一二月に起きた富士山噴火に伴う降灰は一面に八～一六センチほど積もり、それが風雨に流されて河川へ流入した結果、河床が上昇し、氾濫の危険性がより高まったと考えられる。

これ以降、大岡川流域の村々では、何度か大岡川の改修工事を幕府に願い出たが、ようやく享保一六年（一七三一）に工事が行われた。その内容は、「川幅御切広、川違御普請」あるいは「川幅御切広ゲ、川違並浚、堤上置、腹附・杭柵等」とあるように、川幅の拡幅と河床の浚渫、さらには屈曲していた流れを直流化することにより、河床に堆積していた降灰を速やかに海へ放出することを目的としていた。あわせて、堤の高さを嵩上げして高くしたり、堤に当たる水の圧力を弱めるために「杭柵」等の水防具を堤沿いに配置した。

こうした河道の拡幅や浚渫といった内容の工事は、享保一五年（一七三〇）から同一六年（一七三一）にかけて、鶴見川や帷子川の水系でも幕府によって実施されており、江戸周辺に存在する市域村々への生産条件改善・整備のための一貫した政策と考えられる。

大岡川筋組合の結成

幕府による大岡川改修工事の終了をうけて、現在の港南区・南区・中区に属する大岡川流域の久良岐郡一一か村では、共同して工事後の川筋を維持するための議定書を作成し、各村の名主・年寄・百姓代が連印している。

その内容は、葭・茅・竹木などの植物が生い茂って大岡川の流れを阻害することのないように、川筋から二間（三・六メートル）の幅の地帯にはこれらの植物を生やさないように見廻ることや、洪水後に川筋や河原に残された流木等の撤去を速やかに行うことなどが取り決められている。

この議定書の締結は、天保年間（一八三〇～四四）と推定される文書では「其節組合相定メ」と記されているように、大岡川筋組合ともいうべき組合村々の

2　大岡川流域図
図上に記した村名が大岡川筋組合の村々である。

3　吉田新田開墾前図
吉田新田開発前の入海を描いた絵図。大岡川が現在の日枝神社（お三の宮）付近で海に流入していることがわかる。吉田新田の開発により、それまで海に面していた太田村・蒔田村・石川中村は大岡川（と支流の中村川）の流域の村となった。

結成と認識され、その取り決め内容は、これ以降の大岡川流域における治水慣行の前例・基準とされ、横浜村（中区）・最戸村（港南区）・戸部村（中区・西区）の三か村も、宝暦一〇年（一七六〇）までには組合に加入したようである。

横浜新田の開発

吉田新田の開発以後、大岡川はかつての河口であった日枝神社（お三の宮）付近で、北側の大岡川と南側の中村川に分流し、大岡川へは水量の三分の二が、中村川へは三分の一が、それぞれ流入していた。吉田新田の開発が行われたように、もともと大岡川によって河口付近の海へ運ばれる土砂の量が比較的多かった可能性があり、一旦は改良された大岡川の治水状況も、一八世紀後半には再度川底が浅くなり、特に横浜村が湾曲した地形になっている中村川の河口付近は土砂がたまりやすく、次第に葭や芝などが生える状態へと変貌し、新田開発の適地となっていった。その後、さまざまな曲折を経ながらも、文化年間（一八〇四～一八）には横浜新田（おおむね現在の中華街に相当する）として開発されていく。その後、最後に残された内海も太田屋新田として埋め立てられ、関内・関外の地へと変わっていくのである。

（斉藤司）

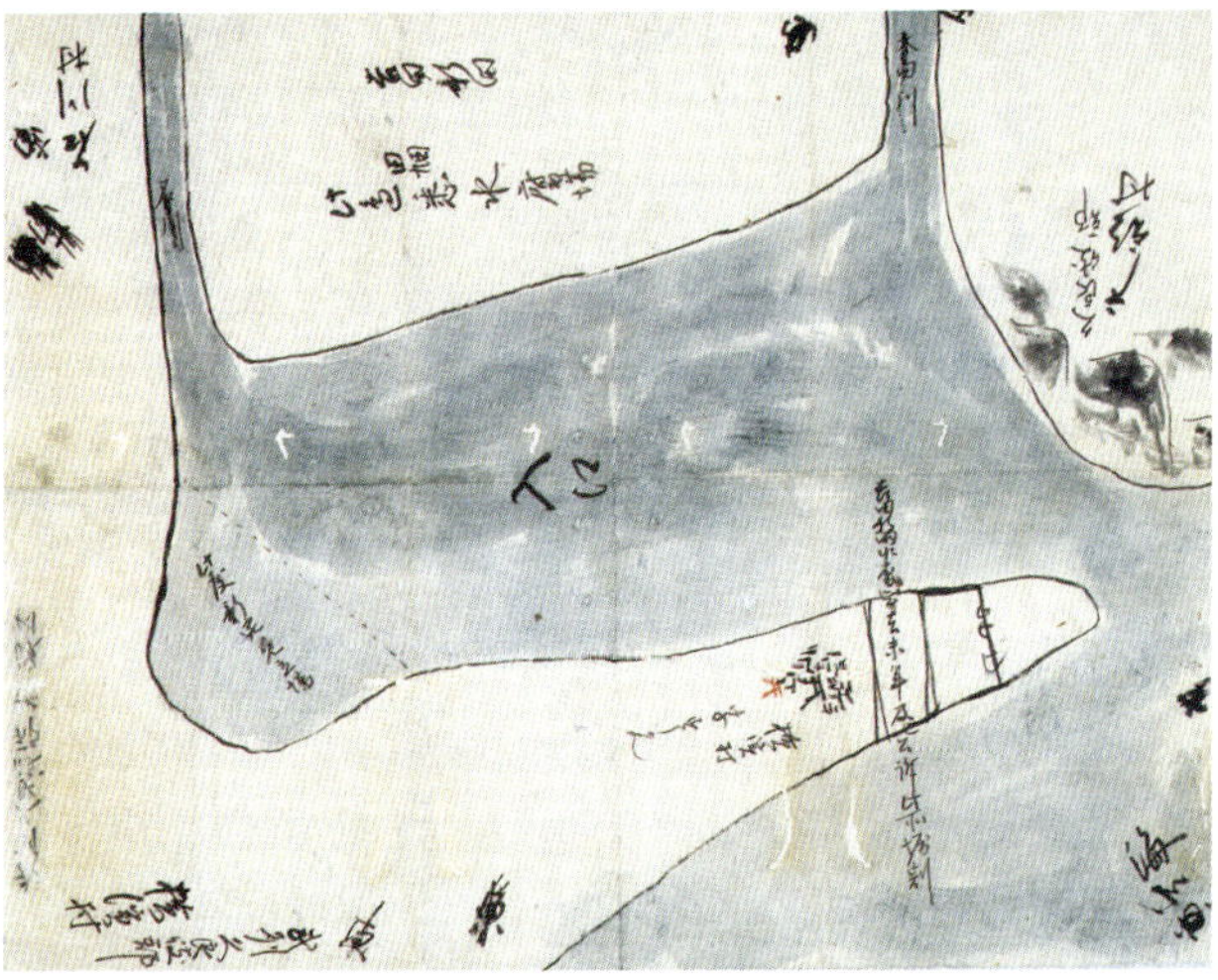

4　横浜村海辺新開場見立絵図
左下から右へと横に伸びる浜が横浜村の砂州である。中央部の「入江」の左下には、中村川からの排水により土砂が堆積し、新田開発の候補地となり、「此度新開見立地」と記されている。この地域は後に横浜新田（現在の中華街）として開発されることになる。作成年次は不明。

横浜市域の新田開発

一七世紀後半の新田開発

久良岐郡吉田新田（中区・南区）に代表されるように、横浜市域における新田開発の最初のピークは、一七世紀後半、特に寛文（一六六一〜七三）・延宝（一六七三〜八一）年間であった。開発の対象とされた場所は、海岸部と内陸部に分かれる。また、開発（計画）者は江戸の町人である事例が多く、江戸近郊に位置する横浜市域の地域性をうかがわせる。

海岸部における新田開発は、主に海岸線が陸地へ深く入り込んだ入江・入海で行われた。こうした地形の場所は、流入する河川が運ぶ土砂の堆積により海底が浅くなっており埋立・干拓が容易であることと、また東京湾に直接面している場所よりも波が弱く工事しやすいといった利点があったと思われる。とはいえ、入海を利用して製塩・漁撈といった生業を行っている周辺村々との間で、利害関係の調整が必要であった。

海岸部における新田としては、吉田新田の他に、金沢の入海を埋め立てた久良岐郡泥亀《でいき》新田（金沢区）が知られる。開発者の永島（長島）泥亀は、もと幕府の儒官であったが、寛文年間（一六六一〜七三）に隠居して家を弟の道仙に譲り、自らは金沢の地に住み、新田開発を行い、寛文八年（一六六八）に完成したとされる。

内陸部における開発は、丘陵地帯に存在する野原・山林が主対象であった。なお、開発される耕地は、水田ではなく、畑である。ただ、こうした場所は、すでに周辺の村々が田畑の生産や生活に不可欠な肥料や薪などの供給地として利用している事例が多く、その開発にあたっては、周辺村々との調整がより困難であった。

実際、寛文一二年（一六七二）五月には橘樹郡白幡村・六角橋村・神大寺村・片倉村（以上神奈川区）・小帷子村（帷子村か、保土ケ谷区）・三沢村（青木町の枝郷、神奈川区）の六か村が、また寛文一三／延宝元年（一六七三）八月には久良岐郡一一か村が、それぞ

1　泥亀新田絵図
泥亀新田は、走川（金沢区寺前1丁目）と平潟（同区平潟町）の2か所に分かれており、面積は合計2町6反4畝余・石高15石余の規模であった。しかし、元禄16年（1703）の地震により、新田と海を隔てる堤が崩壊し、海水が流入して荒廃する。その後、永島家による金沢周辺の入り海の開発が行われ、最終的には同家9代の亀巣により復興されることとなる。天保8年（1837）。

れ江戸町人による新田開発計画に反対する訴状を提出している。

こうした内陸部の新田開発の典型が、江戸生まれの浪人である小高市右衛門によって、寛文年間から開発され、貞享二年（一六八五）に一応の完成をみた小高新田（旭区）であった。小高新田の開発も、都筑郡の市野沢村・今井村・二俣川村・今宿村・白根村・川井村の「野米場」（各村が秣等の供給地として利用している野原であり、その利用料として一定の年貢額を納めていた場所）を耕地化したものであり、耕地や集落は四～八キロ程度の距離を隔てて分散して存在していた。

池上幸豊の開発候補地調査

一七世紀末にはいったん下火となった市域の新田開発であるが、一八世紀も半ばに入ると再び各地で行われるようになっていく。享保改革における新田開発政策の展開と、それを可能とする品種・肥料の改良や農業・土木技術の進展が背景として想定される。

市域を含む武蔵国西南部における新田開発が可能な場所については、橘樹郡大師河原村（川崎区）の名主で池上新田の開発者である池上幸豊が、宝暦一二年（一七六二）と明和六年（一七六九）に行った調査によれば、荏原郡糀谷村（大田区）から久良岐郡戸部村（西区）にいたるまでの東京湾岸で合計三二五町歩、久良岐郡横浜村（中区）で二〇町歩、同郡金沢（金沢区）で五〇町歩が、開発可能な候補地としている。この他、和製砂糖製造のための甘藷の栽培地として、橘樹郡帷子町・仏向村（共に保土ヶ谷区）を候補地として調査している。

帷子川河口の新田開発

一八世紀後半から一九世紀の新田開発が、最も顕著であったのは帷子川河口周辺であった。宝永四年（一七〇七）の富士山噴火による降灰の流入により、帷子橋（現在の相鉄線天王町駅付近）直下であった帷子川の河口部分は次第に浅くなり、河口から扇状に広がる入江には干潟ができるなど、新田の開発が容易にできる状況へと変わっていった。

帷子川河口付近の新田開発は、宝暦年間（一七五一～六四）から進められた。まず、河口左側の芝生村（西区）に沿うように宝暦新田が、右側の戸部村の沖に尾張屋太仲によって尾張屋新田が開発された。宝暦新田の北側には、安永新田、さらには弘化新田が成立していく。

なお、これらの新田の名称は、安永（一七七二～八一）・弘化（一八四四～四八）という開発時の年号に由来している。

安永新田の東側には芝生村藤江茂右衛門によって天明六年（一七八六）から開発された藤江新田が、その先には保土ヶ谷宿岡野勘四郎によって天保四年（一八三三）から開発された岡野新田が、岡野新田と戸部村の間は保土ヶ谷宿の平沼九兵衛により天保一〇年（一八三九）から開発された平沼新田が、それぞれ開発されていったのである。

（斉藤司）

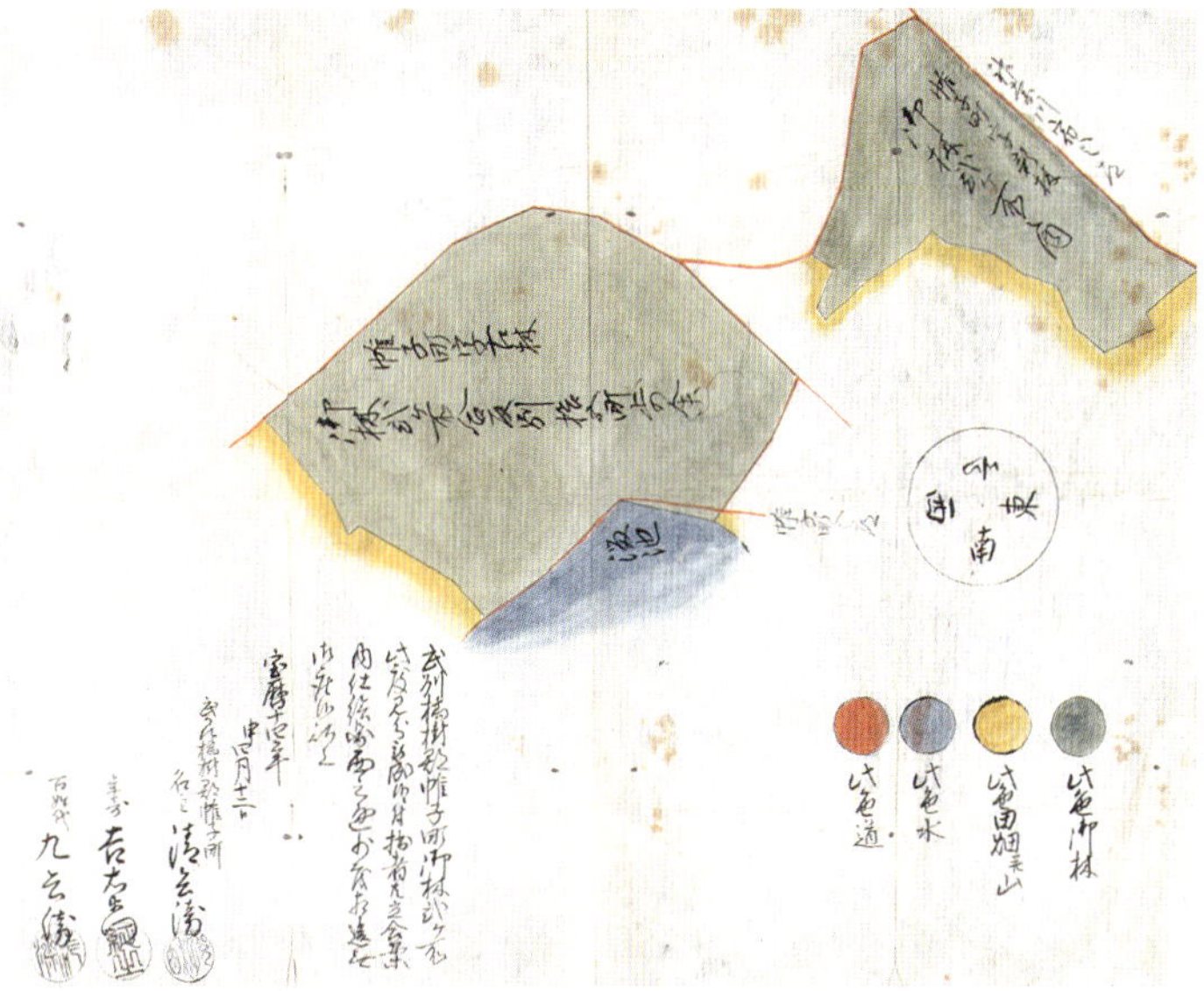

2　橘樹郡帷子町御林二ヶ所見分案内につき絵図
帷子町の村役人が作成した絵地図。甘藷栽培の候補地となった帷子町の御林２か所を描いている。池上幸豊は新開場の候補地を見分するため、宝暦14年に武蔵国の橘樹郡・多摩郡を廻村しており、その際に提出されたものであろう。宝暦14年（1764）。

3　帷子川河口部新田概念図
相鉄線西横浜駅から横浜駅方面へと広がる平坦地のほぼ半分が、江戸時代の新田開発によって成立したことがわかる。現在の新田間川・帷子川・石崎川の流路も新田開発にともなって確定していった。

助郷制度の確立

宿場と助郷村

五街道など主要街道の宿場では、幕府役人や参勤交代の大名等といった公用の荷物運搬に備えて、一定数の人足・馬を常備しておくことが義務づけられていた。しかし、交通量の増加により、定められた人馬数を宿場だけで確保・負担することは次第に困難となっていった。こうしたなか、おおむね一七世紀後半には、宿場周辺の村々を助郷《すけごう》村に指定し不足分の人馬を負担させる助郷制度が、各地の街道・宿場で施行されていくのである。これにより助郷の村々は、領主へ納入する年貢の他に、宿場への人馬供出という義務を負うこととなった。

当初実施された助郷制度は、助郷村を「定助《じょうすけ》」と「大助《だいすけ》」の二つに分け、通常は宿場と定助の村々で人馬役を負担し、それでも不足する場合に大助の村々にも負担させるというものであった。その後、享保一〇年（一七二五）に定助と大助を一本化したシステムに変わり、宿場と助郷村々が協議して人馬役を負担していく体制となっていく。

保土ヶ谷宿の定助・大助の村々

市域に存在する東海道の神奈川・保土ヶ谷・戸塚の宿場においても、こうした動向は同様であった。なかでも保土ヶ谷宿の助郷村々の範囲は大きく変化している。

保土ヶ谷宿の定助・大助の分布を示す最も古い資料は、保土ヶ谷宿の定助一〇か村と大助二七か村を書き上げた元禄二年（一六八九）四月付の「武州橘郡・久良岐郡保土ヶ谷町定助村・大助村石高道程覚」である。それによれば、定助の村々は、橘樹郡神奈川領の芝生村（西区）・市野沢村（旭区）・三反田村（旭区）・仏向村（保土ヶ谷区）・下星川村（保土ヶ谷区）・和田村（保土ヶ谷区）・坂本村（保土ヶ谷区）・今井村（保土ヶ谷区）と、久良岐郡本牧領の太田村（中区）・永田村（南区）から構成されており、いずれも保土ヶ谷宿より一里（四キロ）内外の近距離に存在している。ただし、市野沢村と三反田村は、『新編武蔵風土記稿』等では都筑郡に属している。また、久良岐郡本牧領の二か村は、保土ヶ谷宿を構成する岩間町が元来久良岐郡に属していたことをふまえるならば、岩間町との繋がりで保土ヶ谷宿への定助になったものと理解される。

これに対して、大助の村々は、橘樹

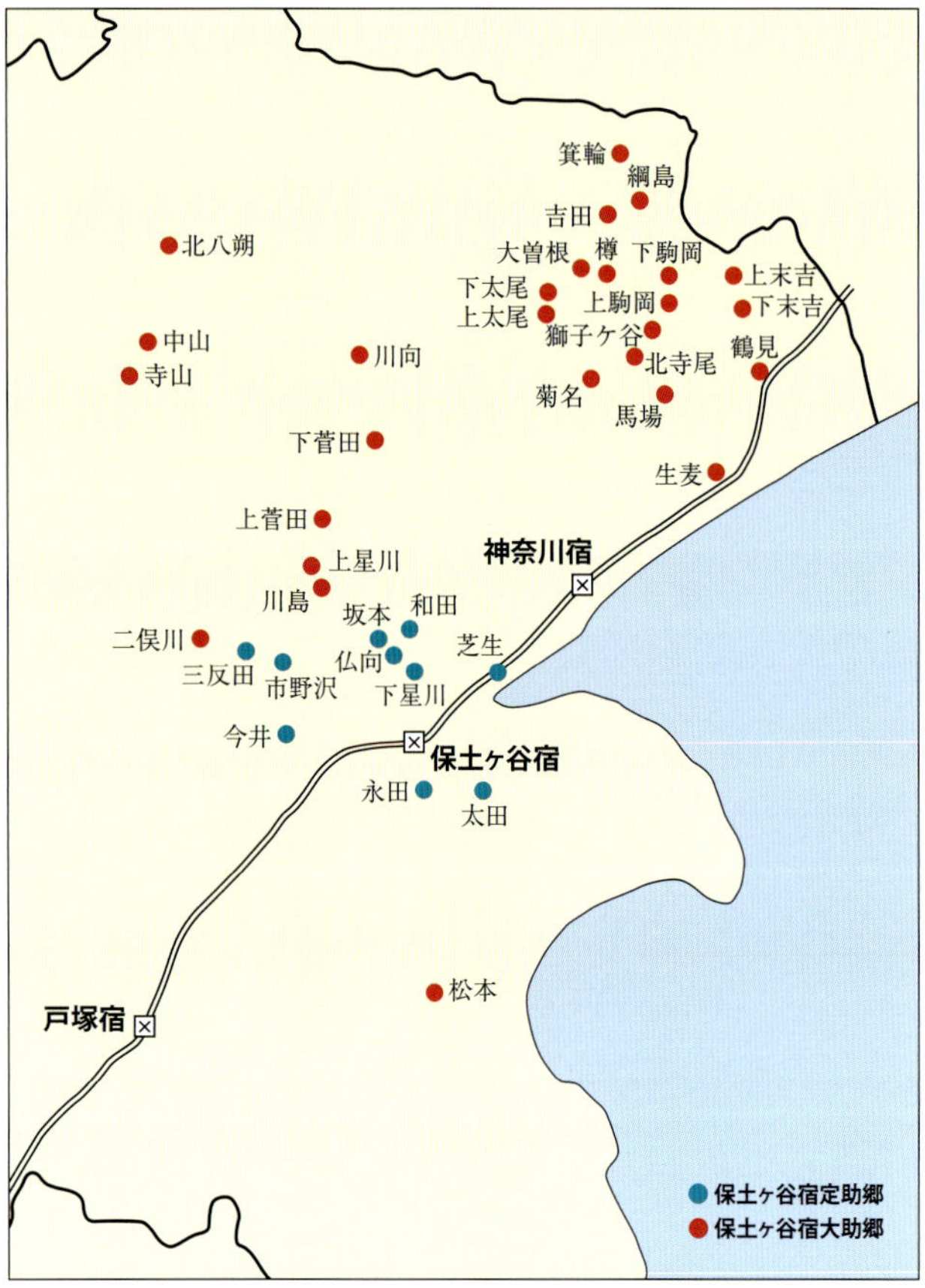

1　元禄 2 年（1689）時の保土ヶ谷宿の助郷村分布図

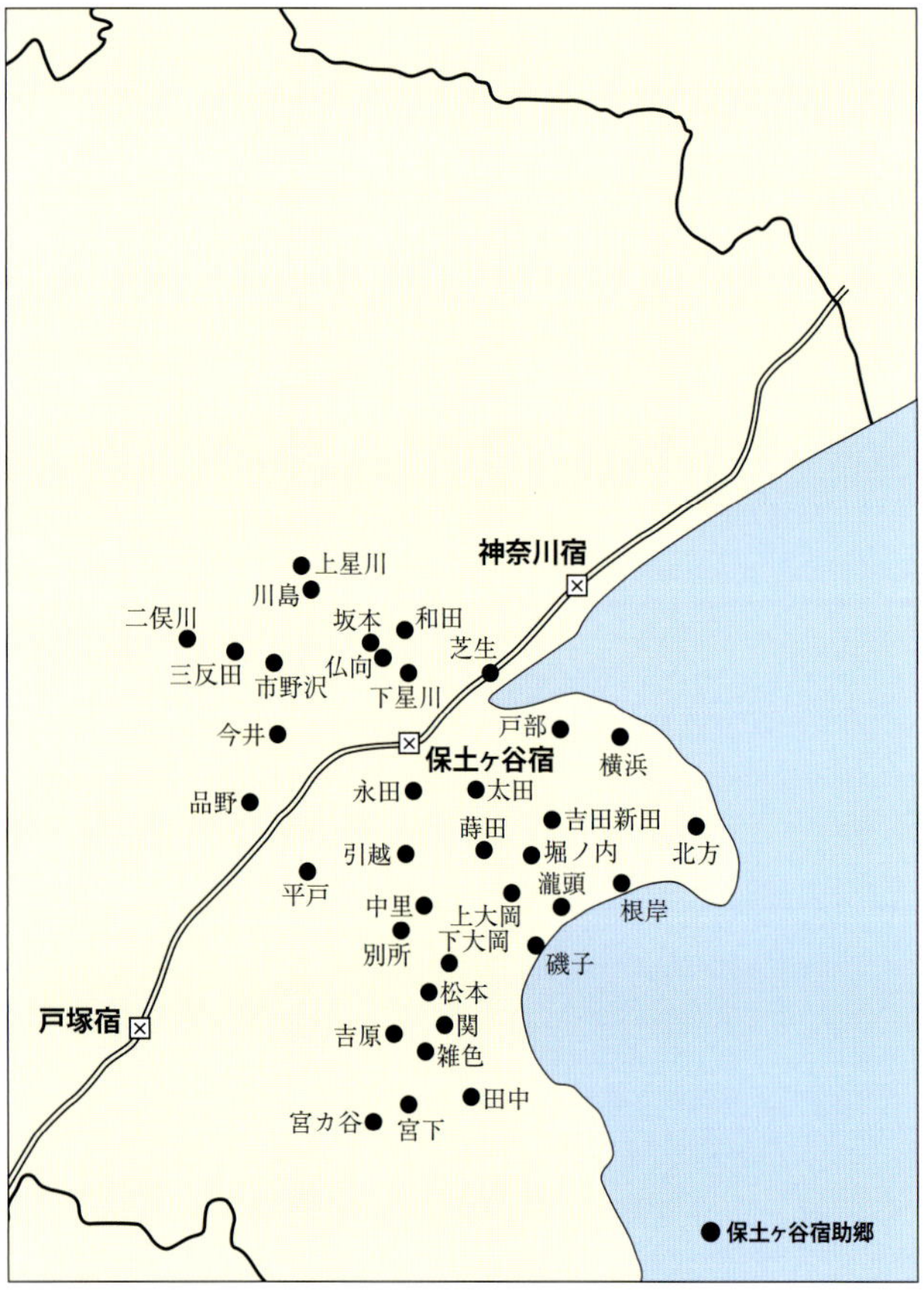

2　享保 10 年（1725）時の保土ヶ谷宿の助郷村分布図

郡神奈川領ないしは都筑郡神奈川領に属し、現在の鶴見区・港北区・旭区・保土ヶ谷区・港南区・緑区・神奈川区に分布している。また、この二七か村は、同時に神奈川宿の大助でもあった。すなわち、村高の半分で保土ヶ谷宿の大助を負担し、残りの半分で神奈川宿の大助を勤めていたのである。各村々から保土ヶ谷宿への距離がかなり遠いことと、村々の領名が「神奈川領」と称されていることをふまえると、これらの村々が本来は、神奈川御殿が存在していた神奈川宿のみの助郷負担であった可能性が強いように思われる。おそらく何らかの理由によって保土ヶ谷宿への負担分が分割されたのであろう。

このように、元禄二年（一六八九）以前における助郷村々の分布からみる限り、保土ヶ谷宿はそれ自体で地域の中核となるような強い求心性をもたず、むしろ神奈川宿の影響を強く受ける関係にあったと考えられる。慶安元年（一六四八）以前に帷子川寄り（神奈川宿寄り）に宿場が移転・再編されるのも、そうした神奈川の求心力の強さによるものといえるかもしれない。

助郷村々分布の変化

享保一〇年（一七二五）一一月付の「東海道保土ヶ谷宿助郷帳」によれば、橘樹郡一二か村と久良岐郡二五か村と相模国鎌倉郡二か村の合計三九か村一万七二七石からなる保土ヶ谷宿助郷村のうち、橘樹郡の村々は保土ヶ谷宿周辺の村々から構成されており、久良岐郡の村々は同郡北部の海岸部と金沢道沿いの村々、鎌倉郡の二か村は東海道沿線の平戸村・品野村であり、神奈川宿をはじめ他の宿の助郷村との重複はみられない。

この助郷村の分布が変化する兆しは一七世紀末にさかのぼる。元禄七年（一六九四）には幕府道中奉行所により、東海道各宿の定助・大助村々の範囲の変更が行われた。残念ながら同年時における保土ヶ谷宿の助郷村は判明しないが、同六（一六九三）・七年には指定された定助・大助村々の変更・削除・追加を求める交渉が行われており、享保二年（一七一七）には定助一四か村と大助二五か村の村名が確認でき、その村々がそのまま享保一〇年の保土ヶ谷宿助郷村に移行しているのである。

これは、一七世紀末段階において、東海道から分岐して久良岐郡村々へと伸びている金沢・鎌倉道の分岐点として、経済的・政治的に保土ヶ谷宿の重要性が増していることを意味しており、いわば神奈川宿と保土ヶ谷宿が別個の地域的中核として並立する地域構造が成立したといってよいだろう。それはまた開港場横浜を背後で支える二つの核（神奈川宿と保土ヶ谷宿）という、開港直後における横浜周辺の地域構造の前提が形成されたということでもある。（斉藤司）

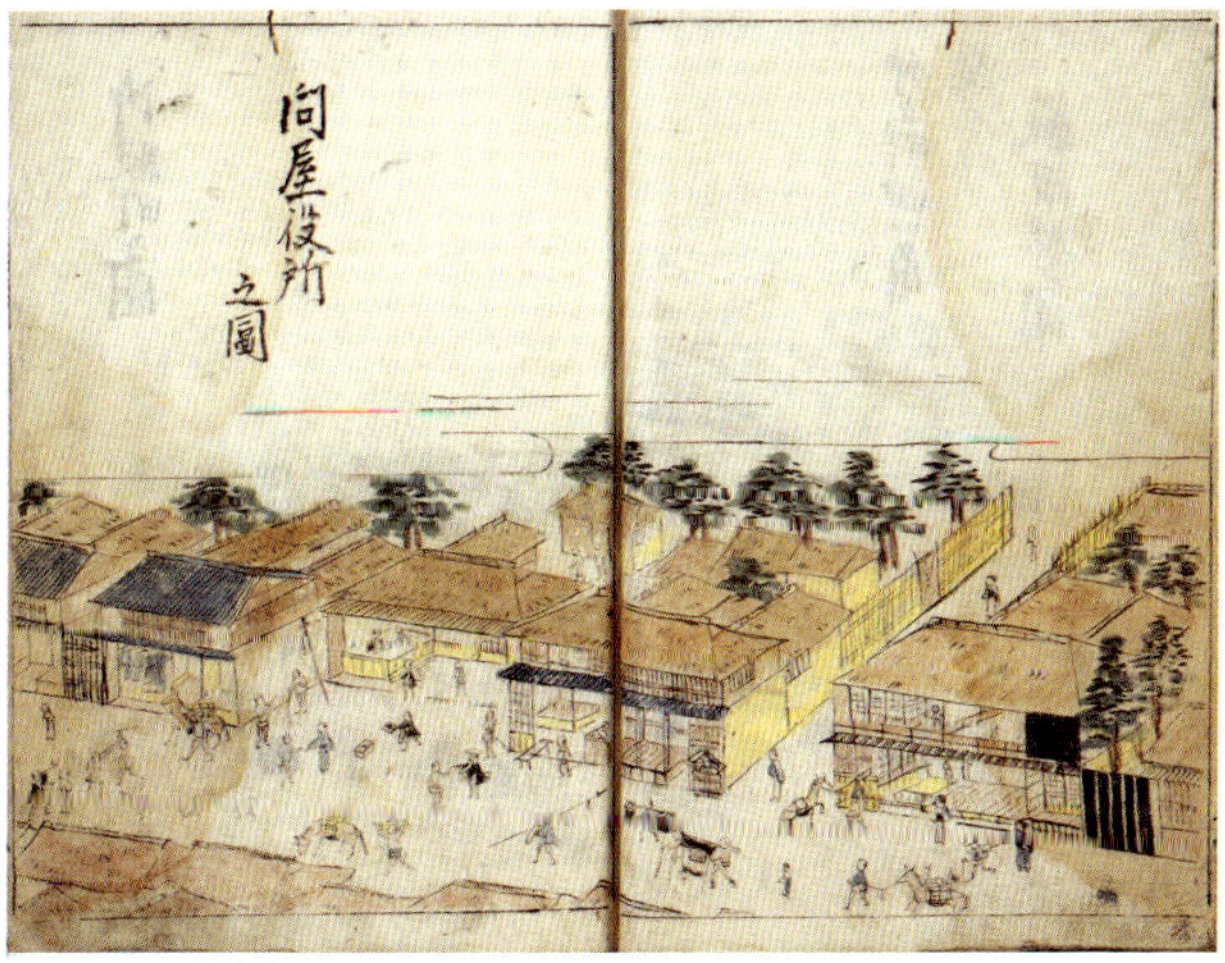

3　問屋役所之図
煙管亭喜荘が作成した神奈川宿の地誌『神奈川駅中図会』中の挿絵の1つで、同宿の問屋役所＝問屋場（といやば）とその周辺を描いている。問屋場は、宿内や助郷村の人馬が荷物を積み替える場所であり、両隣と比べて、建物が下がって配置されている。『神奈川駅中図会』文政6年（1823）より。

4　東海道五拾三次之内　藤枝　初代広重
東海道藤枝宿（静岡県藤枝市）の問屋場の前で、荷物の積み替えを行う情景を描いている。左側の人馬は前の宿より荷物を運んできた者と思われ、煙管を吸ったり、手拭いで汗を拭っている。保永堂版。

5　明治後期の保土ヶ谷宿
権太坂方面を見た光景であろう。

武州金沢藩の成立

武州金沢藩と藩主米倉氏

江戸時代を通じて横浜市域に本拠地を置いた大名は、久良岐郡六浦（金沢区）の地に陣屋を構えた武州金沢藩主の米倉家が唯一である。米倉氏は、甲斐国（山梨県）の出身であり、元来は武田氏の家臣であったが、後に徳川氏へ仕え、天正一八年（一五九〇）の徳川家康の移封に従い、関東へ入った。最初は旗本であったが、昌尹の時、五代将軍綱吉に重用され、一万五〇〇〇石の大名となる。元禄一二年（一六九九）の昌尹の死去に際し、二男の忠直へ三〇〇〇石を分知したため、長男の昌明が一万二〇〇〇石の大名となり、これ以降、明治維新まで存続していく。なお、明治二年（一八六九）に六浦藩へ改称されている。

藩主米倉氏に仕える家臣団の正確な人数は不明であるが、明治初年の記録からは代々仕えている藩士家がおおむね七〇～八〇家ほど、この他に一代限りで仕えている者が一〇名程度存在していたと想定される。彼らは、金沢陣屋の他、「牛込御門内」にあった江戸の上屋敷（二五九七坪）と「市ヶ谷新本村谷町」にあった下屋敷（二六八九坪）に居住していた。また、金沢陣屋における中間・小者といった武家奉公人は、陣屋が存在する金沢と周辺村々の百姓ないしはその家族から供給されていたと考えられる。

米倉氏は原則、常に江戸に詰めている定府の大名であり、参勤交代は行わなかったものの、何度か陣屋のある金沢へと赴いている。江戸～金沢の行程はおおむね一泊二日で神奈川宿に宿泊した。保土ヶ谷宿から金沢道へ入り、陣屋に近い能見堂では、それまで随行してきた百人程度の人数に、金沢陣屋からの迎えの者を加えて行列を組み直し、陣屋へ入っていったという。

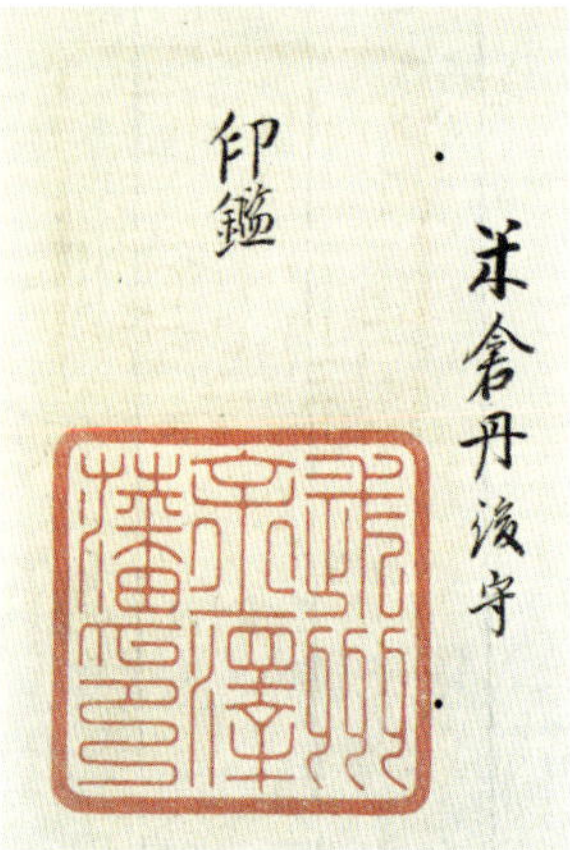

1　米倉丹後守印鑑「武州金沢藩印」
武州金沢藩の印鑑の印影。明治2年（1869）6月に「六浦藩」へ改称されるまで、藩主米倉氏や藩士たちにとって、藩の名称が「武州金沢藩」として認識されていたことを示す。

金沢陣屋の設置

一万二〇〇〇石に及ぶ米倉氏の領地は、武蔵国久良岐郡六か村・埼玉郡二か村、相模国大住郡九か村・同国淘綾郡一か村、下野国都賀郡六か村・安蘇郡六か村から構成されているが、知行高の半分以上は下野国の両郡が占めており、陣屋も当初はその中心地である下野国都賀郡皆川（栃木市）に置かれていた。

享保七年（一七二二）、米倉氏の陣屋は金沢（正確には武蔵国久良岐郡社家分村、金沢区）へ移転し、武州金沢藩が成立する。この金沢陣屋が存在する久良岐郡には、宿村・赤井村・六浦平分村・六浦社家分村・寺前村・六浦寺分村の六か村が一円的な領域として存在しているものの、その石高は全領国の一割弱に過ぎず、領国全体を統治する上では便宜が良いとは考えがたい。

おそらく皆川から金沢への陣屋の移転は、享保五年（一七二〇）に幕府が行った、船改番所の下田（下田市）から浦賀（横須賀市）への移転に対応した、幕府主導によるものと思われる。船改番所とは、海路を利用して江戸へ搬入される船荷を検査する役所であり、陸の関所・箱根（箱根町）との対比でいえば、「海の関所」ともいうべき存在である。また、浦賀にはこれを管理するための浦賀奉行所が設置されている。江戸→（東海道）

2　米倉丹後守陣屋全図
寛政10年（1798）作成の図面を、明治32年（1899）に模写したもの。金沢陣屋の構造を示す唯一の絵図面で、旧藩士家の角田家に伝来する。金沢陣屋は、京浜急行金沢八景駅から追浜方向へ進んですぐ右手の谷戸に存在していた。三方を峻険な丘陵に囲まれており、軍事的な見地も考慮したことが想像される。

↓保土ヶ谷宿↓（浦賀道）↓浦賀という行程をたどる江戸から浦賀への陸路との関係でいえば、金沢陣屋は東海道の分岐点である保土ヶ谷宿～浦賀間のほぼ中間点に位置しており、浦賀の江戸寄りの近辺に一定の軍事力を有する大名を配置するという幕府の軍事的・政治的政策により、金沢への米倉氏陣屋の移転が決定されたと考えるべきであろう。

　この際、金沢の地が、浦賀への経路というだけではなく、朝比奈の切通しを越える鎌倉道や、対岸の上総・安房との海上交通が交差する交通上の要地であること、さらには陣屋を設置することのできる従来からの町場であったことも考慮されていたとおもわれる。

　実際、弘化三年（一八四六）五月～六月における米国ビッドル艦隊の浦賀来航に際しては、浦賀奉行からの出兵要請を受け、金沢陣屋より諸士八人・医師一人・徒士目付二人・足軽以下一一八人・水主六〇人の合計一八九人が動員され、四艘の船に分乗し、浦賀へ派兵されている。ただし、嘉永六年（一八五三）・同七／安政元年（一八五四）のペリー艦隊の来航時には、浦賀を越えて東京湾内に入り込んだ艦隊の動向をふまえ、領国沿岸の警備を担当している。

3　武陽金沢八景略図　広重
画面中央に位置する、「八景一覧之地」の九覧亭を持つ金龍院が作成した、金沢八景の浮世絵。左側中央にみえる「三島明神」が現在の瀬戸神社、その下部に「米倉侯陣屋」と記されているのが、武州金沢藩の金沢陣屋である。

金沢陣屋の構造

　金沢陣屋は、京浜急行金沢八景駅から追浜駅方向に向かい、直ぐ右手に見える谷戸一帯にあった。ただし、陣屋内の建物は、廃藩時に藩士たちの生計資金を得るため、解体・売却されたようで残っておらず、現在は住宅地となっている。

　金沢陣屋の構造を示す唯一の絵図である「米倉丹後守陣屋全図」によれば、北・西・南の三方を緑色に着色された山に囲まれた盆地状の土地に存在しており、東方向（京浜急行の線路側）へのみ平坦地が開いている。周囲の山は峻険であり、陣屋とはいえ、軍事面への配慮がうかがわれる。陣屋の総面積は一万七九六七坪九分で、このうち、「平地坪之分」（平地分）が七二八六坪三分（約四一％）、「山坪分」（山の部分）が一万六八一坪六分（約五九％）の割合となり、主要な建築物は平地分に存在している。

　陣屋への入り口は「表御柵門」と「裏御柵門」の二か所で、表門は陣屋の東南方向に位置し、門を入った後、基底部を石垣に囲まれた土塁を二度直角に曲がりながら上る構造となっている。裏門は陣屋東側の平坦な地点にあり、石垣の上に組んだ矢来の入り口を入ると、長屋門が存在する。こうした両者の構造から、表門は公式行事等のみに利用され、日常的な利用は裏門と考えられる。

　陣屋の中央部には土塁と思われる緑色の土手によって囲まれた部分がある。藩主の陣屋在住時や、留守居役の者が政務を行う場所と考えられ、いわば城の本丸に該当する最重要部である。その周囲には、金沢在住の藩士が居住する長屋や数種類の蔵、稽古場・矢場・馬場などの施設が存在する。長屋は、陣屋内に一五か所、陣屋外の金龍院門前と塩場の二か所に存在していた。

（斉藤司）

村の枠組みと文書制度

村とその構成

江戸時代の横浜市域は、武蔵国の橘樹郡・都筑郡・久良岐郡、相模国の鎌倉郡という四つの郡に属しており、約二〇〇か村の村々が存在していた。農作業に必要な水や山野の利用といった人々の生活を維持するための習慣・規定と、検地の実施や年貢の徴収という領主や代官の支配に関する事柄は、ほぼ現在の字や大字に相当するこの村を単位として行われている。

それぞれの村には、数十軒程度の家が存在していた。これらの家々は、通常、本家・分家関係を中心とする複数の血縁的な同族団から構成されている。各家の家族構成のあり方は現在とほぼ同じで、当主夫婦とその子供のみというのが一般的であり、おおむね一家族で四～五人前後の人員となる。なお、正式には各家の当主のみが「百姓」であり、家の象徴ともいえる印鑑を所持・使用することができた（当主以外の人物が捺印する場合は、爪に墨をつけておす「爪印」を捺した）。

一か村における田畑・屋敷とそれを維持するために不可欠な用水・山野の面積には限りがあり、村落内部での新田開発がほぼ終了した一七世紀末から一八世紀初頭以降は、家数が固定化されていく。

村と村役人

「士農工商」とよばれる江戸時代の身分制度においては、武士と職人・商人は城下町に、百姓＝農民は村に、というように身分によって居住する場所が分かれているのが原則であった。日常的な村の運営は村人たちの自治に任され、村落内部の事柄に領主・代官が積極的に介入することは稀であった。

村運営の中心となったのが村役人である。村役人のうち、村長にあたる「名主」「庄屋」と、その補佐役である「組頭」「年寄」につい

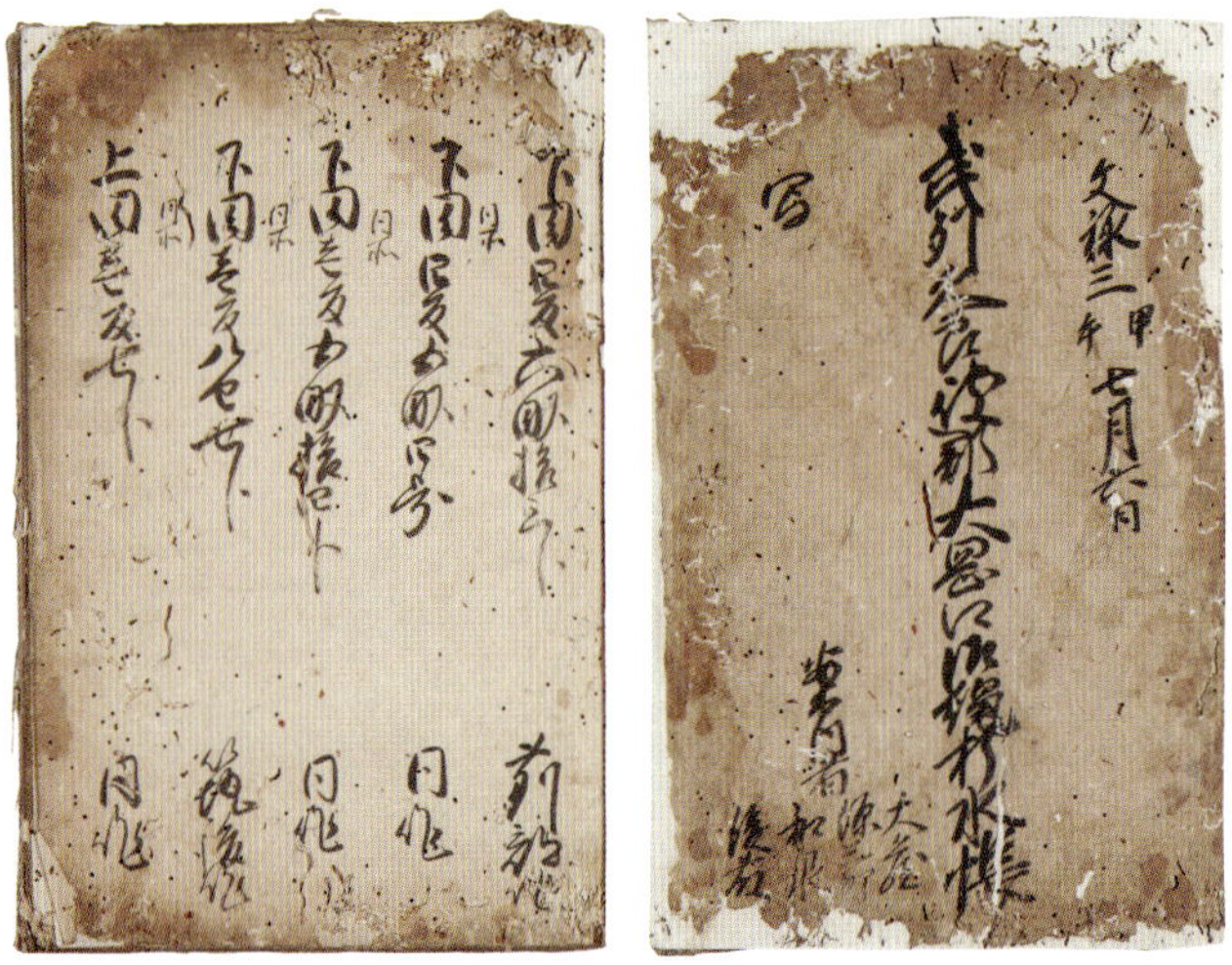

1　武州久良岐郡大岡郷御縄打水帳

久良岐郡上大岡村（港南区）の名主北見家に伝来したもので、文禄３年に実施された「大岡郷」の検地の結果を記載した帳簿。「大岡郷」は、上大岡村と下大岡村（南区）に分村する以前の名称。検地とは年貢等の賦課基準である村高を決定する土地の丈量調査のことで、耕地１枚ごとに面積・所有者などを確定していく。その結果をまとめた帳簿を検地帳・御縄打水帳などと呼び、土地の所有権にかかわる帳簿として大切に保存された。文禄３年（1594）。

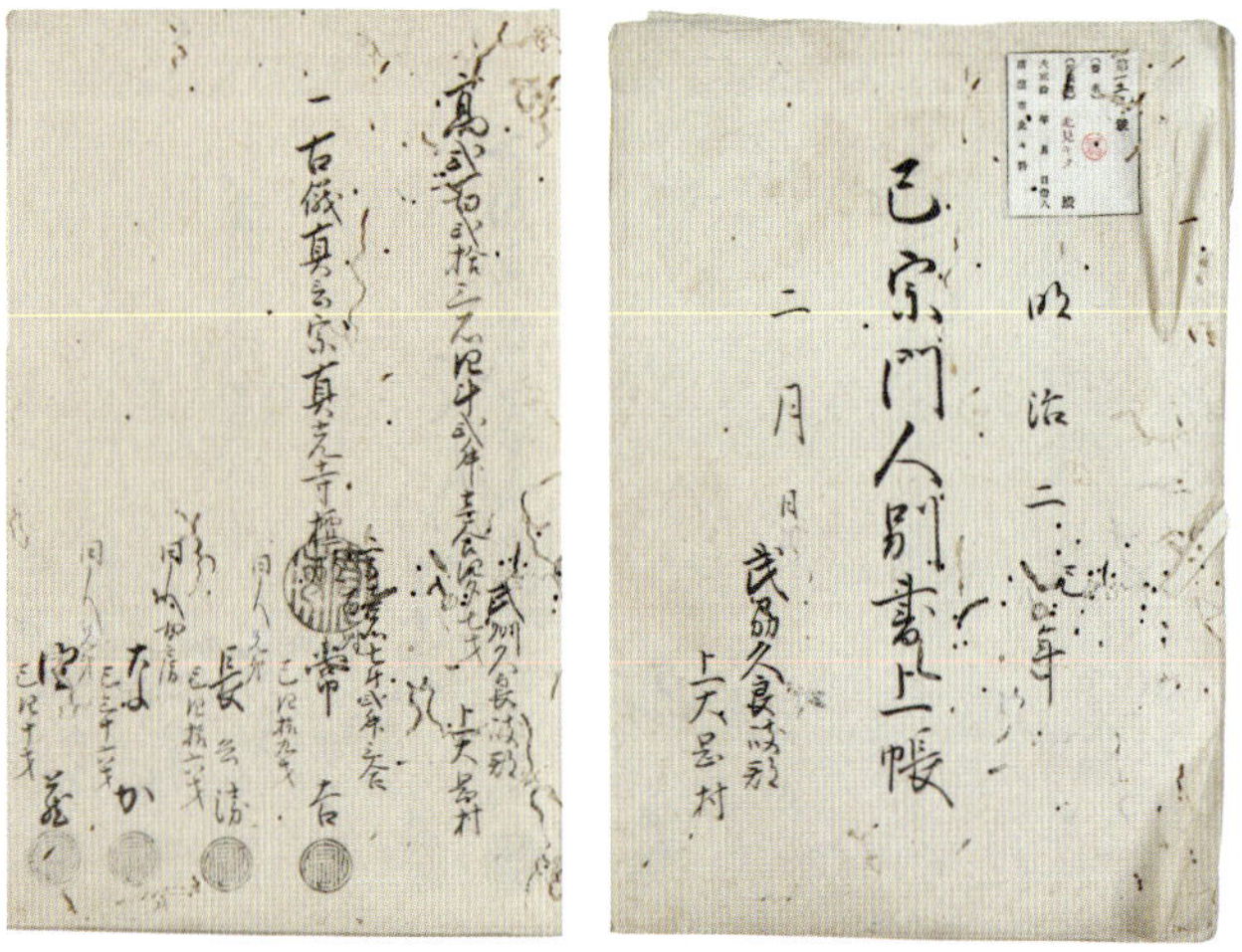

2　巳宗門人別書上帳

上大岡村旗本倉橋氏領分の宗門人別帳。村内の１家族ごとに所属する宗派・寺を書き上げた内容。当初、キリシタン対策のために作成されていたが、次第に村の戸籍台帳的な役割を持つようになっていく。明治２年（1689）。

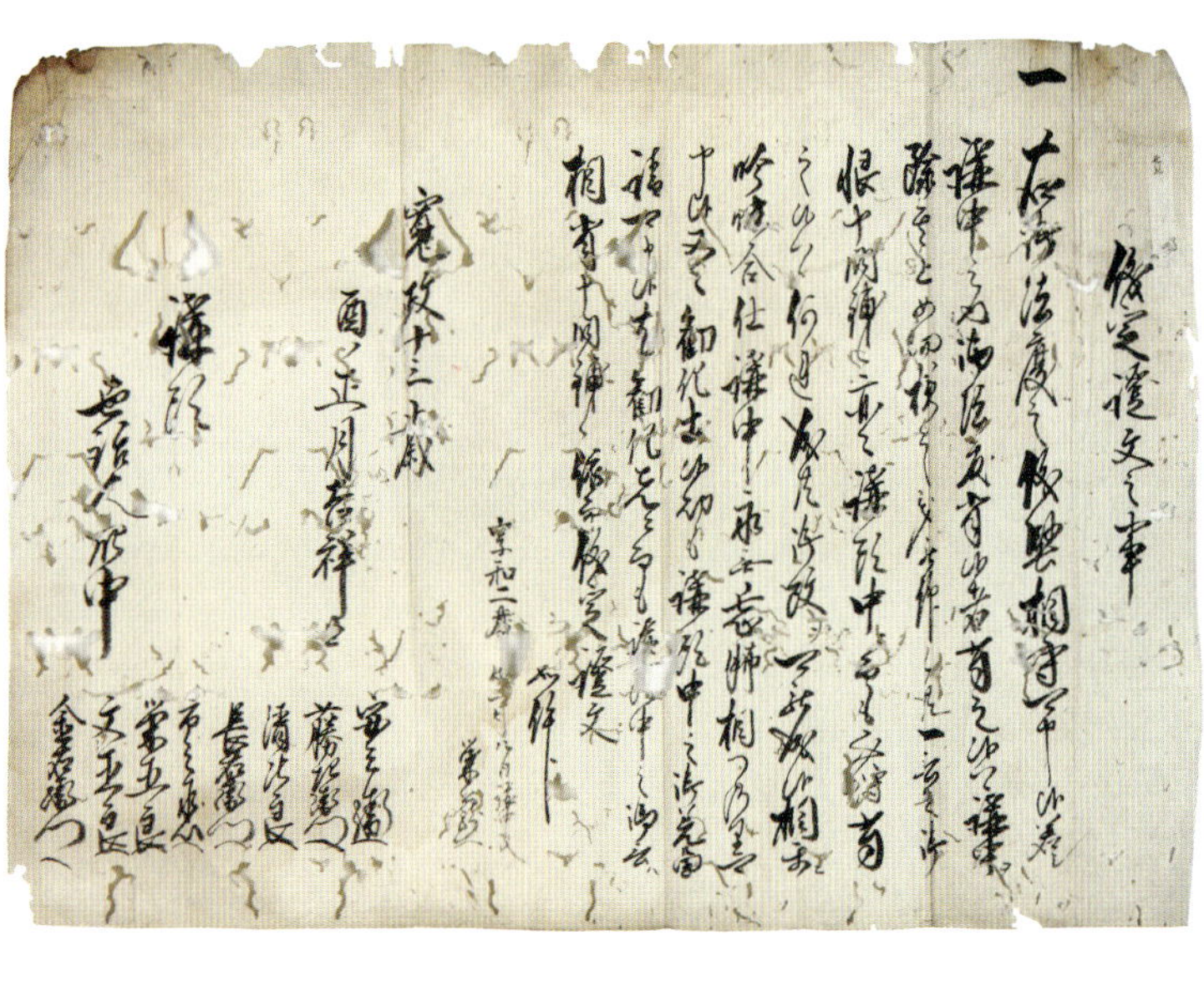

3　儀定証文之事

上大岡村の安兵衛他７名が「講頭　世話人中」宛に出した文書。具体的な「講」の内容は不明であるが、「勧化」の文言があり、何らかの信仰活動に関連したものと思われる。なお、各人の署名の下には「爪印」が捺されているので、彼らは各家の当主ではなく、その子弟にあたる「若者」であろう。寛政13年（1801）。

ては、本家筋にあたる有力百姓が勤める場合が多く、一般の百姓の代表である「百姓代」とともに「村方三役」と総称されるが、その名称・人数は時代や村の慣行・事情により異なっていた。たとえば、複数の集落から一つの村が構成されている場合には各集落ごとに名主あるいは組頭（年寄）が存在したり、複数の領主によって分割支配されている村では領主ごとに名主などの村役人が置かれる事例も見受けられる。

領主・代官から村に対して行われるさまざまな指示や命令は、文書によって伝達されるのが通例であった。複数の村々宛に出される文書は廻状と呼ばれ、そこに記された宛先の村名の順番に継ぎ送る形式で行われた。すなわち廻状を受け取った名主は、「御用留」とよばれる書類に廻状の内容や受け取った時刻などを書き写し、次の村へと廻状を送付するのである。

こうした廻状の伝達ルートは、支配にかかわる文書だけでなく、用水の管理・利用や年貢の減免等の広い範囲で利害を一つにする村々での連絡網としても機能しており、村の自治が一つの村で完結するのではなく、具体的な利害関係に立脚するさまざまな広がりにおいても成立していたことがうかがえる。

村役人に要求される能力

こうした文書による意志の伝達・確認は、村の内部においても同様であった。生活・生産にかかわる村の取り決めや、村人間で行われる金銭・土地の借用・質入に関する契約は、いずれも文書化され、それに親類や五人組、あるいは村役人等が連署することにより、村落内部における確認が行われるのである。

村役人は、領主・代官からの指示にもとづき、さまざまな提出書類の作成や村に賦課された年貢額の割り当て等の他、「村入用」とよばれる村政運営のために必要な経費（村役人の出張費、村へ出向いた役人の接待費、帳簿を作成するための紙代や墨代、寄合時の蝋燭代や茶代等々）の割り当てなども行った。したがって、当時の農民たち、特にその代表者である村役人には、文書の読解・作成と計数に関わる能力が必須のものとされていた。逆にいえば、江戸時代における村落支配のあり方は、こうした「読み書き算盤」に関する能力を村側が所持していることが前提とされていたのである。

（斉藤司）

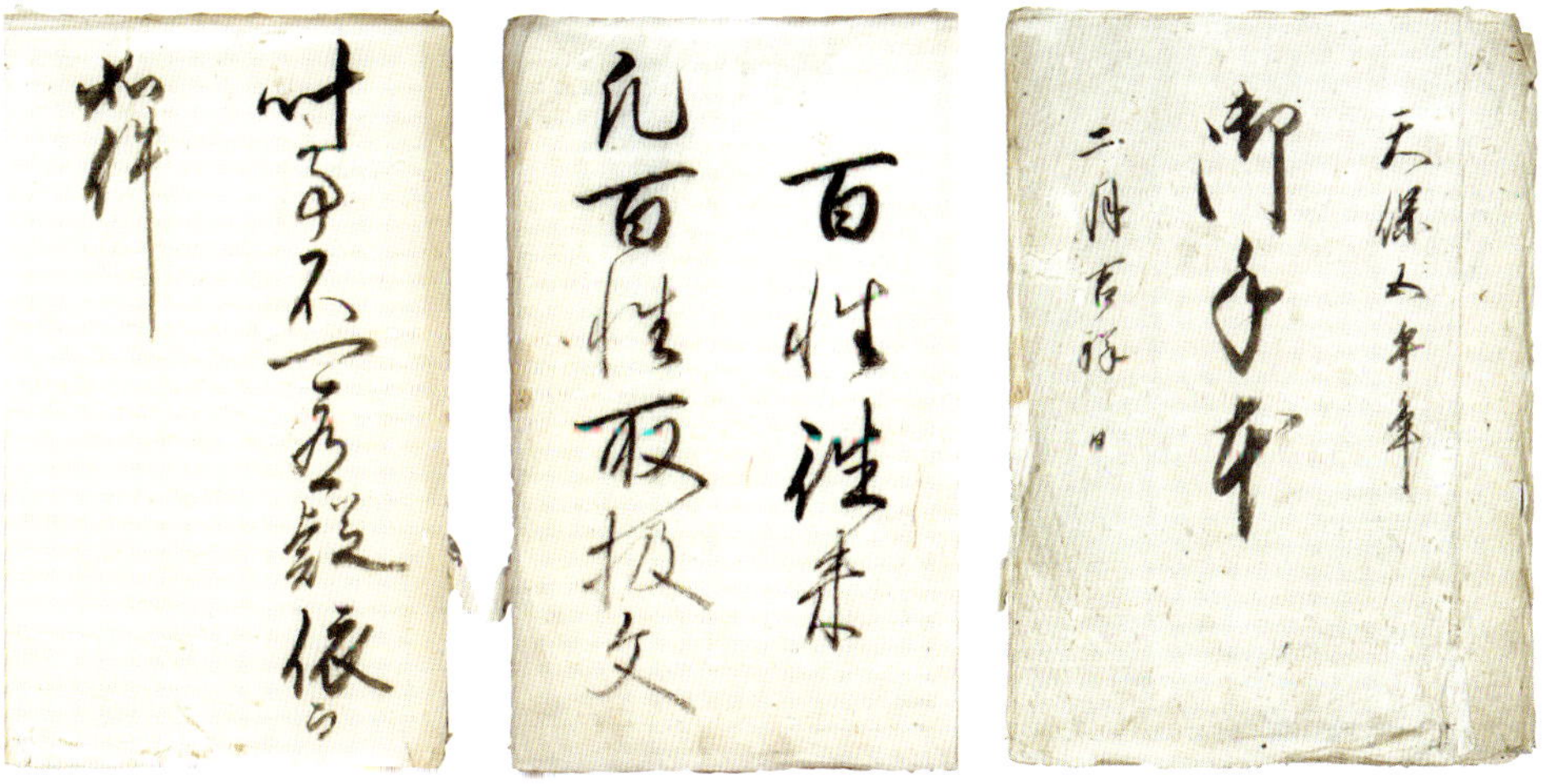

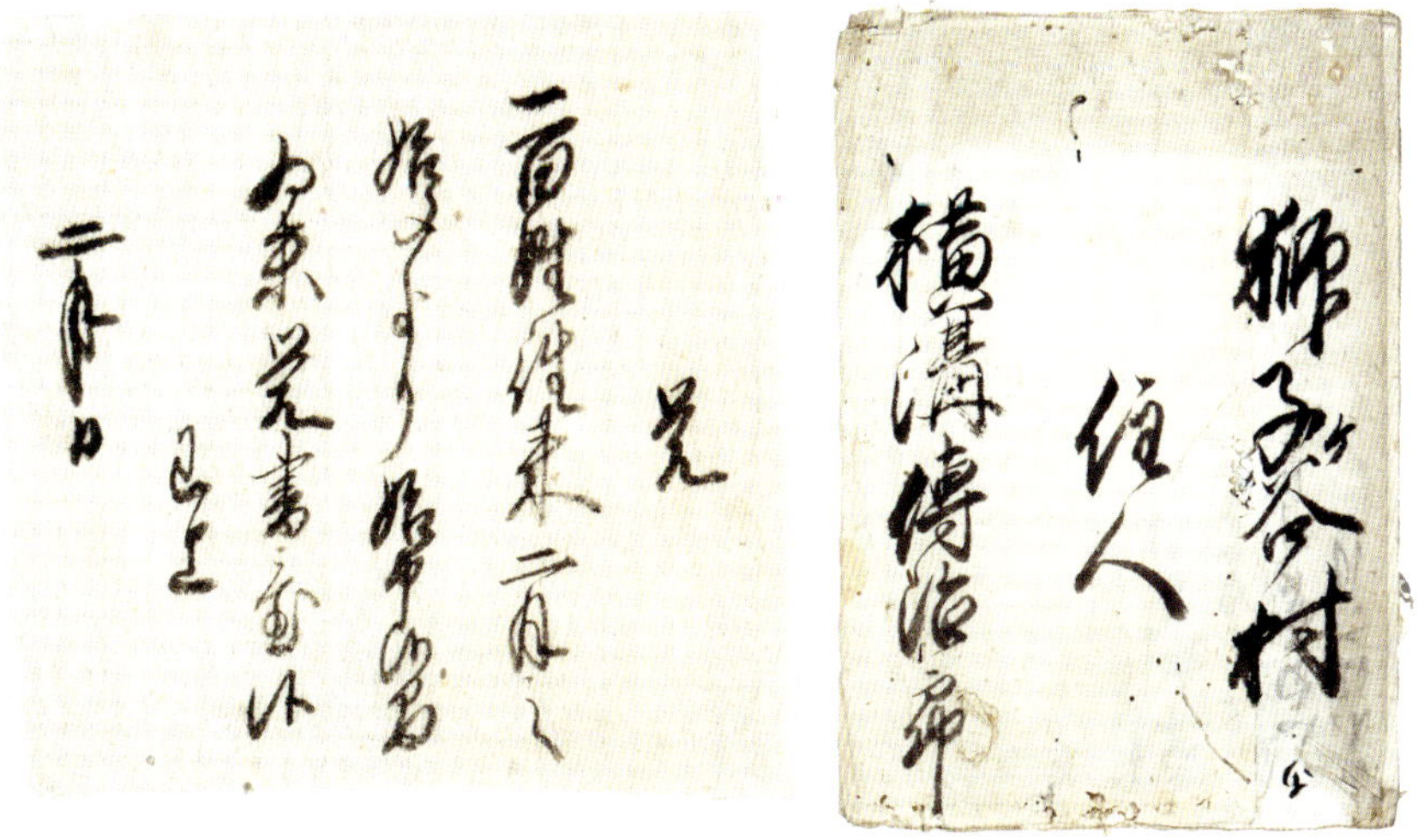

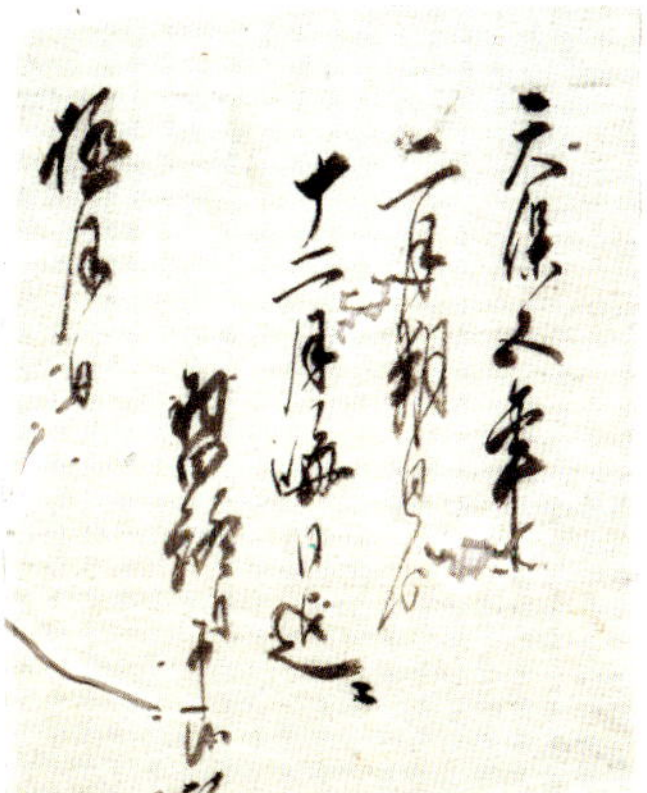

4　御手本
武蔵国橘樹郡獅子ヶ谷村（鶴見区）の名主横溝家に残された教科書（御手本）。村を代表してさまざまな交渉事や書類を作成する立場にある名主家では、一般の百姓家よりも教育が重視されたと思われる。「百姓往来」と題されるこの資料は、百姓に関する事柄を列挙しており、内容と文字の学習を一緒に行うものであろう。これを使用した伝次郎の「百姓往来二月之始メより始申候間、為末覚書置候」という付箋が挟まれている。天保5年（1834）。

丘陵部の村

入り組む丘陵と谷戸

市域の地形は、丘陵や台地が海の近くまで迫っているため、平地が少なく坂が多いのが特徴である。市域の北西部から南部にかけて連なる丘陵は、柏尾川と大岡川の流域を境に、その北側は多摩丘陵、南側は三浦丘陵となる。多摩丘陵の東側には下末吉台地と呼ばれる一段低い洪積台地が広がる。また、鶴見川・帷子川・大岡川・柏尾川などの河川流域と沿岸部には低地が形成された。

多くの丘陵部の村の地形は、幾筋もの丘が連なり、その間に谷戸《やと》と呼ばれる小川が流れる平地が入り込むというものであり、集落は谷戸や丘陵部に形成された。

寺家村の景観

こうした谷戸の景観を、武蔵国都筑郡寺家《じけ》村（青葉区）を例にみていきたい。寺家村は旗本知行地と幕府領の相給の村で、石高は「元禄郷帳」で一九七石余、「天保郷帳」で二二四石余、元禄年間の家数三七戸、天保から幕末にかけての家数二八戸の村であった。『新編武蔵風土記稿』によれば、寺家村は「村の土地高低あり、土性は真土《まつち》（耕作に適した良質の土壌）にして田畑ともに等分なり、天水を憑《たの》めるところなればま、旱損の患あり」とある。また、四か所の溜池があり、村内十町余にわたり、鶴見川が流れるという。

「寺家村・鴨志田村裁許絵図」は、元禄一五年（一七〇二）に行われた、寺家村と隣村鴨志田村（青葉区）の入会地《いりあいち》をめぐる争論に関する裁許絵図である。絵図の中央を斜めに二分する墨線の右側が寺家村で、左側が鴨志田村となる。右端を上下に走るのが鶴見川で、流域の低地と、長くのびる谷戸の様子がよくわかる。中央で最も長くのびる谷戸は山田谷戸と称し、奥から大池、猪《むじな》池、新池の三つの溜池がみられる。山田谷戸の一つ下の谷戸が熊野谷戸で、奥にみえる溜池は熊の池と呼ばれる。

『新編武蔵風土記稿』に記される四か所の溜池の内訳は、山田谷戸に三か所、熊野谷戸に一か所であり、この大池、猪池、新池、熊の池が相当すると考えられるが、絵図にはこの他にも、さらに三つの溜池が描かれている。絵図では確認できないが、熊野谷戸の入口、山田谷戸との分岐点には鎮守熊野神社が鎮座する。また、山田谷戸のひとつ上の谷戸は、居《い》谷戸と呼ばれる。絵図の黄色の部分が田、茶色の部分が畑、緑の部分が山林を示している。

村内を鶴見川が流れているが、谷戸を中心に開発した土地柄、農業用水は天水に頼っていたことが、多くの溜池の存在からわかる。谷戸の最奥に田の水源として溜池が築かれ、そこから谷戸に沿って田地があり、背後の一段高い台地や丘陵部分に畑地が広がる。また、畑地は、氾濫しやすい鶴見川の際にも広がっている。集落は、谷戸の入口の、田地より一段高い部分に形成されるが、これも鶴見川の氾濫などによる水害を防ぐためであった。丘陵部分はクヌギやコナラなど

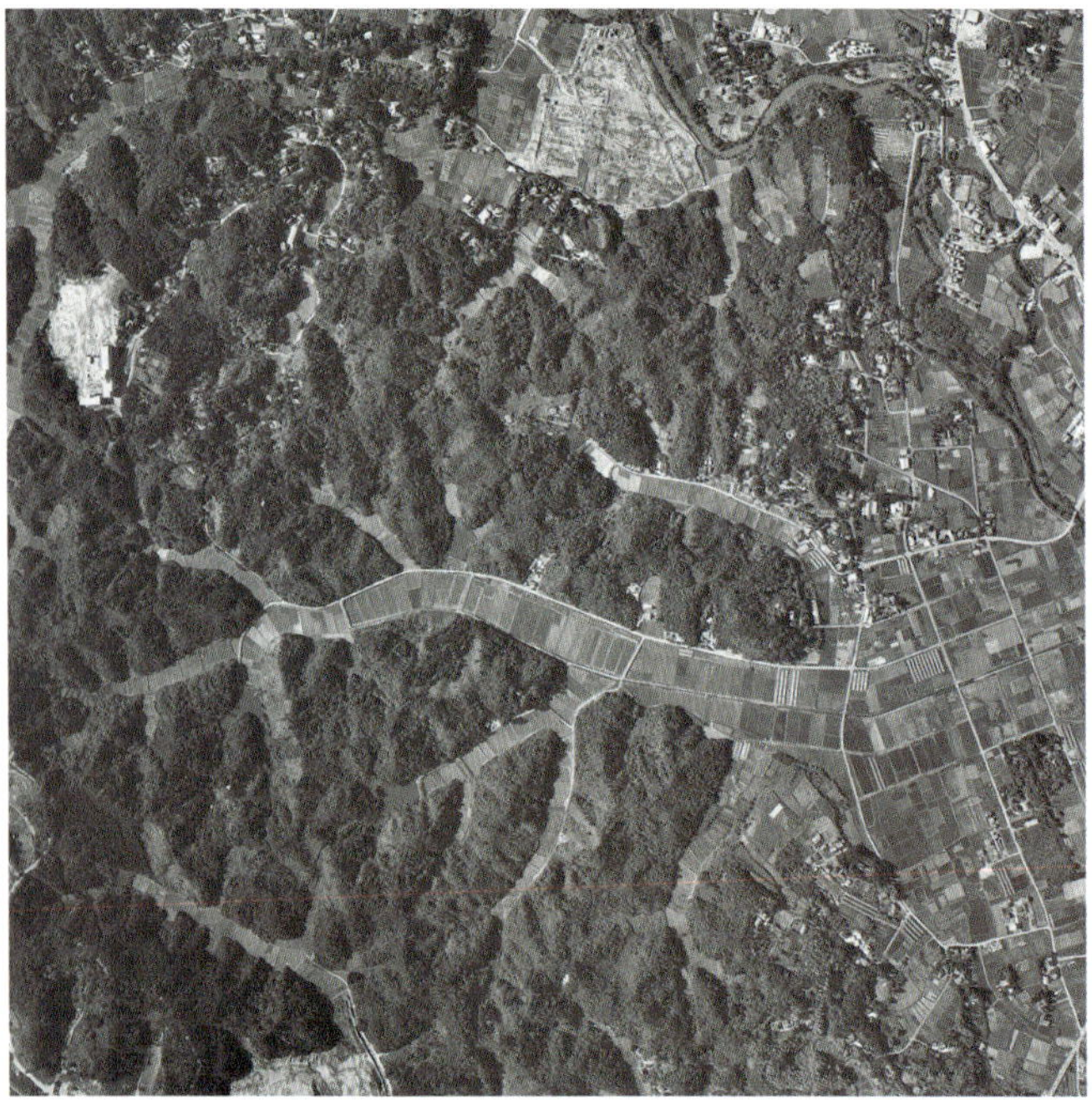

1　寺家町航空写真
中央に山田谷戸、その上側に居谷戸、下側に熊野谷戸がみえる。現在、熊野谷戸の南は日本体育大学の敷地となっている。昭和44年度撮影。

2　谷戸田の風景
寺家ふるさと村の谷戸の景観。丘と丘の間の谷戸と、水田が谷戸の奥まで続く様子がわかる。平成17年（2005）8月。

の落葉樹の雑木林が覆い、これらの木を使った炭焼きが盛んだったという。幕末、開港後には、養蚕や生糸製造も盛んになった。

このように、寺家村の景観は、谷戸の最奥に水源として溜池が築かれ、谷戸や川沿いの低地に田地が広がり、その背後の平坦な台地や丘陵の上に集落や畑、そしてその周囲に雑木林があるというものであった。こうした景観は寺家村だけの特徴ではなく、市域の丘陵部の村々に共通するものだったと考えられる。

柿や栗の栽培

都筑郡中川村（都筑区）は、明治二二年（一八八九）に山田・勝田・牛久保・大棚・茅ヶ崎の五か村が合併して成立した村である。明治三六年（一九〇三）に、中川村の村是（村の進むべき方向性を示した指針）策定のために行われた調査の記録である『神奈川県都筑郡中川村々《なかがわむらそん》是《ぜ》調査書』（神奈川県農会発行）によれば、中川村は「村内丘陵多く田野も亦少なからず」、二分の一が山林原野で、畑地が一〇分の三、田地が一〇分の二とある。また、高台である山林原野と平地である水田からなり、高台は乾きやすく平地は湿りやすいともある。

このように、丘陵部の村の特徴をよく示す中川村の重要物産の一つとして、柿、栗等の果樹や筍があった。特に柿は「柿は大小老若数十百本あり此付近は柿の名産地にして禅寺丸、茅ヶ崎丸、本郷右衛門の称東京横浜に聞ゆ」と記され、中川村や周辺の地域が柿の名産地であり、横浜や東京にも出荷していたことがわかる。また、柿の木の手入れに関するところで、枝折を行うが、それは五、六〇年前からで、それ以前は行っていなかったとあり、この柿の栽培は江戸時代にも行われていたことがわかる。柿の木や竹林は、市北部などで今でも残るところがあり、当時の村の面影を今に伝えている。

現在、市域ではニュータウン地域の開発などが進み、谷戸の景観はしだいに薄れてきている。しかし、寺家では山田谷戸、居谷戸、熊野谷戸と谷田や雑木林、溜池などの景観が寺家ふるさと村として保存されており、現在でも谷戸の景観と自然を体験することができる。

（小林紀子）

3　寺家村・鴨志田村裁許絵図（表部分）

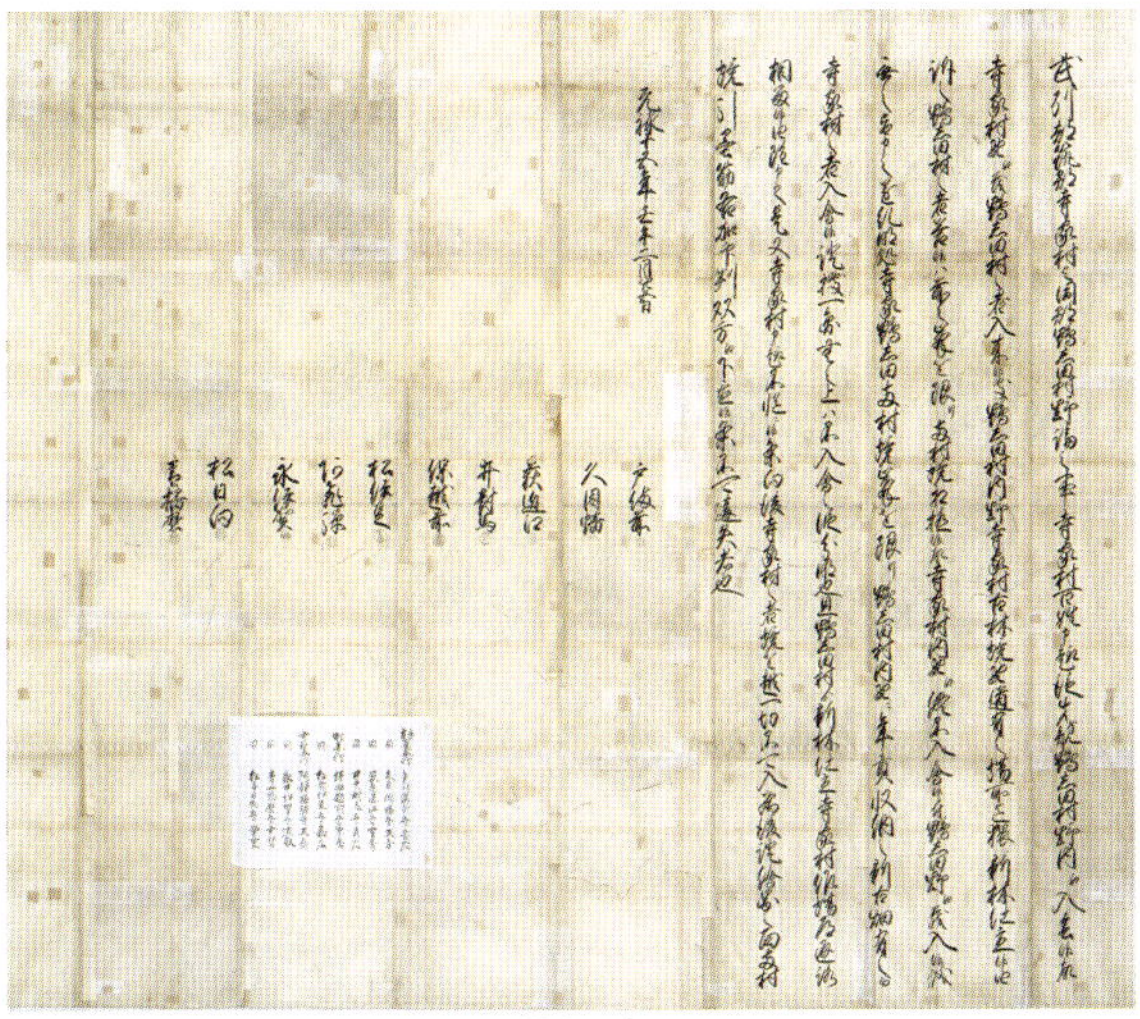

4　寺家村・鴨志田村裁許絵図（裏部分）

寺家・鴨志田両村の争論は、両村が以前から入会地として利用していた野地に、鴨志田村の人たちがみだりに新林を仕立てたことに対し、寺家村がこれを不法として訴えたものであった。裁許は幕府評定所で下され、後々のために絵図を残して村境をはっきりさせ、寺家村のものも村境を越えないということで決着した。

沿岸部の村

海と関わってきた村々

　横浜市域の海岸線は東京湾の西岸に位置し、南北に続いている。この沿岸部には数々の漁村が存在していた。明和六年（一七六九）に描かれた「内湾沿岸町村絵図」には、当時の東京湾の漁村が描かれている。

　市域を見ると北から潮田村（鶴見区）・生麦村（同）、新宿村（神奈川区）、神奈川（同）、野毛村（中区）、横浜村（同）、本牧村（同）、カゾ村（同）、根岸村（同）、滝頭村（磯子区）、磯子村（同）、森村（同）、中原村（同）、杉田村（同）、富岡村（金沢区）、小柴村（同）、野島（同）の一七か村が沿岸の村として記されている。また、神奈川と野毛村の間の丸印は戸部村（西区）、野島から平潟湾に入ったところの丸印は洲崎村（金沢区）と推定できる。これらを合わせると村数は一九となる。

　そして赤丸が漁業権を持つ村、青丸は地先で藻や魚介類の採取を認められた磯付村となっている。神奈川猟師町・新宿村・生麦村は御菜《おさい》八カ浦と称され（他に本芝浦・金杉浦・品川猟師町・大井御林町・羽田猟師町）、幕府に魚介類を献上し、日本橋小田原町の問屋にも売っていた。その他の漁業権を持つ村々は、本材木町の新肴場《しんさかなば》に魚を売った。また、その他の磯付村でも漁撈が行われていた。このように沿岸部の村の人々は、海と関わった生活をしてきた。

滝頭村の景観

　久良岐郡滝頭村は、先述の「内湾沿岸町村絵図」にも登場する村である。石高は「元禄郷帳」で二一七石、「天保郷帳」で二二一石であった。『新編武蔵風土記稿』によれば、滝頭村は、東海道保土ヶ谷宿より一里九丁の場所にあり、家数四八、「四界東は根岸村に交り、南は海浜にして、西は磯子村に隣り、西の方は岡村に続き、北は山丘にて女坂といへる山道を越れば、堀之内村なり」とある。北方の山は、「登り一丁許」だという。また、海については「村民漁猟をして生産を資《たす》く」とあり、漁撈が営まれていたことがここでもわかる。耕地については「平地にして土性砂利真土等交れり、田畑相半し用水不便なれば旱損の患あり」とある。

　寛政九年（一七九七）に書写された滝頭村絵図を見てみると、村の東から南にかけて海岸線が走り、反対に北西側は丘陵地となっている。畑地は海岸近くに、田地は内陸の丘陵部の麓に広がっていることもわかる。畑地と屋敷地が一緒になっている場所もいくつか見られる。また、丘陵部には溜池も一つ二つ見られる。延享三年（一七四六）の「滝頭浦絵図」は、村の中でも特に海岸部を描いた絵図である。ここでは海岸に家がならんで描かれており、その地先には黄色に彩色された洲がひろがる。また沿岸には藻草が生い茂っていたことがわかる。

　沿岸部に平地が広がる一方で、少し内陸に入れば丘になるという滝頭村の景観は、海近くまで丘陵地が迫るという横浜市域の地形の特徴を良く示しているといえる。海際の不安定な土地を畑地とし、田地は丘の麓に展開、溜池や天水が

1　内湾沿岸町村絵図（部分）
東京湾沿岸の村々を記した絵図の、横浜市域の部分を拡大したもの。図の中央を海岸線が走り、その上側が海、下側が陸地になっている。図の右側が北にあたり、右から左に向かって江戸から横浜へ南下するように描かれている。明和6年(1769)。

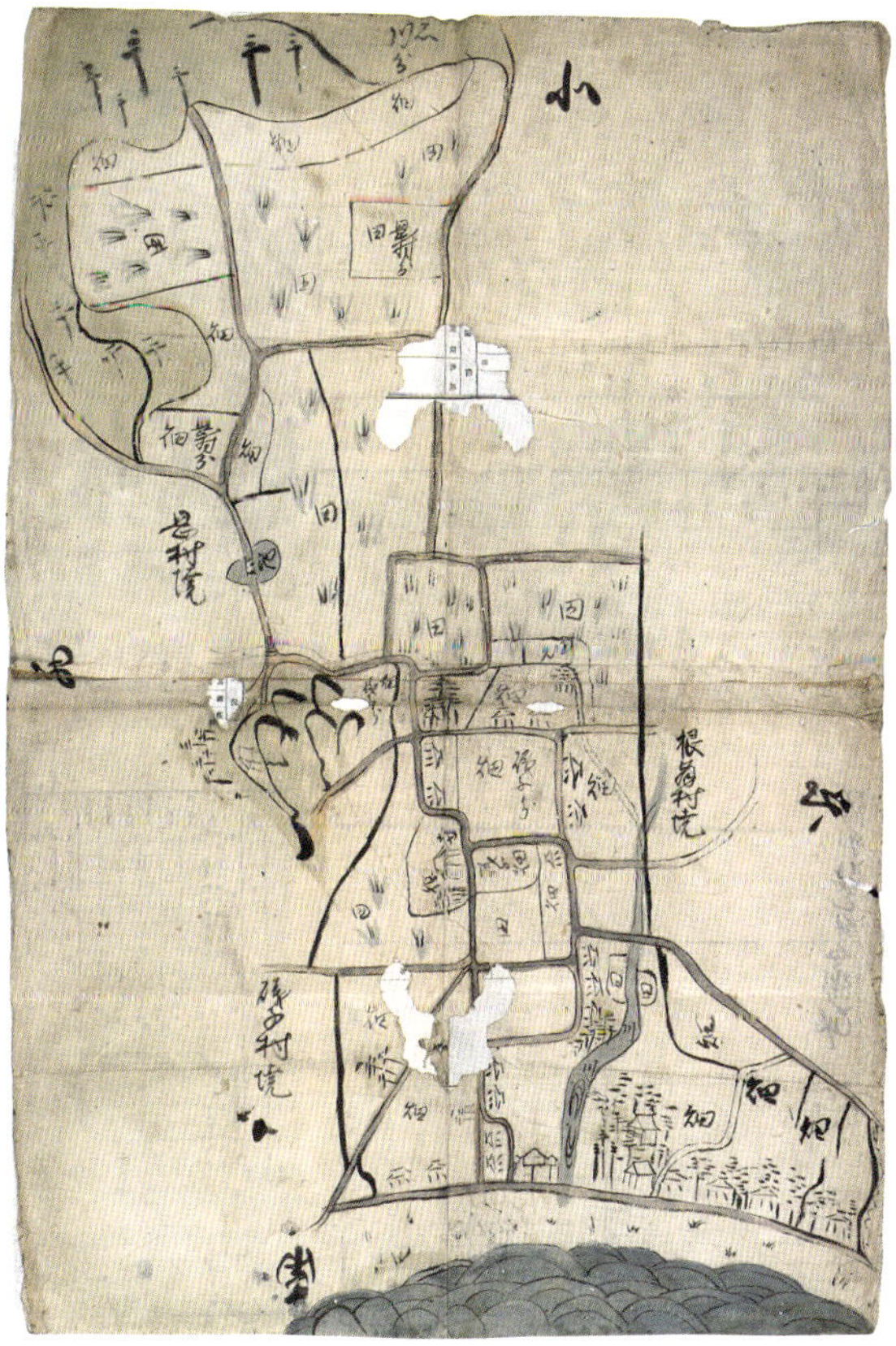

2　滝頭村絵図
家などが具体的に描かれた絵図。溜池は、絵図の左上方に２つみられる。海辺には鎮守の八幡神社もみえる。寛政９年（1797）。

3　滝頭浦絵図
滝頭村の海岸部分の絵図。上方の横線が陸地と海との境目となっている。線の上方にならぶ家々の中央付近に、背後に黒い山状のものをいただく家が描かれているが、おそらくこれが鎮守の八幡社であろう。図の下方に向かって黄色い洲が広がり、藻が生い茂る様子がわかる。延享３年（1746）。

4　明治後期の滝頭村
根岸の海辺の風景を写す絵葉書。場所は堀割川の河口で、海から陸を望む構図になっている。奥の橋は八幡橋。橋の左手前には打瀬船がならび、右は河岸場、その奥に八幡神社の森が見える。絵葉書は裏焼きで作成されていたが、反転して掲載した。

その水源となっていたという耕地の様子が読みとれる。また、地先の海に生える藻も村の農業と無関係ではない。市域の沿岸には「藻場」が多く存在し、根岸湾の地先にはアジモが生息していたという。ワカメなど食料となるものを除き、ほとんどの藻は畑の肥料として用いられていたという。

一方、「生産を資く」漁業については、明治二四年（一八九一）に実施された農商務省の「水産事項特別調査」による記録が残っている。これによると、滝頭村は屏風浦村の一部として登場し、漁業戸数一二（人口一八）、採藻戸数二五（人口三四）で、重要生産物はイワシ、甲烏賊、蝦、鯵、鰈、鮃、鯛、鱸《スズキ》、黒鯛、鯒《コチ》、ホウボウ、エイなどであったという。これは明治年間の記録ではあるが、とれる魚の種類は近世においてもさほど変わらなかったと推測できる。

さまざまな水産物

沿岸部の村々は、魚の他にもさまざまな水産物の恵みを受けていた。先ほどの藻もその一つで、アジモは根岸湾の他、子安や本牧、長浜、柴、野島などの地先にも生息していたし、潮田の地先にはニラモがみられたという。また、アサリやアオヤギなどの貝類も採れた。

町屋（金沢区）、洲崎などでは中世以来製塩が行われていた。さらに『江戸名所図会』には、野毛村で海苔が生産されていたことや、杉田村で海鼠が生産されていたことが記されている。

開港後、埋立が進み、自然の海岸線が減少していくにつれ、市域の漁業も徐々に姿を消していった。しかし現在でも、子安などでは、運河に船がならんでおり、かつての沿岸部の村の姿を思い浮かべることができる。

（小林紀子）

図版特集

金沢八景

人口一〇〇万人を擁する大都市江戸の近くには、数日を要する小旅行の対象地となる名所・旧跡が多数存在していた。なかでも金沢八景(金沢区)は、東海道に隣接していることもあって、西の近江八景と比較される景勝地として有名であった。洲崎《すざき》晴嵐・瀬戸《せと》秋月・小泉《こずみ》夜雨・乙艫《おつとも》帰帆・称名《しょうみょう》晩鐘・平潟《ひらかた》落雁・野島《のじま》夕照・内川《うちかわ》暮雪として知られる金沢八景の構成は、元禄七年(一六九四)に明僧・東皐心越《とうこうしんえつ》が能見堂より金沢の風景をのぞみ、瀟湘八景になぞらえて詠んだ漢詩によって確定した。これ以降、多くの文人や庶民が金沢の地を訪れており、土産・案内・鑑賞用としてさまざまな絵画が作成されている。

(斉藤司)

1 金沢飛石金龍院山上八景眺望之図 広重

金龍院の九覧亭を中央に配し、金沢八景を1枚に描き込んだ構図。左下の枠内の記述から、金龍院の求めに応じて描かれたとみられる。九覧亭の地形を誇張した図柄で、実景とはややかけ離れている。

2 金沢・近江八景図屏風(金沢八景)

金沢八景・近江八景を描いた一双の屏風の右隻で、金沢八景を描く。第1扇・第2扇の中央部に瀬戸神社・瀬戸橋・弁天島、第3扇・第4扇の下部に能見堂、その上部に入り海を隔てて野島、第5扇・第6扇の下部に称名寺が、それぞれ配置されている。

5-1 洲崎晴嵐

5-2 瀬戸秋月

5-3 小泉夜雨

5-4 乙艫帰帆

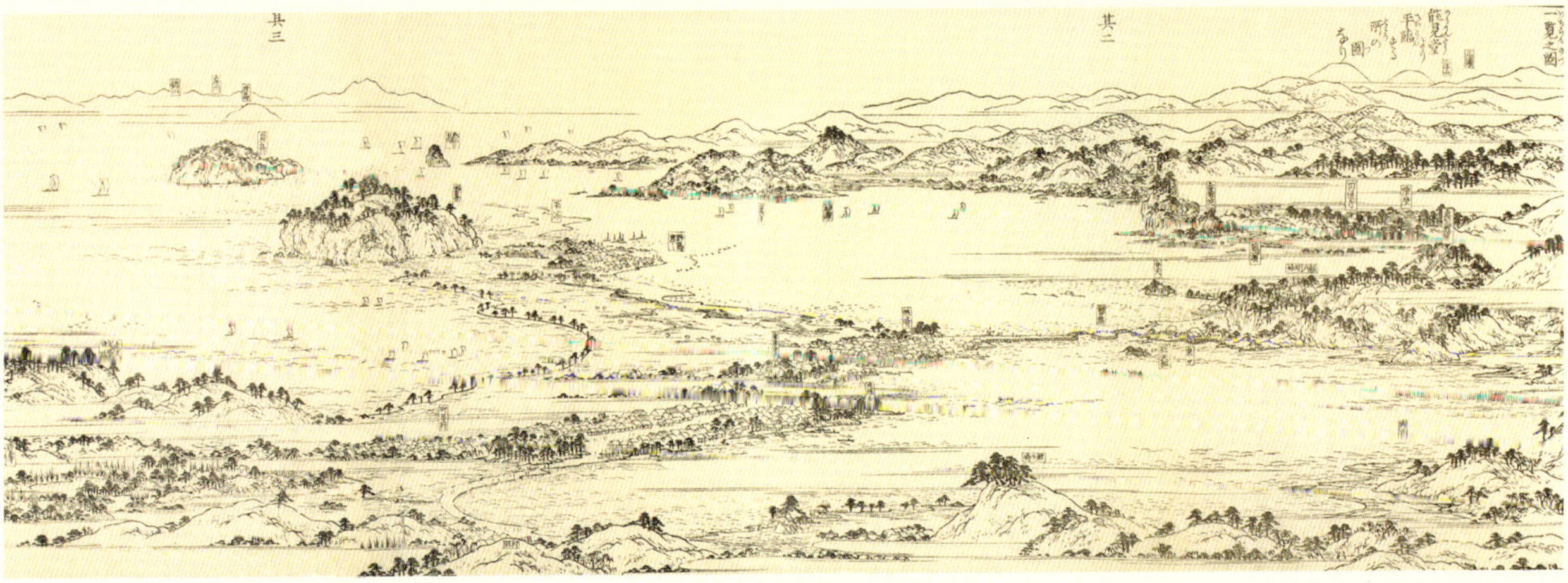

3　金沢勝槩一覧之図
『江戸名所図会』の挿絵で、能見堂からみた金沢八景を描く。実際には冊子のため３分割されているが、それを繋いだもの。能見堂は、東海道保土ヶ谷宿より金沢へ至る金沢道の途中に位置し、八景全体を一望のもとに見渡せる高所にあった。『江戸名所図会』より。

4　武陽金沢八勝夜景　広重
満月の光に浮かび上がる、陰影に富む山や島々と静謐な青い海を、能見堂から野島・瀬戸橋を臨む視線で描いたもの。左下の集落は称名寺から続く寺前村、右手の集落が町屋村である。弧を描く２つの橋が瀬戸橋で、その右手に千代本・東屋といった茶屋が位置していた。寺前・町屋の集落から上部に伸びている半島の先端に位置する小高い山が野島。野島の左側に続く島々は、烏帽子岩・夏島・猿島であろう。安政４年（1857）。

5　金沢八景図　広重
金龍院が刊行したもので、境内の小高い山に設置された九覧亭からは、金沢八景を360度のパノラマで見ることができた。九覧亭からの八景の眺望を、個々の風景ごとに描き、８枚一組となっている。

5-6　平潟落雁

5-5　称名晩鐘

5-8　内川暮雪

5-7　野島夕照

図版特集

近世の民家

江戸時代中頃まで、庶民がくらした住まいの多くは、掘立柱の建物であったといわれている。その後、礎石建ての建物が造られるようになると、建物の耐用年数は飛躍的に高まった。建築後二〇〇年以上を経た建物が現代まで伝えられるようになった。

現在、横浜市域には、東日本最古の民家の一つと考えられている関家住宅（国指定重要文化財）を始め、十数棟の民家や長屋門が文化財、あるいは歴史的建造物として伝えられている。中には今でも居住用に使われている建物もあるが、多くは公園の施設として市民に公開されており、江戸時代の人々のくらしぶりを伝えている。

（刈田均）

1　関家住宅　国指定重要文化財
江戸時代の名主の住まいである。東日本最古の民家のひとつと考えられている。主屋（図版上・下右側）をはじめ、書院（図版下左側）と長屋門（図版中）、周囲の山林・畑地・墓地などが一括で国の重要文化財に指定されている。書院は、接客のために18世紀前半に建てられた。一般的な名主の住まいでは主屋に接客目的の空間を設ける事例が大半で、別棟で書院を建てる事例は希有であり、主屋の型式と相まって関家の家格をうかがわせる。長屋門は19世紀中頃に平屋で建てられ、明治24年（1891）に養蚕のため2階建てに改造されている。都筑区勝田町。

5　飯田家住宅長屋門　横浜市指定有形文化財

主屋と長屋門が文化財に指定されている。飯田家は江戸時代に綱島村（南北分割後は北綱島村）の名主を務めていた。長屋門は、江戸時代後期の建築と推定され、平成８年（1996）に解体修理が行われている。主屋は明治21年（1888）の火災で焼失し、現在の主屋は明治22年の再建である。焼失以前の様子は『大日本博覧絵』の銅版画に掲載され、主屋と長屋門のほか別棟の書院、文庫蔵、氷製造場、土蔵が描かれている。港北区綱島台。

2　関戸家住宅主屋　国登録文化財

主屋、穀蔵、文庫蔵が国の登録文化財となっている。建築年代は文庫蔵が安政５年（1858）であるほか、穀蔵が文庫蔵より古いということと、主屋は明治２年（1869）頃と伝えられている。主屋は右手に土間を置く六ツ間取りで、土間に接して馬屋を主屋内に設けた内馬屋形式をとる。桁行は14間と、横浜市内でも最大級といえる大きさである。青葉区美しが丘西。

6　旧奥津家長屋門　横浜市認定歴史的建造物

緑区新治町にあり、長屋門と土蔵が横浜市の歴史的建造物に認定されている。奥津家は江戸時代弘化３年（1846）から安政２年（1855）まで榎下村の名主を務めており、長屋門の建築年代はその時期にあたる江戸時代末期の安政年間と推定されている。土蔵は大正15年（1926）の建築である。現在「新治市民の森」内の「にいはる里山交流センター」（緑区新治町）として活用されている。

3　旧小岩井家住宅主屋　横浜市指定有形文化財

現在の栄区鍛冶ヶ谷町にあった名主の住まいで、主屋と長屋門が横浜市の有形文化財に指定されている。建築年代は、主屋が弘化４年（1847）、長屋門が江戸時代末期で主屋が建てられて間もない頃と推定されている。主屋は接客用の玄関となる式台を持ち、式台から接客用の部屋が３室続くほか、土間やヒロマなどの上に屋根裏部屋にあたる厨子（つし）二階が設けられるなど、独特な多室間取りである。現在、本郷ふじやま公園（栄区鍛冶ヶ谷）の古民家ゾーンに移築されている。

7　旧澤野家長屋門　横浜市認定歴史的建造物

鶴見区馬場にあり、建築年代は、澤野家が馬場村・北寺尾村・東寺尾村・西寺尾村の総代名主を務めていた、江戸時代末期の安政年間と推定されている。長屋門は紅殻で朱が塗られていたことから、地域で「馬場の赤門」と呼ばれ、親しまれてきた。現在は馬場赤門公園のシンボルとして市民に公開されている。

4　旧安西家主屋　横浜市認定歴史的建造物

現在の泉区和泉町にあった民家である。間取りは土間に隣接した広い板の間であるヒロマと、接客の間であるオク、寝室であるナンドからなる三室広間型で、いわゆる大黒柱が見られない形式である。建築年代は18世紀末頃と推定されている。現在、長屋門公園（瀬谷区阿久和東）に移築され、旧大岡家長屋門とともに公開されている。

市域北部の住まい

現存する近世の住まい

昭和四六年（一九七一）に港北ニュータウン地域（都筑区）で行われた調査によれば、二六五棟におよぶ草葺き屋根の民家が確認された。いずれも江戸時代から明治時代にかけて建てられた民家で、このうちいくつかが現在まで伝えられている。

関家住宅（都筑区勝田町）は、横浜市内で現存する最古の住まいである。関家は江戸時代名主や代官を務めていた。主屋の間取りは土間の左側に四つの部屋を設ける四間取り型であるが、その規模は際だって大きい。接客を目的とした書院を別棟で持つなど、一般的な農家では考えられない破格といえる住まいである。関家住宅の主屋は、現存する中世（室町時代末期頃）の住まいとして知られる箱木千年家（兵庫県神戸市）や古井千年家（兵庫県姫路市）と同じような古い形式の上部構造を持つこと、建築当初の外回りの大半が土壁で閉鎖的であったこと、四間取り型の民家が武蔵・相模では江戸時代後期から末期にかけて広まる型式でこの時期としては他に例がないことなどの特徴がある。建築年代は一六〇〇年代前半まで遡るといわれ、東日本でも最古の民家の一つと考えられている。

旧長沢家住宅（都筑区大棚西）と旧内野家住宅（都筑区新栄町）は、建築年代が一七〇〇年代後半と推定されている。

旧長沢家住宅は名主の住まいである。間取りは、土間に隣接した大きな板の間（広間）と四つの部屋からなる五室広間型である。畳敷きで天井が設けられたナカノマとオクの二部屋は、名主として幕府の役人などを迎えた接客の間である。馬屋は、馬を飼育するウマヤと味噌などを保存するミソベヤからなり、主屋とは廊下で繋がれている。この主屋と馬屋が廊下で繋がれた型式は、武蔵国南部に特徴的といわれている。

旧内野家住宅は、土間に隣接した広い板の間（広間）と二つの部屋から成る三室広間型である。

住まいの間取りと利用

この三軒の住まいには、建物面積の約三分の一から四分の一を占める土間がある。この地域では土間をダイドコロと呼んでいる。ヘッツイと呼ばれる竈《かまど》をはじめナガシやミズガメが据えられて調理の機能を持つほか、石臼を使った穀類の粉挽や、草履《ぞうり》や筵《むしろ》を編む藁《わら》細工など作業場としての機能、また道具や食料を置いておく貯蔵や収納の機能を併せ持ち、

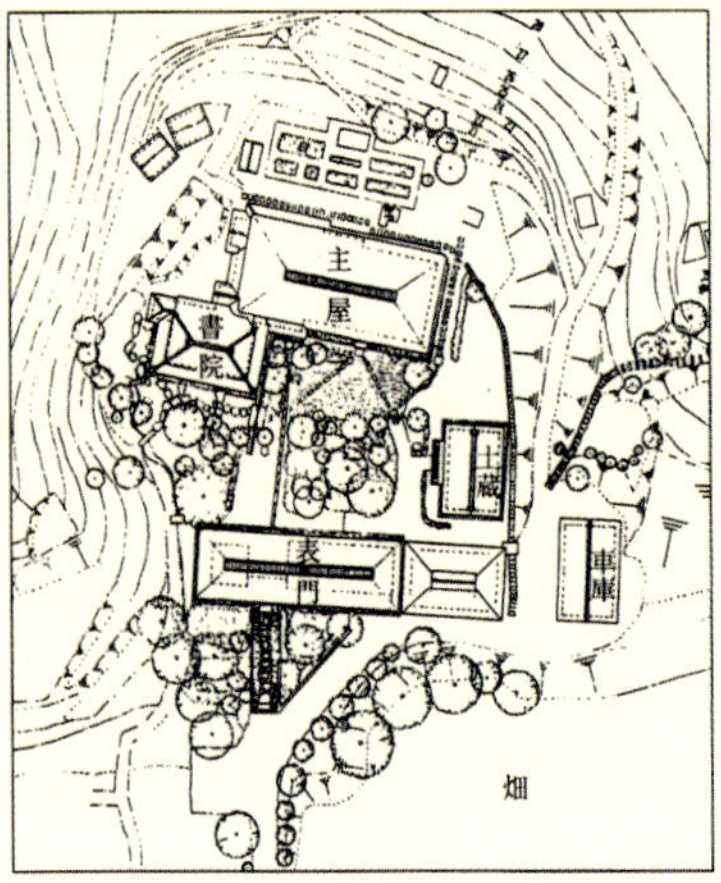

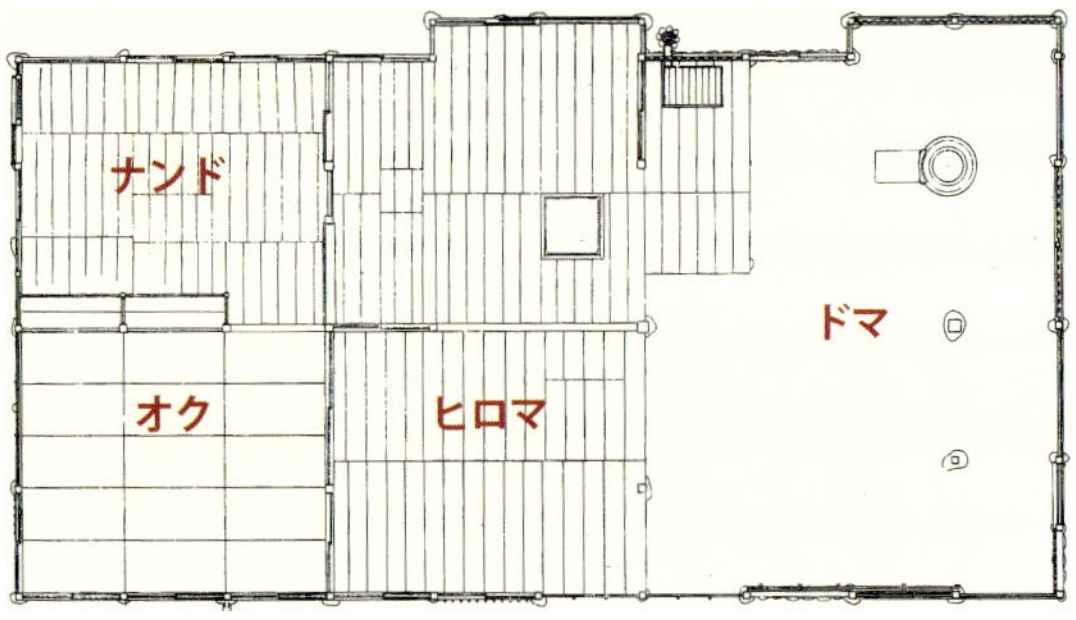

1　関家住宅　主屋内部（写真）、および修理前住宅配置図（左）と修理竣工後主屋平面図（上）
関家住宅は国の重要文化財に指定されている。主屋は平成 14 〜 17 年（2002 〜 2005）にかけて大規模修理が行われた。約 400 年前の建物が移築されず、現在でも住まいとして活用されている事例は全国的に見ても希有である。都筑区勝田町。

農業を基盤とするくらしには欠かせない空間である。

土間に隣接して囲炉裏《いろり》が設けられた板の間がある。いわゆる居間で、食事や団らん、親しい人の接客、夜なべ仕事など、起きて家にいる際に最も利用する日常生活の場であった。広間型の旧長沢家住宅、旧内野家住宅は、土間とこの板の間との境がタキギヨケと呼ばれる背の低い板壁と鴨居上の土壁だけで、土間と居間は見通すことができる一つの空間として作られている。四間取り型の関家住宅土屋も同様である。住まいの始まりともいえる竪穴式住居は、一つの空間で調理、食事、作業場、寝室といった複数の機能を兼ねていた。広い土間、広い居間、見通せる空間など、複数の機能を兼ねた大きな空間は、住まいの原点を彷彿させる。

板の間に隣接して、手前側と奥側に部屋が設けられている。手前側はオクとかデイなどと呼ばれる畳敷の部屋で、主として接客に用いられた。奥側は板の間で、寝室や納戸の機能を持つ。

2　旧長沢家住宅
現在の都筑区牛久保西にあった建物で、横浜市の有形文化財に指定されている。手前が主屋、奥が馬屋。港北ニュータウンの開発に伴って大塚歳勝土公園（都筑区大棚西）に移築され、都筑民家園として公開されている。

3　旧内野家住宅　横浜市認定歴史的建造物
現在の都筑区荏田東にあった建物で、港北ニュータウンの開発に伴い、都筑区せせらぎ公園内に移築されて公開されている。屋根は、防災上の観点から、表面が草葺きから銅板葺きに改められた。

庶民の住まい

現存する民家は、規模が大きな名主の住まいが大半である。その意味では、三室広間型の旧内野家住宅は、江戸時代中頃の庶民の住まいをうかがえる事例である。

また、港北ニュータウンの開発に伴って発掘された西ノ谷遺跡では、一七〇〇年代前半頃の建築と考えられる建物跡が見つかった。大きさは旧長沢家住宅と旧内野家住宅の中間くらいである。関家住宅、旧長沢家住宅、旧内野家住宅は、いずれも礎石の上に柱を立てて建築された礎石建てであるが、西ノ谷遺跡の建物跡は、掘立柱の建物であった。掘立柱の建物は、縄文時代や弥生時代の竪穴式住居に代表されるように、地面に穴を掘って柱を立てている。建築しやすい構造であるが、地中にある柱が水分や菌類の影響で腐りやすく耐久性に乏しい。このような掘立柱の建物が、関東地方では一七〇〇年代後半まで一般的であったといわれている。

この建物跡は、旧内野家住宅より大きい。住んでいたのは、ある時期名主を務めていた人であったといわれている。村の名主が掘立柱の建物に住んでいたことは、多くの庶民層も掘立柱の建物に住んでいたことをうかがわせる。（刈田均）

名所・旧跡をめぐる人々

1　台町の茶屋
神奈川台町で著名な茶屋「さくらや」を描いたもの。『神奈川砂子』文政7年（1824）より。

旅の流行

一八世紀の後半（いわゆる宝暦～天明期）以降は、一般に商品経済の発展や流通構造の変化によって、経済が質・量ともに拡大し、民力が伸長した時代と言われる。経済の発展と相まって庶民の生活・文化の質も向上し、一九世紀に入ると、近世社会は成熟期を迎える。庶民レベルにまで旅の文化が定着したのはこの時代である。北斎や広重に代表される旅を題材にした浮世絵や十返舎一九の『東海道中膝栗毛』が評判を呼び、各地の「名所図会」類が刊行された背景には、当時の旅の流行があった。とりわけ江戸時代の市域では江戸に住む人々（江戸人）の旅文化の影響を強く受けることになる。

神奈川宿を通る人々

江戸人が武相（武蔵国・相模国）の名所地をめざし旅する際には、東海道を通過する場合も多かった。神奈川宿の石井本陣日記からは、通過者の傾向が読みとれる。通過者の行き先は伊勢を例外として遠方地は全くといってよいほど記されておらず、本牧吾妻明神社、江ノ島、道了尊（大雄山最乗寺）、大山、藤沢山《とうたくさん》（清浄光寺・遊行寺）、片瀬竜口寺、鎌倉光明寺などへの参詣記事がある。

これらの行き先はいずれもが武相の名所地・参詣地であり、ある時期に参詣者が集中する傾向がある。具体的には、本牧吾妻明神社は一月一七日と七月一七日、江ノ島は四月四日から一〇日前後、道了尊は五月二五、六日、大山は六月二五日から七月二〇日頃、藤沢山は八月二〇日前後、片瀬は九月一〇日、一一日、鎌倉は一〇月一三日前後などである。日記にはたとえば、六月二五日「今日より大山参詣之もの大セイ通ル、宿内ニキヤカ（賑）也」などとあり、日記の書き手にとって、顕著な通過は特筆すべき事項であった。

重要なことは、通過者の多くが江戸を中心とした人々であったことで、行き先は大山、江ノ島を始め、江戸人が足を運ぶ武相の参詣スポットであった。また、これらの記事をながめていると神奈川を起点とする参詣＝行楽地域の歳時記を読んでいるようでもある。武相の参詣対象寺社はそれぞれ参詣すべき登山日、例祭日や法会日が決まっており、人々はその日を目処に参詣した。そして自ずと神奈川宿を通過する時期も決まってくる。その時期は宿場にとってはかき入れ時であり、一年の参詣（行楽）サイクルは、宿泊関係者にとって例えば農民の農耕サイクルのように大切なものであった。

江戸の名所へ

当時の人々にとって江戸自体も魅力あふれる名所地であった。このことは『江戸名所図会』が広く出回ったことからもうかがえ、江戸近郊の人々も江戸の名所地に出向いている。石井本陣日記の書き手（二人）の江戸出府記事からその内容を見ていきたい。日記の書き手は文政七年（一八二四）から天保四年（一八三三）が石井順孝、そして天保七年（一八三六）が石井源左衛門で、江戸へ出向いた回数は二人合わせ五四回である。彼らは公務または私用の合間に、さまざまな名所地に出向いている。目的は寺社の参詣、祭礼見物、芝居等見物、遊所見物・通い、飲食などであった。寺社参詣では浅草（浅草観音）が多く、五四回の出府のうち、二四回を数える。

浅草の近くでは東本願寺参詣が五回、上野方面の参詣は四回、上野から南に行けば神田明神がある。天保四年（一八三三）九月一四日には「天下祭り」と言われた神田明神祭礼の宵宮に出かけ、町々を巡る曳物や練物の見事なことに感嘆している。

両国方面へは一〇回で、両国周辺は江戸で随一の盛り場であった。両国近辺では薬研堀不動。深川方面では途中に水天宮、川を越え、深川八幡と洲崎弁天、南の方面では西本願寺の参詣、東の方面では牛之御前祭礼、亀戸天神祭礼、吾妻森権現、五百羅漢。比較的遠くでは王子がある。

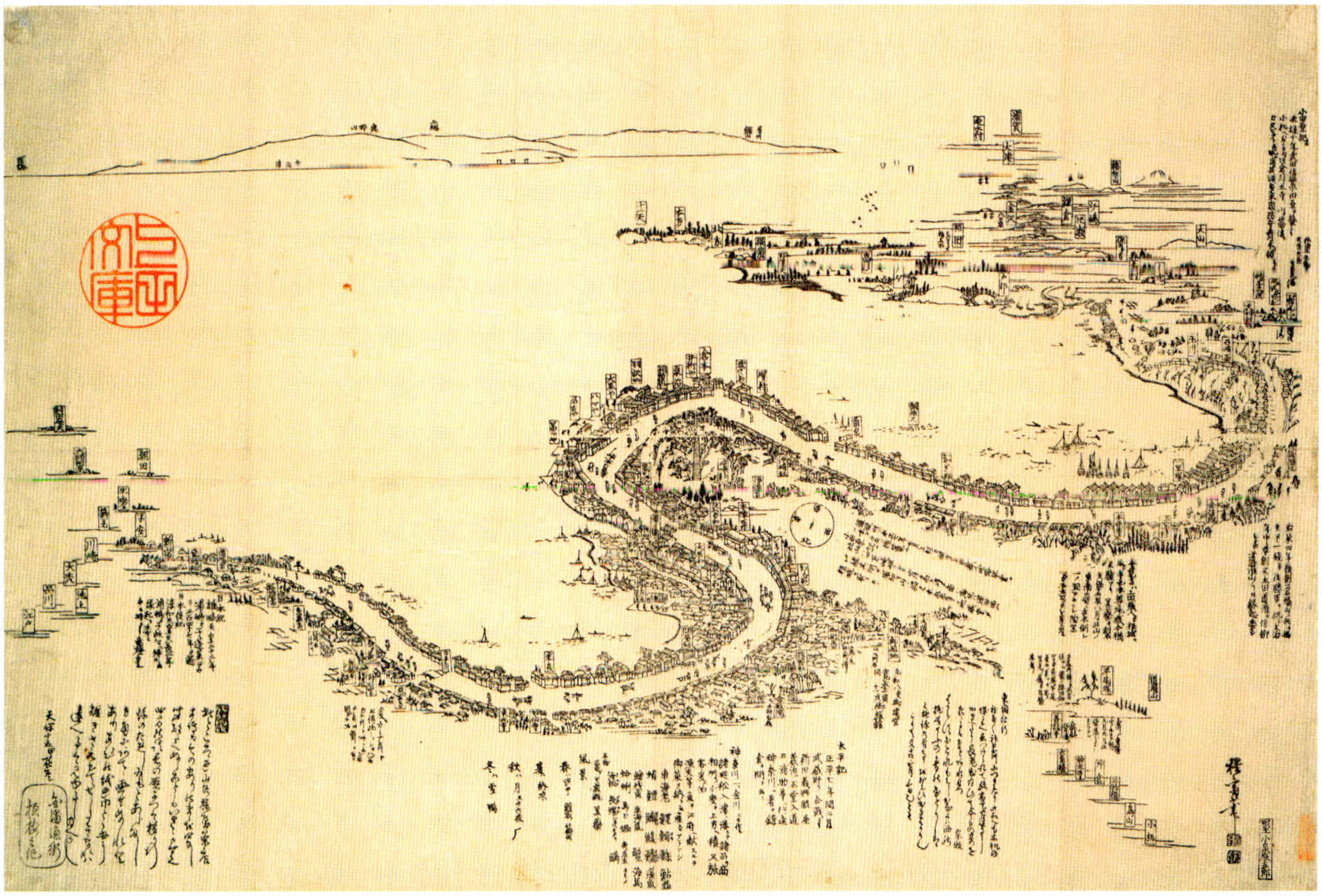

2　細見神奈川絵図　穆斎
神奈川宿の名所・名物を書き入れた鳥瞰図。天保15年（1844）。

3「戸塚宿紺屋友八西国旅日記」行程図

芝居などの見物記事も見え、中村屋や市村座などの著名な歌舞伎小屋、薩摩座などの操芝居の小屋へ出向いている。天保二年（一八三一）四月二四日の記事には「今日は横町兄と芝居ニ行、中村座也、大当り、夜ニ帰ル」と、大当りの歌舞伎を観覧したことが記されている。また、この時期江戸の食文化は爛熟期を迎え、高級な料理屋が味を競っていた。日記には江戸の料理番付に載る山谷八百善、向島武蔵屋、亀戸巴屋、柳橋梅川など有名料理屋を利用している記事がある。天保二年一月一〇日は、朝吉原を出て、八百善で昼食、夜にはまた吉原に出向いている。江戸の代表的遊所吉原の記事は、この時を含め七回ある。

遠国への旅

多くの人々が遠方へ旅に出向くようになったのも、一八世紀の後半から一九世紀に入ってからである。遠方へは、村や町で講を作り、代表者が参詣地へ向かう代参講という形が一般的で、伊勢講が知られている。先の本陣日記をみてみると、神奈川町では、伊勢講のほか遠州（静岡県）秋葉山への代参講が日記にみえる。秋葉講の出立日は毎年正月七日で、二週間ほどの旅であった。伊勢講の出発日は一月から三月の間で定まってはなかった。伊勢参りには一月以上の日数をかけている。

代参講が庶民の旅の形であるのに対して、経済的・時間的に余裕のある人々は、講を組まずに、同好の士で贅沢な旅をしている。文政七年（一八二四）には、正月五日から四月九日まで、戸塚宿の趣味人たちが西国を中心に旅をしている。旅のメンバーは絵描きや歌人で、旅先の名所《などころ》で歌や絵を残すなど、趣味に興じている。旅程は京都での二週間の滞在や讃岐金毘羅、さらには下野日光などへ足をのばす、今風に言えばデラックスタイプの旅であった。庶民の旅の時代と言っても、旅の質は一様ではなかった。

（井上攻）

宿場の生活

多様な宿場

宿場は、江戸幕府が整備した街道筋で、公私の旅行者の宿泊や荷物を運搬する人馬などを継ぎ送る設備のある町である。したがって宿場は幕府によって設定された交通制度下の町という印象が強いが、宿場として設定される以前にすでに城下町や港町、寺内町であったり、また設定後に社会状況の変化などにより、宿場としての性格に加え、多様な性格を持つようになった。

江戸時代の市域には、神奈川宿・保土ヶ谷宿・戸塚宿の三宿が置かれていたが、神奈川宿を例にとれば、近世後期になると、新興の廻船集団が寄港するようになり、強まった湊町としての性格、江戸旅文化の隆盛を背景とする名所地（浦島寺など）としての性格、飯盛旅籠や茶屋が江戸人や周辺住民の享楽を誘う娯楽地・色街としての性格、組合村の寄場が存在する支配の拠点としての性格などがあった。このため、宿場に住む人の生活も街道にかかわるだけでなく多様であった。

宿場と町、住民

宿場は複数の町で構成されている場合が多い。市域の三宿も例外ではなく、少なくとも江戸時代中期以降は、神奈川宿が神奈川町と青木町、保土ヶ谷宿が帷子町・神戸町・岩間町・保土ヶ谷町、戸塚宿が吉田町・矢部町・戸塚町から成り立っている。それぞれの町は行政単位として機能し、原則として名主役が置かれていた。これらの名主は、人馬を継ぎ立てする問屋や大名が宿泊する本陣などを兼ねている場合もあった。

町はまた、さらに小さな町組から構成されていた。神奈川宿を例にとると、地誌「神奈川砂子」に、神奈川町には新町・仲之町・猟師町など一三町、青木町には滝之町・宮之町・台町など一〇町が見える。これらの町組は、宿役人や町役人の下部組織として触継ぎや年貢・夫役徴収、宗門人別作成などの「行政」末端機能を果たすとともに、生活共同体の単位として機能していた。

石井本陣史料には、天保六年（一八三五）の町組単位の年貢取立帳が残っており、文政九年（一八二六）一一月の年貢勘定寄合には、各町組の組頭が参加している。通行夫役に関しては、文政九年四月二〇日の「石井本陣日記」から、遠馬（幕藩領主の馬術稽古を兼ねた遠足）の通行夫役に各町組から一人ずつ徴収されていることが確認できる。また宗門人別帳は町組ごとに作られ、名主の元に集められている。

町共同体の負担（町役）や行事に関しても町組が機能した。文政九年四月一六日の「石井本陣日記」には、堀浚いや用水浚いを町組単位で行っている様子が記されている。このほか宿民の葬儀に際しては、町組の住民が組頭を中心にすべてを取り仕切っており、町組は宿民の生活にとって基本的な単位であった。

神奈川宿の神奈川町に関しては、その住民構成が明らかにできる。安政六年（一八五九）の宗門人別帳には九〇四軒、三七三一人の記載がある。この帳面を分析すると、九〇四軒中、高持（石高を所持している者）は三八八軒で、その割合は約四三％となり、逆に無高（石高を所持していない者）の町民は五七％ということがわかる。神奈川宿では享保一一年（一七二六）に伝馬役負担が軒役（家単位）から高役（所持石高単位）へ移行しており、全体の四三％の町民が神奈川町の伝馬役を果たしていたことになる。

次に地借（土地を借りている者）・店借（家を借りている者）層の割合であるが、地借一二六軒と店借二九五軒を合わせると四二一軒で、総軒数の約四六・六％となる。ただし、地借・店借の中にも富裕な者もおり、彼等をただちに下層民とすることはできない。

また高持三八八軒の階層構成は、〇・九〜〇・一石層と〇・一石以下を合わせると三一四軒で高持層全体の八一％を占める。これらの層は一〜九石層も含め農業だけで生計を立てられる持高ではなく、旅人相手の旅籠や飲食店、諸商売が主な生業であった。

1　戸塚宿の留女（東海道五十三次細見図会　戸塚　広重）
上部には戸塚から富士・大山の遠景が俯瞰図風に描かれ、下部は「道中風俗」として「旅籠屋の留女」とあり、旅籠屋の客引きの様子が描かれている。

2　神奈川台町の茶屋街夜景（五十三次名所図会　神奈川台の茶屋海上見はらし　広重）
神奈川の台町の茶屋から名勝袖ヶ浦を眺望する構図で、茶屋で遊ぶ客の様子から夜の茶屋街の賑わいが伝わる。

さらに総軒数九〇四軒の家族数をみてみると、家族数が多い家の割合は多くない。反対に家族数三人以下は合計四一五軒、全体の四六%を占め、一人暮らしの家も七六軒ある。この数字や先に確認した農業に依拠していない住民構成からは神奈川宿の都市的な性格がうかがえ、また都市民としての住民の姿も見えてくる。

宿場の生業

　神奈川宿の基幹的な生業としては、旅人を泊める旅籠屋は、享和三年（一八〇三）「分間御用手控」によれば六四軒、天保一四年（一八四三）改の「東海道宿村大概帳」によれば、五八軒、安政二年（一八五五）の「武州橘樹郡神奈川宿組合村々地頭姓名其他書上」には、五七軒を数える。安政二年の五七軒のうち飯売女を抱えている「飯売持」が三八軒あった。このほか安政二年には茶屋四五軒とある。

　廻船業や漁業に関しては、船数が参考になる。「東海道宿村大概帳」には、五大力船一一艘、茶船九艘、大猟船一〇艘、猟船六艘、「無極印猟船」八三艘、「無極印弐百石積廻船」一艘、「御年貢船御極印船」九艘、瀬取船二九艘、小伝馬船五艘とある。廻船の数は湊としての性格、猟船の数は猟師町としての性格、御年貢船の数は年貢津出湊としての神奈川宿の性格を示している。

　このほか宿場の多様な生業については保土ヶ谷宿の実態が、寛政一一年（一七九九）、文政七年（一八二四）、嘉永三年（一八五〇）の「村明細帳」をもとに明らかにできる。職人を見ると、寛政期には大工、樋工など五種、一五軒が見え、文政期にはこれらの職種に加え、左官、建具など一一種が増える（計四四軒）。とりわけ髪結床五軒、風呂屋一〇軒の数が目立つ。嘉永期には髪結床、風呂屋などが見えなくなるが、新たに下駄打、ろうそくかけなど九種が増えている（計四八軒）。

　商人では寛政期には紙、蝋燭、酒など一四種の商いが見え（計六一軒）、文政期には油、小間物など六種が加わり（計七一軒）、嘉永期には古着、舂米など二〇種に職種が一気に増え、商家数も一〇四軒となる。このほか医師、針師、修験、座頭などが確認できる。

　保土ヶ谷宿では職人、商人とも時代をへるにしたがい、職種、軒数が増えており、近世後期から幕末にかけて保土ヶ谷宿が周辺地域の消費経済の中心的な位置を占めていたことがうかがえる。

（井上攻）

3　神奈川宿の魚問屋
神奈川周辺の漁場から水揚げされた魚介類は神奈川宿内の猟師町や小伝馬町の魚問屋に集められ、江戸などに送られた。小売りの様子もうかがえる。『神奈川砂子』文政7年（1824）より。

4　神奈川宿の遊所
江戸近郊の宿場は、江戸人や周辺住民の享楽を誘う娯楽地・色街として賑わった。この図は神奈川宿の遊興の店を描いたもので場所は特定できない。『神奈川砂子』文政7年（1824）より。

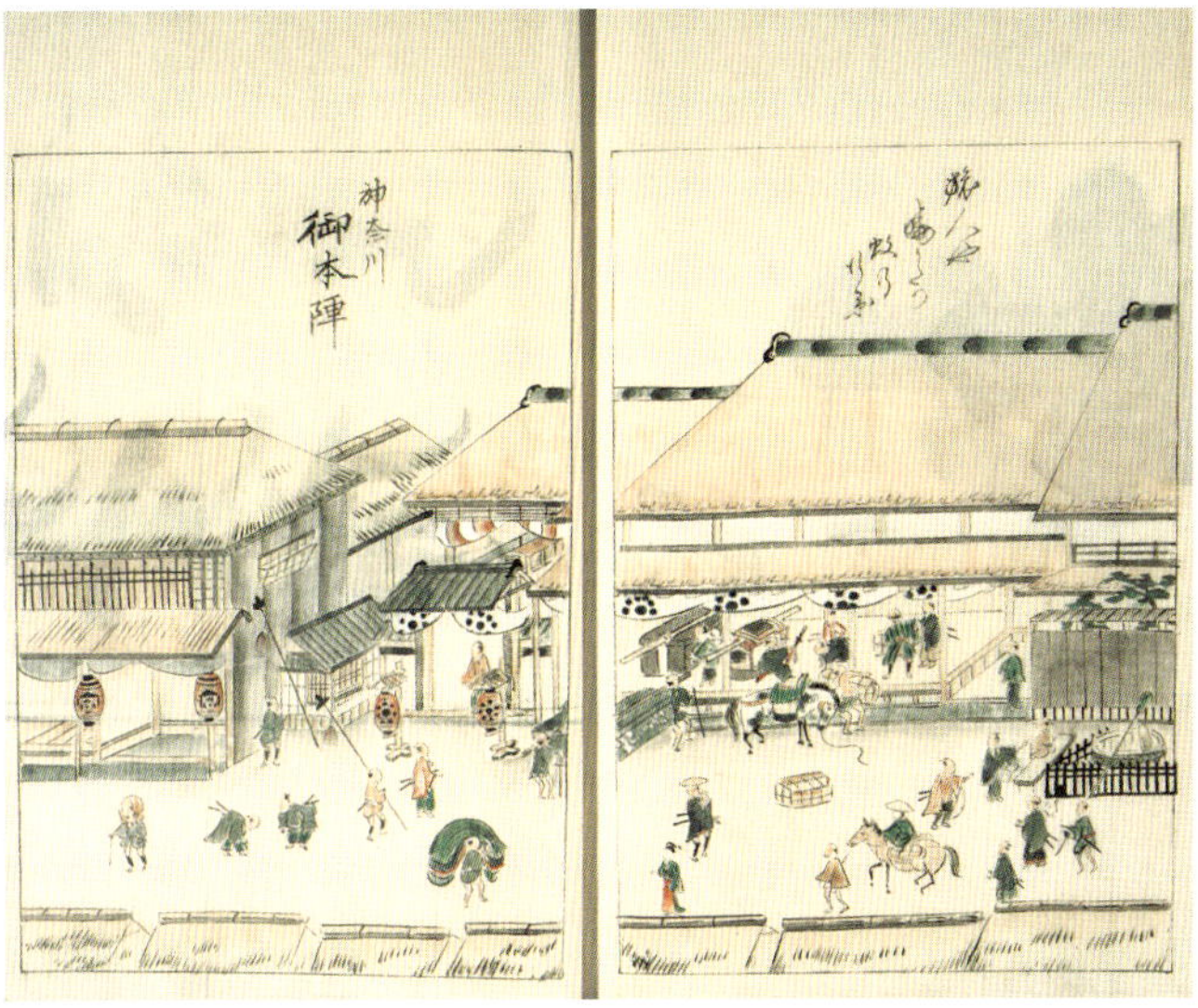

5　神奈川宿石井本陣
神奈川町の石井本陣を描いたもので、手前の道が東海道。大名の荷物が到着し、本陣の中へ入ろうとしている様子が描かれている。『神奈川砂子』文政7年（1824）より。

6　復元された高札場
高札場は、江戸幕府の法律を庶民に周知させるための高札が掲げられた施設で、神奈川宿では神奈川町の石井本陣の上方側、滝ノ橋のたもとに設置されていた。現在、神奈川地区センターの前に復元されている。

神代神楽

横浜の神代神楽

神代神楽《じんだいかぐら》は、日本の神話を、面をつけて黙劇風に舞う神楽で、里《さと》神楽とも称される。横浜市域には、この神代神楽が江戸時代より伝えられている。

神楽を行う人々は、元締《もとじめ》と呼ばれる家元兼興行主のもとで奉納を行った。近世の元締のほとんどは、神職や陰陽師、神事舞太夫であった。彼らは自身が所属する神社などの範囲を超え、村や氏子などの依頼に応じて、各地の祭礼で広く神楽を奉納した。

神代神楽の演目の単位は「座」で表され、基本的に一座一演目で数える。ただし、十二座、十八座、二十五座の神楽などという言葉があり、これは演目数ではなく神楽の規模を表すこともあるという。演目の内容はイザナギ、イザナミの伝説やヤマトタケルの伝説など、『古事記』『日本書紀』の神話をもとにしたものが多く、明治初年に政府によって演目が統一されるまで、各元締によって、比較的自由に演目数や題名、内容が表現されていたようだ。

神楽は、面をつけて舞う舞方と、囃子を担当する囃方によって演じられる。囃子に使用される楽器は、大拍子《だいびょうし》、能管や篠笛などの笛、大太鼓、締太鼓が中心で、曲や場面によって鉦や拍子木を用いる。また、昭和になってから、舞方・囃方に加えて、神楽のストーリーを解説する解説者も生まれた。

また、「もどき」と呼ばれる道化役が従者としてさまざまな演目に登場するのも神代神楽の特徴である。彼らの滑稽な所作や手踊り、「運び」と呼ばれる神々の酒肴や武器を運ぶ動作は、演目の中の大きな見せ場となる。

舞のみではなく、ストーリーを演じるという演劇的要素も含む神代神楽であるが、基本的に台詞がない。会話などの表現は「手ごと」という身振り、手振りで表現される。例えば、手をたたくと「人を呼ぶ」、耳の後ろに手をかざして聞くふりをすると「聞く」といった表現になる。この「手ごと」からストーリーの流れを読みとるのも、神代神楽観賞の楽しみの一つといえる。

1　熊野社弓矢神楽
神奈川町（神奈川区）の熊野神社の祭礼の様子。拝殿脇に設けられた仮設の掛舞台で神楽が奉納されている。舞台の前には見物の群衆がひしめいている。『神奈川砂子』文政7年（1824）より。

2　現在の神奈川熊野神社の神楽奉納（横越政義社中）
平成18年（2006）8月の夏の例大祭の夜宮。鳥居の奥に神楽殿が見える。

神楽の奉納

神代神楽は、主に神社の祭礼時に神楽殿で奉納された。鎮守の祭礼は、江戸時代の百姓たちが一年のうちで最も楽しみとしていた行事であり、神楽奉納も多くの見物人で賑わった。神楽殿は、常設のものと仮設の掛け舞台がある。舞台の出入口は脇ではなく、おもに左右後方だが、花道を設けている舞台もある。舞台正面には、神前にものを供えるときなど

3　萩原氏神楽奉納場所一覧
文政2～天保15／弘化元年（1819～44）の、萩原氏の神楽奉納場所。地図上に示せない場所は地図外に示した。

に使う八足《はっそく》の机を置き、幣束《へいそく》や御神酒《おみき》、供物が供えられる。これを「ご神前」と称し、ここには神楽で使用する鈴や榊などを置いておく。舞方は舞台に上がると必ず「ご神前」に一礼し、神楽はこの「ご神前」を中心に進められることになる。

神楽奉納は、ほぼ一年を通じて行われていたが、夏から秋にかけてが特に盛んであった。例えば、橘樹郡市場村（鶴見区）の神楽元締萩原氏は、文政二年（一八一九）九月に、一か月間で合計五二回もの奉納を行っている。ほぼ毎日の奉納で、時には一日に二か所、三か所で奉納することもあった。

4　「黄津醜女」（萩原諄夫社中）
平成18年（2006）2月、川崎大師平間寺で奉納された時の写真。火の神を産んで亡くなった伊佐那美命を探し、伊佐那岐命が黄泉の国を訪ねる神話を神楽にしたもの。右奥が伊佐那岐命、中央が醜い姿を見られ醜女と化した伊佐那美命。左は伊佐那岐命の危機を救った桃の精。

奉納範囲と神楽師のネットワーク

神楽元締たちが神楽を奉納する場所の範囲は大体決まっており、それぞれの元締同士ですみ分けが行われていた。萩原氏の文政～天保期頃（一八一八～四四）の奉納範囲は、鶴見川と多摩川の中間あたりを中心に、ほぼ円形状に広がる。村数の合計は八一か村におよび、遠く小田原まで奉納に出向いている例もある。この奉納範囲は、現在の東京都大田区、品川区、世田谷区、川崎市高津区、中原区、幸区、川崎区、宮前区、横浜市鶴見区、港北区、保土ヶ谷区、緑区、都筑区、神奈川区にあたり、非常に広域にわたって奉納を行っていたことがわかる。この範囲の外側には、萩原氏と同様に、他の神楽元締の奉納範囲が広がっていたと考えられる。

このような広範囲で、しかも一日に二か所以上の奉納を行うような繁忙期には、元締たちは応援を派遣しあい、日々の奉納を乗りきった。この応援の人々は出方と呼ばれる。萩原氏のもとにも、多くの出方がやってきていた。この出方の出身地は、神楽の奉納範囲よりもさらに広域にわたっている。現在の横浜市域や川崎市域などの近隣はもとより、厚木市や東京都府中市、あきる野市、遠くは埼玉県新座市から出方が来ている例もある。神楽元締たちは、この出方や姻戚関係などを通じて広くネットワークを形成し、活動を展開していったと考えられるのである。

現在、横浜市には、鶴見区の市場神代郷《さと》神楽・萩原諄夫社中、神奈川区の子安神代神楽・横越政義社中、港北区の港北神代神楽・佐相秀行社中の三社中が、横浜市無形民俗文化財の認定団体として神代神楽を伝承している。記紀神話を知らない現代人にもわかりやすいように現代風の表現を取り入れるなど、さまざまな工夫を重ねながら、時代とともに生き続ける神楽の姿を、われわれは目にすることができる。（小林紀子）

神奈川湊の繁栄

江戸湾有数の湊

神奈川湊はすでに、明徳三年（一三九二）の文書にその名が見える古くからの湊で、六浦湊とともに房総や伊豆方面、さらに遠くは東国や伊勢方面と盛んに交易を行っていた。

その後、神奈川湊は戦国時代に一時衰退したものの、江戸時代に入ると陸上の道（東海道や神奈川道など）との結節点という立地条件に加え、全国レベルで整備された流通体系の一環に位置付き、東京湾有数の湊として発展した。

この時代、神奈川湊は全国各地と交易を行っていた。かつて神奈川宿青木町の大綱金刀比羅神社境内には、阿波国（徳島県）の廻船問屋が奉納した灯籠台座があった。この灯籠の存在は当時、阿波国の廻船が神奈川湊にたびたび寄港していたことを物語っている。神奈川湊はこのほかにも東国や西国の各地と結ばれていたが、その実態を知る資料はほとんどない。最近になって、愛知県知多郡内海を拠点として活躍した内海船の研究が進み、近世後期の内海船と神奈川湊の交流の実態があきらかになってきた。

内海船と紀伊国屋三郎兵衛

内海船は、江戸時代の中頃までに伊勢湾を中心としたローカルな海運活動に従事していた。江戸時代も後期になると、全国的な経済情勢の変化にともない、その活動を全国規模で展開していく。内海船の活動を支えていたのが戎講という船主の仲間組織で、組織内部の規律を正すとともに、個々の廻船では処理できない全国各地の湊との問題を解決し、廻船が活動しやすい環境を創りだしていた。

内海船が神奈川湊に頻繁に入港するようになった時期はあきらかにできないが、先の戎講の記録に、初めて神奈川湊が見えるのは天保七年（一八三六）のことである。この記録の中に「神奈川紀三」とある。「神奈川紀三」とは神奈川青木町の廻船問屋紀伊国屋（中村）三郎兵衛のことで、神奈川湊における内海船の総代理店と呼べる機能を果たしていた。

紀伊国屋はその成立時期が享保年間（一七一六〜三六）と推定される廻船問屋で、明治初年には神奈川湊廻船問屋仲間の肝煎をつとめた有力な問屋であった。紀伊国屋は神奈川湊における内海船の最大の取引先であり、また、神奈川湊と内海船の間で起こるさまざまなトラブルの調整を行っていた。

1　阿波国廻船問屋が大綱金刀比羅神社（神奈川区）に奉納した灯籠の台座
台座には阿波国の「桑島・小松島・今津・中島」湊における廻船問屋の屋号が刻まれている。

2　内海船絵馬
航海の安全を祈願して奉納された絵馬。内海船「栄久丸」が描かれている。江戸時代。

内海船の取引商品と流通ルート

内海船と紀伊国屋との取引商品から、当時の神奈川湊の交易品について見ていく。表は、内海船の船主内田家と紀伊国屋との間で取り交わされた仕切状一〇五点から作成したものである。内海船の売り込み商品としては、米が最も多く、ほかに糠・塩・砂糖・油・粕・荒物などであった。いっぽう、紀伊国屋からの買付商品は相模国産の大豆や小麦などが中心であった。

このように神奈川湊で取引された商

品のうち、たとえば糠は神奈川↓町田↓八王子のルート（神奈川道）で江戸近郊農村地帯に、塩は神奈川↓東京湾↓利根川をのぼるルートで北関東の内陸部に運ばれた。神奈川を中継するこのような物資の流れは、江戸を中継する正式な交易ルートとは異なるもので、江戸時代の流通体系の中で一定の位置を占めるようになる。いっぽう、内海船が買い付けた大豆や小麦は、醤油の原料として知多半島の醤油醸造業者に運ばれた。横浜が開港する以前、神奈川湊は内海船などを介し、全国の海上交通の拠点として重要な位置を占めていたのである。

神奈川湊と青木町

江戸時代の湊は、近代以降の港と違い、必ずしも大規模な岸壁や桟橋があるわけではなかった。神奈川湊もこのような湊で、千石船などの大型船は接岸せず、小型な船に荷物を積み替え陸へ運んだ。神奈川湊では青木町の洲崎神社前に渡船場があり、この辺りを中心に隣村芝生村から滝の川河口までの青木町沿岸に荷物が揚げられた。そのため先の紀伊国屋三郎兵衛をはじめ廻船にかかわる人々は多く青木町に住んでおり、青木町の経済は湊に依存していた。

天保の飢饉時には、神奈川町の者が、米穀の高値を理由に、神奈川宿からの米の津出しを自粛するように願ったが、穀物商人や廻船問屋が多い青木町はこれに難色を示している。この津出しをめぐる神奈川町と青木町の駆け引きは、飢饉時に米価高騰に苦しむ消費地の要素と穀物の海運等で利潤を上げる湊町の要素を合わせ持つ神奈川宿の構造的矛盾であった。

青木町の廻船関連商人の活躍は明治期になっても続いた。神奈川湊に下り塩（阿波国など上方からの塩）が荷揚げされ、下総国行徳（千葉県）に販売されるルートは一八世紀の後半から確認できるが、明治一〇年代に入っても青木町の大野屋喜八や津屋利兵衛が、阿波の斉田塩など、下り塩を大量に行徳へ販売している。先に紹介した大綱金刀比羅神社に置かれていた阿波国廻船問屋奉納の灯籠は、このような下り塩をめぐる神奈川湊と上方の深い関係を象徴している。

（井上攻）

3　安政6年（1859）の神奈川湊
横浜への渡し船の発着所付近を見下ろしたもので、海面に弁財船らしき船が停泊している。写真右下に洲崎神社の鳥居が見える。P･J･ロシエ撮影。

4　内田家と紀伊国屋との取引商品

紀伊国屋への売込み商品銘柄	
米	米㉛　【東海】中印（納）米⑥、一志（郡･蔵）米⑤、亀山（蔵）米④、桑名（納）米②、西尾（為替･納･蔵）米③、御料米②、忍米②、板倉米②、矢野（蔵）米②、刈谷米①、荻原蔵米①、小牧蔵米①、三の丸米①、忍蔵米①、大垣蔵米①、吉田古米①、伊勢白米①、犬山米、①津蔵米　【関東】下総米①　【近畿】山城蔵米①、龍野米①　【山陽】中国米②、備前米②、岩国古米①、播州米①　【四国】讃岐米①　【九州】(中)筑前米③、豊前米②、肥前（大村）米②、肥前米①、有馬御蔵米①　【不詳】立石古米②、岩瀬（古）米②、大殿米②、金太米②、大印米①、林田米①、中奥米①、神戸御蔵米①、栗賀米①、岡米①、文殊米①
塩	塩②、阪出（新）斉田塩②、詫間斉田塩①、八家塩①
砂糖	砂糖（運賃）①、白砂糖①
粕	〆粕①、大豆粕①
油	魚油①、水油①
糠	羽糠⑥、糠②
荒物	青莚①
紀伊国屋からの買付け商品銘柄	
大豆	大豆②、南京大豆①　【関東】梅沢（本場）大豆②、久良岐大豆①　【東北】南武大豆①　【不明】　都大豆①
麦	小麦④、麦安①　【関東】相州印附小麦③、相州上粉小麦①
米	南京白米②

＊内田佐七家文書中の紀伊国屋関係仕切状（文久1年・明治14年）計105点より作成。
斎藤善之『内海船と幕藩制市場の解体』より。
＊商品名は仕切状に記載されたもの。①などは、仕切状の点数。

海防と横浜

欧米諸国の接近

一八世紀後半になると、イギリスをはじめ西欧諸国で産業革命がはじまる。これらの国々は、増大する生産力と強力な軍事力を背景に、海外市場と原料の確保を求め、続々とアジアへ進出しはじめた。また一方で、ロシアのシベリア開発、アメリカの西部開拓と太平洋進出もすすむ。このような国際情勢の変動の中、ロシアやイギリス、アメリカなどの船が、頻繁に日本近海にあらわれるようになった。

最初に日本と接触を持ったのはロシアである。安永七年（一七七八）には蝦夷地の厚岸《あつけし》にロシア船が来航し、松前藩との通商を求めた。次いで寛政四年（一七九二）にはロシア使節ラクスマンが、文化元年（一八〇四）にはレザノフが来航し、幕府に通商を求めた。

文政年間になると、東京湾近海にも異国船が来航するようになった。文政元年（一八一八）のイギリス商船ブラザース号、文政五年（一八二二）のイギリス捕鯨船サラセン号と続き、さらに天保八年（一八三七）には、通商と漂流民護送のために浦賀に来航したアメリカ商船モリソン号に対し、浦賀奉行所が砲撃して打ち払う、いわゆるモリソン号事件も起こった。弘化二年（一八四五）には、アメリカの捕鯨船マンハッタン号が、日本人漂流民送還のため来航した。なお、モリソン号には、尾張国（愛知県）知多郡出身の音吉など七名の漂流民が乗船していた。音吉はその後、嘉永二年（一八四九）にイギリス軍艦マリナー号が来航したときや、安政元年（一八五四）にイギリスのスターリングが条約交渉を行った際に、通訳をつとめた。

1　モリソン号の図
アメリカ商船モリソン号は、漂流民送還と日本との通商交渉のため、非武装で浦賀に来航した。しかし日本は異国船打払令下であったため、浦賀奉行所の砲撃を受け、やむなく退帆した。「浦賀奉行異船打払ノ始末届書」より。

2　音吉の図
音吉は尾張国知多郡小野浦の水主。天保3年（1832）、音吉たちの乗る宝順丸が遠州沖で暴風に遭い、14か月の漂流のすえ、北米に漂着した。その後、音吉はロンドンに送られ、マカオからモリソン号で浦賀に来航、砲撃を受ける。マリナー号やスターリングの通訳をつとめた後はシンガポールに移住、慶応3年（1867）に亡くなるまで日本に帰ることはなかった。「海防彙議補」より。

幕府の海防政策と市域の人々

このような状況の中、幕府は海岸防備、すなわち海防の強化を図っていくことになる。東京湾の海防が具体的に動き出すのは寛政年間である。ラクスマンが来航した際、江戸に行きたいと要求したことが一つの契機となり、老中松平定信が、寛政五年（一七九三）正月に勘定奉行久瀬丹後守、目付中山勘三郎などに駿河から常陸にかけての海岸巡視を命じ、同年三月にはみずから海岸を巡視した。

文化年間はじめにも、幕府の御先鉄砲方井上左太夫や浦賀奉行岩本石見守、代官大貫次右衛門などが沿岸巡視を行い、その後文化七年（一八一〇）二月には、会津藩、白河藩が浦賀と房総半島の支配および海防を命じられた。文政三年（一八二〇）になると、会津藩に代わり浦賀奉行が中心となり海防を行うことになったが、天保一三年（一八四二）には川越藩、忍藩が東京湾の警備を命じられ、再び藩による海防体制となった。

異国船への対応としては、当初は薪水を給与していたが、文政八年（一八二五）に異国船打払令が発布され、この法令を遵守したためにモリソン号事件も起こった。しかし天保一一年（一八四〇）から翌年にかけて起こったアヘン戦争の情報に衝撃を受けた幕府は、天保一三年に、打払令による紛争を避けるため、薪水給与令を発布した。

一方、市域の村々も海防の影響を受けた。例えば会津藩の海防の際には、相模国鎌倉郡の上倉田、下倉田、飯島、舞岡、長沼、下柏尾村（いずれも戸塚区）が、もし異国船が来航した時には「駈着《かけつけ》人足」を差し出し、番船の船頭や水主《かこ》、輸送や炊き出しに従事するように命じられている。この時、これらの村々に割り当てられた人足数は、合計三七五名にものぼった。

ビッドルの来航

弘化三年（一八四六）閏五月二七日、

アメリカ東インド艦隊司令長官ビッドルが率いる二艘のアメリカ軍艦が野比村（横須賀市）沖に来航した。これまで来航した商船や捕鯨船と一線を画する艦隊の登場に、東京湾内は緊張に包まれた。ただし、ビッドルの来航は、日本が開港しているかどうかを確かめることが主目的で、もし日本に条約締結の意志があるなら条約を結ぶというもので、無理に条約締結を強いるものではなかった。六月五日に出された日本側の回答は、新たに外国との通信、通商を許すことは「堅き国禁」であるとし、帰帆を要求するものだったが、とりあえず主目的を果たすことができたビッドルは六月七日に退去した。

ビッドル来航時には、浦賀奉行所をはじめ、川越藩、忍藩、近隣諸藩や村々から多数の人員が動員された。たとえば浦賀奉行大久保因幡守は、与力、同心、通詞を御用船六艘で出動させ、自らは平根山台場（横須賀市）に出陣した。多くの廻船や漁船も徴発された。

市域に陣屋を持つ唯一の藩、武州金沢藩米倉丹後守も幕府から平根山下の警備を命じられた。出張したのは諸士八人、医師一人、徒士目付二人、足軽以下一一八人、水主六〇人の総勢一八九人である。藩士のみならず、藩領の多くの百姓たちも足軽や水主として動員されたことがわかる。彼らは鉄砲や弓、長柄（槍）などを携え、四艘の船に分乗し、六月六日に瀬戸弁天橋から浦賀へ向けて出帆した。船数は引船を含めて一一艘であった。

ビッドル来航後の弘化四年（一八四七）、川越、忍両藩による防備体制は、川越、忍、彦根、会津の四藩での防備体制へと強化される。武州金沢藩も金沢周辺のみならず、相模国の藩領へも海防のために出役した。これにともない、藩領の百姓たちも動員されたと考えられる。この六年後の嘉永六年（一八五三）にペリーが来航することになるが、その際の藩や百姓たちの動員体制の背景には、これまで見てきた一八世紀末から一九世紀初頭にかけての海防に関する経験の蓄積があったのではないだろうか。（小林紀子）

3　弘化二巳年三月中アメリカ国より来船浦賀江御引附之節固メ之図
弘化２年（1845）３月に浦賀へ来航したアメリカ船ということから、この船はメルカドル号であると思われる。中央の大きなアメリカ船のまわりを、日本の船が取り囲んでいる。この図によれば、船数はそれぞれ浦賀奉行所390艘余、松平下総守（忍藩）約80～90艘、松平大和守（川越藩）約70艘とある。

4　浦賀沖海岸警備絵図
弘化３年（1846）のビッドル来航時の警備の様子を描いている。右上の海上に浮かぶ２艘の大船がビッドル艦隊で、その周囲に日本の船が群がっている。中央の入り江が浦賀湊で、そのやや右上に、武州金沢藩米倉丹後守の平根山下の陣所がみえる。

第4章 国際港都の誕生

〈開国・開港〉

❖ペリーの来航

横浜は、日本の国際化をリードしてきた都市である。この地域の人々は、嘉永七／安政元年（一八五四）のペリー二度目の来航以降、外国人とさまざまな形で交流を続けてきたし、居留地が置かれた中区地域は外国の文物が流入する窓口としての位置を保ち続けた。また、江戸時代以来の伝統を持つ観光地であった金沢八景は、横浜開港後、外国人が気軽に訪れる場所になった。さらに、開港場の周辺地域の農村では西洋野菜の栽培、乳牛の飼育、輸出向けの茶や照明用の油の生産が広く見られるようになった。

横浜での国際化の始まりはペリー来航であったが、東京湾にいろいろな黒船が来航するようになったのは、その少し前の一九世紀初頭のことであった。この頃、産業革命を終えた西欧諸国は海外市場を求めて日本の近海に黒船を送り込むようになり、黒船のなかには武力に訴えてでも日本の開国を迫ろうとするものもあらわれるようになった。これに対し、幕府は東京湾の沿岸地帯に多くの陣屋や台場（砲台）を設置し、人々は戦争勃発への危機感を強めるようになった。

ペリー来航はこうした状況を一気に変えた事件であり、日本は、これ以後、開国・開港、そして近代化へと歩み始めることになった。また、人々の外国に対する恐怖心は薄れ、黒船と外国人は人々の好奇心をみたす存在へと変化した。もちろんペリーが幕府と結んだ日米和親条約は、江戸から遠く離れた箱館と下田をアメリカ人に開港することを決めただけのものであり、アメリカとの貿易については定めていなかった。

しかし、条約締結の過程で、一般の庶民を含む多くの日本人がペリー艦隊の乗組員と二か月間近くにわたって交流を繰り広げたことは、日本人の国際化を急速に進めた。また、巨大な蒸気船や大砲の存在だけでなく、ペリーが幕府に献上した汽車の模型や電信機の実験が横浜で行われたことによって、日本人は西洋の工業力を実感することになった。

❖横浜開港

ところで、ペリーは交渉場所を選ぶにあたって、艦隊のすべての船が交渉場所の近くに停泊できること、汽車や電信機の実験が行えるだけの広い土地が交渉場所に隣接してあることを要求した。その結果、横浜村が交渉場所に選ばれたが、やがて艦隊が停泊した海は横浜港に変貌し、汽車や電信機の実験場は最初の横浜市街地になった。そういった意味から見ても、ペリー来航は、国際都市横浜の歴史の出発点と言えるのかもしれない。

初代アメリカ総領事ハリスが下田に着任したのは安政三年（一八五六）八月のことで、これ以後、ハリスは通商条約の締結を求め、幕府と粘り強く交渉を続けることになった。しかし、幕府はハリスの要求を簡単には認めず、貿易に関する条約（日米修好通商条約）が結ばれたのは安政五年（一八五八）六月一九日のことであった。

条約が結ばれた場所は小柴沖（金沢区）で、ハリスはアメリカ軍艦ポーハタン号上において、下田奉行井上清直と目付岩瀬忠震《ただなり》との間で日米修好通商条約を締結した。こうして翌年六月には横浜・長崎・箱館が貿易港としてアメリカに開かれることになった。また、幕府は、その後数か月の間に同様の条約をオランダ・ロシア・イギリス・フランスの四か国とも結び、日本の鎖国体制は完全に崩れ去った。

幕府が一般の人々に横浜での貿易開始を公布したのは安政六年正月のことで、この頃から開港場の建設が始まった。そもそも開港場となった横浜村は半農半漁の村であり、もともと市街地があったわけではなかった。そのため、幕府は横浜での市街地建設を急ぎ、開港期日の六月二日までに波止場や市街地の土盛りなどを完成させた。

この間、全国から貿易の担い手である商人たちが横浜に移住し、市街地の各所で店の建設が行われた。また、貿易商人だけでなくさまざまな職種の商人や職人も続々と移住し、たちまち横浜は大きな都市へと変貌した。一方、居留地では幕府が外国人商人の店を建設し、居留地には世界中から集まった人々が住むことになった。こうして国際都市横浜が誕生した。

❖攘夷と外国人殺傷事件

通商条約の締結以降、日本は動乱の時代に突入した。開港直後の横浜では外国人の殺傷事件が相次ぎ、諸外国との交流を歓迎しない勢力があることが示された。また、大老井伊直弼が朝廷の勅許もなく諸外国と条約を結んだことが、朝廷・幕府・大名を巻き込んだ大きな政治問題になった。さらに、一三代将軍徳川家定の継嗣問題をめぐって政界は一層混乱した。こうした状況を打開するため、大老井伊直弼は反対派を弾圧し、この時、公家・大名を含めて多くの人々が処罰された（安政の大獄）。

ところで、横浜が日本最大の外交や貿易の拠点であったため、政治の混乱は直ちに横浜に大きな影響を与えた。たとえば、文久三年（一八六三）以降、京では攘夷派の勢力が力を持ち始めたが、この時、幕府では横浜での貿易を停止させることが議論された。これにともない横浜での貿易は著しく停滞し、主要輸出品の生糸でさえもほとんど輸出されなくなった。

この事件は、横浜での貿易が政治の動向に強く影響されることを内外に示したが、逆に横浜で発生した事件が、その後の日本の歴史に影響を与えたこともあった。たとえば、文久二年（一八六二）八月二一日、生麦村（鶴見区）で発生した薩摩藩士によるイギリス人殺傷事件（生麦事件）は、大きな外交問題に発展した。この時、イギリスは幕府と薩摩藩に巨額の賠償金を求め、これを拒否した薩摩藩との間で翌年七月二日に鹿児島湾において薩英戦争が勃発した。

戦争は大規模なもので、イギリス軍六三人、薩摩藩一七人の死傷者を出した。その後、薩摩藩は講和交渉を通じてイギリスと急接近し、これが倒幕にも大きな影響を与えたといわれている。

また、攘夷派の拠点であった長州藩も元治元年（一八六四）八月五日に、下関においてイギリス・フランス・アメリカ・オランダの連合艦隊と砲戦を交えたが、戦争を通じて西洋諸国の軍事力の強さを実感した長州藩は、戦後に攘夷の破棄を約束することになった。こうして横浜を取り巻く政治状況は改善され、横浜は明治維新後の発展を約束されることになった。

❖明治維新と村々の再編

鳥羽・伏見で戊辰戦争がはじまったのは慶応四／明治元年（一八六八）一月三日であったが、新政府の対応はきわめて早く、一月七日には一五代

西暦	和暦	月	事項
一八五三	嘉永6	6	3日、ペリー艦隊、浦賀に来航
		6	ペリー、久里浜上陸。大統領国書を渡す
一八五四	嘉永7	1	ペリー艦隊、小柴沖に投錨
		2	ペリー、横浜に初めて上陸
		3	日米和親条約締結
	安政1	11	27日、安政と改元
一八五六	安政3	7	ハリス、下田に来航
一八五七	安政4	10	ハリス、江戸城登城、将軍に謁見
一八五八	安政5	6	日米修好通商条約締結
		7	日蘭修好通商条約締結
		7	日露修好通商条約締結
		7	日英修好通商条約締結
		9	日仏修好通商条約締結
一八五九	安政6	6	2日、横浜開港
一八六〇	安政7	3	桜田門外の変、大老井伊暗殺
	万延1	閏3	五品江戸廻送令が出される
一八六一	文久1	5	江戸高輪東禅寺の英公使館が浪士に襲撃される
一八六二	文久2	8	生麦事件が発生
一八六三	文久3	7	薩英戦争勃発
		8	公武合体派によるクーデター、長州藩が京より追放
一八六四	元治1	7	長州藩追討の朝命出る（第一次長州征討）
		8	四国連合艦隊が下関を砲撃
一八六六	慶応2	1	薩長同盟成立
		6	第二次長州征討戦闘開始
		10	横浜で大火、関内の大半焼失

将軍徳川慶喜を追討することが決められた。また、二月九日には有栖川宮が東征大総督に任命され、三月一三日、一四日には江戸城の無血開城をめぐって有名な勝海舟と西郷隆盛との会見が江戸の薩摩藩邸で行われた。こうして四月一一日には新政府軍が江戸城に入り、幕府の拠点であった江戸城は新政府の管轄におかれることになった。

一方、横浜とその周辺地域（中区・西区・神奈川区・鶴見区・保土ヶ谷区のかなりの部分）を支配していた神奈川奉行所が、新政府に接収されたのは四月二〇日で、江戸城が接収された直後のことであった。これにともない横須賀製鉄所（造船所）の分工場として現在のJR石川町駅近くに設置されていた横浜製鉄所などの幕府の施設や古河藩が管轄していた神奈川台場も相次いで新政府に接収された。この時、神奈川奉行所の事務を引き継いだのは神奈川裁判所と呼ばれた役所であったが、この役所は八月一七日に神奈川府と改称され、九月二一日には再度、神奈川県に改称された。

ところで、現在の横浜市域には江戸時代に神奈川奉行所が支配した宿場や村のほか、幕府の代官や旗本が支配する村々があったが、これらの村は明治元年暮れまでに神奈川県に編入された。また、譜代大名米倉氏が支配していた村々は、明治四年（一八七一）七月に行われた廃藩置県によって六浦県の管轄下に入り、一一月に六浦県が廃止されたのにともない神奈川県に編入された。こうして横浜の町村は神奈川県のもとで新たな歩みを始めることになった。

明治維新を迎え、横浜は貿易都市として順調に発展した。全国輸出入総額に占める横浜港の割合は、明治一〇年代まで日本最大であり、生糸の輸出は、この時期、横浜がほぼ独占し、茶の輸出についても過半を占めた。また、輸入も綿製品・毛織物・砂糖を中心に輸入品の大部分が横浜を通じて国内に移入された。こうして明治一九年（一八八六）の横浜港の貿易総額は五〇〇〇万円を超え、その後も貿易総額は増加し続けることになった。

また、横浜は都市としても拡大を続け、他所からの移住者を受け入れながら人口を増加させた。明治二四年（一八九一）の『挑発物件一覧表』によれば、横浜市の戸数は二万八〇〇〇戸に達し、隣接地の戸太村・神奈川町・本牧村・中村の戸数を加えれば四万戸弱の家並みが立ち並ぶ市街地に発展した。

こうして、この時期に横浜は日本の西洋化の窓口として大きな役割を果たすようになり、横浜を舞台に衣食住のすべてにわたる暮らしの近代化が推し進められた。この結果、洋服を着てビールを飲み、鉄道を使って東京へ行くような暮らしが当り前になった。

（西川武臣）

一八六七	慶応3	12	王政復古の大号令出る
一八六八	慶応4	1	鳥羽・伏見で戊辰戦争始まる
		4	新政府軍、江戸城に入る
		4	神奈川奉行所が新政府軍に接収
		7	江戸が東京と改称
	明治1	9	8日、明治と改元
		9	21日、神奈川県が設置される
		11	東京開市・新潟開港
一八六九	明治2	6	版籍奉還
		12	東京・横浜間電信開通
一八七〇	明治3	12	日本最初の日刊邦字新聞「横浜毎日新聞」創刊
一八七一	明治4	7	廃藩置県
		7	日清修好条規締結
一八七二	明治5	9	新橋・横浜間鉄道開通
一八七三	明治6	1	太陽暦採用、明治5年12月3日が1月1日となる
一八七四	明治7	1	民撰議院設立建白書を提出
		7	横浜に第二国立銀行設立
一八七七	明治10	2	西南戦争
一八七八	明治11	11	横浜区発足
一八八〇	明治13	2	原善三郎ら、横浜商法会議所設立を出願
		2	横浜正金銀行が開業
一八八二	明治15	3	横浜商法学校（後の市立横浜商業学校）開校
一八八七	明治20	10	横浜水道開通

図版特集

ハイネが描いたペリー来航

ウィリアム・ハイネは画家としてペリー艦隊に随行し、多数のスケッチを描いた。ハイネはドイツの出身で、遠征後アメリカに帰化している。

ハイネの水彩画を原画とする石版画には次のようなものがある。一つは『日本遠征画集』（一八五五年刊）という大判六枚組、もう一つは『日本遠征石版画集』（一八五六年刊）という一〇枚組。三番目はいうまでもなく、遠征の公式記録『ペリー艦隊日本遠征記』の挿絵で、日本で描かれた五六枚のスケッチが原画として利用されている。さらに自身の著作『世界周航日本への旅』の挿絵としても利用された。

（斎藤多喜夫）

1　ルビコンを越える
表題の意味は決定的な一線を越えること。古代ローマで、属州から戻ったカエサルが「賽は投げられた」と叫んで国境のルビコン川を渡り、内乱に突入した故事による。ペリー艦隊にとって幕府が防衛線を敷く観音崎―富津のラインを越えることは重大な決意を要した。戦闘の意思がないことを示す白旗をかかげながら、艦隊員が「ルビコン岬」（＝旗山崎）を越えるべく日本側と交渉している。『日本遠征画集』より。

2　久里浜上陸
嘉永6年（1853）6月9日、ペリー提督以下、士官・陸戦隊・水兵・軍楽隊総勢約300名が久里浜に上陸した。ペリーは大統領より将軍宛親書、全権委任状およびペリーより将軍宛信書2通を浦賀奉行戸田氏栄・井戸弘道に手渡し、日本の開国を求めた。『日本遠征画集』より。

3　日本の武士
アメリカ側が条約館と呼んだ応接所周辺の警備に当る武士たち。『ペリー艦隊日本遠征記』には「立派な服装をした日本の護衛兵あるいは家来の一団が、大旗、小旗、吹き流しを持って条約館入り口の両側に集まっていた」と記されている。『ペリー艦隊日本遠征記』より。

4　横浜上陸
嘉永7／安政元年（1854）2月10日正午、ペリーは参謀長アダムズ以下の随員を従え、約500名の武装水兵に護衛されて横浜に上陸した。続いて約30名が画面左手に見える横浜応接所に入り、日米会談が開始された。右端は水神社の祠、背後の大木は横浜開港資料館中庭に繁る玉楠の前身と伝えられる。『日本遠征画集』より。

6　ウェブスター島
条約調印後、ペリーは下田に向かって出航する前に、第1回目の来航以来しばしば停泊した小柴（金沢区）沖、アメリカ停泊所と名付けた水域に赴き、ウェブスター島（＝夏島）に上陸して風光を楽しんだ。2か月にわたる交渉の間に、季節は冬から春に移り変わっていた。図は夏島から平潟湾を眺めたもの。『ペリー艦隊日本遠征記』には、見渡す限り豊かな緑に包まれ、その美しさは見飽きることがなかったと記されている。『ペリー艦隊日本遠征記』より。

5　横浜村の小さな神社（水神社）
祠の脇に聳えているのが玉楠の前身と伝えられる。この向かいに応接所が設けられ、条約締結交渉が行われた。現在、この地域一帯が日米和親条約締結記念の地とされている。『日本遠征石版画集』より。

図版特集

黒船絵巻

黒船絵巻は、日本に来航した外国船や乗組員を描いた絵巻である。絵巻は、幕府や藩の御用絵師がスケッチをもとに彩色したもので、彼らは黒船渡来をビジュアルな情報として絵巻に仕立てた。特に、ペリー来航に際しては、多くの御用絵師が横浜に派遣され、日米和親条約締結に至るさまざまな光景が絵巻として描かれることになった。また、ペリー来航に関心を寄せる人々は絵巻を次々に筆写し、現在では多くの絵巻の写本が各地に残されている。

（西川武臣）

1　神奈川宿付近から対岸の横浜村の遠望
右手上に横浜村があり、ペリーとの会見場（応接所）が描かれている。海上には９艘のペリー艦隊が、艦隊の向こうには房総半島の鋸山や鹿野山が見える。「黒船来航画巻」より。

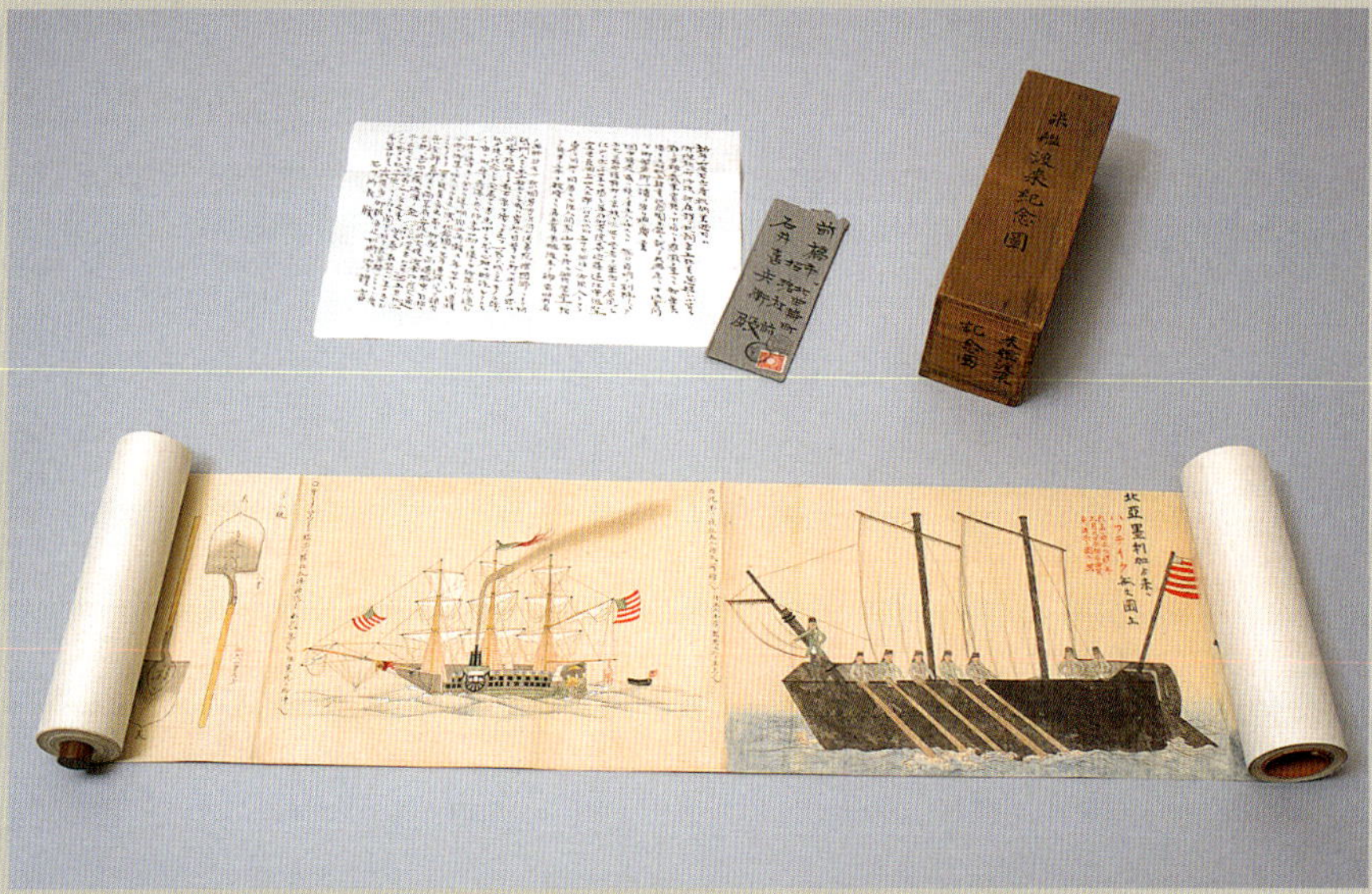

2　米艦渡来紀念図
絵巻を編纂した堀口は現在の群馬県藤岡市に生まれた農民で、幕末期に江戸に出て学者になった。絵巻は、堀口が諸藩の御用絵師の描いた絵を写して編纂したもので、白川藩や鯖江藩の絵師の描いたものを写したと注記がある。絵巻の上にある手紙には堀口と絵巻の来歴が記されている。堀口貞明画。

3　応接所付近の光景
幕府全権とペリーが会談した応接所を描く。海岸付近に描かれたバッテーラ（上陸用舟艇）から祝砲が発射されているから、ペリーが初めて横浜村に上陸した2月3日の様子を描いたものであろうか。「黒船来航画巻」より。

4　パイプをふかすペリー（右）と煙草を吸う参謀長アダムズ
ペリーには「彼里」六十七歳と注記がある。「米艦渡来紀念図」より。

5　ペリー艦隊乗組員
乗組員の絵には「宮津衆」から原画を借りたとあり、宮津藩御用絵師の描いたものを写したと思われる。堀口は松代藩士佐久間象山とも交流があり、諸藩の藩士と広くつき合っていたようである。「米艦渡来紀念図」より。

6　ペリー艦隊の旗艦であったポーハタン号
1852年に建造された最新鋭の蒸気軍艦。積載量2400トン、乗員300人、外輪を回して走ったが、風のある時には帆走もした。「黒船来航画巻」より。

7　バッテーラと呼ばれた上陸用舟艇
上陸時以外にも東京湾内を測量する際にも使われた。「黒船来航画巻」より。

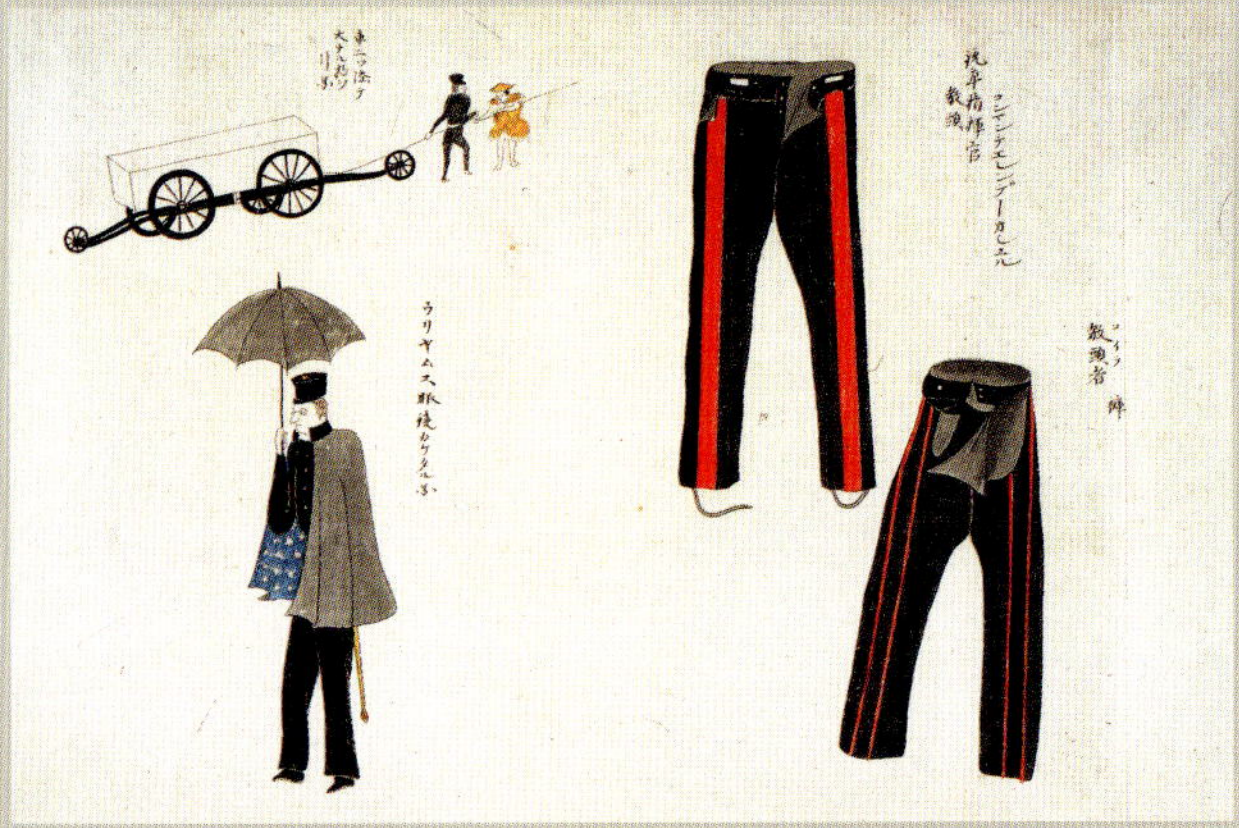

9　主席通訳官ウィリアムズ
彼は中国で日本人漂流民から日本語を習得し、横浜で多くの日本人と交流した。そのため、彼の姿は複数の絵巻に描かれている。「米艦渡来紀念図」より。

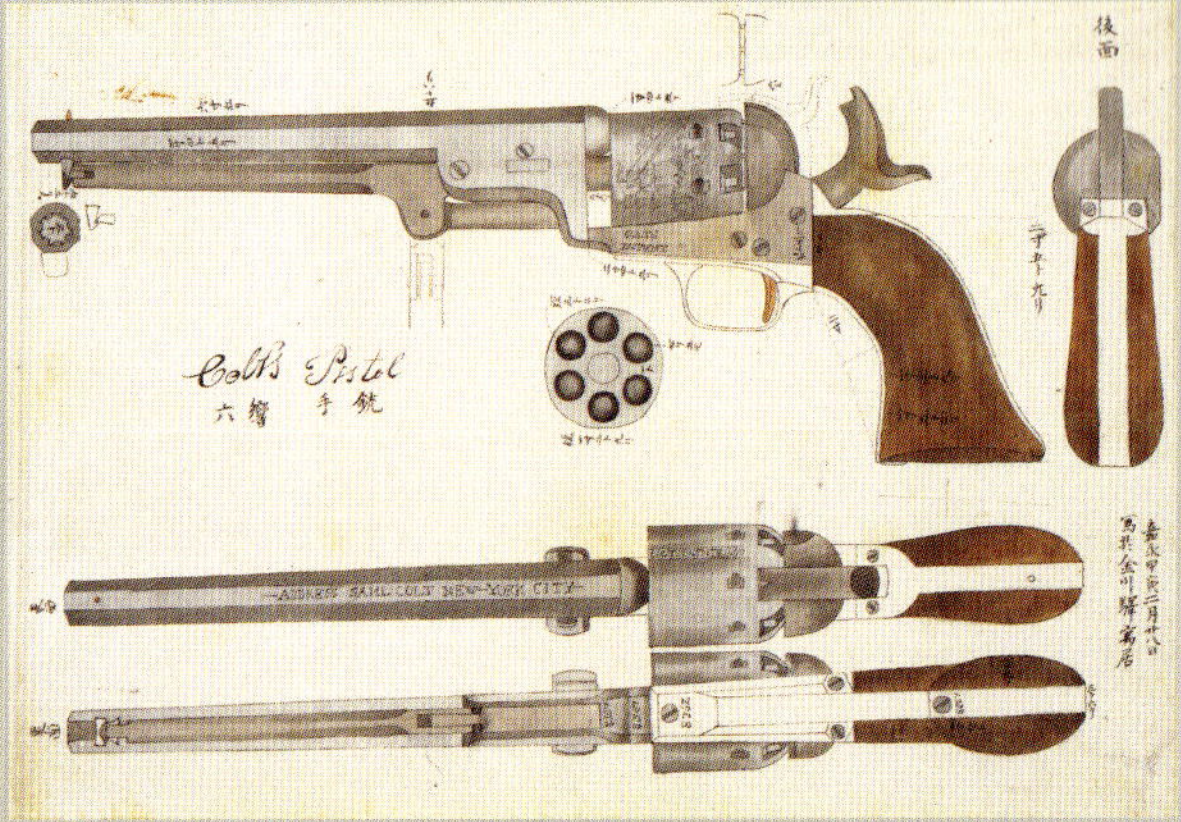

8　乗組員が携帯していた短銃
細かい部分まで詳細に描かれている。「黒船来航画巻」より。

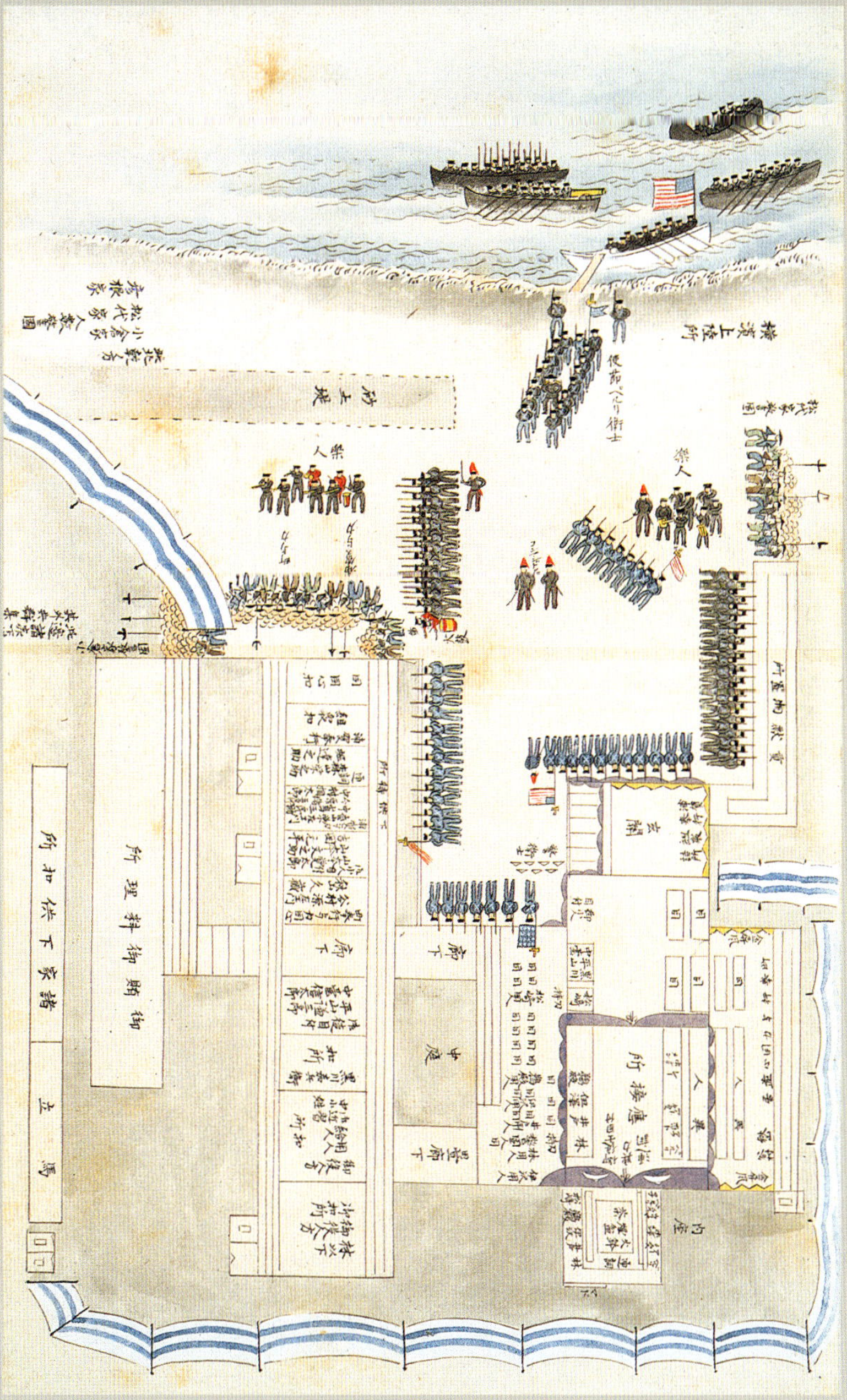

10　応接所の見取り図
幕府は横浜村に応接所と呼ばれる建物を建設し、2月3日から応接所で日米交渉が行われた。建物の左手には「御料理所」、右手には会見所が描かれている。上の部分には横浜村に上陸するペリーと儀仗兵や楽隊が見える。「黒船来航画巻」より。

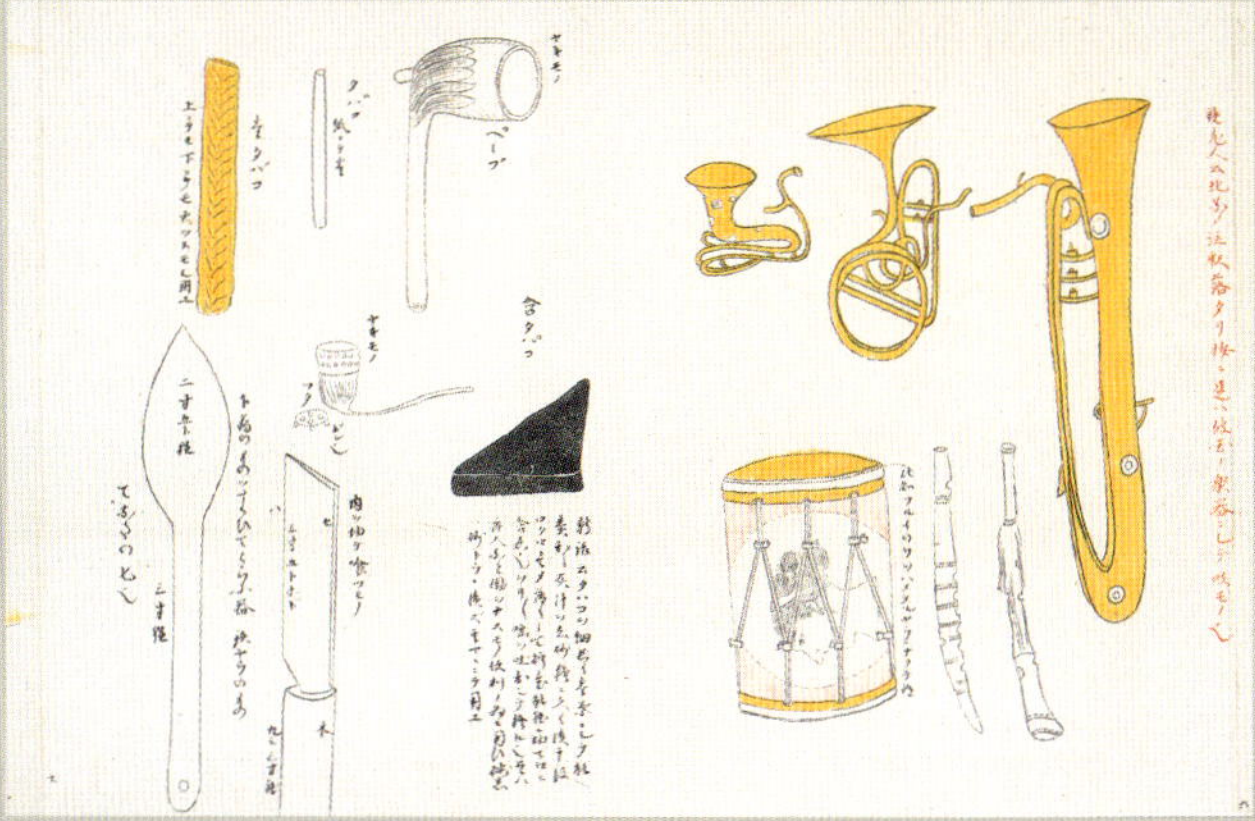

12　ペリー艦隊乗組員の持ち物
右から軍楽隊の楽器、パイプ、ナイフ。「米艦渡来紀念図」より。

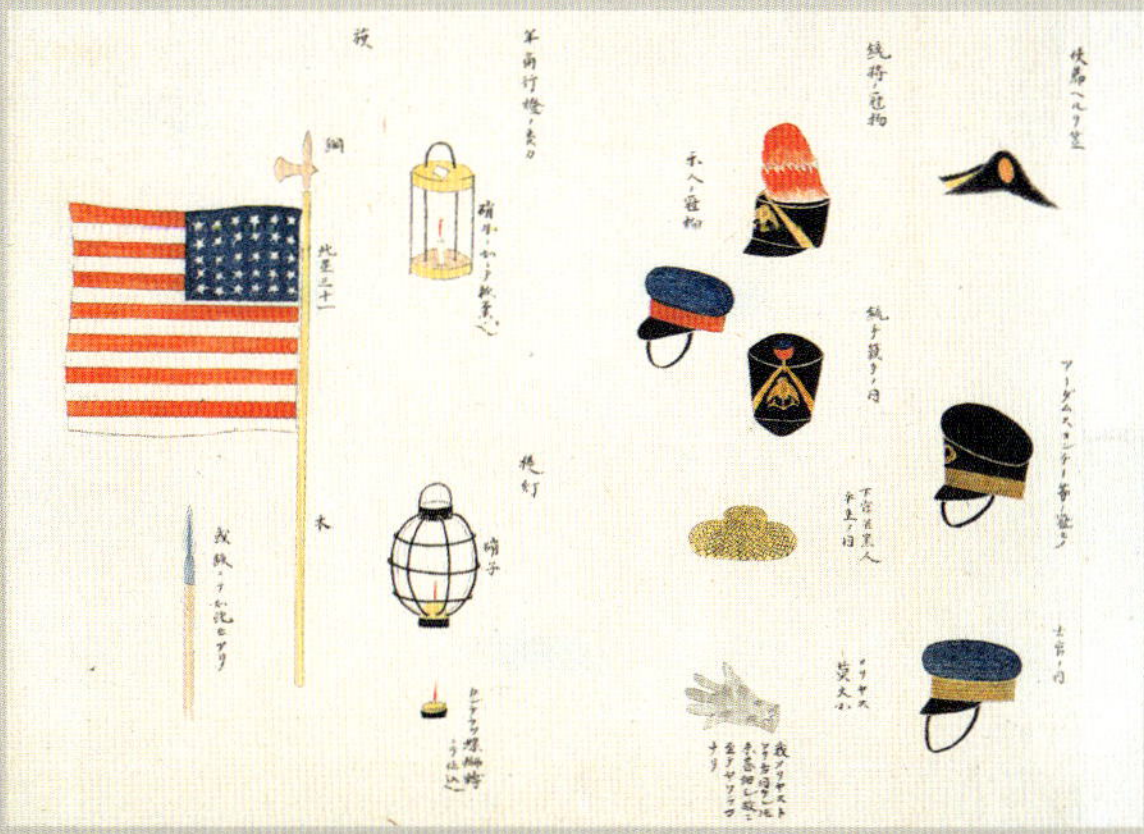

11　ペリー艦隊乗組員の帽子など
帽子・カンテラ・星条旗を描く。旗に描かれた星はアメリカ合衆国の州の数を示している。星の数は30であるが、実際は31州。「米艦渡来紀念図」より。

日米和親条約の締結

ペリー来航

一八五二年（嘉永五）一一月二四日、ペリー提督率いるアメリカ東インド艦隊は、東海岸中央部の港ノーフォークを出航し、日本遠征に向かった。太平洋横断航路が開設されていなかった当時、艦隊は東回りで太平洋・インド洋を越え、上海・沖縄を経て、翌嘉永六年（一八五三）六月三日、浦賀沖に来航した。ペリーは長崎への回航を求める日本側の要求を拒否し、東京湾の水深測量を実施した。その結果小柴（金沢区）沖に水深の深い水域を発見し、そこを停泊地として幕府と交渉の末、九日に久里浜で日本の開国を求める大統領の親書を手渡すことに成功、一旦香港に戻った。

翌嘉永七／安政元年（一八五四）正月一六日、前年を上回る規模の艦隊が小柴沖に投錨、親書への回答を求めた。まず問題となったのは、どこで交渉を行うかということだった。日本側は浦賀を主張、それに対してペリーは江戸かその近くを主張して対立した。二七日、ペリーは日本側から譲歩を引き出すための常套手段として、艦隊を江戸の近くまで進めた。狙いは的中し、翌日神奈川沖に停船中の艦隊に浦賀奉行所与力香山栄左衛門がやってきて、「あそこではどうか」と指さした先が横浜だった。横浜のその後の運命を決する瞬間だった。

さっそくブキャナン艦長とアダムズ参謀長が香山とともに横浜に上陸、実地検分を行った。外国人の横浜上陸第一号である。横浜地先の海は水深が深く、海岸を大砲の射程距離の内に収められることなど、検分の結果は合格だった。日本側は会談のための応接所の建設に取り掛かる。それは前年、久里浜で国書を受理する際に建てた建物を解体して運び、組み立て直したもので、アメリカ側はこれを「Treaty House（条約館）」と呼んだ。場所は横浜村のはずれ、水神社という神社と田辺嘉平治という農民の家の脇だった（現在、開港広場や横浜開港資料館のある辺り）。

条約締結

二月一〇日、いよいよ日米会談が始まった。午前一一時半頃、ペリーはできるだけ多くの隊員を集め、総勢約五〇〇名の隊列で上陸、約三〇名の部下とともに応接所に入った。艦隊からは五七発の祝砲が発せられ、湾内に轟音が響きわたった。会談はその後一九日、二六日、三〇日と計四回行われた。話し合いはおおむね順調に進み、雛祭りに当たる三月三日、日米和親条約が調印された。

ペリーはたくさんの贈り物を用意していた。友好の意を示して交渉を円滑に進めるとともに、蒸気機関車や電信機など、近代文明の産物を示して鎖国の不利なことを思い知らせるためでもあった。二月一五日、二四隻のボートに満載された贈り物が陸揚げされた。さっそく機関

1　ペリー艦隊の日本遠征を伝えるイギリスの新聞
大規模な艦隊の出航にイギリス人も強い関心を抱いたことがわかる。上段にはペリーの肖像、下段には艦隊のうちの有力艦ミシシッピ号の絵が印刷されている。『絵入りロンドン・ニュース』1853年5月7日号より。

2　久里浜上陸
大統領親書を手渡すため、応接所（左側）に向かうペリー一行と海陸で警備に当たる諸藩の武士を描く。「ペリー浦賀来航図」より。

士の手で約四分の一の模型の機関車・炭水車・客車各一両が組み立てられ、円形軌道が敷設された。汽車の試運転や電信機の通信実験に対して、日本人は猛烈な好奇心を示した、と『ペリー艦隊日本遠征記』は記している。

三回目の会談が行われた二六日、日本側も答礼品を用意した。漆器や磁器、絹織物や紙など、大半は美術工芸品だった。他に艦隊用に米一〇〇俵と鶏三〇〇羽が贈られたが、米俵の運搬のために江戸から力士を動員し、相撲も披露した。

最初の会談の後、日本側は遅めの昼食に三〇〇人前の献立を用意した。交渉も大詰めを迎えた二九日には、アメリカ側がかねて用意していた大宴会を旗艦ポーハタン号上で開催し、応接掛など約七〇名の日本人を招待した。

退去

大宴会から四日後、待望の条約調印を終えたペリー一行に束の間の休日が訪れる。三月九日、ペリーは部下一二名を率いて上陸、横浜村近傍を散策し、横浜村の名主石川徳右衛門宅で接待を受けた。それから四日後の一三日、横浜を離れたペリーは、艦隊を江戸近くまで進めて日本側を慌てさせたのち、条約によって開港されることになった下田と箱館を検分するため、東京湾を後にした。

（斉藤多喜夫）

4　ポーハタン号上後甲板での大宴会
応接掛や通訳ら約10名は司令長官室で、他は後甲板で饗応を受けた。甲板の上には天幕が張られている。『ペリー艦隊日本遠征記』より。

3　横浜応接所に入るペリー一行
先頭で案内の日本役人と並んでいるのがペリー。背後に星条旗を従えている。『ペリー艦隊日本遠征記』より。

5　相撲の披露
日本側も答礼品を用意、艦隊用の米俵の運搬のために江戸から一流の力士を動員し、相撲も披露した。史上初の日米親善相撲である。『ペリー艦隊日本遠征記』より。

6　模型の蒸気車
ペリーが持参した贈り物のなかでも蒸気車はとくに日本人の好奇心をかきたてた。

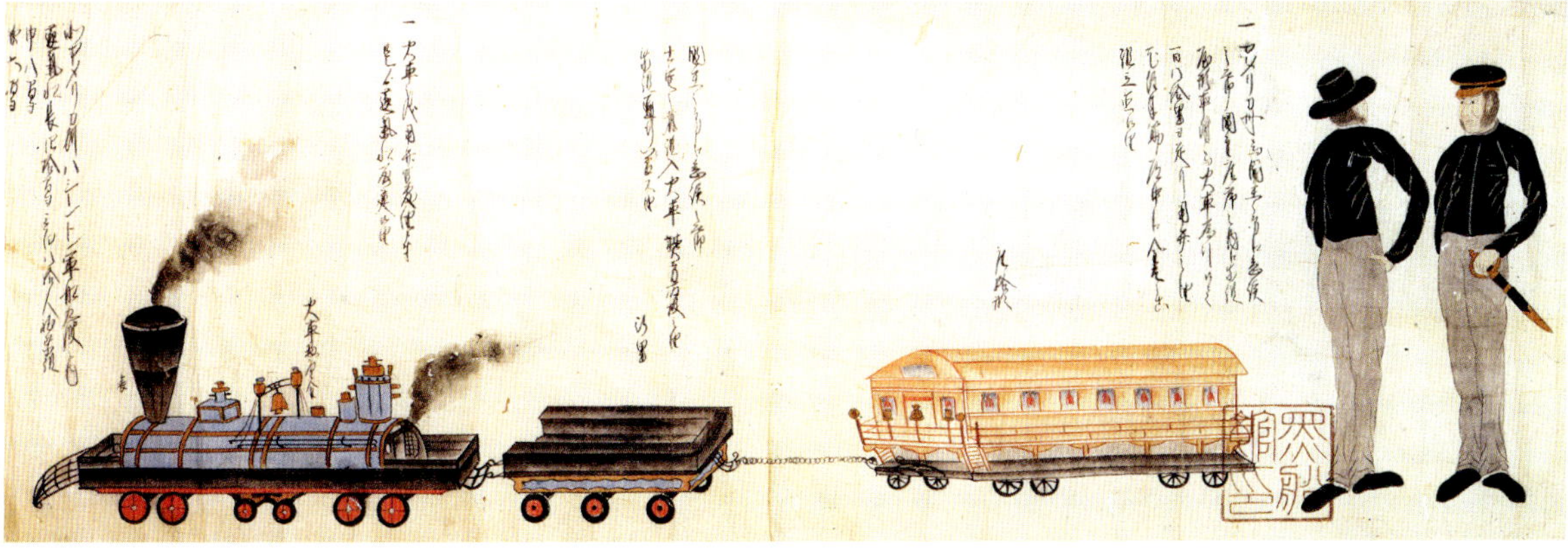

村人が見たペリー来航

高まる好奇心と黒船見物

嘉永六年（一八五三）六月三日、ペリー艦隊は初めて東京湾に姿をあらわし、沿岸地域は著しい緊張感に包まれることになった。これに対し、幕府は直ちに大名や旗本に動員令を発し、房総半島から三浦半島にかけての地域には多くの軍勢が出動した。海岸部の住民の中には戦争勃発を恐れ、家族を疎開させた人もいたと伝えられる。

しかし、沖合に浮かぶ巨大な黒船は人々の好奇心をかきたて、黒船見物に出かける人もあらわれた。たとえば、現在の茅ヶ崎市の海岸部に住んでいた藤間柳庵は六月六日に友人を誘い浦賀（横須賀市）に向かい、翌日には丘の上からペリー艦隊を見物している。彼が残した日記には黒船の大きさ、大砲の様子、外輪の付き方などが詳細に記され、海に浮かぶ巨大な黒船を「雪の中で城郭を眺めた」ように感じたと述べている。

こうした好奇心の高まりは、翌年正月にペリー艦隊が再び東京湾にやって来たことにより、より一層強いものになっていった。特に、二月一〇日以降、ペリー一行が日米和親条約締結のために、横浜村に上陸するようになると、ペリー艦隊乗組員と農民たちが直接接触するようになり、外国人に対する興味はいやがうえにも高まっていった。

ペリーが最初に横浜村に上陸してから艦隊が東京湾を退去するまで約二か月間であったが、横浜村の沖には最大時に九艘もの黒船が停泊し、黒船で暮らす乗組員の人数は一五〇〇人を超えた。また、乗組員にはアメリカの白人だけでなく、中国人や黒人も乗船していたから、日本人はさまざまな人種・国民・民族と横浜村で出会うことになった。

はたしてどれほどの人々が乗組員と直接交流したのか、具体的な数字を上げることはできない。しかし、横浜村の住民たちだけでなく、周辺の村々の住民はもとより江戸の町人なども外国人を見物に訪れていたと思われる。こうしてペリー来航は、日本人の国際化のきっかけとなった。

「亜墨理駕船渡来日記」から

市内の旧家を訪ねると、蔵や屋根裏、仏壇の引き出しなどからペリー来航について記した古記録が見つかることがある。そうした古記録の中に「亜墨理駕《アメリカ》船渡来日記」と呼ばれるものがあり、現在、写本も含めて数系統の渡来日記の存在が確認されている。

たとえば鶴見区の旧家添田家に残された渡来日記は、幕末期の当主知通が編纂したもので、ペリー艦隊が退去した直後に記されたものであった。また、明治三一年（一八九八）に「横浜貿易新聞」が紹介した渡来日記は、横浜村の隣村に寄留していた禅僧がペリー来航時に記したものと伝えられる。このほか、横浜村（中区）の村役人をつとめていた石川家にも別系統の渡来日記が伝来している。

日記が作られた事情はそれぞれであろうが、ペリー来航が人々に大きな衝撃を与え、人々が来航に関わる一連の事件や乗組員の様子を記さずにはいられなかったことは確かであろう。もしかすると村人は、ペリー来航が日本の歴史のターニングポイントになるであろうことを予見し、重大事件を記録するために渡来日記を作ったとも思われる。

ところで、幕府はペリー来航に際し、乗組員と庶民が接触することを禁止していた。しかし、渡来日記を読んでいると、人々は、幕府が禁止したにもかかわらず、乗組員とさまざまな交流を繰り広げ、外国の文物や風習に積極的に触れようとしたことが分かる。たとえば、嘉永七／安政元年（一八五四）二月一一日に、ペリー艦隊乗組員の葬儀が横浜村で行われたが、禅僧が記したといわれる渡来日記には参列者の様子、棺や墓碑の形な

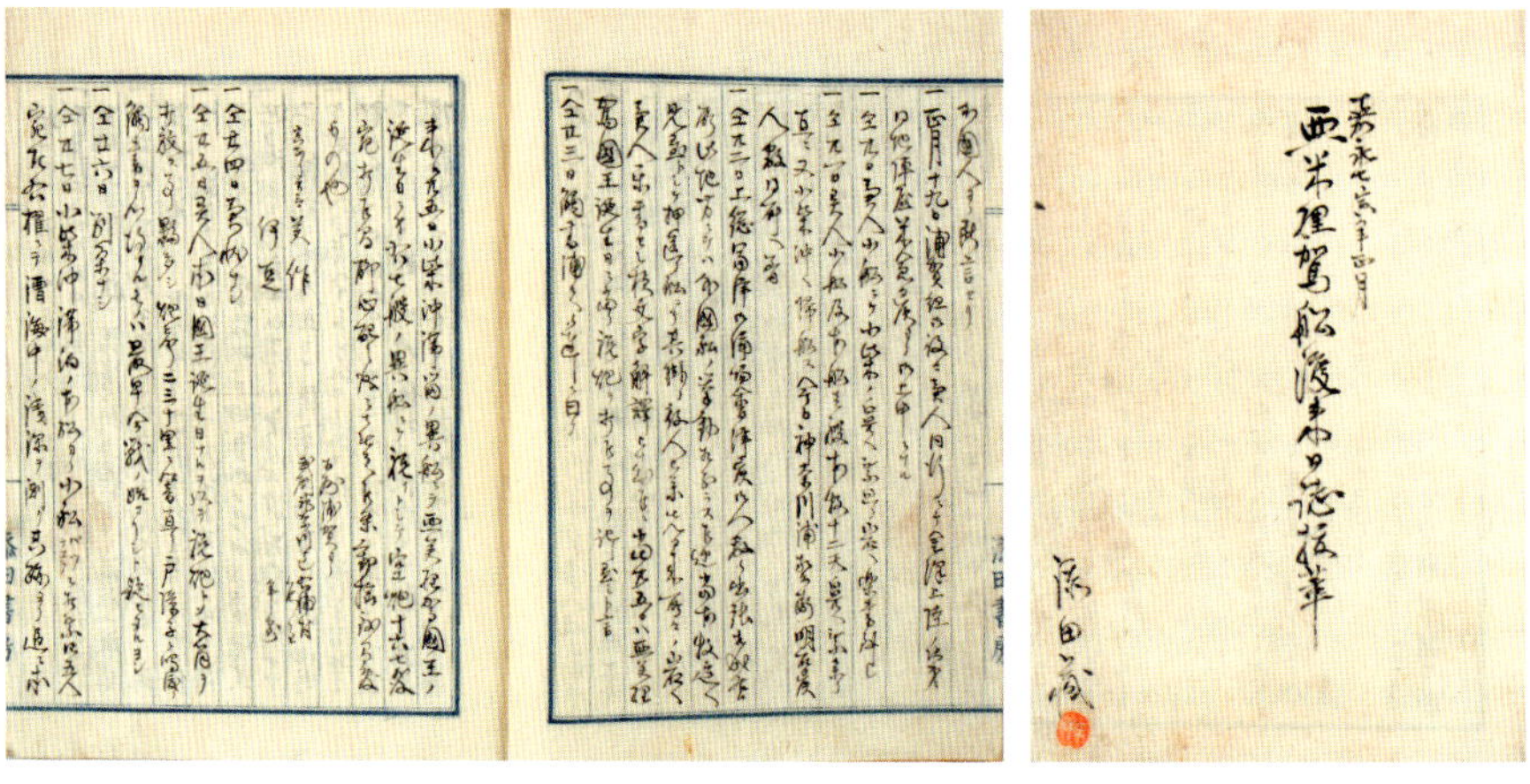

1　亜米理駕船渡来日誌
添田家は市場村の名主を代々つとめた家で、ペリー来航時、知通は東海道沿いの警備に従事しました。写真は嘉永7／安政元年（1854）1月19日から27日のもので、25日の記述に「ペリー艦隊が初代アメリカ大統領ワシントンの誕生日を祝って祝砲を発射し、戦争勃発かと驚愕した」とある。添田知通著。

どが詳細に記録されている。

また、禅僧はペリーの献上品にも関心を示し、汽車の模型や電信機だけでなく、アメリカの農具や酒についても詳しく記している。この日記には、二月二日に行われた天体観測についての記述もあり、観測後、乗組員が数日後の天気を予想し、この予想が的中したと記している。

さらに、石川家に伝来した渡来日記には、二月一二日に乗組員が犬を連れて横浜村に上陸したことが記され、洋犬と和犬の違いが記録された。こうした記録から、人々がアメリカ人の衣食住からペットに至るまで、すべてにわたって強い関心を持っていたことを知ることができる。

（西川武臣）

2　汽車の模型と電信機
嘉永７／安政元年（1854）２月23日、幕府に献上された汽車模型の試運転が横浜村で行われた。翌日には電信機の実験も行われ、日本人は遠く離れた地点に一瞬で言葉が伝えられたことに驚きの声をあげた。この絵は、この時の様子を描いたもので手前に汽車が、遠くに電線がみえる。『ペリー艦隊日本遠征記』より。

3　ウィリアムズの葬儀
ペリー艦隊ミシシッピ号乗組員ロバート・ウィリアムズの葬儀を描いた絵。埋葬地は横浜村増徳院境内であったが、その後、伊豆下田の玉泉寺に改葬された。樋畑雪湖編『米国使節彼理提督来朝図絵』より。

4　武州久良岐郡横浜酒食賜墨夷之図
嘉永７／安政元年（1854）２月10日、横浜村で最初の日米会談が行われた。会談終了後、幕府は300人前の料理を用意してペリー一行を饗応した。この絵は饗応の様子を描いたもので、松代藩士高川文筌が描いた絵巻の写しである。

図版特集

開国・開港を伝える瓦版

江戸時代中期以降、江戸ではさまざまな事件を報せる瓦版の刊行が相次いだ。特に、ペリー来航と横浜開港は人々の大きな関心を呼び、さまざまな瓦版が出版された。横浜開港資料館が所蔵する瓦版だけでも、ペリー来航関係のものは一〇〇種類を超え、横浜開港関係のものも五〇種類以上に達している。ペリー来航関係のものには、当時の海岸部の防衛体制、日米交渉の様子、ペリー艦隊乗組員の様子を報じたものが多かった。横浜開港関係のものは横浜での貿易開始を報せたものので、市街地の様子や開港を知らせる幕府の「お触《ふれ》」などが掲載された。

（西川武臣）

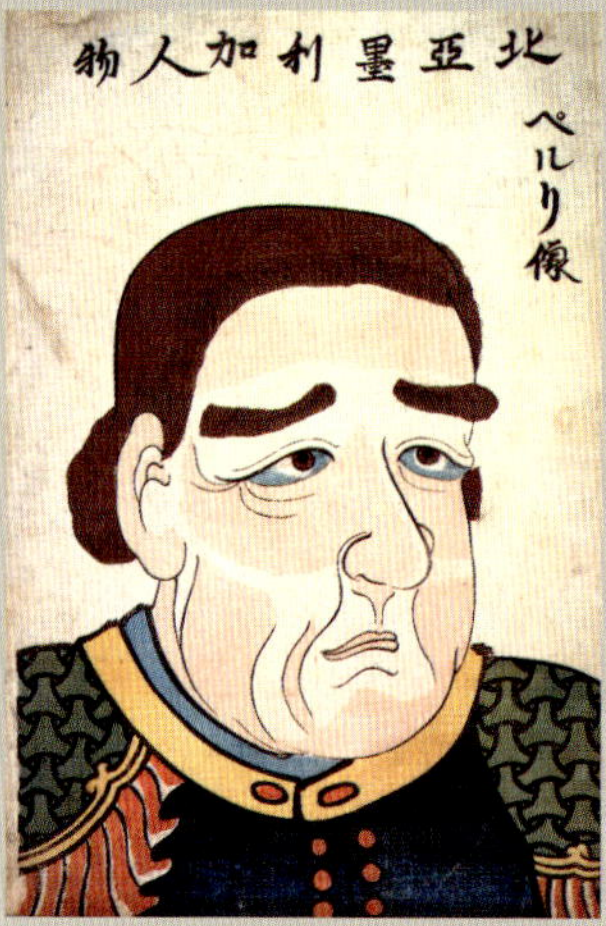

1　北亜墨利加人物ペルリ像
ペリーは多くの瓦版に描かれたが、ほとんどが想像で描いたものであった。この絵も歌川国信という浮世絵師がオランダの絵を模倣して描いた無名の外国人の肖像画を、瓦版の絵師がペリーの顔として刊行したものであることが近年の研究で明らかになった。

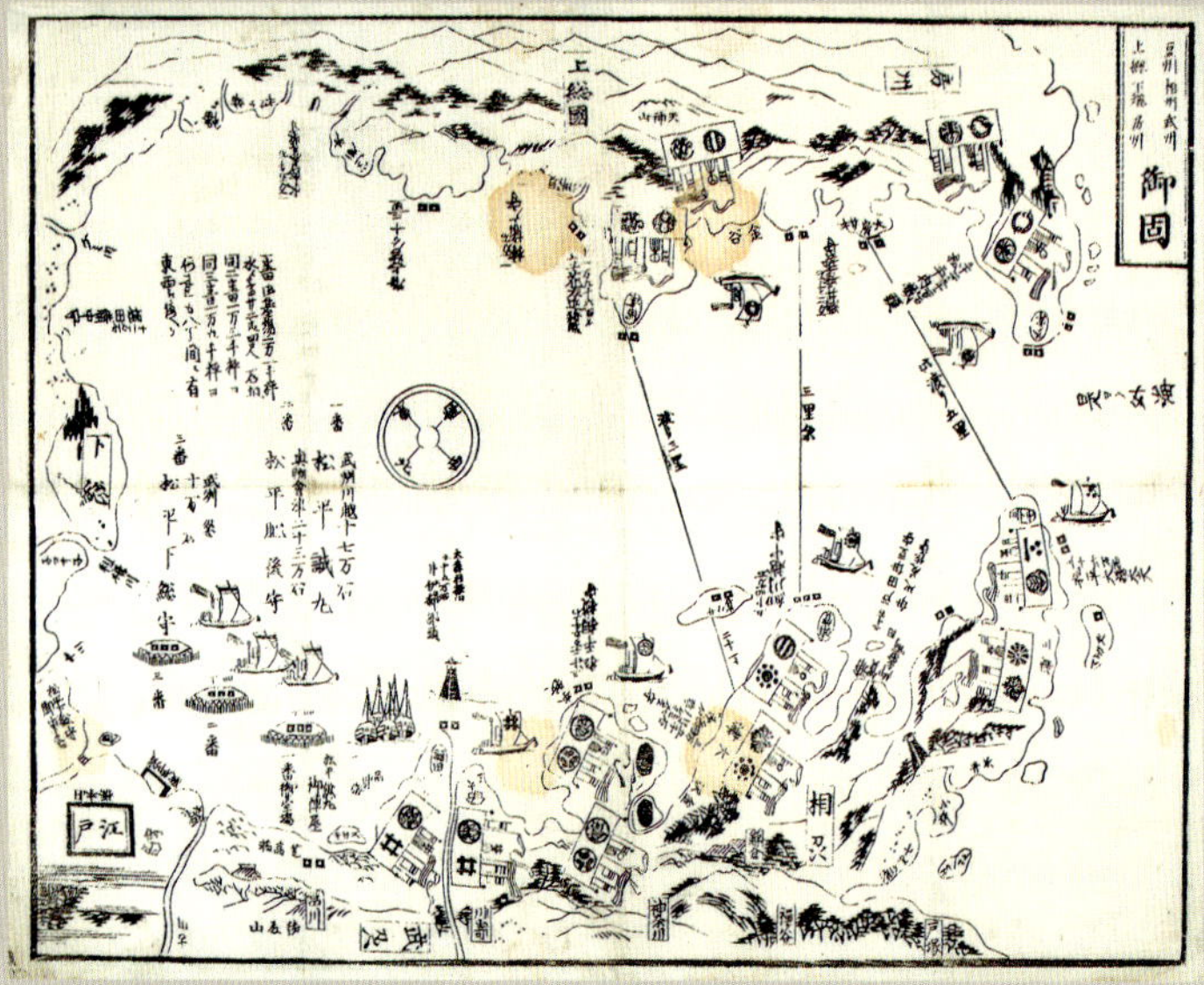

2　豆州・相州・武州・上総・下総・房州御固
ペリーが横浜へ来航した際の、三浦半島から房総半島までの防衛体制を図示した瓦版。左下が江戸、上が房総半島、下が高輪から三浦半島の先端部にかけての地域である。警備を担当した大名や台場（砲台）が示されている。

3　蒸気船之図
ペリー艦隊の船を描いたもの。外輪が付いているものの、ペリー艦隊の蒸気船というよりも、長崎に来航したオランダの帆船の形に近く、長崎版画などに描かれた帆船を参考にして描いたものであろう。左上の部分にはペリーがアメリカ合衆国から派遣されたと記されている。

5　力士力競
日米交渉の過程で、幕府はペリーに相撲を披露した。幕府は、日本人にも力持ちがいることをペリー一行に見せつけることを意図したといわれ、江戸から呼び集められた力士はペリーへの贈り物である米俵を運んだ。米俵は１俵約60kgで、力士たちが軽々と２俵ずつの米俵を運ぶ姿にペリー一行は驚きの声をあげた。この時の様子は瓦版で広く伝えられた。

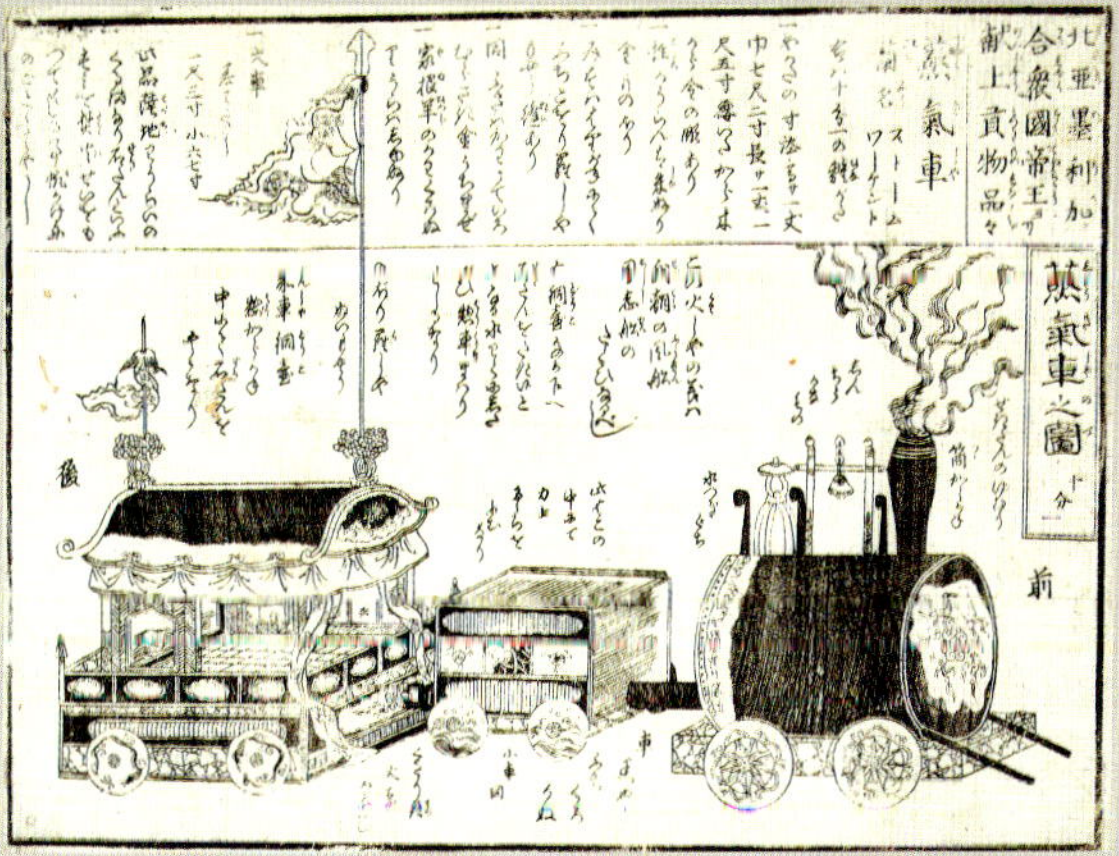

4　北亜墨利加合衆国帝王ヨリ献上貢物品々　蒸気車之図十分一
ペリー来航時、横浜ではさまざまな贈り物の交換が行われた。特に、ペリーから贈られた「献上品」は関心を集め、多くの瓦版が刊行された。なかでも汽車の模型を描いた瓦版が多く、汽車が走る仕組みも紹介された。しかし、汽車の絵は必ずしも写実的でなく、想像で描かれた部分も多かった。

6　神奈川横浜交易場曲輪揚屋図
横浜の遊郭を紹介した瓦版。実際の遊郭は海に面してはいないが、瓦版では海に面した座敷の光景が描かれている。横浜開港直後に刊行されたものであろうか。

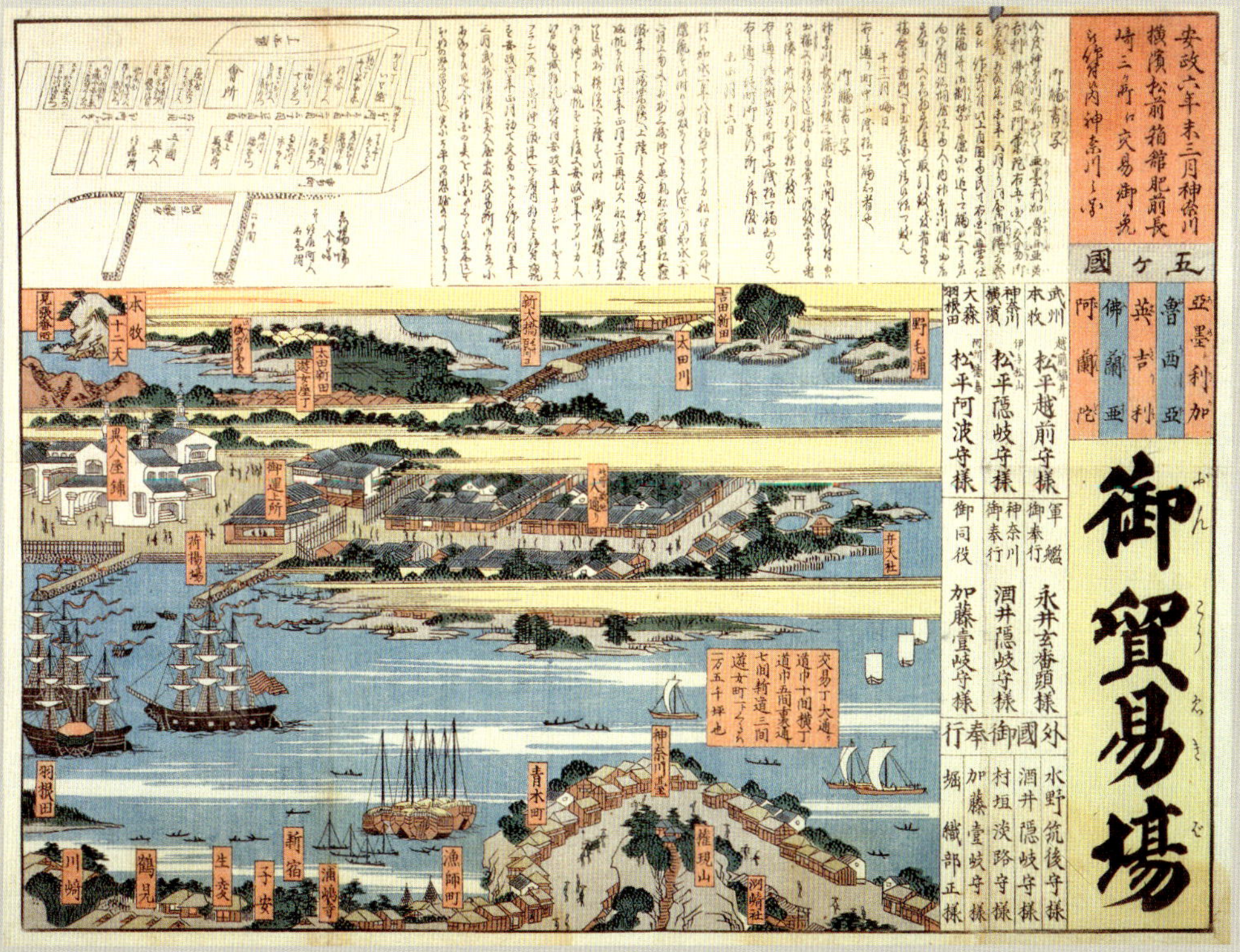

7　五ケ国御貿易場
横浜開港の直前に刊行された。町並みは横浜市街地の完成予想図、波止場をはさんで左が外国人居留地、右が日本人居住区、下の部分が東海道神奈川宿にあたる。上の部分には幕府の「お触」が記され、横浜で商売をすることを希望する者は幕府に願い出るようにとある。安政６年(1859)５月。

測量された日本の沿岸

一九世紀前半の測量船の来航

　ヨーロッパでは一八世紀後半に測量技術が飛躍的に進歩し、六分儀、経緯儀、クロノメータという測量機器が発明され、三角測量や月距法といった測量理論が確立された。格段に精度を増した海図作成が可能となったが、天文学と数学の知識を必要としたため、すぐに実際の測量や海図作成に活用されたわけではなかった。一八世紀末になって、新しい機器と理論を携えて世界各地の海に派遣されるようになったヨーロッパ各国の測量船が、日本近海にもその姿を現すようになった。それまでは、一七九七年刊行のフランス海軍士官、ラ・ペルーズの測量地図に代表されるように、日本近海はほとんど未測量の海域であった。

　おもに欧米各国で海図作成を担ったのは、各国海軍水路局であった。発足はフランスが最も早く一七二〇年に、イギリスが一七九五年、スペインが一八〇〇年、ロシアが一八二七年、アメリカが一八三〇年などとつづいた。測量船は琉球（沖縄）諸島や長崎、太平洋沿岸、蝦夷（北海道）に来航し、測量を行った。

　イギリスは、最初の頃は他国に後れをとっていたが、ナポレオン戦争後、世界の制海権を手にすると、積極的に海図の整備を図るようになった。欧米各国による日本近海への測量艦派遣は、一八四〇年におきたアヘン戦争をきっかけとして、活発化した。そしてついに嘉永二年（一八四九）、遭難したイギリス船乗組員を迎えに琉球に向かった軍艦マリナー艦長ハロランが、江戸近海の浦賀と下田に来航して港内を測量し、さらに小艇を出して測深も行った。一八五六年には、本国でこの時の航海記を出版もした。このように、帰国後、航海記を出版した測量船の艦長や乗組員は他にもおり、日本や日本近海についてヨーロッパ社会がしだいに関心を寄せるようになった。

欧米各国の測量活動

　ペリー来航を可能にした背景には、このような世界的測量技術の進歩があった。また、各国水路局はそれぞれが測量した世界各地域の海図情報の多くを共有するようにしていたので、ペリーも日本遠征にあたってその恩恵を受けた。さらにペリーは久里浜や横浜上陸に先立ち、不測の事態にそなえて必ず沖合の測深を行った。和親条約締結の他に、日本近海測量という任務も課せられていた。他国にさきがけてはじめて湾の奥まで進入し、測量を行った東京湾の海図は各国水路部に広まり、この海域の基本図となった。

　開国・開港後も、欧米各国は、安全で便利な航路をみつけるため、日本全国の主要な港や海峡などの測量をつづけ、より詳細で正確な海図作成をすすめた。陸上での測量も必要となり、測量艦の乗組員が上陸することもあった。幕府は日本人との間で衝突がおきないように警備体制をしいたが、慶応四年（一八六八）、堺港でフランス測量艦

1　ラ・ペルーズ作成の日本図　第2図
正式タイトルは「1787年に中国および韃靼の海域でなされた発見に関する地図」。1787年4月12日のフィリピンのマニラ出航から、同年9月6日のカムチャツカ到着まで、約5か月間にわたる航路と到着日などが記されている。50年前の地図に拠ったため、日本列島の形、とくに北海道や四国、九州、沖縄はかなり不正確である。また北海道西部の海岸線などは未測地として点線で描かれている。1797年。

2　W・L・モーリー大尉
ペリー艦隊の一員として東京湾測量の指揮をとった海軍士官。著名な海洋学者、マシュー・フォンテン・モーリーのおいにあたる。

4　神奈川港図（部分）
日本で最初に刊行された近代的海図。測量者は、長崎海軍伝習所で学んだ福岡金吾・松岡磐吉と、海軍伝習所修了の日本人らが教えた軍艦繰練所出身の西川寸四郎である。近代的海図の要素である磁針方位や緯度、水深が記されている。ここで紹介した部分には、6月2日に開港したばかりの横浜の町と港の水深（尺）等が記されている。安政6年（1859）6月。木版墨刷。

3　江戸湾図 Yedo, Bay and Harbour
1854年に行われたモーリー大尉らアメリカ海軍による測量、および1858年のS・オズボーン大佐らイギリス海軍の測量に基づいて作成された江戸湾から浦賀水道にかけての海図。イギリス海軍水路部刊。1859年。

5　フランス週刊紙に報道された堺事件
慶応4／明治元年2月15日（1868年3月8日）、堺でおきた土佐藩士とフランス海軍との衝突事件。描いたのは、第1次軍事顧問団の一員として幕府に招かれたフランス陸軍士官ブリュネ。ブリュネは同紙の特派員でもあった。この後、箱館に向かい、榎本軍とともに箱館戦争を戦った。『ル・モンド・イリュストレ』1868年6月13日号より。

デュプレクス乗組員と警備の土佐藩士との間で衝突がおこり、フランス人水兵一一名が殺害され、外交問題へと発展した。フランス公使ロッシュは厳しい処罰を要求し、土佐藩士一一名が切腹、九名が流罪となった（堺事件）。

また伊能忠敬が作成した日本初の実測地図（伊能図）が、海岸線の正確さで高い評価を受け、活用された。

日本の近代海図作成

嘉永二年（一八四九）、イギリス軍艦マリナーが江戸近海に来航して測量を行うと、脅威を感じた幕府は、同年、沿岸防備強化令を出し、諸藩に所領沿海の測深を命じた。活発化する欧米の測量活動を目の当たりにした幕府は安政二年（一八五五）、長崎海軍伝習所を開設して欧米の進んだ測量技術の習得に乗り出した。幕府直参や諸藩から派遣された伝習生が、オランダ海軍士官の下で、オランダ式測量術を学んだ。

明治海軍の初代水路局長となる藤堂藩士、柳楢悦《やなぎならよし》も長崎海軍伝習所に学んだひとりである。柳の指導の下、イギリス作成の海図を手本としながら、明治五年（一八七二）に日本の第一号海図である「陸中国釜石港之図」が、明治七年（一八七四）には横浜港図である第三九号海図「武蔵国横浜湾」が刊行されるなど、日本の測量技術の近代化が推し進められていった。

民芸運動の創始者として知られる柳宗悦はその息子である。（中武香奈美）

図版特集

絵地図が語る開港場

安政六年（一八五九）、神奈川開港を主張する諸外国の反対を押し切り、幕府は横浜村に開港場を建設した。波止場を境に、西側には通りの両側に商家が建ち並ぶ日本人市街が、東側には外国人居留地が形成された。やがて慶応二年（一八六六）の大火を経て、二つの市街地の境には横浜公園と日本大通りが新設され、現在の関内地区の骨格がつくられていった。幕末から明治初期にかけて描かれたさまざまな絵地図や実測図からは、拡張を重ねる開港場横浜の変遷をたどることができる。（青木祐介）

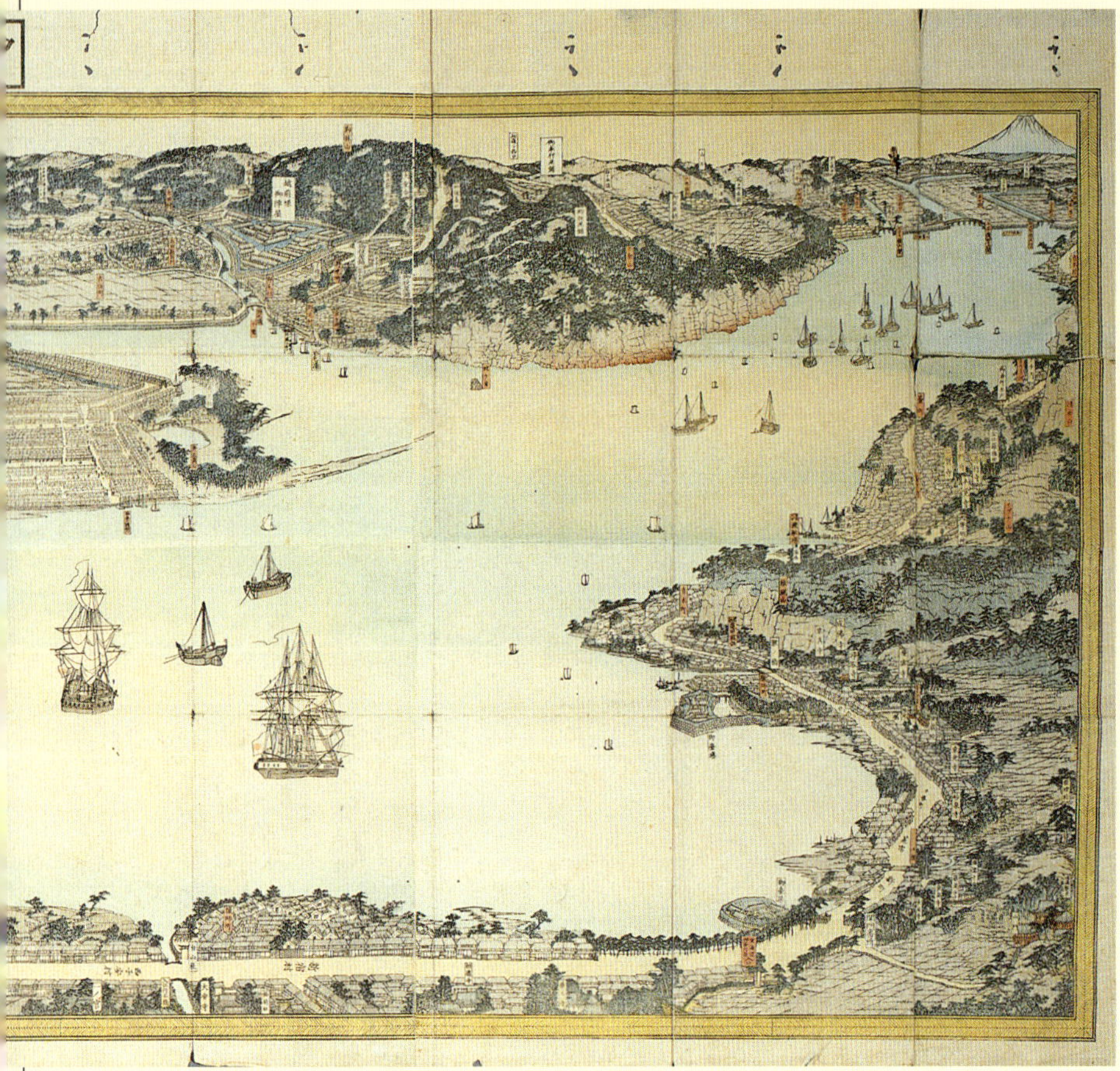

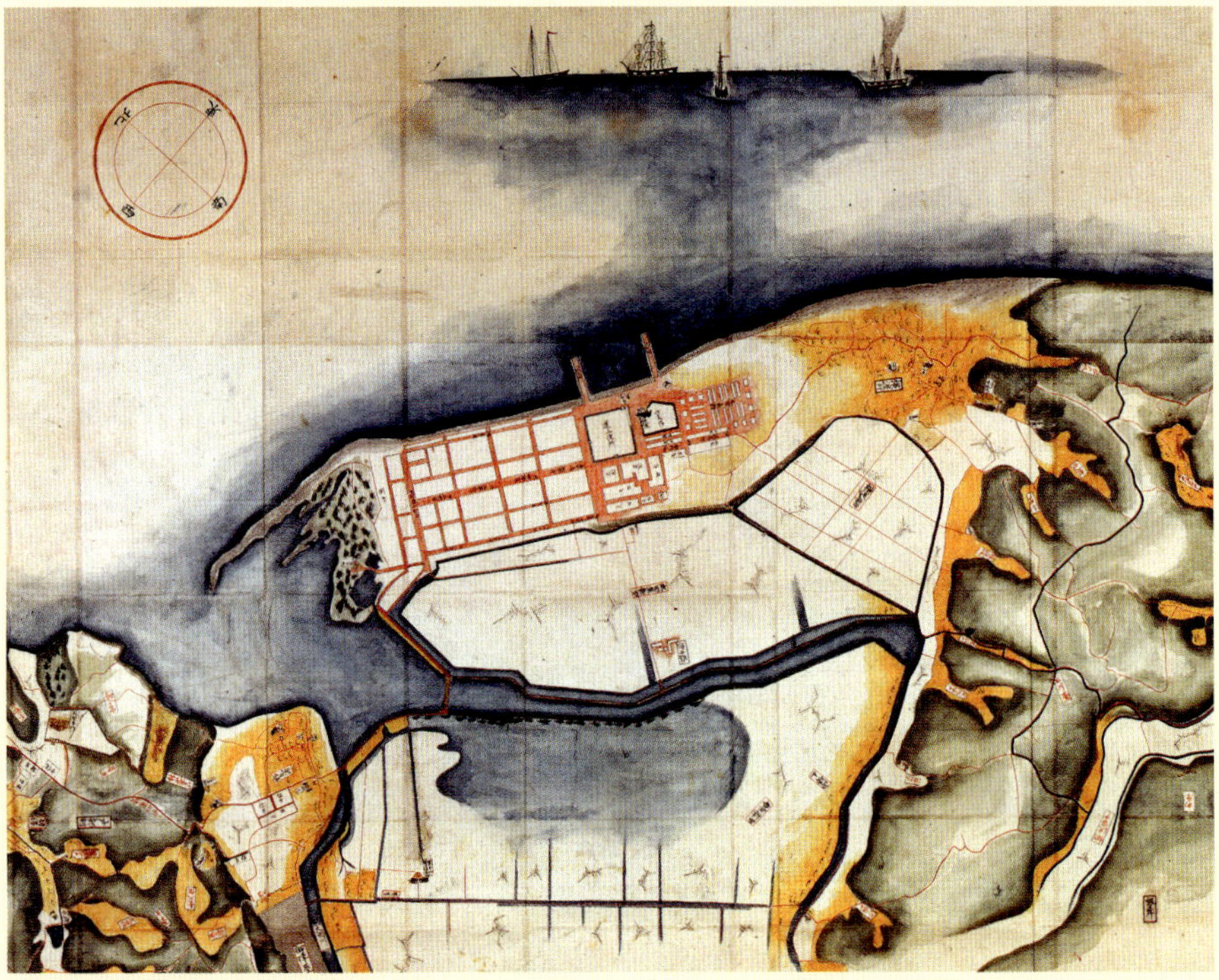

1　御持場海岸分見画図（部分）
1町（60間＝360尺＝36000分）を2分（0.6cm）で表した18,000分1の実測図で、開港場の警備を担当した福井藩の作製になる。まだ諸外国が開港場横浜を認めていない時期の状況で、波止場手前の運上役所を境に、西側には整った街区をもつ日本人市街が、東側には長屋状の外国商館が描かれている。安政6年（1859）秋頃。

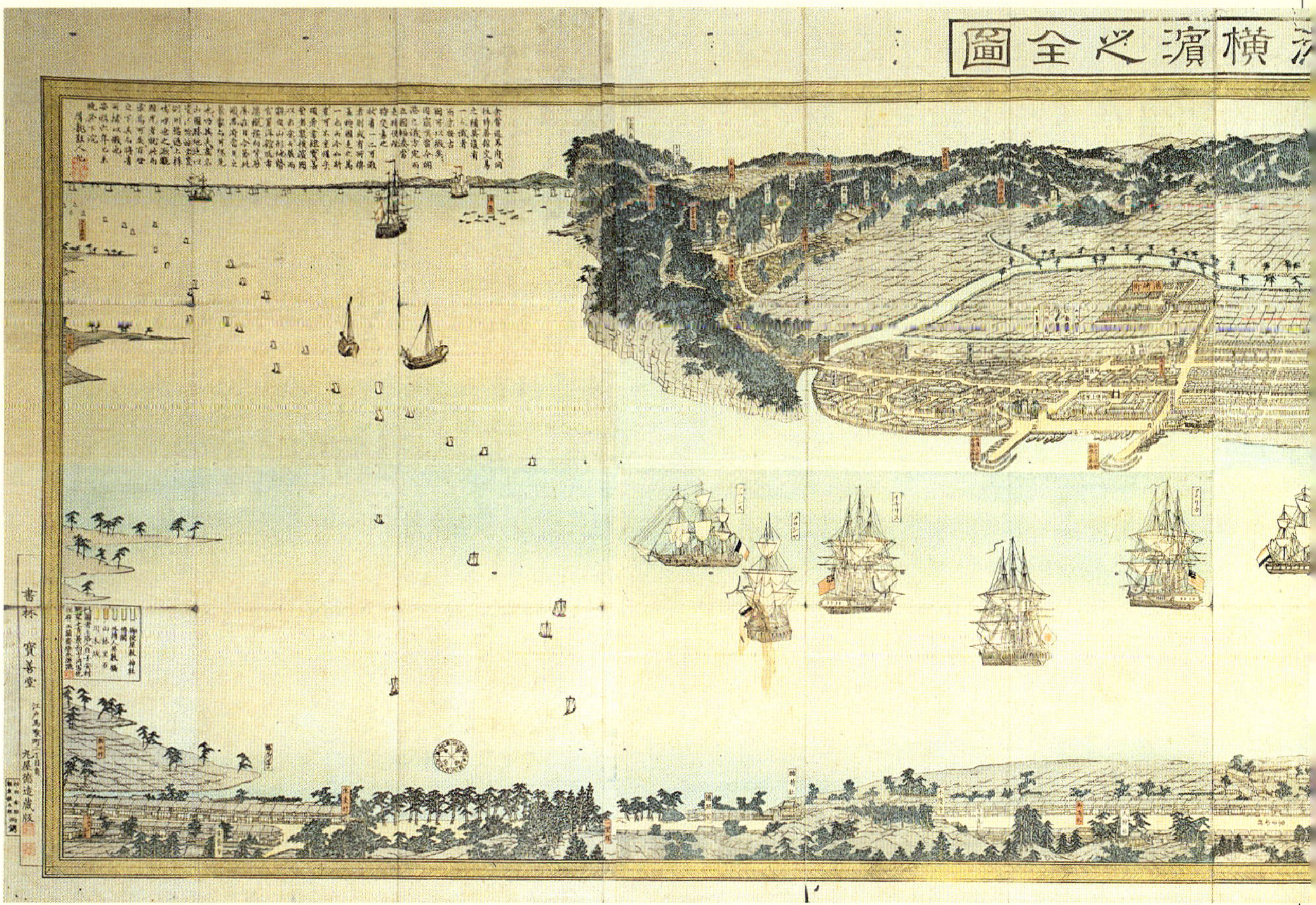

2　御開港横浜之全図　玉蘭斎橋本謙
万延元年（1860）に居留地と元町との間に堀川が開削され、開港場は出島のごとく水路で囲まれた。水路に架けられた橋には関門が設けられ、その内側は「関内」と呼ばれる。外国商館は堀川の際まで建ち並び、背後の太田屋新田には港崎町の遊郭が描かれる。ただし、元町側にまで新田が描かれているのは誤り。万延元年（1860）。

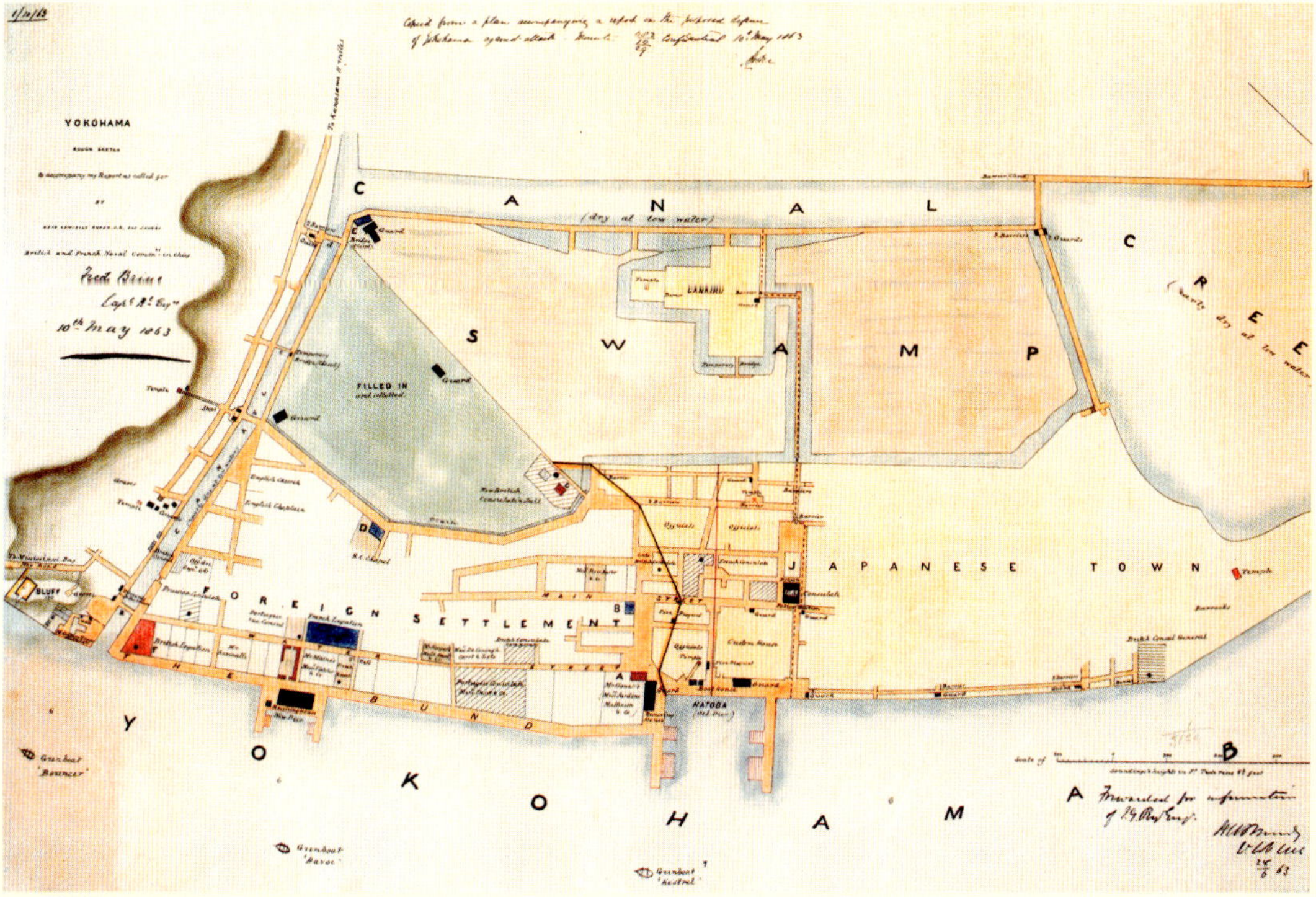

3　横浜居留地防衛地図
相次ぐ攘夷事件を受けて、イギリス陸軍工兵隊の技師ブラインが居留地の防衛構想を描いたもの。日本人市街からの攻撃を想定して、居留地との間には３段階の防衛線が設定され、各所に歩哨や大砲の配置場所が書き込まれている。F・ブライン。文久３年（1863）。

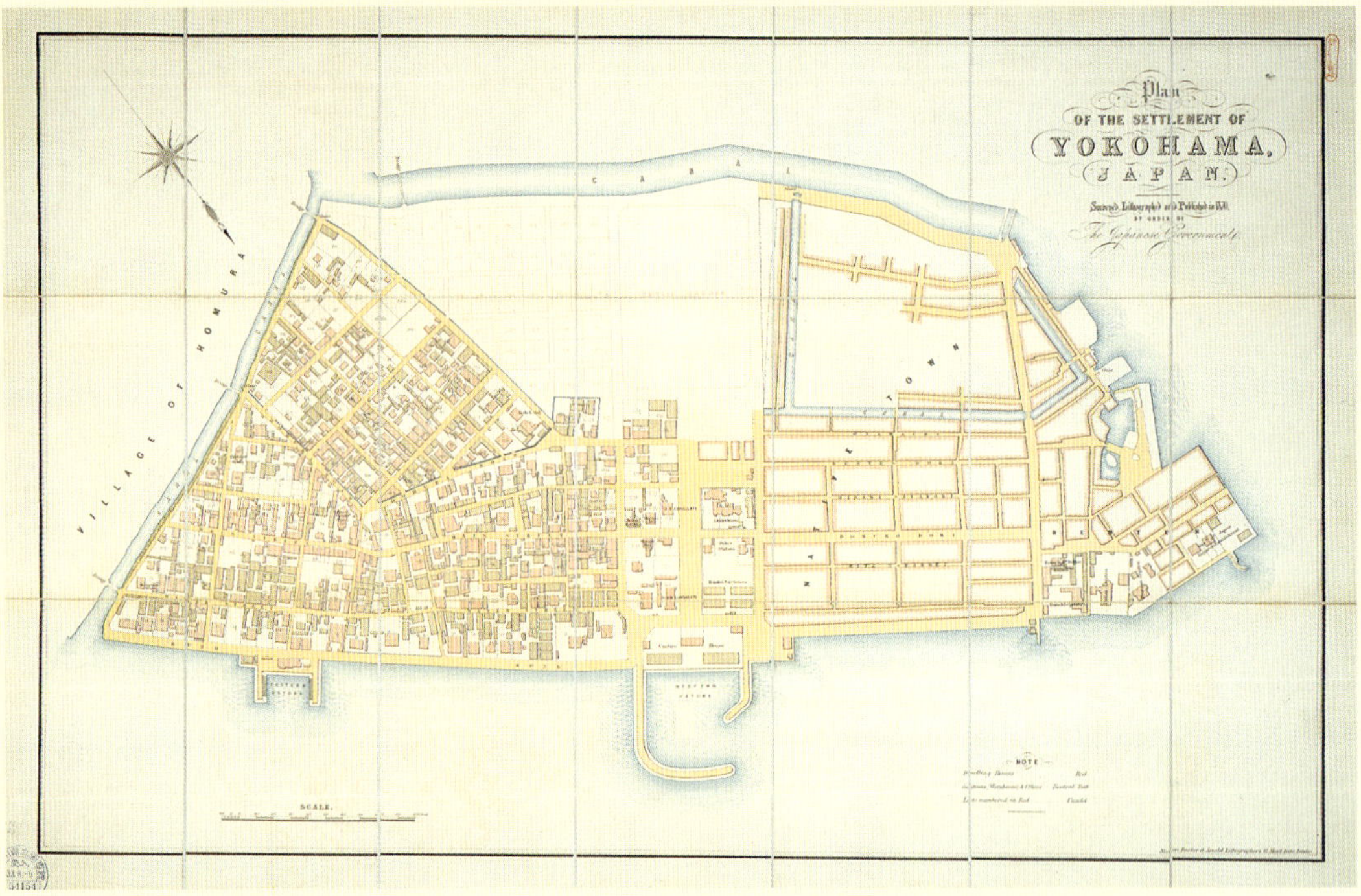

4　Plan of the Settlement of Yokohama
慶応の大火後の居留地改造を手がけたイギリス人技師ブラントンが、計画に先立ち明治３年（1870）に作製したもので、居留地内の建物一つ一つの輪郭が描かれた詳細な実測図。当初は柵で囲まれていた外国商館が、大火後、通りに接する都市型建築として徐々に建て替えられている様子がうかがえる。R･H･ブラントン。明治３年（1870）。

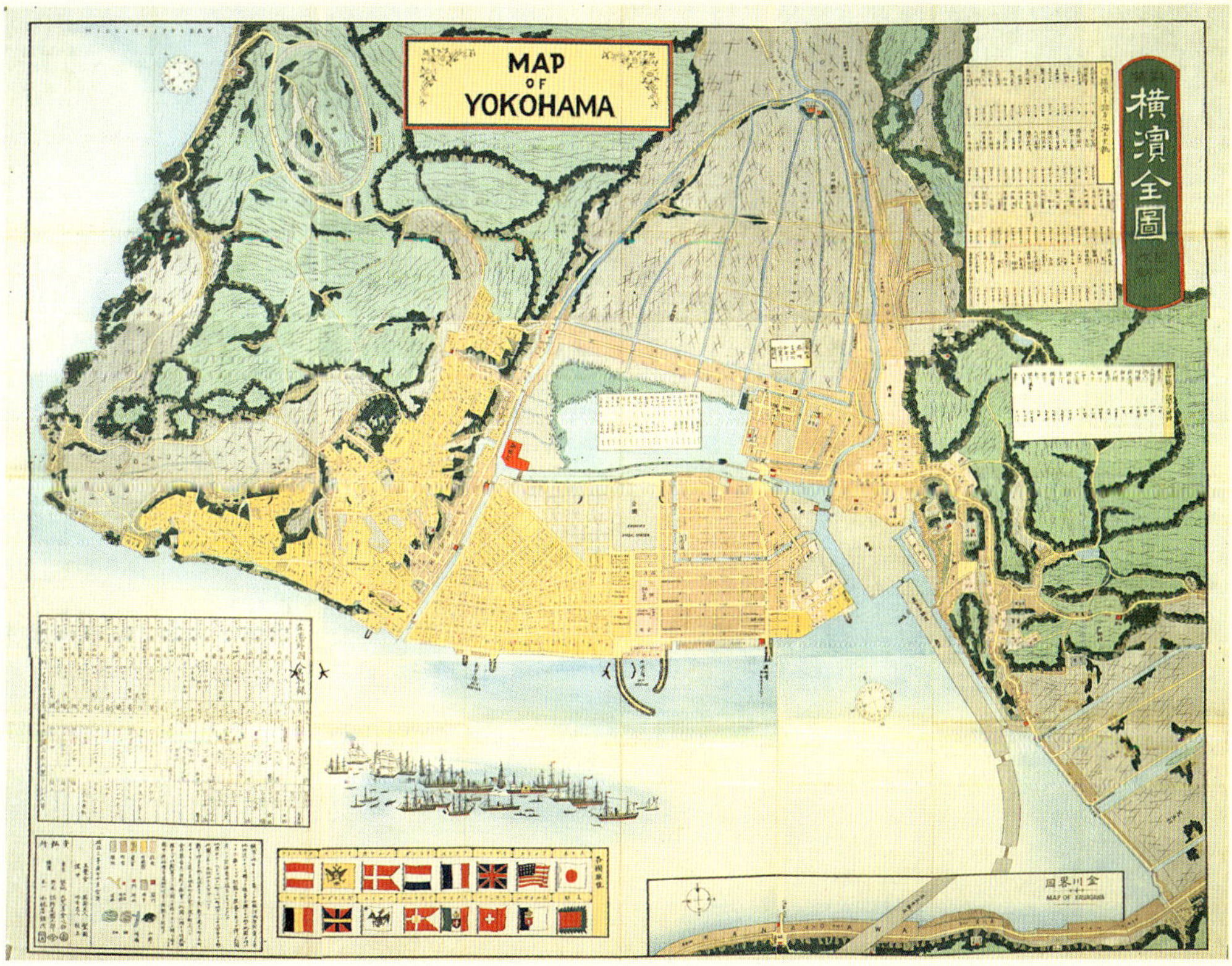

5　新鐫横浜全図　五葉舎万寿老人
関内地区が完全に市街地化すると、埋立は関外へ拡大していく。中央に大きく描かれた南一つ目沼は、明治3年（1870）から埋立が開始され、同6年（1873）に埋地七か町が誕生する。一方、神奈川から大岡川河口にかけての沿岸部では、鉄道用地の埋立が完成している。明治3年（1870）。

6　横浜弌覧之真景　橋本玉蘭斎貞秀
西は野毛から東は根岸までを俯瞰的に描く。3本の塔屋をもつイギリス領事館をはじめ、居留地には洋風建築が増えつつある。鉄橋に架け替えられた吉田橋や鉄道用地の電信線、海岸通りに建ち並ぶ街灯など、貞秀らしい細密な描写のなかに、近代技術による整備が進む都市の姿が捉えられている。明治4年（1871）。

修好通商条約の締結

安政の五か国条約

幕府は日米和親条約につづいて、イギリス・ロシア・オランダとの間でも和親条約を締結した。さらに安政四年(一八五七)、オランダとロシアは通商規定のある追加条約を幕府との間に結んだが、オランダが長崎の出島で行ってきた制限された通商の域を出るものではなかった。

自由貿易をはっきりと打ち出した最初の通商条約である、日米修好通商条約を締結したのは、初代アメリカ総領事ハリスであった。安政三年七月(一八五六年八月)に来日したハリスは、約二年の歳月をかけて幕府と交渉し、安政五年六月一九日(一八五八年七月二九日)、全権委員である井上清直と岩瀬忠震《ただなり》との間で通商条約を締結した。この条約によって神奈川・箱館・長崎・新潟・兵庫の五港の開港が決まった。

幕府が条約調印にふみきった背景には、一八五六年に中国で勃発したアロー戦争の影響が大きかった。イギリスとフランスの連合軍に敗れた中国は、五八年六月、中国側に不利な天津条約締結を余儀なくされた。ハリスはこの情勢をたくみに利用し、とくにイギリスの脅威を説き、幕府にいち早いアメリカとの平和裡の締結を迫ったのである。

ハリスとの通商条約調印後、幕府は同五八年一〇月までにオランダ・ロシア・イギリス・フランスの使節と、つぎつぎにほぼ同内容の通商条約を結んだ。一八五二年に出島の商館長として来日したオランダのクルティウスは、条約交渉の任を帯びていたが、アメリカのペリーやハリスに先を越されてしまった。ロシア使節のプチャーチンは一八五五年の日露和親条約締結時の使節として日本に来航し、幕府との交渉経験があった。連合軍を率いて広東を占領し、天津条約を結んだイギリス使節エルギンとフランス使節グロは、条約締結後、相次いで日本に来航し、条約を締結した。これら五つの条約は安政の五か国条約とよばれる。

開港場――神奈川から横浜へ

条約文には開港場として「神奈川」と明記されていたが、実際には横浜が開港された。一八五七年(安政四)一二月にハリスが老中堀田正睦《まさよし》らを前に貿易の重要性を説いた。その内容を知った岩瀬はすぐに上申書を堀田に提出し、江戸にほど近い横浜を開港して江戸を大坂にかわる全国の商品流通の中心地とし、また外国文明の窓口として幕府再建をはかるという積極的な横浜開港論を主張した。

井上清直とともに幕府の全権委員となった岩瀬はこの横浜開港案をハリスとの交渉の場で披露し、ハリスも日米和親条約締結の地である横浜村の開港に同意した。しかしハリスにとって横浜の位置づけは、あくまでも湾をはさんで対岸の、神奈川湊をもつ東海道の宿場である神奈川の一部というものでしかなかった。ところが開港場建設の段階になって、神奈川が東海道沿いにあるため混乱を避けたいと考えた幕府は、横浜村のみの開港の準備に取りかかった。ハリスや初代イギリス総領事オールコックは条約違反だとして横浜開港をつよく拒否したが、横浜がしだいに整備されて外国商人が横浜に居住しはじめ、実質的に開港場となっていくと、ハリスたちもついに、横浜を認めるようになった。

通商条約の締結によって半農半漁の小さな村でしかなかった横浜は開港場となり、国内外から人々や物資が集まる日本第一の国際港都へと急速に発展し

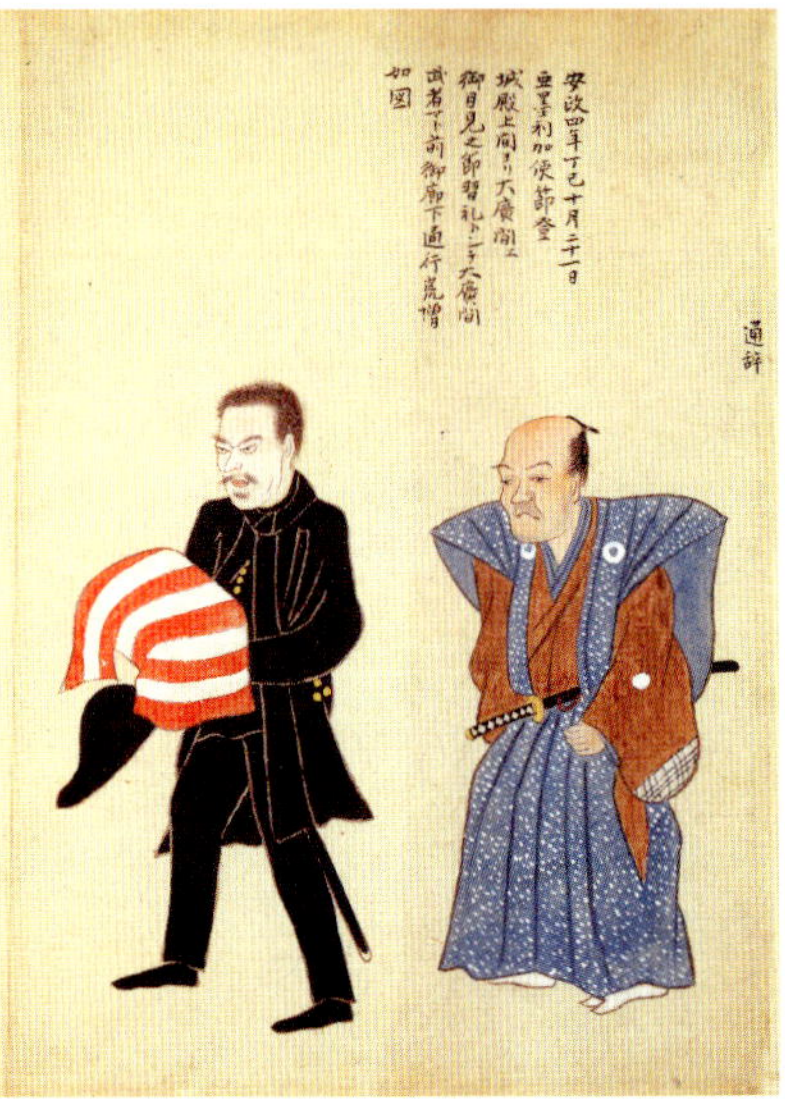

1　ハリス登城の図
真ん中の人物がハリス、右側が通訳のヒュースケン。大統領の親書をささげ持っている。作者・作成年不詳。

2　岩瀬忠震
安政の大獄で失脚し、文久元年（1861）に病死した。『阿部正弘事蹟』上、1910年より。

3　岩瀬が木村喜毅（よしたけ）に贈った扇面
木村は岩瀬の昌平坂学問所の後輩で親しい間柄であった。木村が長崎奉行に任じられた際に贈ったもの。安政4年（1857）。

ていった。

不平等条約

他方、通商条約には、片務的な領事裁判権（治外法権）・関税自主権・最恵国条款という日本側のみに不利な条項が含まれていたため、条約改正がその後の日本外交の最重要課題となった。

領事裁判権は、居留外国人が日本の法権でなく、自国の領事裁判下におかれることを認めた。これは、裁判権だけでなく日本の法律も居留外国人には及ばないことを意味する「治外法権」を認めたことでもあった。

貿易については相手国との協定によって税率を決める協定税率が取られ、関税自主権がなかった。そのため外国製品の輸入税は低く抑えられて関税収入は充分でなく、外国からの輸入は一方的に増大し、国内経済を圧迫した。

片務的最恵国条款（日露通商条約のみ樺太を考慮して双務的）とは、日本が新たに第三国に与えた有利な待遇は無条件かつ自動的にそれまでの条約締結国にも与えられるとした規定であり、各国通商条約（アメリカだけは和親条約にあり）に記された。この条款によって、日米修好通商条約での開港日は一八五九年七月四日（アメリカ独立記念日）と定められたが、その後の日露条約で七月一日と定められたことから、三日繰り上げられたわけである。

（西川武臣）

4　日英修好通商条約談判の日本側委員
後列左から岩瀬忠震、水野忠徳、津田正路（まさみち）、前列左から森山多吉郎（通訳）、井上清直、堀利熙（としひろ）、永井尚志（なおむね）。撮影者はエルギンの秘書、ナソー・ジョスリン。

5　咸臨丸難航図　鈴藤勇次郎原画
万延元年（1860）、日米修好通商条約の批准書交換のため使節がアメリカに派遣された。提督木村摂津守、艦長勝麟太郎（海舟）が率いる咸臨丸が随行艦として太平洋を渡った。原画は、乗組員の鈴藤が描き、木村家が所蔵していた。昭和13年（1938）複製。

外交官の活躍

初代駐日総領事、ハリス

幕府は、アメリカをはじめとする諸外国との間に和親条約、つづいて通商条約を締結し、本格的な外交を開始した。通商条約締結の最初の相手が初代駐日アメリカ総領事、ハリスだった。

東南アジア地域で貿易商として活躍していたハリスは、日本の開国を知ると、その豊富なアジアでの経験を武器に、自ら望んで初代駐日総領事職についた。来日前に、まずシャム（タイ）のバンコクに赴き、一八五六年五月、シャムとの通商条約を結び、そのまま日本に向かった。安政三年七月二一日（一八五六年八月二一日）、通訳のヒュースケンを連れて下田に到着したハリスは、柿崎の玉泉寺に入って仮領事館とした。ハリスの来日は日米和親条約にもとづいていたものだったが、幕府はなかなか認めようとせず、ハリスの望んだ将軍徳川家定との謁見が実現するのは、来日から一年以上を経た安政四年一〇月（一八五七年一二月）のことだった。翌五年六月（五八年七月）、小柴沖（金沢区）に停泊中のアメリカ軍艦ポーハタン上で、最初の通商条約である日米修好通商条約が調印され、神奈川（横浜）・箱館・長崎・新潟・兵庫の五港の開港が決まった。同年中に、オランダ・ロシア・イギリス・フランスも相次いで通商条約を締結した。

ハリスは、翌安政六年（一八五九）に公使（外交官と見なされるのは厳密には公使以上）に昇格した。横浜開港や貿易品制限問題などで駐日外交団のリーダーとして幕府と渡り合ったが、一方で、幕府の政策にも一定の理解を示し、オールコックをはじめとする他の外交官と距離をおくこともあった。

万延元年一二月（一八六一年一月）、片腕であった通訳のヒュースケンを攘夷派浪士による暗殺で失い、また体調もすぐれなかったこともあり、文久二年四月（一八六二年五月）、南北戦争下のアメリカに帰国した。

イギリス公使、オールコック

当時、産業革命をなしとげたイギリスは「世界の工場」と称され、世界経済の中心であったが、インドや中国を重視していたため、対日外交ではアメリカに先を越された。安政六年五月（一八五九年六月）、横浜開港直前に初代駐日総領事（間もなく公使に昇格）としてオールコックが着任し、高輪の東禅寺に公館をおいた。

オールコックは医師出身で、一八四四年に外交官に転身し、福州領事として中国に赴任したのを皮切りに、上海や広東総領事などを歴任し、長い中国生活で身につけた外交経験を武器に、来日した。ハリスやフランス総領事ド・ベルクール（安政六年八月着任。間もなく公使）ら他の外交官と共同して、時には対立しながら対日外交を展開し、ハリスにかわって外交交渉の主導権をとるようになっていった。

本格的な日本語通訳官、サトウ

イギリス公使館付の日本語通訳生として外交官人生を開始したサトウも、初期の対日外交では重要な役割を果たし

1　ハリス
東南アジア地域で貿易商として活躍していたハリスは、自ら望んで駐日総領事職についた。

2　横浜山手のアメリカ公使邸
慶応2年（1866）、第3代アメリカ公使ファルケンバーグが山手27番に建てた。イギリスやフランスなどは江戸の寺院においた公使館とは別に、横浜にも公使館を設けた。アメリカはハリス以来、横浜には領事館のみで、公使館はおかなかった。そのためファルケンバーグは横浜滞在時のために居館を建てた。

た。サトウは一八六一年、ロンドンのユニヴァーシティ・カレッジ在学中にイギリス外務省の中国・日本領事部門通訳生試験に首席で合格した。すぐに中国に派遣され、上海や北京で日本語学習の準備として漢字や漢文などの学習をかさね、文久二年八月一五日（一八六二年九月八日）、一九歳の若さで横浜に到着した。

イギリス公使館も他国と同様に幕府との交渉はオランダ語通訳官を通じて行っていたが、交渉問題が増えるようになり、日本語と英語を直接に翻訳できる通訳官が必要となった。急速に語学力を身につけたサトウは会話だけでなく、読み書きでも日本人を驚かせる程の上達ぶりをみせた。その語学力と知識を駆使して、幕府との外交交渉の場ばかりでなく倒幕派諸藩の要人とも積極的に接触し、情報活動を行って通訳官以上のはたらきをし、オールコックや、後任のパークスを助けた。一八八四年、バンコク駐在総領事となり、翌八五年、シャム公使に昇格した。

明治二八年（一八九五）、日清戦争後の日本に公使として戻り、一九〇〇年に駐清公使に転出、一九〇六年に引退した。

ハリス、オールコック、サトウは、日本滞在時の日記や回想記をのこしている。またオールコックとサトウは日本に関する研究書も出版しており、とくにサトウは日本研究者（ジャパノロジスト）のパイオニア的存在として知られている。

（中武香奈美）

5　サトウ
日本語通訳生から通訳官に昇進した22～23歳頃。1866年に江戸に移るまで、横浜に暮らした。来日当初、横浜ホテル（現山下町70番地）で仮住まいをした後、居留地20番（当時の谷戸橋際）のイギリス公使館に移り、早くも英和口語辞典の編集をはじめた。1865～66年撮影。

4　ド・ベルクール
ド・ベルクールは、来日前に中国で一等書記官をつとめ、グロの天津条約調印にも立ち会った。ハリスやオールコックと共同歩調をとりながらも、時には独自の外交を展開し、軋轢が生じることもあった。『ル・モンド・イリュストレ』1864年2月20日号より。

3　オールコック
元治元年（1864）に仏・米・蘭と4国連合艦隊を組んで下関遠征を行った強硬外交で知られる。A. Michie *The Englishman in China* 1900年より。

6　イギリス公使館（横浜高台英役館之全図　2代広重）
通商条約によって外国公使は江戸に駐在することとなったが、浪士の襲撃事件が相次いだため、横浜にも公使館を建設した。イギリス公使館は慶応3年（1867）、山手120番に竣工した。左が公使館で、右は書記官邸。明治2年（1869）。

7　スミス中尉の描いた生麦事件
1864年、横浜に来駐してきた英陸軍第20連隊第2大隊所属のスミス中尉が描いた。説明書きによると、馬上の外国人は左からマーシャル、クラーク、ボロデール夫人、リチャードソン。イギリス人画家のワーグマンが描いたほぼ同じ構図の画が知られているが、スミスはそれを真似たものか。事件のおきた日を13日（実際は14日）と間違って記している点も同じである。サトウは来日して、わずか6日後に生麦事件に遭遇した。ワーグマンは風刺漫画『ジャパン・パンチ』を発行し、居留外国人社会で評判をとった。山手の横浜外国人墓地に眠る。水彩。

神奈川台場

築造と設置目的

一九世紀に入ると、日本に黒船が相次いで来航するようになり、海岸部には防備強化のため台場（砲台）が築造されるようになった。当時、「首都」である江戸の玄関口にあたる東京湾にも多くの台場が造られたが、神奈川台場は市域で築造された唯一の台場である。

神奈川台場が完成したのは万延元年（一八六〇）六月で、東京湾内の台場の中では比較的遅く造られた。台場を築造したのは現在の愛媛県に城を持つ松山藩で、藩主松平（久松）勝成が陣頭指揮をとり約一年間で完成させた。設計者は勝海舟、築造地点は開港場の対岸にあたる神奈川宿の沖合約二〇〇メートルであった（神奈川区神奈川一丁目付近）。集められた労働者は一年間に延べ約三〇万人に達し、この地域は日銭の稼げる場所になったと伝えられる。

台場は本来「海防」を目的に設置されたが、神奈川台場の場合は開港場の防衛に加え、外交儀礼のための祝砲や礼砲を発射することが目的であった。そのため、神奈川台場では、条約締結国の建国記念日や大統領の誕生日には祝砲が、領事・公使などの離着任に際しては礼砲が発射された。

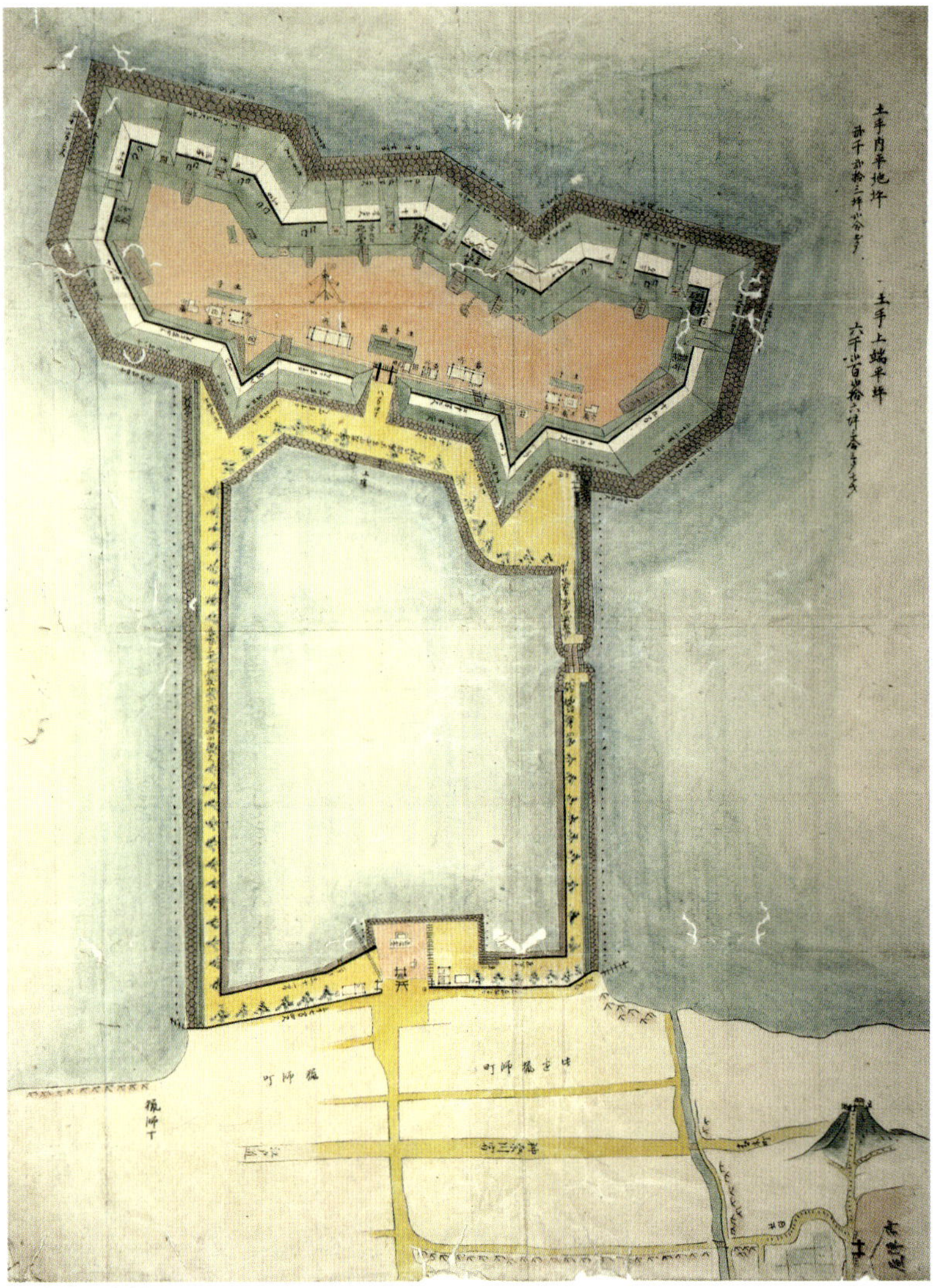

1　神奈川台場図
台場は約 8000 坪の敷地であった。明治初年には 14 門の大砲が設置されていた。安政 6 年（1859）。

築造には多くの人々が参加

神奈川台場の築造にあたったのは江戸の土木業者であったが、下請け工事を請け負った人々の中には市域の農民たちが含まれていた。その一人に久良岐郡磯子村（磯子区）に生まれた堤磯右衛門がいた。堤が住む磯子村はさまざまな土木工事に使用する土丹岩《どたんがん》（粘土質の土塊）の産地であったが、土丹岩が台場の築造工事に大量に使用されたため、堤は下請け工事業者として台場工事に参加した。

この時、堤は仲間七人と共同で土丹岩の切り出しにあたり、一間四方の塊に切り出された土丹岩は磯子村の海岸から船で神奈川宿に送られた。神奈川宿では元請業者が土丹岩を受け取り、土丹岩は台場築造地点の海面の埋立に使用された。

切り出し工事には多くの労働者が必要であり、磯子村には労働者が泊まるための飯場がつくられた。労働者は関東・東海の各地から集められ、上野国那波郡長沼村（群馬県伊勢崎市）出身の人足の親方のもとで働いていた遠江国（静岡県）出身の労働者が現場で死亡したことを記した記録もある。

また、土丹岩を神奈川宿に運ぶ船も各地から集められ、なかには相模湾の漁村からやって来た船も利用された。このほか、台場の築造には伊豆半島や真鶴半島で切り出された伊豆石や真鶴石も使われ、台場工事は広範な地域の経済を活性化することになった。

台場が完成して

台場完成後、その警備は台場の築造を担った松山藩が担当し、慶応二年（一八六六）からは古河藩の管轄になった。この間、祝砲・礼砲の発射は頻繁で、月に数回、祝礼砲が発射されたこともあったと伝えられる。また、新たに外国

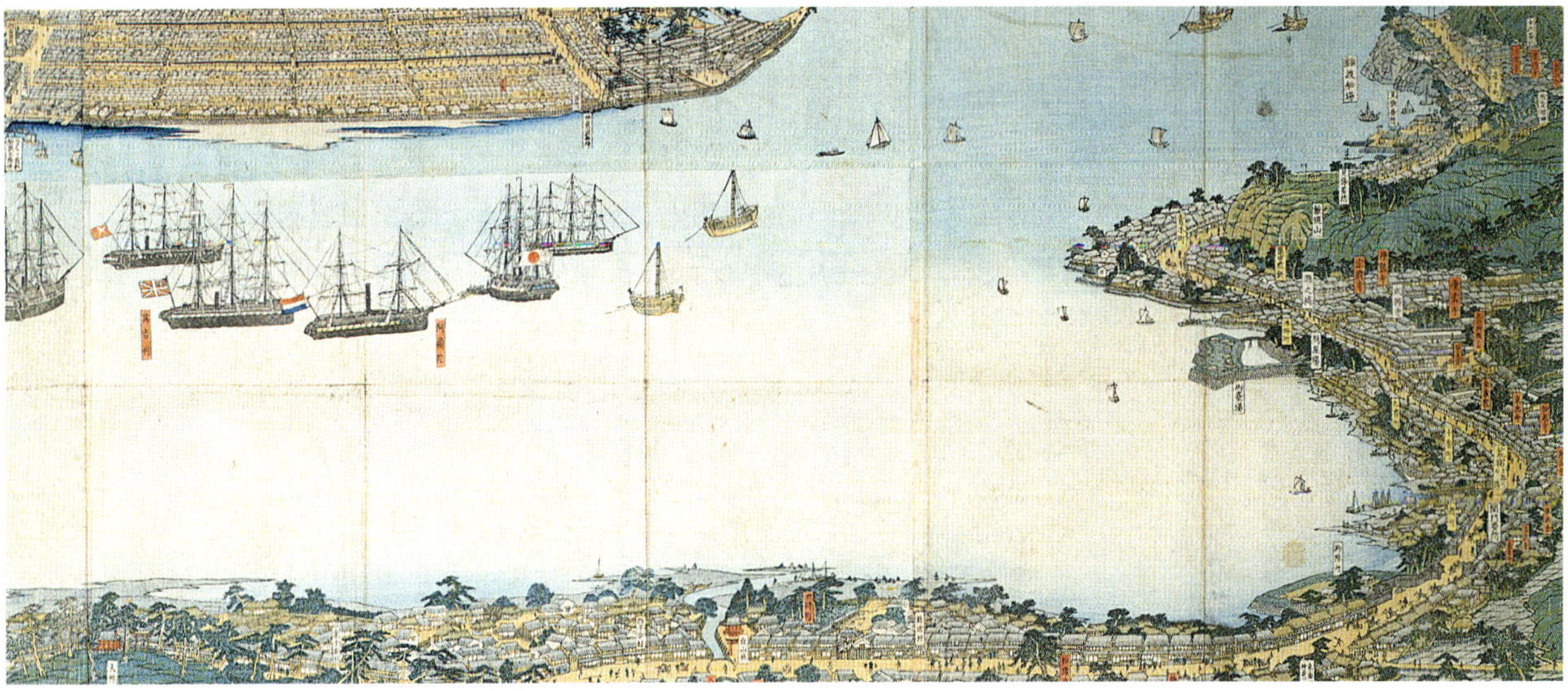

2　増補再刻御開港横浜之全図（部分）　五雲亭貞秀
右手中央、海に突き出た九角形の人工的な構造物が神奈川台場。画面下から右へ延びる道は東海道、家並みは東海道神奈川宿である。慶応元～２年（1865 ～ 66）。

4　地図に描かれた神奈川台場
台場の先端部（矢印）に数本の線路が敷設されている。3000 分１地形図「神奈川」 昭和５年（1930）横浜市作成を使用。

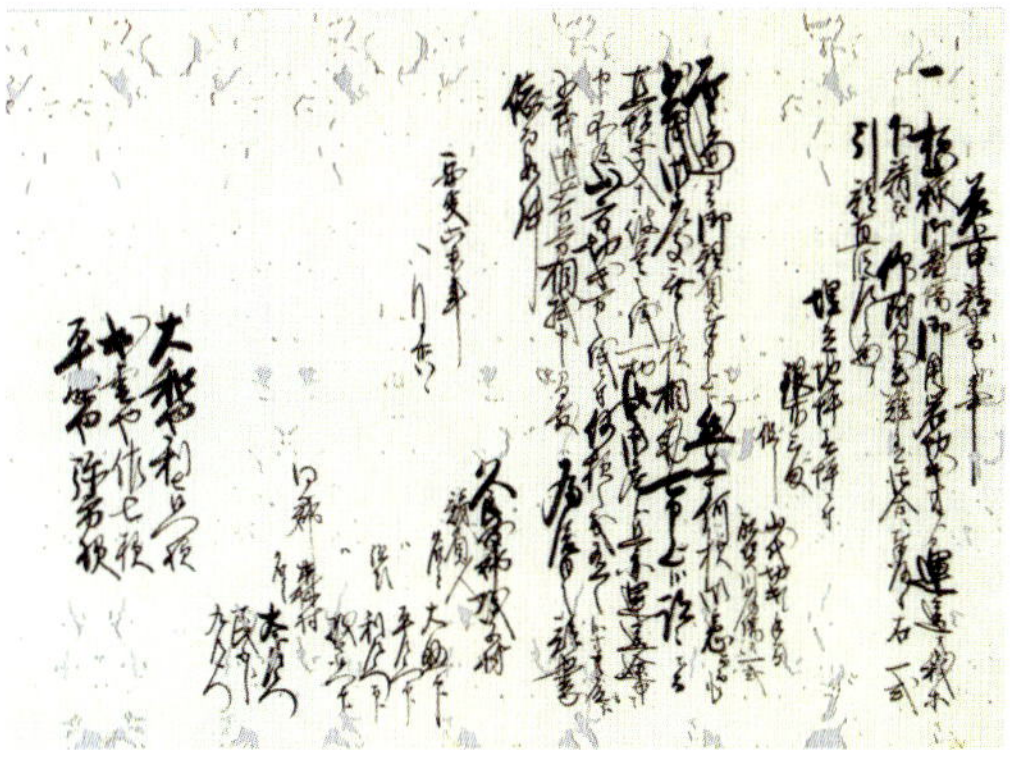

3　台場建築資材運搬に関する文書
磯子村から台場埋立用の土丹岩を運んだことを記したもの。安政６年（1859）。

と国交を結ぶ際に、最初の外交儀礼が行われたのは神奈川台場であった。

たとえば、慶応二年に日本はイタリアと通商条約を締結したが、この時、来日したイタリア使節アルミニヨンは五月二二日に横浜港に入港した。アルミニヨンは、イタリア軍艦マジェンタ号上で神奈川奉行早川能登守と会見し、相互に礼砲を発射することを提案した。礼砲発射に際してはイタリア国旗を掲揚することになり、早川はイタリア国旗の拝借を求めている。礼砲が発射されたのは五月二九日で、神奈川台場周辺の丘にイタリア国旗が翻った。アルミニヨンは日本で初めてイタリア国旗が翻った記念すべき日と日記に記したが、国旗の掲揚と礼砲の発射を目の当たりにした人々は新たな国と国交が開かれたことを知ることになった。

このように神奈川台場は開港場の付属施設として重要な役割を果たしてきた。しかし、明治三二年（一八九九）に居留地が撤廃されたことがきっかけとなり、神奈川台場は廃止された。現在、台場の周辺地域は工場や住宅地、横浜中央卸売市場の建物が建ち並び、台場の敷地の上にはＪＲ貨物の線路が敷設されている。また近年、土中に台場の石組みが残されていることが確認され、保存に向けての市民運動が始まっている。

（西川武臣）

開港場と居留地の建設

開港場の建設

安政五年（一八五八）八月四日、大老井伊直弼は幕閣会議で横浜を開港場とすることを表明した。交通の要路で人の往来繁華な東海道の神奈川宿を避け、その対岸にある寒村、横浜村一帯を開港場にしようと考えたのである。これに対して、アメリカ総領事タウンゼント・ハリスは、条約上は「神奈川」であると猛然と反対する。安政六年（一八五九）二月一日、幕府は正式に横浜開港を提案するが、アメリカを始めとする外交団は神奈川宿に領事館を開設し、反対の姿勢を鮮明にする。

外交団の反対意見をよそに、幕府は横浜村での開港場建設を急ピッチで進める。安政五年八月には、岩瀬忠震ら外国奉行が神奈川を視察。一〇月には、外国奉行一同が横浜村とその周辺を視察し、東海道から開港場までの新道開設、運上所を境として一方を日本人町、一方を外国人居留地とすること、戸部村に奉行役宅を設けること、遊女町を設けることなどが検討された。

安政六年一月、幕府は横浜での貿易開

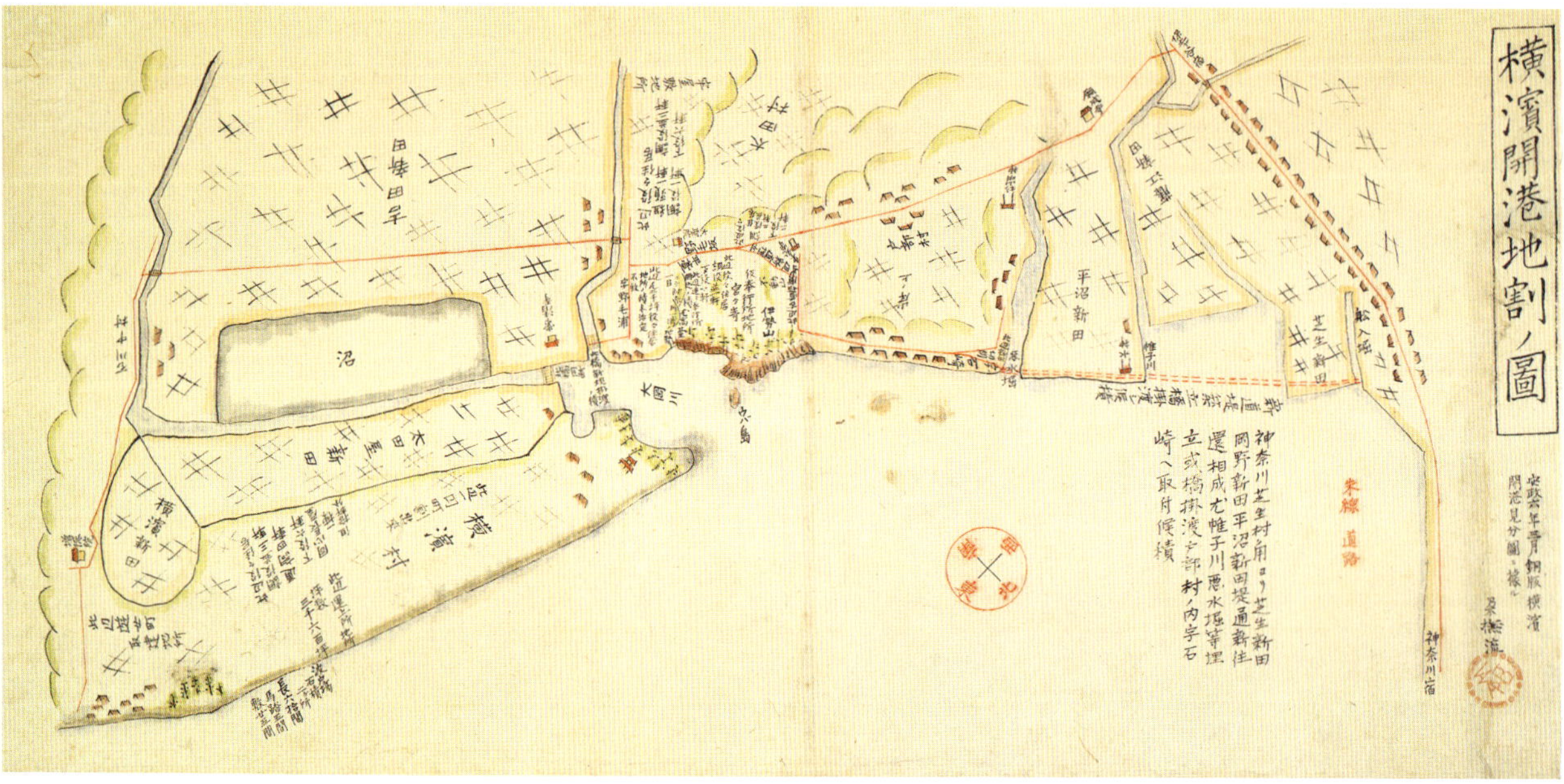

1　横浜開港地割ノ図
「安政六年三月銅版横浜開港見分図ニ據ル」とあるから模写したもの。芝生新田から平沼新田に伸びる海岸沿いの新道、野毛の奉行所、横浜村の運上所などの計画が書き込まれている。安政6年(1859)。

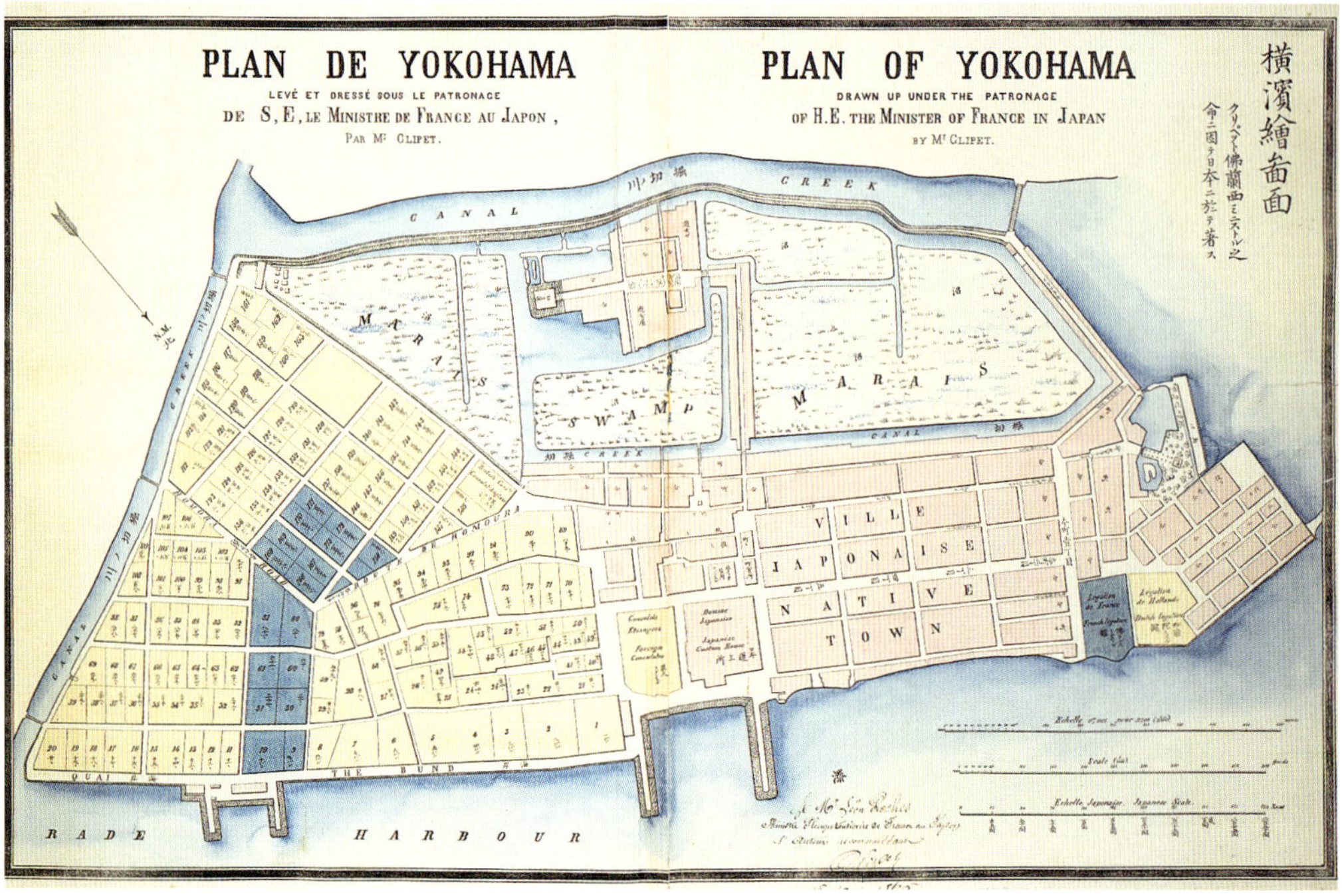

2　横浜居留地地図
フランス公使の命をうけてクリペが作製した横浜で最初の実測図。赤の部分が日本人居住地区、黄色と青が外国人居住地区および公館。突堤が波止場。1865年。

始を公布し、商売を希望する人々を募集する。三月三日には外国奉行は開港場建設計画を決定する。その内容が「横浜開港地割ノ図」に示されている。三月九日には野毛、戸部奉行役宅、横浜運上所の地ならし工事の落札が行われ、建設が着手された。開港まであと三か月である。五月、横浜村を神奈川奉行の支配地とし、横浜村は横浜町と呼ばれるようになった。

安政六年六月二日（一八五九年七月一日）、横浜は開港日を迎える。突貫工事の結果、波止場、役宅、外国人の住居、道路や橋は九分どおり出来上がっていた。開港場の中央に設けられた波止場は、「海岸へ築出し候間数長さ六拾間、幅拾間の石垣にて水上一丈三尺、此上へ芝土手高さ五尺」、つまり、長さは約一〇九メートル、幅は約一八・二メートルの海岸につきでた突堤であった。一一月に入り、運上所内の蔵や外国人仮家一二棟、同心長屋、遊郭などができあがる。

しかしこの段階では、現在、中華街と元町の間に流れている堀川は掘削されていない。幕府が領事団に無断で工事を始め、万延元年（一八六〇）八月上旬までにほぼ完成した。これによって、開港場はその周りを海と川に囲まれることになった。開港場の出入り口である橋のたもとには関所が置かれ、人々の往来を監視した。そして、この関所の内側という意味で、開港場一帯を関内《かんない》と呼ぶようになった。関所は明治四年（一八七一）まで存続した。

横浜居留地の決定

外交団の意向とは異なり、外国商人たちは大型船が碇泊でき、発展の余地のある広い敷地を擁する横浜が、開港場にふさわしいと考え、横浜の仮居留地で商売をはじめていた。安政六年一二月一一日（一八六〇年一月三日）、仮居住地で火災が発生する。これが横浜が居留地に決定される大きなきっかけとなった。一二月一三日、居留民は「横浜を選択する請願」を採択する。火災後に商館を建て直すならば、恒久的な建物としたいので、神奈川ではなく横浜を開港場に決めてほしいと請願したのである。この請願は神奈川奉行に通達されるとともに、イギリス総領事オールコックが承認することとなり、ようやく開港場としての横浜の地位が確定した。

万延元年五月一六日（一八六〇年七月四日）現在、仮居留地内の借地人は三四人、借家人七名、市中借家住人二名であったが、すでに手狭になっており、地続きの水田が埋め立てられ、居留地が整備されていく。

居留地の拡大・整備

一八六一年一〇月、居留地の地代について、幕府と外交団が合意に達し、領事が地代の徴収をはじめる。

現在の山下町にあたる関内居留地は、原居留地（Original Settlement）と新居留地（New Swamp Settlement）から成り立つ。原居留地は一番から一〇九番までで、一八六二年までに貸与された地区。新居留地はその裏手、現在の中華街一帯にあたる横浜新田とその奥にある太田屋新田一帯である。一八六二年一月には横浜新田の埋立がほぼ完成し、居留地に組み込まれる。

元治元年一一月二一日（一八六四年一二月一九日）、横浜居留地覚書が制定され、居留地の整備・拡充がなされる。具体的には、太田屋新田が埋め立てられ、居留地に編入され、また根岸方面への外国人遊歩道路などが建設される。

慶応二年九月一二日（一八六六年一〇月二〇日）、開港場の三分の二を焼失する慶応の大火が起こり、これを受けて、一一月二三日（一二月二九日）、慶応約書「横浜居留地改造および競馬場・墓地等約書」が結ばれる。ここでは居留地と日本人町の間に防火帯としての日本大通りの整備、太田屋新田沼地の埋立や下水の整備、横浜公園の造成などが明記された。

3　明治初年のイギリス領事館
居留地には各国の公館が建ち並んでいた。イギリス領事館は居留地172番（現横浜開港資料館所在地）に明治2年（1869）に竣工。手前の道路は海岸通り。『ファー・イースト』 1871年7月17日号より。

関内居留地は商館が立ち並ぶ商業地域として発展する。これに対して、一八六七年に居留地に編入された山手居留地には、居留民の住宅や学校、教会などが集まり、住宅・文教地域として発達していく。

横浜居留地は、明治七、八年（一八七四、七五）頃にかけて全容が整っていく。この時期、居留地外にあった外国公館が居留地内へ移転し、また全居留地の官有地化が行われる。さらに神奈川県は、名前がないのは不便だとして、居留地に加賀町、薩摩町、神戸町など三〇の町名を制定する。明治七年九月現在の関内・山手居留地の総坪数は三七七、六九〇・八五坪であった。

（伊藤泉美）

版画特集

横浜浮世絵

浮世絵とは、都市民衆を担い手とし、彼らにとって関心の対象となった社会（浮世）の諸事象を描いた絵画のことをいう。当初は肉筆画だけだったが、やがて木版印刷技術と結びつき、多色刷りの錦絵が生まれて、江戸時代の大衆芸術の一つとなった。

浮世絵の特色は、因習に捉われない自由な作画態度や写実性、需要者の多様な関心に応ずる柔軟性にある。横浜開港が衆目の関心を集めると、横浜の町並みや外国人の風俗、外国風景などが画題に取り上げられ、開港一年後の万延元年（一八六〇）から文久年間にかけて、いわゆる「横浜浮世絵」が大量に製作された。代表的な絵師は歌川貞秀（号は玉蘭斎、五雲亭など）をはじめ、歌川国芳門下の芳虎・芳員らであった。

慶応年間以降には、新たな画題として洋風建築に関心が向けられ、初代歌川広重門下の二代・三代広重が多くの作品を残している。

（斎藤多喜夫）

2　武州横浜名所図　波戸場　亜墨利加美女　芳虎
乗馬姿のアメリカ美人。横浜名所として２つの突堤と中央の常夜灯が描かれている。原題に「亜里利加」（アメリカ）とあるのは「亜墨利加」の誤りであろう。万延元年（1860）12月。

1　横浜交易西洋人荷物運送之図　五雲亭貞秀
5か国の黒船を近景と遠景に配し、艀（はしけ）で荷役に従う外国人を描いて港の活気を伝えている。黒と青を基調とする色彩も斬新だ。貞秀の作品のなかでも傑作と評価されている。文久元年（1861）4月。

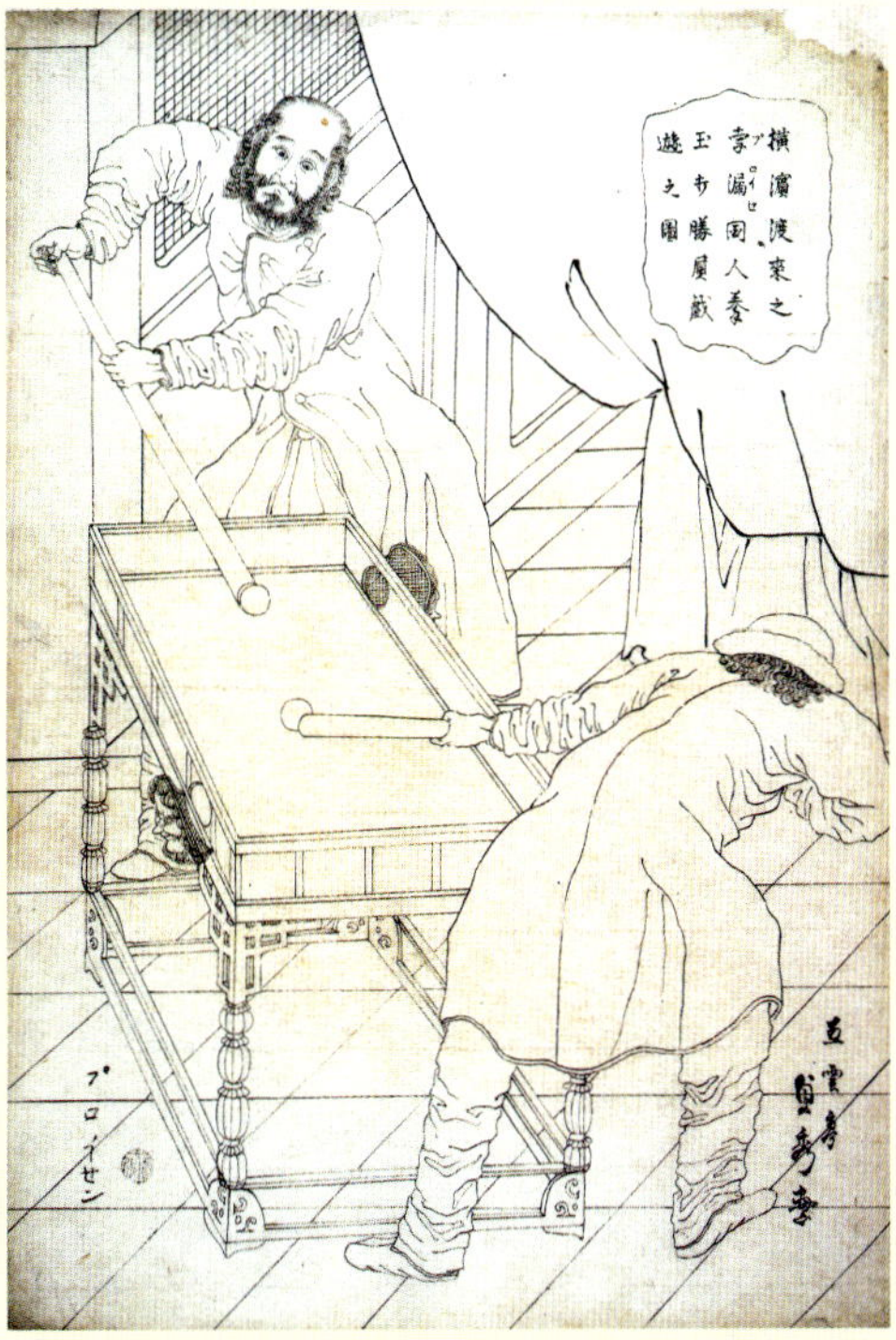

4　横浜渡来之孛漏国人挙玉打勝負戯遊之図　五雲亭貞秀
浮世絵の版下絵（肉筆原稿）。彫師はこれを版木に裏返しに張り、その上から彫っていく。そのために裏から透けて見えるよう薄手の紙が使われた。版下絵が後世に残ることはないので、なんらかの事情で出版されずに終わったものと考えられる。「孛漏国人」はプロシャ（ドイツ）人、「挙玉打勝負」はビリヤードのこと。文久元年（1861）7月。

3　魯西亜　英吉利　芳幾
笛を吹く女生と剣付き鉄砲を持った男性。「魯西亜」（ロシア）「英吉利」（イギリス）といった文字は適当に添えられたもので意味はない。上部には「いこくことバ　あめりか」が添えられている。最初の「米をらいす（rice）」、最後の「直々（じきじき）をすうん（soon）」などかなり正確。ただし2番目の「麦をべるり（大麦＝barley）」などにはオランダ語訛りがあるようだ。万延元年（1860）12月。

5　横浜岩亀見込之図　2代広重
港崎遊郭最大の妓楼の内部を描く。吹き抜け部分の橋は舞台としても利用された。娼妓と話す中国人、膳を運ぶ料理人、障子に映る酔客の踊る姿など、見るものをあきさせない作品となっている。万延元年（1860）4月。

6　横浜異人屋敷之図　芳員
左手が食堂、右手は調理場、その奥に理容室がある。外国人居留地内のホテルを念頭に置いて描かれたものであろう。文久元年（1861）正月。

7　蛮国名勝尽競之内　亜墨利加華盛頓府　芳虎
アメリカの首都ワシントンの想像図。町並みは『絵入りロンドン・ニュース』1858年11月27日号掲載のインド、アグラ市街の図を借用し、左右に配置したもの。文久2年（1862）6月。

8　横浜繁栄之図　2代広重
居留地78番のチャータード・マーカンタイル銀行を描いたもの。門に「両替」の看板がかかっている。左手の「時鐘」は天主堂（カトリック教会）の鐘楼。慶応元年（1865）8～9月。

9　横浜波止場ヨリ海岸通異人館之真図　3代広重
慶応3年（1867）に拡張された波止場（象の鼻）から居留地海岸通りを望む。左手には沖がかりして艀で積荷の揚げ卸しをするアメリカ船、遠方に明治8年（1875）までフランス軍が駐屯していたフランス山が描かれている。明治期。

10　外国車尽之図　芳年
1頭立てから4頭立てまでの有蓋・無蓋の馬車から人力車・汽車にいたるまで、さまざまな乗り物を描く。明治4年（1871）10月。

居留地貿易の発展

横浜開港と移住する商人

居留地貿易とは、外国商館と日本人貿易商との間で行われた貿易取引のことである。安政五か国条約で、外国人は開港場に置かれた居留地以外の場所に住むことと、開港場以外の場所で商売することを禁止された。このため、居留外国人にとっては居留地貿易が唯一の取引形態になり、開港場（横浜・長崎・箱館など）は貿易の窓口としておおいに繁栄することになった。なかでも、横浜は日本最大の貿易港として幕末・明治を通じて発展し続けた。

幕府が横浜での貿易開始を公布したのは安政六年（一八五九）正月で、これ以後、日本全国から人々が横浜に移住することになった。開港直後に刊行された瓦版によれば、この段階で一〇〇人以上の人が横浜で外国人と取引することを願い出ている。また、外国商人も開港期日の六月二日午後三時頃にアメリカのオーガスティン・ハード商会の派遣した商船が入港手続きをしたのを皮切りに、その後も続々と外国商人の来日が続いた。

こうして半農半漁の村であった横浜は、多くの商人が住む都市へと変貌した。元治元年（一八六四）のイギリス領事の報告によれば、この段階での横浜の日本人人口は一万二〇〇〇人に達した。また、居留外国人もしだいに増加し、文久元年（一八六一）の「居留地名簿」によれば、イギリス人五四人、アメリカ人三八人、フランス人一四人、オランダ人二〇人を見ることができる。

売込商・引取商・外国商館

開港場で輸出貿易に従事した日本人商人を売込商、輸入貿易に従事した商人を引取商と呼んでいる。これは輸出を売込、輸入を引取と呼んだことによっているが、開港直後の横浜では多くの売込商や引取商が貿易に進出した。しかし、明治時代に入ると主要な貿易品ごとに少数の売込商や引取商が商品を独占するようになり、彼ら少数の商人が貿易品の流通ルートを完全に掌握するようになった。

こうして輸出品の場合は生産者↓売込商↓外国商館、輸入品の場合は外国商館↓引取商↓国内問屋という流通ルートが作られた。また、幕府や政府は日本の経済的な自立を促進するため、開港場で外国商人と対峙する売込商や引取商に政策的・金融的な保護を与え、彼らの

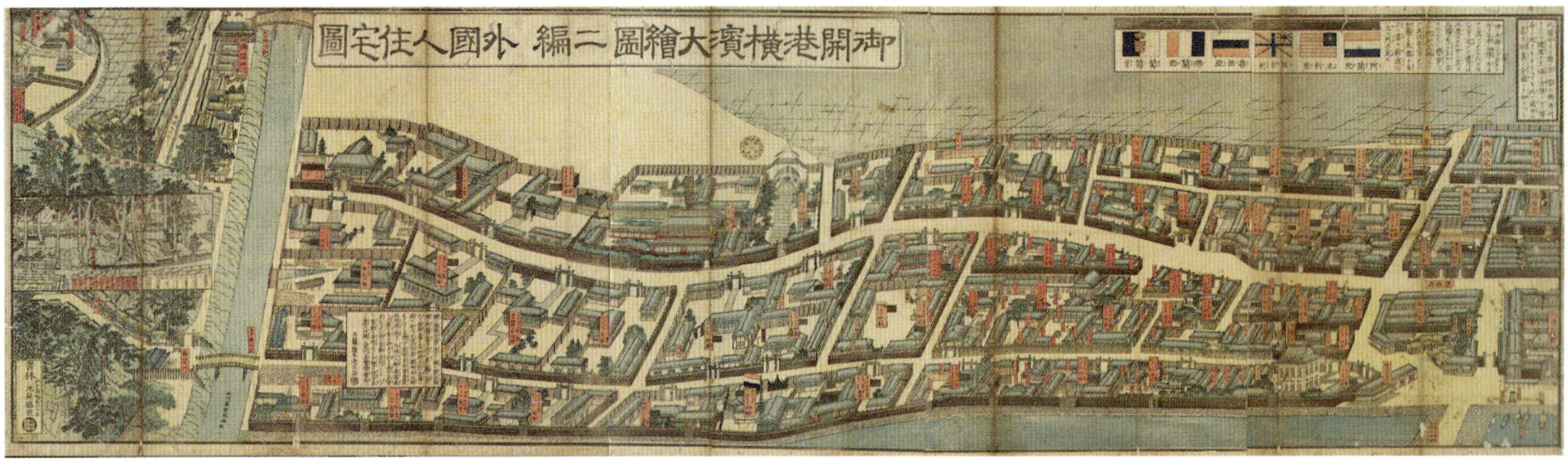

1　御開港横浜大絵図二編　外国人住宅図　五雲亭貞秀
万延元年（1860）に出版した「御開港横浜全図」の続編、文久元年（1861）の作品といわれている。居留地の建物を写実的に描き、史料価値が高い。

2　横浜亜三番商館繁栄之図　3代広重
中央大通り（現在の日本大通り）に面した外国商館の建物を描いている。手前が「アメリカ三番館」と呼ばれていたスミス・ベーカー商会。左手奥の塔がある建物はイギリス領事館（現在の横浜開港資料館）である。明治4年（1871）1月。

中には三井や住友などの財閥とも肩を並べるような財力を持つ者もあらわれた。

幕末から明治初年にかけて活躍した代表的な売込商には生糸を扱った中居屋重兵衛・原善三郎・茂木惣兵衛・若尾幾造、吉村屋幸兵衛、石炭を扱った渡辺福三郎、茶を扱った大谷嘉兵衛らがいた。引取商では織物を扱った杉村甚三郎・木村利右衛門、砂糖を扱った安部幸兵衛・増田増蔵、綿糸を扱った平沼専蔵らが有名である。

一方、外国商館では開港当初、イギリスのジャーディン・マセソン商会やデント商会、アメリカのウォルシュ・ホール商会などの大きな資本力と貿易品の輸送手段を持つ商館が貿易に大きな位置を占めたが、銀行・定期航路・電信などのインフラが整備されるのにともなって、中小の商館も貿易に進出するようになった。

幕末から明治二〇年代の貿易

横浜での貿易は年によって変動はあるもののしだいに拡大し、明治二〇年代初頭には年間一〇万トンを優に超える貿易品が横浜で集散されるようになった。輸出品は、金額では生糸が圧倒的に多く、茶がこれに次いだ。慶応元年（一八六五）に輸出が解禁された蚕種（蚕の卵）は、一時期生糸に次ぐ輸出品であったが、明治一〇年代に主要輸出品から姿を消した。

これらの商品以外では米と銅が年次によって大量に輸出されたほか、海産物・漆器・陶器が恒常的に輸出された。また、輸入品については、綿織物・綿糸・毛織物・交織物（毛と綿の混じった織物）などの繊維製品と砂糖が恒常的に大きな割合を占め、明治一〇年代からは鉄・機械・石油がしだいに増加した。さらに、明治初年には兵器や米の輸入もあった。

ちなみに輸入品は東京を通じて全国に転売されることが多かったが、これは輸入品が江戸時代以来の流通経路を利用して全国に運ばれたためと言われている。

また、引取商には江戸商人の系譜を引く者が多く、横浜の輸入貿易は江戸時代からの伝統に支えられ発展した側面もある。売込商には貿易品の生産地を出身地とする者も多く、地縁・血縁を利用して貿易品を集荷した。

（西川武臣）

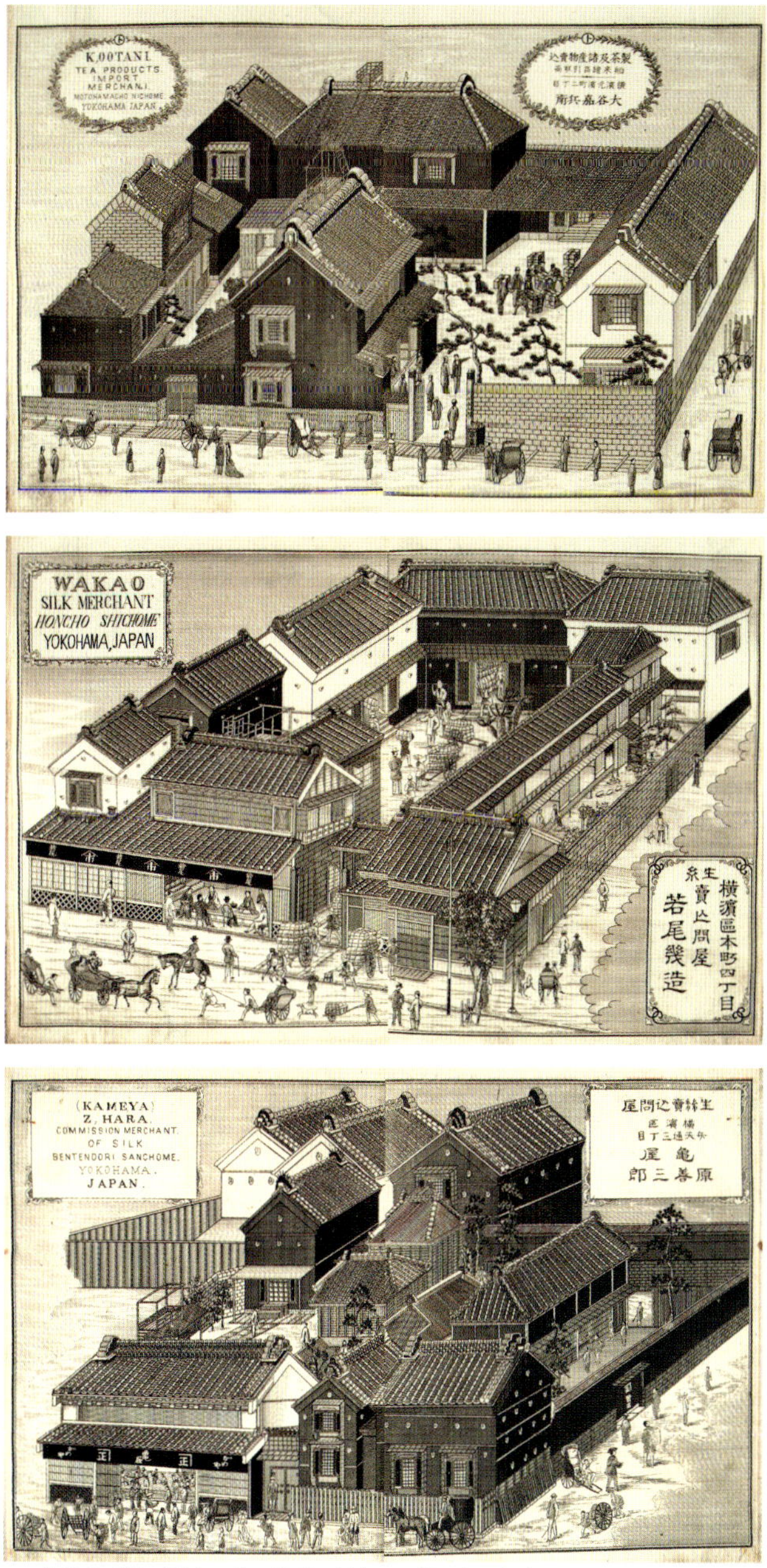

3　大谷嘉兵衛（上）・若尾幾造（中）・原善三郎（下）
茶売込商の大谷や生糸売込商の若尾・原は幕末から明治20年代にかけて、横浜を代表する貿易商であった。『横浜諸会社諸商店之図』より。明治16～24年（1883～91）頃。

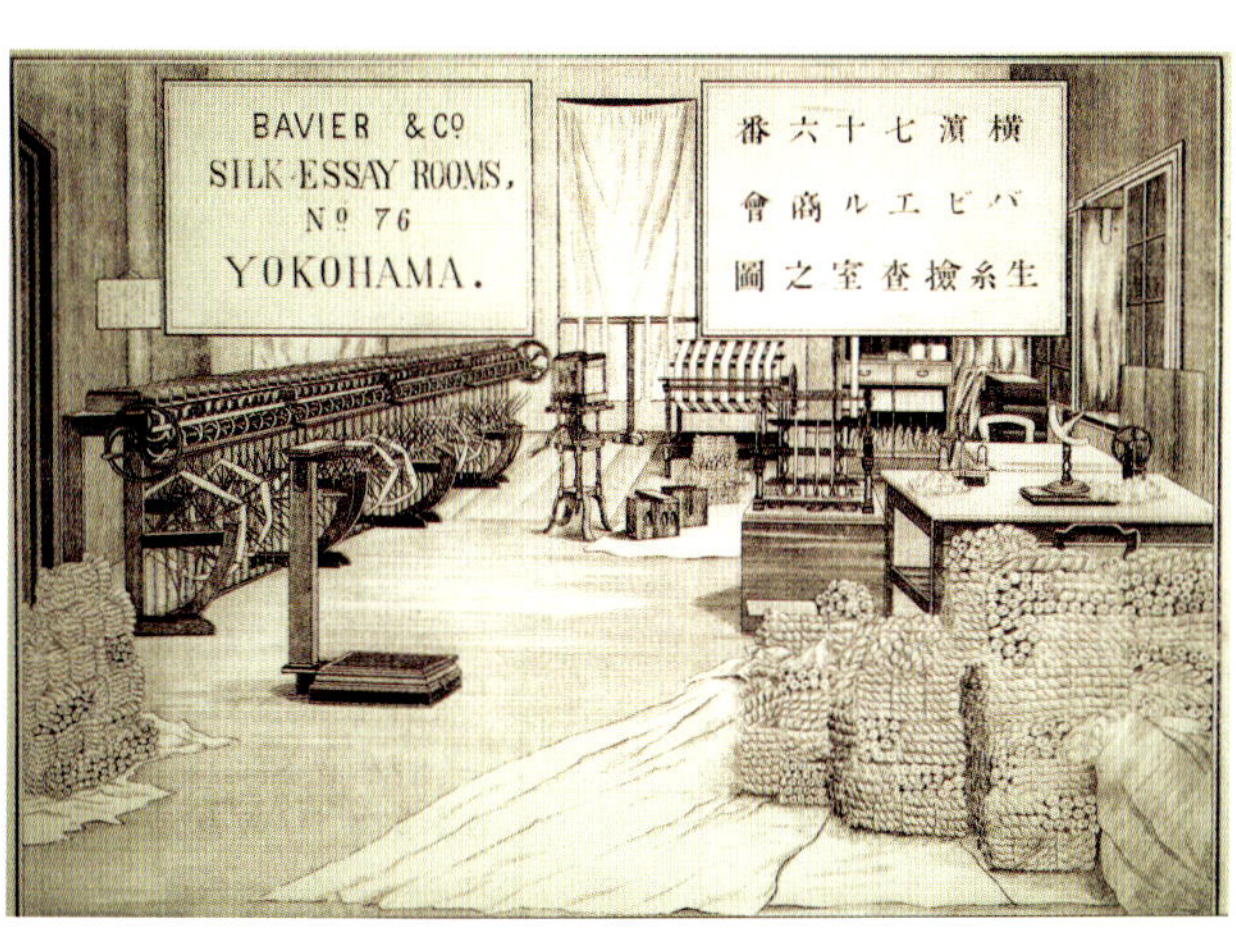

4　バビエル商会
居留地76番のバビエル商会の生糸検査室。手前に荷を解かれた生糸が積まれている。生糸は外国商館の手を経て海外に輸出された。『日本絵入商人録』より。

開港場の基盤整備

「象の鼻」と堀川の拡幅

安政六年（一八五九）より外国貿易を始めた三港のうち、本州の中央部にある横浜港は、長崎・箱館の二港の発展をはるかにしのいで、全国の輸出品が集まるようになった。開港直後は、居留地と日本人街を分ける位置にある二本の波止場（象の鼻）が港湾施設であったが、現在ホテルニューグランドのある位置の地先に、フランス波止場が築造され、元治元年（一八六四）から使われはじめた。

1 「象の鼻」上からみた海岸通り
慶応3年(1867)、「象の鼻」は完成した。設計はウィットフィールド・アンド・ドーソン。『ファー・イースト』1874年8月31日号より。

慶応二年（一八六六）の大火後、イギリス波止場が、防波堤の役割をもつ、「象の鼻」の形状に湾曲・拡充された。旧弁天社の海面も埋め立てられ、明治七年（一八七四）「国産波止場」ができている。

港の物流は小舟による運送が支配的であった。明治四年（一八七一）頃より堀川の浚渫・拡幅がはかられ、二年後には石積みの護岸が完成し、水深も深まって舟運の利便性が向上した。この堀川工事は、灯台建設のため来日したお雇い外国人R・H・ブラントンによる横浜改良計画の一環であった。

2 吉田橋（横浜吉田橋ヨリ馬車道之図 3代広重）
ブラントン設計、国内で2番目の鉄橋である吉田橋は、明治2年（1869）12月より使用がはじまった。

防火都市への改良

ブラントンの横浜改良計画は、実測図の作成や居留地下水道の整備、水道計画、鉄橋架橋など、多岐にわたっていたが、慶応二年（一八六六）大火の経験から防火都市への整備が最も大きく、実現が急がれた事業であった。防火用水にめぐまれない横浜は、火事が多発し、その被害も大きかった。居住区としての山手居留地が新たに設定されたが、延焼を防ぐため、居留地と日本人町を分ける街路を拡幅し、焼失した港崎遊郭跡地を公園として整備して、大規模な防火帯を創り出すことをブラントンは意図した。

横浜公園は、さまざまな試行をへてデザインが確定し、明治九年（一八七六）二月にクリケット・グラウンドをそなえて開園した。日本大通りも翌一〇年に竣工し、関内地区は居留地と日本人町とが明瞭に二分されることとなった。

これより先、ブラントンは下水管埋設工事を開始し、現在の本町通りを中心とする居留地については明治二年（一八六九）から四年にかけて施行、旧太田屋新田を含む新埋立居留地は土盛りによるかさ上げののち下水管を埋設、明治一〇年（一八七七）に完工している。

木樋水道の敷設と挫折

海に面した関内地区は、井戸を掘っても塩水がにじみ出し、飲み水とならなかった。関内住民は「水屋」が近郊から運んでくる飲み水を買う生活を強いられた。世界に向けた日本の表玄関は、生活しにくい町だった。

明治二年（一八六九）二月、政府と神奈川県は、多摩川流域の稲毛川崎二ヶ領用水組合が管理する水を久地（現川崎市高津区）から分水し、横浜にひく計画をたてた。江戸期以来の技術をもって横浜の水不足を解消しようとしたのである。しかし、耕地に水がまわらなくなることを懸念した組合傘下の村々から反対の声があがった。

明治三年一一月、用水組合総代添田七郎右衛門知通は、久地からはるか下流の鹿島田を起点に横浜に通水する案を提出した。翌四年二月、横浜の高島嘉右衛門・石川徳右衛門・吉田勘兵衛らは添田とともに鹿島田・横浜間約一八キロメートルの木製の導水管をもちいた水道建設を神奈川県に申請

3　日本大通り
慶応の大火後、防火帯として設置された。明治13年（1880）頃。

4　電信局（東京横浜名所一覧図会　横浜裁判所　3代広重）
ブラントンは明治2年（1869）9月、神奈川県庁と旧弁天社跡に置かれた灯明台役所の間で電信の試行を成功させ、電信線の敷設によって、翌年1月東京・横浜間の電信供用を実現した。左下が電信局。

5　伊勢山下ガス会社（横浜名勝競　伊勢山下瓦斯本局雪中の一覧　国松）
ガス会社は、明治8年（1875）に町会所に譲渡されて、のちに横浜市瓦斯局となる。明治8年（1875）頃。

し、横浜水道会社が設立された。

木樋水道の建設費用は予想を超えて高額となり、資本金も集まらなかった。明治六年（一八七三）一二月に市街地へ通水したが、桜木町から大岡川底をくぐって関内に届いた水には、海水がしみ込み、配水各戸の「呼井戸」に滞留して水質が悪化、伝染病を誘発した。さらには料金徴収や木樋の改修がままならない状況が続いた。旧来の上水技術では、拡大する都市横浜の水需要に質・量ともに応じられず、近代水道の創設がまたれることとなった。

ガス灯と屎尿処理

明治五年（一八七二）九月、伊勢山下に高島嘉右衛門が経営するガス製造工場が建設され、ガス管が埋設された大江橋・馬車道・本町の各通りにガス灯が点った。居留地におけるガス灯の導入は料金の協定が難航して、明治七年一二月になった。当時ガスの用途はもっぱら照明用で、住吉町の港座や本町通りのゲーテ座の劇場にも導入された。

このように、慶応大火後の横浜では、波止場・防災・上下水道・ガス、あるいは電信などの都市インフラの整備がなされていった。他方、上下水道・ガスなどのライフラインに関係する施設でも、人口の密集によって生み出される屎尿は、農業肥料として近郊農村で需要されたため、インフラとしてその処理施設が整備されることは少なかった。

近代横浜の屎尿処理は全体像が描けない。開港直後、神奈川の商人石崎屋源六は横浜入舟町に糞尿会所を設置し、汲み取り人から屎尿を集めて歩合金を払って販売した。屎尿処理は、旧横浜村名主も関与していたが、慶応三年（一八六七）には、橘樹郡北綱島村名主飯田助太夫広配《ひろもと》が、都筑郡農村の開墾用肥料として利用することを名目に屎尿処理に参入し、のちに鶴見川流域の諸村に配給した。

明治になり、県は屎尿売買に税をかける手だてを考えた。明治五年（一八七二）七月、近隣農家による汲み取りを禁じ、現在の桜木町付近に溜所を設置して、そこでのみ屎尿売買を認めるという通達を出した。内容は不詳であるが、この溜所がインフラといえばインフラであった。明治一一年四月には「糞尿汲除規則」が横浜区を範囲に発せられ、汲み取りの鑑札制が導入された。同規則では屎尿取り扱いの衛生規定が厳格化され、夜間汲み取り時間の規定や、厠ごとに最低週一回の汲み取り、臭気拡散を防ぐフタつきの桶を用いること、などが定められた。

（平野正裕）

横浜英仏駐屯軍

駐屯開始とその後の変遷

文久二年八月二一日（一八六二年九月一四日）、生麦村（鶴見区）でおきた薩摩藩士によるイギリス人殺傷事件（生麦事件）がきっかけとなり、攘夷派による外国人殺傷事件や居留地襲撃のうわさに怯えていた外国人居留地社会は大混乱におちいった。イギリスとフランスは自国軍隊による居留地防衛と自国民保護を主張し、翌三年五月一七日（一八六三年七月二日）、フランス軍艦セミラミス上で、若年寄酒井飛騨守とイギリス代理公使ニールおよびフランス公使ド・ベルクール、イギリス提督クーパーとフランス提督ジョレスが会談し、若年寄名で横浜防衛権移譲を記した書簡を両海軍提督へ送ることが合意され、英仏軍の駐屯が決まった。

早速、同月中に先陣を切ってフランス陸軍部隊のアフリカ軽歩兵第三大隊分遣隊が上海から、また海軍銃隊も横浜に来駐し、谷戸橋際に陣営を構えた。現在、フランス山公園と呼ばれる一帯がその陣営跡である。イギリス軍の第一陣は、ずっと遅れて文久三年一二月一四日（一八六四年一月二二日）に香港から到着した第二〇連隊第二大隊分遣隊であった。かれらが駐屯した山手の陣営は、第二〇連隊の英語名（トウェンティ）から「トワンテ山」と呼ばれた。現在、港の見える丘公園から岩崎博物館（ゲーテ座跡地）、山手資料館にかけての一帯である。日本側の負担で兵舎が建てられ、その後の増築・修理も日本側が行った。

以後、イギリス軍の増兵や交替部隊として、香港から第一一連隊第二大隊分遣隊や第九連隊第二大隊が、上海から第六七連隊分遣隊や第二ベルチスタン大隊、砲兵隊、工兵隊が、さらに南アフリカからも第一〇連隊第一大隊が来駐した。また本国から海兵隊も来駐した。駐屯兵数は、最も多い時期でおよそ一五〇〇～一八〇〇名、最少時でも約七〇〇名程度を保持した。しかし明治四年（一八七一）以降は縮小され、撤退した明治八年（一八七五）時には海兵隊約二五〇名が駐屯するのみであった。

フランス軍は、元治元年（一八六四）にアフリカ軽歩兵が撤退した後は海軍銃隊が駐屯し、明治に入ると海兵隊がこれに替わった。幕末期、フランス軍は駐屯兵数ではイギリス軍にはるかに及ばず、最大で約三〇〇名、撤退時は一〇〇名程度であったが、一方で横須賀製鉄所建設やフランス軍事顧問団招聘、仏語伝習所設立といった幕府の近代化政策を支援し、幕末の政局に影響力をもった。

英仏駐屯兵数がピークをむかえたのは、元治元年（一八六四）の英仏米蘭の四か国連合艦隊下関遠征時であった。イギリス海兵隊とフランス海軍銃隊が遠征に参加して戦闘に加わり、残留部隊が横浜居留地を守った。

かれらの第一の駐屯目的は自国民保護にあったが、幕末の居留民総数は数百名を数えるくらいであり、そのアンバランスは大きかった。一方で、中国から来駐してきたイギリス軍兵士の多くが疲弊した病兵であり、横浜駐屯がかれらの保養を兼ねていた側面もあった。妻子連れの部隊もあった。

また第二〇連隊の競馬会開催や軍楽隊による演奏会開催、演劇上演といった文化活動は娯楽の少ない居留地社会に歓迎された。明治に入ってからは海兵隊が居留地警察の一員として警備活動などで貢献した。幕末期に多数の兵士が駐

1　横浜防衛権移譲を決めた幕府と英仏代表との秘密会談
中央のテーブル前の人物が若年寄酒井飛騨守、左隣がフランス公使ド・ベルクール、右側の3人がイギリス代理公使ニールとジョレス提督、クーパー提督。絵と記事を手がけたルサンはジョレス提督付秘書官であった。A・ルサン画、文久3年（1863）。『ル・モンド・イリュストレ』1863年9月26日号より。

2　山手185番のフランス軍兵舎（右）
画面中央の石段を登り切った山手186番にも兵舎が築かれた。現在、山手185・186番はフランス山公園となっている。左の建物はイギリス海軍物置所の一部で、現横浜税関宿舎の敷地。明治3年（1870）頃。

屯することで生み出された地域への経済効果もあり、地域社会にさまざまな影響をあたえた。

撤退と明治政府

外国軍隊の存在は独立国、日本の主権に関わる問題であり、明治新政府にとって不平等条約撤廃と並ぶ大きな外交課題となった。明治二年（一八六九）、大納言岩倉具視は、駐屯軍撤退をイギリス公使パークスに申し入れたが、時期尚早として拒否された。翌三年閏一〇月、外務卿沢宣嘉が英仏両公使と会見し、正式に撤退交渉を開始したが、進展はみられなかった。そこで同四〜六年、特命全権大使として欧米に渡った岩倉は直接、英仏外相に撤退を申し入れたが、拒否された。ところが同八年（一八七五）一月二七日、英仏両公使が外務卿寺島宗則に前触れなく撤退を申し入れ、同年三月二日、両国駐屯軍はそろって横浜から撤退した。理由は明らかでないが、同六年（一八七三）八月の日米郵便交換条約締結などによって日米関係が緊密になり、それまで対日外交をリードしてきたイギリスの強硬姿勢に変更を余儀なくさせた結果だとする見方がある。

（中武香奈美）

3　山手のイギリス軍陣営
イギリス軍は山手115番に北陣営を、116番に南陣営を構えた。北陣営が置かれた場所は、港の見える丘公園一帯、南陣営は岩崎博物館や横浜インターナショナルスクール、山手資料館、横浜山手聖公会などがある一帯である。写真の場所は、建物が多数建てられているようすから南陣営だと思われる。慶応2～慶応4／明治元年（1866～1868）。

4　乗馬に興じるイギリス第9連隊指揮官夫人と士官、日本人別当
同部隊は、慶応2年（1866）に妻子同伴で香港から移駐してきた。慶応2～慶応4／明治元年（1866～1868）。

5　イギリス軍南陣営閲兵場（山手116番）に整列するイギリス第10連隊第1大隊
この部隊は慶応4／明治元年（1868）に南アフリカから多数の妻子を連れて横浜に移駐してき、明治4年（1871）、海兵隊と交替した。写真の場所は、現在の岩崎博物館や横浜インターナショナルスクールがあるあたり。大砲置き場（右から2つ目の小屋）や、炊事場（中央の煙突のある小屋）、一般兵舎（後方）などが写っている。撮影者のラングは同部隊の中尉。慶応4／明治元～明治4年（1868～1871）。ラング旧蔵写真帳より。

図版特集

英駐屯軍中尉の水彩画

英陸軍第二〇連隊第二大隊所属の中尉であったジェームズ・スミスは一八六三年七月、母国のポーツマスを出航して当初の派遣先、インドに向かったが、途中で派遣先が変更され、香港経由で横浜に到着した。六四年一月二二日、横浜に上陸したスミスは、六六年四月に撤退するまでの約二年間、横浜山手で駐屯生活をおくった。絵心のあったスミスは、横浜に向かう船内のようすに始まり兵舎での生活、横浜の町の風景、奉行所の役人、日本人の暮らしぶりなどをユーモアをまじえたタッチで描き残した。また鎌倉事件の犯人処刑場面など歴史的事件を描き留めたものもある。

（中武香奈美）

1　水彩画をのこしたスミス（James Smyth）
撮影年不明

2　熱帯の海で行った月明かりを頼りのサメ釣り
楽しみの少ない航海中の退屈を紛らわす遊びか。

3　第20連隊の兵舎から見渡した横浜の町の風景
中央の坂は谷戸坂。坂を登り切った辺りから、港方面を見下ろした風景。兵舎は現在の港の見える丘公園（右手）と、岩崎博物館（ゲーテー座跡地）から山手聖公会にかけての一帯に建てられた。兵舎側の道を行き交うイギリス人兵士、道端で兵士相手に商売をする日本人商人、頭にターバンを巻いたインド軍兵士（英陸軍第2ベルチスタン大隊）の姿も見える。

4　立ち合い前の力士
相撲見物に出かけた時に目にした光景を描いたのだろう。

5　清水清次の処刑
1864年11月21日、鎌倉見物に出かけたスミスの同僚であるボールドウィン少佐とバード中尉が、鶴岡八幡宮近くで攘夷派浪士に殺害された（鎌倉事件）。犯人のひとり、清水は12月に逮捕され、戸部の刑場で処刑された。手前の赤い制服の一隊が処刑に立ち合ったスミスら第20連隊。その制服の色から「赤隊」と呼ばれた。

6　新道に設けられた見張番所のようす
スミスの説明書きには「外国人を警護する（？）ための新道の番所」とあり、警備の幕府の役人や兵士らに危機感が見られないようすを風刺をこめて描いている。

7　夜のお出かけのスミス一行
スミスが日本人のお供と警護の役人を連れて、夜の横浜の町にでかける姿をユーモラスに描いている。提灯に書かれた「ＪＳ　ＸＸ」は、スミスの名前の頭文字と、第20連隊の20のローマ数字。

8　第20連隊第2大隊の陣営　右端にイギリス国旗が翻り、横浜港に浮かぶ軍艦も描かれている。現在の港の見える丘公園あたり。

中国人の進出

横浜開港と中国人

横浜に中国人が姿を現したのは、開港とほとんど同時と言ってよいだろう。一八五九年七月一日の開港直後、旧暦の六月中にイギリス人エスクリッゲが芝屋清五郎から生糸を購入したのが、横浜での生糸取引の始まりとされているが、その売買を仲介したのが中国人のアチウと言われている。

極東に新しく出現したこの外国人居留地をめざし、アメリカ・イギリス・フランスなどの西洋商人とともに、香港・広州・上海などから中国人が進出してきたのである。

日本は、日米修好通商条約をはじめ欧米各国と条約を結んだ結果として港を開き、居留地を開設した。しかし開いてみると、進出してきた外国人の多くは、条約を締結していない中国人だったのである。横浜では、慶応三年（一八六七）頃には六六〇人ほどの中国人が暮らし、外国人全体の人口の約四割を占めていた。日本の開国は欧米に対する開国とともに、中国に対する開国という意味も持っていた。

貿易の仲介者として

ジャーディン・マセソン商会、オーガスティン・ハード商会など、横浜に進出してきた商館は、香港や上海などから買弁はじめ中国人のスタッフをともなってやってきた。開港当時、日本人と西洋人は互いの言葉や、ドルと両、ポンドと斤といった貨幣や秤量の単位もわからなかった。そこで、香港や上海の西洋商館で西洋の言葉や商習慣を理解し、また漢字によって日本人と筆談ができる中国人が、両者の仲介者として大きな役割を果たした。特に買弁という外国商館専属の中国人は、大きな力を持っていた。

二代広重が描いた「横浜異人館之図」は、海岸に面したアメリカの商館の様子を描いている。この絵にはいろいろな姿の中国人が登場する。母屋で円卓を囲む人々の中に一人、庭で洋傘をさす二人、料理人を思わせる一人、門のところで指差す一人、そして、左手の「南京ヘヤ」に注目してほしい。ここでは日本人と中国人が商談を進めている様子が生き生きと描かれている。生糸やお茶などの取引では、その多くが西洋人とではなく、中国人と日本人によって行われていたのである。

新しい職業の担い手として

もう一つ、中国人が横浜居留地で果たした役割は、新しい西洋の技術を伝えたという点だ。たとえば、洋館の建築関係の仕事である。居留地一四七番などには、中国人の工務店・大工・ペンキ塗装店があった。彼らは香港や広東で洋館建築に関連する技術を身につけた人々で、新しく開かれたこの横浜居留地での建築需要を見込んでやってきた。また、居留地内で靴屋・洋裁店・理髪店を開いたり、ジャパン・ガゼットやジャパン・ヘラルドなどの英字新聞社で、植字工・印刷工として働いたりする者もいた。こうした中国人は、外国人の生活に必要なサービスを提供するとともに、まだ日本人ではカバーできない新しい職業の担い手として活躍し、さまざまな技術を日本に伝える役割も担っていた。

中国人の自治組織

大勢の中国人が横浜で暮らすようになると、彼らを束ね、生活上の諸問題について地元の役所などと交渉する組織が必要となってくる。そのきっかけの一

1　横浜異人館之図　2代広重
横浜居留地のアメリカ商館を描いた浮世絵。左手に「南京ヘヤ」とあるのが買弁の執務室。文久元年（1861）。

2　欧米商館の中国人スタッフ
中央の人物が買弁であろうか。貿易商社や銀行などには多くの中国人スタッフが働いていた。明治初期。

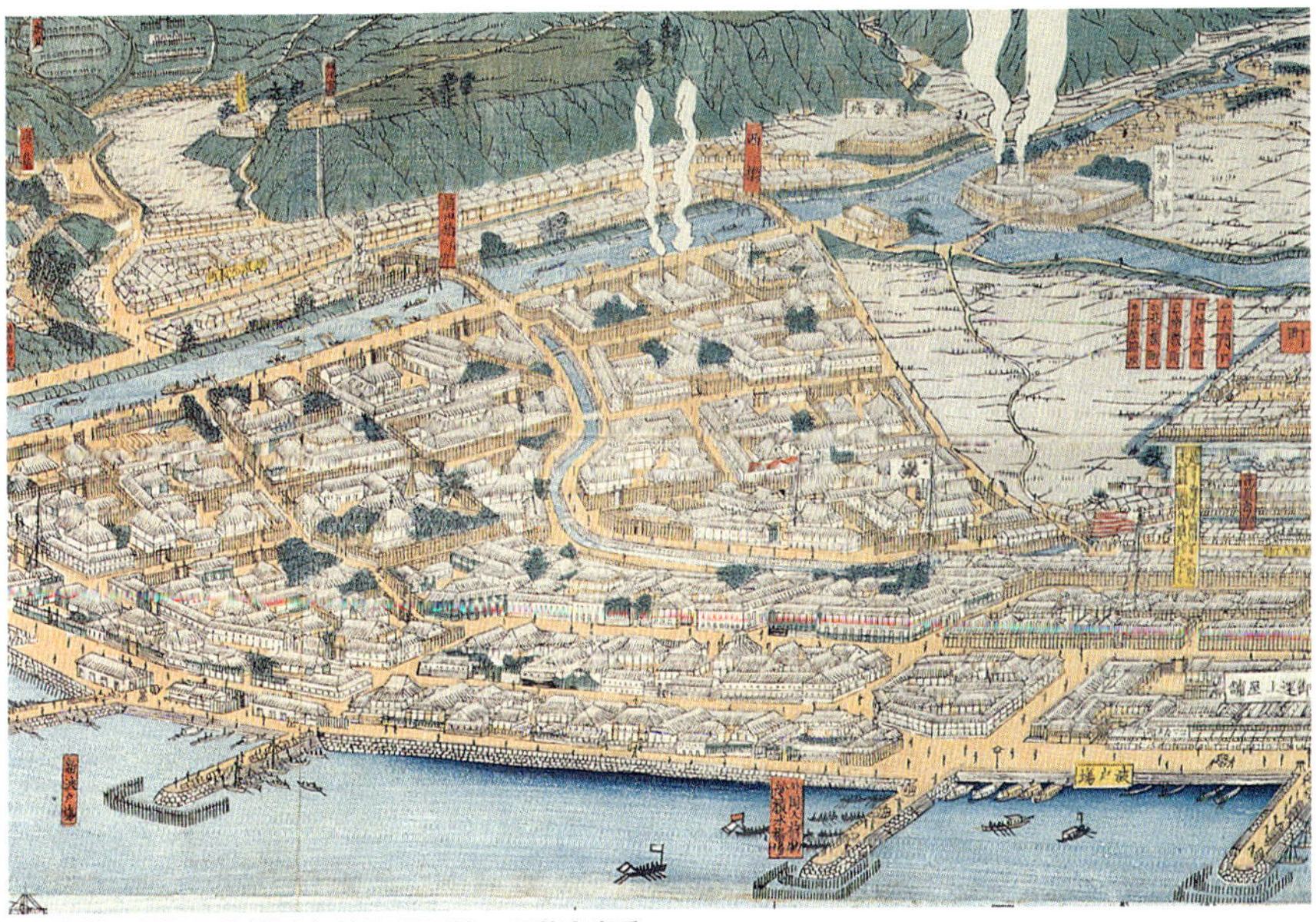

3　増補再刻御開港横浜之全図（部分）　玉蘭斎貞秀
居留地のあたりを拡大したもので、中央に見える細い水路が現在の中華街南門シルクロードと開港道。その右手の一帯が旧横浜新田で中華街となっていく。元治元年（1864）頃。

つが墓地問題であった。中国人の墓地については、はじめは山手の外国人墓地の中に設けられたが、慶応二年（一八六六）、手狭になってきたことから、領事団の代表としてアメリカ領事フィッシャーが神奈川奉行に要求し、山手墓地の一角の五〇〇坪を借り受けた。その際、源星海ら中国人の有力者が集まり、新しい墓地の建設と遺体改葬に要する費用について協議し、寄付金を募集した。ところが改葬される予定であった遺体の関係者は、本国への帰葬を希望したため、改葬に関わる費用が必要なくなり、あつめた寄付金が宙に浮いてしまった。そこで、源星海らが再度相談した結果、さらに寄付金を募って、中国人の自治組織を立ち上げようということになった。

この動きに拍車をかけたのが籍牌規則の導入である。開港時期、居留地に住む外国人の四割近くを中国人が占めたが、清朝中国と日本はまだ条約を結んでおらず、条約締結国の国民に居住・経済活動を許した居留地に、中国人が存在するのは違法であった。しかしその一方で、彼ら中国人の存在なくして貿易は進まないし、西洋人の生活に必要なさまざまなサービスも提供できない。そこで、中国人在住の法的根拠として、慶応三年（一八六七年）、横浜外国人取締規則が制定され、その第四条に基づき籍牌規則が導入されることになった。

籍牌規則は、居住地の奉行が外国人取締役と外国領事の援助を得て、条約を結んでいない国民（実質的には中国人）を管理する制度である。具体的には、横浜にやってきた中国人は、上陸後三〇日以内に神奈川奉行に氏名・職業・住所などを届け出て登録し、手数料を支払って籍牌を受けることが義務づけられた。慶応三年一〇月の制度開始時には、六六〇人の中国人が神奈川奉行に登録して籍牌を受けた。この籍牌規則導入の際に、中国人を代表して奉行や外国人取締役との交渉を行う窓口として、中国人の自治組織が設立された。これが後に中華会館となる。

中華街形成のきっかけ

文久二年（一八六二）、旧横浜新田の埋立が進み新しい居留地として整備されると、この一帯に中国人が住み始める。中国人の団体である同済医院が一三五番を、また台湾からの砂糖輸入を手がける順和桟という貿易商が一八六番を借り受けた。さらにこの年、関帝廟の前身というべき関羽の木像を祀ったささやかな祠が一四〇番に開かれた。

この旧横浜新田の整備にあたっては、新田当時のあぜ道や水路を生かして街路が造られた結果、この一帯は海岸線にそって道路が斜めに走る形になった。ところが、山下居留地全体が方位的には四五度傾いているため、斜めの中の斜めということで、旧横浜新田の場所は東西南北の方位が正確となっている。この方位が中華街形成のきっかけになったと考えられる。中国人は土地や建物を選ぶ場合、風水を重んじる。ましてや異郷の生活を始めるにあたっては、土地選びも慎重となろう。もちろん、海岸に近い居留地がすでに飽和状態ということも理由の一つだが、新しく造成された場所が方位の面からも好ましいので、ここに関帝廟の前身や同済医院などをつくり、それが中華街に発展していったと考えられる。

（伊藤泉美）

4　関帝廟
初代関帝廟の内部。本格的なこの廟は1871年に建立された。『ファー・イースト』1871年9月16日号より。

図版特集

黎明期の写真家たち

日本が世界に門戸を開いた一九世紀中葉は写真技術の普及期に当たっていた。日本の世界デビューの様子は外国人写真家によって記録された。横浜はかれらの活動拠点となった。早くも開港と同時にスイス人P・J・ロシエが来日し、江戸から神奈川・横浜にかけて撮影、二年後の文久元年（一八六一）にはアメリカ人J・ウィルソンが、その翌年にはイギリス人W・ソンダースが撮影に訪れ、形成途上の横浜市街をカメラに収めた。文久三年にはイギリス人の一流カメラマン、F・ベアトが横浜にスタジオを構え、ここを拠点に日本各地を撮影した。その事業はオーストリア人R・シュティルフリートやイタリア人A・ファルサーリに継承され、関東大震災まで存続した。日本人でも下岡蓮杖が文久二年にJ・ウィルソンのスタジオを継承して活動を開始、明治初期には弟子の鈴木真一や臼井秀三郎が活躍した。

当初、写真は版画に直されて新聞や書籍に画像情報を提供していたが、明治三年（一八七〇）には写真をそのまま紙面に貼付したユニークな新聞『ファー・イースト』が横浜で創刊され、変貌しつつある東京・横浜の市街や人々の生活を記録している。

（斎藤多喜夫）

1　神奈川宿
右下は滝の橋、その下を流れるのは滝の川、橋の左手の大きな屋根は石井本陣。ステレオカメラでの撮影。安政6年（1859）6月。ロシエ撮影。

2　本覚寺本堂
アメリカ領事館が置かれていた。'OFFICE' と書かれた木札が見える。台紙の右端には 'Amerikanisches Konsulat in Kana-gawa' というドイツ語の書き込みがある。ウィルソンがプロシャ使節団に雇用されていた時に撮影したものであろう。文久元年（1861）頃。ウィルソン撮影。

3　山手から見た居留地
沖合いには下関遠征前の外国軍艦が碇泊している。手前右よりの堀川に架かる橋は谷戸橋、その左手の寺院のような建物はアメリカ人宣教医ヘボンの屋敷、左隣はフライ＆クックの小造船所、その背後に天主堂（カトリック教会）の塔が見える。右手にフランス波止場、その左手奥にイギリス波止場、そのさらに左手に小さく水神の森（横浜開港資料館所在地）が見えている。元治元年（1864）。ベアト撮影。

4　谷戸橋と関門番所
関内と呼ばれる横浜の中心部に入る橋のたもとには関所が置かれていて、不審人物のチェックに当たっていた。これは外国人居留地と元町の間に開削された堀川に架かる谷戸橋。番所右手の捕り物道具まで鮮明に写っている。文久2年（1862）秋。ソンダース撮影。

5　山手より元町5丁目を望む
左手は中村川が堀川と派大岡川に分流する地点。その右手の大きな屋根の建物はフランス郵船とイギリスのＰ＆Ｏ汽船（ペニンスラー＆オリエンタル汽船会社）の石炭蔵。明治初期。下岡蓮杖撮影。

6　居留地本町通り
右手が60番台で左手が80番台(現在の中華街東門付近)。突き当たりに見えるのは、28番のケリー商会。明治初期。シュティルフリート撮影。

8　横浜駅
横浜の陸の玄関口。外務省接客所楼上からの眺め。左右の駅舎の2階を結ぶ弓型連絡廊は明治17年（1884）の台風で吹き飛ばされるので、それ以前の撮影。手彩色。明治10年代。臼井秀三郎撮影。

7　吉田橋
関内への入口に架かる橋。明治2年（1869)、イギリス人技師ブラントンの設計により鉄橋に架け替えられた。「かねのはし」と呼ばれ、文明開化の象徴として有名になった。『ファー・イースト』1871年2月1日号より。

9　馬車道の枡屋
製茶問屋の初荷風景。常盤町4丁目56番所在。保寿軒とも称した。手彩色。明治10年頃。鈴木真一撮影。

11　元町増徳院薬師堂前の雪景色
山手外国人墓地方面を見たもの。増徳院は関東大震災で焼失し、南区平楽に移転した。手彩色。明治中期。ファルサーリ撮影。

10　大江橋
尾上町の外務省接客所楼上からの眺め。右手遠方にガス会社の煙突、その向こう2階建ベランダ付洋館は離宮。手彩色。明治10年代。臼井秀三郎撮影。

1　伊勢山下のガス会社
高島嘉右衛門がフランス人技師プレグランを招いて建設を進め、明治5年（1872）9月に竣工、日本最初のガス灯を点灯した。外国商社との競争に打ち勝ち、居留地内の敷設権も獲得した。手前の丸い建物はガス溜。煙突は横浜最初の煉瓦造構造物。現本町小学校所在地。

図版特集

横浜もののはじめ

「横浜もののはじめ」とは、幕末・明治初期に、横浜を舞台に行われた西洋文化摂取のさまざまな事例のことをいう。それには「官」によるものと、「民」によるものとがあった。

「官」によるものには、上下水道・ガスなど都市基盤の整備や電信・鉄道など交通手段の整備にともなう西洋文化の移入があった。明治新政府が「殖産興業」を旗印に積極的に西洋の技術を採り入れた際、横浜はその仲立ちの役割を果たすとともに「実験室」ともなった。

「民」によるものには、外国人居留地を通じて摂取された生活文化がある。長い鎖国のもとで好奇心が鬱積していた日本人にとって、居留地は珍しい西洋文化の陳列場であり、それらを貪欲に吸収した。食肉・パン・牛乳などの食材、マッチや石鹸などの日用品等々。それらの事例は、進取の精神だけをたよりに居留地に飛び込み、新文化と格闘してそれらを獲得した人々の苦心談やサクセス・ストーリーとともに語り継がれてきた。

（斎藤多喜夫）

2　横浜水道事務所
埋立地の多い横浜には地下水の水質が悪い地域が多かった。明治6年（1873）に多摩川を水源とする横浜上水が通水したが、一部地域にしか給水されなかった。明治20年、待望の近代的水道が、相模川上流を水源とするイギリス人技師パーマーの計画により完成した。水道事務所は居留地236番（現横浜都市発展記念館・横浜ユーラシア文化館所在地）にあった。

3　堤石鹸型
洗濯に灰や糠を使っていた日本人にとって、石鹸は便利だったので輸入が増えた。磯子村（磯子区）の堤磯右衛門はその国産化を志し、明治6年（1873）に工場を設立、7月から売り出した。明治10年代には中国へ輸出するようになる。

4　煉瓦造卵形下水管
衛生状態を良好に保つための堅固な下水の設置は、幕末以来の外国人の要求だった。明治4年（1871）、イギリス人技師ブラントンの設計により、居留地整備の一環として陶管下水道が埋設されたが、明治20年には神奈川県技師三田善太郎により煉瓦造に改造された。水量が少なくても流れるよう、下部が細い卵形になっている。横浜都市発展記念館中庭の野外展示。

5　山手公園
明治３年（1870）に開園した外国人のための公園。明治９年に居留地の女性たちがレディズ・ローン・テニス&クロッケー・クラブを結成、11年に公園の使用権を得た。現在公園内には「日本最初の洋式公園」と「日本庭球発祥之地」の２つの碑が建っている。手彩色。

7　中川嘉兵衛の横浜氷会社
元町１丁目にあった。開港直後からボストン氷が輸入されていたが、慶応元年（1865）にはリズレーが天津氷を輸入してアイスクリーム・サロンを開いた。明治２年（1869）に中川嘉兵衛が函館氷の切り出しに成功、町田房造が馬車道でアイスクリームを売り出した。『ファー・イースト』1870年12月16日号より。

6　山手天沼風景
煙の出ている一画が明治18年（1885）創業のジャパン・ブルワリーのビール醸造所。明治３年（1870）にコープランドが興したスプリング・ヴァレー・ブルワリーの跡地に建設された。のち麒麟麦酒株式会社となる。現在北方小学校と麒麟園公園のあたり。最初の醸造所は明治２年にローゼンフェルトが興したジャパン・ヨコハマ・ブルワリーだが短命に終わった。手彩色。

9　スミスの農園
文久３年（1863）頃、イギリス海兵隊の退役中尉W·H·スミスが山手の61〜63番辺りに開設。牛や豚の飼育と西洋野菜の栽培を行うとともに、日本人にその方法を教えたり、種や苗を輸入した。『ジャパン・パンチ』1866年10月号より。

8　リズレーの牧場
慶応２年（1866）リズレーがアメリカから乳牛を連れて来て山手に牧場を開いた。'The brokenhearted milkman' というのは、この年バーチ夫妻が開いた歌の集いで評判をとった牧夫の失恋の歌の名。リズレーを牧夫になぞらえた漫画。『ジャパン・パンチ』はC·ワーグマンが横浜で発行した漫画雑誌。『ジャパン・パンチ』1866年８月号より。

図版特集

横浜の輸出陶磁器

開港以来、横浜には欧米向けのさまざまな美術工芸品を扱う商店や職人たちが数多く集まってきたが、陶磁器も例外ではない。原材料の陶土を産出しない横浜では、古くからの窯業地から土や素焼した器物を取り寄せ、絵付などの仕上げ加工をして外国商館と取引をしていた。海外の需要や嗜好をすぐさま制作に反映できる横浜に、各地から陶磁器貿易商や絵付職人が集まってきたのである。商店は特に本町通りや弁天通りに軒を連ね、職人たちも横浜の中心地近くに居を構え、互いに腕を競い合うように新しい時代の陶磁器をつくり出していった。横浜で作られた輸出陶磁器は、主として欧米の中上流階級向けの商品であるため、カップ&ソーサーやコンポートなどの食器類、室内装飾用の花瓶やタイルが多い。細工や絵付は細緻を極め、その題材にはことさら日本情緒をかき立てるものが多い。華やかな港町の活気を彷彿とさせるような、明るく洒脱な色遣いも大きな特徴である。宮川香山《みやがわこうざん》の真葛焼《まくずやき》も国内外で非常な人気を博し、明治時代の横浜は陶磁器の一大生産地だったと言えるだろう。

（佐藤登美子）

1　高浮彫牡丹ニ眠猫覚醒蓋付水差　初代宮川香山作

初代宮川香山は横浜のみならず、明治の陶芸界を代表する作家である。京都東山・真葛原の陶工宮川長造の息子として生まれ、明治初年に横浜に移住し、輸出向陶磁器の制作を始めたという。数々の博覧会・展覧会で受賞し、帝室技芸員となった。明治15年（1882）頃までの作風は、動植物などのリアルな浮彫を付したもので、本物と見紛うその造形力には誰しも度肝を抜かれただろう。この作品は猫の牙や爪、毛並みなどが忠実に再現される一方、人を喰ったようなおどけた表情が印象的で、香山の強い個性を感じることができる。明治前期。

2　緑釉紫百合香炉　初代宮川香山作

真葛焼は明治15年（1882）頃にそれまでの高浮彫の作風をやめ、素地も磁器中心となり、新たな展開を示した。釉薬の研究を行い、特に釉下彩の技法により、明るく透明感のある色彩を表現することが可能となった。この作品は紫と緑の対比が優美で、すっきりとした百合の絵付はモダンな趣である。明治中～後期。

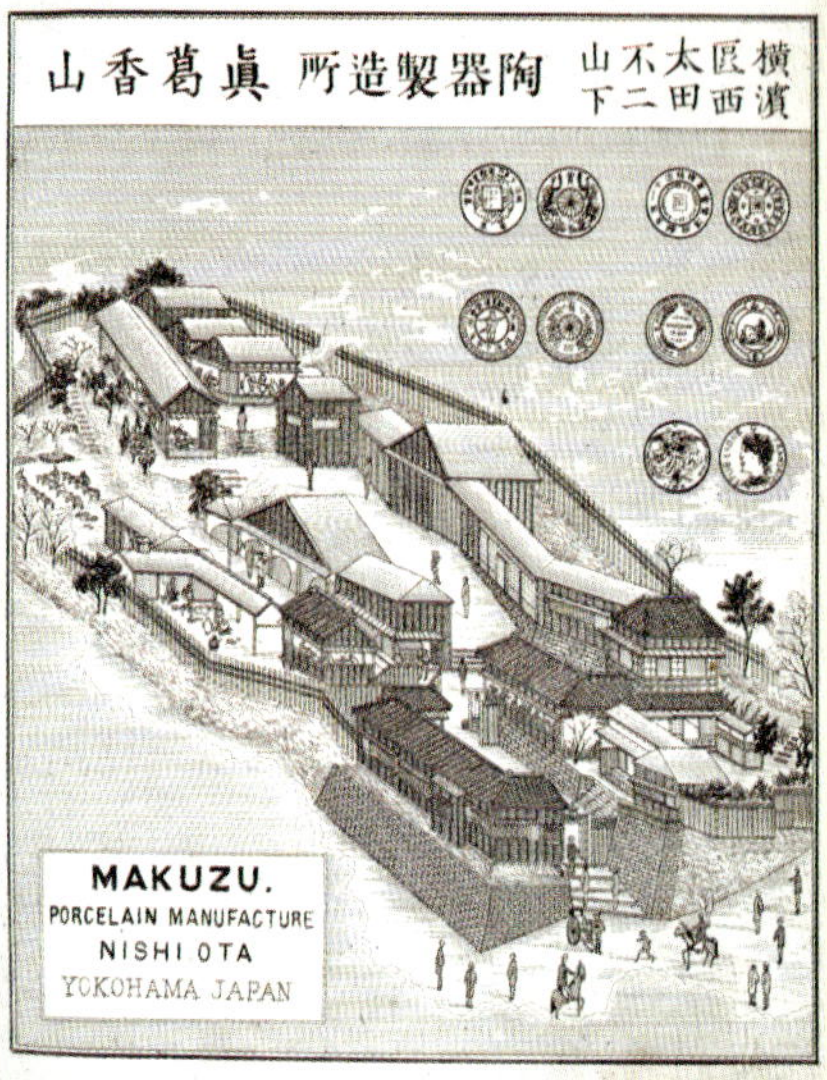

3　真葛香山

香山は明治初年、現在の南区庚台に窯場をつくった。昭和20年（1945）5月29日の空襲で3代目の葛之助が焼死、その後かつてのように再興されることはなかった。『横浜諸会社諸商店之図』より。明治16～24年（1883～91）頃。

4　上絵樹木遊鳥図花瓶　井村彦次郎商店製
山本祥雲筆

井村彦次郎は明治８年（1875）に松石屋と号して本町通２丁目に開店した陶磁器貿易商で、店舗付近に第４工場まで所有していた。初代彦次郎は同業者組合の役員を務めるなど、横浜の輸出工芸業における指導的な役割を果たしていた。この作品の絵付は極めて絵画的で、幹の向きや描かれた季節が対比され、一対で構図が完成する。山本祥雲は陶磁器の品評会などで何度か受賞した記録があり、横浜を代表する陶画工だったようだ。明治中〜後期。

6　上絵金彩花鳥図卵形花生　綿野吉二製

赤絵と金彩を基調に牡丹や小禽、蝶などを密に描き込んだ卵形の容器。西洋のイースターエッグを模したものかと思われる。珍しい器形に日本風を強調するような文様が描かれ、不思議な雰囲気を醸し出している。綿野吉二は加賀国九谷の陶磁器貿易商で、明治13年（1880）に横浜に支店を出した。地元加賀と横浜を往復し、陶磁器だけでなくさまざまな事業を展開した人物として知られる。明治中〜後期。

5　上絵金彩薔薇山鳩図盤
日光商店製

この作品のように優しい色合いの花鳥画が横浜の絵付では多く見られる。釉薬をぼかして霧にかすむ風景を描き、鳥の羽や花には繊細な筆遣いで細部を描き込む。日光商店の店主加藤湖三郎は明治15年（1882）に横浜へ出、行商から始めてのちに弁天通りに店舗を持った。横浜貿易陶磁業界では中心的な人物であった。明治中〜後期。

7　上絵金彩忠臣蔵図ティーセット　嶋田製

忠臣蔵の各場面を描いたティーセット。素地は美濃・瀬戸方面から運ばれたものと思われ、透けるほど薄く、軽い。達者な筆遣いで人物の動きや表情が丁寧に描き込まれている。建物と人物の配置などには、舞台の一場面を見るような雰囲気があって興味深い。当時の欧米人が忠臣蔵をどれほど理解したか定かではないが、細部まで気を配った仕事ぶりは驚嘆に値する。銘にある「嶋田」の履歴は不明。明治中〜後期。

1　金銀蒔絵芝山細工鶏図小箪笥
銘・真凌
芝山細工とは、漆や象牙などの素地に、貝、牛骨、象牙、珊瑚などで花鳥や物語場面の図様を象嵌する装飾技法。浮彫のような立体感や精巧な細工、華麗な装飾性を特徴とする。横浜では芝山細工を施した家具や小物が盛んに制作され、「芝山漆器」は横浜独自の工芸と言われるに至った。銘にある真凌は、真凌斎易政（芝山仙蔵）のことと思われる。19世紀後半。

2　四分一象嵌壺　海野盛寿作　大関製
大関弥兵衛、大関定次郎（貞次郎）の父子は、東京と横浜に工場をもつ貴金属美術工芸品の商社で、金工品、七宝、芝山漆器等を制作、販売した。屋号は武蔵屋であったが、「大関」の銘を入れている。当代の名工に制作委嘱していたが、初代海野美盛門下の彫金家、海野盛寿も、その一人であった。四分一の渋い色の生地に川を渡る小舟を写実的に肉彫りした胴部と、赤銅に本象嵌を施した首部分の装飾意匠の対比がおもしろい。明治18年（1885）頃。

3　卵型蓋付壺　大関製
銀線細工、七宝、そして彫金の技法を融合した豪華な卵型の蓋付の容器。蓋につけられた鍾馗が容器を支える3匹の鬼をにらんでいる。表面を構成する6枚のパネルは、金線細工と繊細な毛彫りによる唐草文様や藤の花の文様で覆われ、そこに、透明七宝による蝶、鳳凰、孔雀、花などがはめ込まれている。七宝は、大関が多くの作品を委嘱した七宝職人、平塚茂平の手になると考えられている。明治18年（1885）頃。

図版特集

ハリリ・コレクションにみる明治の輸出工芸

一九世紀後半の欧米では、万国博覧会などで日本の美術や文化が紹介されると、「ジャポニスム」と呼ばれる日本趣味が一大ブームとなり、その需要に応えて横浜港からは多くの美術品が輸出された。古美術品だけでなく、輸出用に西洋人の好みに合わせた美術工芸品が制作され、横浜にも職人に制作を委嘱して海外に輸出する商社（嘱品家）や工房が誕生した。日本各地から職人が集められ、陶磁器、芝山細工、家具、銀製品、七宝など横浜独自の工芸品が制作された。それらの輸出工芸品は、日本の技術水準の高さを海外に示す高度な技巧性、当時の欧米の趣味を反映した過剰なほどの装飾性、そして日本的な要素の強調などが特徴である。

海外では、現在でも明治の輸出工芸品に対する評価は高く、優品の多くは欧米のコレクションに収められている。ここで紹介するイギリスのコレクター、ナセル・D・ハリリのコレクションには、明治期に輸出された陶磁器、金工、漆工などの優品約八〇〇点が含まれている。

（沼田英子）

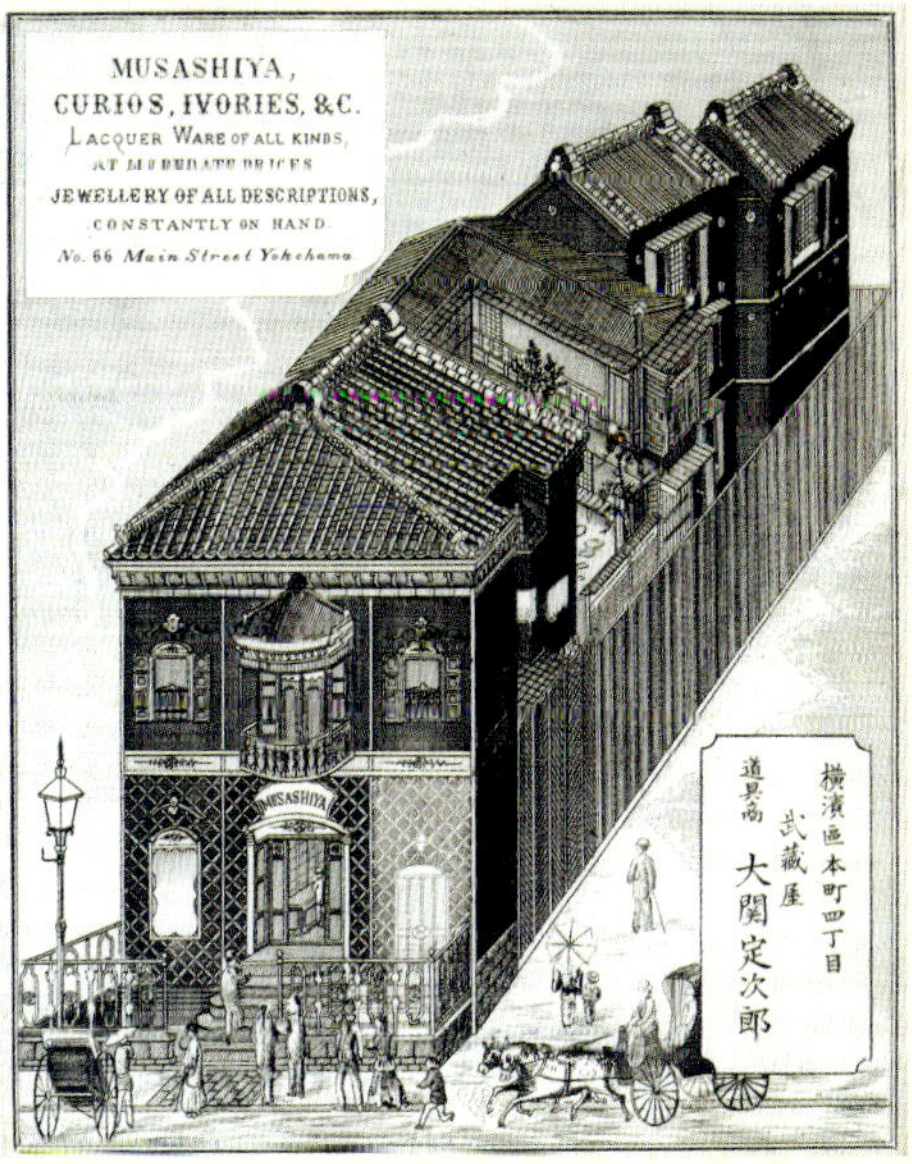

5　大関定次郎
『横浜諸会社諸商店之図』より。明治 16 ～ 24 年（1883 ～ 91）頃。

4　金蒔絵芝山細工鴛鴦翡翠鳩図二曲屏風
屏風の表には金の漆地に芝山細工の技法で豪華な装飾が施されている。梅や牡丹、菊の花びらを 1 枚 1 枚表した華やかな表現は、芝山細工の一つの典型である。細かい装飾が施された銀のフレームは、鴻池など銀細工を得意とした横浜の工房によって作られたと考えられている。鴻池は、本町通 17 にあった貴金属工芸美術商で、特に銀器で名高く、スプーンやティーポットなど海外向けの品を扱った。19 世紀後半。

6　金蒔絵箪笥　サムライ商会製
サムライ商会は、野村洋三が明治 27 年（1894）に本町 1 丁目 20 番地に店を構えた古美術商。朱塗りの柱や屋上に閻魔像や仁王像を飾った外観が人目をひき、多くの外国人が訪れた。優れた古美術を集めて販売しただけでなく、漆器や銀器などを職人に制作委嘱した。日英博覧会（1910 年）では、金銀製品を出品し金賞を受賞している。この箪笥も日英博覧会のために制作されたが、期日に間に合わず出品されなかったものといわれる。明治 43 年（1910）頃。

宣教師の来日

神奈川宿に滞在

　安政五年（一八五八）に締結された日米修好通商条約の第八条で、居留地に住む外国人の信教の自由と礼拝堂の建設が認められ、翌安政六年（一八五九）には長老派のJ・C・ヘボンと改革派のS・R・ブラウンが、万延元年（一八六〇）にはバプテスト派のゴーブルが、さらに文久元年（一八六一）には改革派のJ・H・バラが来日した。ヘボンら宣教師とその家族は神奈川の成仏寺に居を構えた。

　修好通商条約の締結後、日本と欧米五か国間で、開港場をめぐる対立があったが、幕府は強引に横浜に開港場を建設した。ヘボンが来日した際、すでに横浜は開港していたが、神奈川に領事館がおかれ、ヘボンら宣教師も神奈川に住み続けていた。当時、キリスト教禁教の高札は依然として掲げられており、居留地以外でのキリスト教は禁教であったため、宣教師たちの活動は限られたものであったが、宣教医ヘボンは医療活動を行うかたわら、聖書翻訳にむけた日本語学習に励んだ。S・R・ブラウンやゴーブル、バラも日本語教師を雇い日本語の習得に努めたという。

1　**成仏寺の宣教師とその家族**
左からS·R·ブラウンとその娘、ゴーブル、中央ヘボン。万延元年（1860）頃。

日本語習得と辞書の編纂

　生麦事件に代表される攘夷運動が激しくなり、幕府が外国人へ横浜への移転を強く求めたこともあり、神奈川に住むプロテスタント宣教師たちは横浜へ移転した。彼らは居留地でも日本人に英語を教えるかたわら日本語習得に努め、S・R・ブラウンは文久三年（一八六三）、来日四年目にして、外国人のための日本語学習書（『日常会話篇』*Colloquial Japanese*）を、上海の美華書院から刊行した。本書は、日本語を学ぼうとする外国人のテキストとしてばかりでなく、元治元年（一八六四）から一年間運上所内で開講された英学所の英語学習用テキストとしても用いられ、「明治以前の会話書の白眉」と賞されるものであった。

　一方、ヘボンは、慶応二年（一八六六）に『和英語林集成』の原稿を完成させ、翌年、上海の美華書院から刊行した。美華書院はすでに明朝体漢字の鉛合金活字を実用化しており、『和英語林集成』も、従来の木版整版に比べてはるかに鮮明な活字印刷が施されていた。本書は、和英辞典ではあるが、巻末には英和の部分もあり、初版の日本語の見出し語数は二万七七二、英語の見出し語数一万三〇、和英の部五五〇ページ、英和の部一三二ページからなる。この辞書は、第九版まで版を重ね、明治期を通じて外国人ばかりではなく、英語を学ぶ日本人にも広く利用された。

　宣教師たちは、習得した日本語の能力を生かし、翻訳聖書の刊行を開始した。ゴーブルは明治四年（一八七一）に『摩太《マタイ》福音書』を、ヘボンは明治五年『新約聖書馬可《マルコ》伝』・『新約聖書約翰《ヨハネ》伝』を刊行した。未だキリスト教禁制下であり、刊行は極秘裏に進められたという。

　また明治五年には、バラに英語を学んでいた日本人青年を中心に、日本で最初の日本人によるプロテスタント教会「横浜公会」も設立された。

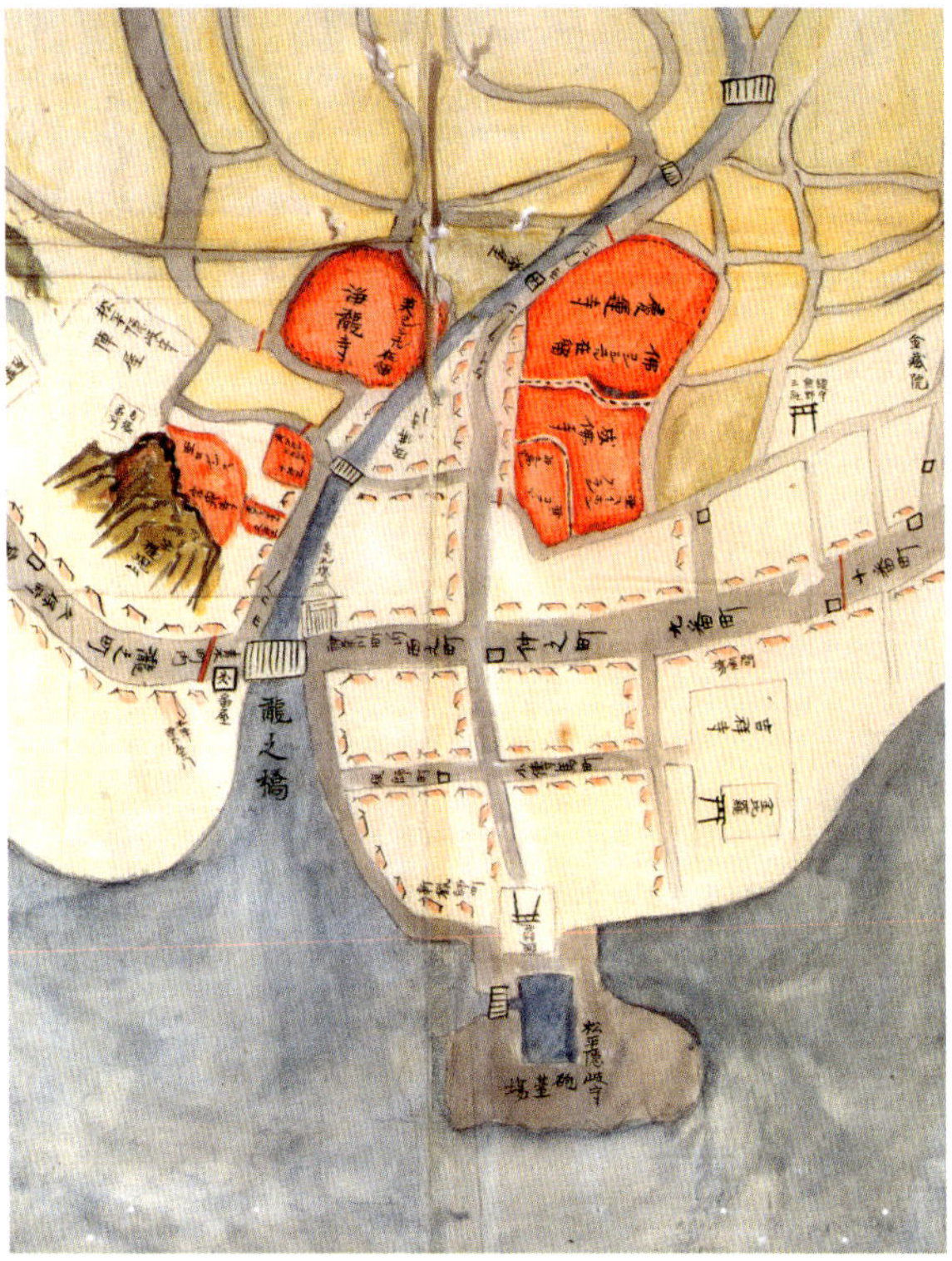

2　**東街道金川駅略図（部分）**
神奈川の寺院に各国が施設を構えた時期の様子を伝える地図。成仏寺には、「亜ヘイボン　ブラン（ブラウン）」とある。

教会堂の建設

条約締結後に横浜を訪れた宣教師は、米国プロテスタントの宣教師だけではなかった。

カトリックでは、パリ外国宣教会の宣教師ジラールが、日仏修好通商条約締結後の安政六年にフランス総領事館付司祭兼通訳として江戸に入り、文久元年一二月（一八六二年一月）には、居留地八〇番に、開港後最初のキリスト教会堂である横浜天主堂を建設した。

また英国領事館付牧師として来日した英国聖公会のM・B・ベイリーは、英国政府と居留地の英米人の協力を得て、文久三年（一八六三）、居留地一〇五番にクライスト・チャーチを建設した。横浜最初のプロテスタント教会堂の誕生であった。

高札の撤去と聖書翻訳

明治政府は幕府のキリスト教禁止の方針を踏襲したが、諸外国からの反発は大きく、政府は明治六年（一八七三）二月、切支丹禁制の高札を撤去した。

高札撤去の前年九月、居留地三九番のヘボン邸で第一回宣教師会議が開催され、共同訳の新約聖書刊行が決定された。ヘボン（長老派）、S・R・ブラウン（改革派）、D・C・グリーン（組合派）が翻訳委員となり、翻訳作業が開始された。翻訳は、九世紀頃のギリシャ語聖書を底本に、その英訳である『欽定訳聖書』や中国語訳聖書、ヘボンの『和英語林集成』を駆使して行われた。作業は、山手二二一番のS・R・ブラウン邸で行われたという。明治七年にはR・S・マクレー、J・ハイパー、W・B・ライト、後年委員を辞すN・ブラウンも加わった。翻訳委員会は、明治八年（一八七五）八月には『路加《ルカ》伝』を刊行し、明治一三年（一八八〇）には『約翰《ヨハネ》黙示録』に至る全一七冊の新約聖書刊行を成し遂げた。

また旧約聖書の刊行は、東京の五つの教派宣教師が横浜の委員会と協力して行い、明治二〇年（一八八七）に完成させた。新旧約聖書の翻訳完成には、第一回宣教師会議の開催から一五年あまり、ヘボンの来日からは実に二八年を要したことになる。来日宣教師たちが成し遂げた翻訳聖書の完成は、日本におけるキリスト教の普及を促進させたばかりではく、近代日本語の発展や印刷技術の向上に多大な影響を与えた事業の完成であった。

（石崎康子）

4 『和英語林集成』初版本
ヘボンが来日以来7年の歳月を費やして完成させた辞書。のちに翻訳委員会やバプテスト派宣教師ゴーブル、ネイサン・ブラウンが手がけた聖書翻訳の作業には欠くことのできない辞書となった。本書は9版まで版を重ね、英語を学ぶ人々に活用された。慶応3年（1867）。

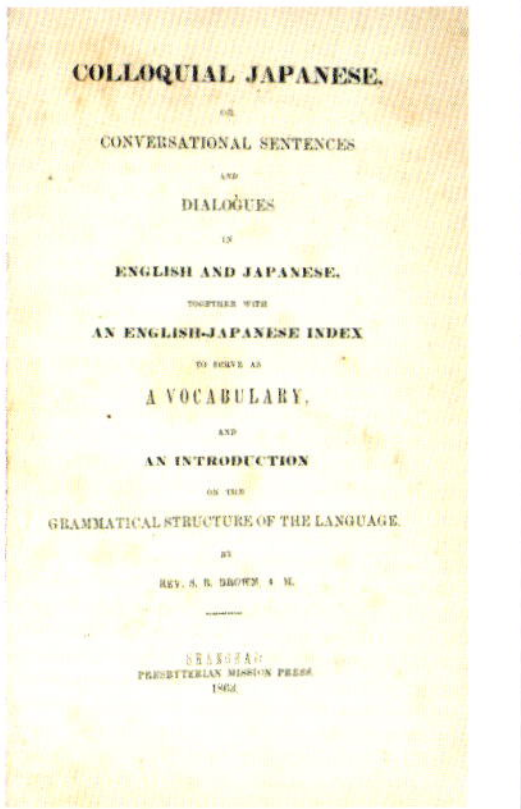

3 S・R・ブラウン著『日常会話篇』
ブラウンが上海の長老派教会伝道団印刷所（美華書院）で刊行した日本語学習書。1863年。

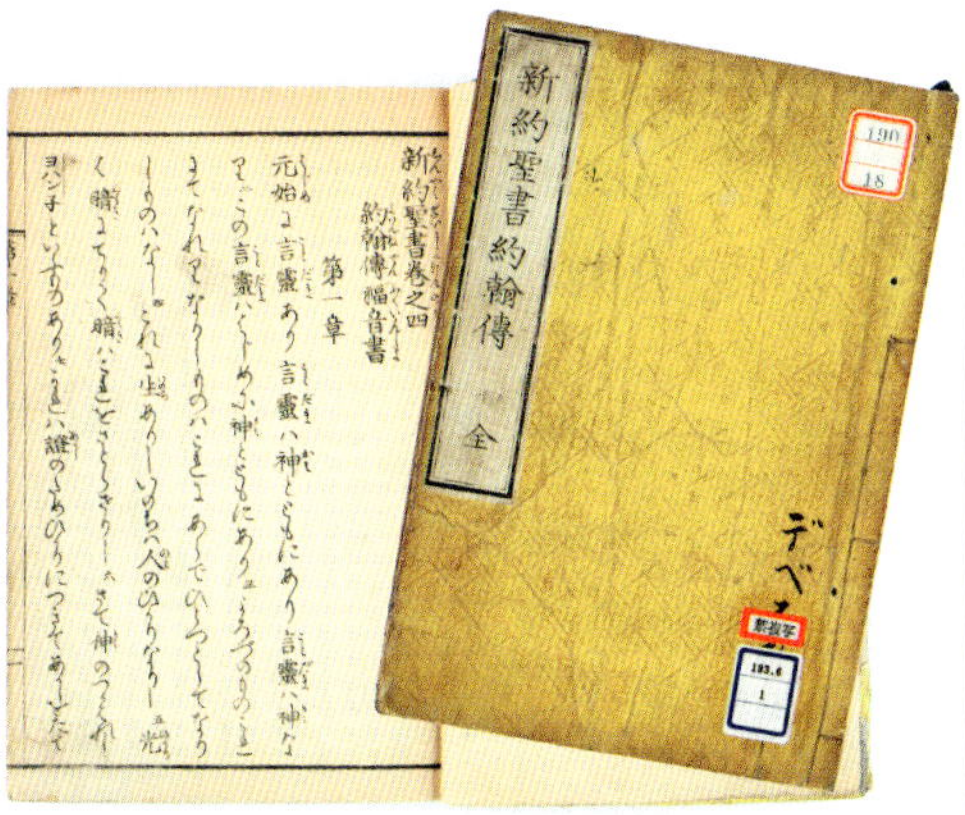

5 『新約聖書約翰伝』
ヘボンが『新約聖書馬可伝』に続いて刊行した新約聖書。明治5年（1872）。

6 横浜商館天主堂ノ図 3代広重
パリ外国宣教会の日本教区長ジラール神父により、横浜居留地80番（現中区山下町80番地）に建設された開港後最初のキリスト教会堂。明治3年（1870）。

ミッション・スクールの創設

キダーとフェリス女学院

アメリカでは、南北戦争後に婦人伝道師の活動を支える婦人伝道局が設立され、外国の女性のために、女性宣教師を派遣するようになった。

改革派のキダーは、S・R・ブラウンが卒業したマンソン・アカデミー（アメリカ、マサチューセッツ州）で学び、またS・R・ブラウンが経営する男子校で教鞭をとるなど、教員としての経験をつんだ。彼女は、明治二年（一八六九）、一時帰国を終え日本へ戻るS・R・ブラウン夫妻と共に、横浜の地を踏んだ。時にキダーは三五歳であった。

約一年を新潟で過ごした後、明治三年（一八七〇）に横浜へ戻り、ヘボン夫人のクララが運営してきたヘボン塾を受け継ぎ、ヘボンの施療所で授業を始めた。明治五年（一八七二）に、前年から『和英語林集成』第二版の印刷のため上海へ出かけていたヘボン夫妻が戻ると、キダーは教室をヘボンの施療所から野毛山に移した。明治八年（一八七五）六月一日には、山手一七八番に、改革派海外伝道局総主事アイザック・フェリスの名にちなみ、「アイザック・フェリス・セミナリー」（布恵利須和英女学校、現在のフェリス女学院）と命名した学校を開設した。キダーの来日からわずか五年で、「塾」は自前の校舎をもつ「セミナリー」まで発展した。

プライン、クロスビー、ピアソンと横浜共立学園

米国婦人一致外国伝道協会は、一八六一年に設立されたアメリカ最初の女性伝道協会で、特定の一教派によるものではなく、超教派の団体であった。明治四年（一八七一）六月、この協会から派遣されたプライン、ピアソン、クロスビーの三人の女性宣教師が横浜に着いた。その年の八月には横浜山手四八番のJ・H・バラ所有の家屋を借り、アメリカン・ミッション・ホーム（亜米利加婦人教授所）を設立した。プラインが総理、ピアソンが校長、クロスビーが会計を担当した。

当初、混血児の保護を目的として設けられた施設であったが、一般の子どもも受け入れたため、施設が手狭になり、明治五年一〇月、山手二一二番に女子教育専門の学校を開設した。同年一二月校名を日本婦女英学校と改め、明治八年には共立女学校と改称した。現在の横浜共立学園の前身である。また混血児教育も山手一五七番で継続したが、明治二四年（一八九一）、すべての少女の自立を見届け、閉鎖された。

クロスビーは、一八七五年にプラインが体調を崩し帰国した後、共立女学校の二代総理となり、大正三年（一九一四）までその職を務めた。またピアソンは「偕成伝道女学校」を設立するなど女性伝道者を育成し、クロスビー、ピアソン共に日本の土となった。

ブリテンと横浜英和学院

アメリカ・メソジスト・プロテスタント協会婦人外国伝道会は、明治一三年（一八八〇）九月、アフリカやインドでの伝道経験をもつブリテンを日本へ派遣した。ブリテンは、アメリカン・ミッション・ホームに養育を委託した子どもたちを引き取り、同年

1　キダー
フェリス女学校を辞して以後、夫ミラーとともに、伝道に努め、また児童用キリスト教雑誌『喜の音』（よろこびのおとずれ）の編集に協力、その普及に尽力した。

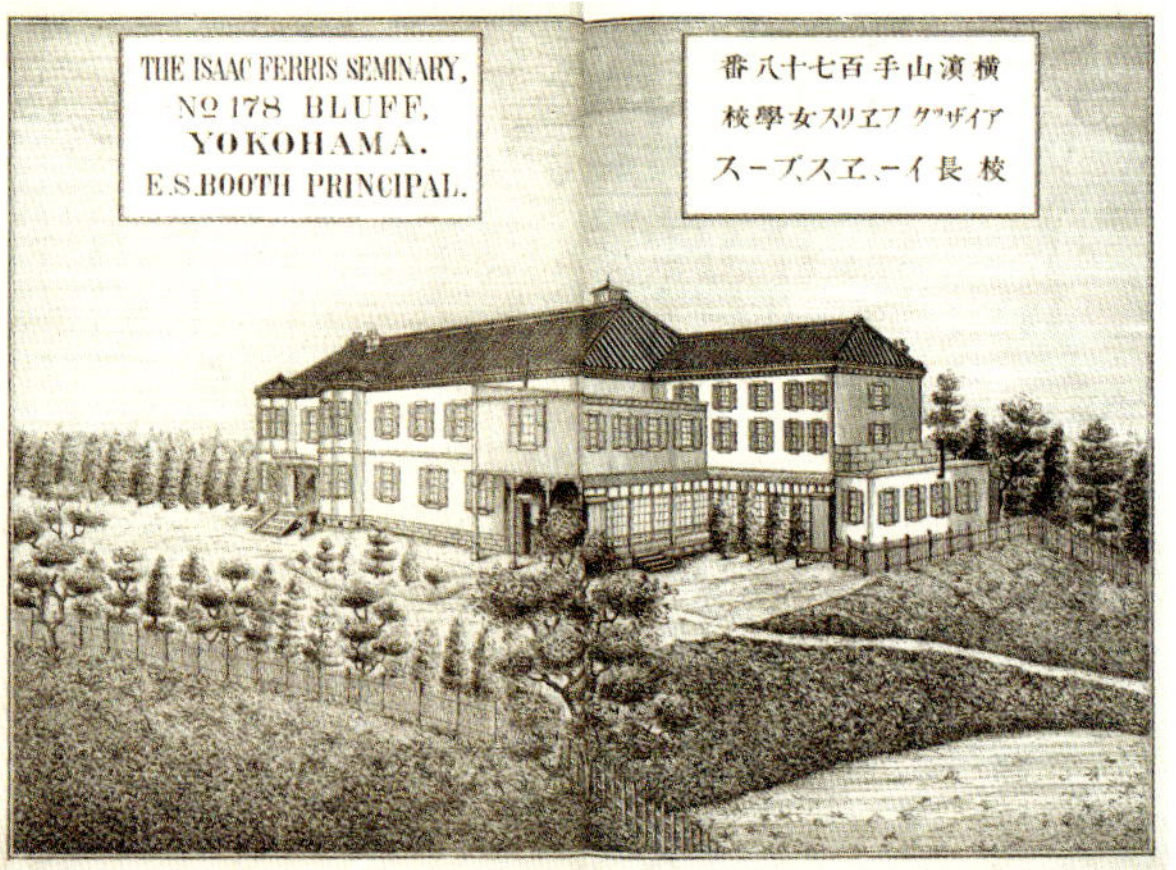

2　アイザックフエリス女学校
横浜山手178番に開校したアイザック・フェリス・セミナリーの外観。『日本絵入商人録』より。

3　共立女学校最初の校舎
「米国婦人一致外国伝道協会」（WUMS）が、監督・長老・会衆・オランダ改革・メソジスト・バプテストのプロテスタント6教派による超教派の「共立的」団体であることから、「共立女学校」と名付けられた。

一〇月には山手四八番（後に六八番→一二〇番）にブリテン学校を創設した。ブリテン学校は、明治一九年（一八八六）に男女共学を廃し、男子部は山手一二〇番にとどまり横浜英和学校となり、女子部は横浜居留地八四番に移転し、横浜英和女学校となった。

後に横浜英和学校は、校長を務めるクライン博士の転任にともなって名古屋の地に引き継がれ、名古屋学院へと発展した。また女子部は、明治二二年（一八八九）に山手二四四番に移転し、大正五年（一九一六）、現在の所在地南区蒔田に移転した。昭和一三年（一九三八）、校名を成美学園と変更したが、平成八年（一九九六）に横浜英和学院と変更し、現在に至っている。

カンヴァースと捜真女学校

カンヴァースは、アメリカ婦人バプテスト外国伝道協会から日本に派遣され、明治二三年（一八九〇）一月、横浜の地を踏んだ。カンヴァースは、ネイサン・ブラウン夫人が明治一九年（一八八六）、山手六七番の夫人宅裏手の聖書印刷所を教室にして始めた英和女学校を引き継ぎ運営した。英和女学校は、明治二四年（一八九一）、山手三四番に移転し、翌年には校名を捜真女学校と変更、明治四三年（一九一〇）九月、現在の神奈川区中丸に移転した。

一方、カトリックのサン・モール会が派遣した修道女マチルドは、孤児や捨て子を養育する菫《すみれ》女学校と、一般の子女を対象とした横浜紅蘭女学校を開設し、のちに横浜雙葉学園となった。

このように女性宣教師たちは教員としての経歴を持つ者が多く、女子教育や孤児の保護と育成に尽力し、来日の地横浜で多くの成果を実らせた。

なお、宣教師ではないが、ヘボン夫人が始めたヘボン塾が、J・H・バラのバラ塾に引き継がれ、のちに明治学院に発展した。そして男性宣教師も、バプテスト派の宣教師A・A・ベンネットが始めた神学校が関東学院へ、R・S・マクレーが開設した美会神学校は東京へ移転し、青山学院へと発展した。

（石崎康子）

4　美美新教会英和学校
明治 16 年（1883）、山手 120 番に移転した際のブリテン学校。当初は男女共学であったが、別学となり、女子部は明治 19 年（1886）、横浜居留地 84 番に移転し、その後山手 244 番に、大正 5 年に現在地の南区蒔田に移転した。横浜英和学院の前身。『日本絵入商人録』より。

5　カンヴァース
明治 23 年（1890）にブラウン夫人の後任として校長に就任し、大正 14 年（1925）に校長を辞して名誉校長になるまで、約 35 年間を捜真女学校校長として、その発展に尽くした。

6　捜真女学校の校舎
明治 43 年（1910）、現在の神奈川区中丸に移転した当時の校舎。斜面一帯は雑木林などに囲まれ、「神奈川一本松」と呼ばれる丘の上に建てられた。

7　紅蘭女学校
明治 32 年（1899）、日本人女子児童のための学校として山手 88 番に設立された。横浜雙葉学園の前身。

外国人墓地に眠る人々

1　初期の外国人墓地
右手奥、球体の上に十字架を載せた石塔はロシア使節の随員モフェトとソコロフの墓。右手前はオランダ人船長フォスとデッケルの墓標。実際には四角錐の形をしている。いずれも国際親善の観点から日本側が設置した。五雲亭貞秀『横浜土産』二編（万延元年4月）より。

不幸な起源

横浜外国人墓地の淵源はペリー艦隊の来航時に遡る。嘉永七／安政元年（一八五四）、艦隊が横浜に来航した際に死去した水兵が、横浜村の寺院増徳院の境内に埋葬された。その後下田に改葬されたが、外国人埋葬の先例となった。

開港から二か月も経たない安政六年七月二十七日には、ロシア使節の二人の随員モフェトとソコロフ、翌万延元年（一八六〇）にはフォスとデッケルの二人のオランダ人船長が殺害され、以後毎年のように外国人殺傷事件が起きた。文久二年（一八六二）の生麦事件の犠牲者リチャードソン、その翌年の井土ヶ谷事件のフランス軍カミュ少尉、さらにその翌元治元年（一八六四）の鎌倉事件のイギリス軍ボールドウィン少佐とバード中尉たちである。

文久元年（一八六一）七月、幕府は増徳院境内の一部と隣接する横浜村農民の畑、一六〇〇坪余の土地を柵で囲い、外国人専用の墓域とした。現在の二二区、元町側裏門の辺りである。その後順次拡張を重ね、明治一一年（一八七八）までに現在の墓域が確定した。

埋葬について有料化が検討されたこともあったが、攘夷派浪人の凶刃によって不慮の死を遂げた外国人が多かったので、慶応二年（一八六六）中、国際親善の観点から無償と決まり、明治政府もそれを踏襲した。墓地は領事団が管理していたが、土地と柵は幕府が造成や修理を行っていた。明治二年（一八六九）、管理をすべて外国側に委ねることとなり、翌三年には領事団から居留民の代表で構成される管理委員会に管理が委任された。管理委員会は明治三三年（一九〇〇）、財団法人横浜外国人墓地として法人化され、現在に至っている。

埋葬されている人々

被葬者には一攫千金の夢半ばに若くして倒れた商人も多い。早い例としてはイギリス系ロス・バーバー商会のE・リグビーがいる。文久二年（一八六二）、居留地で盛大に開かれた競馬会では元気に世話役を務めていたのに、翌年三〇歳くらいで死去した。

幕末に来日して横浜に骨を埋めた商人には、イギリス人ではともに生麦事件に遭遇したW・C・クラークとW・マーシャル、製茶輸出の専門家でアスピノール・コーンズ商会を設立したW・G・アスピノール、二〇歳未満で生糸検査人として来日し、競馬好きで知られた居留地の名物男T・トーマスらがいる。アメリカ人では居留地の自治組織参事会の議長を務めたR・ショイヤー、明治元年（一八六八）から居留地取締長官を務めたE・S・ベンソンなど。オランダ人では消防活動など公共事業に熱心だったM・J・B・ノールトフークヘフト、スイス人では時計商として有名なJ・ファヴルブラントなどがいる。

貿易商以外にも多彩な人士が埋葬されている。やはり幕末に来日した人に限ると、イギリス人ではヨット製作の名手ヘンリー・クック、画家で漫画家のC・

2　軍人墓地
山手本通り側の墓域。駐屯中に死去したイギリス軍将兵やその家族の墓石が集中する地区。丸の中にローマ数字のXが記されているのは、陸軍第10連隊の将兵。中央左手、台地状に張り出した突端に、台座の上に円筒を置いた下関戦争戦没者記念碑が見える。『ファー・イースト』1871年8月16日号より。

3　明治初期の山手外国人墓地遠景
丘の上の左手の洋風建築はアメリカ海軍病院。斜面に外国人墓地の墓石が点在する。谷の奥にはフランス人ジェラールの瓦工場の建物群が見える。

4　明治中期の山手外国人墓地
最上層の８区、現在の入口右手のあたり。手彩色写真。

5　現在の山手外国人墓地

ワーグマン、卓越したジャーナリストのJ・R・ブラックなど。アメリカ人では日本最初の写真館を開いたO・E・フリーマン、ビール醸造で知られるノルウェー生まれのW・コープランドなど。

明治初期に多数来日した御雇外国人のなかにも埋葬されている人がいる。いちばん有名なのは鉄道建築師長のE・モレルであろう。鉄道関係では同じく建築師長を務めたJ・イングランド、解雇後建築家として活躍したJ・ダイアック、電信関係ではR・アビーとW・B・メーソン、以上はいずれもイギリス人である。オランダ人では司薬場（衛生試験所の前身）の設立者A・J・ヘールツがいる。

開港翌年の万延元年（一八六〇）、バプテスト教会の宣教師ゴーブルが二歳くらいの娘ドリンダを連れて来日したが、ドリンダはその二年後コレラに罹って死亡した。明治一五年（一八八二）に死去した母エリザと並んで埋葬されている。明治初期に来日した女性宣教師にも横浜に骨を埋めた人が多い。アメリカ人ではアイザック・フェリス・セミナリー（現在のフェリス女学院）の設立者M・E・キダー、アメリカン・ミッション・ホーム（現在の横浜共立学園）の設立者L・H・ピアソンとJ・N・クロスビーなど、フランス人ではカトリック系サンモール・スクールや紅蘭女学校（現在の横浜雙葉学園）を設立した修道女マチルドらがいる。

（斎藤多喜夫）

横浜道から鉄道開通まで

横浜道の造成

安政六年（一八五九）二月一日、アメリカ総領事ハリスは外国奉行と神奈川宿で会見し、開港場をどこに設置するのかを協議した。

その際、幕府は開港の期日までに東海道と横浜村を結ぶ道（横浜道）をつくることを提案し、これ以後、急ピッチで横浜道の造成が行われた。横浜道は神奈川宿と保土ヶ谷宿の間の地点で東海道から分岐し、約二キロメートルで開港場に至ることになった。途中の川には立派な橋も架けられ、急な斜面には切り通しが造成された。こうして開港場は東海道に結ばれ、「首都」である江戸とも直結することになった。

開港以来、横浜は江戸（東京）の「外港」的な港町として発展してきた。そのため首都と横浜は密接な関係を持ち続け、横浜道の造成以降もさまざまな近代的な交通手段が続々と京浜間に登場した。こうして横浜は近代的な交通手段の実験場としての役割を果たすことになった。

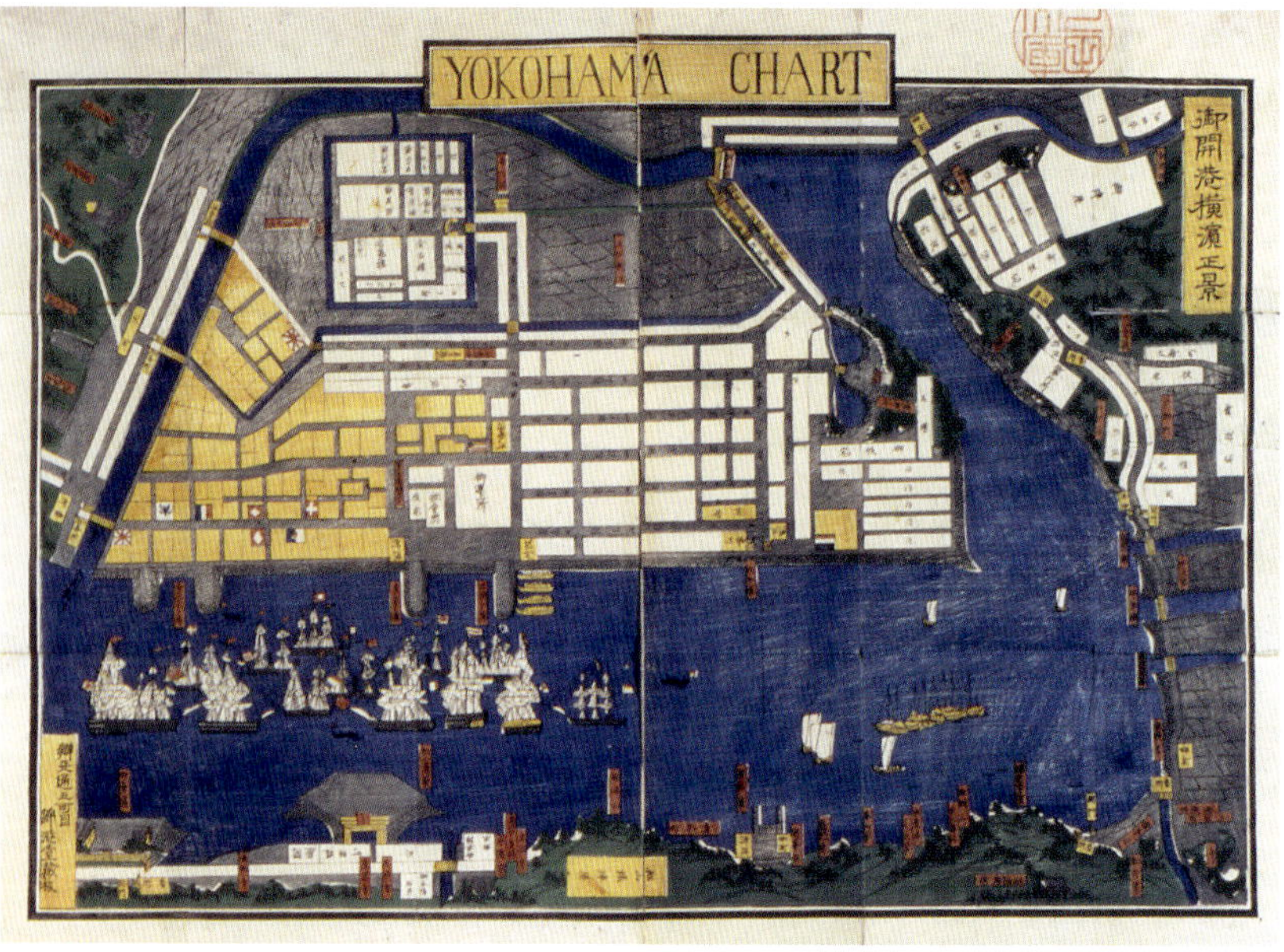

1　御開港横浜正景　錦港堂板
文久３年（1863）頃の絵図。下の部分に左右に通る道が東海道。右下から上に伸びる道が横浜道である。中央の市街地が開港場、市街地から海に突き出た構造物は波止場である。

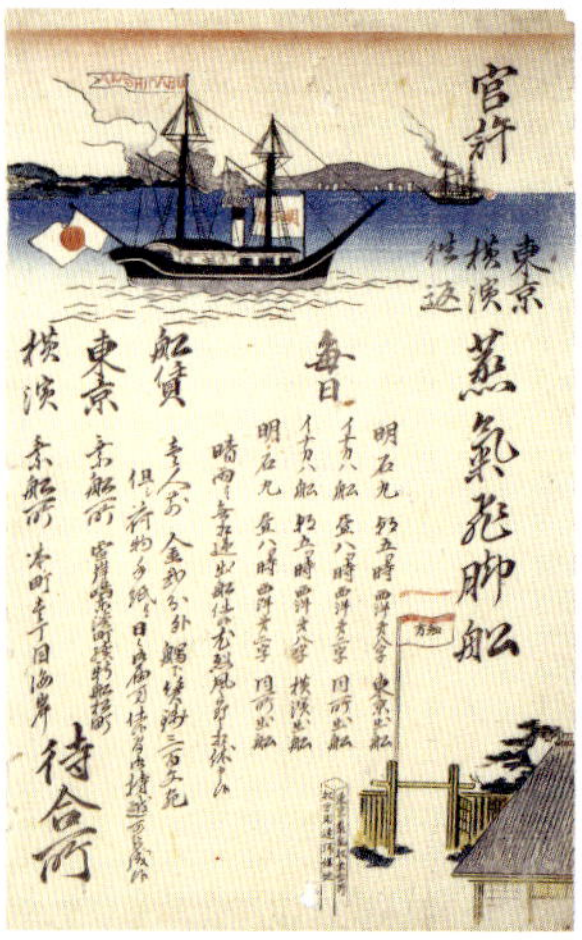
2　東京・横浜往返蒸気飛脚船
京浜間に最初に就航した蒸気船稲川丸の引き札（ビラ）。稲川丸と明石丸の二艘の船が毎日往復していたと記されている。

蒸気船の登場

京浜間で最初に登場した近代的な交通手段は蒸気船で、慶応四年（一八六八）二月九日に、江戸の商人伊藤次兵衛が小さな蒸気船を京浜間航路に就航させた。船の名前は稲川丸で、この船は日本最初の定期航路を開いた蒸気船として大きな話題になった。

この船の利用者数については分からないが、稲川丸の就航以降、蒸気船は便利な乗り物として人々に受け入れられた。そのため、京浜間には明治三年（一八七〇）までに七艘もの蒸気船が就航した。中には横須賀製鉄所（後の横須賀海軍工廠）で製造された日本製の蒸気船（弘明丸）もあり、この船の場合、外国人から技術を学んだ日本人が運転から整備までを扱ったと伝えられる。

京浜間航路に就航した七艘の船のうち、大きなものは一五〇人程度が乗船で

3　東京築地ホテル館　３代広重
築地を出発して横浜へ向かう乗合馬車が描かれている。明治３年（1870）。

き、蒸気船は鉄道が開通するまで一度にもっとも大量の旅客を運んだ交通手段であった。そのため船の安全性が大きな問題になったが、近代的な乗り物による最初の大惨事も京浜間で発生した。

　事故を起こした船はアメリカ人G・W・ホイトが所有するシティ・オブ・エド号で、明治三年七月五日に東京築地居留地を出航した直後に機関を爆発させ沈没した。この事故で乗組員・乗客一六三人のうち、一四三人が死傷し、事故は近代的な乗り物が便利であるだけでなく、いったん、事故が発生すれば大惨事になることを日本人に教えることになった。

馬車と人力車

　一方、陸上交通で最初に登場した近代的な交通手段は馬車であった。開港直後から居留地では外国人が個人的に所有する馬車が使われていたが、一般の人々が利用できる乗合馬車は営業していなかった。こうした状況が変化したのは明治元年のことで、山道や太鼓橋があるため馬車の通行に不向きであった横浜道に沿って馬車道が造成されたことが乗合馬車開設のきっかけになった。

　最初に乗合馬車の営業を始めたのは、居留地一二三番に店を持っていたランガン商会で、この店は明治元年一一月に四輛の馬車を使って京浜間路線を開設した。その直後には日本人が経営する成駒屋も京浜間に路線を開設し、一日に一〇〇人程度の人々が東京と横浜を馬車で往復するようになった。鉄道開通後、京浜間での乗合馬車はなくなったが、今度は横浜から小田原への乗合馬車が開設された。

　また、明治三年に発明された人力車も、発明直後から京浜間で利用されるようになり、東海道や馬車道では馬車や人力車を見ることが珍しいことではなくなった。東海道の沿線に住む住民の中には人力車を購入して旅客輸送に進出する人も現れたが、馬車や人力車の登場は急激に人々の暮らしを変えていった。

鉄道の開通

　こうして京浜間では相次いで近代的な交通手段が実用化されたが、最後に登場したのは汽車であった。京浜間の鉄道工事が始まったのは明治三年三月二五日で、この日に東京汐留周辺から測量が開始された。また、五月三日からは横浜からも測量が始まった。その後、神奈川宿周辺の海岸部では鉄道用地の埋立工事が、いくつかの川では橋梁工事も開始された。

　わが国最初の鉄道が営業を開始したのは、明治五年（一八七二）五月七日で、この日、鉄道は、品川と横浜の間で仮開業した。また、同年九月一二日には新橋・品川間の工事も完了し、新橋駅と横浜駅で盛大な鉄道開業式が行われた。敷設された鉄路の距離は約二九キロメートルで、鉄路は単線、新橋と横浜の間には品川・川崎・鶴見・神奈川の四つの駅が置かれた。

　また、当初の運転は一日二往復であったが、九月からは一日九往復となり、これにともない利用者数も急増した。ちなみに、開通の翌年の鉄道利用者数は一四〇万人を超え、明治一三年（一八八〇）には二〇〇万人を超えた。こうして東京と横浜は汽車という便利な乗り物で直結し、人々は歩くことなく東京・横浜間を気軽に往復できるようになった。

（西川武臣）

4　鉄道開通当時の横浜駅（現在の桜木町駅）
新橋駅と同じデザインで、アメリカ人建築家ブリジェンスが設計した。写真は明治20年代のものであるが、駅舎は創建当時のもの。

5　横浜往返鉄道蒸気車ヨリ海上之図　3代広重
横浜駅を出発した汽車を描く。右上に乗車賃が記されている。

日刊新聞の誕生

情報の発信地外国人居留地

日本における近代的な新聞は、横浜で発展した。まず、情報を求める外国人居留地に居住する人々に向けて、外国語の新聞が発行されるようになった。横浜港に郵便船が着くと、各新聞社は競って情報源としての新聞を求めた。そして、居留地の出来事、催し、広告などを伝えた。

代表的な新聞としては、一八六一年に長崎で日本最初の新聞『ナガサキ・シッピング・リスト・アンド・アドヴァタイザー』を発行したイギリス人ハンサードが、横浜に移って同年に創刊した『ジャパン・ヘラルド』、一八六七年にブラックが創刊した『ジャパン・ガゼット』、一八七〇年にハウエルとレイが発行した『ジャパン・ウィークリー・メイル』がある。いずれも当時の居留地社会を知る上で重要な資料である。

そして、外国人居留地では、海外情報の入手を希望する日本人にむけた日本語の新聞も発行されるようになった。まず、ジョセフ・ヒコ（浜田彦蔵）が『海外新聞』を発行した。外国船がもたらす外国語新聞から主な記事を抜粋して翻訳したものであった。創刊年については、元治元年（一八六四）と慶応元年（一八六五）の二つの説がある。この新聞が発行された当時、幕府内では外国語新聞の翻訳が回覧されていたが、一般の日本人を対象にした新聞としては最初のものだった。このほか、慶応三年にベイリーが創刊した『万国新聞紙』、慶応四年にヴァンリードが、岸田吟香らの協力を得て発行した『横浜新報もしほ草』などがあげられる。

『横浜毎日新聞』の登場

さまざまな新聞が発行されていた横浜で、明治三年一二月八日（一八七一年一月二八日）に、横浜活版社（舎）が日本で最初の日本語日刊紙『横浜毎日新聞』を創刊した。この新聞が画期的だったのは、それまでの新聞が、和紙に木版刷り和綴じの冊子型で不定期に刊行されたのに対し、洋紙を用い活版で両面印刷し日刊で発行された近代的な新聞だったことである。活字には最初木活字を用い、後に鉛の活字を使用している。刊行の目的は、貿易に携わる商人に国内や海外の情報をいち早く伝え、人々の知識を啓発することであった。当時の神奈川県知事井関盛艮《もりとめ》の要請で、横浜商人の出資により実現したといわれている。島田豊寛社長のもと、陽其二《そのじ》らが印刷を担当した。その編集には島田三郎、仮名垣魯文、肥《こい》

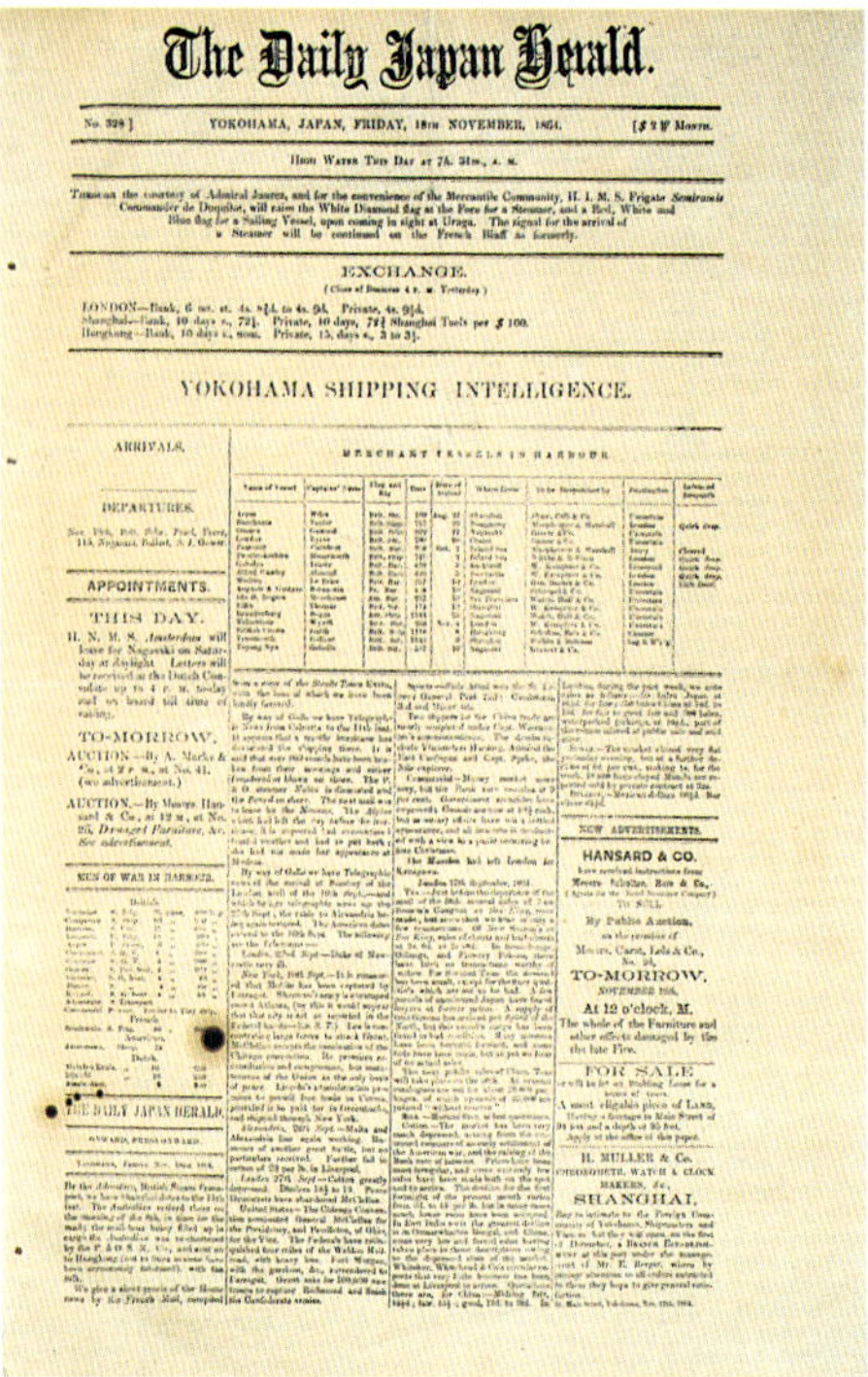
The Daily Japan Herald.
No. 328] YOKOHAMA, JAPAN, FRIDAY, 18th NOVEMBER, 1864. [$2 ℙ Month.
EXCHANGE.
YOKOHAMA SHIPPING INTELLIGENCE.
ARRIVALS.
DEPARTURES.
APPOINTMENTS.
THIS DAY.
TO-MORROW.
NEW ADVERTISEMENTS.
HANSARD & CO.
SHANGHAI.
FOR SALE

1 『デイリー・ジャパン・ヘラルド』 1864年11月18日
1863年10月に、ハンサードが発行。日本最初の日刊新聞で、広告を主体としたものだった。

2 『ジャパン・ガゼット』の社員たち
1867年10月25日付12号の冒頭部分に、「最初の社員たち」の写真が掲載されている。前列左が編集長兼社主のブラック、右は主任のマーレー、後列左から植字工のピリとモス、経理のスコット、記者のポックリントン。『ガゼット50年史』より。

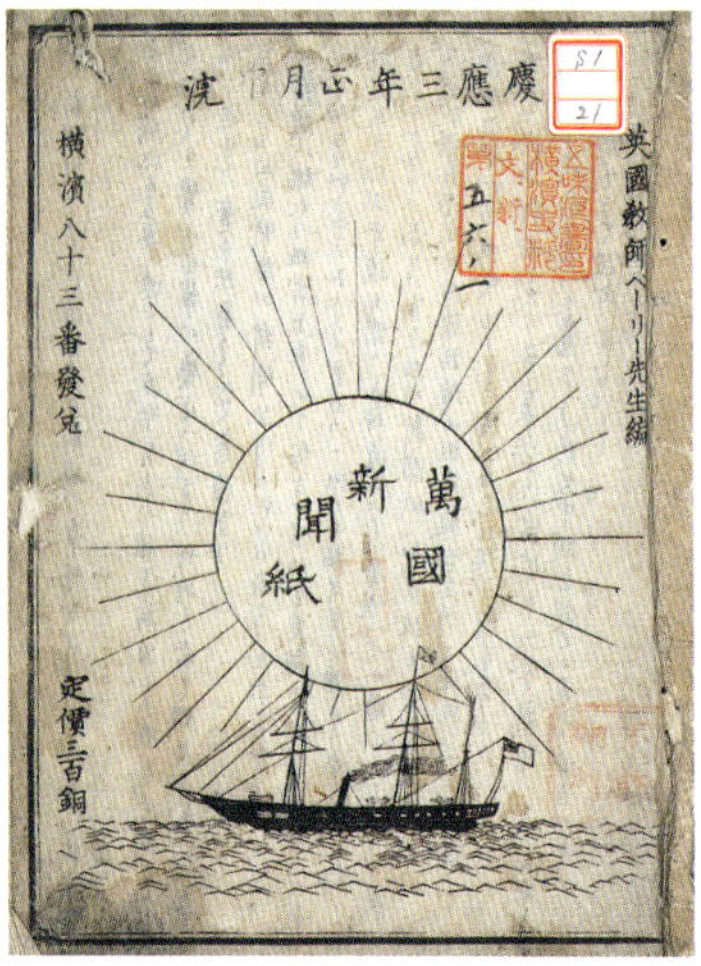

3 『万国新聞紙』初集
イギリス領事館付の牧師ベイリーが創刊。外国船がもたらす外国語新聞から主な記事を抜粋して翻訳し、国別に編集した。慶応3年(1867)1月発行。

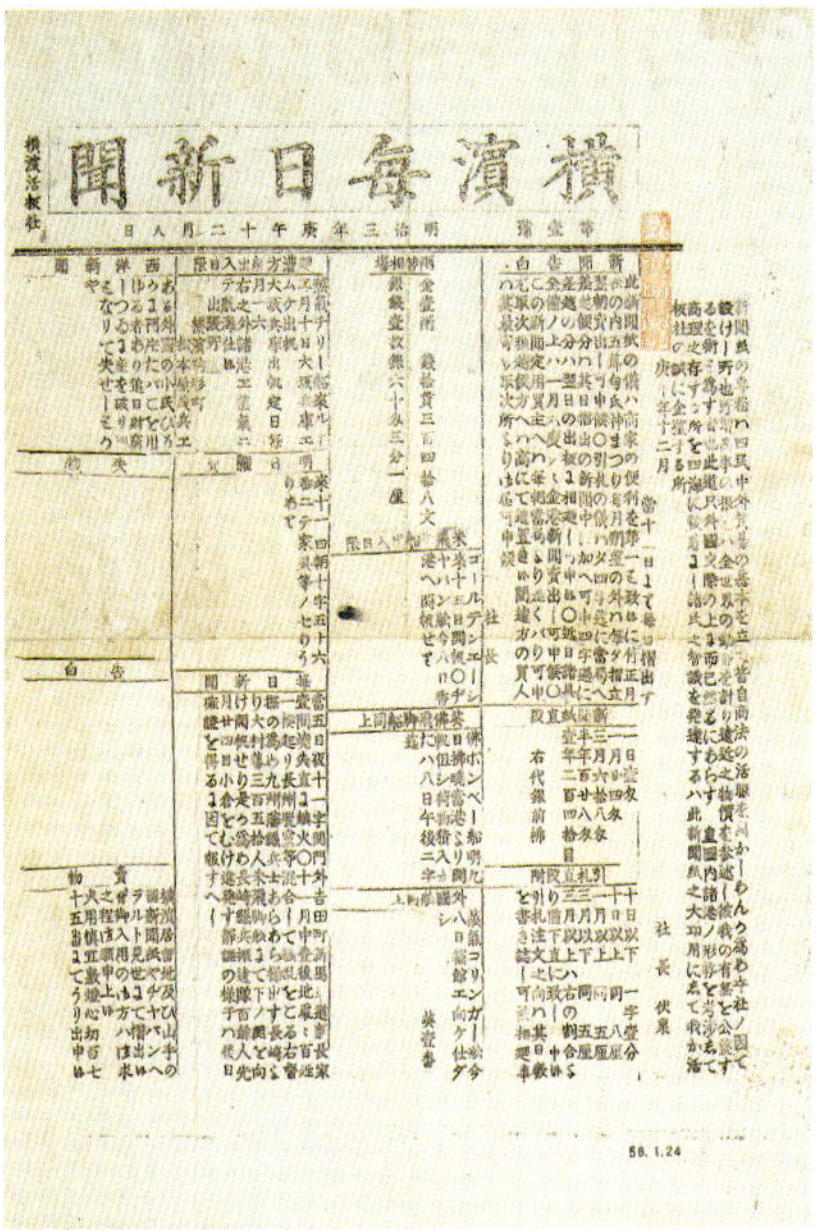
横濱毎日新聞

4 『横浜毎日新聞』創刊号
日本で最初の日本語の日刊新聞。昭和39年に群馬県高山村の旧家で発見された。明治2年3月に前橋藩が横浜に開設した横浜生糸直売所に勤務していた人によりその家に伝わったらしく、読者の広がりを思わせる。明治3年12月8日（1871年1月28日）発行。

5 新聞小政
刺子半纏に草履履き、日の丸の旗を2本立てた黒塗りの挟み箱を担いだ姿で評判となった新聞売り。明治14年に、小政の扮装をした5世尾上菊五郎の錦絵が発行されている。本名は安藤政次郎。明治20年に豊橋に帰郷し、私財を投じて「安藤動物園」（後の豊橋市立動物園）を開園した。

塚《づか》龍らが従事した。当初、神奈川県や政府は、施策を伝える新しい伝達手段としての新聞に着目し、積極的に利用しようとした。大蔵省は、明治五年（一八七二）三月二七日に『横浜毎日新聞』と東京で発行された『新聞雑誌』、『東京日日新聞』を三府七二県で購入すると通達した。また、神奈川県は、明治七年六月一五日に県下の小学校に『横浜毎日新聞』を配布することを決めた。

その後新聞は、政府に反対する意見を述べるようになった。これに対し政府は、明治八年新聞紙条例を改正し、讒謗律《ざんぼうりつ》を制定して言論の弾圧にむかった。『横浜毎日新聞』も例外ではなく、編集長の塚原渋柿園が、讒謗律にふれて罰金と自宅禁獄の処分を受けた。自由民権運動がさかんになるにつれ、経済情報の報道が中心だった『横浜毎日新聞』も、新たな方向を目指すようになる。明治一二年一一月一八日には、政治結社嚶鳴社《おうめいしゃ》を主宰する沼間守一が社主となり、東京に本局を移し『東京横浜毎日新聞』と改題した。

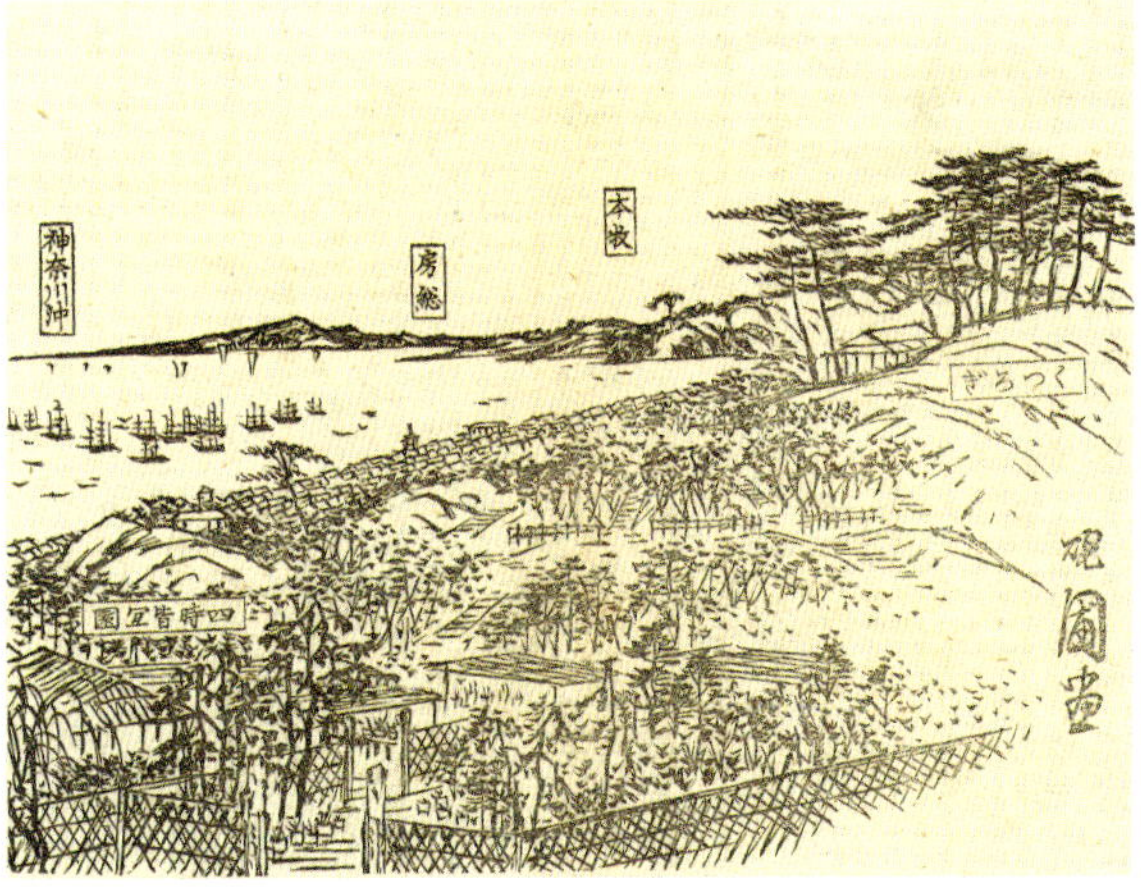

6 諸新聞縦覧茶亭窟螻蟻
仮名垣魯文が明治9年（1876）7月に開いた。一服一銭でお茶を出し、新聞を閲覧させた。場所は、野毛の四時皆宜園（しじかいぎえん）という花屋敷の地続きで、横浜市中を一望できる景勝地だった。『仮名読新聞』明治9年7月8日より。

新聞の流通と読者

幕末から明治初年にかけて発行された新聞は、絵草紙屋や本屋で販売されていた。『横浜毎日新聞』は、定期購読者には毎朝横浜活版社から配達し、遠方の購読者には取次所から届けられた。明治四年の同紙には、専売ではないものの日本全国に一四の販売所があり、かなり広範囲に販売されていたことがわかる。販売所のない場所では、新聞は発行所から、郵便規則に定められた安価な料金で郵送された。

しかし、明治初年には、新聞を継続して購入するだけの経済力を持つ人が少なく、文字を理解できない人々がいたため、個人ではあまり購読されなかった。そこで、人々が新聞を読んだり読み聞かせたりすることができるように、複数の新聞を集めて公開する「新聞縦覧所」や、「新聞解話会」などのサークルが各地に設けられた。

横浜では、明治五年八月二九日付『横浜毎日新聞』に、横浜活版社の上原大市、陽其二と小野兵助、苅部清兵衛などの五人の戸長が連名で、町会所の所有地に新聞博覧所を設置することを神奈川県庁に願い出たという記事が見られる。明治九年七月一六日には、仮名垣魯文が野毛の景勝地に諸新聞縦覧茶亭窟螻蟻《くつろぎ》を開いた。そこでは、横浜はもちろん、東京、神戸、大阪、静岡、長野など各地で発行された新聞・雑誌が閲覧できた。

また、民間の結社では、明治一三年に魯文が発行した『いろは新聞』の支局を営んだ守屋正造が、新聞縦覧結社である開進社の社長をつとめている。開進社には、さまざまな職種の会員が、二〇〇名あまりいたようである。

このように、情報源としての新聞は人々の生活の中に浸透していった。

（上田由美）

図版特集

開港場の案内記

横浜は、西洋の風俗があふれる新興都市で、多くの人々が関心を寄せた。そのため、「横浜本」と称される、横浜に関する案内記が数多く発行された。開港当時、浮世絵師としても第一人者であった五雲亭貞秀は、絵入りの案内記である『横浜土産』や『横浜開港見聞誌』を刊行した。同じく浮世絵師の一寿斎芳員は『正写横浜異人図画』で居留地の風俗を描き、俳人南草庵松伯は『珍事五ケ国横浜はなし』で日本人居住区の様子を詳しく伝えている。戯作者仮名垣魯文は、『流行横浜拳』や、開港で賑わう横浜の様子を『滑稽富士詣』に記した。また『みなとのはな横浜奇談』や『横浜繁昌記』も刊行された。明治になると『横浜吉原細見記』・『横浜新誌』などの案内記や、『横浜八景詩画』・『横浜往来』といった八景ものなどが刊行された。

（石崎康子）

1 『横浜土産』前篇・後篇
五雲亭貞秀の作品。初篇から4篇までは万延元年（1860）、5篇は翌文久元年（1861）9月に江戸の版元鳳来堂から出版された。前篇の見開き箇所（上）は、横浜町の入口が描かれている。左上に吉田橋関門がみえている。後篇の見開き箇所は、万延元年に開削された運河の「新大川」が描かれている。

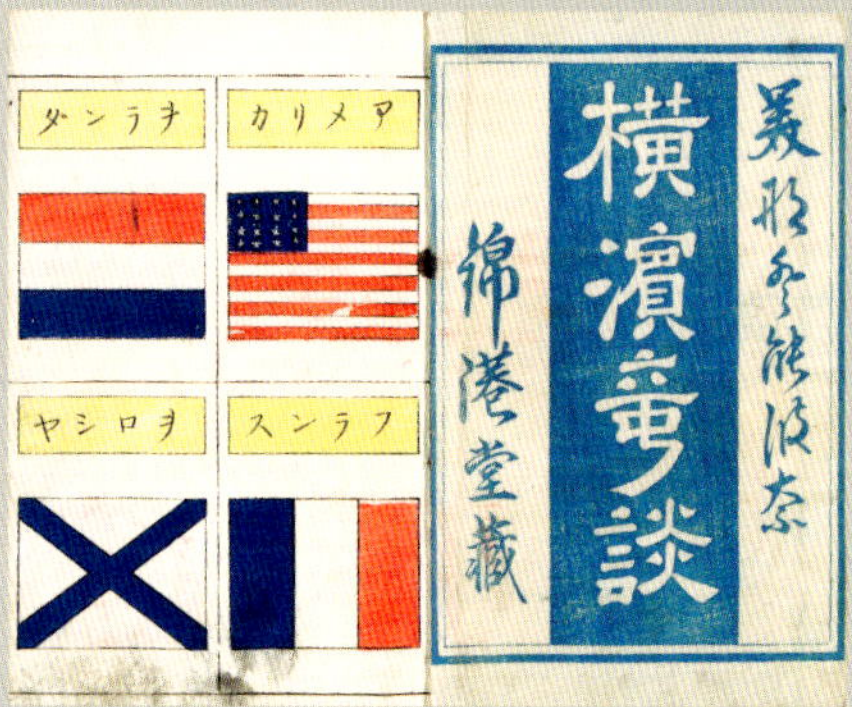

3 『みなとのはな横浜奇談』
菊苑老人が記し、弁天通5丁目の錦港堂師岡屋伊兵衛が刊行した。出版は、文久2年（1862）か3年（1863）頃と思われる。下岡蓮杖の写真技術習得や横浜天主堂の建立などが書かれている。

2 『横浜開港見聞誌』
『横浜開港見聞誌』全6冊は、五雲亭貞秀が本文と絵を描き、前篇3冊は文久2年（1862）に、後篇3冊は慶応元年（1865）に刊行された。開港間もない横浜の町の様子や、居留外国人の生活が生き生きと描かれている。

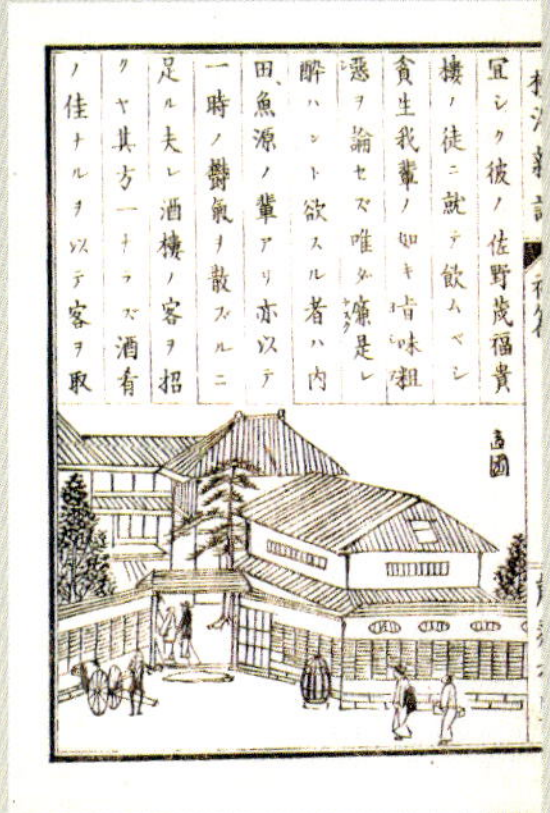

5 『横浜新誌』
川井景一が記し、明治10年（1877）に刊行された横浜の案内記。吉田橋・酒楼・客舎・夜店・麦湯・小学校・書舗について記されている。写真は、酒楼の部分。

4 『珍事五ケ国横浜はなし』
文久2年（1862）に刊行された案内記。俳人南草庵松伯が記し、元町4丁目の杵屋米八が販元である。日本人居住区の案内が中心で、町役人・外国商館名・港崎遊郭細見が巻末にある。

7 『横浜吉原細見記』
横浜に開港場が設けられ、太田新田に造られた港崎遊郭は、慶応2年（1866）の大火で焼失し関外吉田新田の一角に移転した。本書は、明治2年（1869）、佐野屋冨五郎の序で、全楽堂不二屋久之助から刊行された、遊郭街の細見（芸妓の名簿）。

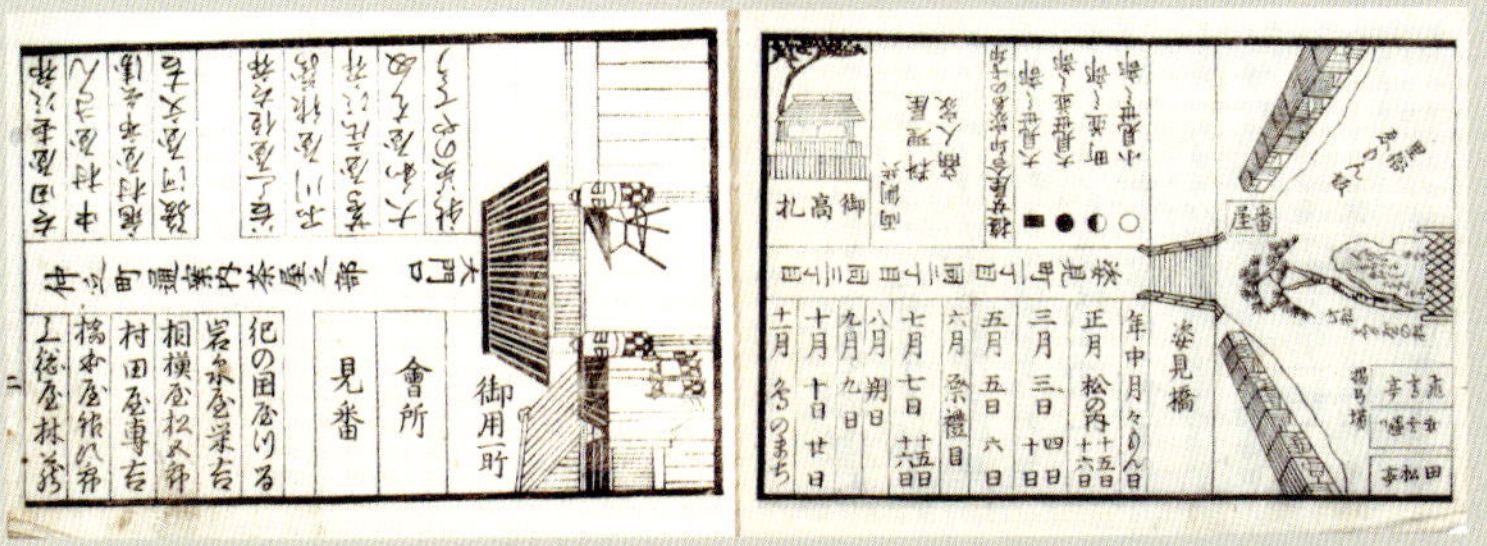

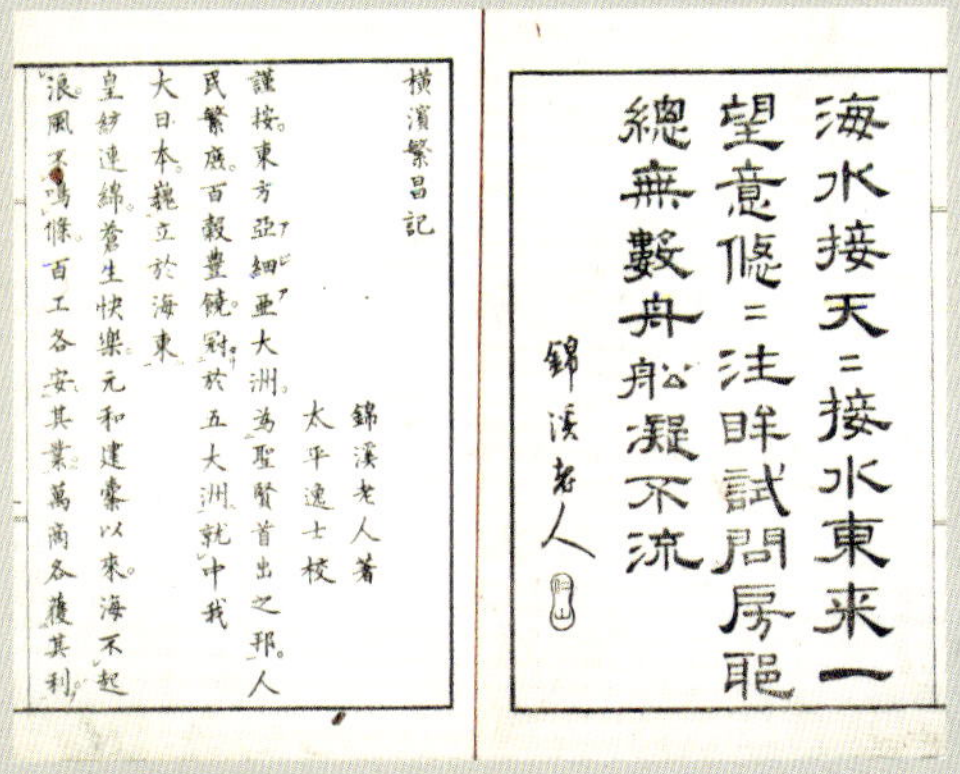

6 『横浜繁昌記』
横浜の現況について記した後、蕃船入津、港崎、洋人歌曲、外蕃官吏、舶来書籍等について記している。錦渓老人著、幕天書屋蔵版。刊年は慶応年間と思われる。

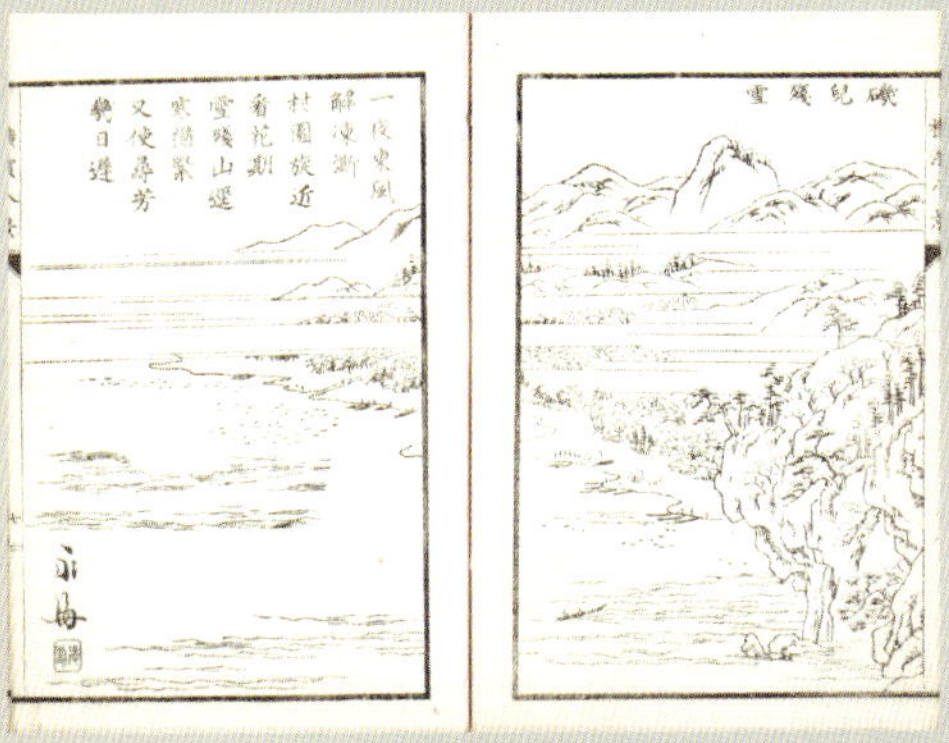

8 『横浜八景詩画』
漢詩人である平塚梅花が、明治3年（1870）に刊行した横浜の八景もの。梅花の漢詩とともに、海岸碇船・天妃進香・磯児残雪・本牧待月・浅間邱遠眺・野毛桜花・吉田橋晩涼・石川夜雨の八景を紹介している。

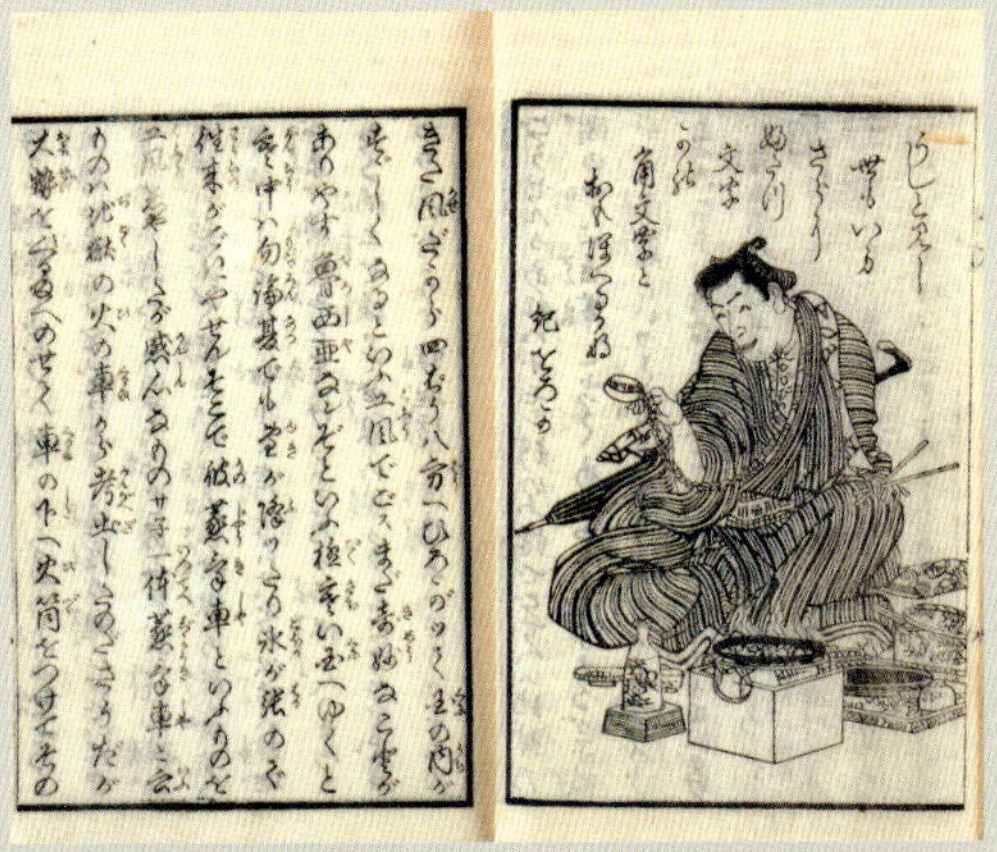

9 『牛店雑談 安愚楽鍋』
新しい時代の食べ物として繁昌した牛鍋屋を舞台にし、そこに出入りする客の浮世話を書いている。写真は、「西洋好（ずき）の聴取（ききとり）」のくだり。「此肉がひらけちゃァぼたん（猪肉）や紅葉（鹿肉）はくえやせん」と肉食の普及を賞賛している。3編。仮名垣魯文作。明治3～4年刊。

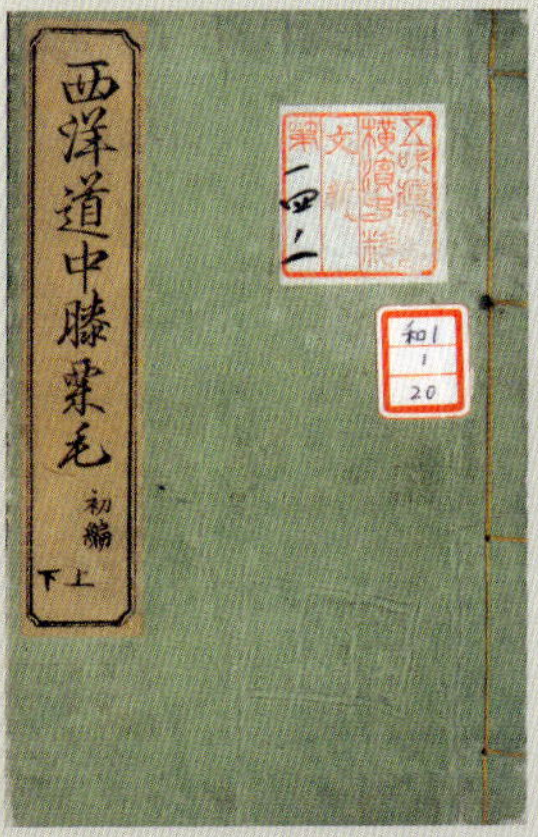

10 『西洋道中膝栗毛』
1～11巻は仮名垣魯文、以下は総生寛の作。福沢諭吉の『西洋事情』と十返舎一九の『東海道中膝栗毛』を下敷きにしており、一九の作品のなかの弥次郎兵衛、喜多八の同名の孫が、横浜からロンドンで開催されている万国博覧会へ出かける道中記。15編30冊。明治3～9年刊。

第5章 市制施行から「大横浜」へ〈近代〉

❖横浜市の発足

開港からちょうど三〇年目にあたる明治二二年（一八八九）四月、横浜市は誕生した。当時の市域は関内地区を中心とする約五・四平方キロメートルで、ここに約一二万人の人口を抱えていた。人口・面積ともに東京・大阪・京都・名古屋・神戸に次いで第六位であったが、国内最大の貿易港と外国人居留地を擁する国際貿易都市としての性格を有していた。明治二二年の貿易額を見ると、生糸・茶を中心に全国の輸出額の六割、輸入でも綿糸・毛織物等で五割を占めていた。また在日外国人の半数にあたる約五〇〇〇人が横浜に在住していた。

不平等条約の改正と殖産興業による国力充実を目指す明治政府は、国際貿易都市・横浜の都市基盤整備に余念が無かった。明治二〇年に敷設された国内初の近代水道や、大さん橋や防波堤を建設する横浜港第一期築港工事は、横浜商人と在留外国人の強い意向を受けて、政府主導で行われた。

一方、開港場の背後に拡がっていた吉田新田一帯は、明治初年から三〇年代まで主に民間事業者の手によって開発が行われた。日本有数の盛り場・伊勢佐木町を中心とする関外地区は、港湾関係の小工場・問屋・労働者等が集まる後背地を形成するに至った。これらの地域の不動産業・開発業者等は地主派と呼ばれる政派を形成し始め、関内の貿易商を中心とする商人派とことごとく対立し、発足直後の横浜政界は混乱を重ねた。

日清戦争を挟んで横浜港の貿易額は拡大、明治二二年から三二年の一〇年間で、輸出は二・六倍、輸入は二・二倍に増加した。日本経済の発展に伴って実力をつけた日本商社は、次第に外商に肩を並べるようになった。また日本郵船や東洋汽船が海外遠洋定期航路を拡充させるなど、海運においても世界列強への道を歩み始めた。国内では紡績・鉄道・金融・不動産等の新たな産業が勃興し、都市への人口集中が顕著となった。横浜市の人口増加率は六大都市の中でも最大で、明治三二年には二〇万人に達しようとしていた。折しも開港四〇年目にあたるこの年、改正条約実施により居留地が撤廃された。その二年後、横浜市は旧吉田新田地域や本牧・戸部などを市域に編入（第一次市域拡張）し、発展する横浜港の後背地を獲得した。

こうした発展の裏で、国際貿易都市・横浜の地位は、強力なライバルの出現により脅かされていた。綿紡績・綿織物の工業地帯・大阪を背後に擁する神戸港は、輸入額で横浜を上回り（明治二六年）、アジア向けの輸出貿易を拡大しつつあった。また次々と開港する日本海側の諸港、製茶輸出を開始した清水港等の台頭により、全国の貿易額に占める横浜港の割合は、輸出で五割、輸入で三割へと大きく低下しつつあった。市政の分野でも、長らく抗争を続けていた商人派と地主派に代わり、刷新派と呼ばれる第二世代が台頭し、横浜の政界に新しい風を吹き込みつつあった。

❖港都から工都へ

明治三六年（一九〇三）横浜市長に就任した市原盛宏は、これまでの横浜の受動的な発展のあり方を改めて自動的な発展を目指すべきと説き、そのためには市政の混乱を鎮めて、横浜港の拡張、市内工業の発達と、それに伴う都市計画が必要であると訴えた。日露戦争後の横浜は、彼の呼びかけに応える形で徐々に進んでいくこととなる。

明治三二年に着工された横浜港第二期築港工事は、政府財政の逼迫や日露戦争等で工事が遅滞し、新港ふ頭は三分の二が完成したのみで、陸上施設は皆無であった。そこで明治三九年横浜市は残りの築港費の三分の一を拠出することを申し出ることで、築港工事を再開させることに成功した。明治四二年には建設中の新港ふ頭で開港五十年祭が行われ、横浜市歌と横浜市章（浜菱）が制定され、イルミネーションに彩られた市中はさまざまな祝祭余興に沸き、約二〇万人の人出を集めた。

この年、初めて横浜市は人口四〇万人を超えたが、それに見合った都市基盤の整備は一向に進んでいなかった。都市問題の専門家・三宅磐を調査主任に迎えた横浜市設備調査委員会や、政財界有力者を網羅した横浜経済協会によって、市区改正や回周道路計画等が立案されたが、実現を見ることなく終わった。

もう一つの課題である工業化も遅々として進んでいなかった。明治四四年横浜市は、大岡川沿いの村々や子安村の一部を編入した後（第二次市域拡張）、一二月の市会で、工場招致策を可決した。この中には、企業に優遇措置を与える工場地区の設定などが含まれていたが、大工場は市内の高地価を避けて保土ヶ谷や川崎など周辺地区へ進出したため、十分な効果を挙げることができなかった。

しかし第一次世界大戦の勃発による海運・造船・鉄鋼を中心とする空前の好況は、横浜経済にとって、またとない追い風となった。大正三年（一九一四）に近代的な港湾設備を備えた新港ふ頭が完成すると、横浜港の貿易は飛躍的に拡大した。第二期築港工事の前後（明治三一～大正六年）で比較すると、入港船舶数は約二・三倍、トン数は三・七倍に激増し、貿易額は輸出が八・三倍、輸入が一・六倍に拡大したのである。

また浅野總一郎等が大正二年に着手した鶴見・川崎沖合の埋立地には、第一次世界大戦を挟んで京浜工業地帯の原型が形成されていった。この間の造船業・鉄鋼業の成長は著しく、市内でも横浜船渠や内田造船所が経営規模を拡大し、ようやく中小の工場が進出し始めるなど、横浜に工業化時代の到来を思わせた。

しかし、大正九年の戦後恐慌は横浜に深刻な打撃を与えた。生糸貿易商の雄で、大戦中に事業を拡大していた茂木合名と、その機関銀行たる七十四銀行が破綻したのである。これ以後、日本経済は慢性的な不況の時代を迎えるが、ちょうど同じ頃、横浜港の荷役労働従事者による横浜沖仲仕同盟が日本初のメーデーを行ったほか、翌大正一〇年には横浜船渠・浅野造船所で大規模な労働争議が起るなど、労働運動が高まっていった。

こうした中、横浜市は社会政策を含めた本格的な都市計画に乗り出していった。市会では政友派と刷新派（非政友派）の対立が激しさを増す一方で、大正半ば以降、市長には内務省幹部の知事歴任者等が座り、都市計画や社会行政の専門部局が設置されるなど、都市行政の専門化が進み、計画的な都市造りが幕開けを迎えようとしていた。

❖関東大震災から「大横浜」への道のり

大正一二年（一九二三）の関東大震災は、開港後六〇余年にわたって発展の途にあった横浜の営みを一瞬にして奪ってしまった。死者は二万人を超え、市街地の中心部は灰燼に帰し、数日間にわたり街はパニック状態に陥った。周辺農村、陸海軍、関西方面、さらには海外から寄せられた多くの救援物資や人的支援によって、約一か月程度で市中

西暦	和暦	月	事項
一八八九	明治22	2	大日本帝国憲法発布
		4	市制施行、横浜市誕生
一八九〇	明治23	2	『横浜貿易新聞』創刊
		9	横浜共同電燈の電灯が点火
一八九四	明治27	8	日清戦争（～95年4月）
一八九五	明治28	8	横浜商業会議所の設立が認可された
一八九六	明治29	3	横浜港第一期築港工事竣工
			日本郵船が欧州定期航路を開設
一八九七	明治30	2	神奈川県立尋常中学校設立（県下初の県立中学校）
一八九九	明治32	5	横浜船渠会社、開渠式
		7	外国人居留地の撤廃
一九〇一	明治34	4	第一次市域拡張
一九〇三	明治36	8	横浜市改良期成委員会が発足
一九〇四	明治37	2	日露戦争（～05年9月）
		7	横浜電気鉄道開通
		10	『実業之横浜』創刊
一九〇六	明治39	5	三溪園開園
		12	『横浜貿易新報』発刊（『貿易新報』を改題）
一九〇八	明治41	9	横浜鉄道開通
		10	アメリカ大西洋艦隊（白船）来航
一九〇九	明治42	7	開港五十年祭
一九一〇	明治43	3	横浜経済協会創立
一九一一	明治44	4	第二次市域拡張
		12	横浜市会、工場招致策決議
		12	オデヲン座開業
一九一三	大正2	2	浅野總一郎等の鶴見埋立組合による埋立始まる
一九一四	大正3	7	第一次世界大戦（～18年）

は落ち着きを取り戻したが、震災の残した傷跡は深く、独占していた生糸貿易の一部を神戸港に奪われるなど、横浜の人々は危機感を強めた。

大正一四年、市会の政友派と刷新派は、それまでの対立を中断して震災復興のために一致して、元神奈川県知事の有吉忠一を市長に迎えた。彼は、市会の協調体制を背景に、有能な官吏を登用して、復興事業を早期に完成させた。復興資金の多くは市債で賄われたが、うち四千万円はアメリカで発行された。また有吉は、横浜市を貿易都市から商工業都市へと飛躍させるべく、①横浜港の拡充、②臨海工業地帯の建設、③市域拡張（第三次市域拡張）という三大政策から成る「大横浜建設」を掲げ、その後の工業化路線の基礎を築いた。

しかし「大横浜」への道は順調ではなかった。昭和四年に始まった世界恐慌の影響で生糸価格が暴落し、レーヨンの進出と相まって、横浜港貿易額は半減した。さらに復興事業のために募集した米貨公債の元利が、金輸出再禁止後の為替相場の円安で大きく膨らみ、横浜市財政は窮迫した。昭和五年当時、市内の完全失業者は一万人を超え、翌年には一一五日間に及ぶ横浜市電共和会のストライキが起るなど、不況は深刻化していた。

昭和六年の満州事変の後、国内では軍需産業部門が急成長をみせ、低金利・輸出促進政策と相まって日本経済は恐慌の打撃から回復していった。横浜市では市営埋立地を中心とする鶴見区・神奈川区に大工場が進出し、昭和八年から工場生産額が急増したが、その約七割を鉄鋼・機械・金属などの重工業品が占めていた。こうして横浜港は恐慌を画期として、生糸輸出港から重化学工業関連品輸入港へと大きくその性格を変えていった。

工業化と並行して、「大東京」の「近郊化」という現象も進みつつあった。昭和七年に東京市が周辺八二町村を合併して「大東京」が出現したことで、東京郊外のサラリーマン層を対象に、横浜を優良な住宅地、郊外行楽地としてアピールする動きが始まったのである。この背景には、京浜電気鉄道、東京横浜電気鉄道などの私鉄が横浜市中心部への乗り入れを果たし、電鉄会社による沿線開発が進んだこともあった。昭和一一年の第四次市域拡張で横浜市となった金沢地域は、住宅地帯・行楽地帯としての発展が期待されていた。

昭和一〇年以降、横浜港は輸入貿易を中心に恐慌の痛手から急速に回復し、第二次大戦前には神戸港を抜いて日本最大の貿易港となった。日中戦争の勃発後、横浜市の工業化路線は加速し、横浜は京浜工業地帯の中核都市となっていった。昭和一四年、横浜市は将来の内陸工業地帯の発展を目指し、都筑郡と鎌倉郡の周辺一七町村を合併（第六次市域拡張）、昭和一七年には人口一〇〇万に達し、「大横浜」が完成したかに思われた。（松本洋幸）

一九一五	大正4	3	帝国蚕糸株式会社（社長原富太郎）創立
		8	二代目横浜駅開業
一九一七	大正6	3	横浜港第二期築港工事竣工
		6	開港記念横浜会館竣工
一九一八	大正7	8	米騒動起こる
一九一九	大正8	4	都市計画法公布
一九二〇	大正9	3	戦後恐慌始まる、茂木合名会社が破綻（5月）
		5	横浜公園で初のメーデー
一九二一	大正10	4	横浜電気鉄道を市営化（横浜市電）
		9	野沢屋呉服店新館開店
一九二三	大正12	9	関東大震災
		12	横浜高等商業学校設立認可
一九二七	昭和2	4	第三次市域拡張
		12	ホテルニューグランド開業
一九二八	昭和3	5	横浜市立横浜商業専門学校開校
		10	三代目横浜駅開業
一九二九	昭和4	4	復興祝賀式
		10	世界恐慌始まる
一九三〇	昭和5	1	横浜市会議員、初の普通選挙
		3	山下公園開設
一九三一	昭和6	9	満州事変
		11	市電ストライキ
一九三二	昭和7	3	東横線全通
一九三五	昭和10	3	復興記念横浜大博覧会（〜5月）
一九三六	昭和11	10	第四次市域拡張
一九三七	昭和12	4	第五次市域拡張
		6	横浜市営埋立地完成
		7	日中戦争（〜45年8月）
一九三九	昭和14	4	第六次市域拡張

図版特集

彩色写真にみる風景

開港場である横浜は、多くの外国の文物や技術が流入する窓口でもあった。その一つが写真技術である。写真という西洋の新しい技術と、日本の伝統的な蒔絵や絵付けの技術が結びついて発達したのが彩色写真であった。

明治一〇年代から三〇年代中頃まで盛んに製作された彩色写真には、鶏卵紙のプリントに手彩色を施して台紙に貼り、蒔絵の表紙をつけて装幀したアルバムと、ガラス板に焼き付けて彩色した幻灯写真の二つの形態があった。横浜が製作の中心だったので「横浜写真」ともいわれる。日本人絵師によって美しく彩られた日本各地の風景や風俗の写真は、お土産として外国人旅行者に好まれた。また横浜写真は海外にも輸出され、日本の姿を世界に紹介する役目も果たした。

（伊藤泉美）

1　イギリス波止場
大さん橋が築造される以前の波止場で、象の鼻と呼ばれた。波止場の内側にはたくさんの艀がとまり、突堤の上には大勢の人影が見える。

2　本町通り
関内地区のメインストリート。右手の煉瓦造りの建物は明治8年（1875）建造の横浜郵便局。その向かいの木造の建物は生糸検査所。奥に見える時計台は明治7年（1874）建造の町会所。通りにはガス灯、電線、電信線が整然と並び、都市のインフラが整備されていることを物語る。

3　居留地のメインストリート
外国人居留地60番80番付近。石造りの洋館が立ち並ぶ。左手にはバイブル・ハウスや印刷店のチーサン・ブラザーズ（致生印刷店）の看板が見える。遠くに山手の丘が望める。

4　山手居留地の洋館
バンガロー風の洋館と手入れの行き届いた庭園が美しい。関内居留地が商館が並ぶ商業地区であるのに対して、山手居留地は外国人の邸宅や学校・教会が集まり、住宅・文教地区として発達した。大正初期。

6　蒔絵アルバムの表紙
横浜写真は西洋の技術と日本の伝統が融合した、開港場にふさわしい工芸品といえる。

5　元町通り
開港場建設のため横浜村の住民が移住した先が山手の山すそで、そこから元町通りが発展した。通りの突きあたりにあった増徳院本堂前から、現在の石川町方面を眺めたもの。

7　弁天通り
有力生糸商、外国人向けのお土産品、洋品店などが軒をつらねた通りで、明治10年代頃と思われる。文明開化の象徴であるガス灯をのぞけば、まだ宿場町のような佇まいである。右手手前2軒目の白壁の建物は、明治20年頃に出版された銅版画『横浜諸会社諸商店之図』に掲載されている1丁目の鴨井屋か。

横浜政界の幕開け

瓦斯局事件と歩合金事件

横浜港貿易の拡大に伴い、生糸売込商を中心とする横浜商人たちは、経済基盤を固めるとともに、地方政治への発言権を強めていった。その象徴的な事件が、明治一一年（一八七八）に起こった瓦斯局事件と歩合金事件であった。

明治五年（一八七二）日本初のガス灯を点灯させた瓦斯会社は、経営不振等を理由に高島嘉右衛門から町会所に譲渡され、第一大区長（現在の市長、官選）今西相一が経営に当たっていた。しかし、創業者の高島に功労金や年間利益金の五%を贈与していたことが明るみに出たことから、早矢仕《はやし》有的《ゆうてき》ら横浜商人七四名は、今西を相手に裁判を起こしたのである。彼らは、瓦斯局が自分たちの共有財産であることを主張して区長の「専断」を追及し、瓦斯局の運営は横浜商人らの手に戻ることになった。

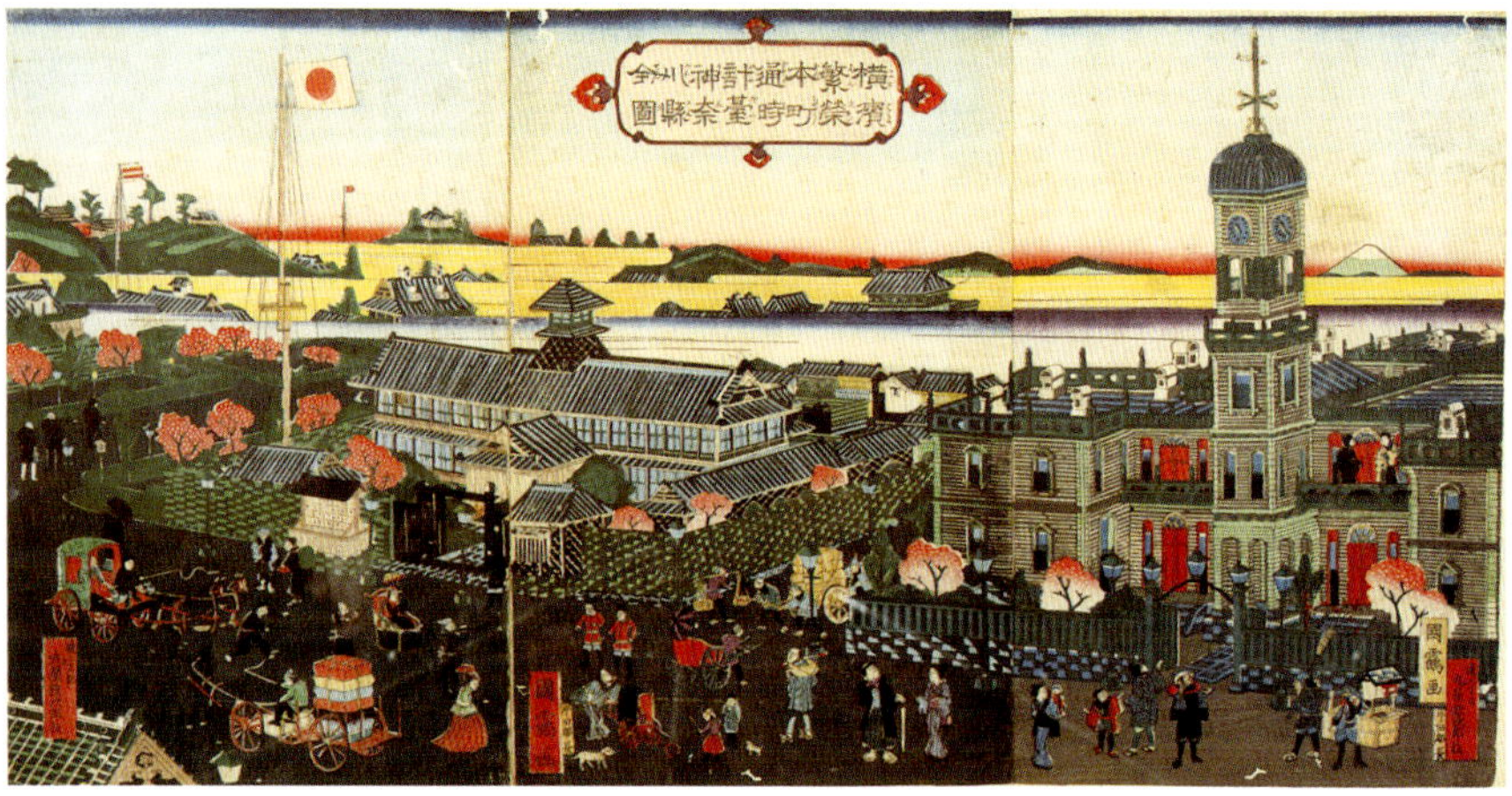

1　横浜町会所と神奈川県庁（横浜繁栄本町通時計台神奈川県全図　歌川国鶴）
明治７年（1874)、横浜商人たちからの歩合金で建てられた横浜町会所は、貿易商の会館となり、明治 11 年（1878）の歩合金事件の舞台ともなった。時計台を持つこの建物は長く本町通り（手前の道路）のランドマークとして親しまれたが，明治 39 年（1906）の火災で焼失し、跡地に開港記念横浜会館が建設された（大正６年)。なお左側に隣接する建物は神奈川県庁。明治７年（1874）頃。

この事件をきっかけに区戸長への不満を募らせていた貿易商たちは、今度は歩合金の納入拒否や区戸長の公選等を神奈川県に嘆願した。歩合金とは、万延元年（一八六〇）以来、横浜の売込商・引取商の売買額の〇・五%を徴収して横浜町運営に当てられていたもので、当時は町会所に引き継がれて瓦斯局の運営資金等に使用されていた。

明治一一年関内地区を中心とする八一か町は横浜区となったが、神奈川県は歩合金の徴収と保管を、町会所から横浜区へ引き渡すことを考えていた。そこで横浜商人たちはこれを自らの手に取り戻し、自治権の一部を獲得しようとしたのである。県では公選要求は拒否したものの、歩合金については営業仲間総代に一任することとなり、横浜商人らの要求が認められた。

瓦斯局事件と歩合金事件は、関内の貿易商たちの共有財産を地方官僚（県・区戸長）が専断することへの強い抗議であるとともに、民権運動の萌芽として、各新聞界の耳目を一斉に集めた。明治一三年（一八八〇）から一四年にかけて自由民権運動が全国的に広まるなか、横浜でも多くの政治団体が生まれた。なかでも顕猶社の活動は活発で、立憲改進党の幹部らを招いて演説会を開催して啓蒙活動を行った。こうした中から、関内の貿易商らを中心に商人派と呼ばれるグループが形成されていった。

商人派と地主派

一方、明治一〇年代後半頃になると、商人派に対抗する地主派と呼ばれるグループが登場する。彼らの多くは旧吉田新田を中心とする関外地区を拠点とし、不動産業、土木請負業、問屋業、回漕業等、貿易以外のさまざまな商人が集まっていた。そのリーダーは関外地区の開発を手がけていた伏島近蔵で、自由党の板垣退助と極めて近い関係にあった。

両派の対立は、歩合金で購入されていた共有物（主に町会所や商業学校、瓦斯局、十全病院等の建物や敷地）の所有権をめぐって激化した。商人派は共有物を自分たちの所有物であると主張し、一方の地主派は共有物を市有財産として引き渡すことを要求したのである。

明治二二年（一八八九）四月に横浜市が誕生、直後に市会議員選挙が行われた。当時の有権者は富裕層の一部に限られており、高額所得者に有利な等級選挙であったため、商人派が議席の多数を占めた。六月から開かれた横浜市会においても助役・参事会員選挙をめぐって両派は鋭く対立、数で劣る地主派は欠席戦術を続ける一方、壮士を動員して商人派を圧迫した。混乱を極める横浜市会に対し、同年一一月全国初の市会解散命令が発せられる事態に至った。

解散後に行われた市議選でも商人派は多数を制したが、その優勢は長く続かなかった。横浜貿易商組合の経営をめぐって商人派は内部分裂、小野光景らの執行部を批判する改革派が、明治二六年（一八九三）の市議選で地主派と提携したのである。市会の勢力図は大きく変わ

3　共有物払下事件の風刺画
横浜商人らの積立金（歩合金）で購入されていた共有物（中央左下の犬）の扱いをめぐって、地主派と商人派との激しい攻防の様子を風刺している。商人派の小野光景（左から2人目）、地主派の領袖・伏島近蔵（中央やや右の婦人風の男）らを描き、やや離れたところに高島嘉右衛門（右上）を配す。『團團珍聞』681号（明治21年12月29日）より。

2　横浜公民親睦会
地主派は明治21年（1888）6月2日横浜公民親睦会を町会所で開催した。一方の商人派も、同年10月下旬に横浜同好会を組織して対抗した。その後、地主派は公民会、さらに内部分裂を経て横浜公道倶楽部を組織するに至る。明治21年（1888）6月。

り、一転して地主派が市会の大勢を占め、市長や市参事会を掌握することとなった。

地主派の衰退と刷新派の登場

しかし、二〇世紀に入る頃から、今度は地主派の基盤が大きく崩れていく。そのきっかけとなったのは山下町地先から本牧沖合の埋立地約一〇万坪の免許権をめぐる横浜埋立事件（明治三二年）で、地主派の領袖たちは、憲政党幹部と結んだ茨城政商・小山田信蔵らの前に譲歩を余儀なくされた。また、瓦斯局官舎払い下げ等に絡む領袖たちの醜聞が相次いだ。さらにリーダー格の伏島近蔵が北海道で客死し、幹部も賭博の現行犯で逮捕されるなど、派内は混乱を極めた。

日清戦争後の横浜では、急激な人口増加に対応した都市基盤の整備が急務となる一方、急成長する神戸港の猛追にさらされていた。明治三六年（一九〇三）横浜市長に就任した市原盛宏は、対立する地主派・商人派の融和を図り、停滞する市政の革新を訴えた。そこで両派の元老は一致して、中央政財界に強いパイプを持つ代議士を当選させることで、横浜の地盤沈下を防ごうとした。彼らは、同年の第八回総選挙で、それまで当選を重ねてきた島田三郎を退けて、加藤高明と奥田義人を擁立したのである。

これに対し、島田は「正義派」を名乗り、新たに選挙権を得た中堅以下の有権者にターゲットを絞った選挙活動を展開し、加藤・奥田に圧勝した。一方の神奈川県会でも、政友派の長年の県会支配に対し、小泉又次郎・戸井嘉作らが批判を強めていた。こうした横浜市会・神奈川県会における新しい政治の動きは、明治三六年（一九〇三）一〇月、市郡を通じた県政刷新派の発足へと繋がっていった。これ以降、横浜市会では刷新派と、地主派の流れを組む政友派の二大政派がしのぎを削ることとなる。（松本洋幸）

5　中村房次郎
明治3年（1870）横浜商人・増田嘉兵衛の次男として生まれ、16年中村初太郎の養子となる。明治17年（1884）増田商店を創立したほか、大正期には岩手県の松尾鉱山の経営にも着手した。明治35年（1902）から44年まで横浜市会議員をつとめ、刷新派－民政派の重鎮として大正・昭和初期の横浜政財界に大きな影響力を持っていた。昭和19年に死去。

4　伏島近蔵
天保8年（1837）群馬県藪村（太田市藪塚町）に生まれ、慶応元年（1865）より横浜に移住、蚕種貿易で大きな利益を上げた。明治10年代後半より不動産事業を手がけ、旧吉田新田地域の開発に大きく貢献した。神奈川県政・横浜市政にも地主派のリーダーとして影響力を発揮し、明治33年（1900）には市参事会員、瓦斯局長に就任した。明治34年北海道で死去。

6　明治20～30年代の横浜市会の勢力分布

回	年代	地主派		商人派	有権者数（総人口比%）
1	明治22（1889）	12		24	698（0.6）
2	明治23（1890）	12		24	1038（0.8）
3	明治26（1893）	28		8	1171（0.8）
4	明治29（1896）	26		13	1309（0.7）
5	明治32（1899）	27		15	4434（2.3）
6	明治35（1902）	29		19	7288（2.3）
7	明治38（1905）	協和会	土曜会他	正義派	7351（2.1）
		29	6	19	

＊第3回選挙の地主派には商人派改革派を含む。
＊第7回選挙の協和会は地主派の流れを組み、正義派は明治36年の総選挙で島田三郎を推した商人派のグループ、土曜会は地主派から脱会した議員等（中立1人を含む）
『横浜市会史　第6巻』（昭和62年）、横浜市会百年史刊行委員会編『横浜市会の百年　資料編』（平成元年）より作成

世界につながる定期航路

交通革命時代の横浜開港

国際性という横浜の特徴を性格づけているものは、つきつめると「港」である。港はひと・もの・情報が行き来する場所。世界に開かれた日本の扉であり、世界と横浜を結びつける窓口である。そして、ひと・もの・情報を運んできたのが船。特に定期航路が果たした役割は大きい。

横浜の港が開かれた一九世紀半ば、世界は交通革命を迎えていた。欧米列強のアジア進出とともに、中国までの定期航路が開かれた。一八六四年にイギリスのペニンシュラー&オリエンタル汽船（P&O）が、一八六五年にフランスのメサジュリ・マリティム（フランス郵船）が、上海・横浜間の定期航路を開く。つづいて一八六七年にはアメリカのパシフィック・メイル（PM）が太平洋横断航路（サンフランシスコ・横浜・香港間）を開設する。これによって、西回りのヨーロッパ・アジア間航路と、東回りの太平洋横断航路が横浜でつながり、世界一周の輪が連結された。明治二年（一八六九）には、アメリカの大陸横断鉄道とスエズ運河が開通している。幕末から明治の日本の転換期は、世界の交通網が革命的な発展を遂げた時代でもあった。一八七二年に刊行された、ジュール・ヴェルヌの『八十日間世界一周』は、世界旅行が容易となったこの時代を象徴する小説である。この本に登場する横浜には、世界漫遊家とよばれる欧米人旅行者の姿が多く見られるようになっていた。

当初は外国資本に牛耳られていた海運業であったが、海外航路の確保は国力の象徴と考えられ、国策として民族資本の育成が図られる。明治八年（一八七五）、三菱商会（後の日本郵船会社）は横浜・上海線を開設、明治一二年（一八七九）には横浜・香港線を開設する。

定期航路がもたらしたもの

港はひと・もの・情報が行きかう場であるが、定期航路の開設によって、迅速性と定期性が加わり、やりとりが緊密化する。

ひと―横浜居留地にやってきた諸外国の商人や外交官や旅行者たち。逆に岩倉使節団や海外を目指した日本人移民も横浜から旅立った。

もの―生糸やお茶などの貿易品。中にはゆりの根や狆などの動植物も含まれる。

情報―汽船会社の日本郵船、フランス郵船、太平洋郵船（PM）の名が示すよ

1　横浜大さん橋
明治27年（1894）にできた大さん橋。最大繋留数の4隻の客船が停泊し、船に向かう人や下船した大勢の人々で賑わう。20世紀初頭。

うに、汽船の重要な役割は「郵便」であった。個人や会社、また公の通信や海外の新聞を運び、情報を一日でも早くもたらすことが定期航路に期待された。情報の伝達は、貿易や外交の展開に多大な影響をあたえたからである。

中国から横浜、北米へ

横浜はヨーロッパ・アジア間航路を乗り継ぎ、香港や上海などからやってきた人々が最後に立ち寄るアジアの街であった。一方で、太平洋を越えてきた人々が、最初に目にするアジアの都市であった。この横浜を通る航路を存分に利用したのが中国人移民であった。

横浜には開港と同時に中国人の姿があった。一八六七年には六六〇人あまりが暮らし、その後、常に居住外国人の六割近くを中国人が占めていた。一八六四年にP&Oが上海・横浜線を開く以前は、例えば開港前日に横浜に到着したオーガスティン・ハード商会のワンダラー号のように、それぞれの会社の傭船で横浜を訪れた。横浜に進出してきた中国人は、そのほとんどが広東人と上海人である。彼らの多くは広東・香港・上海で商館を開いていた英米商館の横浜進出とともにやってきた。初期にはこうした傭船や不定期船での来航であったが、やはり、上海・横浜線やサンフランシスコ・横浜・香港線などの定期航路の開設が、人々に便利な足を提供した。

太平洋航路については、一八八〇年代以降、カナディアン・パシフィック、日本郵船、東洋汽船が参入し、太平洋郵船を含めての競争が激化した。一九世紀後半から二〇世紀にかけて、世界の定期客船のドル箱の一つが移民の輸送であった。横浜経由で香港からサンフランシスコやバンクーバーなど北米に向かう船は、おびただしい数の中国人移民を運んだのである。

移民送出港としての横浜

一方で、横浜は多くの日本人移民を送り出した港でもあった。北米西海岸への日本人の移民は一八八〇年代に始まる。一八九〇年代後半になると、例えば、カナディアン・パシフィック社の太平洋航路を利用すれば、横浜から一二日前後でバンクーバーに到着し、カナダの地を踏むことができた。

横浜はハワイや北米航路の起点港であったため、全国各地から移民が集まり、彼らの世話をする「移民宿」が繁盛した。一八九〇年代から一九二〇年代までの間に、関内を中心として、熊本屋、上州屋、長野屋、福井屋、福島屋、松阪屋、宮城屋、広島倶楽部など三〇軒あまりが存在した。おもに屋号が示す地方の人々を受け入れていた。

移民宿は多くが汽船会社の代理店を兼ねていたので、旅行代理店と旅館の機能をあわせもっていた。移民が地方から出てきて出国するまでの間と、帰国してから故郷に帰るまでのさまざまな世話をした。移民宿の存在は、港を通して、世界と日本をつないだ横浜の役割を象徴するものといえる。

（伊藤泉美）

2 イギリスから横浜までの航路図
B・C・ランバート氏は北ドイツ・ロイド汽船のプリンセス・アリスで来日、香港上海銀行横浜支店に勤務。1905年（明治38）。

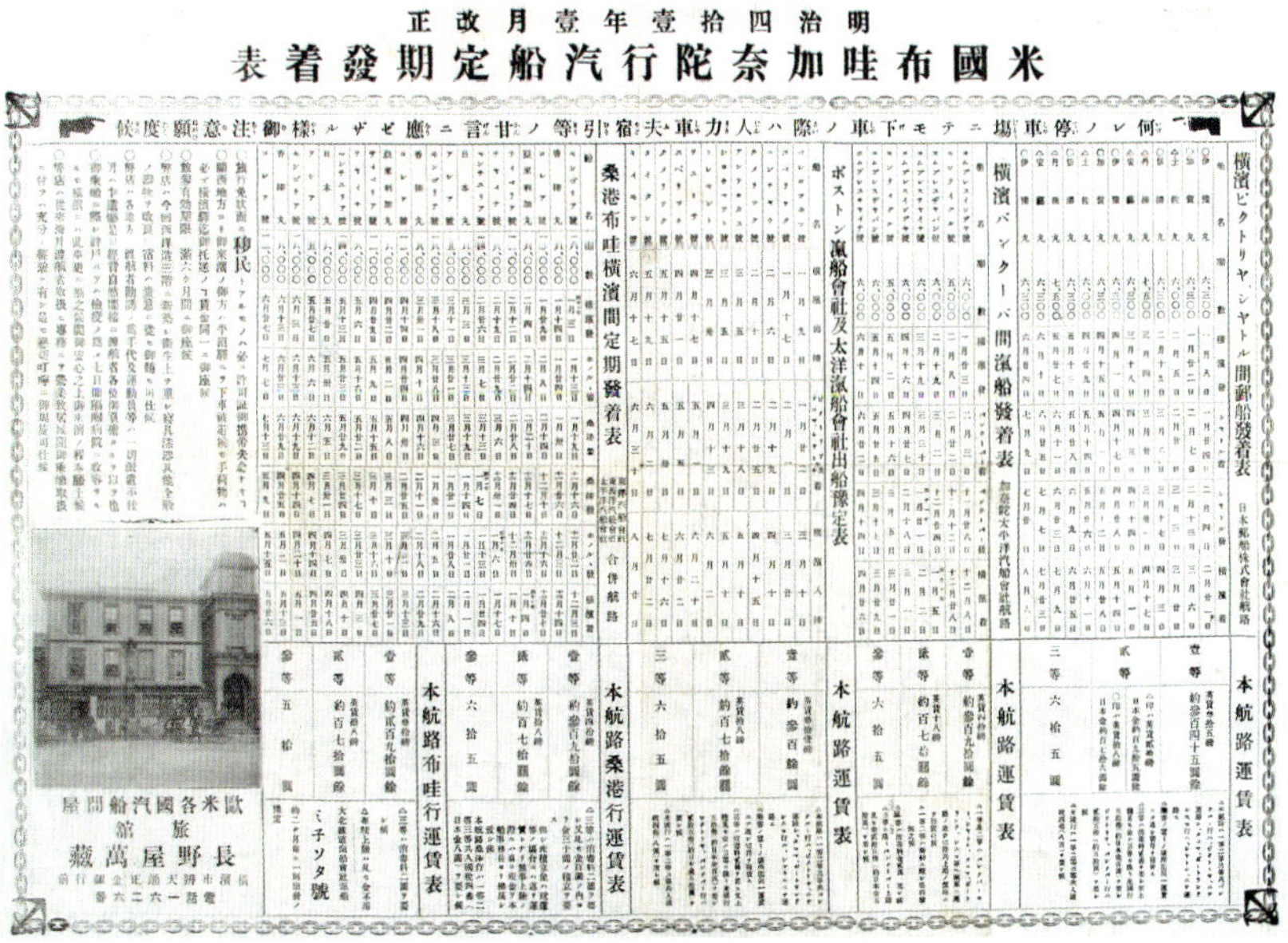
明治四拾壹年壹月改正
米國布哇加奈陀行汽船定期發着表

歐米各國汽船問屋
旅館
長野屋萬藏

3 北米定期航路の発着表
弁天通りにあった移民宿長野屋が発行したもので、日本郵船、カナディアン・パシフィック、太平洋郵船などのシアトル、ボストン、バンクーバー行きの発着予定が示されている。明治41年（1908）。

水道敷設と築港工事

横浜水道の敷設

明治二二年（一八八九）四月に誕生した横浜市は、現在の関内地域とその周辺の五・四平方キロの狭い地域に、約一二万人の人口を抱えていた。人口・面積ともに六大都市の最下位であったが、水道・街路・港湾など都市基盤の整備は、全国に先駆けて行われた。不平等条約の改正を目指す明治政府が、欧米列強に認められる「文明国」としての体面を整えるべく、国内最大の居留地と貿易港を抱える横浜の港都建設を重視したからである。

明治六年（一八七三）に完成した多摩川を水源とする横浜上水は、導水管が木樋のために断水・漏水が多く、経営も困難であった。折しも明治一二年（一八七九）に横浜でコレラが流行し、衛生環境の改善を求める横浜居留民団は、イギリス公使・パークスを通じて、鉄管による近代水道の早期敷設を強く要求した。

1　水道敷設用の軽便鉄道
延長約 43km の横浜水道のうち、4 分の 1 以上が山間部での難工事を余儀なくされた。この敷設工事に際しては、鉄管類・汽缶・セメント・石材・煉瓦などを長距離輸送するため、軽便鉄道が敷設された。『横浜水道写真帳』より。

2　敷設当時の導水管とパーマーの肖像
導水管には、イギリス・グラスゴーのアール・レイドロー社製のものが使用された。中区野毛町。

条約改正を重視する外務卿井上馨は、イギリス留学中から親交のあった神奈川県知事沖守固に対し、来日中のイギリス陸軍工師パーマーを紹介した。明治一六年（一八八三）三月パーマーは、神奈川県が策定した、多摩川を水源とする横浜上水を鉄管化する計画案と、新たに相模川を水源とする水道を敷設する計画案とを査定し、程なく離日した。神奈川県は、パーマーの報告書を踏まえて、相模川を水源とする横浜水道建設案を内務省に上申した。横浜水道の敷設は外交上重大な影響を及ぼすとして、井上らが太政官に強く働きかけた結果、横浜水道は工費一〇〇万円で明治一七年一〇月に裁可を得た。

横浜水道敷設がほぼ確実となった頃、井上はパーマーに書簡を送り、横浜水道計画監督者とタイムズ社の在日通信員を依頼した。帰国したパーマーは、早期の条約改正に難色を示す英国政府の姿勢を軟化させようと、日本における治外法権の弊害と条約改正の緊要性を訴える論説を発表しており、改正交渉の窓口としてイギリスに注目していた井上は、彼のジャーナリストとしての側面にも期待したのである。

明治一八年（一八八五）四月パーマーは再来日し、水道敷設工事を指揮することとなった。水源の津久井郡三井村から配水池の野毛山まで約四三キロ、山間僻地での工事は困難を極めたが、パーマーの指導のもと、多くの優秀な日本人技術者たちによって、二年半で竣工した。こうして我が国初の近代水道は、明治二〇年一〇月から待望の給水が開始されたのである。

横浜築港

同じ頃、沖県知事と横浜商人の間では横浜築港計画が進められていた。明治一九年（一八八六）八月、生糸売込商の原善三郎らは、横浜築港案測量のためにパーマーを雇用することと、横浜桟橋会社盟約を取り決めた。同年一二月、神奈川県から依頼を受けたパーマーは、大型船が接岸できる鉄桟橋の建設や港内を囲む防波堤の築造等を含む築港計画を提出した。

この築港計画を後押ししたのは、明治二一年（一八八八）四月、井上の後任として外相に就任した大隈重信であった。大隈も井上同様に条約改正交渉に意欲を見せる一方、大蔵卿時代から横浜港の拡張・税関行政の確立に重大な関心を寄せていた。彼は、米国より返還された下関条約の賠償金一二〇万円を築港計画の財源に充てることで、国費による築港工事への道を開いた。このアイデアは、

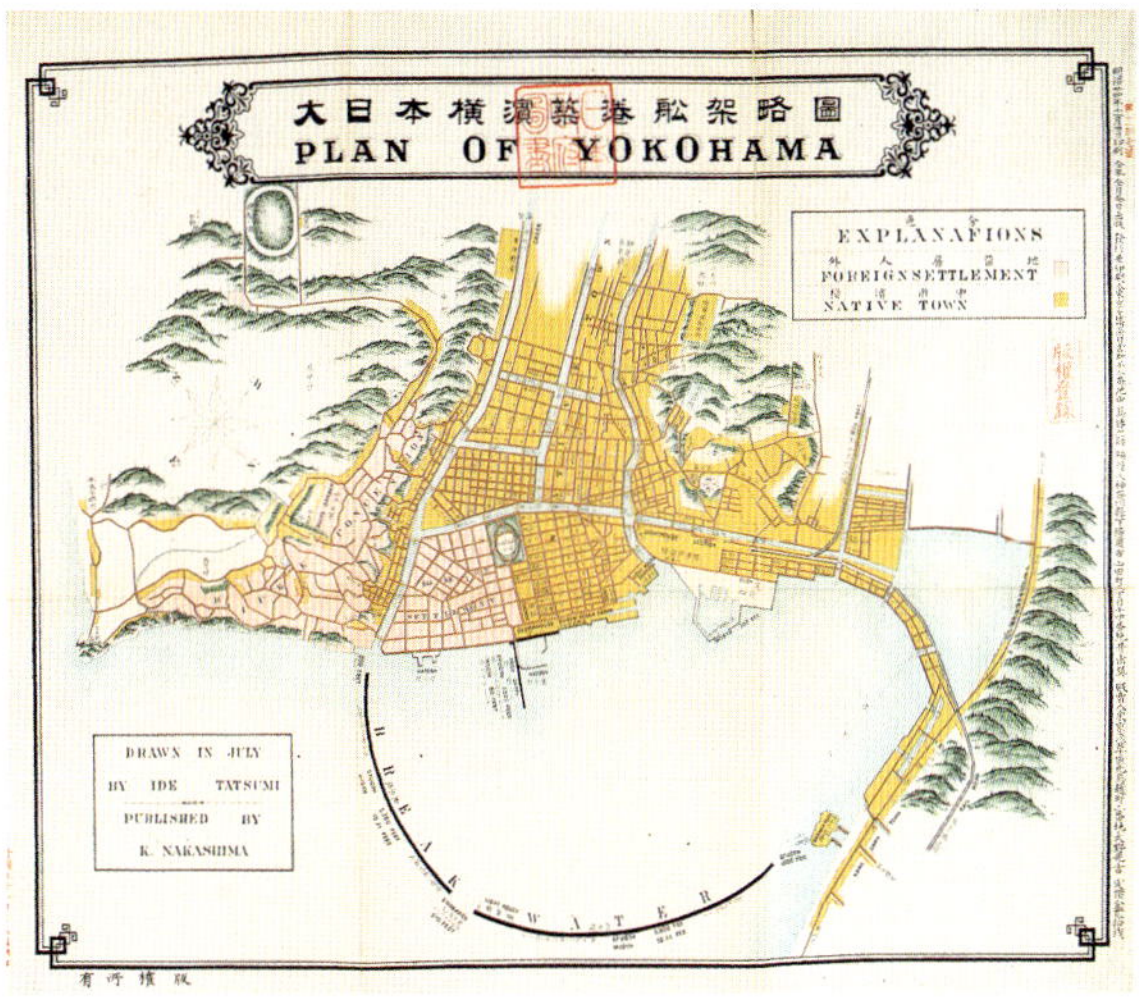

3　大日本横浜築港船架略図
パーマーによる横浜築港工事の完成予想図。中央に大さん橋とそれを取り囲むように防波堤が描かれている。また大岡川河口右手には、横浜商人らが建設に着手していた横浜船渠が描かれている。明治24年（1891）。

4　完成した横浜大さん橋で出港を待つ土佐丸（土佐丸　五姓田義松）
大さん橋は明治27年（1894）に完成し、29年に横浜港第1期築港工事が竣工した。この年は、あたかも日本海運の海外定期航路の幕開けを告げる時代でもあった。すなわち明治29年、日本郵船は欧州・北米・豪洲の3大定期航路を開設した。右側は、完成間もない大さん橋で出港を待つロンドン行きの第1船・土佐丸。明治31年（1898）には東洋汽船も横浜・サンフランシスコ間の定期航路を開設した。明治29年（1896）。

5　横浜船渠の開渠式
明治24年（1891）横浜商人らが発起人となって創立された横浜船渠会社は、横浜築港工事監督中のパーマーに計画設計を依頼、彼は大小3基の船渠と周辺海面の埋立等を趣旨とする設計書を提案した。その後パーマーの死去、経済界の不況等により工事は遅延したが、海軍技師の恒川柳作がその後を受けて、明治30年（1897）2号ドックを、明治32年には1号ドックを完成させた。左側に日本郵船の河内丸、中央に博愛丸が見える。明治32年（1899）5月1日。

アメリカへの外交上のアピールを狙ったものでもあった。

しかしパーマー案には思わぬ横槍が入っていた。港湾土木工事を管轄する内務省土木局のオランダ人技師ムルドルがパーマー案に厳しい批判を加え、同僚のデレーケ（オランダ）に対抗案を作成させたのである。これに対してパーマーも築港計画を再度作製したが、内務省ではパーマー案が退けられた。条約改正と横浜築港の促進を図る大隈は、パーマーの水道敷設、築港計画、条約改正のための世論活動などの功績を揚げて、パーマー案の採択を強く働きかけた。

この大隈・外務省の巻き返しが功を奏し、明治二二年一月の閣議でパーマー案が決定された。同年九月に神奈川県知事が指揮を取る形で築港工事が開始され、二七年に大さん橋が完成、二九年には築港工事が終了し、横浜港は国際港として遜色のない形態を整えるに至ったのである。

日清戦争後の横浜

このように、一九世紀末期の横浜の都市基盤整備は、条約改正と貿易拡大を重視する外務省と神奈川県の強い後押しと、パーマーの技術的指導のもと飛躍的に進められた。しかし、日清戦争（明治二七〜二八年）後の横浜の人口は二〇万人に達し、その発展速度はパーマーらの予想を遥かに上回っていた。そこで更なる都市基盤整備が必要となった。断水が続いていた横浜水道の第一次拡張工事が行われ、再び外国人居留地を擁するという理由で、市は約一〇〇万円の国庫補助を引き出すことに成功し、明治三四年に完成させた。一方、生糸貿易の急速な拡大を受けて、税関設備の拡充を目指す横浜税関と大蔵省は横浜港第二期築港工事を計画し、明治三二年から埋立工事が進められた。

しかし、明治二七年（一八九四）に条約改正を果たし、三二年に居留地が撤廃されるなか、国際港都建設に対する政府支援は、それ以前とは大きく様相を変えていくこととなった。綿糸紡績工場地帯の大阪を背景に持つ神戸港の急速な発展や、輸出港制限の撤廃で各地の港湾が海外貿易に参入したことにより、横浜港の占める位置は大きく低下した。神戸港や新興の港湾都市からも、港湾設備や水道等の都市基盤整備要求が噴出し、政府もそれへの対応を迫られることとなった。居留地撤廃とライバル港湾の出現によって、横浜の港都建設は新たな方途を模索する必要に迫られていくのである。

（松本洋幸）

条約改正と居留地撤廃

不平等条約改正の長い道のり

幕末に幕府が欧米各国と締結した通商条約の規定のひとつに、領事裁判権があった。これは犯罪をおかした外国人は、日本ではなく属する国の領事が、それぞれの国の法律に則って裁く、治外法権ともよばれる制度で、日本の法律が及ばなかった。貿易の発展にともない居留外国人が増え、必然的に日本人との間のトラブルも増えてくると、その弊害が問題となってきた。また経済面でも日本側に関税自主権がなく、条約相手国の同意なしに関税率を決定できないという不平等な地位におかれていた。

明治四年（一八七一）、全権大使の岩倉具視以下、明治政府首脳部がこぞって欧米諸国視察に出発したが、この不平等条約改正の予備交渉を行うことも、おもな目的のひとつだった。しかし最初の訪問国のアメリカで、交渉の全権委任状を持たずに来たことを指摘され、大久保利通と伊藤博文が急きょ委任状作成のため帰国せざるをえないという失態を演じ、日本の外交知識の未熟さや、また各国の反応から交渉の難しさを思い知らされた。

その後、寺島宗則をはじめとして、井上馨や大隈重信、青木周蔵ら歴代外務卿や外相が改正交渉にあたり、日本の裁判所への外国人裁判官の任用や、新法典に外国側の承認を求めるなどの大幅な譲歩案も出された。しかし国内世論や議会の反対にあい、また国際関係が複雑に絡み合って、なかなか交渉はまとまらず、大隈にいたっては反対派の爆弾事件に遭い片足を失う重傷を負った。ようやく明治二七年（一八九四）七月、陸奥宗光外相の時にイギリスとの間で改正条約である日英通商航海条約が調印された。条約実施は五年後とし、その間に西洋に倣った法典の公布実施、内地開放（居留地を撤廃し、外国人は日本国内を自由に旅行、居住し、商業活動を行える）の実施、外国人の土地所有権は認めないことなどが取り決められた。日清戦争開戦（八月）間近な時期のこの改正は、日本の国際的立場を押し上げた。その後、明治三〇年までに欧米の全締結国が改正条約に調印した。

内地開放と居留地撤廃

国内最大の貿易港と外国人居留地をもつ横浜では、条約改正、とくに内地開放問題が早くから議論の的となった。居留外国人の多数を占めた商人の多くは領事裁判権を維持したままの内地開放

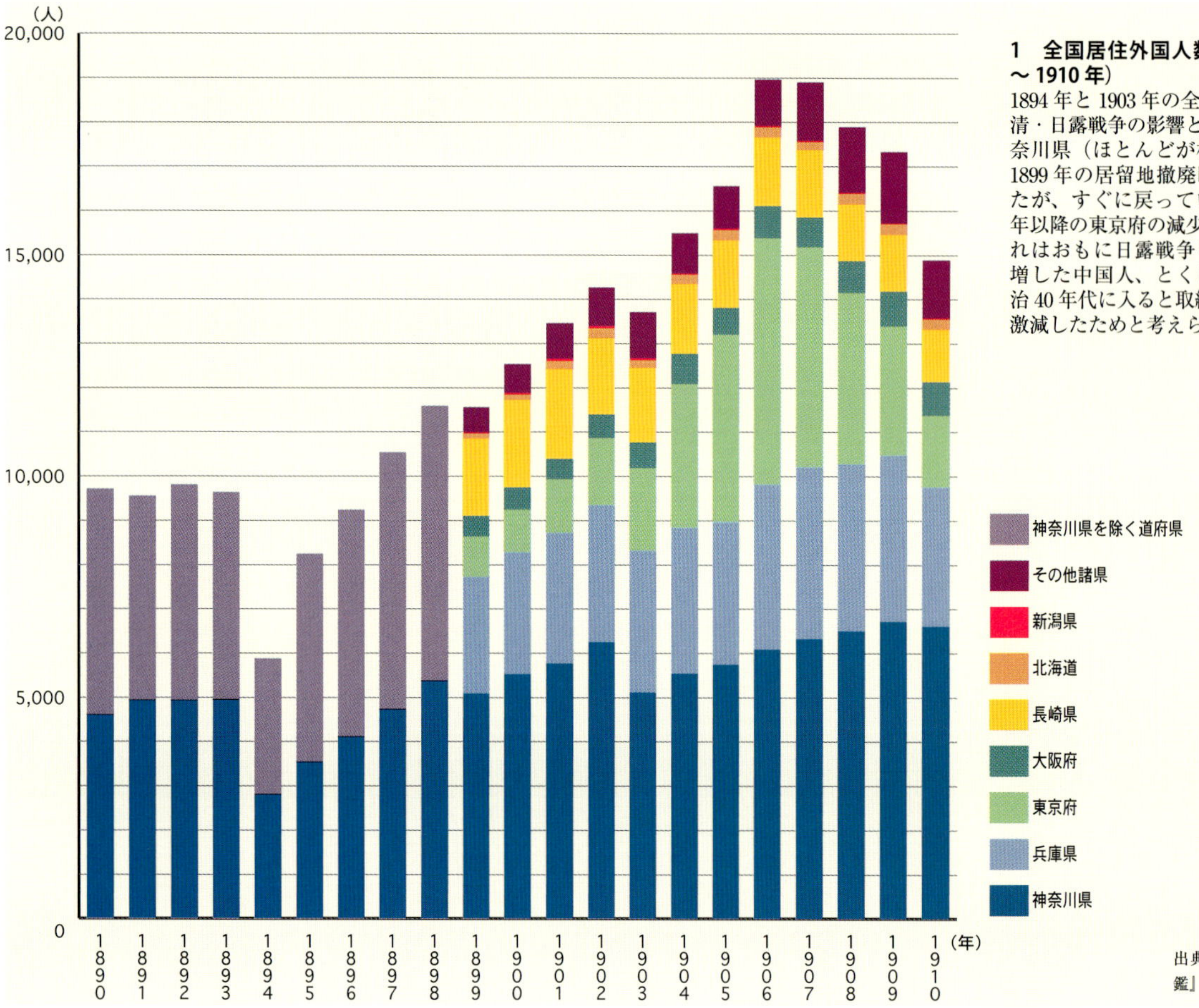

1　全国居住外国人数の変遷（1890 〜 1910年）
1894年と1903年の全国的な減少は日清・日露戦争の影響と考えられる。神奈川県（ほとんどが横浜市居住）は1899年の居留地撤廃時にやや減少したが、すぐに戻っている。なお1907年以降の東京府の減少が目立つが、これはおもに日露戦争をきっかけに急増した中国人、とくに留学生が、明治40年代に入ると取締が厳しくなり、激減したためと考えられる。

出典：『日本帝国統計年鑑』と『神奈川県統計書』

2 鹿鳴館
井上外相は改正交渉を進展させるため極端な欧化政策をとったが、そのひとつに外国人との社交の場として明治16年（1883）、日比谷に設けられた鹿鳴館があった。

3 駐日公使時代のアーネスト・サトウ

を要求し、領事裁判権放棄案に賛成するイギリスなど本国政府の方針に抗議して反対集会を開いたりした。日本人側もそれぞれの立場で演説会開催や条約改正論の新聞掲載や冊子出版などの活動を行って議論をたたかわせたが、最終的に各国間の外交問題として改正条約が調印され、居留地撤廃が決まると世論も沈静化していった。

明治三二年（一八九九）七月一七日、改正条約が実施された（フランスとオーストリア＝ハンガリー二国との改正条約実施は八月四日）。外国人にたいして内地開放が行われると同時に、居留地が撤廃されて新しい名称が付けられ、山下町と山手町という二つの町が生まれた。市内の至る所で日の丸や各国の旗が飾られ、横浜公園では祝賀園遊会が催されるなど、街はお祝いムードに包まれ、混乱は見られなかった。一方、関税自主権は明治四四年（一九一一）、小村寿太郎外相がアメリカをはじめとする各国と調印した新条約によって回復された。

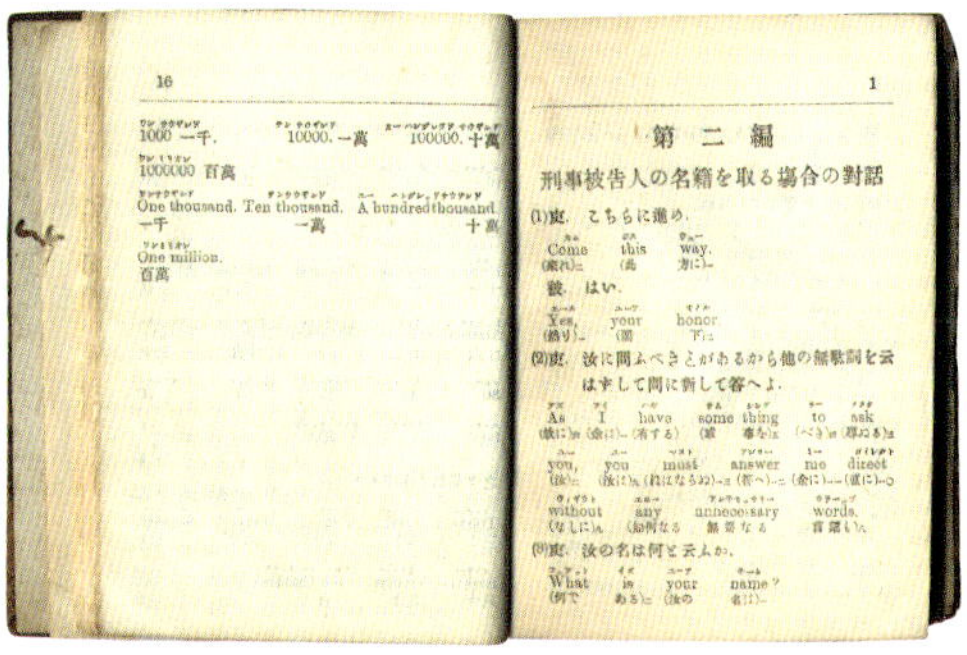

4 『監獄英語必携』
初歩的英会話や、逮捕した外国人の尋問を行う際に使う英文が、発音のルビ付きで詳しく書かれている。警察監獄学会編。明治31年（1898）。

永代借地権問題と横浜

表1は全国居住外国人数（神奈川県のほとんどが横浜居住）の変遷である。一八九九年の居留地撤廃時に少し減少したが、その前後数年間も増加傾向にあり、改正条約実施によって多数の外国人が離日するような大きな動きはなかった。また、居留地外に移住する人もあまりいなかった。これ以降は、日本に商業活動や生活の基盤を築いた外国人にとり、永代借地権の所有権への転換の方が切実な問題となったようだ。

当時、欧米外国人の中で最も多数を占めていたのはイギリスであり、その外交代表のアーネスト・サトウ公使は、実施前月の六月、青木外相と会談した際の内容を「青木自身の意見は、私［サトウ］の協力を得て数年先にもしできれば永代借地権を廃止し、大都市で外国人に土地購入の権利を与えたいという考えであった。私はこの意見に双手を挙げて賛成した」と日記に書き残した。この制度のため外国人からの市税徴収が制限を受け、市の財政が圧迫されるなど横浜にとってもやっかいな問題であった。居留地制度の残滓といえる永代借地権の撤廃は懸案事項となったが、その解決は容易ではなかった。

転換となったのが、大正一二年（一九二三）の関東大震災であった。多数の罹災外国人が横浜を去り、放置されたままの市の中心部を占めるかれらの借地は復興の妨げとなったため、横浜市会は政府から多額の貸付金を受け、借地権買収に乗り出した。一方、政府もイギリスと所有権への変更交渉を開始し、旧居留地をもつ神戸市が率先して撤廃の陳情を行うなどした。その結果、昭和一二年（一九三七）、イギリスをはじめとする各国と交換公文が交わされ、五年後の昭和一七年（一九四二）に永代借地権撤廃が決まった。

（中武香奈美）

5 英語がわからなくても外国人の挨拶に応えるお巡りさん
居留地撤廃が近づくと、このような警官向けに『司法警察官外国人ニ関スル執務心得註解』（明治32年）のような本が出版された。ビゴーはながく横浜に住んだフランス人風刺画家。ビゴー画『警官のたぼう』（*La Journée d'un policeman à Tokio*） 明治24年（1891）より。

横浜華僑社会の成熟

中華街の街並み

明治三二年（一八九九）の居留地制度撤廃と同時に、事実上中国人を対象としたいわゆる内地雑居令が施行された。これは旧居留地・雑居地以外に進出する中国人に職業制限を加えたもので、中国人未熟練労働者の増加をおそれた日本政府の対応であった。この法令によって、日本の華僑社会は人口規模が抑えられ、貿易商や料理業・理髪業など、商人・職人を中心とする社会構成が維持されていく。

図版1は明治末から大正初期の中華街大通りである。通りの両側に煉瓦造りや木造の二階建ての店舗が並ぶ。左手手前の「包辦満漢葷素酒席」の看板が目を引く。これは中華（満漢）の肉魚料理（葷）と精進料理（素）の宴席（酒席）を承ります（包辦）という意味で、この煉瓦造りの建物は聘珍楼である。その向かいには「田中豚肉販売処」の看板が見える。豚肉は中華料理には欠かせない食材だ。田中豚肉商店の隣の煉瓦造りの建物も中華料理店の成昌楼。当時は現在のように中華料理店が連なっていたわけではなく、両替商・海産物商・雑貨商などにまざって、聘珍楼、成昌楼、萬珍楼などが数軒見られるだけであった。聘珍楼の先には理髪店「福記」、その先には両替商の看板が見える。

元町につづく現在の南門シルクロードには、籐椅子店や楽器店などがあった。横浜居留地では、オルガンやピアノなどの西洋楽器製造の技術が、ドイツやイギリス系などの技術者によって伝えられたが、華僑もその一翼を担った。その一つが周興華洋琴専製所、周ピアノである。周ピアノを創設した周筱生は、明治三八年（一九〇五）頃、横浜のスウェイツ商会の招聘により上海から横浜を訪れ、明治四五年（一九一二）頃に山下町一二三番に店を開いた。開業に際しては、前年に閉店したドーリング商会の資材を譲り受けたという記録がある。

華僑学校の創設

明治三二年（一八九九）三月一八日、大同学校の正式な開校式が挙行された。それ以前にも私塾はあったが、中国人子弟の本格的な教育機関としては、大同学校が最初である。学校の設立は、華僑社会が成熟し、来日一世が単身で訪れた段階から、横浜で一家を構える段階に入ったことを物語る。また華僑学校は、異国で暮らす中国人が母国の文化伝統を子々孫々継承していくための拠り所としての意味も持つ。

大同学校はもともと孫文の革命思想の影響を受けた中西学校として設立されたが、その後、康有為ら保皇派の校長が就任することになり、校名も大同学校と改められた。所在地は山下町一四〇番で関帝廟の隣接地である。開校式には梁啓超や中華会館理事孔雲生ら横浜華僑数百人が集まり、大隈重信、浅田徳則神奈川県知事、大谷嘉兵衛横浜商業会議所会頭らを来賓にむかえて、盛大に催された。

関帝廟改修二十五周年祭

関帝廟は信義にあつい三国志の英雄関羽を祭った廟である。横浜の関帝廟は文久二年（一八六二）に一人の中国人が関羽の木像をささやかな堂に祭ったのが始まりとされる。その後明治一九年（一八八六）に廟所の拡張が行われた。この時から二五周年目の明治四三年（一九一〇）七月に、盛大な関帝誕が行われた。この二十五周年祭では七月二九日から三一日までの三日にわたり、関内を龍や獅子の大行列が練り歩いた。その様子は東京朝日新聞・東京毎日新聞・都新聞などに写真入りで報道され、また記念絵葉書が出されるほどであった。そのうちの一枚が図版3である。これは龍舞の行列が、元町と中華街の間を流れる堀川にかかる前田橋を渡るところである。行列は手前に神輿、その後ろに龍が続く。

1　中華街大通り
中華街大通りを海側に向かって撮影したもの。左の煉瓦造りの建物は中華料理店の聘珍楼。明治末〜大正初期。

後方には元町百段の階段が見え、行列や見物客の中には大勢の弁髪姿の中国人が写っている。

　これだけ大規模な祭を挙行するには、相当の資金力と組織力が必要だ。当時の横浜華僑は六〇〇〇人あまり。また、中華会館を筆頭に、商業団体である横浜商務総会、同郷団体である親仁会（広東系）、三江公所（江蘇・浙江系）などの団体も成立されており、華僑社会は充実期に入っていたといえる。なお、翌年一九一一年四月にも、一八六二年の開廟から数えての関帝廟横浜鎮座五〇年記念祭が盛大に営まれた。

落地生根への道のり

　横浜で客死した中国人は、はじめは山手の墓地に西洋人とともに葬られていた。しかし中国人の増加にともない、亡くなる人も増えて墓地が手狭になった。また埋葬習慣の違いからも、中国人の墓と西洋人の墓とをわけることになった。そこで、慶応二年（一八六六）、アメリカ領事のフィッシャーが神奈川県に要請し、山手の墓地の一角五〇〇坪を中国人専用とした。しかし数年でこの墓地もいっぱいになり、明治四年（一八七一）、横浜中華会館は神奈川県に土地の貸与を申請した。

　当時の華僑にとって、横浜で財を成した後は故郷に帰る、つまり故郷に錦を飾ることが一番の望みであった。しかしその望みがかなわず、無念にも異郷で命を落とした場合は、死んでも故郷に帰ろうとした。つまり、亡くなるといったんは横浜に埋葬されるが、数年に一度、故郷から迎えの船が来ると、棺を掘り起こして船に乗せ、故郷に送りかえしたのである。この習慣を「帰葬」という。

　明治五年から翌年にかけて、中華会館は神奈川県より現在地の大芝台の土地一二五五坪を墓地用地として借用し、新しく中華義荘を開く。明治二五年には、華僑の寄付金によって中華義荘の中に地蔵王廟が建てられた。この廟は関東大震災にも空襲にも耐え、横浜現存最古のレンガ造りの建造物として、横浜市指定文化財となっている。帰葬の習慣は一九二〇年代頃までは残っていたと考えられるが、横浜生まれの華僑が増え、「落葉帰根」（葉が落ちれば根に帰る、いずれは故郷に帰る）から「落地生根」（地に落ちて根をはやす、その地に根をはって生きる）の時代へと変わっていくと、帰葬の習慣もすたれていく。（伊藤泉美）

2　横浜公園での大同学校生徒集合写真
横浜クリケット・アスレチック・クラブのクラブハウスの前で。光緒 28 年（1902）。『新民叢報』第 9 号より。

3　関帝廟改修二十五周年祭
元町から前田橋を渡り中華街に向かう龍舞の行列。明治 43 年（1910）。

4　中華義荘
中央煉瓦造りの建物が地蔵王廟。その隣が安骨堂。その左手に墓地が広がる。中区大芝台。

横浜商人の成長

横浜商人と商権回復運動

明治後期までの横浜港は、生糸・茶の輸出を推進力として発展した。外国商館を経由する貿易はさまざまな問題もあったが、日本人商人が海外市場を充分に把握できていない段階では、居留地貿易を維持するほかはなかった。

明治一四年（一八八一）九月、横浜生糸商を中心に連合生糸荷預所が設立された。それまで外国商館主導で、外商に生糸を持ち込むかたちで行われていた取引を、荷預所の倉庫内で行い、外商による恣意的な契約履行の引き伸ばしや慣習化していた「看貫料」などの手数料を排除することに目的があった。荷預所に外商は反発し、生糸取引は二か月途絶した。事件は横浜の生糸商と地方荷主との利害の差が明らかになり、外商への「抜け売り」が生じて足並みが乱れ、従来どおりの取引が再開することとなった。

生産者による直輸出

輸出品の生産者のなかには海外市場に販売店を置き、独自のルートで交易の利益を掌握する必要性に気づく者がいた。製糸業では群馬県勢多郡出身の星野長太郎・新井領一郎兄弟や福島県二本松製糸の佐野利八、製陶業では名古屋の森村組、美術工芸品の起立《きりゅう》工商会社などである。明治一三年（一八八〇）生糸直輸出商社「同伸《どうしん》会社」が設立され、新井領一郎はニューヨーク支配人となった。この同伸会社こそは、連合生糸荷預所事件の過程で「抜け売り」を行い、横浜生糸商の売り込み体制に批判的立場を鮮明にした急先鋒であった。

しかしながら、横浜商人が関わる居留地貿易体制は強固であった。生糸を例に見た場合、横浜の生糸商が製糸家に対して貸しつける繭購入資金や荷為替手形割引をつうじた資金融通は、日銀を頂点とした政策金融につらなり、全国の製糸家の事業展開上不可欠な、血液のような存在となっていった。明治二三年（一八九〇）松方正義蔵相は、原・茂木・小野の三大生糸商に対して同伸会社加盟の勧誘を行ったが、自己の存在否定につながる同伸会社の直輸出に、生糸商が協力することはなかった。横浜生糸商を頂点とする「浜売り」に対して、「直輸出」はわずかにとどまった。

横浜生糸商は明治二八年（一八九五）、生糸直輸合資会社なる生糸買い取り会社を設立し、別に設立された直輸出商社である横浜生糸合名会社へ委託するかたちで、外商を経由せず、自己の存在を否定しない直輸出を実現した。明治三三年、生糸直輸合資会社は横浜生糸合名会社と合併。横浜生糸合名会社は、三六年以降、外商を圧して生糸輸出高の筆頭に躍り出、日露戦後三井物産に凌駕されるまで続いた。

植物園芸商社の直輸出

生糸のような基幹産業に対し、規模の小さな産業では、直輸出に成功するものがあった。

日本のユリは、幕末期にヨーロッパで紹介され、熱狂的に受容された。その球根であるユリ根の輸出は当初外国商館

1　新井領一郎
水沼製糸所を経営する兄星野長太郎とともに直輸出を推進し、同伸会社（のちに同伸株式会社）ニューヨーク支配人に。同伸株式会社を辞したのち、横浜生糸合名に関わり、ニューヨークに森村新井商会を設立して生糸販売を行う。

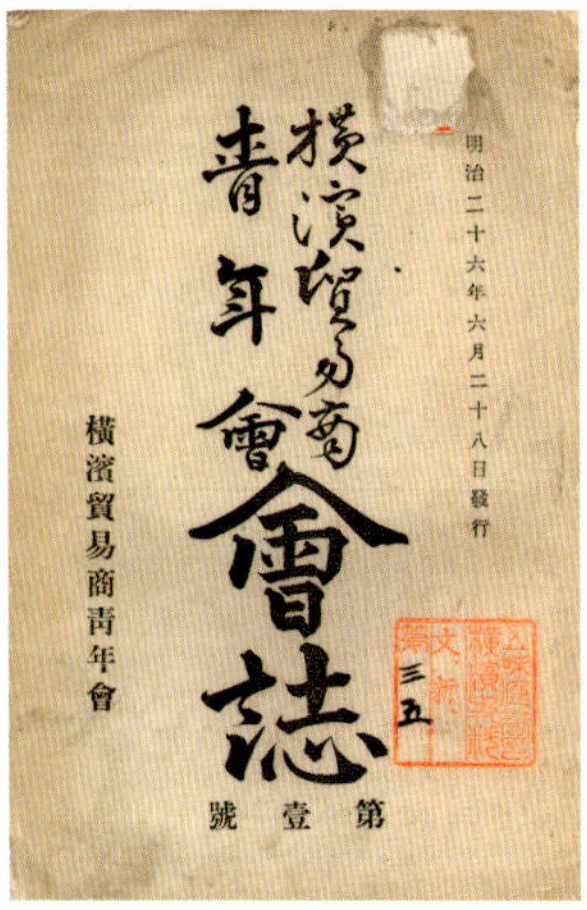

2『横浜貿易商青年会会誌』第1号
外国商館の不当な取引に対し、抵抗したのは生糸商だけではなかった。陶磁器・雑貨商を中心とする横浜貿易商青年会は、明治20年代半ばに直輸出論者前田正名の影響下、取引停止などの手段で外商に抗した。明治26年（1893）6月刊。

3　横浜植木株式会社編『Lilies of Japan』
日本のユリの図譜。その表紙とヨーロッパで人気のあったヤマユリのページ。横浜植木は明治30年代には高山植物を含む日本の植物全般を扱い、洋ランをはじめとする洋花を自前の温室で咲かせて、国内に流通させた。明治32年(1899)刊。

によって行われた。明治一〇年前後には、横浜と長崎で盛んに輸出されたが、次第に横浜が長崎港の地盤を制覇して、明治二〇年代にほとんど横浜一港でのユリ根輸出に成功した。

4　原富岡製糸所の生糸商標
右肩に「EXTRA CLASSICAL」のシールが貼付されている。最高品位の生糸につけられたチョップ。

5　合名会社茂木商店の事務室
「茂木の六大事業」を展開していたころの事務室の光景。前面に洋式帳簿が並び、帳簿越しに背広に蝶ネクタイの社員がうかがえる。明治後期。

明治二三年（一八九〇）、横浜の植物商社ボーマー商会の仕入主任であった鈴木卯兵衛は、横浜・東京の植木屋らと横浜植木商会（のち横浜植木株式会社）を設立し、ロスアンゼルス支店を開業した。もともと欧米では植物園芸商社による、カタログを通じた通信販売がおこなわれ、横浜植木も美麗なカタログ・図譜をもってユリ根をはじめ、花菖蒲などの日本在来植物の注文に応じた。横浜植木は明治四〇年にロンドン支店を置き、対欧米輸出を拡大。洋花の輸入にも力を注いで、明治後期には総合的園芸商社としての業態を整えた。ユリ根輸出をおこなう邦人商人は横浜植木ばかりではなく、外商による植物貿易は漸次縮小してゆき、昭和初期には横浜からすがたを消した。

6　野沢屋模範工場
茂木商店が明治40年（1907）福井市に設立した羽二重力織機工場。設備台数40台で福井県では最大。当時の野沢屋輸出店の羽二重取扱高は、全国一の地位であった。福井市編『行啓記念写真帳』明治42年（1909）刊より。

横浜商人―商店から商社へ

横浜生糸商の双璧であった初代茂木惣兵衛（初代保平）は明治二七年（一八九四）八月に、原善三郎は三二年二月に逝去した。

原家の女婿の原富太郎は、善三郎の死後つぎつぎと原商店の改革に着手した。明治三三年（一九〇〇）、原合名会社に改組し、モスクワ・リヨン・ニューヨークに代理店を置いた。絹織物輸出に次いで、三四年には生糸輸出にも参入し、原輸出店を独立させた。三五年には、三井が所有していた富岡（群馬）・名古屋（愛知）・大嶋《おおしま》（栃木）・四日市（三重）の各製糸場を手に入れ、渡瀬《わたらせ》製糸場（埼玉）とともに直営。その後、横浜・本牧の開発に着手して、明治末期には地所部が住宅地販売を本格化させている。富太郎の改革は、⑴直輸出業務の直営、⑵製糸場の直営、⑶不動産部門の拡充、の三点にあった。

他方、茂木商店は、二代保平の時代に合名会社茂木商店（生糸売込）・野沢屋呉服店・野沢屋絹商店（絹製品小売）・野沢屋輸出店（羽二重）・茂木銀行・茂木土地部（不動産）に事業分割し、明治後期には「茂木の六大事業」と称された。加えて、福井市に羽二重工場を直営し、三龍社（愛知）・信勝社（岐阜）の製糸家を傘下にした。

原・茂木が、製糸場を直営ないしは傘下にする理由は、なによりも優等糸の確保にあった。原の富岡・名古屋、茂木の三龍社の各製糸場は、全国に冠たる最優等格製糸であり、少量しか生産されない最高品位生糸の確保を目指したのである。また、絹織物業への進出や、不動産部門の強化などの多角化は通商リスクの回避につながるものであった。

このように横浜商人の一部は、工業資本に参入し、不動産事業を本格展開しはじめた。もはや単純な商店としてはとらえられない、商社化へ歩みをはじめたのである。

（平野正裕）

明治の村々と地方名望家たち

明治一五年頃の横浜周辺の村々

明治の初期、現在の横浜市域には、関内地域を中心とする横浜区を取り囲むように、久良岐郡・橘樹郡・都筑郡・鎌倉郡という四つの郡があり、約二〇〇の町村に分かれていた。明治一三年（一八八〇）以降、陸軍参謀本部測量課は、二万分の一地形図を作成する過程で、各地の人口・地形・産業・交通・風俗等を調査した『偵察録』（兵用地誌）を残している。ここでは、『偵察録』をもとに、明治初期の横浜周辺の村々を再現してみる（データが採録されていない町村もあるため、完全なものではない）。

現在の横浜市域には一八三の町村があり、人口は約一一万三〇〇〇人、戸数は約二万一〇〇〇戸（横浜区は人口約六万九〇〇〇人、戸数一万九〇〇〇戸）。土地利用の状況は田地が五五〇〇町、畑地が九五〇〇町で、生産高では米が六万三〇〇〇石、麦が五万七〇〇〇石、雑穀が三万七〇〇〇石で、このほか馬鈴薯・琉球薯などの芋類の生産量が多い。

地域別に人口の多い順でみると、橘樹郡（四万人）・久良岐郡（二万八〇〇〇人）・都筑郡（二万五〇〇〇人）・鎌倉郡（一万九〇〇〇人）となる。橘樹郡（現在の鶴見区、神奈川区、港北区・保土ヶ谷区の一部　四八町村）は多摩川と鶴見川沿いに広大な水田地帯を持っており、米の生産高が最も多く（二万一〇〇〇石）、稲毛米の生産地として知られていた。これに対して、山間部の都筑郡（現在の都筑区・緑区・青葉区・旭区等の五五町村）・鎌倉郡（瀬谷区・泉区・栄区・戸塚区等の四〇町村）では畑地が水田の二倍以上を占め、畑作中心の農村が多かった。

1　下川井村都岡付近（旭区）
都筑郡南部・下川井村の県道（八王子街道　手前から奥へ）と中原街道（左右）の交差点（都岡辻）付近を描いたスケッチで、辻の脇に立つ里程元標が見える。中央奥の建物は、半鐘台を冠した元都筑郡役所。都筑郡役所は明治11年（1878）12月下川井村に設置されたが、郡北部住民を中心に猛烈な反対運動が起こり、翌年7月に川和村の妙蓮寺へと移転した。建設省国土地理院監修『明治前期手書彩色関東実測図　第一軍管地方二万分一迅速測図原図復刻版』より。

2　鎌倉郡下柏尾村の不動坂付近（戸塚区）
左右に走る東海道と、中央下から左上方へ向かう大山街道の分岐点を描く。左手に見えるのは、東海道の要所に設けられた電信線。建設省国土地理院監修『明治前期手書彩色関東実測図　第一軍管地方二万分一迅速測図原図復刻版』より。

さまざまな地場産業

人々は、米・麦・雑穀等の耕作以外にもさまざまな副業を行い、現金収入を得ていた。鶴見川中流域では、一九世紀初頭から農閑期を利用したさまざまな副業が盛んになり、地域の特産品が数多く登場した。現在の港北ニュータウン地域（都筑郡）では、贈答用の寒中素麺、谷戸の地形を利用した製氷、燃料となる薪出しや炭焼きが行われ、これらは鶴見川の舟運を使って、東京や横浜の大消費地に運ばれていた。

こうした横浜近郊の地場産業は、横浜港の発展とも密接なつながりを持っていた。幕末以降、横浜港の最大の輸出品・生糸の原料となる繭を供給する養蚕が農家の副業として盛んになった。鶴見川の上流（谷本川）や恩田川沿いの村々（都筑郡）では早くから養蚕が盛んで、広大な桑園が拡がっていた。明治二〇年代にはいると、鎌倉郡の境川左岸の村々でも蚕糸業が盛んになり、上飯田（泉区）や阿久和（瀬谷区）に製糸工場が設立されるに至った。また横浜港の茶貿易の拡大に伴い、小規模ながら製茶園もいくつか誕生した。このほか、居留地で暮らす外国人の食生活に併せて、西洋野菜や乳牛など新しい農業が、近郊の村々で始まっていた。

新しい地場産業の興隆に大きく貢献したのは、地域の有力者たちであった。橘樹郡南部の子安村や鶴見村では既に幕末期に西洋野菜が試作されていたが、鶴見村の名主を代々つとめた佐久間家では「佐久間穀菜果樹園」を開き、トマト・キャベツ・アスパラガスなどに加え、ブドウ・リンゴなどの西洋果物も栽培していた。これらは船で東京や横浜に出荷されていたが、佐久間家では東京三田育種場から苗の払い下げを受けて品種改良につとめるとともに、それらを近傍の篤農家へ販売・譲渡するなどして、新しい農業の普及にもつとめた。佐久間のような地域リーダーたちが、明治初期の横浜周辺の殖産興業を支えていたのである。

地方名望家たちの活躍

明治二二年（一八八九）四月市制・町村制の施行に先立ち、全国的に大規模な町村合併が行われ、七万余あった町村数は一万六〇〇〇に激減した。横浜市域の約二〇〇か町村は、四〜五か町村を標準として合併が行われ、新たに四五の近代の村が誕生し、旧町村は大字を呼称することとなった。これらの村々は、神奈川県・各郡役所の監督のもと、町村内の土木・勧業・教育・衛生等に加えて、徴税・徴兵等の膨大な国家委任事務を遂行することとなった。

そうした近代村の担い手として期待されたのが、先に見た地域リーダーたちであった。彼等の多くが、江戸時代に村役人をつとめた旧家の出身で、行政事務について一定の経験を有していたほか、旧町村を越えた政治・経済・文化的活動を通して地域社会から広範な徳望を集めており、そして何よりも原則的に無給の「名誉職」とされた町村長の職を全うし得るだけの資産を有していたからである。彼等は地方名望家と呼ばれ、明治政府の地方行政を担う層として大きな期待が寄せられていた。

『大日本名望家大全』（明治二八年）には、横浜市二八一名のほか、橘樹郡三五名、久良岐郡三五名、都筑郡八名、鎌倉郡一八名が記されている（現横浜市域のみ）が、各村でおおむね一〜二名程度である（名望家の記載の無い村もある）。彼等の中には町村長をつとめた者もいれば、県政や国政に身を投じ、時には激しく県当局や明治政府と対峙する者もいた。また公職に就かず、農業技術の改良や、事業の多角化を通して地域貢献を果した者もいた。その一方で、彼等は、横浜と周辺部を結ぶ主要道路の建築工事や、横浜水道の敷設工事に際して、敷地や工事費、労働力等を提供するなど、横浜のインフラ整備にも深く関わり、明治の横浜を下支えしていたのである。

（松本洋幸）

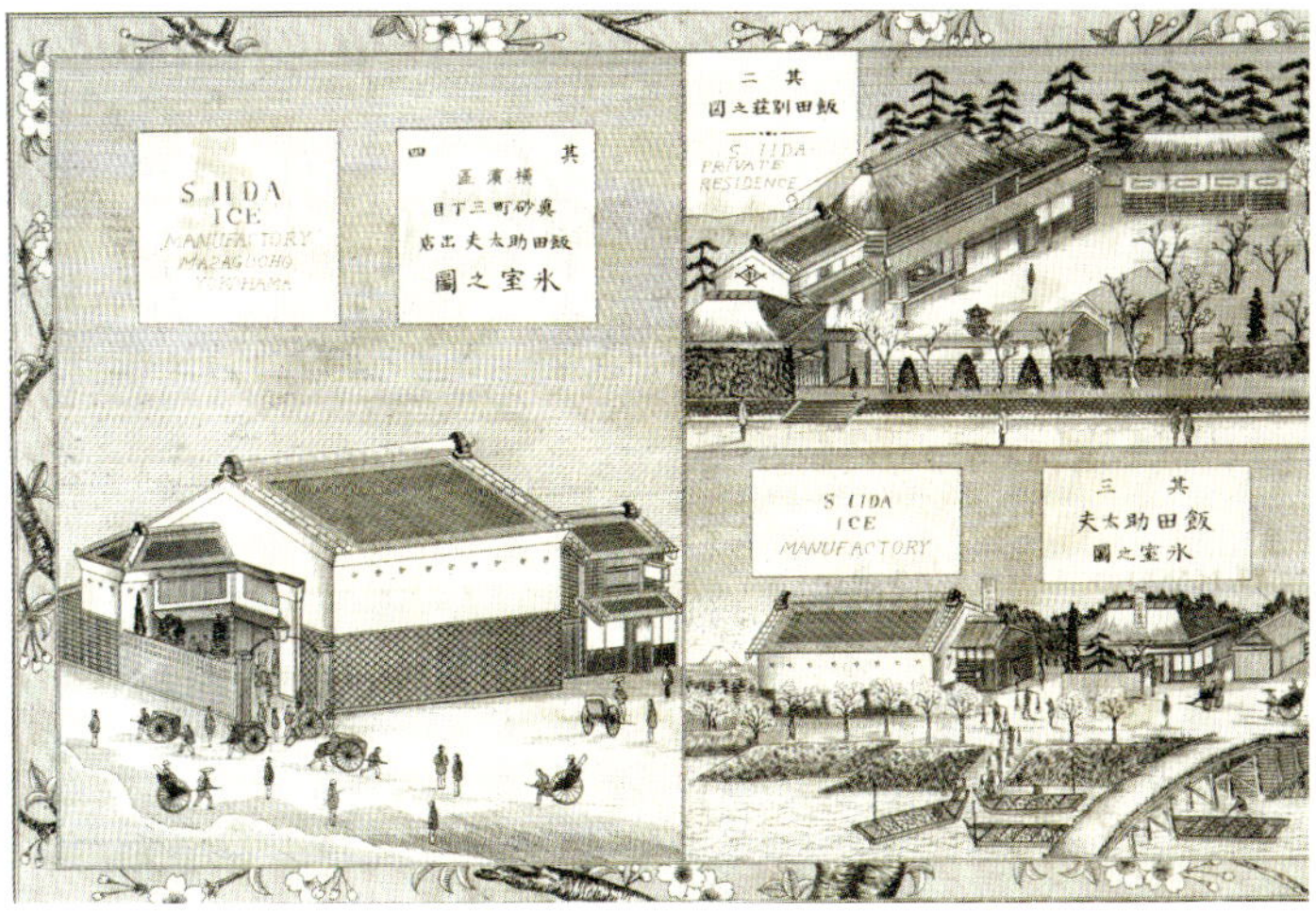

3　飯田助太夫氷室之図
北綱島村の旧家・飯田家の第10代当主・助太夫広配は、開港場で生じる下肥を都筑郡の村々に肥料として供給したり、谷戸の涌水を利用して製造した天然氷を外国商館に売り込むなど、新たなビジネスチャンスを掴み、地域の殖産興業に尽力した。また第11代当主・助大夫快三も、神奈川県会議員、橘樹郡農会長を歴任するなど、明治中期から大正期の橘樹郡の政治・産業の中枢を担った。『大日本博覧絵』（明治22年）より。

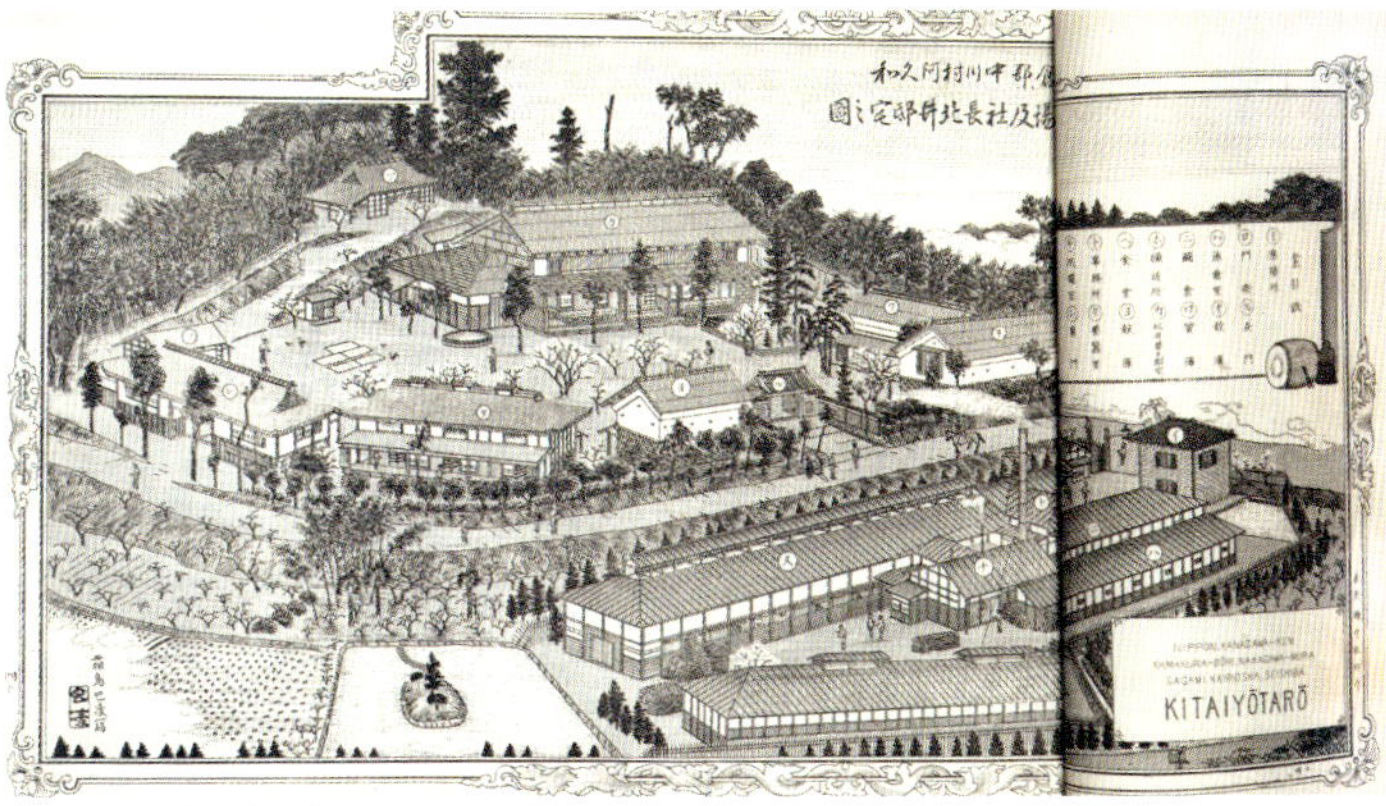

4　相州改良社製糸場
明治23年（1890）、中川村阿久和（瀬谷区）に設立された改良合名会社は、操業当初から蒸気機関を用い、最盛期には工女数200名を抱える郡内最大規模の製糸工場であった。経営者の北井要太郎は阿久和の名望家で、近在農民の共同出資の形を取っていた。『日本博覧図』（明治27年）より。

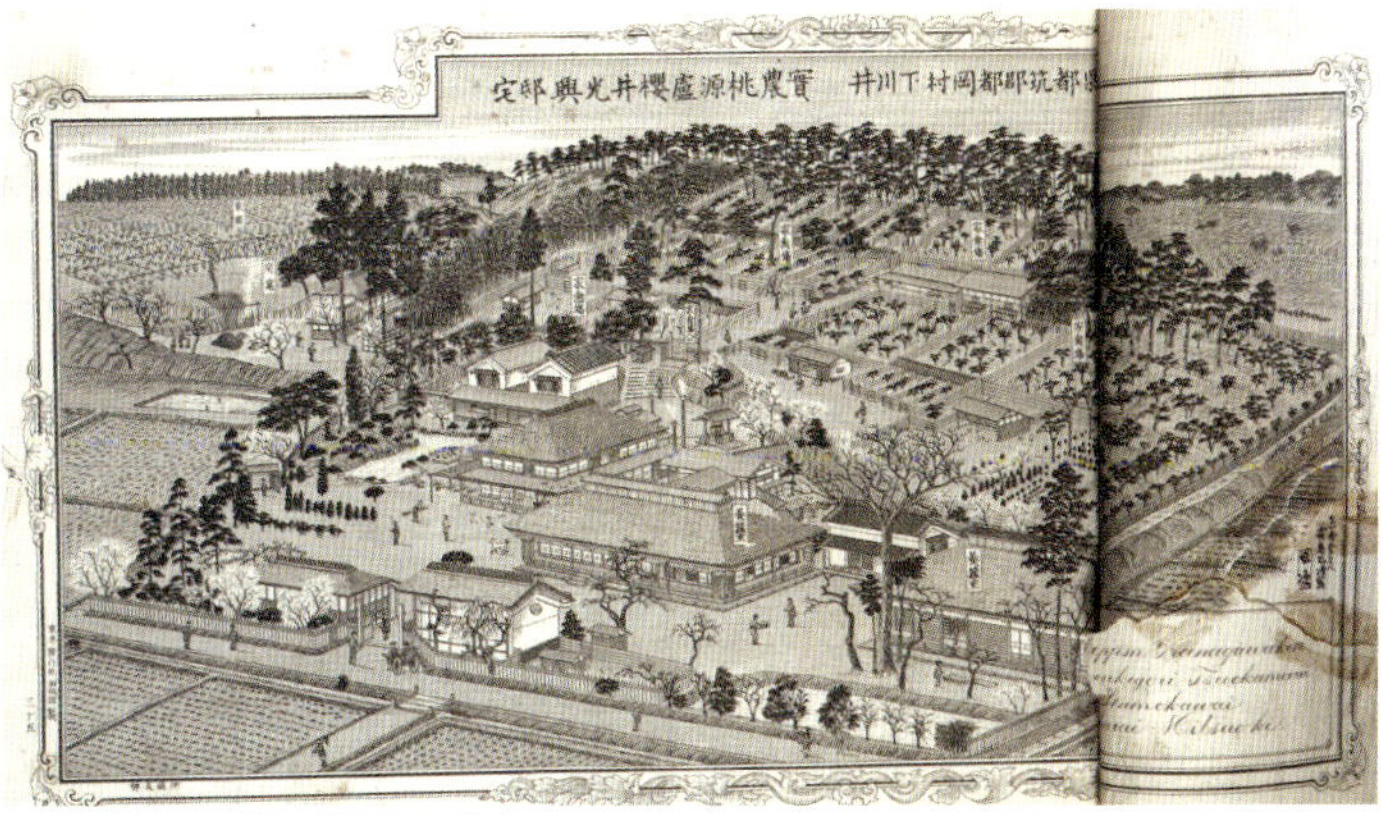

5　都岡村下川井 櫻井光興の邸宅
都岡村下川井（旭区）の櫻井家は、江戸時代に下川井村の名主をつとめた家で、櫻井光興は明治初期には戸長をつとめ、明治10年代には神奈川県会議員に選出された。また幕末から養蚕をはじめ、明治初期には酒造業・蚕種製造も手がけるなど、経営を多角化させていった。この銅版画には養蚕室と、家禽場とが見える。『日本博覧図』（明治27年）より。

広がる学校教育

「学制」の施行

明治政府の中央集権的政策が実行に移されるなか、明治五年（一八七二）に「学制」が施行され、学校制度の確立も図られた。「学制」は、欧米の制度を参考に、江戸時代から全国に広く普及していた寺子屋や私塾を政府の管轄下に置き、国民皆学を目ざすものであった。

横浜には宣教師が開設したキダー塾や亜米利加婦人教授所、高島嘉右衛門が開設した藍謝堂（高島学校）などの私塾があったが、これらはこの期に整理され、非公認の私塾として存続するか、高島学校のように公立学校へ移管した。

明治六年（一八七三）二月、神奈川県は神奈川県学制を施行し、従来の筆学所（寺子屋）は一切廃止し、教師は試験により選抜されること、一小学区に一小学校を設置し、児童が要する経費はその区内で負担すること、校舎や学校運営の経費は有志の者の募金によって賄うことなどを定めた。そして同年五月五日には「小学舎設立に関すること」が通達され、同月二五日までに小学舎を設立するよう達せられた。

神奈川県下で創設された公立小学校の数は、明治六年一〇月の段階でわずか一一校であったが、政府の小学舎設置の強い意向もあり、同年末には三八二校へと増加した。しかし建物も、教則・授業方法も小学校としての体裁をなしていなかったようで、明治七年（一八七四）一月には県下の教員を召集し、授業方法の教習を行うなど対策が取られている。教員の養成も急務で、県内四か所に小学校教員養成所（現横浜国立大学教育人間科学部）を開設している。

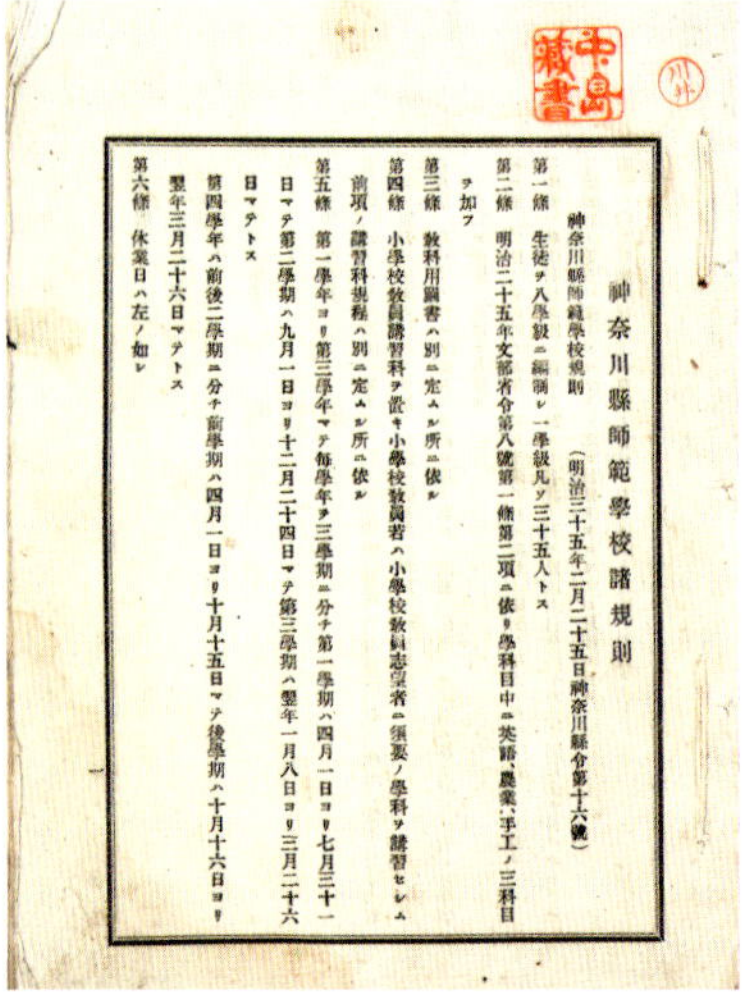
神奈川縣師範學校諸規則
神奈川縣師範學校規則　（明治三十五年二月二十五日神奈川縣令第十六號）
第一條　生徒ヲ八學級ニ編制シ一學級凡ソ三十五人トス
第二條　明治二十五年文部省令第八號第一條第二項ニ依リ學科目中ニ英語、農業、手工ノ三科目ヲ加フ
第三條　教科用圖書ハ別ニ定ムル所ニ依ル
第四條　小學校教員講習科ヲ置キ小學校教員若ハ小學校教員志望者ニ須要ノ學科ヲ講習セシム
前項ノ講習科規程ハ別ニ定ムル所ニ依ル
第五條　第一學年ヨリ第三學年マテ毎學年ヲ三學期ニ分チ第一學期ハ四月一日ヨリ七月三十一日マテ第二學期ハ九月一日ヨリ十二月二十四日マテ第三學期ハ翌年一月八日ヨリ三月二十六日マテトス
第四學年ハ前後二學期ニ分チ前學期ハ四月一日ヨリ十月十五日マテ後學期ハ十月十六日ヨリ翌年三月二十六日マテトス
第六條　休業日ハ左ノ如シ

1　神奈川県師範学校諸規則
明治7年（1874）1月に神奈川県が開設した小学校教員養成所は、横浜師範学校などの名称を経て、明治31年（1898）、神奈川県師範学校と改称された。写真は、明治35年（1902）、神奈川県立高等女学校内に講習科を付設した際に定められた規則。明治35年（1902）。

小学校と郷土教育

「学制」は、明治一二年（一八七九）に廃止され、改めて「教育令」が制定された。しかし翌年には再度改正されるなど、明治初頭の教育政策は決して安定したものではなかった。

明治二二年（一八八九）二月に「大日本帝国憲法」が発布され、同二三年一〇月には「教育ニ関スル勅語」が発布され、政府の教育政策、教育の目的が鮮明になっていった。

明治一九年（一八八六）に制定された「小学校令」は、明治二三年に続き、明治三三年にも改定された。明治二三年改定の「小学校令」に基づき、神奈川県が明治二五年（一八九二）に定めた「小学校教則」の第一条には、道徳教育・国民教育に関する事項を特に留意して教えるよう定められており、徳育・知育・体育以外の国民教育を重視する方針が打ち出されている。

日清、日露の二つの戦争を経て、教育内容は次第に道徳教育、国民教育を柱にした国家主義的色彩の濃いものへと変化していった。また地方改良運動が盛んになり、図書館の設立、郷土史の編纂、史蹟・名勝の保存、文化財の保護などが盛んに行われるようになった。郷土への関心が高まるとともに、学校での郷土教育の重要性も強調され、小学校は地方教化の場へと変わっていった。

明治三三年の「小学校令」改正により市町村立尋常小学校では、原則として授業料を徴収しないこととなったこともあり、就学率もしだいに上昇していった。

中学校・高等女学校の設立

明治五年に制定された「学制」は、初等教育に重点が置かれており、中学校の本格的な整備が図られたのは明治一九年の中学校令公布以降であった。しかし神奈川県における県立中学校の設置は、神奈川県会が一貫して経費節減を理由に中学校の設置に反対したため、他県にくらべて著しく遅れることとなった。明治三〇年（一八九七）二月、神奈川県尋常中学校（のちの県立第一中学・県立第一横浜中学校、現県立希望ヶ丘高校）が設置され、市域で二番目の県立第二横浜中学校（現県立横浜翠嵐高校）が設置されたのは大正二年（一九一三）のことであった。

女子の小学校卒業生の受け皿として、女子のための高等教育機関も必要となり、明治三二年（一八九九）に高等女学校令が施行された。高等女学校は、中学校と同じく高等普通教育を施す学校であったが、男子の中学校が五年の課程であったのに対して四年が原則であり、本科四年、補修科一年であった。明治三三年、神奈川県で最初の高等女学校である神奈川県高等女学校（現県立横浜平沼高校）が橘樹郡保土ヶ谷町に設置され、翌年開校、神奈川県立高等女学校と改称された。

2　横浜学校
高島嘉右衛門が明治4年（1871）12月に私費を投じ、伊勢山下のガス会社横の広大な敷地に開設。一時は700人ほどの生徒がいたが、明治5年（1872）に神奈川県に譲渡、翌年火災で焼失した。明治5年（1872）頃。

実業学校の開設

　日清戦争以後、近代産業の発展にともない、それらの産業を支える職業人を育成する実業学校の設立が急務となった。政府は、明治三二年に実業学校全般に通じる包括的な規程を定めた実業学校令と、工業学校規定・農業学校規程といった各種実業学校ごとの個別の規程を定めた。神奈川県では明治三五年（一九〇二）に郡立中郡農業学校を始めとする農業学校が、工業学校については明治四五年（一九一二）、神奈川県立工業学校（現県立神奈川工業高校）が開校した。大正九年（一九二〇）には、さらに高等な教育機関として横浜高等工業学校（現横浜国立大学工学部）が設けられた。

　一方、商業学校に関しては、すでに明治一五年（一八八二）、横浜貿易商組合によって創設され、校長に美澤進を迎えた横浜商法学校（現横浜市立横浜商業高校、通称Y校）が商家子弟の教育に大きな役割を果たしていたが、大正一二年（一九二三）には、高等教育機関として、横浜高等商業学校（現横浜国立大学経済学部・経営学部）、昭和三年（一九二八）には横浜市立横浜商業専門学校（後の横浜市立経済専門学校、現横浜市立大学国際総合科学部経営科学系）が開校した。

　女子のための実業学校の開校は、明治四三年（一九一〇）、高等女学校令が改定され、高等女学校が、教養伝達を主とする高等女学校と、家政教育を行う実業高等女学校に二分されて以降のことであった。市域では、大正三年（一九一四）に開校した私立横浜実科女学校（現神奈川学園高校）と、昭和三年（一九二八）に開校した戸塚町立戸塚実科高等女学校（現横浜市立戸塚高校）の二校に過ぎない。これは横浜には高等女学校に準ずる私立の女学校が数多くあり、地域の女子高等教育を補完していたことが影響していたと思われる。（石崎康子）

3　横浜平沼高等女学校
明治34年(1901)、橘樹郡保土ヶ谷町岡野新田（西区岡野町）に開校した神奈川県立高等女学校。関東大震災で崩壊した。

7　神奈川県立第一横浜中学校
明治30年（1897)、神奈川県で初めての公立中学校として、久良岐郡戸太町戸部（西区藤棚）に開校した。昭和20年（1945）の横浜大空襲で校舎を焼失し、金沢区六浦に一時移転した後、現在地（旭区南希望が丘）に移転した。写真は付属図書館閲覧室。

盛り場・伊勢佐木界隈

関外開発のはじまり

開港後の貿易の発展で関内地区は手狭になっていった。慶応二年（一八六六）の横浜大火は、居住区としての山手居留地が設定され、関外地区が開発される契機となった。吉田橋際の一つ目沼が焼失した港崎遊郭の代替地となり、埋め立てられて吉原遊郭となった。旧吉田新田地域に次々と町が生まれ、小商人・職人・港湾関係労働者らが居住して、関外は庶民の街になっていった。関内北仲通の劇場下田座は、吉原町に隣接する羽衣町に移転し、明治三年（一八七〇）一〇月下田座さの松となった。吉原遊郭は明治四年一一月に火災となり、遊郭地は高島町に移った。

伊勢佐木町の誕生

伊勢佐木町一、二丁目が誕生したのは明治七年（一八七四）五月である。これは現在の同町一丁目にほぼ相応する区域で、現在の二丁目にあたる松ヶ枝町は六年二月、三〜四丁目にあたる賑町と五丁目以降の長島町は同年一一月に命名された。

明治七年四月、久保山に移転した常清寺の墓地跡地（長者町七丁目）に劇場の山中座が開場。翌八年四月には、伊勢佐木町二丁目・松ヶ枝町界隈が、相撲・見世物興行地として設定される。翌九年八月吉田町一丁目に増田座ができて、のちに蔦座となる。松ヶ枝町には粟田座（一二年）、勇座（一三年）が、賑町には賑座（一三年）ができた。そのほか、興行実態が不詳なものもふくめて、伊勢佐木界隈は劇場街の様相を強めていった。

伊勢佐木町が誕生する頃には、すでに小規模な寄席はあったが、規模の大きなものでは、関内の吉田橋際の馬車道入口に富竹亭が落語席として開場。明治八年（一八七五）七月に三遊亭円馬が出演した記録がある。富竹亭は一八年に三階建てに改造されて、義太夫専門に転じた。明治二〇年（一八八七）には、松ヶ枝町に落語・奇術・物まねなどの色物席として新富亭が開場した。その後も伊勢佐木界隈に、富松（義太夫）、新竹（講談）、萬竹・長竹（浪花節）、新萬竹（色物）などの寄席がつくられた。

明治一五年（一八八二）、高島遊郭の移転先に永楽町・真金町が指定された。同二一年の移転完了まで、長者町一、二丁目で仮営業がなされ、長者町一帯も繁盛することとなった。

芝居と役者、芸人たち

横浜には横浜の芝居があった。明治九年（一八七六）、南仲通の両替渡世松野屋の丁稚殺し事件は、新聞小説として公表されるや、山中座で「照屋忠右衛門小僧殺し」として上演されている。また、明治一三年には地租改正にからむ平塚の地主一家殺害事件である「真土騒動」を題材にした「噂廼松蚊槍夜話《うわさのまつかやりのよばなし》」も好評を博し、港崎岩亀楼の遊女喜遊を題材にした河竹黙阿弥作「縦横浜孝子新織《たてよこはまこうしのしんおり》」も、明治一七年東京・都座ののち、羽衣座で上演された。のちに新派劇でも、横浜を題材とした芝居がつくられている。関三之助・市川荒二郎らの地元人気俳優も育った。

「劇聖」九世市川団十郎が、伊勢佐木

1　伊勢佐木町通り
賑町の楼上からの撮影であろう。通りの先に小さく河北時計店（弁天通り）があることから、明治27年（1894）以降、32年の大火以前の光景である。明治中期。

2　伊勢佐木町通りの商店・施設

軒数	娯楽・遊興	飲食（営業・小売）	被服関係	小売り	その他
9	空気銃		足袋商		
8		すし屋・せんべい屋	袋物商		
7		そば屋	呉服屋	小間物屋・おもちゃ店	
6		牛しゃも屋	洋貨店	薬屋	
5		てんぷら屋・しるこ屋		絵草紙店	理髪屋
4	劇場		下駄屋	陶磁器商・たばこ店・時計店・雑誌店	
3	寄席	はじけ豆・下等牛屋	古着屋	雑貨店・雑種店	
2	覗機関・吹矢店・玉ころがし・源氏節	漬物屋・パン商・乾物商・茶商・洋酒商・菓子商	半襟店・洋服屋	荒物商・眼鏡商・洋燈商	写真師・湯屋
1	玉つき	ようかん店・蛤鍋・芝居茶屋・居酒屋・うなぎ屋・酒類業・銘酒屋	草履店	紐類店・紙屋・ちょうちん屋・石けん商	活版業・名刺屋・ブリキ屋・新聞舗

業態が不明な「雑種商」は小売りに入れた。出典：「横浜市の遊楽地」『横浜商業会議所月報』第4号（明治30年1月刊）

界隈の舞台に初めて上ったのは、河原崎権之助時代の明治五年（一八七二）正月、下田座さの松での「十二刻忠臣蔵」であった。下田座が羽衣座と座名が変わった明治一五年三月にも「一谷嫩軍記《いちのたにふたばぐんき》」で乗り込んでいる。団十郎と並び称された五世尾上菊五郎もまた、明治三年の下田座さの松のこけら落としに来浜。団十郎も菊五郎も若く、高名を確立する契機となった天覧歌舞伎は明治二〇年のことである。明治三六年の死去にいたるまで「団菊」はたびたび横浜の劇場に登場している。

明治二三年（一八九〇）八月、蔦座に乗り込んだ川上音二郎は、「オッペケペー」を披露して関東で大流行させ、壮士芝居で名をあげる。芝居とは歌舞伎のことである時代に新たな演劇をこころみ、外遊の後「正劇」と称する翻訳劇で賑町・喜楽座に乗り込んでいる。

色物の上席である新富亭には、橘家円蔵・五代目円生・三代目小さんをはじめとする三遊派・柳家派の大看板が登場することになった。また英国人噺家として人気があった三遊派の快楽亭ブラックもたびたび新富亭の高座に上がっている。

4　古着呉服相模屋ご披露
伊勢佐木町１丁目相模屋の開店披露の引き札。

3　羽衣座
下田座の流れをくむ横浜最古の劇場。関外大火以後２度にわたり出火全焼するも再興し、大正４年（1915）の火災で廃座になった。明治中期。

5　見世物小屋
右手は「大象曲馬」の見世物小屋、左手は不明。奥の劇場は賑町・両国座であろう。明治中期。

6　伊勢佐木町２丁目角から１丁目を望む
関外大火後、拡幅された伊勢佐木町。右手前が亀楽せんべい。境町に本店があったが、次第に伊勢佐木支店が主店舗になり本店となる。伊勢佐木町１丁目の入口付近の蔦座は、大火で焼失して勧工場の横浜館となった。遠方にみえる短い屋根が横浜館。1900年代。

着倒れ・食い倒れのまち

『横浜商業会議所月報』第四号（明治三〇年一月発行）は「横浜市の遊楽地」と題した伊勢佐木町通りに関するレポートを掲載した。レポートには、ある日曜日午後三時頃の五分間に、吉田橋を四八三人が行き来したと記されている。「頻繁雑踏の甚だしきは、京の新京極を除かは伊勢佐木町は全国に冠たらむ」と評した。内訳は、男子四に対して女子一の割合で、洋装は約一割と意外に少なく、帽子をかぶる者が約六割をしめる。そして「その遊歩人種の外来者少なくして本港民の多きにあり」とする。レポートに記された、伊勢佐木町の入口から賑町一丁目角にいたる間（現在の横浜にっかつ会館付近まで、約四〇〇メートル）の商店・施設の軒数は表のとおりである。レポートも指摘するように飲食関係と被服関係が多く、「開港場人気か毎日獲得したる所得を食ふと衣るとに費やすを証すべし」。着倒れ・食い倒れのまち横浜を象徴するのが伊勢佐木であると評している。

大火からの復興

明治三二年（一八九九）八月一二日、関外大火によって、伊勢佐木界隈は灰になった。蔦座・勇座は廃業。しかし、羽衣座は早くも九月二八日に再建落成、賑座・相生座も続いて再開された。寄席の新富亭も復興し、両国座は喜楽座として再出発、まもなく長島座・雲井座が新設された。主要な老舗呉服店も営業を再開した。道幅が八間に拡幅され、伊勢佐木町が大火以前の繁栄を取り戻すのに長い時間はかからなかった。「本港民」＝横浜の庶民が盛り立てるまちであった。

（平野正裕）

図版特集

横浜絵葉書

日本で絵葉書が誕生したのは今から一一〇年ほど前のことである。明治三三年（一九〇〇）九月一日の郵便規則制定によって、私製絵葉書の作成・使用が認められ、これを契機に絵入りの葉書が広まった。さらに明治三七年（一九〇四）、逓信省が日露戦争記念絵葉書を発行すると、ブームに火がついた。

横浜では市内の名所絵葉書が大量につくられ、国内や外国から横浜を訪れた人々がお土産として買い求めたり、故郷への便りに使ったりした。そうした一枚一枚には、当時の風景や人々の暮らしが克明に写しとられ、現在では貴重な歴史資料となっている。

（伊藤泉美）

1　大さん橋
大さん橋は外国航路の客船が行きかう日本の玄関であった。左手手前には旅具検査場と横浜税関監視部の瀟洒な建物が見え、海に長く突き出た桟橋には引き込み線のレールと電灯が整然と並ぶ。中央六角形の電話ボックスの横には客待ちの人力車の列。明治末から大正初期。トンボヤ製。

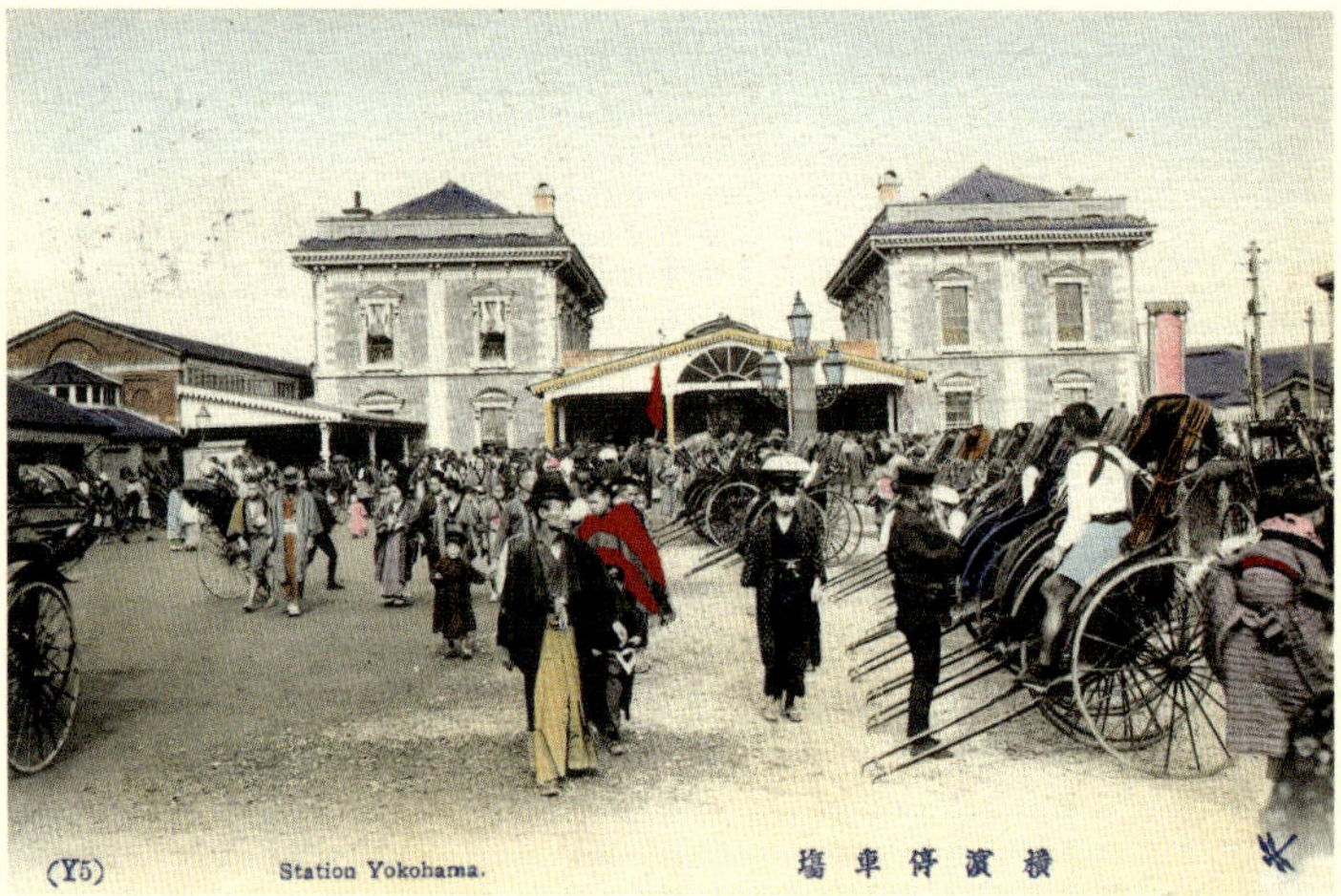

2　横浜駅
初代横浜駅（現桜木町駅）は陸路での横浜の入り口。商用や観光で訪れる人々がここを行き来した。石造りの駅舎は明治5年（1872）、日本の鉄道創業時に建造された。明治末から大正初期。トンボヤ製。

3　本町通り 52 番付近
旧横浜外国人居留地のメインストリート。居留地制度は明治 32 年（1899）に撤廃されたが、関東大震災の被害にあうまでは、洋館が建ち並ぶ異国情緒あふれる街並みであった。明治末から大正初期。星野屋製。

5　元町
外国人相手の商人や職人が店を構える元町では、看板も日英両文併記だ。右手手前から横浜美術写真館、パン屋の宇千喜、牛肉屋の米久。左手奥の赤いポストの看板を掲げるのは絵葉書屋。明治末から大正初期。上田製。

4　中華街
旧居留地内の中華街も横浜名所の一つ。これは関帝廟改修25周年記念の関帝誕の行列が、現関帝廟通りを練りあるく様子。明治43年（1910）。トンボヤ製。

6　グランドホテル
海岸通りのグランドホテルは、関東大震災で倒壊するまで、横浜を代表するホテルとして、多くの外国人客で賑わった。手前は明治20年（1887）にP・サルダの設計で建造された新館。明治末から大正初期。

7　日本大通り
日本大通りは県庁や外国公館が集まる官庁街。通りの突き当たりにあった横浜税関の塔からの撮影。手前は大正2年（1913）に竣工した神奈川県庁。その向こうのドームの建物は横浜郵便局。大正初期。

1　原富太郎（三溪）
岐阜の庄屋に生まれ、母方の祖父は高橋杏村という幕末の南画家であったこともあり、幼少から漢籍や絵画に親しんだ。横浜の市電敷設や生糸貿易の発展に貢献した。茶人としても名を成し、多くの名代茶道具を所有し、数寄者との交流からも当時の様子が偲ばれる。

2　外苑風景
明治39年（1906）の開園にあたり一般に公開されたのがこの外苑エリア。京都燈明寺から移築された三重塔がランドマークとして配され、四季折々の花を楽しむことができる。特に桜は大池の周辺や山間に点在し、移築されている古建築と相まって圧巻の風景を楽しむことができる。

図版特集

原富太郎と三溪園

三溪園の創設者・原三溪（一八六八〜一九三九）は岐阜から上京し、横浜の生糸売込商・原善三郎の孫娘と結婚、横浜で実業家として成功を収めた。明治三九年（一九〇六）に自邸を市民に開放し、三溪園を開園。関西や鎌倉などから移築してきた由緒ある建造物を巧みに配し、一木一草に至るまでデザインした庭園である。そして、実業家として実力をつけるとともに、古美術の蒐集にも力をいれ、その鑑識眼の高さは、現在でもすぐれた評価を受ける美術品の数々が証明している。一方で、明治末期から関東大震災が起る大正一二年（一九二三）までは、新進気鋭の当代作家への支援を惜しまず、作家の育成に一役買った。古美術から当代作家までの旧蔵品は数千点にのぼる。震災後は横浜の復興に力を注ぎ、晩年は余暇に自ら絵を描いて過ごし、最期のときも雪舟の画巻を眺めるなど、終生美術に理解と愛情を傾けた人物であった。

（青島さくら・清水緑）

3　旧燈明寺三重塔　重要文化財
聖武天皇の勅願寺、京都相楽郡加茂町の燈明寺に建てられた室町時代初期の塔で、大正3年に移築された。三間三重、本瓦葺き、相輪頂上までは約23.7メートルある。

4　臨春閣　重要文化財
臨春閣は数寄屋風書院造の建物で、和歌山県に存在した紀州徳川家の別邸巌出御殿の遺構と考えられている。かつては豊臣秀吉ゆかりの「桃山御殿」とも称されていたが、現在は江戸時代初期の建物と推定されている。三溪園に移築される以前、2階造りの第三屋は第一屋の右側に建てられていた。明治39年に建物を手に入れ、大正6年に移築が完了した。

5　臨春閣　第三屋内部
室内は部屋ごとに狩野派などによる襖絵が展開し（現地は複製）、欄間には笙や笛などの楽器があしらわれ、随所に洗練された意匠を見ることができる。

7　聴秋閣　重要文化財
元和9年（1623）徳川家光が将軍職受任のため上洛した折、京都二条城内に建てられ、後に春日局が賜ったと伝わる望楼建築。三つの屋根があることから、かつて"三笠閣"の名で呼ばれた。大正11年に移築された。

6　鶴翔閣　横浜市指定有形文化財
原家の住まいとして明治35年に建てられた。横山大観や前田青邨など三溪と交流のあった日本美術院の画家が、現在「客間棟」と呼ばれている部屋で大作を描いた。そのほか、多くの文化人も出入りした。平成12年に解体修理が完了し、一般に貸出施設として活用されている。

9　今村紫紅　伊達政宗
独眼竜と呼ばれた仙台の武将・伊達政宗を堂々と描いたもの。政宗は慶長遣欧使節を派遣し、外交のためキリスト教の布教を進めようとしたことから、この作品には背景に十字架が描かれている。歴史画を好んだ三溪は、このような歴史画を見て紫紅への支援を決めたのだが、後、紫紅は当時としては斬新な作風に移行していき、後年三溪は苦笑したかもしれない。明治43年（1910）。第12回紅児会。

8　荒井寛方　竹林の聴法
寛方は、三溪所蔵の《孔雀明王》の模写のため三溪園を訪れ、三溪に見出された。「自分の仏画を描いてみないか」という三溪の言に目覚め、数多くの仏を描いた。後にインドへも渡り、アジャンタ壁画を実見し、仏画の真髄に触れた。明治44年（1911）。第5回文展。

11　小林古径　いでゆ
三溪が古径の作品を認めたのは、文展に出品された《極楽井》を見て買い上げた頃。三溪の援助を受け、三溪園での古美術研究会にも参加した。本図は箱根にある三溪の別荘「去来山房」の温泉を描いたもの。浴室内の湯けむりと開いた窓からのぞく草花の清冽さが対比され情趣漂う。大正7年（1918）。第5回再興院展。

10　速水御舟　寺の径
小茂田青樹や牛田雞村とともに三溪の援助を受けた。三溪が仲人を務め、三溪が催す茶会にもよく招かれていた。本図は代表作《洛北修学院村》と同じ年に制作され、群青や緑青を多用した「青の時代」といわれる時期のもの。大正7年（1918）。第2回院展同人展。

12　下村観山　白狐（部分）
明治後期に岡倉天心が設立した日本美術院は、紆余曲折を経て開店休業状態となり、天心没後の大正3年（1914）9月に横山大観・下村観山らが中心となり再興した。三溪が最も気に入っていた画家・観山は第1回再興院展へ、天心の戯曲「ホワイトフォックス」を題材としたこの屏風を出品し、三溪の買上となった。大正3年（1914）。第1回再興院展。

14　安田靫彦　五合庵の春
靫彦は青邨や古径とともに明治末頃から三溪の援助を受けた。本図は、靫彦がその書体に傾倒した僧・良寛の越後の庵。こどもと親しく遊んだ良寛の姿をやさしくあらわしている。本図は三溪の美術品購入記録には記載がないが、所蔵品目録にはあることから、購入せずに贈られたものという可能性も高い。大正9年（1920）。第7回再興院展。

13　下村観山　春雨（部分）
三溪が最も目をかけ、お互い信頼しあっていたと思われる観山は、三溪園の臥竜梅をモデルに《弱法師》を描いた。本図はその翌年に院展に出品され、《弱法師》と並ぶ代表作。インドの詩人タゴールはこの作品をみて、日本画の美しさに心うたれたという。大正5年（1916）。第3回再興院展。

15　前田青邨　遊魚（部分）
三溪は大正12年の関東大震災まで作家の支援を行った。院展出品作を買い上げ続けた三溪であったが、最後に院展作品を購入した記録が残るのは第8回の出品作であり、古径の《罌粟》とこの青邨の作品であった。藻には金泥と墨を併用することで、海中の透明感とゆらぎをあらわす。大正10年（1921）。第8回再興院展。

拡がる埋立

日清戦争後の埋立熱

日清戦争後、国内では紡績業・製糸業や官営軍需工場などを中心に急速な工業化が進行し、それに伴って都市の地価が急上昇した。横浜でも明治二九年（一八九六）頃に土地騰貴が顕著となり、平均地価は一〇年間で二・四倍（六大都市で最高）に跳ね上がった。当時、関内地区の人口は約二万七〇〇〇人、関外地区（旧吉田新田地区）の人口も約六万人を超えるなど、市街地はほぼ飽和状態にあり、土地開発の焦点は海面へと移っていった。ちょうど明治三二年から横浜税関による現在の新港埠頭付近の埋立が始まるなど、拡張工事を続ける横浜港周辺で埋立熱が急速に過熱していった。その象徴的な出来事が明治三二年に起こった横浜埋立事件である。

この事件は、山手居留地沖合より本牧十二天に至る海面約一〇万坪の埋立権をめぐって、鈴木稲之輔ら横浜政界の有力者（「横浜組」）と、茨城県の政商・小山田信蔵ら（「小山田派」）、長野県の横関繁太郎ら（「信州組」）の三者が激しく争ったものである。時の政権与党・憲政党の指導者・星亨は、当時最大の政治争点となっていた地租増徴案の議会通過と引き替えに小山田支持を内務省に働きかけたため、横浜組と信州組が反発、中央政界を巻き込む一大問題に発展した。約三か月に及ぶ紛擾の結果、免許は小山田派に下りたが、工事着手は延期を重ね、埋立権利も武蔵電気鉄道、横浜埋立株式会社へと継承され、大正一一年（一九二二）にようやく竣工した。

横浜埋立事件と時を同じくして、神奈川の沖合でも埋立熱が起こっていた。しかし、この頃の埋立計画は、資力の乏しい出願者が着工しないまま権利を第三者に売却するなど、多分に投機的な性格を持つ場合が多く、地元漁業関係者の強い反対もあって、埋立は容易に進まなかった。明治三四年から三五年にかけて、現在の大野町・山内町・橋本町付近の埋立が請願されたが、いずれも数千坪単位の小規模な埋立で、必ずしも明確な目的を持って行われたものとは言いがたかった。

千若町・守屋町の埋立

横浜港第二期築港工事が進むにつれて、輸出入品を保管する倉庫群建設のための埋立計画が新たに登場した。明治三六年（一九〇三）、八王子と横浜を結ぶ横浜鉄道の役員である千坂高雅、若尾幾造らは、主要輸出品の生糸を保管する倉庫建設のため、横浜港の北隣に約一三万坪の埋立を出願、明治三八年に認可され、その後、横浜倉庫株式会社が工事に当たった。工事は翌年に始まったが、明治四三年八月の水害で土取場の浦島山が崩壊したり、翌年七月の暴風雨で護岸が崩壊するなど、極めて難航した。明治四四年に完成した埋立地は、千坂・若

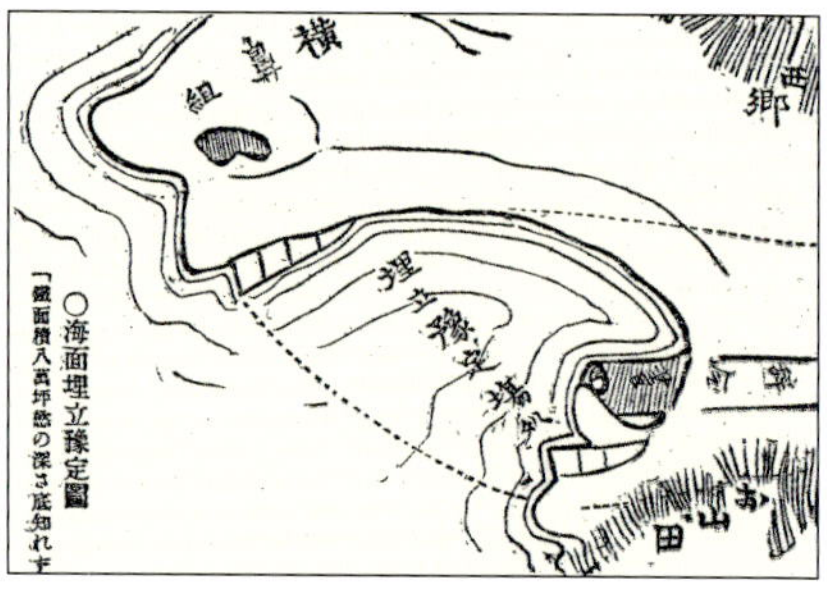

1　横浜埋立事件の風刺画
横浜港周辺を人の口に見立てて、横浜組（「横鼻組」）と小山田派（「お山田」）が、横浜港沖合の埋立権利をめぐって激しく争い、小山田派が内務大臣・西郷従道（「西郷」）に働きかけて、免許権（「辞令書」）をまんまと入手した、という風刺画。『團團珍聞』1239号（明治32年10月28日）より。

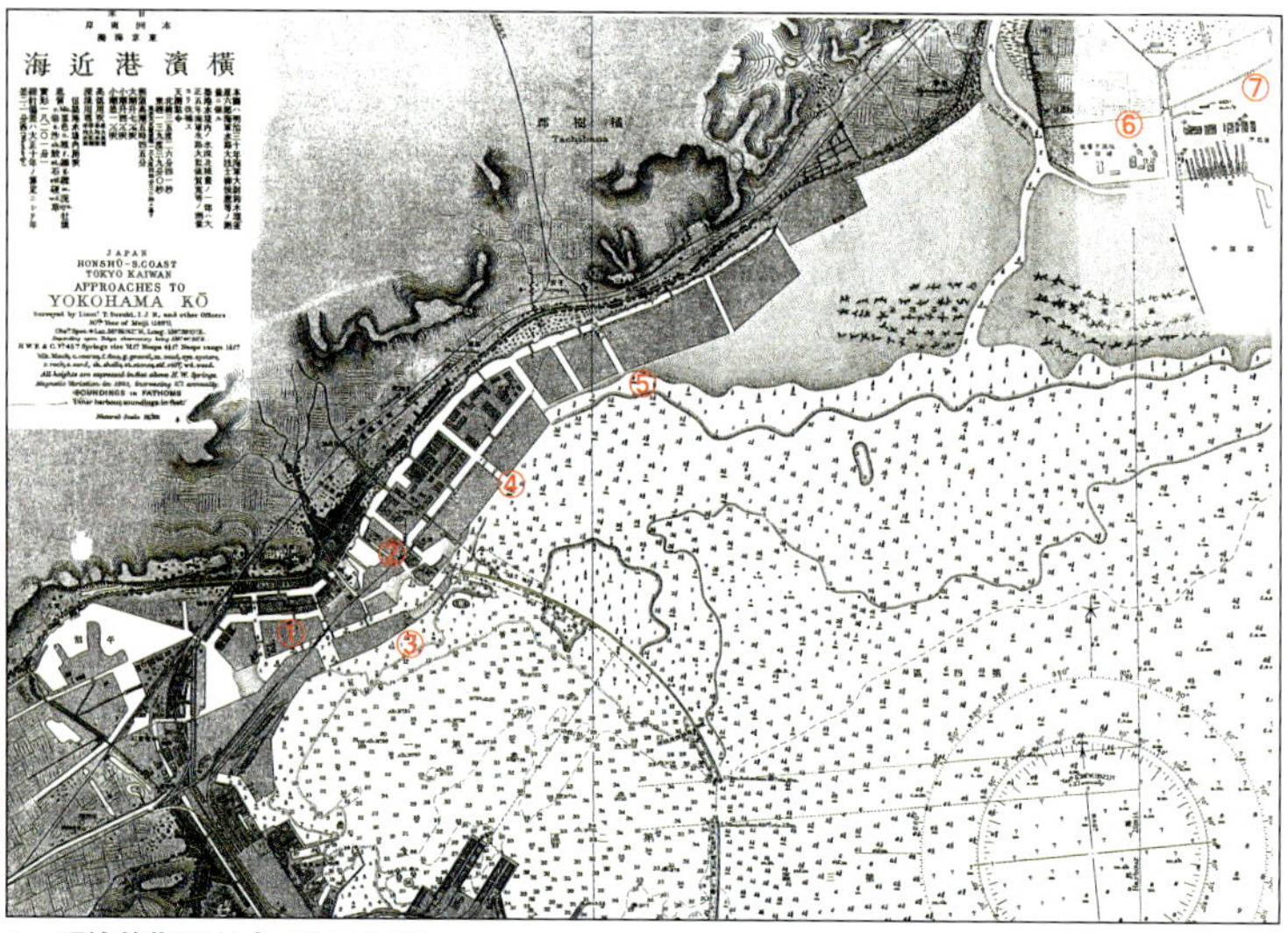

2　明治後期から大正期の埋立
①が大野町（明治38年竣工、以下同様）、②が橋本町（明治42～44年）、③が山内町（明治40～41年）、④の4区画が横浜倉庫による埋立が行われた千若町（明治44年）、⑤の4区画が守屋此助が完成させた守屋町（大正元年）、⑥⑦より東側が浅野埋立で、⑥には旭硝子が進出し、⑦には建設中の浅野造船所が見える。浅野造船所の前の海面には「浚渫中」と記されている。大正5年10月12日　日本水路部『横浜港近海』（部分）より。㈶日本水路協会承認第210102号

3　浅野總一郎の銅像
現在の富山県に生まれ、明治初年に上京、横浜市瓦斯局のコールタールの再利用などで利益を得、その後、セメント業、海運業に進出、幅広い事業展開を行った。大正9年（1920）、関連企業の幹部候補養成を目的として子安台に浅野学園を創設した。浅野学園。

尾の一字ずつを取って千若町と命名され、大正期には横浜電気神奈川発電所、日清製粉、内田造船所などが進出した。

　隣接する子安村でも、地元有力者の平沼九兵衛と持丸兵輔が、約一五万坪の埋立を請願し、明治三四年（一九〇一）に着工していた。明治三七年頃の工事仕様書によると、埋立に要する土砂一日分は、浅間町から船一二艘で三〇坪、子安村から手車で二四坪が運ばれ、工事従事者は一日に四二人（石工一二人・運搬夫等二〇人・雑用人夫一〇人）。遠隔地からの土砂運搬に多くの労力を要していたことが分かる。しかしこの工事は、日露戦争中の物価騰貴の影響等もあって進捗せず、明治三八年、守屋此助と桂二郎に権利が譲渡された。翌年守屋は単独で権利を取得、安田善次郎の資金援助を得て工事を継続し、大正元年（一九一二）までにこれを完成させた。埋立地は守屋町と名づけられた。

浅野埋立の登場

大正期に入ると、さらに広大な海面埋立が、鶴見川河口から多摩川河口に至る沖合で始まった。浅野總一郎による埋立である。明治四五年（一九一二）、かねてより日本有数の臨海工業地帯の建設を企図していた浅野は、経済界の雄、渋沢栄一・安田善次郎らと図り、京浜の有力者数名とともに鶴見埋立組合を組織した。

　同組合は、大正三年（一九一四）に鶴見埋築株式会社、大正九年に東京湾埋立株式会社となり、その規模を拡大させながら、大正二年より一五年間かけて約一五〇万坪に及ぶ埋立地（浅野埋立）を完成させた。埋立地は九区画に分割され、その間を巨大な運河が通り、大小の船舶が自由に航行できる構造となっていた。また、一万トン級の船舶が直接接岸できる岸壁を備えたことで、荷役が格段に効率化された。

　それまでの埋立工事が単なる土地の提供に終わっていたのに対して、浅野はこの埋立地に各種のインフラを整備して、積極的に工場誘致を図った。すなわち、酒匂川上流に落合発電所を建設して工場地帯に不可欠な電力の供給を行ったほか、臨海工業地帯の物資輸送を円滑にするために大正一五年（一九二六）に鶴見臨港鉄道（現鶴見線）を開業し、昭和二年（一九二七）には工業用水提供のために橘樹水道株式会社を発足させるなど、一種の総合開発を行ったのである。

　こうして第一次大戦期までに日本鋼管、浅野造船所、浅野セメントなどの浅野の関連企業が進出、関東大震災を挟んで、スタンダード石油、ライジングサン石油、芝浦製作所、沖電気などの重化学関連工場が進出した。さらに一九三〇年代には鶴見川を挟んだ対岸の横浜市営埋立が完成するに及び、多摩川河口から横浜港へと連なる京浜工業地帯の中核・原型が形作られていくのである。

（松本洋幸）

4　浅野造船所前の海面を浚渫中のサンドポンプ船
従来の埋立工事の多くが山間地を切り崩して得た土砂を使用していたのに対して、浅野埋立では、サンドポンプ船によって海底を浚渫して得た土砂を吸い上げて、ポンプで埋立区域に送り沈殿させるという工法をとった。これにより短期間に大規模な埋立を完成させることができた。後方には造船台と建造中の船舶が見える。大正6～7年（1917～18）頃。

5　鶴見臨港鉄道
大正15年（1926）に浜川崎・弁天橋間と支線の貨物輸送を開始したが、後に鶴見～扇町まで延長され、昭和5年（1930）からは旅客輸送も加わり、京浜工業地帯の大動脈となった。中央を流れるのが鶴見川、手前側が鶴見駅、遠望に浅野造船所の造船台等が見える。昭和18年（1943）に国有化され、現在JR鶴見線となっている。昭和初期。

港湾都市の基盤整備

新港ふ頭の造成

横浜港では、明治二九年（一八九六）には北・東防波堤と七三〇メートルの大さん橋という築港工事が完成し、外洋船が接岸できるようになった。この年日本郵船会社は、ボンベイ（ムンバイ）までにとどまっていた航路をアントワープまで延長して欧州航路を開設、シアトル向けの北米航路（香港起点）とアデレード向けの豪州航路も開設した。三一年には新設の東洋汽船会社もサンフランシスコ航路（香港起点）を開いた。貨物輸送も活発化したが、貿易の拡大は急速で早晩不足することが見込まれた。

一方、紡績業発展に伴う対アジア貿易発展の担い手として神戸港の活動は目ざましく、二六年からは輸入額で、輸出入合計でも一時（三一～三三年）は横浜港を上回った。このような情勢のもと、大蔵省は税関拡張という名目で三二年から第二期築港工事に着手した。しかし埋立の三分の二ができたところで日露戦争勃発に伴う財政緊縮で工事は中断された。そこで横浜商業会議所の呼びかけで市原盛宏市長は、残り工事費の負担を申し出、結局、市が外貨市債で三分の一を拠出して工事は再開され、大正三年（一九一四）「東洋一」と呼ばれた新港ふ頭が完成した（大さん橋改修は六年）。新港ふ頭岸壁には一三隻が接岸でき、鉄道院貨物線が横浜駅から延長され、五〇トンクレーンで貨物の積み卸しができるという、画期的な海陸連絡設備ができたのである。

日本の貿易貨物の輸送では、開港以来長く外国船が圧倒的な比重を占め、自国船による輸送は第一期築港工事完成の年にやっと一〇%に達した程度であったが、明治三四年（一九〇一）には三分の一を超え、新港ふ頭完成の大正三年には遂に五〇%に達して外国船を上回った。

外商から内商へ

横浜港の貿易は日本経済の急発展を背負うように急増をつづけた。明治三〇年（一八九七）の輸出入合計額を一〇〇とすると（一〇年二一、二〇年三四）、四〇年には二一三、第一次世界大戦の好況期には激増してピークの大正八年（一九一九）には九六三と一〇倍近くにまで増加した。港別輸出入合計額では、横浜港は明治三〇年代半ばから首位を回復していたが、第一次大戦期には神戸が躍進、年により首位が入れ替わる角逐状態になった。

明治前期には外国商社による貿易が圧倒的比重を占めていたが、この時期には、生糸を始めとして内国商社による直輸出が進展した。明治前期の生糸直輸出の試みはいったん挫折したが、二六年には横浜生糸合名会社が設立され、ニューヨークではモリムラ＝アライ・カンパニーを通じて販売し、日清戦後には三井物産がニューヨーク支店を再開、生糸売込商原商店も原輸出店を設けるなど直輸出が軌道に乗っていった。貿易全体としては、輸出入ともに内商取扱率が三分の一を超えるのは居留地が解消した明治三二年、そして大正元年には輸出入とも内商が過半を占めるに至ったのである。

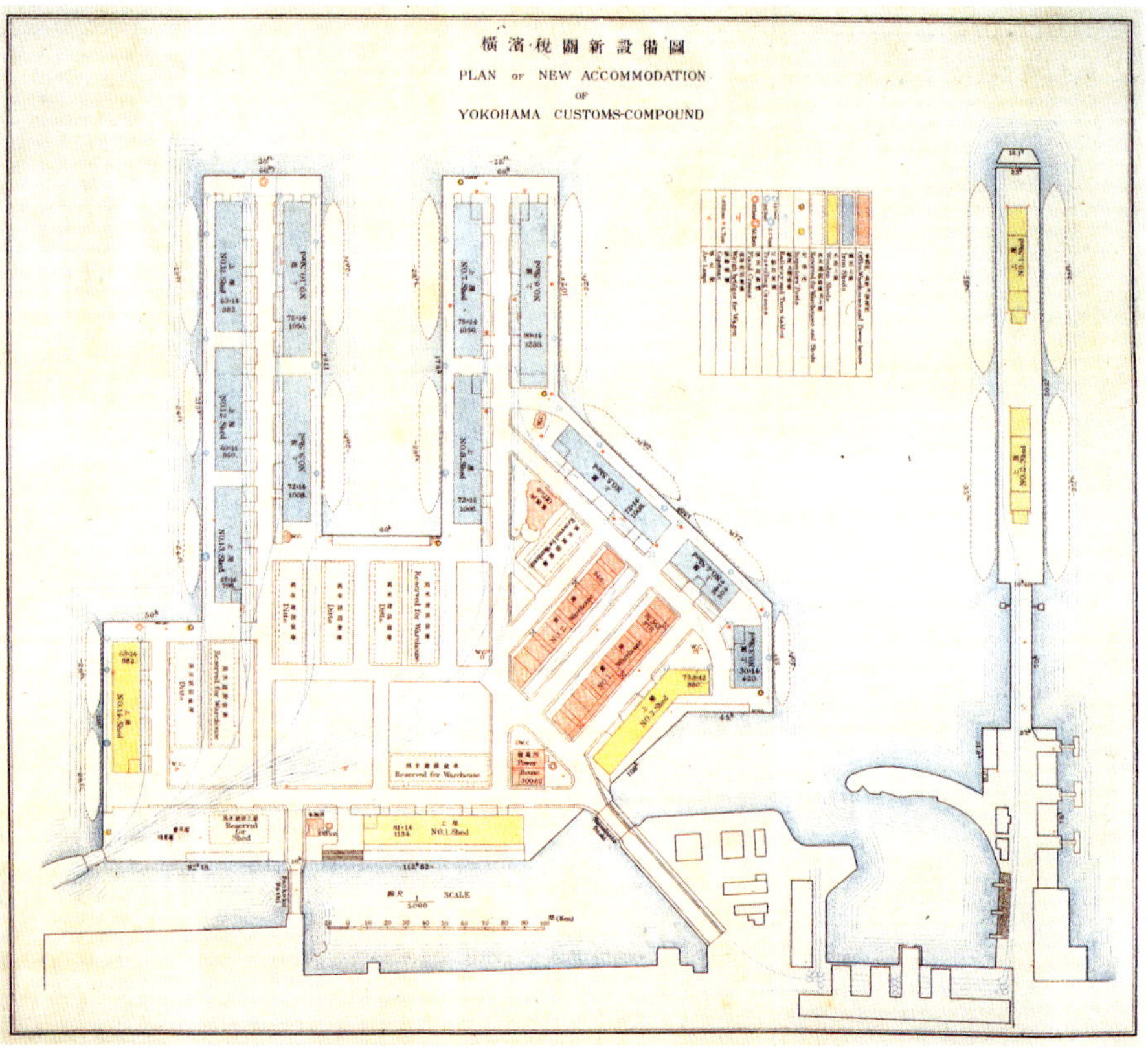

1　新港ふ頭設備図
延長2㎞余の岸壁には、同時に13隻が接岸できる。右端の赤色の2棟は現新港地区の「赤レンガ倉庫」である。大蔵大臣官房臨時建築課『横浜税関新設備報告』大正6年（1917）より。

横浜港輸出入の品目構成には大きな変化はなかった。生糸輸出港としての地位は変わらず、輸出の過半を生糸が占める状態は大戦期まで続いた。羽二重など絹類つまり生糸を原料とする加工品がこれに次ぎ、銅類も重要輸出品であるが、大戦期には麻真田など組紐類もこれに加わった。

輸入では上位集中度は低いが、綿花と鉄類が首位を争う状況が続いており、米や羊毛のほか日露戦争頃までは砂糖、石油が重要輸入品であった。以後は油粕（肥料）や機械が上位に進出し、総じて東京の外港という性格が強かった。

伸びる鉄路

京浜間に始まった鉄道は明治半ば以降、他地域との間、また地域内で整備されていった。明治二二年（一八八九）には官設の東海道線が全通したが、横浜は列車が方向を逆にしなければならない廻り道の駅になっていた。日清戦後の急行列車は短絡線を通過し横浜駅には立ち寄らなくなってしまった。三四年（一九〇一）には短絡線上に平沼駅が設けられたが、中心部からは人力車などが必要であった。そこで分岐点を変更して、二代目横浜駅が造成され大正四年（一九一五）開業した。平沼駅は廃止され、初代横浜駅は桜木町となり、同年から始まった東京からの電車運行の専用駅になり、また貨物取扱所は東横浜駅になった。

甲州・信州方面との物資輸送路を整備したいという横浜商人らによって発起された横浜鉄道会社（明治三七年設立）は、四一年東神奈川・八王子間で貨客輸送を開始した。しかし経営は不振で早くも二年後鉄道院に全設備を貸し渡し、大正六年には海神奈川までの延長線を含めて国有化された。

東京との間では、院鉄に先立って京浜電気鉄道会社（明治三五年大師電車鉄道を改組設立）が電車鉄道の延伸を進めていたが、三八年品川・神奈川間を全通させた。一方、横浜商人によって横浜電気鉄道会社が設立（明治三五年）され、三七年の神奈川線の神奈川・大江橋間を手始めに税関線、住吉町線など市街電車を運行していった。三九年には三銭から四銭への運賃値上げが市会で問題になっているが、それは早くも市民の足になりつつあったことを示しているともいえよう。大正一〇年（一九二一）市営化された時には、営業距離は二〇キロメートルに達していた。（高村直助）

2　岸壁と地洋丸
東洋汽船がサンフランシスコ航路用に建造した1万3000トン級3隻の1隻で、明治41年（1908）就航した。出港時には臨時列車が運行されて多くの見送り人が東京からやってきた。大蔵大臣官房臨時建築課『横浜税関新港設備概要』大正4年（1915）より。

3　2代目横浜駅と市街電車
初代横浜駅と平沼駅の中間の高島町1丁目（市営地下鉄高島町付近）に、塔を持つ2階建て赤煉瓦造の駅舎が建設され、東京駅に1年後れて開業した。

4　神奈川停車場
後に市電となる横浜電気鉄道は、明治37年（1904）に神奈川・大江橋間で開業し、その後、路線の整備拡張を重ねていった。翌年には京浜電鉄が神奈川まで路線を延ばし（品川・神奈川間が開通）、神奈川停車場は両鉄道の結節点としての役割を担うこととなった。

大工場と小工場

横浜船渠の開業

海運に欠かせないのが船舶の造修である。すでに慶応元年（一八六五）には、横須賀造船所の付属工場として中村川沿いに横浜製鉄所が開業しているが、明治期の横浜の大工業を代表したのが造船（修船）業であった。明治二四年（一八九一）には横浜と東京の実業家によって横浜船渠《ドック》会社が設立され、資金集めに難航したが、二九年に日本郵船から横浜鉄工所を譲り受けて開業、次いで二号船渠（三〇年）、一号船渠（三二年）の操業を始めた。

明治三五年（一九〇二）の市内工場（一〇人以上）は三〇に過ぎず、そのうち一〇〇人以上は同社（三九三人）と、外資系で前年ヨコハマ・エンジン・アンド・アイアンワークスを改組したピーターソン・エンジニアリング・カンパニー（三〇〇人）の二社に過ぎなかった。

日露戦後になるとジャパン・ブルワリーを継承した麒麟麦酒会社、日清製粉会社、増田精糖所、安部精糖所などが生まれ、新興飲食品関係工業も横浜の特徴になっていった。

絹ハンカチと麻真田

新興都市横浜は、他地域よりも賃金が高く一般の工業には不向きであったが、輸出向け繊維加工は、海外の流行情報がいち早く入ってくる利点を生かして盛んであった。

絹製ハンカチは明治初年から輸出されており、絹織物に縁かがりなど加工する仕事が、内職や小工場で営まれていた。絹ハンカチでも染色ものが加わってくるが、日清戦後に高島町で出口直吉がモスリン無地染め蒸気力工場を開設したほか、三〇人程度の小織物染色工場が多く生まれた。横浜育ちで横浜船渠で働いたことのある作家吉川英治は、『忘れ残りの記』で芝居小屋で威勢よく声援する「ハンケチ女」たちのことを記しているが、大戦期には、絹製品に「直接間接に関係した者が横浜市内に於て優に三、四万に達した」と指摘されている。

麻真田は、日露戦後フィリピン産のマニラ麻を、内職の麻繋ぎで麻糸にしたうえで真田紐状に製織して英米などに女性の帽子の材料として輸出したもので、大正前期には輸出重要品に加わった。地元では横浜電気会社（明治四一年横浜共同電燈会社が改組）からの電力供給による電動機使用の一〇～三〇人規模の小工場が多数生まれた。

横浜の工業はこのように大工場と小工場の両極に分かれ、中位の工場は少なく工業都市としては未熟であった。そこで明治末には市会が工場招致策を打ち出し、指定区域への進出を特典を与えて促そうとしたが、地価の高い中心部は企業にとって魅力的ではなかった。

大戦景気

第一次世界大戦は海運から繊維に及ぶ空前の大戦景気をもたらして工業も発展したが、当時の横浜市内での中心はやはり造船と輸出向け繊維加工であった。

すでに外国人技師に依存しなくなっていた横浜船渠は修船から造船に進出し、注文を待たずに同型船（ストックボート）を大戦期に二三隻建造し工場は六〇〇〇人規模にまで拡大した。三井物産を辞職して内田海運を創業して大戦で巨利を得た内田信也は、造船業に進出し埋立地の千若町（神奈川区）に六〇〇〇トン級を建造できる船台三基を持つ内田造船所を建設した。

鶴見埋築会社によって海岸部埋立事業を展開していた浅野總一郎は、大正五年（一九一六）に東洋汽船から八〇〇〇トン級三隻を受注すると、市外の町田村潮田地先での埋立（現鶴見区末広町）とそこへの浅野造船所建設を同時に進め、英米からの注文も得て四基の造船台で大戦期に二五隻を建造した。

1　キリンビール天沼工場
明治18年（1885）、タルボットらによって山手天沼に設立されたジャパン・ブルワリーは、キリン・レーベルのビールを売り出した。販売は株主でもある三菱系の明治屋が担い、明治40年（1907）麒麟麦酒株式会社となった。

3　スカーフ　君塚手巾工場
君塚春五郎が明治29年（1896）に開業。黄金町で工場を経営した。羽二重に捺染・刺繍をほどこした生地の四隅をかがり縫う作業は、主に女子労働で担われ、「ハンケチ女」の名があった。『横浜市家内工業調査委員会誌』昭和4年（1929）刊より。

2　横浜船渠3号ドック開渠式
明治43年（1910）10月、横浜船渠会社は第3号船渠を完成させた。この年4月同社は中央倉庫会社を合併し、倉庫業へも進出した。横浜船渠の年間入渠数は、この頃50万トン（100余隻）であったが、第1次世界大戦半ば以降には70万トン（百数十隻）を上回るなど、経営規模を拡大していった。写真は、中央倉庫との合併披露を兼ねた3号ドック開渠式（明治43年12月3日）。

4　輸出麻真田　田島三蔵工場
輸入のマニラ麻を原料とした麻真田は、日露戦後期に横浜を中心とする関東に勃興し、イタリア産を価格と技術で凌駕した。昭和期、田島三蔵工場は製紐機械の製造から麻真田生産そのものに進出した。『横浜市家内工業調査委員会誌』昭和4年（1929）刊より。

5　横浜七十四銀行
明治11年（1878）に設立された第七十四国立銀行が母体で、生糸商茂木惣兵衛が頭取になって以後、茂木商店（茂木合名）の機関銀行になる。大正7年（1918）茂木銀行と合併して七十四銀行となるが、大正9年恐慌で破綻した。

繊維加工業も大戦期に輸出を大きく増加させた。麻真田が横浜輸出の第四位を占めた大正五年（一九一六）には、市内の製造戸数一八七戸、職工数七〇〇〇人に達した。絹ハンカチ輸出もこの時期ピークに達し、七年の輸出は一二五〇万ダースを超えたが、小工場は麻真田同様、南吉田町・戸部方面に集中していた。輸出向け絹織物染色業も全国の生産能力の九割を占めた。

宴のあと

大戦景気は戦後も繊維を中心にさらなる投機に沸いたが、大正九年（一九二〇）には激しい戦後恐慌が勃発した。造船景気はこれに先立って休戦とともに崩壊し、海運とともに長い不況に苦しむことになる。横浜では特に貿易商社の盛衰が激しかった。

大戦直前に茂木合名会社を設立した生糸商三代茂木惣兵衛は、銀行・製糸・呉服・地所の四部に加えて、大戦期には社員を急増して鉱業・商工・船舶・企画の四部を設けて事業を急拡大し、茂木銀行を合併した七十四銀行の貸出残は横浜正金銀行本店を上回った。しかし戦後恐慌では茂木合名とともに休業に追い込まれ、その煽りで県内一二行に取り付けが広まった。

砂糖・石油などの引取商として成長してきた増田増蔵は戦時に増田貿易会社を設立し鉱山や豆粕製造にも進出したが、投機の失敗で破綻した。また同業の安部幸兵衛も、砂糖・繊維株投資や思惑失敗で、やはり同年休業に追い込まれた。

このように一時は中央商社と肩を並べるかの拡張ぶりを示した地元貿易商社は、何れも破綻または停滞に追い込まれていったのである。

（高村直助）

大衆社会と社会運動

工業都市への転換

明治四四年（一九一一）、横浜市は第二次市域拡張を行い、東は現在の神奈川区に位置する子安村から、西は現在の保土ヶ谷区の一部と南区の中央部、磯子区の北東部一帯を編入した。港を中心に発展した横浜は、後背地を含むまちになった。同年、横浜市会は神奈川・平沼・大岡堀割川の三方面を「工場地区」に指定し、工場誘致をすすめたが、地価の高額さなどの理由から大きな成果に結びつかなかった。

1　横浜電線株式会社本社工場
明治 17 年（1884）高島町に操業を開始した山田電線を母体として、明治 26 年（1893）木村利右衛門・原富太郎ら横浜商人の資本参加で発足。明治 41 年（1908）足尾銅山を経営する古河の資本が入る。

2　浅野造船所・白鹿丸進水式
浅野總一郎が経営する鶴見埋築による埋立がなされ、浅野造船所は潮田地先の測量開始から、わずか 1 年 3 か月後に「白鹿丸」を進水させることができた。

自治権擁護運動・廃税運動

大正二年（一九一三）九月、与党の刷新派から横浜市会に対して、議員選挙区を従来の五区を廃し、一つの大選挙区にする案が提出された。当時は、納税額に応じた等級選挙が行われており、小分けされた選挙区体制では、一部富豪らによる議席の占有化に結びつく傾向があった。選挙区の統合によって「各方面ヨリ有為ノ人材ヲ選出スル」目的が刷新派にあり、選挙区撤廃案は市会で政友派欠席のうえ可決された。しかしこの案は、政友派の工作で、内務省・神奈川県から認可されなかった。刷新派はこれを内務省・県による自治権の侵害として市内各所で演説会を開いて対峙した。翌年一月海軍の収賄事件であるシーメンス事件が発覚し、原敬内務大臣（立憲政友会）と連携した山本権兵衛とその内閣がすすめる海軍拡張政策への批判が高揚した。

おりからの不景気で、中小商工業者も重税にあえいだ。大正三年（一九一四）一月、同志会・中正会・憲政会の野党三党は衆議院に対し、営業税・織物消費税などの廃税法案を提出した。二月には横浜商業会議所や各種商工業組合が営業税全廃を決議し、松ヶ枝町の角力《すもう》常設館で演説会が開かれた。商工業者らによる運動が全国展開するなか、三月山本内閣は総辞職する。

第一次大戦と都市生活者

大正元年（一九一二）、労資協調と労働者の人格陶冶を目的に、鈴木文治らによって友愛会が結成された。友愛会は、横浜では日本郵船の海員などを中核に労働者を組織し、大正三年頃から次第に労働組合としての性格をあらわにしてゆく。

大正三年八月には第一次世界大戦が勃発し、戦時物資の供給国となったアメリカに空前の好況がおとずれた。対米輸出がほとんどであった横浜港の生糸貿易は、大戦勃発当初は一時不況となったが、その後好調に転じ、大正八年（一九一九）末には糸価は約五倍にまではねあがった。羽二重の代替品としての「富士絹」を生産する富士瓦斯紡績保土ヶ谷工場は、大正九年（一九二〇）には約四〇〇〇人の労働者数をようする県下一の大工場に成長した。

世界の船舶需要が高まり、日本では海運業と造船業が活況を呈して、船成金があらわれた。大戦ブームによって、鉄鋼・機械・電気・製材などを包含する総合的製造業である造船業が拡大し、鶴見をふくむ臨海部工場地帯は労働者を吸引していった。

労働者の賃金上昇とともに、物価の上昇も顕著であった。重工業大経営の賃金に比較して、都市雑業者のそれは低水準であった。大正七年（一九一八）には米価が急上昇し、同年七月には富山県魚津町で米騒動が勃発、全国の都市に広がった。横浜では八月一五日から一七日にかけて横浜公園を中心に群衆が終結し、伊勢佐木町などで投石をくり返した。横浜の米騒動は、小田原の閑院宮別邸でおこった窃盗事件により、事前に県警察部の捜査網が敷かれていたことが初動取締に有利にはたらいた。豪商などへの打ち壊しもみられず、米の廉売も功を奏して、他都市と比較すれば激化しないかたちで終結した。

戦後恐慌と労働組合

大正七年一一月の大戦終結後もアメリカの好景気は続き、生糸輸出も順調であったが、大正九年三月で終わりをつげた。恐慌は生糸商の雄、茂木合名を破綻させた。

横浜の労働者のなかで最初に組織的運動を開始したのは、口入れ屋などの業者により仕事をあっせんされる沖仲仕（乙種人夫）であり、九年三月から四月にかけて賃上げと待遇改善を求めて一五〇〇人が争議を起こした。横浜仲仕同盟会を結成し、五月一日若葉町若葉亭における発会式が挙行され、横浜公園で労働祭（メーデー）を挙行した。東京上野公園での日本初のメーデーは二日であり、横浜は一日さきがけるかたちとなった。

ワシントン軍縮会議が提議され、不況は造船業労働者にもふりかかった。大正一〇（一九二一）年九～一〇月には、大日本労働総同盟友愛会の協力のもと、横浜船渠・浅野造船所の労働者は、賃上げと解雇手当・退職手当の増額などを要求し、会社側の譲歩を獲得する。しかし、軍縮会議後の翌一一年（一九二二）の争議では惨敗し、組合員は一掃された。

社会政策の発動

第一次市域拡張から第一次大戦後にいたる約一〇年間に、横浜は貿易都市と工業都市との性格をあわせもつまちへと急速に移行し、後背地をふくむ大都市へと歩みをはじめた。好況期には大量の労働者が臨海工業部に流入し、不況の到来は社会政策の必要を喚起させた。米騒動後には市内各所に公設市場（地代を免除した市価より安い小売り施設）が置かれたが、恐慌の到来と軌を一にして、職業紹介所・託児所・市営住宅・労働者簡易宿泊施設などが設置され、方面委員制度が導入された。

方面委員制度は、地域の篤志家を方面委員に任命し、住民の生活状態や戸籍の整理、児童保護などを日常的に手当てする制度であり、社会政策で先行する大阪にならったものであった。また、大正九年一〇月には、全国一斉に第一回国勢調査が実施されている。

米騒動や労働運動、商工業者の廃税運動などから、横浜市民は運動によって社会が変わりうるという体験をつんでいった。大正一一年二月には普通選挙法案上程を前に国民大会が各地で開催され、横浜では新聞・通信社一六社主催で横浜公園をメイン会場に憲政会・国民党の代議士が来浜した。のちに「憲政の神様」といわれた尾崎行雄が登壇して拍手を浴びたが、第二会場の茶亭笠重では横浜仲仕同盟会幹部の小柳某も登場し、国政上の課題に熱弁をふるうこととなった。

（平野正裕）

3　富士瓦斯紡績保土ヶ谷工場少女歌劇
社長和田豊治が、労資協調をすすめる立場から工場内福利施策の一環として導入された。歌劇の作詞を当時浅草オペラで人気を博す小林愛雄に依頼して、注目された。大正9年（1920）。

4　開港記念横浜会館
長椅子とはいえ、1000人規模の近代的ホール（下足入場可）をもつ公会堂建築としては国内最初であり、コンサートのほか、市民・児童の発表会などに盛んに利用された。

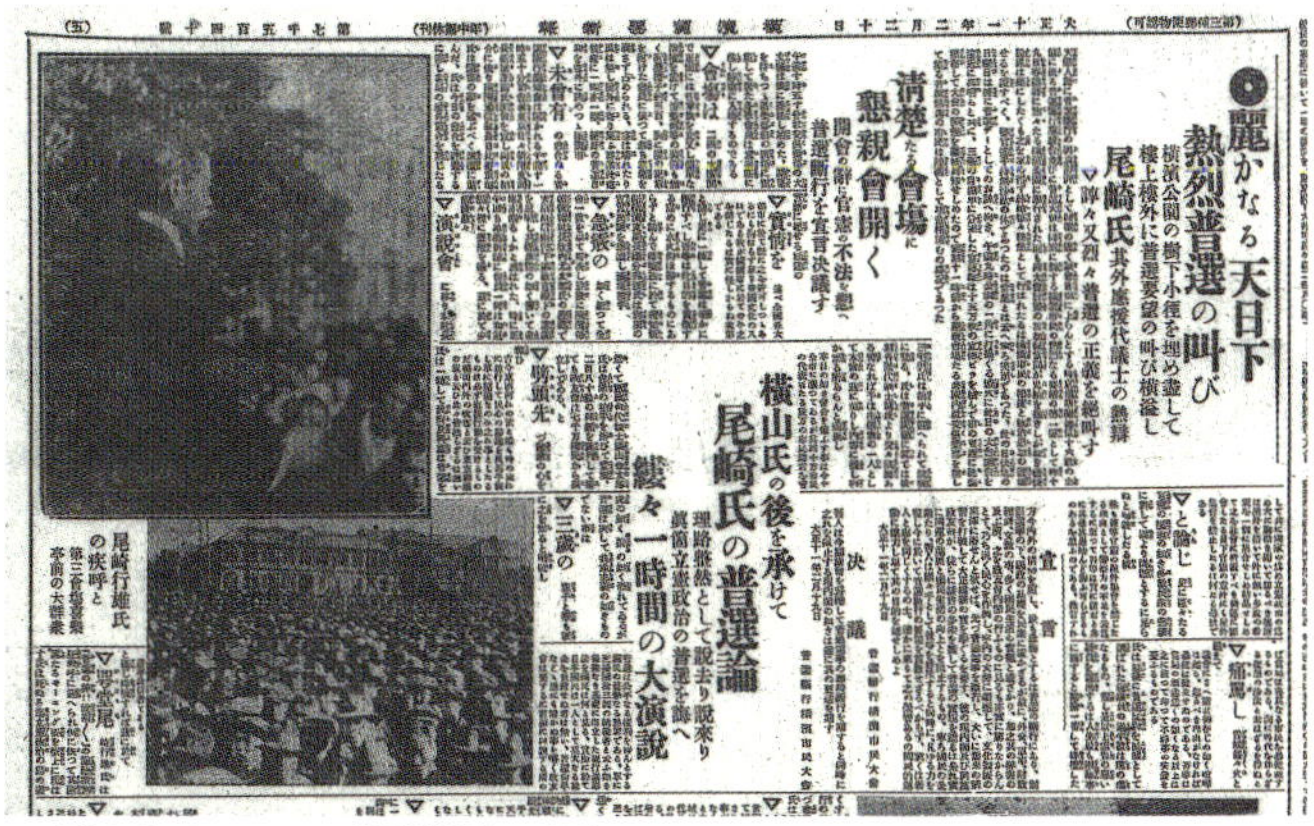

麗かなる天日下 熱烈普選の叫び

清楚なる会場に 懇親会開く

横山氏の後を承けて 尾崎氏の普選論 続々一時間の大演説

5　麗かなる天日下　熱烈普選の叫び
横浜公園における普選大会の記事。紙面に写真が多く掲載されるようになって臨場感がアップし、大見出し・見出し・リードなどが用いられて紙面に緊迫感が生まれている。『横浜貿易新報』大正11年（1922）2月20日。

日清・日露戦争と第一次大戦

日清戦争

明治二七年（一八九四）に勃発した日清戦争は、日本にとって初の対外戦争であった。八月一日の宣戦布告の後、横浜の人々は積極的に戦争協力を行う姿勢を示した。横浜恤兵《じゅっぺい》会、横浜婦人恤兵会、横浜恤兵義会等が組織され、義捐金の募集や応召家族の救恤にあたったほか、開戦当初に発行された軍事公債にも競い合うように応募した。

開戦前、横浜には三〇〇〇名を超える中国人が在留していたが、日清両国の緊張が高まる中で帰国者が増加した。彼等は開戦後「敵国人」の取扱を受けることとなり、生命・財産の保護と就業の自由は守られたが、県知事への登録が義務付けられ、八月末には在留者は約一〇〇〇名へと激減した。日本人貿易商の中には、中国人との間の従来の不利益な商取引の慣習の改正を求める「商権回復」運動を始めるものもあった。

約半年間に及ぶ戦闘の末、下関講和条約が結ばれ、日本は台湾を植民地として獲得し、約三億円にのぼる賠償金を得て、列国の仲間入りを果たした。日清戦後、横浜港貿易が飛躍的に拡大するなかで、横浜の貿易商たちも次第に発言力を強めながら、外商に肩を並べる存在になっていく。

1　旅順陥落を伝える活動写真の番付
市内の寄席・芝居小屋では「日露戦争活動大写真」「日露戦争」「敵軍降伏」などが連日のように上演された。この活動写真は賑町の喜楽座で、旅順陥落後の明治38年2月22日～3月3日に興行された。明治38年(1905)。

2　平沼停車場での日露戦争出征風景
『横浜貿易新聞』は、平沼駅の光景について、「昼間一時間毎に列車の通過を待受て集合する幾百の老若男女は、手に手に小旗を持ち着車毎に車窓近く振廻せば、兵士は我も我もと首を出し手を伸して小旗を取らんとし、(後略)」と述べている。

日露戦争

明治三七年（一九〇四）二月に勃発した日露戦争は、動員兵員一〇〇万人を超え、戦費約二〇億円を費消するなど、国民の総力を挙げての戦争となった。横浜市民で従軍したものは約六〇〇〇人（うち戦死傷者二八九人）にのぼった。兵士を送り出す銃後の体制も整えられ、日清戦争直後に結成された横浜奨兵義会をはじめ、職業別の有志の軍事援護団体が数多く組織され、出征軍人の送迎・慰問や、留守家族の後援にあたった。

戦況は日本側の有利に進み、戦勝祝賀の提灯行列や祝勝会には多くの市民が参加し、市内の商店では戦勝を祝う看板が軒を列ねるなど、市中は戦時下でありながらも、活況を呈していた。またイギリス人・清国人らも、戦勝祝賀会や戦債応募に応じるなど日本側に好意的な態度を示した。その一方で、在留のロシア人一一二名は明治三七年末にドイツ汽船で帰国した。

翌年一月の旅順陥落、三月の奉天会戦、五月の日本海海戦、と、日本軍は戦勝を重ね、九月にポーツマス講和条約が締結された。日本は南樺太の割譲、遼東半島の租借権などを手にしたが、賠償金は得られず、講和条件に不満の声を示す民衆運動が全国的に起こった。横浜でも羽衣座で開かれていた非講和演説会が暴徒化し、伊勢佐木警察署をはじめ市内一一か所の派出所を襲撃する事態にまで発展した。

第一次世界大戦

大正三年（一九一四）七月ヨーロッパで第一次世界大戦が勃発すると、日本は日英同盟により連合国側に参戦、ドイツ軍の根拠地である中国の山東半島や南太平洋諸島を短期間に占領した。開戦当初の横浜では、本国の動員令や強制国外退去などによって外国人の帰国が相次いだために商取引は振るわず、空家・空室が目立つようになった。加えて、戦争のあおりを受けて生糸相場が急落したため、横浜商人たちは生糸価格を維持するために帝国蚕糸株式会社を創設して、何とかこの危機を乗り切った。

しかし、大戦が長期化すると、交戦

3　第1次大戦戦捷祝賀の内外人連合仮装行列
大正7年（1918）11月の講和締結を受けて、横浜居住の外国人と日本人が共同して戦勝祝賀の仮装行列が行われた。路の左右を埋める約1万人の人々の中を、イギリス・アメリカ・フランス・インド・カナダ等の各国のフロートが隊列をなして街を練り歩いた。写真に見えるのはフランスのフロート。

4　横浜憲兵隊
憲兵とは軍隊内部の警察であり、軍人の犯罪摘発を主任務としていたが、一般人にも影響力を行使した。宮川町の庁舎には、実働部隊である横浜憲兵分隊のほか、横須賀や甲府の憲兵分隊を統率する横浜憲兵隊本部も置かれた。開庁記念絵葉書。大正14年（1925）6月29日。

国やその植民地への輸出が増進し、横浜港の輸出額は大戦の前後で約五倍（二億円→一〇億円）に急増した。また海運ブームにのって、日本郵船や大阪商船が航路を拡張、日本海運はイギリス、アメリカに次いで第三位の地位を占めるに至った。未曾有の好景気のなか、発展の著しかったのは造船業・鉄鋼業等で、横浜市内でも大工場が現れるなど、工業化時代の到来を思わせた。

約四年二か月にわたる大戦は連合国の勝利に終わった。休戦条約締結の報を受けて歓喜の声を挙げたのは市内在住外国人たちで、YMCAやユナイテッドクラブで祝賀会が行われたほか、児童音楽会を開催して小学生をゲーテ座に招待するなど、大正七年末の横浜は祝賀ムードに湧いた。その一方で、開戦直後に発行停止処分を受けたドイツ系新聞ジャパン・ヘラルド社が競売に付されるなど、横浜の外国人社会も大戦の勝敗により明暗がはっきりと分かれた。

横浜憲兵隊と忠魂碑

第一次世界大戦後、軍縮の動きが進められるなか、大正一二年（一九二三）九月の関東大震災では、軍隊の存在価値が見直され、罹災地の治安維持に努めた軍人たちに国民の支持が集まった。治安の悪化した横浜にも軍隊が進出し、保土ヶ谷町神戸原に兵営を造って一時駐屯したほか、横浜憲兵隊も新設され、中区宮川町三丁目（現ウインズ横浜所在地）に庁舎を構えた。長い間、横浜市内には軍事施設がなかったため、他の都市と比べて軍隊との関係は希薄であったが、震災以後、その関係は次第に強まっていき、昭和八年（一九三三）には連隊設置を求める運動も起こっている。

他方、昭和初期には戦傷病死者を慰霊する動きも活発となり、昭和五年一一月、保土ヶ谷の児童遊園地において忠魂碑の除幕式が挙行された。忠魂碑とは、戦傷病死者を顕彰するモニュメントである。市内にはさまざまな形の忠魂碑が散在していたが、横浜市全域を対象としたものはなく、横浜市は有吉忠一市長を会長とする忠魂碑建設会を組織してその建立準備を進めた。そして在郷軍人会や青年団、町内会などを通じて幅広く募金活動を行った結果、面積七〇坪、高さ約一八メートル、鉄筋コンクリート製の支柱にさまざまな装飾を施した巨大な忠魂碑が完成する。以後、横浜公園で行われていた戦傷病死者を慰霊する招魂祭は忠魂碑の前で行われるようになり、市民の憩いの場であった児童遊園は戦傷病死者を顕彰する空間にもなっていった。

以上のように、軍隊の存在は横浜市やそこに住む人々の内部に浸透していき、昭和九年一一月には、金沢町富岡に横浜海軍航空隊が設置されるなど、戦時体制にむけて市域の軍事化は順次進んでいった。

（松本洋幸・吉田律人）

5　忠魂碑の除幕
忠魂碑の中央には、「忠勇護国」の文字を刻んだブロンズ板がはめ込まれたほか、台座部分に唐獅子、頂上部分には地球儀上に鵄の立っているデザインのブロンズ像が置かれた。除幕式には、「忠勇護国」の文字を書いた閑院宮載仁親王（元帥）をはじめ、陸海軍人や児童・生徒など約1万5000人が参加した。昭和5年（1930）11月25日。

『実業之横浜』と『横浜貿易新聞』

ビジネス雑誌『実業之横浜』

草創期の新聞や雑誌は、海外情報や知識の紹介、政治思想などを展開するものが多く、大衆の啓蒙を目的としていた。ところが、明治二二年（一八八九）の大日本帝国憲法発布、明治二七年（一八九四）から翌年にかけての日清戦争、明治三二年（一八九九）の条約改正、明治三七年（一九〇四）から翌年にかけての日露戦争などを経て、新聞や雑誌にも変化が見られる。

二〇世紀初頭、横浜は近代都市としての転換点を迎えていた。日露戦争を契機に資本主義化が進展するなかで、貿易中心の都市から工業都市への転換が図られていった。輸入貿易が拡大し、国内初の海陸連絡施設である新港ふ頭や臨海部工業地帯が形成され始めた。人口が増大して、水道・ガス事業の拡張や、市街電車・京浜間電車の敷設など、都市基盤の拡充がすすめられた。消費生活のあり方も変わっていった。一部のエリートから一般の人々へと読者層が広がり、メディアとしての新聞や雑誌の部数が伸びていった。

横浜では、明治時代に政治・経済・文学・教育・宗教・産業・趣味などの分野で、一五〇を超える雑誌が発行されていた。代表的なものに、『実業之横浜』がある。明治三七年一〇月に石渡道助が創刊した雑誌で、大正八年（一九一九）に『大横浜』、昭和一五年（一九四〇）に『工業之横浜』と改題しながら、およそ四〇年にわたり刊行された。

『実業之横浜』は「対外貿易の発展」、「商工業の振作」、「青年に対する社会教育者」という三大綱領をかかげ、社説、論説、各種統計、社会など実務的内容を主とした記事で構成され、変貌する横浜を先導した雑誌であった。実業家と実業家を志す若年層も対象とし、家庭、文芸欄を設け、読物の付録を発行するなど読者の獲得をはかり、一般向けのものとしては、横浜で屈指の長寿雑誌となった。

横浜を代表する新聞

新聞は、『横浜毎日新聞』が東京に本社を移してから、明治一四年（一八八一）に横浜商法会議所から『横浜貿易日報』が創刊された。経済情報を主体とした新聞だったが、翌年廃刊され、その後本格的な新聞として、明治二三年（一八九〇）二月一日、『横浜貿易新聞』が創刊された。明治後期から昭和前期にかけて、横浜の代表的な日刊新聞であった。

同紙は横浜貿易商組合の機関紙としてスタートし、当初は宇川盛三郎、高橋義雄、小林（鈴木）梅四郎らが主宰した。明治二六年には組合から独立するが、実業紙であることに変わりはなかった。しかし、明治三七年五月から富田源太郎が経営に携わり、六月二〇日に佐藤虎次郎が社長をつとめた『横浜新報』と合併しその紙名を継承した。『横浜新報』は、明治三四年に佐藤が日比野重郎の『横浜毎夕新聞』の経営を引き継ぎ、翌年改題し発展させたもので、原富太郎らが応援していた。たびたび激しい論戦を繰り広げた両紙の合併は読者を驚かせた。

七月一日から『貿易新報』に改め、一般紙へと転換をはかった。明治三八年には、小さな記事ではあるが女性に向けて「一筆啓上御婦人方へ」を連載するなど、読者層の拡大につとめている。明治三九年一一月三日には、二千号を機に『横浜貿易新報』と改題した。当時の発行部数は、一か月平均二九万三〇〇〇部余であった。明治四三年七月に、東京日日新聞経済部長などを歴任した三宅磐が社長兼主筆に就任し、神奈川県下最大の新聞に発展した。

1 『実業之横浜』1巻10号
石渡道助社主以下、文芸欄を永井寅太郎、堀田金四郎、荻田才之助が、商業実務記事を松村明敏、宮島賢治郎、中村悟策が担当し、各界著名人の論文を掲載した。明治38年（1905）5月。

2 石渡道助
千葉県出身。東京で英語を学んだ後、横浜で『実業之横浜』を創刊した。

4　牧内元太郎
大正14年（1925）に25周年を迎えた日本電報通信社が、全国新聞社25年勤続者を表彰し、牧内も選ばれた。この肖像はその時の記念品。

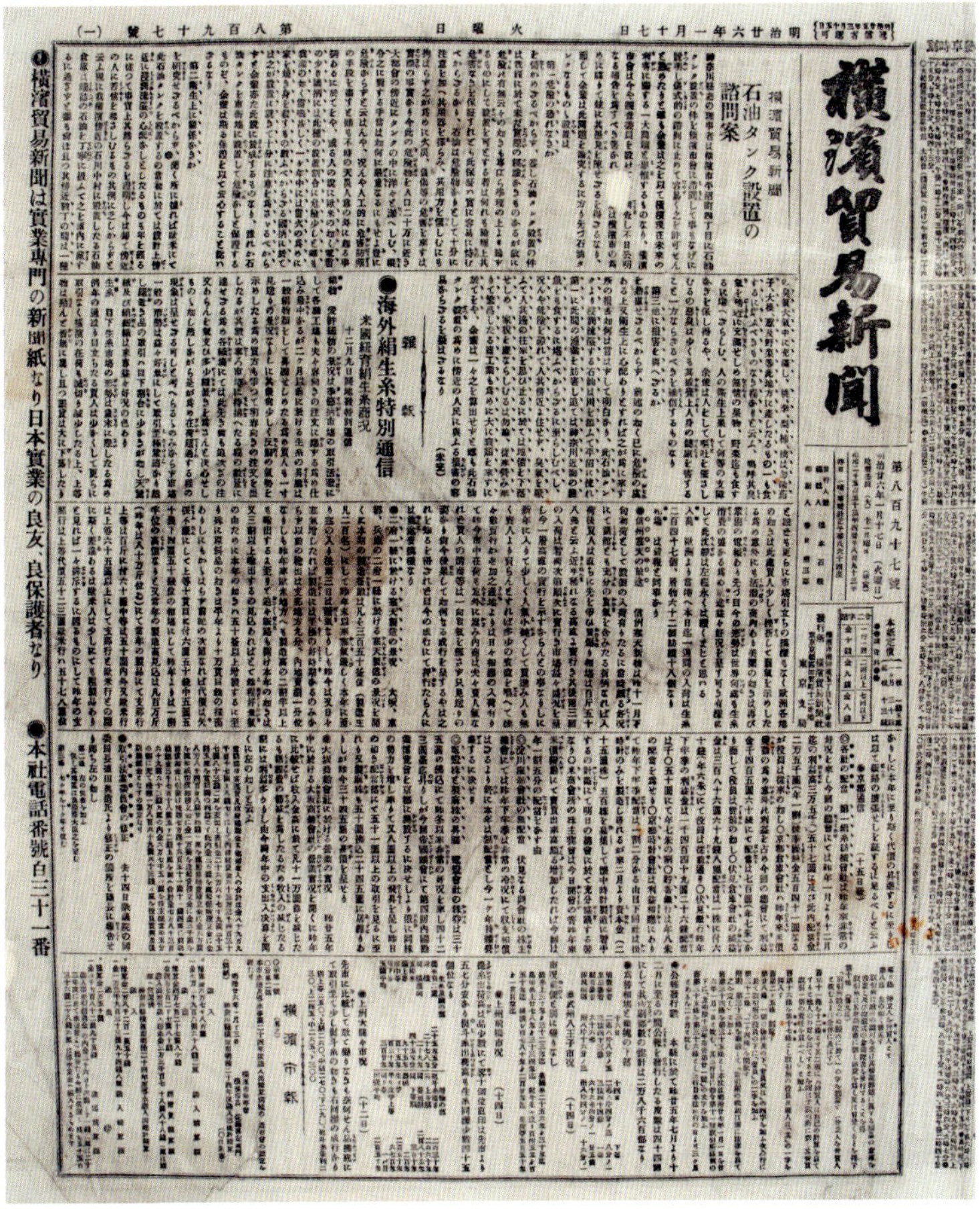

横濱貿易新聞
明治廿六年一月十七日　火曜日　第八百九十七號
石油タンク設置の諮問案
海外絹生糸特別通信
横濱貿易新聞は實業專門の新聞紙なり日本實業の良友、良保護者なり
本社電話番號百三十一番

3　『横浜貿易新聞』明治26年1月17日
欄外に「横浜貿易新聞は実業専門の新聞紙なり」「日本実業の良友、良保護者なり」とあるとおり、生糸を中心とする貿易品の産地など全国に新聞の読者がいた。それを示すように、創刊号は岐阜県高山市で発見された。

その『横浜貿易新報』と対峙したのは、牧内元太郎が発行する『横浜毎朝新報』だった。牧内は、明治三二年に週刊の『内外商事新報』を引き継ぎ、英語・日本語併記で商況を報道した。そして、明治三四年に組織を変更し、政治・経済・国内海外の時事を報道するようになった。さらに、明治三六年には、『毎朝新報』に改題して日刊になったが、経営悪化のため『横浜タイムス』という週刊紙に改めた。その後明治三八年に『毎朝新報』を再刊した。

5　震災前の横浜貿易新報社
右手前の半ば木に隠れているのが、本町6丁目にあった横浜貿易新報社である。社屋の前には、掲示板が立てられていた。左隣の3階建ての建物は、生糸貿易に大きな位置を占めた原合名会社の貸事務所。

『横浜貿易新報』と『横浜毎朝新報』

『毎朝新報』の発行高を『神奈川県統計書』で見ると、明治三八年（一九〇五）は、一か月平均二万一〇〇〇部だった。翌年以降の発行部数は、一か月平均一二万部を超える程度で、明治四五年になって二一万部を超えているが、この頃一か月平均八六万部であった『横浜貿易新報』には部数では及ばなかった。明治四一年、『毎朝新報』は『横浜毎朝新報』と改題した。

『実業之横浜』四巻六号（明治四〇年八月）に、『横浜貿易新報』と『毎朝新報』を対照した記事が掲載されている。それによれば、発行所の所在地に照らして、『横浜貿易新報』が本町辺の商人の如く着実な所があるのに対して、『毎朝新報』は南仲通のどこか相場師風な派手なところがあると評している。

その後、『横浜貿易新報』は、昭和に入り三宅が民政党の代議士として政界に転じてからは、東京の有力紙の横浜進出もあってしだいに紙勢が衰え、昭和一五年（一九四〇）一二月一三日『横浜新報』と合併し『神奈川県新聞』と改題、昭和一七年二月一日、戦時下の新聞統合で発足した『神奈川新聞』に吸収された。『横浜毎朝新報』は昭和五年四月、牧内が病に倒れると、経営は平島吉之助に受け継がれ、夕刊の『横浜毎日新報』と改題されたが、長くは続かなかった。

（上田由美）

芝居・映画・遊園地

活動写真と横浜の芝居

明治三〇年（一八九七）三月九日、関内の住吉町の港座で活動写真が上映された。スクリーンに映写する活動写真の興行は、大阪・東京に次ぐもの。輸入フィルムで、当初は停車場の雑踏、海水浴の光景、子どもの遊びなどを単純に撮した実写であったが、次第に劇映画が製作されるようになった。文芸喜劇で最初に輸入されたとされる、「青春男女結婚の邪魔」と「世界一の馬鹿大将と粗忽な従者との滑稽」が喜楽座で上映されたのは、明治三九年（一九〇六）八月。フランスで製作され、マニラ写真会なる巡業映写隊が持っていたフィルムを日本につれてきて、日本のM・パテー商会が興行した。当時は無声フィルムで、映像の動きなどから推測して邦題がつけられたのであろう。前者は「セビリアの理髪師」、後者は「ドン・キホーテ」のことであった。M・パテー社は、明治四一年（一九〇八）一二月、横浜で最初の映画常設館「M・パテー活動電気館」を賑町に開業した。

1 「ハンケチ芝居」の賑座
東京でも知られた「ハンケチ芝居」は、男ぶりや泣かせるシーンで人気を博したようであるが、劇場におしかける「ハンケチ女」の風俗がめずらしがられた面もある。

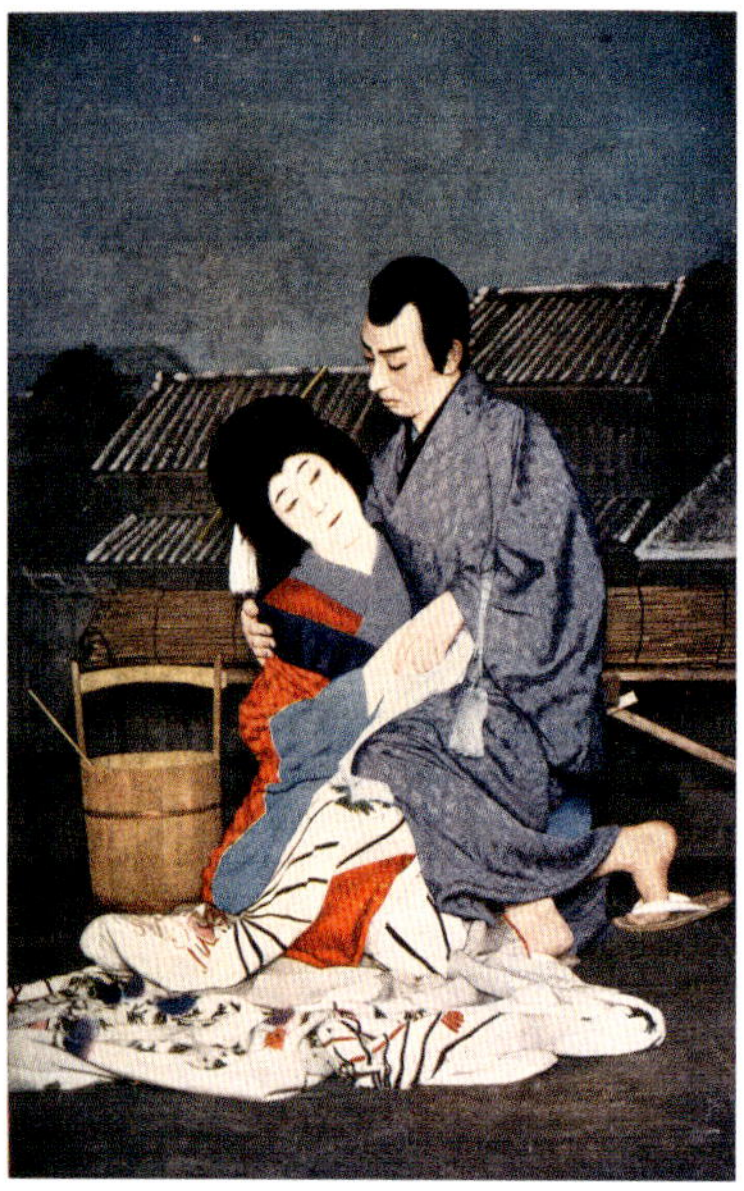

2 横浜座で上演の「十六夜清心」
羽左衛門・梅幸の共演以来、歌舞伎座と帝劇の役者が同じ舞台を踏む事例が多くなった。また、市村座を根城にした6代目尾上菊五郎・初代中村吉右衛門も横浜座に出勤した。

横浜の劇場がかかえる座付き役者は、二流、三流の歌舞伎役者と新派の役者であった。そのうち賑座の芝居は、ハンカチの縫製に従事する女性労働者、いわゆる「ハンケチ女」が人気を支え、通称「ハンケチ芝居」として東京でも知られていた。しかしながら、役者の顔合わせが固定し、変わり映えのしない筋書きの座付き芝居は、人気を失っていった。賑座は大正四年（一九一五）七月映画館「朝日座」に衣替えした。

娯楽の組織化と資本主義化

一方、横浜の興行界に力をもつ喜楽座・羽衣座は年に一～二回、東京・大阪から一流役者を呼び「大歌舞伎」の幟《のぼり》をあげた。さらには活動写真の大作を上映し、人気の浪曲師を登壇させ、劇場を活気づかせていた。

明治末に関西から進出してきた松竹合名社は、東京の新富座・本郷座を手に入れ、大正三年（一九一四）一一月には歌舞伎座を直営するにいたった。松竹は東京で当たりをとった芝居を横浜で興行することを目論み、四年七月曙町の横浜座を手に入れ、座付き役者・雇い人を解雇した。

すでに歌舞伎の総本山歌舞伎座を掌中にしていた松竹は、五世中村歌右衛門や十五世市村羽左衛門ら一流俳優、曾我廼家五郎・十郎などの喜劇陣を横浜に移して興行した。また大正五年三月には、羽左衛門と六世尾上梅幸を六年ぶりに「十六夜清心《いざよいせいしん》」で共演させた。両優は歌舞伎座時代は夫婦役をつとめて人気があったが、梅幸は立女形《たておやま》として帝国劇場の座頭となっていた。当時、歌舞伎座と帝劇の俳優は東京では共演ができなかったので、横浜座の「十六夜清心」は、横浜の歌舞伎史上もっとも話題を呼んだ興行となった。

横浜座は横浜第一の劇場に駆け上がった。他方、羽衣座は火事で焼失し、喜楽座に「大歌舞伎」の幟は揚がらなくなった。喜楽座は、芝居の実演とフィルムとを交互に織り込み、一つの舞台に構成する「連鎖劇」に活路を見いだしていった。

映画「封切り」体制とその限界

明治末期の外国映画の輸入は、横浜の商社などが担っていたが、製作会社と

3　横浜の劇場街・賑町
左手前から、オデヲン座・又楽館。左手奥に改修された喜楽座がみえる。大正中期。

契約して直輸入する場合と、上映ずみの中古フィルムを輸入する場合があった。ドイツ人リヒァルド・ウェルデルマンのニーロップ商会は、明治四四年（一九一一）一二月、長者町にオデヲン座を開業した。同座の特徴は直輸入したフィルムをどこよりも早く上映することにあり、初上映を、フィルムを開封する意味で「封切り」と称したのもオデヲン座から始まったとされる。当時、世界の映画製作の中心は、イタリア・フランスなどのヨーロッパにあった。しかし第一次大戦によってヨーロッパの映画製作は行き詰まり、オデヲン座は主たる上映をアメリカ映画に移していった。大戦～戦後の好況によって、都市には地方から出て来た労働者が増え、もっとも手軽な娯楽としての映画の人気は大きかった。そのような拡大しつつある日本の映画市場をハリウッド資本は、ユニヴァーサル社のように直接支店や直営館（横浜では大正六年から喜音満座を経営）を設けて掌握するか、日活・松竹キネマ・大正活映などの映画会社と契約して輸出するか、のどちらかの方針をとり、独立商社が活動する余地はなくなっていった。大正一一年（一九二二）四月オデヲン座は松竹キネマの直営館となり、封切り上映体制は崩壊した。

4　オデヲン座で上映された「カビリア」
ヨーロッパ・サイレント映画の最高峰といわれるイタリア・イタラ社の「カビリア」は、大正5年4月・5月に前編・後編とに分けてオデヲン座で上映され、興行権入札の結果フィルムは帝国劇場にわたった。オデヲン座発行絵葉書。

遊園地の登場

明治後期の電車の発達は、郊外型娯楽の可能性を高めた。横浜電気鉄道の延長と原合名会社地所部による住宅地開発、それに先立つ三溪園の一般公開は、本牧地域の横浜における地位を向上させ、大正元年（一九一二）一〇月には本牧花屋敷が開園している。本牧花屋敷は短命であったが、日本における郊外型大規模遊園地の先駆ともいえる花月園が二万五〇〇〇坪の規模で鶴見に開園したのは大正三年五月であった。第一次大戦の好況下に規模を拡げて、「ヒルウェイター」（ケーブルカー）や豆汽車、メリーゴーランドなどの機械遊具やテニスコートなどのスポーツ施設、「日本全国児童絵画展」を企画するなど、子ども重視の経営を展開する一方で、国内初の営業ダンスホールや活動写真館などを充実させていった。

5　子どもの歓声が聞こえてきそうな花月園
花月園々主平岡廣高は、新橋の料亭「花月楼」の亭主として著名で、明治期には東京市中音楽隊なる楽隊を組織し「向島花壇」を経営した経歴があった。

昭和初期には、開園時の約三倍に面積が拡大していた。関東にある遊園地は戦前のものは、その多くが関東大震災前後に電鉄資本の旅客誘致策として開設された。対して花月園は独立非電鉄系資本で開園も早く、大規模郊外型、機械遊具の充実、子ども・アトラクションの重視、などの現代的特色を先駆的にそなえていた。

（平野正裕）

図版特集

記録映画「横浜大震火災惨状」

横浜の映画会社「横浜シネマ商会」は、関東大震災の惨状を約一六〇〇フィートのフィルムに記録することに成功した。撮影者は、同社のカメラマン・相原隆昌。映像には、関内・関外を中心とする市街地の被災状況のほか、震災後約一週間の避難者の群れ、罹災者の日常生活、復旧工事の様子なども収められている。この記録映画は、義捐金募集などのために京阪神地方で公開映写されたほか、海外のニュース番組としても活用された。また震災の翌年から始められた九月一日の震災記念日には、追悼行事の一環として度々上映され、多くの人々の共感を呼んだ。（松本洋幸）

1 「横浜大震火災惨状」
映像の冒頭は以下の字幕で始まる。「それは大正十二年九月一日午前十一時五十八分四十四秒六であつた、天地も覆さん計りの凄じき大音響と共に前古未曾有の大地震は起った。つゞいて揚つた八方の火の手！！折柄の烈風は瞬時にして横浜全市を焦土と化し、数万の生霊と幾十億の財産を奪つた、身を以て免れた余は幾多の迫害‼飢餓‼疲労‼と闘ひつゝ、猛烈な余震の危険を冒し、累々たる死体の山を越へ、漸くにして本映画の撮影を完成した」

2 倒壊したグランドホテル
山下町の外国商館やホテル、銀行などの煉瓦造の洋館の多くが一斉に倒壊した。海岸通りの東端にあった煉瓦造り4階建のグランドホテルは煙突のみを残して全壊し、宿泊客や従業員約90名が下敷きとなった。隣接する横浜ユナイテッド・クラブや、オリエンタル・パレス・ホテル等も被災し、海岸通りの瀟洒な風景は一瞬にして廃墟と化した。震災後、横浜におけるホテルの伝統の継承を目指して、ホテルニューグランドが開設された。

3 崩落した新港ふ頭の岸壁と上屋
横浜港では約20年間に及ぶ築港工事により、近代的な港湾施設を整備した新港ふ頭が大正3年（1914）に完成していた。震災と火災により、総延長約2kmの岸壁のうち原型をとどめたのはわずかに5分の1に過ぎず、上屋の大半が全焼・大破し、威容を誇った2棟の赤レンガ倉庫も1棟の3分の1が倒壊した。当時4号岸壁に停泊していた東洋汽船の「これや丸」は船腹に大きな被害を受けながらも脱出し、横浜の惨状を知らせる最初の電報を打つことに成功した。

4 墓石が転倒した外国人墓地
異国情緒ただよう洋館群が立ち並ぶ山手町も大きな被害を受け、教会、ミッションスクール、フランス領事館、ゲーテ座などが倒壊、焼失した。横浜在留外国人約8000人のうち死者・行方不明者は約2900人（うち中国人が2200人）を数えた。港内の外国船に救助されて危うく難を逃れた外国人の中には、関西方面へ活動拠点を移したり、本国へ帰国するなど、震災後に横浜を離れる人々も相次いだ。

5　伊勢佐木町の越前屋と野沢屋呉服店
日本有数の繁華街・伊勢佐木町を中心とする関外地区では、密集した家屋の大半が地震で倒壊した。また50か所以上から発生した火災により一面火の海となり、中央部を走る吉田川（現大通り公園）の左岸では多くの死傷者を出した。左の傾いた建物は横浜の百貨店の先駆け・越前屋、右奥は野沢屋呉服店の新館。野沢屋は、コンクリート造の新館は倒壊を免れたが、通り沿いの木造旧館は全壊・焼失し、30名以上が命を落とした。

6　復旧作業に当たる工兵隊
9月3日に神奈川県に戒厳令が布告され、歩兵第一聯隊や歩兵第十五聯隊などが到着し、高島山に神奈川警備隊の本部が置かれ、市内の警備にあたった。また9月5日には工兵第十四大隊が到着し、倒壊した建物の爆破と撤去、主要な道路網の整理と補修、橋梁の修理と架設、水道の復旧作業、さらにはバラックの構築等に従事した。10月上旬頃までには市内の主要な交通網・インフラは復旧し、市電も10月2日より運転を再開した。

7　無蓋貨車で避難する人々
9月7日には品川・横浜間で貨車の運転が始まり、続いて横浜以西の東海道線も一部徒歩連絡で開通した。避難民には無賃乗車が認められたため人々が殺到し、車内は立錐の余地なく、すし詰めの状態となった。9月末までに無賃輸送された人々は28万人を超えたとも言う。また汽船・軍艦により関西方面へ避難した人々も5万8000人に達した。震災前45万人を数えた人口は、一時18万人にまで減少した。

8　バラックで暮らす人々
震災から1週間が経過した頃、野毛山・中村町などにはそれぞれ約3000人が避難していた。人々は、思い思いにバラックを建てて雨露を凌いだ。材料には主に焼けトタン板などが用いられたが、墓地の卒塔婆で建てられた小屋も見受けられた。10月に入り、中村町には関西方面からも急増バラック約200棟が寄贈されたが、避難地の住宅環境は劣悪で、狭いバラックで数世帯が肩を寄せ合って暮らす状態が長く続いた。

関東大震災

パニック状態の横浜

大正一二年（一九二三）九月一日、マグニチュード七・九の大激震が関東地方南部を襲った。当時の横浜市（人口四五万人）では死者二万三〇〇〇人、負傷者四万二〇〇〇人、行方不明者三〇〇〇人を超えた。東京に比べると、相対的には地震による被害の方が大きく、市街地の約一〇万世帯のうち二万世帯以上が倒壊した。また地震の直後に市内二八九か所で発生した火災は数時間で市街地を焼きつくし（焼失六万世帯以上）、市内中心部の関内地区や伊勢佐木町付近で多くの死者を出した。文字通り横浜は灰燼に帰したのである。神奈川県庁・横浜市役所は倒壊を免れたものの、震災後の火災で全焼し、行政の中枢は一時機能停止に陥った。警察署のほとんどが崩壊・全焼し、警察官の多くも犠牲となったため、市内の治安は悪化した。

住む家を奪われた約三〇万人は、横浜公園・根岸競馬場などの広場、野毛山・久保山・中村の丘などの高台、寺院・学校等に避難した。衣食住に窮した人々は、自ら物資を調達するよりほかなく、食糧はもちろんのこと、衣料、仮小屋をつくるための戸板など、あらゆるものが掠奪の対象となった。極度の人心不安の中、朝鮮人の暴行・暴動の流言蜚語が横行し、各地域で自警団が組織された。殺伐とした世相のなかで、一〇〇〇人以上の朝鮮人、約八〇人の中国人が虐殺される事件も起こった。

1　横浜市とその周辺の震災被害
赤い丸で囲まれた数字は焼失戸数、緑の丸で囲まれた数字は倒壊戸数。横浜市（焼失 60629　倒壊 8910）と保土ヶ谷町（倒壊 3279）が際だって多いほか、震源地に近い鎌倉郡の被害家屋が多い。太い赤線は道路の損壊で、国道1号線のほか、県道（黄色い線）の多くが寸断されている。緑の線は河川の被害で、鶴見川の中下流域、境川・柏尾川の護岸・堤防が破壊された。『神奈川県震災誌』付図「神奈川県管内震災被害図」。

各方面からの救援と秩序の回復

孤立無援の横浜に到着した最初の救援部隊は、二日に磯子・根岸方面に上陸した横須賀海軍の陸戦隊であった。続いて三日、東京の第一師団歩兵一個中隊と習志野歩兵第十五聯隊が到着した。この日に神奈川県に戒厳令が布告され、神奈川警備隊が置かれた。神奈川警備隊は歩兵第五七連隊（佐倉）を主力とする約一二〇〇名からなり、戸塚から多摩川に至る付近の警備や、救護活動、市内の水道・道路・橋梁等の復旧作業にあたった。また震災で大打撃を受けた警察機能を補うため、群馬・山梨・兵庫各県警が応援に駆けつけたほか、山梨県等からの在郷軍人分会も収容所建築や配給業務の手伝い等に従事した。

海上からも多くの救援が寄せられた。大阪府や兵庫県などから、救援物資と救護班を満載した商船が続々と横浜に入ったほか、P&Oなど外国汽船や米国アジア艦隊の軍艦も救援物資や避難民を輸送した。大阪府の主唱で震災救護関西府県連合が結成され、食糧のほか、二〇〇〇棟の仮設住宅、仮病院が寄贈・開設され、中村町に「関西村」が出現した。

市中が徐々に落ち着きを取り戻してゆくなか、貿易業者や横浜市会は一刻も早い震災復興と貿易再開を訴え、政府が進める帝都復興計画に横浜を包含することに成功した。九月三〇日には横浜の政財界の有力者を網羅した横浜市復興会が発足し、翌年から復興事業が本格的に開始された。横浜市の復旧・復興計画は総額二億七〇〇〇万円に及び、その財源として七〇〇〇万円が市債で賄われたが、このうち四〇〇〇万円はアメリカで発行された。横浜市の復興は昭和四年（一九二九）には完成を見たが、米貨公債がその後の横浜市財政に重くのしかかることとなった。

震災直後の横浜周辺地域

横浜市の周辺郡部にも、震災は大きな爪痕を残した。横浜市の南隣・久良岐郡や鎌倉郡では、震源地（相模湾）に近かったため地震の被害が大きかった。金沢

2　伊勢山より市街地を望む
震災の約２週間後の写真。赤い番号には、所蔵者によって説明が付されている。１海外渡航者検査所　２岸壁上屋倒壊　３神奈川県農工銀行　４税関構内変電所　５有線電車ガード及荷物駅　６桜木町ステーション　７弁天橋　８第一銀行支店　９桟橋入口税関監視所　10横浜正金銀行　11川崎銀行支店　12県庁　13記念会館　14生糸検査所　15十五銀行ビルディング　16中央電話交換局　17大江橋　18石炭クラブ　19三井物産支店並ニ倉庫　20山手外人墓地　21千代田生命保険会社支店　22青年会館　23渡辺銀行　24鉄ノ橋　25横浜市役所　26豊国橋　27港橋　28平沼銀行　29野沢屋呉服店　30地蔵坂

4　天神橋（磯子区）の自警団
震災直後の横浜では、略奪行為や流言蜚語が横行し、朝鮮人や中国人の虐殺事件も起こるなど、治安が極度に悪化したため、各地で自警団が組織された。天神橋は堀割川に架かる橋。写真のキャプションは「根岸町ノ第四自警団員ノ人々」とある。『根岸小学校震災写真帖』より。

3　地震直後の中心市街地
地震発生から約５分後の市街地・常盤町付近。火災発生前の様子を伝える。撮影者の岡本三郎は、常盤町に写真館を構え、後に横浜写真通信社を興し、ニュース写真や商業写真などを多く手がけた。

村・大岡川村等で家屋倒壊率が九割を超えたほか、戸塚町・本郷村・中和田村でも、五～六割の家屋が倒壊した。横浜に向かう主要な道路が陥没、多くのトンネルが崩落し、交通網は寸断された。鎌倉郡内を流れる柏尾川の堤防は数か所で崩壊した。耕地の隆起・陥没によって田畑の多くが耕作不能となったほか、久良岐郡では野菜畑の約三割が掠奪の被害にあった。また海底の隆起や、流出した重油等によって漁業活動も甚大な被害を受けた。

明治後期から工場進出が相次いでいた横浜市の北部・橘樹郡では、保土ヶ谷町で富士瓦斯紡績工場の倒壊による女工等約四五〇名の圧死者を出したほか、多くの工場が全半壊した。また震災直後から、住民の数倍に及ぶ避難民が横浜・東京から押し寄せた。鶴見町は一万五〇〇〇人、保土ヶ谷町は三万五〇〇〇人もの避難者であふれ、救護活動、食糧配給などは困難を極めた。

比較的軽微な被害であった横浜市の北西・都筑郡は、横浜市に対する食糧・人員の補給基地となった。郡内の蔬菜組合・園芸組合・青年会が、食糧や日用品を神奈川県庁・横浜市役所・警察署等に寄付した。また市内のバラック建築運搬のため、青年団員五一〇名が出動した。

政府からの直接的な復興支援が得られないこれらの町村では、横浜市以上に財政難に苦しむこととなった。震災によって主要産業が大打撃を蒙ったために税収不足に悩まされる一方、倒壊した役場や小学校の復旧等で多額の出費を余儀なくされた。各町村では、政府や神奈川県より貸付を受けたり、町村債を発行するなどして急場をしのいだが、財政難の克服は容易ではなく、横浜市との合併の遠因ともなっていった。（松本洋幸）

5　午前11時58分で止まった横浜駅の時計
高島町にあった２代目横浜駅は倒壊を免れたものの、類焼を受けて建物のほとんどは焼失した。

「大横浜」の時代

震災からの復興

大正一二年（一九二三）九月一日の関東大震災で、横浜は大きな被害を受けた。死者は二万人以上を数え、宅地面積の約九五％を焼失し、市の中心部は壊滅的な打撃を受けた。復興計画に必要な人材と資料を震災で失い、当初計画は大幅に縮小された。加えて市政の混乱、市街地の区画整理をめぐる紛争などを抱え、横浜の復興事業は東京に比べて大幅に後れていると言われていた。

一刻も早い都市の再建を願う横浜政財界の有力者たちは、有吉忠一に白羽の矢を立て、市長就任を要請した。有吉は、千葉・宮崎・神奈川・兵庫の各県知事を歴任した内務官僚で、大正一一年から約二年間、朝鮮総督府政務総監をつとめるなど、その経歴や手腕から「大臣級」の人物と見られていた。

大正一四年五月七日、横浜市長に就任した有吉は、横浜市会の多数派や財界の有力者、在留外国人の支持を取り付けるとともに、専門官僚を主要なポストに配置して市役所の改革にも着手し、復興事業にとりくむ体制を整えた。またアメリカでの市債募集に成功するなど復興資金の調達に成功し、後れていた復興事業を軌道に乗せた。

こうして有吉市長のもとで横浜の復興事業は急ピッチで進み、市内の中心部を走る道路・鉄道網、街路区画、市街地の公園など、現在の横浜市の骨格が整備されていった。昭和四年（一九二九）四月二四日には野毛山公園で復興祝賀会が開かれた。

大横浜建設の三大事業

さらに有吉市長は、横浜市の将来像について、それまでの生糸貿易に依存した体質を脱却して、本格的な工業都市へと飛躍させることが必要だと考えていた。そこで「大横浜建設」をスローガンに掲げて、⑴横浜港の拡充、⑵臨海工業地帯の建設、⑶市域拡張という三大事業を打ち出した。これらの方針は個々に見れば、いずれも関東大震災以前に計画されていたものであったが、貿易都市から商

1　秩父宮に復興の町並みを案内する有吉市長（生糸検査所から）
大正15年（1926）以降、横浜の震災復興事業は進展、昭和2年当時、復興工事はピークを迎えていた。左が有吉、中央が秩父宮。この後、秩父宮臨席の上で、開港記念横浜会館で「大横浜建設記念式典」が行われた。昭和2年（1927）6月2日。

2　十年後の横浜港
昭和2年（1927）3月、横浜市港湾部で製作された模型を絵葉書にしたもので、有吉市長が構想した、巨大な臨海工場地帯と一帯となった「大横浜」の将来像が凝縮されている。

3　工事中の山下公園
震災の瓦礫の投棄場となっていた山下町地先は、政府の復興局の手で埋立が行われ、昭和5年（1930）3月に山下公園として開園した。左に見える建物は、開業間近のホテルニューグランド。昭和2年9月30日撮影。『復興局横浜出張所工事状況写真（其七）』より。

工業都市へ＝「大横浜」という明確なビジョンの下に、それらを相互に連関させて提示した点に大きな特徴があった。

この方針にもとづいて、昭和二年（一九二七）に横浜港の外防波堤建設工事が始まり、子安（神奈川区）・生麦（鶴見区）沖の約六〇万坪に及ぶ市営埋立が開始された。また同年四月、横浜市は隣接する九町村を編入（第三次市域拡張）、市域面積はそれまでの約三・六倍（約一三五平方キロ）に拡がり、人口は初めて五〇万人を超えた。またその半年後の一〇月一日には横浜市は区制を施行し、鶴見・神奈川・中・保土ヶ谷・磯子の五区が新たに誕生した。

このように、昭和二年は有吉市長の目指す三大事業が一斉に始動し始めたことから、横浜市にとって新紀元となる年と位置づけられた。同年六月二日には秩父宮を迎えて、開港記念横浜会館で「大横浜建設記念式典」が開かれた。震災の痛手から回復しつつあった横浜市は、本格的な商工業都市へ向けた新たな一歩を歩み始めたのである。

4　復興祝賀の市民奉迎式
復興事業をほぼ完成させた横浜市では、昭和4年（1929）4月23日に昭和天皇を迎えて奉迎式を開催した。会場の横浜公園グランドには約2万人が参列し、翌24日には野毛山公園で復興祝賀会が行われた。この翌年から、4月23日が復興記念日と定められた。

「大横浜」の完成

有吉忠一は昭和六年（一九三一）二月二八日に市長職を退任したが、昭和八年四月から約一〇年間にわたって横浜商工会議所会頭をつとめるなど、横浜経済界のリーダーとして、引き続き側面から大横浜の建設を支援していた。満州事変後の準戦時期の軍需拡大とも相まって、一九三〇年代半ば頃から臨海部を中心に、機械・金属・化学などを扱う重化学系の大規模な工場の進出が相次ぎ、横浜市は重化学工業都市としての側面を備えていくようになった。

昭和一〇年三月二六日から五月二四日まで、山下公園で復興記念横浜大博覧会が開催された。復興博覧会は入場者約三三〇万人以上を集める大成功を収め、震災復興を成し遂げ、新たに商工業都市への道を歩み始めた横浜の勢いを内外にアピールした。

また、昭和一二年には待望の大防波堤の築造工事と市営埋立地が完成した。大防波堤の完成によって横浜港内に船舶が安全に停泊できる錨地は拡大し、山内・高島の両ふ頭や貯木場も完成して港湾設備の拡充が図られた。また生麦・子安沖の市営埋立地は、昭和八年から販売を開始、日産・小倉石油・日本電気工業など新興の重化学工業系の企業が進出、一二年六月二日には盛大な完成記念式典が開かれた。

有吉が進めた周辺町村の合併（市域拡張）も、この時期にさらに拍車がかかり、昭和一一年には金沢町と六浦荘村、永野村を合併し（第四次市域拡張）、翌一二年には日吉村の西側を合併（第五次市域拡張）、さらに昭和一四年には都筑郡と鎌倉郡の一七町村を含む大規模な合併を行い、ほぼ現在の市域が確定した（当時の人口八〇万人）。

このように、有吉市長が昭和二年に打ち出した「大横浜建設」の方針は、その規模を拡大させながら、約一〇年後には「完成」し、横浜市は従来の貿易都市に加えて、重化学工業都市としての性格を持つようになった。さらに郊外部における私鉄等の沿線開発によって、東京・横浜に向かう通勤者たちの住宅が建ち始めた。こうして現在の横浜市の原型とも言うべき姿が、昭和の初めに形作られた。

（松本洋幸）

工業化への道のり

工業化に向けた動き

生糸貿易に大きく依存した横浜港の体質を改善し、後背地の工業化を促進し、工業港湾都市として飛躍させようという声は、明治後期から高まっていった。明治四四年（一九一一）の横浜市会では、工場建設のための市営埋立地、進出企業への優遇措置を与える工場地区の設置、などの工場招致策がまとめられた。しかし、これらの対策は期待通りの成果を挙げたとは言えず、大規模な工場は高い地価の横浜市内を避けて川崎や保土ヶ谷など周辺の町村に進出し、工場地区内に設立された企業も中小規模のものに止まった。また子安・生麦沖の市営埋立計画も、同地に造船所建設を企図していた浅野總一郎との競願状態となって、申請を取り下げる始末であった。

大正三年（一九一四）に始まった第一次世界大戦は、日本経済に空前の好景気をもたらし、鉄鋼業・造船業を始めとする重工業部門の飛躍的成長をもたらした。市内でも横浜船渠や内田造船所が経営規模を拡大したほか、大正五年から八年までの間に工場地区に四七工場が進出するなど、横浜に工業化時代の到来を予感させた。しかし進出企業の中に基幹部門は乏しく、多くは「投機的工場」と評された。

同じ頃、浅野總一郎らが川崎・鶴見の沖合に約一五〇万坪に及ぶ巨大な臨海埋立に着手し、さらに鉄道・電気・水道等の基盤整備を試み、鉄鋼・造船・製油などの関連企業を誘致して体系的な工業地帯を形成させつつあった状況と比較すると、横浜市の工業化のテンポは大きく後れをとっていたのである。

1　内田造船所
第１次大戦期の海運ブームで巨万の富を築いた内田信也は、大正６年（1917）横浜鉄工所の経営に参画。千若町と守屋町（神奈川区）にまたがる約２万坪の敷地に、３台の造船台を擁する大規模な造船所を建設、一時は労働者3000人を抱えるほどに成長した。しかし大戦後の造船不況のあおりを受けて経営が悪化、大正10年には工場を大坂鉄工所に売却した。造船所は関東大震災で被災後、再建されることはなかった。『株式会社内田造船所概要』大正10年（1921）より。

2　大横浜建設記念式の記念絵葉書の封筒
昭和２年（1927）６月２日、横浜市営埋立地の定礎式が行われた後、秩父宮を迎えて開港記念横浜会館で大横浜建設記念式が行われた。出席者に配られた記念絵葉書の封筒には、背景に富士山を、前景に埋立工事を彷彿させる図柄がデザインされている。昭和２年（1927）。

大横浜の象徴として

横浜市が工業化に向けて再び大きく舵を切るのは関東大震災以後のことで、その原動力となったのは子安・生麦沖の約六〇万坪に及ぶ市営埋立地であった。大正一四年（一九二五）五月に横浜市長となった有吉忠一は、約四〇〇〇万円の米貨公債を募集するなどして震災復興を完成させたが、横浜が経済的にも復興するためには工場地帯の設置が最も近道であると考え、臨海地区の埋立と工場招致を強力に推し進めた。

有吉は回想録の中で、「埋立工事に着手したものゝ、いろいろ取り越苦労をした…早くしてくれ、急いでやらぬと利息が積る、復興が遅れる、早くしてくれと鞭撻し督励した」、と、市営埋立の成否を注視し、その一刻も早い完成を待望していた。彼は市役所に港湾部を新設し、腹心の原静雄を据えて工事を担当させた。港湾部では、六隻の浚渫船を購入して、昼夜兼行で作業にあたった。当初は機械の不具合等により工事の進捗が危ぶまれたが、昭和四年（一九二九）度末頃より次第に工事は軌道に乗り、また成績優秀者には奨励金を支給するなどして、工事の促進を図った。

市営埋立の大きな特徴は、安価な工場用地を提供するために公営主義を採った点にあった。すなわち公営事業の観点から、土地売却による利益よりも、速やかな企業誘致が優先されたのである。市営埋立地は昭和八年から販売が開始されたが、低廉な販売価格に加えて、五年間の市税免除など、進出企業に対する手厚い優遇措置が取られていた。また昭和一一年には土地観光課が新設され、東京市内の会社や工場に対して宣伝用のポスター、チラシ、絵葉書、案内図を頒布したほか、上野公園で開かれた日本工業大博覧会に埋立地模型を出陳するなど、大規模なキャンペーンを繰りひろげて、販売促進につとめた。

京浜工業地帯の中核都市として

昭和一一年（一九三六）一二月に完成した市営埋立地は、西側から第一地区（恵比須町）、第二地区（宝町）、第三地区（大黒町）の三区画に分かれ、一万トン級以上の大型船が利用できる運河が通り、京浜国道と埋立地の間には幹線道路が走り、さらに省線入江駅から分岐して埋立地を横断する貨物線も整備されていた。また巨大な操車場、共同物揚場に加え、上水道・電気・ガスは地下に埋設されるなど、近代的な工場地帯として必要なインフラが完備されていた。

埋立地の売れ行きは順調で、竣工とほぼ同時に完売となった。約六〇万坪に及ぶ埋立地には、自動車機械製品、石油化学、金属加工業など、新興の重化学系工場を中心に三五の工場が進出し、一大コンビナートを形成するに至った。こうして多摩川河口から横浜港へと連なる京浜工業地帯の原型が完成し、横浜市は新たに工業都市としての顔を併せ持つようになったのである。

当時の日本経済は、昭和六年の満州事変以後、徹底した低金利・輸出拡大政策を採っており、製鉄、造船、自動車、電機など、とりわけ軍需産業部門の成長が著しかった。こうした準戦時下における日本経済の動向と横浜市の工業化の過程は軌を一にしていた。昭和一一年の工場生産額は昭和四年の二倍に達し、機械・化学・金属などの重化学部門が七五％を占めていた。

昭和一二年六月二日、埋立祝賀開港記念式典が大黒町で開催された。横浜唯一の実業雑誌『大横浜』は、「三十五年間に実現した問題」の冒頭に「商工両本位の市是」を挙げて、「三十数年前には市役所には課税関係以外工業に関する何等の調査材料はない」状態であったが、川崎臨港工業地帯の発展と、横浜市営埋立地の出現によって京浜間には「東洋唯一の工業地帯」が形成されつつある、と礼賛の声を送っている。同誌は昭和一五年に『工業の横浜』へと改題した。

（松本洋幸）

3　空から見た市営埋立地の全景
奥より第1地区、第2地区、第3地区。恵比須町にはアルミニウムを初めて国産したした日本電気工業、宝町には日産自動車と小倉石油、大黒町には日本産業のほか、昭和産業、日ソ石油・宝製油などが進出した。昭和12年（1937）頃。

4　市営埋立地の絵葉書
速やかな工場誘致を目指す横浜市土木局が、企業向けに発行した販売促進用の絵葉書。市営埋立地は、平均地価1坪37円以下（隣接する鶴見～川崎の浅野埋立地区では40円以上）の低廉価格で売却されたほか、税制上の優遇措置や、さまざまなインフラが整備されていた。昭和12年（1937）頃。

5　日産自動車工場
日産自動車は、2万坪以上に及ぶ敷地に、日本初の大量生産方式による近代的自動車工場を建設した。シャシーからボディーまでの一貫した生産ラインが築かれ、昭和10年（1935）に第1号車が完成した。宝町の横浜工場1号館（現横浜工場ゲストホール）は、戦前期の工場事務所ビルとして平成19年（2007）近代化遺産に認定され、エンジン博物館が設けられている。昭和戦前期。

碑《いしぶみ》でたどる地域の開発

後背地の形成と海面埋立

明治二〇年代頃までに街路・ガス・上下水道などの都市基盤を整えた関内地区が手狭になってくると、市街地化の波は、大岡川支流を挟んだ対岸の旧吉田新田地区に及んでいった。

伏島近蔵は、明治一〇年代後半から、耕地・湿地を埋め立てて宅地とし、運河・道路・橋梁を整備するなど、この地域の市街地化を図った。のどかな田圃が拡がっていた吉田新田地区の人口は明治三〇年頃には六万人を超え、港都横浜を支える後背地として明治三四年（一九〇一）に横浜市に編入された。

続く開発の波は海面へと注がれた。横浜周辺では近世以来、泥亀新田や小野新田など新田開発が手がけられてきたが、明治四〇年代以降、一〇万坪を超える埋立地が出現し、その後の工業都市・横浜を支える基礎を作りあげていく。現在の神奈川から子安にかけて拡がる千若町や守屋町は、明治末から大正初期に誕生した埋立地である。千若町（最初に埋立を出願した横浜鉄道の役員・千坂高雅と若尾幾造の一字ずつを取ったもの）は横浜倉庫株式会社、守屋町は守屋此助（衆議院議員で、京浜電気鉄道の重役などを務める）らが、数年に及ぶ難工事の末に完成させたもので、浅野總一郎と並び、京浜臨海工業地帯のパイオニアと言うべき存在であろう。

郊外部開発のはじまり

海面埋立とともに、明治後期から大正初期にかけて、耕地整理による土地開発が進んでいった。耕地整理とは、土地の交換・分合を行って耕地の区画・形状を整理し、通路・水路を効果的に配置し、土地の利用価値を高めることである。横浜周辺では、明治期だけでも、都田村（都筑区）、戸塚町周辺、保土ヶ谷町、大綱村（港北区）などで耕地整理が始まるなど、急速に普及していった。とくに保土ヶ谷は耕地整理の盛んな地域で、整理後の用地の多くは、農地ではなく、富士瓦斯紡績などの工場用地や、桜ヶ丘一帯の住宅地へと転用されていった。神戸町神明社と、桜ヶ丘二丁目に記念碑が残る。

またＪＲ戸塚駅そばの朝日橋のたもとにも、耕地整理記念碑が残っている。これは、明治三八年（一九〇五）に発足した戸塚町外三ヶ村耕地整理組合が建てたものである。同組合は、柏尾川沿岸の耕地整理と、河川改修工事を併せて行い、改修後の堤防には桜樹約二〇〇〇本が植樹された。

横浜郊外部の宅地化への動きは、大正一二年（一九二三）の関東大震災以後、さらに加速する。横浜に近接する白幡や六角橋（ともに神奈川区）では、復興事業の進展に伴って多くの人口が流入する一方、農家の子弟たちが高賃金の職を

1　伏島近蔵翁記念碑
伏島は旧吉田新田地区内に、新吉田川（現在の大通り公園）と新富士見川（富士見川公園）を開削して交通網の整備を図った。この記念碑は両運河が合流する駿河橋付近に建立されたが、昭和50年代に両川とも埋め立てられることとなり、現在地に移設された。南区・日枝神社（お三の宮）境内。昭和15年。

2　守屋町埋立記念碑
明治39年（1906）から大正元年にかけて約15万坪の埋立工事を完成させた守屋此助の業績を称えて、その資金援助を行っていた安田善次郎の息子（2代目安田善次郎）が建立したもの。神奈川区・安田倉庫入口。昭和7年。

求めて都市や工場へと向かい、農村の労働力不足が大きな問題となっていた。白幡では住民たちが、地域の住民や企業から資金を募り、自動車が通行できるように道路を拡幅して横浜市街地との接続を図り、住宅地としての発展を目指した。白幡地区の人々の願いは五年を待たずに実現する。

3　保土ヶ谷第二耕地整理組合記念碑
保土ヶ谷第二耕地整理組合は、大正9年（1920）に設立、現在の桜ヶ丘一帯約200haを対象として、耕地整理（区画整理）と宅地化を図った。保土ヶ谷町で耕地整理をいち早く導入して地域振興を図った初代組合長の岡野欣之助と、約20年以上に及ぶ組合員たちの労苦を偲ぶ碑である。保土ヶ谷区桜ヶ丘2丁目。昭和16年。

4　白幡開道記念碑
白幡村道の改修工事費約1万3000円は、地元住民と、この地に変電所を置く東京電灯から寄付金を募り、さらに県補助金で賄われた。神奈川区・白幡八幡宮。大正14年。

住宅地と行楽地と

昭和五年（一九三〇）、横浜貿易新報社が行った県下新住宅地十佳選の投票では、神奈川区の白幡地区がトップ当選したほか、戸塚町の東明住宅地・秋葉住宅地、東急線の妙蓮寺前、瀬谷駅付近が入選し、横浜の近郊は住宅地として脚光を浴び始めた。

昭和七年に東京市が周辺八二町村を編入して、人口五〇〇万人の「大東京」が出現すると、今度は東京に向かうサラリーマンを対象としたベッドタウン化の波が加速する。

5　県下新住宅地十佳選当選記念　瀬谷住宅地
瀬谷駅付近はこの時、10位に入選した。瀬谷区・瀬谷地区センター内。昭和5年。

6　横浜市大正村合併記念碑
昭和14年（1939）4月、この地区（当時は大正村）が横浜市と合併したことを記念して建立された。戸塚区汲沢・五霊神社内。昭和14年。

昭和一〇年一〇月、横浜貿易新報社は、今度は県下史蹟四五選を行った。市内では浅間神社（西区）、畠山重忠戦没之地（旭区）、日限《ひぎり》地蔵（港南区）などが選ばれ、現在もその当選記念碑が残っている。この時期、全国的なツーリズムが勃興し、神奈川県や横浜市も観光行政に力を入れており、横浜の近郊には行楽地としての要素も加わっていくのである。

こうして横浜の近郊では、行政や開発業者の後押しを受けながら、マスメディアとも呼応する形で、大正・昭和期の郊外部開発が進んでいった。しかし開発の進行とは裏腹に、横浜近郊の村々には人口増加に見合った都市施設（水道・住宅・交通機関等）を整備する財源的余裕はなく、結果的には横浜市と合併することで、その整備を図る道を選ぶこととなる。こうして横浜市は、昭和二年（一九二七）、一一年、一二年、一四年の四度にわたる市域拡張を行い、周辺町村を編入していくのである。

（松本洋幸）

三代目横浜駅と私鉄網

1　3代目横浜駅舎
昭和5年（1930）頃　原題は「横浜駅の美観」。昭和モダンを象徴するようなこの駅舎は昭和53年（1978）まで使用された。

震災復興と横浜駅の移転

大正一二年（一九二三）に起きた関東大震災で東海道線などの鉄道は大きな被害を受け、横浜駅と桜木町駅は火災で焼失した。

震災復興を急務とする横浜市では、新しい都市計画・交通計画が策定されるが、鉄道省でも震災を機に東海道線の改良が進められた。東海道線は横浜駅付近（高島町）で線路が大きく迂回していたため、これを移設して直線化し、横浜駅と桜木町駅を廃止、明治時代にあった旧平沼駅の跡地に新しく横浜中央駅を設けようとした。

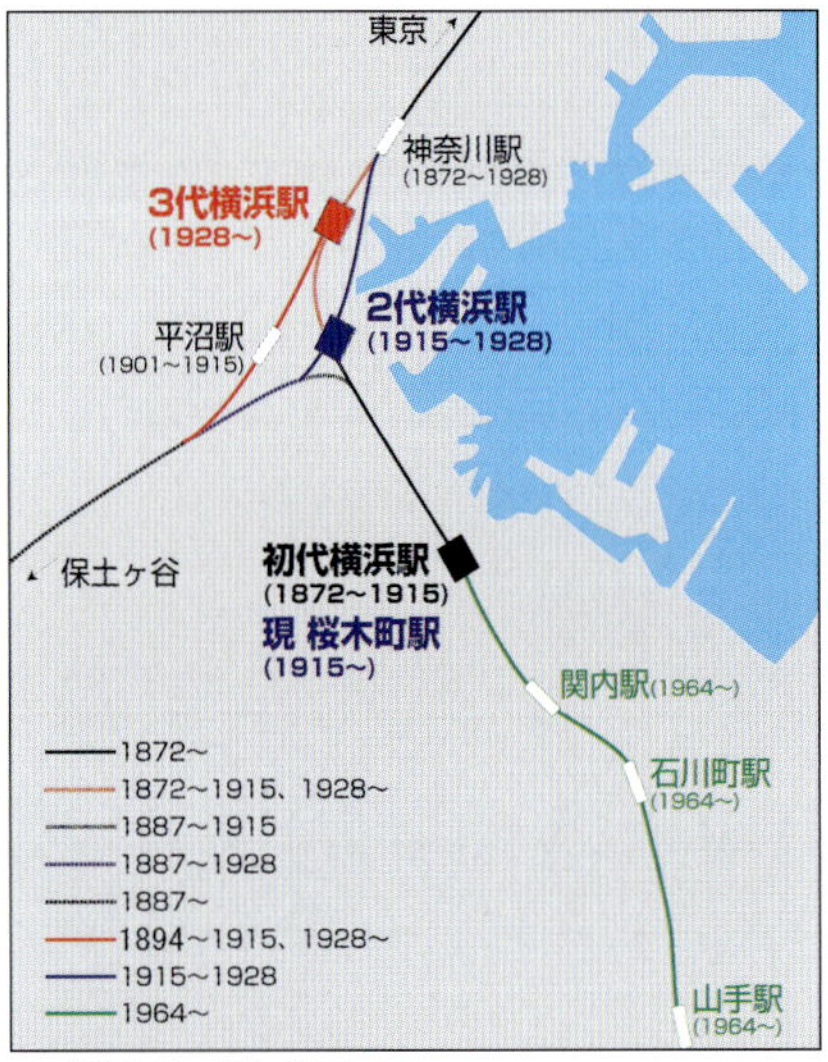

2　横浜駅の移転地図
横浜駅は東海道本線のルート変更にともない、明治・大正・昭和のうちに3つの場所を変転した。

しかし、横浜市側は桜木町駅の廃止に強く反対した。最終的に、東海道線は移設して直線化されたが、桜木町への支線は存続させ、この両線の分岐点に新駅を置くことになった。こうして昭和三年に誕生したのが現在の横浜駅である。

郊外電車の発達

都市から郊外への電気鉄道網の発達は、大正時代から昭和初期にかけて全国の主な都市でみられた。特に横浜や東京では、それがちょうど震災復興期と重なり、より急激に展開することになった。

震災以前の横浜では、省線電車（後の国電京浜東北線）が桜木町から東京方面に向けて走っていたが、私鉄で開通していたのは京浜電鉄（現京浜急行）だけである。しかし、京浜電鉄は神奈川が出発駅であり、横浜の市内交通の主役は市営化された路面電車であった。

震災後、まず開通した郊外電車は東京横浜電鉄（現東京急行）だった。大正一五年（一九二六）に神奈川（現在廃止）から多摩川まで開通し、翌年に渋谷まで到達した。また、神中鉄道（現相模鉄道）も大正一五年（一九二六）に厚木から二俣川までを開通させ、昭和四年（一九二九）には西横浜まで乗り入れた。神中鉄道はこの時点では未電化だが、実質的に郊外電車と同じ機能を担っていく。さらに昭和五年（一九三〇）には湘南電鉄（現京浜急行）が開業。黄金町を起点にして横須賀、浦賀、逗子方面へ電車を走らせた。

都市に乗り入れる郊外電車

郊外電車にとって大きな課題は、都市の内部に入りこみ、少しでも中心部に近い便利な場所にターミナルを設置することだった。

最初にそれを果たすのは東京横浜電鉄である。同社は神奈川から高島町にあった旧横浜駅裏まで線路敷設の免許を取得していた。先述の横浜駅の移転により、その計画は大きく狂わされたが、結局、昭和三年（一九二八）、横浜駅移転と同時に、神奈川から新駅を経由して旧駅付近に至る路線を開業、終点を「本横浜」とした（後の高島町）。その四年後、さらに線路を延伸して、桜木町に到達。中心部への乗り入れを実現した。

続いて、京浜電鉄は昭和五年（一九三〇）、湘南電鉄は昭和六年（一九三一）、神中鉄道は昭和八年（一九三三）にそれぞれ新しい横浜駅へ乗り入れる。湘南電鉄は当初、黄金町から桜木町へ延伸する予定だったが、関内方面を経由せずに横浜駅へ直結することになった。厳密には、黄金町・日ノ出町間の線路のみ湘南電鉄が建設し、日ノ出町・横浜間は京浜電鉄が建設した。両社は軌間が異なり、全区間が湘南電鉄の軌間＝標準軌一四三五ミリで建設されたため、湘南電鉄の車両が横浜駅へ乗り入れた。昭和八年（一九三三）には京浜電鉄の軌間が湘南電鉄と同じに改められ、京浜・湘南の直通運転が実現した。

ただし、当時の横浜駅は都市の中心部と呼べる場所ではなく、乗降客数も桜木町駅より少なかった。それでも、市内のほぼ全ての鉄道が集結した横浜駅は戦後、横浜の中心に変貌していく。

沿線郊外の開発

起点となるターミナルを確保する一方、郊外電車を経営する電鉄企業にとってさらに大きな課題は沿線郊外の開発であった。一般の土地会社が郊外住宅地の分譲を手がける中、東横電鉄に代表されるように鉄道会社自らも自社の沿線に住宅地を多数開発した。

昭和初期、電鉄各社が発行した沿線案内には、これらの住宅地に加え、遊園地、海水浴場、名所旧跡など沿線にあった観光地が数多く散りばめられている。自社の沿線郊外の魅力を積極的にアピールすることで利用客の増加をはかる。それが当時、新興産業だった電鉄経営のビジネスモデルだった。

これらの住宅地を購入し電車の乗客となったのは、いわゆる「サラリーマン」と呼ばれる人たちだった。当時、その人口はまだ多くないが、郊外に居住して高速の電車で都心へ通勤するというライフスタイルが確立されていった。

（岡田直）

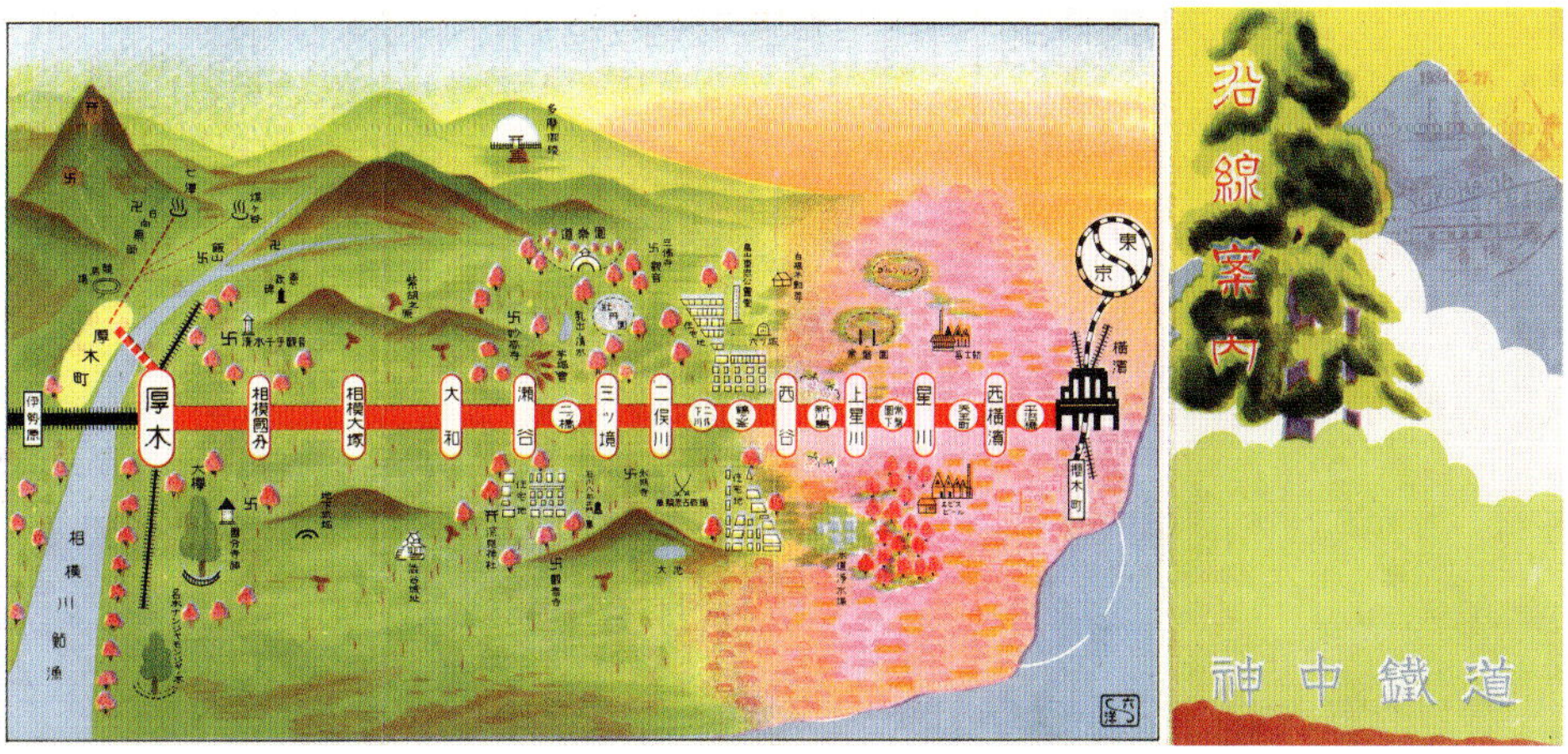

3　神中鉄道の沿線案内
神中鉄道は貨物輸送が中心の蒸気鉄道だったが、電化され郊外電車として発達していった。神中鉄道発行。昭和8年（1933）頃。

4　京浜・湘南電鉄のチラシ
京浜電鉄と湘南電鉄の直通運転が開始されたときの印刷物。両社は戦後、京浜急行電鉄となる。京浜電気鉄道・湘南電気鉄道発行。昭和8年（1933）。

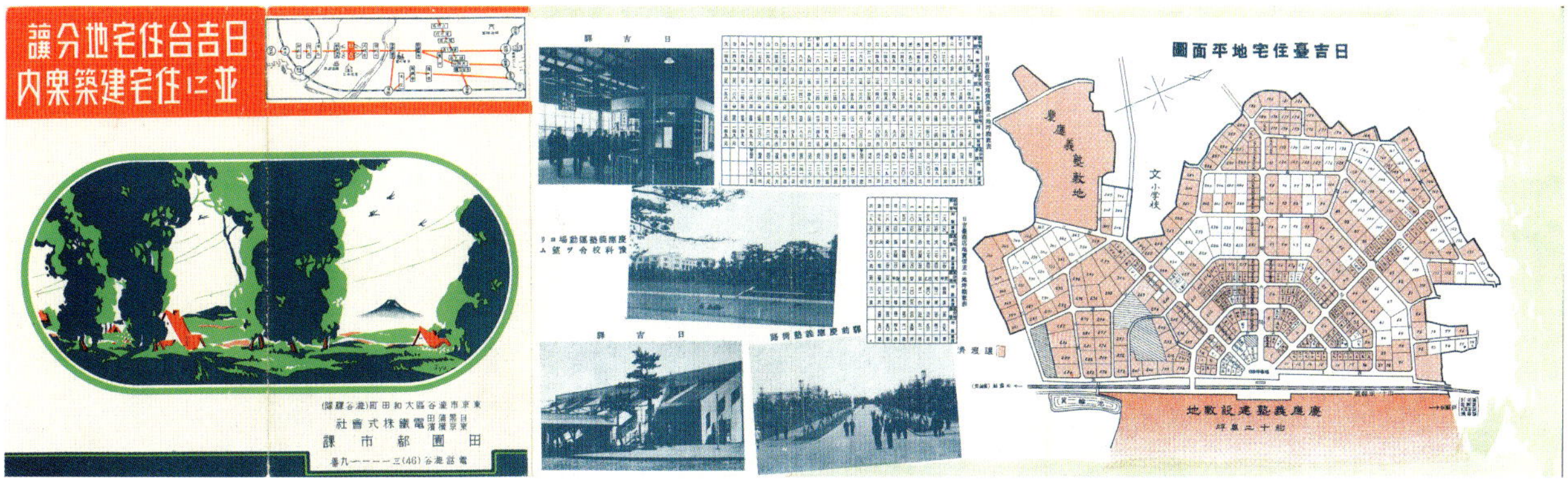

5　日吉台住宅地分譲並に住宅建築案内
東京横浜電鉄が沿線に開発した郊外住宅地のパンフレット。日吉台住宅地は同電鉄開業（1926年）と同時に分譲が開始された。目黒蒲田東京横浜電鉄株式会社田園都市課発行。昭和初期。

図版特集

大正〜戦前の風景画

西洋画の受容と新しい日本画の模索が同時に進行する横浜は、近代日本美術の発展の要所となった。明治期には、来日した外国人画家たちにより西洋の絵画が広く伝えられ、また「芸術のパトロン」でもあった原三溪のもとに下村観山をはじめ新しい日本画の表現を模索する画家が集い、研鑽した。

大正、昭和の時代にも、東西の文化が融合するエキゾチックな雰囲気や港の開放感、そして貿易によって栄える活気に溢れた横浜の風景は、画家たちを引きつけた。横浜生まれの牛田雞村や中島清之をはじめ、今村紫紅のもとに結成された「赤曜会」の速水御舟ら日本画壇を牽引した画家たちが、横浜を題材にした風景画の名作を生みだした。また、洋画家たちにとっても西洋を直接的に感じさせる横浜は格好のモチーフとなり、それぞれの感情を絵筆にのせてその風景を描いた。

（沼田英子・齋藤里紗）

1　速水御舟　横浜
中太でのびやかな墨線や明るい色彩に、御舟が所属していた赤曜会の中心作家、今村紫紅の南画的な画風の影響が見てとれる。画面の大半にぎっしりと連なる煉瓦造りの建物の屋根や、奥の方にわずかに見える海面に何隻も停泊している大型船が横浜の発展を感じさせる。活発な港の様子に、これらをのびのびと写生する若い御舟の意欲的な姿が重ね合わせられる。大正4年(1915)。

2　中島清之　馬車道
馬車道は慶応3年（1867）に吉田橋と海岸を結ぶ通りとして開通した。芽吹き始めた街路樹、楽しげに品定めする女性たちのモダンな服装、子どもたちのいきいきとした様子に春めく気分を感じさせる。震災前の馬車道の賑やかな光景である。中島清之も雞村や御舟、青樹らが学んだ松本楓湖の安雅堂画塾の塾生であった。初期の作品であるこの作品の緻密な描写には、その後多様な変遷を重ねる画歴の礎となるものが見てとれる。大正10年(1921)。

3　牛田雞村　藁街の夕
「蟹港二題」より
牛田雞村は、横浜生まれの日本画家。関東大震災の後、失われた明治の横浜の風景を詩情豊かに描いた秀作を生み出した。この作品は「蟹港二題」として、黒船来航を描いた「蛮船の泊」とともに第13回再興院展に出品されたものである。「蟹港」は横浜のこと、「藁街」は漢時代にあった長安城中の町の名で、転じて中華街を指すとも言われるが、この作品は現在の本町通り周辺を描いたものと考えられる。洋館が立ち並び、ガス灯や行灯、建物からもれる明りや人々の衣服の白さが夜の闇の中に浮かび上がる。幻想的な夜の横浜の光景である。昭和元年（1926）。

4　牛田雞村　関内
雞村の生家はこの場面に程近い南仲通りにあった。画面を横切る本町通りは外国人居留地と日本人居住区の両方を貫く当時の目抜き通りで、その傍らには多くの商店が並んでいたという。画中にも各国の人々が行き交い、賑わう様子が描かれている。画面右奥に描かれた税関の前身機関である運上所は、現在は神奈川県庁本庁舎がたつ所にあり、慶応2年（1866）の大火で焼失している。明治20年（1890）生まれの雞村はこの光景を実際に目にする由はないが、商店に並ぶ商品や馬車などから横浜浮世絵などを研究して描いたと考えられる。昭和元年（1926）。

5　小茂田青樹　横浜海岸通り
号を青樹と改め再興院展に初入選を果した翌年の、第2回赤曜会出品作である。同じ赤曜会の仲間であった速水御舟と同様、墨線ののびやかさや点描風の海の表現などに紫紅の影響が色濃く表れているが、横長の画面にほぼ並行する水平線と道路、それらにリズムを与えるように人物や松並木が配置された構図に、青樹の個性が感じられる。控えめな色づかいの中に、初夏の爽やかな空気が感じられる。大正4年（1915）。

6　宮田重雄　横浜風景

「横浜風景」は、医師を本業とする傍ら絵を描き続けた宮田重雄が医学部在学中に春陽会第1回展に出品し初入選した作品である。新港ふ頭に通じる「新港橋」が正面から描かれており、橋の向こうには鮮やかな色で赤レンガ倉庫や火力発電所など、外国のような風景が見える。宮田はアンリ・ルソーの作品に感化されたというが、この若き画家の夢が託されたようなおおらかな画面には、ルソーの影響を色濃く見ることができる。大正12年（1923）。

7　高間惣七　夏の海岸風景

海と花と鳥を愛した画家高間惣七は、「人間が常に理想としている幸福感、平和、明るさ、楽しさ、喜び、豊かさ、新鮮さを色彩の流れに依って現し度いと思って居る」と述べている。この作品では高間のアトリエがあった金沢文庫の海岸で人々が海水浴を楽しむ様子を色鮮やかに描いている。のどかな海辺のリゾートの光景はまさに平和そのものであるが、遠景に描かれた巡洋艦や水上飛行機は、戦争の陰を感じさせる。昭和9年（1934）。

8　国領經郎　山手風景
国領經郎は静寂な砂丘の風景で知られているが、これは画業の最初期、神奈川県立横浜第一中学校（現県立希望ヶ丘高等学校）在学中の作である。国領は、少年の頃から異国情緒あふれる山手の風景を特に好んで写生したというが、相次いで父母を亡くした翌年に描かれたというこの作品は、高台から遙かに海を見渡す視点や、鮮やかな絵の具で一気に描き上げた筆遣いに、画家の孤独な胸中が反映されているようである。昭和12年（1937）。

9　三橋兄弟治　教会の見える風景
三橋兄弟治は現在の茅ヶ崎市出身で、生涯水彩画を描いた画家である。5年前に丘の上に建てられたばかりのカトリック山手教会を、木立の間から眺めた風景である。鮮やかな色彩、素早く描かれた木々や空の筆致によって、画面奥に小さく位置する教会に視線がひきつけられる。白い壁と高い尖塔を携えた教会の、凛とした様が際立っている。昭和14年（1939）。

10　松本竣介　Y市の橋
横浜駅付近の新田間川にかかる月見橋と国鉄の工場、そして京浜線と国鉄を跨ぐ跨線橋が描かれている。松本竣介は画業を通して都会の風景とそこに暮らす人々を詩情豊かに描いた。「Y市の橋」と題する油彩画は4点知られているが、透明感のある青い色調でまとめられたこの作品は、都会の哀愁を強く感じさせる。そこには幼少期に聴力を失いながらも絵に取り組んだ画家の孤独感や、戦時下の不安な時代性を読み取ることができる。昭和18年（1943）。

図版特集

大衆文学の作家たち

震災後から戦後にかけて、大衆文学が多くの人々を魅了したが、その担い手は、横浜生まれの作家たちであった。

長谷川伸は、横浜船渠に勤めた後、新聞社勤務を経て作家となった。『ある市井の徒』『新コ半代記』といった作品には、彼が幼少期を過ごした横浜の姿が記されている。一八歳の時、横浜船渠の船具工になった経歴をもつ吉川英治は、新聞人として筆をみがき、雑誌『キング』に『剣難女難』を連載して一躍大衆文学に進出した。吉川は、『かんかん虫は唄ふ』『忘れ残りの記』に、浮き沈みの激しい青年時代の横浜での暮らしを記している。

獅子文六は劇団文学座を創立し、演出や劇作で活躍したが、『てんやわんや』『自由学校』などの新聞小説も執筆した。戦後三部作の三作目として新聞に連載した『やっさもっさ』では占領期の横浜を描いている。大佛次郎は、大正一三年（一九二四）、「鞍馬天狗」を発表した。「鞍馬天狗」は、その後約四〇年間にわたりシリーズものとして書き続けられたが、その一方で『霧笛』『幻灯』など、開化期の横浜を舞台とした小説でも大衆の心を掴んだ。

（石崎康子）

1　長谷川伸　海岸通りで
明治17年（1884）、日ノ出町（中区日ノ出町）生まれ。横浜毎朝新報社に勤めていた明治43年（1910）に写されたもの。

2　長谷川伸『瞼の母』
新小説社より昭和11年（1936）に刊行。装幀は鳥居言人。

3　吉川英治　地蔵坂で
明治25年（1892）、中村町（中区山元町）生まれ。父親が事業に失敗し家運が衰え、小学校を中退。いくつもの職業を転々としつつ、独学し、作家となった。昭和13年（1938）頃、文子夫人と蓮光寺墓参の際に写されたもの。

4　吉川英治『忘れ残りの記』
昭和30年（1955）から翌年にかけて『文藝春秋』に連載された。

5　獅子文六　野毛のヤミ市で
獅子文六は、横浜弁天通の岩田商会に生まれた。横浜市立老松小学校から慶應義塾幼稚舎に編入学、慶応義塾大学に進んだが中退し、フランスに渡って演劇を勉強した。演劇だけではなく、数々の小説を記した。田沼武能撮影。

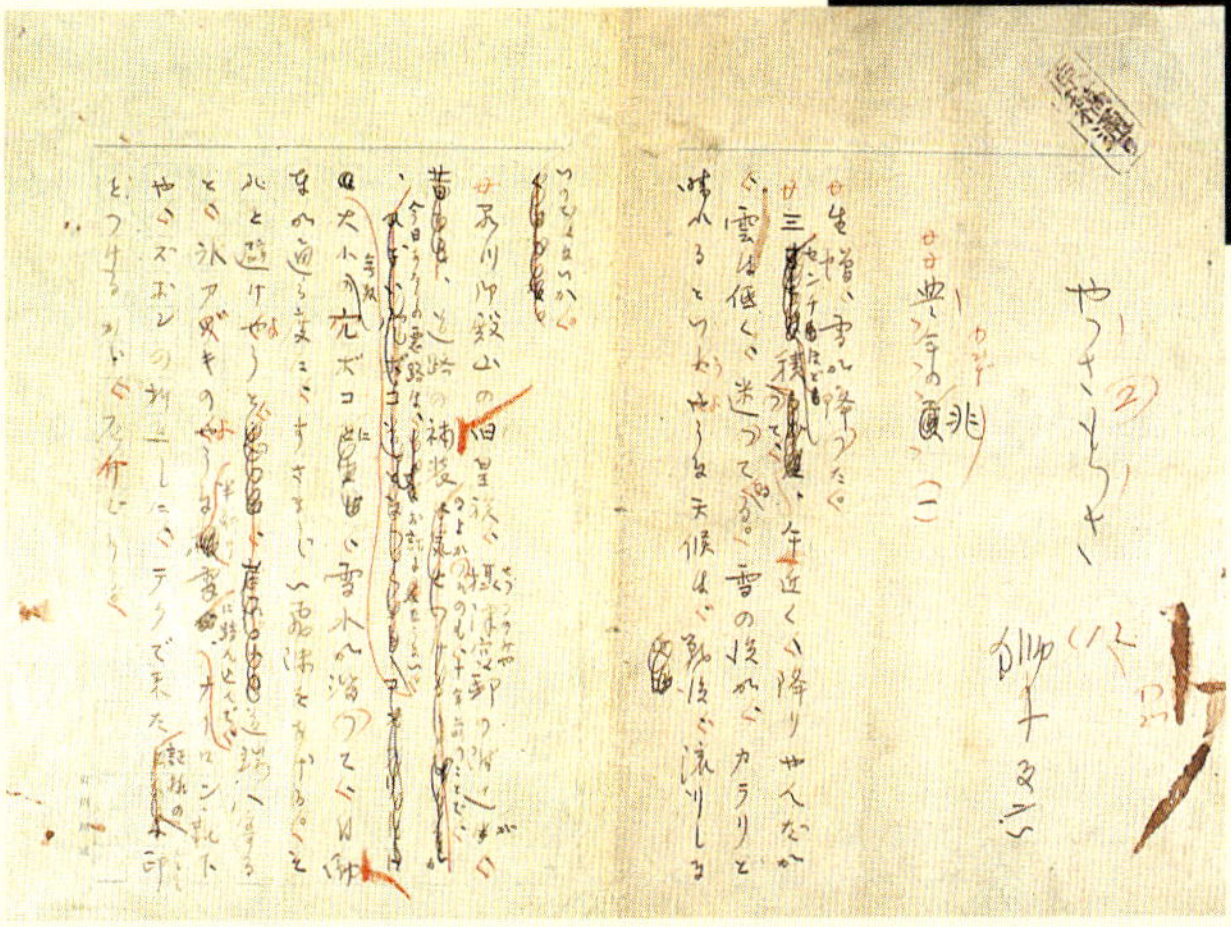
やっさもっさ
獅子文六

6　獅子文六の原稿
「やっさもっさ」の冒頭部分。昭和27年（1952）2月から8月まで毎日新聞に連載された。占領下の横浜の様子が細かく描かれている。

7　大佛次郎　横浜港をバックに
明治30年（1897）、英町（中区英町）の宮大工の家に生まれ、8歳の時に東京へ移転した。作家となり、昭和6年（1931）から約10年間、ホテルニューグランドを仕事場にするなど、横浜を終生愛した。

8　大佛次郎『霧笛』の挿絵
昭和8年（1933）、朝日新聞に連載された「霧笛」は、昭和23年（1948）、挿絵を改めて苦楽社から単行本で刊行された。「後がき」には、「横浜は私の生れた土地で、殆ど記憶は残ってゐないが、八歳まで、ここで育った為に、街が焼け失せた今でも深い愛着を感じてゐる」とある。

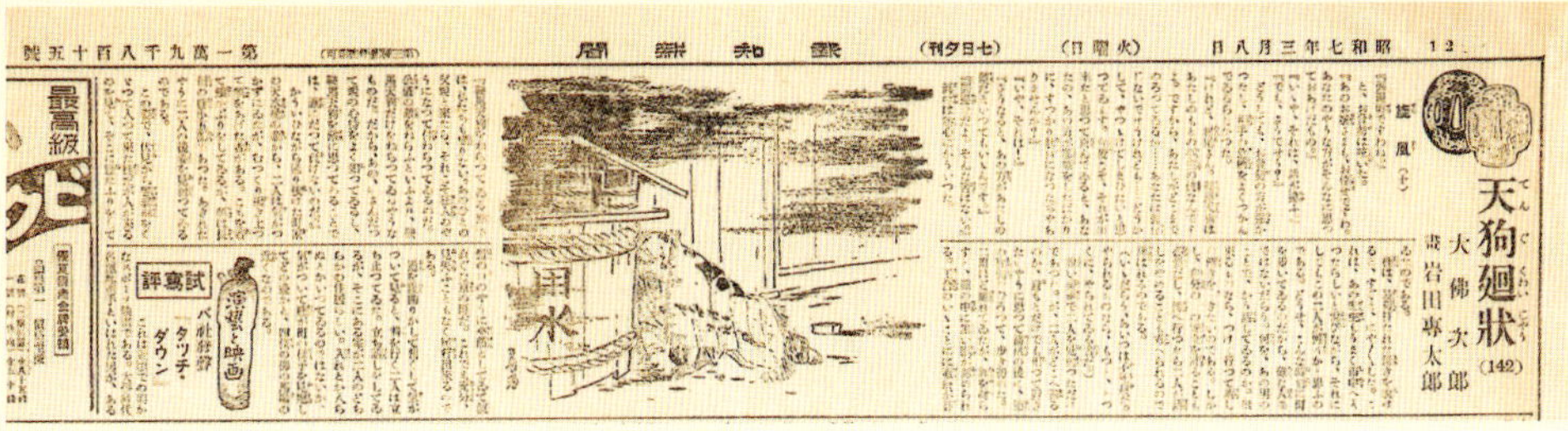
天狗廻状
大佛次郎
畫　岩田専太郎
(142)

9　「天狗廻状」
昭和6年（1931）9月18日から翌年の4月16日まで報知新聞夕刊に連載された鞍馬天狗シリーズの一つ。新聞に連載された最初のもの。

シネマとデパートのまち伊勢佐木

映画の黄金期

大正一二年（一九二三）九月の関東大震災から立ち直った横浜の盛り場、伊勢佐木界隈はシネマとデパートが集客するまちになった。

震災後、劇場は映画中心の興行になり、純粋な芝居小屋としては復興しなかった。廃業したものを除けば、映画館の復興はすみやかで、ほとんどが大正一三年中に再開した。

洋画専門館のオデヲン座は、経営が平尾商会から六崎市之介に代わり、大正一三年一月に旧作ではあったがハリウッド映画の大作「世界の心」を上映。昭和期には東和商事（昭和三年創業）が配給する外国映画を中心に上映した。大正期に「封切館」として高名であった同館は、東京の一流館が封切ったフィルムの提供を受ける「二番館」の地位になったが、横浜では最高級の映画館で、世界初のトーキー作品「ショウ・ボート」や「望郷」「モダンタイムス」「巴里の屋根の下」などの選りすぐりの名画を観ることができた。

日本の映画製作も盛んになり、上映館の系列化がすすんだ。松竹は震災前から横浜常設館（旧角力常設館）であったが、日活は横浜館から喜楽座と又楽館へと系列を移し、横浜館は廃業、喜楽座はのちに横浜日活館と改名した。昭和四年（一九二九）、「チャンバラ」中心の低俗映画と評された河合映画（のち大都映画）を封切る羽衣館ができた。また、昭和一一年には馬車道に冷暖房完備の大規模な横浜東宝劇場、通称「横宝」が竣工して映画・演劇の殿堂となる一方、一三年（一九三八）にはニュースと短編アニメを上映する朝日ニュース劇場ができた。伊勢佐木界隈はさまざまな映画が楽しめる空間となった。吉川英治原作「かんかん虫は唄ふ」、大佛次郎「霧笛」、北林透馬「港の日本娘」、里見弴「多情仏心」など、横浜出身の作家による横浜を舞台とした小説も映画化された。

1　オデヲン座と『オデヲン座ウィークリー』昭和11年6月4日号

昭和11年（1936）オデヲン座は新築されて冷暖房完備となった。『オデヲン座ウィークリー』の表紙は毎号横浜ゆかりの画家の絵でかざられた。この号は日本画家の中島清（後、清之）。その他加山四郎・小島一谿・松島一郎らが描いた。

デパートの登場

伊勢佐木に店舗をもつ野沢屋・越前屋と、亀の橋の鶴屋は、明治末期には二〜三階建て、ショーウィンドー付きの店舗を構え、相対売りから陳列売りに転じ、端緒的であるがオリジナル商品の開発や流行色・柄の発信にも手を染めた。なかでも越前屋は三階建ての屋上に庭園を設置して眺望と娯楽性を売り物にしていた。しかしながら品揃えの面において、いまだ呉服商の域を脱してはいなかった。

東京日本橋の三越呉服店は、明治四一年（一九〇八）の新築を機にデパートとしての体裁を整えていたが、横浜で最初に本格的な百貨店化を実現したのは野沢屋呉服店であった。親会社の茂木合名会社は大正九年恐慌で破綻したが、老舗「野沢屋」の暖簾が消えるのを惜しんだ茂木家の縁者である瀧定助らは、建設中であった鉄筋コンクリート造り四階（一部五階）・地下一階の新店舗をもって、大正一〇年（一九二一）、株式会社野沢屋呉服店を開業した。明治四二年建設の旧店舗は震災で倒壊したが新店舗は耐え、昭和一二年（一九三七）までに四回、戦後は二回の増築を重ね、伊勢佐木を代表する白亜の殿堂になった。

都市型ライフスタイルの発信

デパートは、品揃えの多様さをもって「百貨店」と呼ばれたが、広く都市消費文化を発信したことに大きな意味があった。

野沢屋呉服店は、大正一三年土足のまま入店できるように改良し、往来と店舗の間の垣根を取り払った。翌一四年には、プレイガイドを設置して東京主要劇場の芝居・音楽会などの入場券販売を始めた。最上階五階の催し物場では「野沢屋絵画展覧会」や「こども会」が催された。一一月には「金沢市特産品陳列会」を実施、その後毎年のように「岐阜県物

2　長者町方面からみた伊勢佐木町1丁目
左手前は百貨店の越前屋、奥は野沢屋。吉田橋際の松屋横浜支店とともに伊勢佐木のデパートの雄であったが、越前屋は倒産して松屋傘下の壽百貨店となり、戦後は松屋横浜支店。建物は現在、エクセル伊勢佐木となっている。昭和6年（1931）頃。

3　野沢屋で催された「コドモ会」プログラム
百貨店は上階に催事場を設けて客を誘導し、階下に降りる過程で売り場に引き込む。一般に「シャワー効果」というが、野沢屋も5階に催事場をおいた。百貨店は洋装などの都市ライフスタイルのみならず、文化も発信した。昭和2年（1927）10月。

4　モダンな表紙の野沢屋「年末年始・御贈答品の栞」
ダイレクト・メールで送られたカタログ。昭和10年（1935）。

産陳列即売会」「沖縄県特産陳列会」「京都染織品競技会」などの全国各地物産会を開いた。昭和二年（一九二七）一〇月「遠藤波津子女史の正しい化粧と着付けの実演大会」が催され、野沢屋オリジナル化粧品が作られた。

モードの発信では、「昭和二年春の流行基準色」として六色六枚の女性服地の小切れを貼付した案内を、ダイレクトメールで送り、仕立てを喚起した。男性には、夏を迎える六月に、薄地の背広生地の小切れを送っている。

やや時代は下がるが、昭和一〇年（一九三五）には日本語が堪能な外国人デザイナーを招き、「欧米新流行の傾向を探り、皆様個々の御容姿に最もお似合ひになるデザイン、フイテイング等の御相談を承ります」と案内状を郵送して「洋装相談会」が催された。

和装から洋装へ。ホワイトカラー層が社会的広がりをみた当時、モダンな都市の生活様式はデパートが発信し、デパートなしでは成立しなかった。もはや小売店の域を超えた存在であり、横浜駅～桜木町駅～野沢屋を結ぶ送迎バス（昭和三～八年運行）と制服姿のバスガールや、着飾った洋服で颯爽と自転車を駆るメッセンジャーボーイはまちの光景となった。

亀の橋・鶴屋は明治二二年（一八八九）に東京今川橋松屋を合併し兼営していたが、大正八年松屋鶴屋呉服店に改組した。震災後の大正一四年（一九二五）五月、銀座に松屋本店を開業し、デパート経営に乗り出した。松屋横浜支店が鉄筋コンクリート造り地上七階地下一階で吉田橋際に開業したのは、昭和五年（一九三〇）一〇月。翌年には浅草支店を開業した。松屋はさらに震災後経営不振にあり休業していた越前屋（地上七階・地下一階）を買収して、壽百貨店として昭和九年七月に開業した。同じ資本系列にある二店は、松屋支店は高級品指向、壽百貨店は大衆品指向にすみ分けし、野沢屋のライバルとなった。

昼の伊勢ぶら、夜の「ザキ」

震災後、伊勢佐木通りには森永キャンディーストアや不二家が進出。明治からある「亀楽せんべい」などとともに名物が集まった。伊勢佐木をぶらぶらする意味での「伊勢ぶら」の語がいつから使われ始めたのかははっきりしないが、銀座の「銀ぶら」の場合と同じ昭和初期であろう。

シネマとデパートに人々が集まるまち、モダンなまち。気楽にウィンドー・ショッピングができるまち。それが伊勢佐木の「昼の顔」であった。そして、小さな飲食店・カフェ・ナイトクラブ・飲み屋がひしめきあい、日が暮れればまちは「夜の顔」に変わる。伊勢佐木は昼夜をとわず、市民が憩う盛り場であった。

（平野正裕）

5　夜のイセザキ
伊勢佐木町通りをちょっと入れば、ナイトクラブやカフェがひしめく。夜の「ザキ」は表通りとは一変した様相をあらわす。

「横浜学」の系譜

市史編纂への道

明治四二年（一九〇九）七月一日、横浜市は開港五〇年を迎え、盛大に祝賀行事が繰り広げられた。開港から五〇年を経て、郷土の歴史を見直そうという機運も高まり、横浜の歴史を顧みる企画も催された。横浜商業会議所主催の横浜開港記念史料展覧会もその一つで、七〇九点もの資料が出陳されたが、資料目録として、『横浜開港記念史料展覧会列品目録』・『横浜開港五拾年紀念史料展覧会陳列品画帖』（共に横浜商業会議所刊）も刊行された。また開港以来五〇年の横浜の歴史をまとめた『横浜開港五十年史』上・下巻（肥塚龍編・横浜商業会議所刊）や、回顧録『横浜開港側面史』（横浜貿易新報社刊）が刊行され、翌年には人名録『横浜成功名誉鑑』（横浜商況新報社刊）も刊行された。

郷土の歴史への関心が高まるなかで、横浜史談会・成趣会・横浜古銭会といった団体が組織された。横浜およびその周辺の郷土資料の蒐集と研究を目的として創設された横浜史談会は、大正四年（一九一五）七月、第一回横浜史料展覧会を横浜公園内の運動クラブで開催した。出陳資料目録「横浜史談会主催横浜史料展覧会出品目録」には、横浜史談会の中心メンバーであった渡辺和太郎や曽我部俊治ら資料収集家三三名が出陳した三八四点におよぶ資料が記されている。

展覧会は盛会で、第三回展覧会の一般公開初日には、一日で五〇〇〇人もの人が訪れたという。この展覧会に資料を提供していた渡辺や曽我部、加山道之助・新堀源兵衛・原田久太郎・設楽巳知・軽部亀松らは、書画骨董・古文書・和歌・俳諧・刻字・古銭などを趣味にする人々の集まりである成趣会のメンバーでもあった。

1　横浜開港五十年祭での万国橋
開港五十年祭は、明治42年（1909）、造成中の新港ふ頭で開催された。左の建物入り口に「史料展覧会入場券売場」の文字が見える。

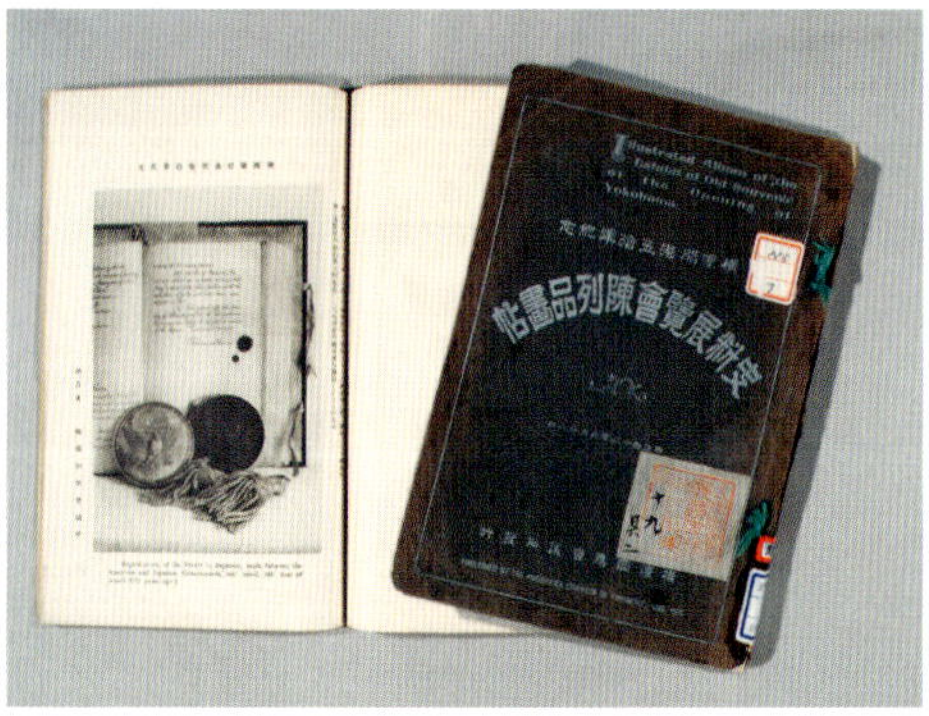

2『横浜開港五拾年紀念史料展覧会陳列品画帖』
陳列品画帖の表紙（右）と、横浜商業会議所が写真で出陳した外務省所蔵の日米修好通商条約英文条約文（左）。横浜商業会議所編刊。明治42年（1909）。

『横浜市史稿』の編纂

大正九年（一九二〇）、大阪・東京・名古屋など大都市の市史編纂が始まったことに刺激を受けた横浜市は、市史の編纂事業を五か年計画で開始した。編纂主任には『名古屋市史』編纂で実績のある堀田璋左右を迎え、嘱託員に郷土史家石野瑛らを、相談役には横浜史談会のメンバー、曽我部俊治や加山道之助、新堀源兵衛らを任じ、編纂体制を整えた。

ところが編纂開始から三年目の大正一二年（一九二三）、関東大震災が発生した。市街地がほぼ焼失する大惨事で、市庁舎内の市史編纂所に収集・保管していた市内旧家所蔵古文書の筆写本約一〇〇〇巻、曽我部俊治の蔵書六〇〇巻、加山道之助の蔵書三〇〇巻、浮世絵三〇〇点などを焼失し、相談役曽我部俊治を失うなど、被害は甚大であった。

しかし、残された史料の散逸を食い止めるためにも事業の継続が必要であると事業は再開された。震災の記録を『横浜市震災誌』（大正一五～昭和二年）にまとめ、『開港七十年記念横浜史料』（昭和三年）を刊行したのち、本格的な編集作業が再開された。編纂主任には、昭和二年（一九二七）から加山道之助が就き、嘱託員として中山毎吉・弦間冬樹・山田蔵太郎らが参加した。

編纂員たちは、残された史料を探し、「市史稿写本」約六五〇冊が作成された。それら史料をもとに、昭和六年（一九三一）から翌々年にかけて、全一一巻の『横浜市史稿』が刊行された。しかし震災による史料焼失の影響は大きく、完全な横浜市史の刊行は後世に期するという未定稿の体裁であった。

　一方、震災後休会状態であった成趣会も、大正一四年（一九二五）、尚趣会として再興し、震災で全てを失った資料収集家たちも再び活動を開始した。

『横浜市史』編纂

　『横浜市史稿』が刊行され、市史編纂係は解散したが、昭和九年（一九三四）三月には横浜の史蹟や名勝、史料等の調査を目的とする横浜史料調査委員会が発足した。同会には、旧市史編纂主任の加山道之助や編纂委員の弦間冬樹、史料所蔵者の佐久間道夫、軽部三郎、添田坦らが加わった。メンバーの多くは神奈川県史蹟名勝天然記念物調査委員も兼ね、また尚趣会のメンバーとして、親睦を深めていた。

　昭和二〇年（一九四五）、横浜は米軍の空襲により再び焦土と化した。焼け跡のなかで市当局は、本市百年の歴史を跡づけ、市民の愛郷心を喚起するため、市史編纂事業への着手を決意した。昭和二四年（一九四九）には横浜歴史年表編纂委員会が組織され、昭和二六年（一九五一）には『横浜歴史年表』が、同二八年には『横浜歴史年表索引』が刊行された。

　横浜歴史年表編纂委員には、横浜史料調査委員の軽部三郎、添田坦に加え、書誌学の斎藤昌三、俳人飯田九一、画家牛田雞村、金沢文庫長関靖らが集められた。添田坦・斎藤昌三らは尚趣会のメンバーであり、市の担当職員であった石井光太郎も後に委員飯田九一とともに尚趣会に入会するなど、事業は尚趣会を構成する趣味人に支えられていたといっても過言ではなかった。趣味人による史料の収集と博識に支えられてきた市史編纂は、後に組織的な市史編纂事業へと形を変えていった。しかし、文芸や風俗などを通じて横浜らしさを追求した流れは、横浜市中央図書館で長年続けられた横浜郷土研究会、横浜市立大学・フェリス女学院大学・神奈川大学などで開講されている「横浜学」といった講座に引き継がれている。

　昭和二九年（一九五四）には、市を挙げて横浜開港一〇〇年を祝い、記念事業として懸案であった本格的な市史編纂事業の開始も決定された。横浜市は、横浜市史編集室を設置し、石井孝横浜市立大学教授を常任編集委員に招いた。「貿易商工都市としての本市の発展を、主として経済史の面から跡づけること」などを基本方針に、全五巻の刊行を予定し、編集は開始された。結果として、編纂事業は二八年にわたり、全三四冊の刊行が完了したのは昭和五七年（一九八二）であった。全国的にみても市史編纂の手本と評価される一大事業の完成であった。

　なお、約三〇年にわたった市史編纂の過程で蒐集された資料や加山道之助・石井光太郎の旧蔵資料などは、昭和五六年（一九八一）六月二日に開館した横浜開港資料館に収蔵されている。（石崎康子）

3　市史稿写本
市史編纂係が作成した写本。

4　宮川香山の窯場に集う尚趣会の人々
尚趣会は、横浜の趣味人の集まりで、大正14年（1925）に第1回の会合を持った。陶芸家、宮川香山の窯場（南区庚台）で催された会合の際に撮影されたもの。左奥が加山道之助（可山）、手前左が宮川香山。右に立つ人物が軽部亀松（漱芳）。昭和10年（1935）1月20日。

5　『横浜歴史年表』編纂委員
『横浜歴史年表』編纂終了を記念して撮影された写真。前列右から斉藤昌三・軽部亀松・一ノ瀬与左衛門、一人おいて平沼亮三市長。一人置いて軽部三郎・牛田雞村・飯田九一・西村栄之助。後列左端が石井光太郎。

第6章 戦災都市から三六〇万都市へ〈現代〉

❖戦争の時代

昭和一〇年代に入り、横浜、そして日本の経済は軍需産業の成長によって好景気にわいていたが、軍部の台頭が社会に不安の影をもたらしていた。昭和一二年（一九三七）、日中戦争が始まると、市民の生活は物心両面でさまざま制約を受けるようになっていく。一三年に公布された国家総動員法は、市民生活のあらゆる局面において戦争遂行が最優先されることを宣言したものだった。食料や衣料などの生活物資は切符・配給制となり、娯楽は制限され、また、言論も厳しく統制された。

昭和一六年（一九四一）、太平洋戦争開戦。戦局の悪化が決定的となった一九年には、都市部からの学童疎開が開始される。横浜市内の国民学校では主に県内郡部への疎開が進められた。そして、翌二〇年にかけて、国内の主要な都市は、米軍機による度重なる空襲にさらされるようになる。横浜は、まず鶴見方面の工場地帯を目標に何度も爆撃を受け、ついに五月二九日には焼夷弾による大空襲で中心部が焼き尽くされた。八月、ポツダム宣言を受諾、日本は無条件降伏をした。

❖接収と復興

敗戦後、横浜は米軍（連合国軍）による日本占領の軍事拠点となった。米軍は物資の補給基地として横浜港の施設を接収した。そして、港湾に面した中心部の土地と建物もほとんど接収され、米軍の施設として使われた。米軍が日本全国（沖縄県を除く）で接収した土地のうち、約六割が横浜市内という状況だった。市民は食糧難にあえぎ、戦災で住居と家財を失ったうえ、さらに接収によって周辺部へ追いやられることになった。接収から外れた桜木町駅前の野毛地区などには闇市が形成され、物資を求めて多くの人々が集まった。

連合国は日本社会の改革を進めた。その目的は非軍事化と、それを徹底するための分権化と民主化だった。日本国憲法の公布、財閥の解体と農地改革、地方自治法の制定、そして教育制度の変革など、新しい施策が矢継ぎ早に実施されていった。

さて、横浜の経済復興には、貿易の振興が不可欠だった。食料の輸入や生糸などの輸出が、接収を免れた高島ふ頭を利用してわずかに再開される。昭和二四年（一九四九）には、反町と野毛山を会場にして日本貿易博覧会が、横浜市と神奈川県の主催で開催された。博覧会をきっかけにして貿易の振興をはかることが、その大きな目的だった。

だが、港湾と中心部を接収された横浜市は財政難にあり、戦災からの復興が他の大都市に比べて大きく立ち遅れていた。市は接収の解除を求めて政府や米軍に強く働きかけ、ついには、米軍施設を周辺部の国公有地等へ移転、中心部の土地や建物が返還されることになった。日本が独立を回復する頃より、不充分ながら接収の解除が開始され、徐々に横浜のまちは活気を取り戻していく。

昭和三〇年代に入ると、三一年の「経済白書」に「もはや戦後ではない」とうたわれた通り、日本の経済社会は復興から成長へと新たな局面に移ろうとしていた。接収の影響で復興が大きく立ち遅れた横浜だったが、昭和三三年、開港一〇〇年目を期して開催された横浜開港百年祭は、横浜の新しい時代を市民に期待させるイベントとなった。

❖横浜の高度成長

戦前より横浜は、日本の玄関となる港湾を抱えた国際貿易都市であり、臨海部には大規模な工場群の立地する工業都市であった。戦後、日本の玄関としての地位は失うが、日本有数の貿易・工業都市として、さらなる成長をとげていく。そして、それらの機能に加えて横浜は、首都圏の郊外住宅地としての役割をより強くしていく。

昭和初期の横浜港（大さん橋・新港ふ頭）は、海外への定期航路が多数設定され、豪華客船でにぎわう日本の玄関だった。しかし、昭和三〇年（一九五五）頃には航空機の発達によって、日本の出入国者の過半は東京・羽田空港を利用するようになった。三五年、米国シアトルとを結ぶ北太平洋航路にあった貨客船「氷川丸」が引退。同航路も廃止され、以後、横浜港からの定期旅客航路は衰退をたどる。それは国際旅客輸送の拠点が港湾から空港へ移り、港湾は物流の拠点に特化するという時代の流れを象徴しているだろう。

日本の玄関としての地位を失った横浜港だが、わが国を代表する貿易港としての地位は依然変わらず、昭和三二年に外国貿易額や入港船舶トン数などで戦前の水準を回復した。やがて、大さん橋や新港ふ頭、高島ふ頭などだけでは、取り扱う船舶や貨物の増加に対応できなくなり、また、貨物輸送のコンテナ化という世界の潮流に合わせて、昭和四〇年代後半以降、本牧や大黒のコンテナふ頭を整備、横浜港の主力はこちらへ移っていった。

横浜の臨海部は、貿易港であるだけでなく、鶴見・子安地区を中心に戦前より工業地帯が形成されていた。戦後、大黒町地先を皮切りに、根岸湾、金沢地先など大規模な市営埋立事業が展開され、大手製造企業が多数進出、国内最大の重化学工業地帯として日本の高度経済成長を牽引していく。内陸部にも家電などの工場が増加して、横浜市内の工業生産額は、重化学工業を中心に昭和三〇年代から四〇年代にかけて飛躍的な増加を示した。

❖変容する横浜

戦後の横浜を大きく特徴づけるのは、住宅地化の進展である。昭和一四年、市域が現在と同じ範囲に拡張されたが、三五年の時点でも市街密集地（人口集中地区）の面積は市総面積の約五分の一で、市域の大半が農地や丘陵地であった。高度成長はこれら広大な非市街地を急激に住宅地に変え、そこに多くの居住人口が吸収されていく。横浜市の人口は戦災で一時、一〇〇万人を割ったが、二六年に再び一〇〇万人を超え、四三年には二〇〇万人を突破した。昭和五三年にはついに大阪市の人口を抜いて、市町村としては日本最大の自治体となった。東京特別区を日本最大の都市とするならば、第二位になったことになる。

しかし、横浜市の昼夜間人口比（夜間人口に対する昼間人口の比率）は、すでに昭和三〇年の時点で一・〇をやや下回り、以後急激に低下していく。つまり、横浜市がその周辺から吸引するよりもますます多くの通勤通学者が、昼間は市外へ流出するようになった。その流出先はほとんどが東京特別区である。横浜が東京に次ぐ日本第二の大都市になったというよりも、「横浜市」として区切られた地理空間が、東京という巨大都市の周辺に郊外住宅地（ベッドタウン）として位置づけられ、膨大な数の夜間人口を吸収したと考えるべきだろう。

さて、長距離の通勤通学移動を可能にしたのは、鉄道の発達である。汽車から電車へ、路面電車から地下鉄へと置き換えられ、また新規路線の建設が進められ、輸送力の増強が重ねられた。京浜間

西暦	和暦	月	事項
一九三七	昭和12	7	日中戦争勃発
一九三八	昭和13	4	国家総動員法公布
一九四一	昭和16	12	太平洋戦争開戦
一九四四	昭和19		学童集団疎開の開始
一九四五	昭和20	5	横浜大空襲
		8	ポツダム宣言受諾
一九四六	昭和21	11	日本国憲法公布
一九四七	昭和22	4	地方自治法公布
一九四九	昭和24	3	反町・野毛山にて横浜貿易博覧会の開催
一九五〇	昭和25	10	横浜国際港都建設法公布
一九五一	昭和26	6	横浜港の管理が国から横浜市へ
			横浜市の人口が一〇〇万人突破
一九五二	昭和27	2	大さん橋の接収解除
一九五五	昭和30	10	神奈川国体の開催
一九五六	昭和31	4	横浜駅西口名品街オープン
		9	横浜市が政令指定都市に
一九五八	昭和33	5	横浜開港百年祭の開催
一九五九	昭和34	10	横浜高島屋オープン
一九六一	昭和36	1	横浜マリンタワー完成
			大黒町地先埋立地完成
一九六三	昭和38	3	山下ふ頭完成
		3	根岸湾埋立（第1期）完成
一九六四	昭和39	5	国鉄根岸線（桜木町—磯子）開通
		10	東海道新幹線・新横浜駅の開業
		10	東京オリンピック開催
一九六五	昭和40	2	「横浜の都市づくり」構想（六大事業計画）の発表
一九六六	昭和41	4	東急田園都市線（溝の口—長津田）開通

には戦前より省線電車（国電）と高速郊外電車（私鉄）の路線が整備されていたが、高速化・大型化・頻発化はさらに進み、横浜市内から東京への通勤通学はより便利になった。横浜の中心部をまったく経由せず、港北方面と東京を直結した東急田園都市線の開通は、首都圏の住宅地化という戦後の横浜の特質をよく表している。

また、鉄道は都心の配置という都市横浜の地理構造に大きな変容をもたらした。都心とは、行政・経済・商業の中枢を担う都市の中心地区である。戦前より横浜では、大さん橋に面した関内地区に行政と経済の中枢が、それに隣接した伊勢佐木町に商業の中枢があり、一つの都心を形成していた。戦災と接収によって一時機能を失うが、復興後も都心の配置は変わらなかった。しかし、市内や県内から東京へ向かう国電・私鉄の結節点となった横浜駅は、一日に一〇万人以上の人々が行き交う巨大ターミナルとなり、昭和三〇年代後半より駅周辺地区の繁華街化が急速に進んだ。そして四〇年代以降、特に商業の中枢機能において、関内・伊勢佐木地区を上回るまでに発展し、横浜の都心はこの両地区に二分されるかっこうとなった。

❖新しいまちづくり

高度成長の一方、急激な工業の発達と人口の増加は、それに比例するように都市問題や公害など、日本の各地で多くのひずみを生み出した。とりわけ横浜市においては昭和四〇年代、⑴ゴミ処理問題、⑵道路交通の渋滞、⑶生活環境の破壊、⑷水資源の不足、⑸学校等の公共用地の不足、が市民を悩ませる深刻な問題で、これらを「五大戦争」と称して、それに打ち勝つ新たな政策が求められた。

そのような情勢の中で都市の再生を図るべく、いわゆる「六大事業」が横浜市によって展開された。それは、⑴都心臨港部の再開発（後の「みなとみらい21」事業）、⑵金沢地先の埋立、⑶港北ニュータウンの造成、⑷高速鉄道（地下鉄）の建設、⑸高速道路の整備、⑹ベイブリッジの架橋、という六つの巨大プロジェクトを掲げた都市の改造計画だった。

横浜市の人口は安定成長期に入っても増加を続け、昭和六〇年（一九八五）には三〇〇万人に達した。そして、市政百周年・開港百三十周年にあたる平成元年（一九八九）には、横浜博覧会が開催された。「六大事業」の要である「みなとみらい21」地区を会場とし、博覧会は同地区の整備を進展させるきっかけとなった。みなとみらい21地区と同様に、港湾施設の跡地を再開発した新港ふ頭、客船ターミナルをリニューアルした大さん橋など、横浜港のかつての主力エリアは、旧来の港湾としての役割に代えて、戦前からの臨港公園の山下公園とともに、横浜の新しい観光名所となっている。

（岡田直）

一九六八	昭和43	7	首都高速道路横羽線（浅田—東神奈川）開通
			歌謡曲「ブルー・ライト・ヨコハマ」「伊勢佐木町ブルース」がヒット
一九六九	昭和44	7	本牧ふ頭関連産業用地の完成
一九七二	昭和47	3	横浜市電廃止
		12	横浜市営地下鉄（伊勢佐木長者町—上大岡）開通
一九七四	昭和49		港北ニュータウン事業計画の確定および認可
一九七八	昭和53	3	横浜スタジアム完成
		11	イセザキモール完成
			横浜市の人口が大阪市を抜き日本最大の市に
一九八三	昭和58	11	みなとみらい21事業の開始
一九八五	昭和60	9	横浜そごう（新都市ビル）オープン
			横浜市の人口が三〇〇万人突破
一九八八	昭和63	5	金沢地先埋立の完成記念式典
一九八九	平成1	3	みなとみらい21地区にて横浜博覧会の開催
		9	横浜ベイブリッジ開通
一九九三	平成5	5	横浜八景島オープン
		7	横浜ランドマークタワー完成
一九九八	平成10	10	プロ野球・横浜ベイスターズ日本一
二〇〇二	平成14	4	赤レンガ倉庫オープン
		5	大さん橋国際客船ターミナル完成
		6	横浜国際総合競技場にてFIFAワールドカップ決勝戦の開催
二〇〇四	平成16	2	みなとみらい線開通
二〇〇九	平成21	4	横浜開港百五十周年記念事業

図版特集

戦時下の市民のくらし

昭和六年（一九三一）の満州事変の勃発以降、日本は軍部の台頭とともに一五年に及ぶ戦争の時代に入る。昭和八年に日本は国際連盟を脱退して国際社会での孤立を深め、また、二・二六事件（昭和一一年）など、軍部によるクーデター事件が多発するようになった。

それでも昭和一〇年前後の市民の生活は、軍需景気によって比較的恵まれていたが、昭和一二年、日中の全面戦争へ突入すると、本格的な戦時体制下となり、市民の生活はさまざまな制約を受けることになる。成人男子は兵士として戦地に送られ、学生生徒を含めた一般国民には軍需工場などへの勤労動員が課された。また、物資の利用は厳しく制限され、スフ製の衣類、陶器製の雑貨、木炭自動車など、代用品があふれるようになり、昭和一五年以降には生活必需品が配給制となってその購入が規制されるようになった。

（岡田直）

1 「紀元二千六百年記念日本万国大博覧会」パンフレット
皇紀 2600 年にあたる昭和 15 年に日本で万国博覧会を開催することが決定した。ポスターやパンフレットなどの印刷物が作成され、また入場券が前売り販売されるなど、着々と準備が進められたが、日中戦争の勃発後、物資需給逼迫により中止された。日本万国大博覧会協会発行。昭和 11 年（1936）。

2 神中鉄道のチラシ「新緑を行く」
横浜と厚木を結んだ神中鉄道（現相模鉄道）の旅客誘致用のチラシ。沿線の観光地の写真が掲載される一方、鉄兜をかぶり銃を構える男の子の写真が表紙に用いられている。このような印刷物にも迫り来る戦争の影が見て取れる。神中鉄道発行。昭和 10 年（1935）頃。

4 国民服儀礼章
昭和 15 年（1940）、衣生活を簡素化するため国民服が定められた。国民服でもこの儀礼章を着用することで礼装とすることができ、燕尾服などの従来の礼服を着用する必要はないとされた。昭和 10 年代後半。

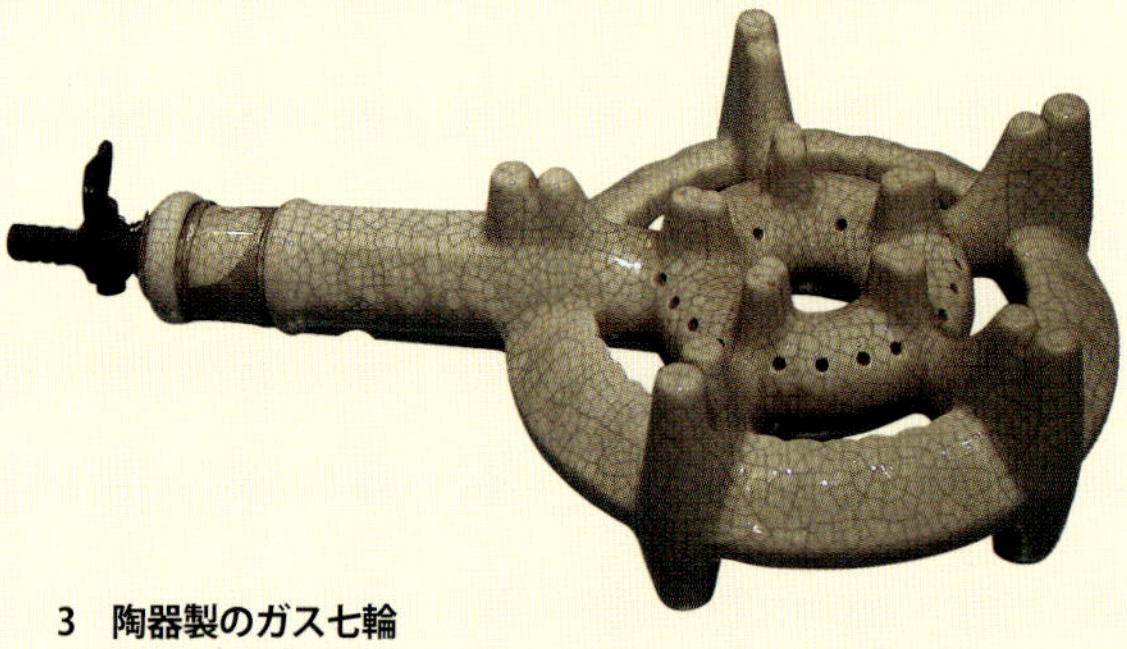

3 陶器製のガス七輪
戦時下の金属供出にともない、陶器でつくられた代用品のガス七輪。陶器製のボタン、やかん、アイロンなど、さまざまな代用品が製造された。昭和 10 年代。

5　翼賛双六
子ども向けの双六ゲーム。外側のマスには、「国民学校」「八百屋」など、当時の学校や商店、一般的な職業などの名称が記されている。そして、内側のマスに進むと、「米配給」「勤労奉仕」など、戦時下の情勢を示すキーワードが配置され、ゴールには「万歳」とある。大政翼賛会指導、新日本漫画家協会案・画、陸軍美術協会印刷部印刷、漫画社発売。昭和15年（1940）。

6　射撃訓練をする女学生
写真には「女性でも鉄砲の射方位は知って置かなければ」という説明が付されている。戸部実践高等女学校の生徒たちが訓練を受けた。『横浜グラフ』より。昭和9年（1934）。

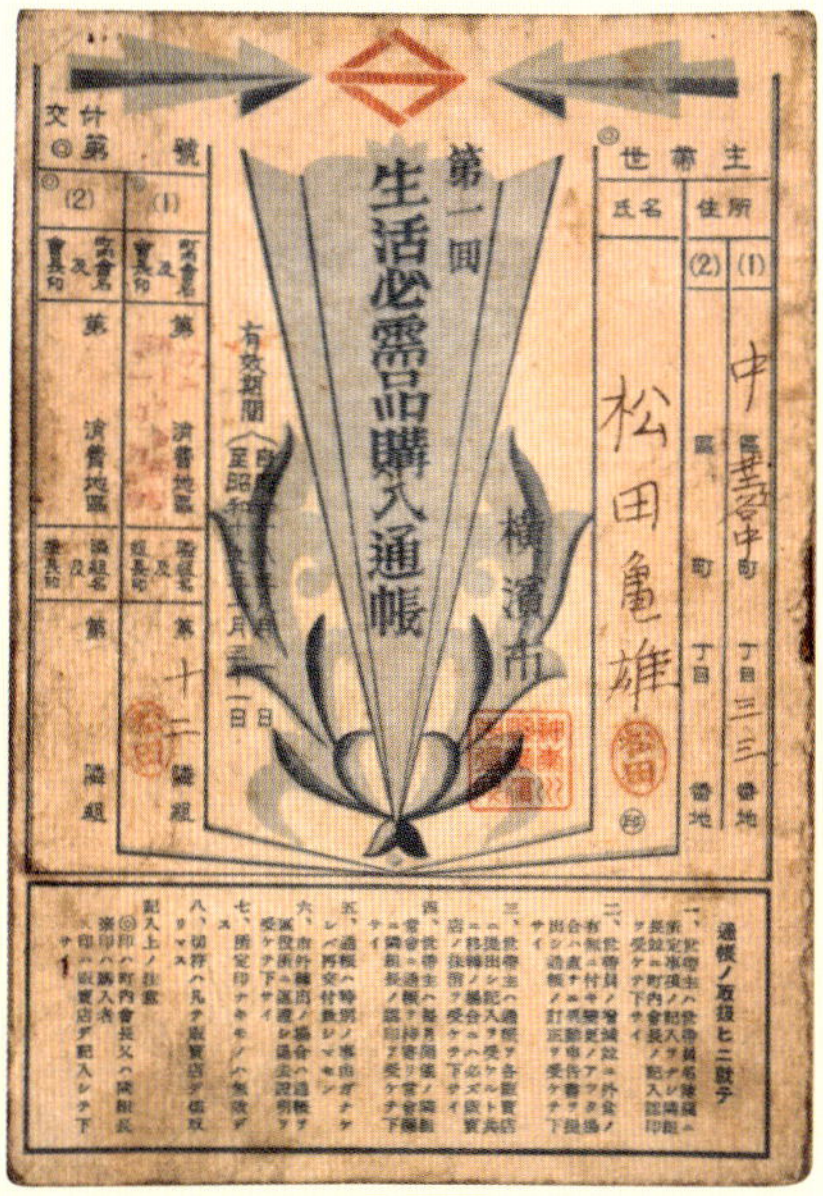

7　生活必需品購入通帳
昭和18・19年（1943・44）に使用。戦時体制下の配給制度で使用されたもの。戦時中は、「贅沢は敵だ」のスローガンの下で一般消費物資の生産と供給が厳しく制限され、食料品や衣料品、石けん、マッチなど物資の購入は厳しく管理された。

戦時体制の進行

軍需工業化と第六次市域拡張

昭和一二年（一九三七）七月に勃発した日中戦争は、国内の軍需工業化を迫った。横浜市は、ちょうど一か月前に市営埋立地完成祝賀式を行い、名実ともに京浜工業地帯の一角を形成することになった。同じ頃、神奈川県でも、相模ダムを建設して工業用水と工業用電力を横浜・川崎に送るという相模川河水統制事業を計画、京浜工業地帯の一層の工業化を後押ししていた。しかし、当時の横浜市域全体に占める工業地帯の割合は、六大都市で最低の一二・五％にすぎず、新たな工業用地の確保が緊急の課題であった。

一方、横浜周辺の町村では、増加し続ける戦時行政事務と、人口増加に伴って高まる社会基盤の整備を求める声に対応できず、横浜・川崎・藤沢・鎌倉などの都市への編入を望む声がにわかに高まっていった。また昭和一三年の自治制発布五〇周年を記念して、戦時体制下の行政能力強化を目指す神奈川県も合併を推奨した。横浜市は昭和一四年四月に都筑郡・鎌倉郡の計一七か町村を合併、市域をそれまでの約二・四倍に拡大した（第六次市域拡張）。これにより、横浜市は臨海部から内陸部へと工業地帯を発展させていく橋頭堡を得たのである。

横浜市の工業化のスピードは、日中戦争を機に加速度的に進行するが、それを支えていたのは巨大な軍需であった。鶴見区・神奈川区の新興重化学工業系の大工場の多くは、生産・労務等が陸海軍の管理下に置かれ、自動車・航空機等の兵器増産を迫られた。また現在の金沢区には海軍航空廠・海軍航空技術廠支廠、磯子区には大日本兵器や日本飛行機など巨大な兵器工場が出現し、横浜市南部は横須賀海軍工廠を補完する一大軍需生産基地の様相を呈した。

東京開港問題と「横浜市振興対策要綱」

第六次市域拡張の頃、横浜は東京開港問題に揺れていた。関東大震災後、拡張工事を重ねていた東京港は、日中戦争開始とともに満州・中国向けの貿易を新たに開始する姿勢（東京開港）を表明した。これに対し、横浜市では、横浜港の取扱物資の約二〜三割が奪われるとして、東京開港に強く反対していたのである。

昭和一六年（一九四一）一月横浜市長に就任した半井清は、有吉忠一（横浜商工会議所会頭）、松村光磨（神奈川県知事）らの協力を得て事態収拾に乗り出した。結果、東京開港を対満州・中国に限定して認めるかわりに、横浜市の財政窮迫を招いていた米貨公債（震災復興の際にアメリカで募集した外債）の返済のために総額約七五〇〇万円を支出することを政府に約束させることで、この問題に決着を着けた。

続いて半井市長は、「大横浜建設」に代わる新たな将来構想として、「横浜市振興対策要綱」の策定に取りかかった。要綱には、鶴見川中流域、戸塚、瀬谷、中和田などの内陸部の新市域に一大工

1　東京開港絶対反対の横断幕を吊るした市内電車
昭和15年（1940）12月、東京開港反対市民同盟が結成され、市議・町内会長・青年団長らによる関係各省への激しい陳情活動や、県民大会・市民大会・区民大会が繰り返された。昭和15年（1940）、弘明寺にて。中野武正撮影。

2　横浜市振興計画図（部分）
横浜市振興対策要綱には、鶴見川改修工事と沿岸部の工場地帯造成が盛り込まれた。青く塗られた部分が当時の工業地帯、青の斜線で囲まれた地域は将来の「拡張工業地域」。緑の丸は住宅適地。赤い線は工業地帯を結ぶための環状道路。昭和16年（1941）12月発行『横浜市振興対策要綱』付図。

業地帯を造成し、郊外部の拠点地域を繋ぐ環状道路の建設が計画されており、一層の工業化と産業基盤の整備に重点が置かれていた。これらは、戦争の激化により実現しなかったが、戦後の都市計画の基礎となったものも多い。

戦時体制の進行

日中戦争の長期化は、国内の政治・経済・社会体制の変革を求める「新体制運動」を促進し、昭和一五年（一九四〇）一〇月には大政翼賛会が組織された。翌年三月に大政翼賛会横浜市支部、一年後の昭和一七年三月には横浜市翼賛壮年団が結成され、戦時体制への一層の協力を求める啓蒙運動や、国民生活全般の統制強化を推進した。また市役所に市民部が新たに置かれて、衣食住の生活指導を推進した。昭和一五年には町内会設置規程が定められ、町内会や隣組が行政機構の末端として、上意下達と相互監視、配給統制などにあたった。

昭和一六年一二月の太平洋戦争の開始とともに戦時体制は新たな段階に入った。昭和一七年四月のドゥーリットル空襲、翌年のサイパン陥落で米軍機による本土空襲が現実の課題となり、都市防空体制は一層強化された。横浜市では昭和一八年頃から町内会などによって防空壕の建設が進められた。また昭和一九年より疎開が始まり、市街地から約五万人が自主的に避難したほか、児童約二万五〇〇〇人が箱根一帯や市内農村部に集団疎開した。建物疎開も鶴見区・神奈川区・保土ヶ谷区を中心に六四四棟（昭和一九年）にのぼった。

防空施設以外にも多くの軍事施設が設置され、陸海軍の部隊が進駐した。現在の金沢区・戸塚区・栄区には、横須賀海軍の燃料・食糧倉庫、技術工廠、宿舎・病院などが多数設けられたほか、港北区の慶應義塾大学日吉校舎の地下壕には連合艦隊司令部が移駐した。また特設横浜港湾警備隊が設置され、横浜港の防衛や、徴用された商船の武装改造などにあたった。陸軍も北部の田奈・奈良（現青葉区）に東京陸軍兵器補給廠田奈部隊を置いたほか、老松小学校隣接地に横浜連隊区司令部が開設され、高射砲部隊が野毛山・本牧・菊名・保土ヶ谷などで港都の防空にあたった。さらに戦争末期には、本土決戦に備えて編成された第五三軍の兵器・燃料・食糧の倉庫が設けられたほか、東京防衛軍の警備旅団の宿営地ともなった。帝都・東京、軍港・横須賀、新興の軍都・相模原に囲まれた横浜は巨大な軍事都市へと変貌していったのである。

（松本洋幸）

3　青年学校訓練大会

青年学校は、昭和10年（1935）実業補修学校と青年訓練所を統合して発足したもので、市内には当時104校があった。尋常もしくは高等科を修了していずれの学校にも在籍しない男子青年等を対象に、職業教育・公民教育・軍事訓練を行った。この時の合同野外教練には、市内の青年学校生徒約6000人が参加した。昭和15年（16年か）11月3日、横浜公園グランドにて。

4　紀元二千六百年記念奉祝に沸く伊勢佐木町

昭和15年（1940）は、神武天皇が即位して2600年に当るとされ、紀元二千六百年記念奉祝行事が全国で盛大に行われた。横浜市では、11月10日、横浜公園球場で約2万2000名を集めて記念式典が行われた。その後、参加者は馬車道－伊勢佐木町－野毛町を行列で通過し、伊勢山皇太神宮へ参拝した。昭和15年（1940）年11月10日。

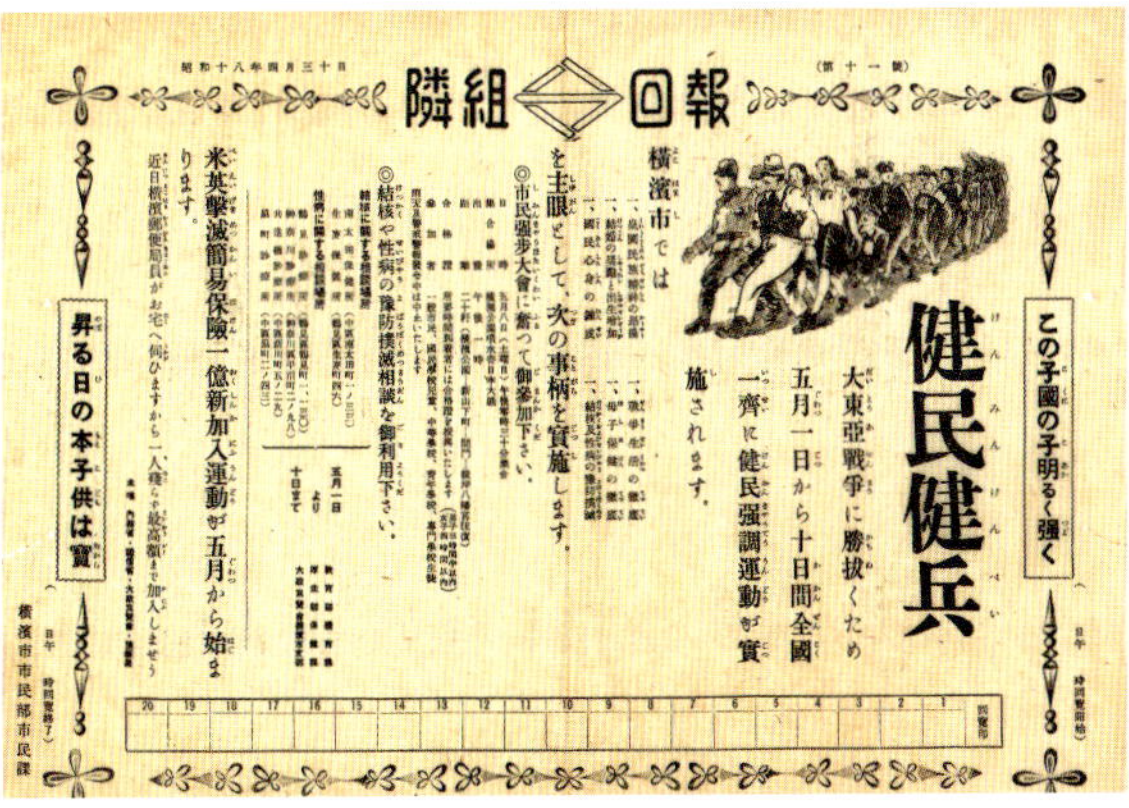

5　「健民健兵」を唱える隣組回報

戦時下では、総力戦を戦い抜くために、国民あげての体位向上が叫ばれ、各地で健民運動が行われた。この回報では、横浜公園から根岸八幡宮までの往復20kmを踏破する「強歩大会」や、結核・性病の予防相談などを実施するとしている。昭和18年（1943）4月30日。

横浜大空襲

本土空襲と横浜

横浜は、昭和二〇年（一九四五）五月二九日朝の大空襲によって壊滅的な被害を受けた。それまで、鶴見区など一部を除いて、横浜は本格的な空襲を受けていなかった。京浜工業地帯の一画を占め、重要な軍需工業地帯であったが、市域面積が広く、比較的人口密度が低いため、都市爆撃の目標のなかでは、優先度が高くなかったからだという。

日本本土への爆撃は、昭和一七年（一九四二）のドゥーリットル爆撃を除いて、B29が配備される昭和一九年まで実施されなかった。その後同年一〇月以降サイパン基地などにB29が配備され、関東地方まで直接に爆撃することが可能となり、本格的な本土空襲が始まった。

当初アメリカは、都市無差別爆撃を「非人道的」として否定し、特定の工場や輸送機関などを目標とした昼間精密爆撃を実行した。とくに目標として設定されたのは、航空機工場であった。しかし、昭和一九年暮れから実施された爆撃は、激しい高射砲や戦闘機の迎撃に加え、天候や強風などのため期待通りの効果をあげることができず、損失も無視できなかった。すでにM69という新型焼夷弾が開発され、米軍では焼夷弾による都市爆撃への作戦変更が検討されていた。三月一〇日の東京大空襲は、その最初の本格的実施であった。

横浜に対する爆撃も当初は、鶴見区を中心とした工場地帯を目標としていた。昭和一九年一二月二五日から翌年二月一六日・一九日・二五日と、鶴見区などに爆弾と焼夷弾による爆撃が実施された。三月一〇日の東京大空襲の際には、港北区にも一〇〇〇発近い焼夷弾が投下された。四月四日・一五日には、川崎から鶴見区にかけての工場地帯を目標とした爆撃があり、とくに一五日にはM69を主体とした焼夷弾七万五〇〇〇発と二五〇〇発の爆弾が投下され、鶴見区で一万二〇〇〇戸を超す家屋が焼失した。その後、五月二四日・二五日の東京空襲の際にも、横浜市内に焼夷弾が投下された。

この間、横浜は原爆投下目標の一つに挙げられていたが、五月二八日に横浜が原爆投下目標からはずされると、その翌日、横浜に大規模な爆撃が実施されることになるのである。

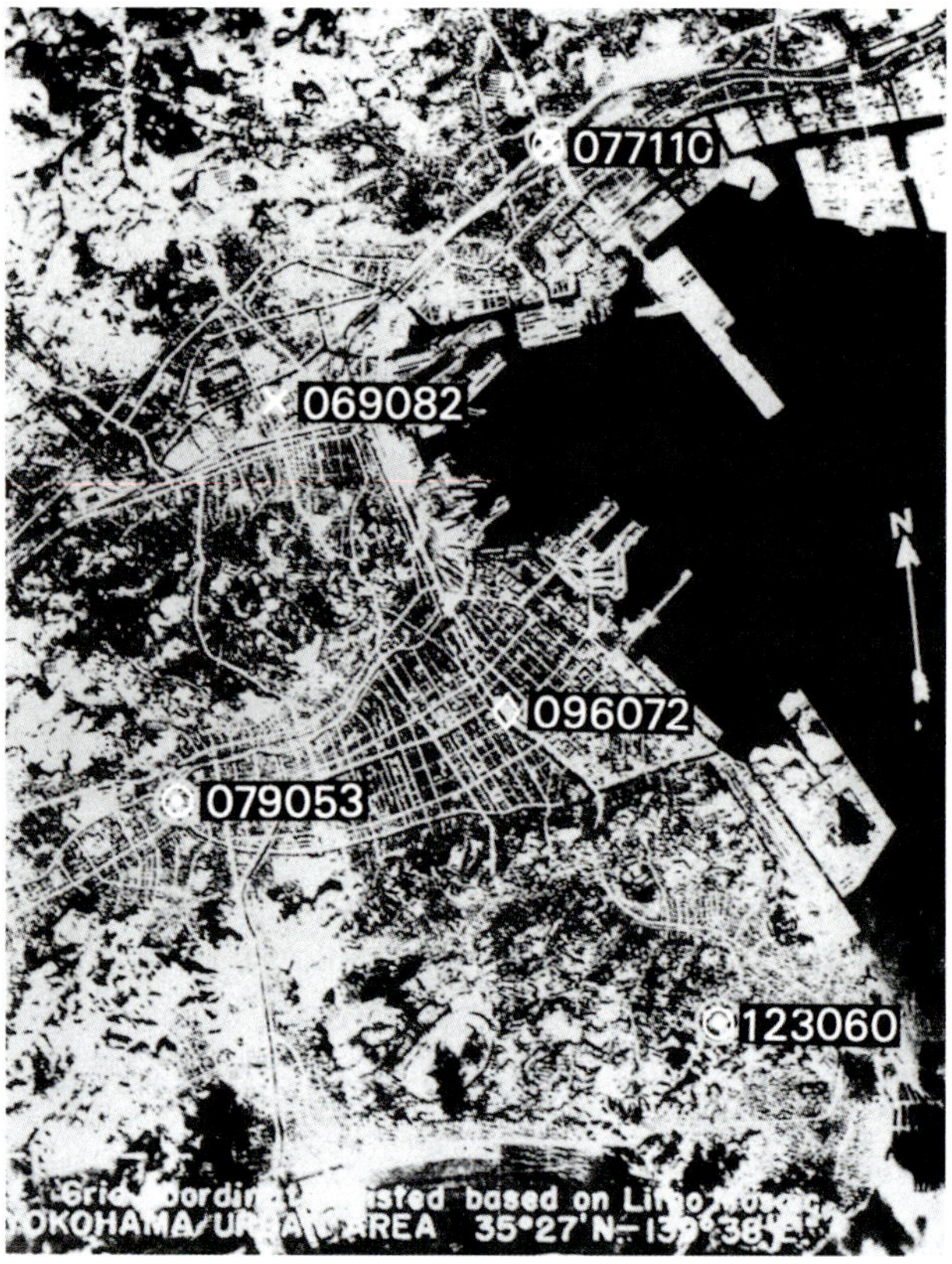

1　横浜大空襲の平均弾着点を記した航空写真
077110は東神奈川駅、069082は平沼橋、096072は港橋、079053は吉野橋、123060は大鳥国民学校付近を示している。これらの目標が、B29の各部隊に割り振られた。

五月二九日

五月二四日・二五日の東京空襲を最後に、東京が都市爆撃の目標からはずされ、次の目標としてあがったのは、中心部が手つかずの横浜だった。横浜大空襲は、これまでの都市爆撃の経験を踏まえ、周到に計画され実行された。目標とする中心市街地を正確に爆撃するために、昼間爆撃とした。初めて本格的に一〇一機のP51戦闘機を護衛につけ、五一七機のB29が、M69を中心とした焼夷弾のみを積載して出撃した。そして、設定された五か所の爆撃目標地点（平均弾着点）を、各部隊が次々と爆撃していったのである。

五月二九日朝九時二二分から始まった爆撃は、まず中心部を取り囲む神奈川から保土ヶ谷、そして本牧に至る丘陵地帯、そして中心の港橋・吉野橋を目標に、一時間八分の間に三五万発（二五七〇トン）にもおよぶ焼夷弾を投下して、市街地を焼き尽くした。

この間、逃げまどう市民に対して容赦なくP51戦闘機が機銃掃射を浴びせた。警察記録による死者は三六五〇人、負傷者一万一九八人、行方不明者三〇九人、焼失家屋八万戸、罹災者は三一万人におよぶ。死者については、この二倍以上に達するともいわれる。

なお、米軍側の被害は、B29が迎撃戦闘機の体当たりにより一機、高射砲により三機、戦闘機と高射砲により一機を失い、不時着水が二機、P51は三機を失った。この他、B29一六九機が高射砲による被害を受けていたという。以前の空襲

2　一斉に煙を吹き始めた横浜
平均弾着点と見比べると、当初からほぼ正確に焼夷弾が目標に投下されたことがわかる。このように周辺部から爆撃されたため、中心市街地の人々の多くが逃げ道を失って、大きな被害を出した。昭和20年（1945）5月29日。

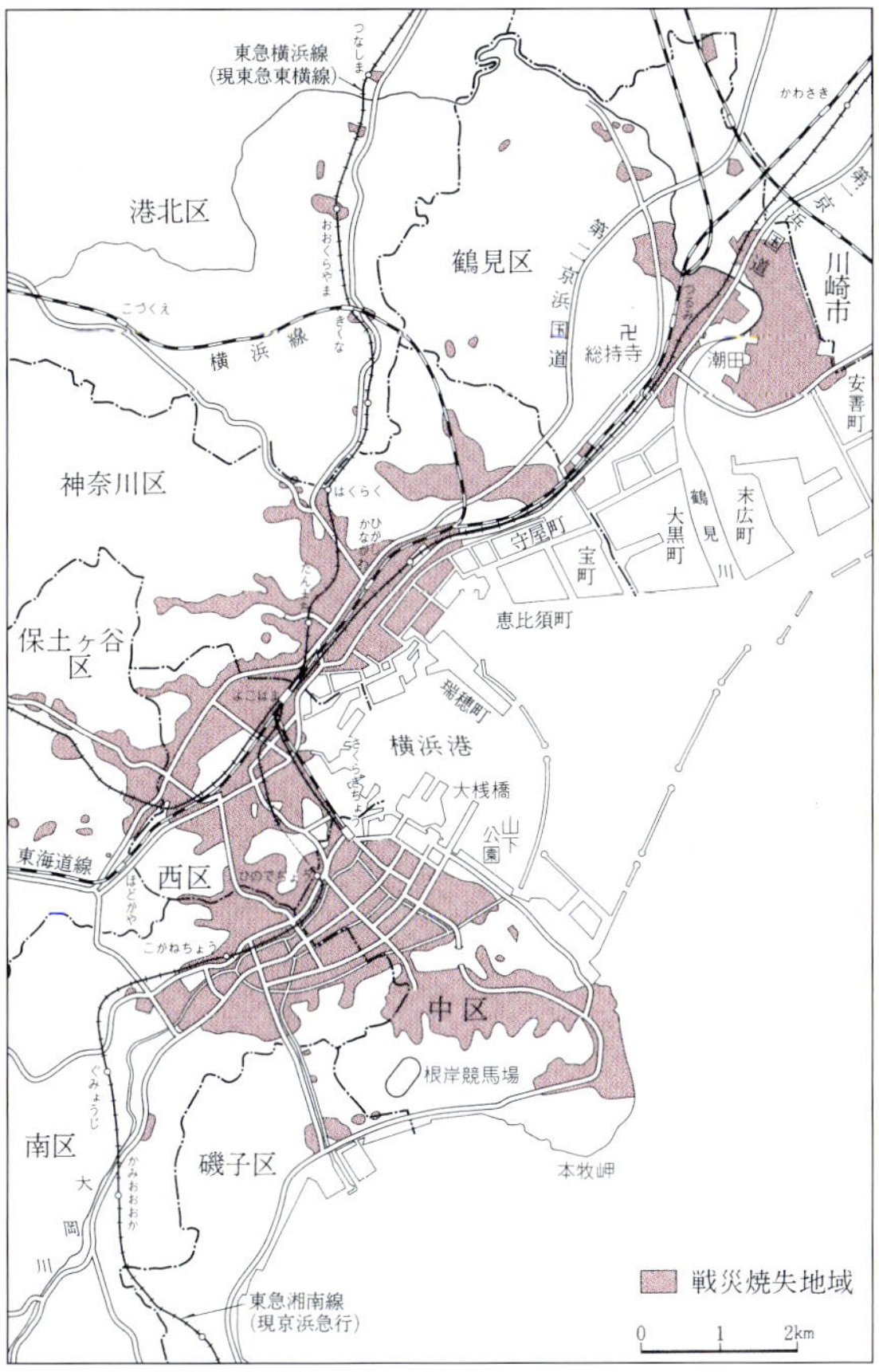

3　横浜の戦災焼失地域
「横浜戦災状況図」昭和44年（1969）8月復刻より作成。

4　焼夷弾の筒
M 69 集束焼夷弾は長さ約50cmの六角形の鋼鉄製で、38発が集束されていた。投下されて間もなくこの集束が解け、それぞれの筒が着地すると中に入った油脂（ナパーム）が飛散して発火する仕組みになっていた。

では、これ以上の被害を出している場合もあり、日本側の高射砲がまったく当たらなかったというのは正しくない。照準や射程高度などに問題があり、正確性を欠いて効果が限定的だったというのが実情であった。

この空襲による焼失面積は、一七・八平方キロにおよび、これまでの鶴見などの被害をあわせると、中心市街地はほぼ壊滅したといっていいだろう。そして、以後、横浜は都市爆撃の目標からはずされたのである。

空襲下の市民

戦時下とはいえ、それまで日常生活が営まれていた場所が、五月二九日の朝一瞬にして戦場となった。横浜大空襲に関する体験記や当時の日記を読むと、空襲を受けた市民の生死は、まさに偶然が支配していた。朝、ちょうど出勤前後、警戒警報から空襲警報になり、爆音を耳にして快晴の空を見上げるとB29の編隊が見えたという。そして、突然「ザー」という激しい雨のような音と共に焼夷弾が降りそそいできた。焼夷弾の筒が、屋根を突き破り、地面にブスッ、ブスッと突き刺さった。この焼夷弾の直撃を受けた人もあった。

焼夷弾はやがて破裂して油脂をまき散らし、家や人にも火をつけた。消火に努めた人もあったが、焼夷弾の数にほとんどは追いつかず、防空壕に入るか、火のなかを避難するか選択に迫られた。そして、避難する人も行き先が生死を分けた。黄金町駅では、電車を降りた乗客と避難者が集中して多くの犠牲者を出した。また、防空壕で助かった人もあったが、防空壕が直撃を受ける場合もあり、さらに窒息や一酸化炭素中毒で亡くなる人もあった。避難の間にも、家族や知人、同級生、同僚らが生き別れてしまい、それが永遠の別れとなることも多かった。生き残った人のなかにも深刻な傷を負い、その後の人生を変えた人々もあった。このように過酷な状況は、もはや銃後とはいえない。たった一時間と少しの間、戦場がそこに現出し、そして大きな傷跡を残していったのである。

（羽田博昭）

占領と接収

進駐

昭和二〇年（一九四五）八月一五日、日本がポツダム宣言を受託し、降伏したことによって、占領軍が日本各地に進駐することとなった。本土進駐は、神奈川県から始まった。連合国軍最高司令官に任命されたマッカーサーは、八月三〇日に厚木飛行場に降り立ち、その日のうちに横浜のホテルニューグランドに入った。各部隊も、厚木飛行場あるいは横須賀港から上陸を開始し、さらに九月二日からは横浜港への上陸も始まる。そして、総司令部が横浜税関に開設されることになった。

この間、日本政府および神奈川県は、受入準備に追われ、本格的な進駐の始まった三〇日には横浜終戦連絡委員会が設置され、占領軍との窓口となった。これは、九月二一日に至って終戦連絡横浜事務局に改組され、鈴木九萬《ただかつ》が事務局長となった。

東京への進駐を阻止し、横浜にとどめたかった政府の思惑ははずれ、横浜から上陸した第一騎兵師団本隊が九月八日には東京に入り、マッカーサーも一七日に東京のアメリカ大使館に移った。総司令部もともに移り、一〇月二日には日比谷の第一生命ビルに連合国軍最高司令官総司令部（ＧＨＱ・ＳＣＡＰ）が開設される。

ところが、横浜税関には米第八軍司令部が残った。このことによって、占領期間中、横浜は日本の占領と軍政の中心を担うことになる。米第八軍と各地方軍政部は、総司令部が日本政府に出した指令が各地方でどのように実施されるかを、監視、指導する役割を担っていた。横浜には翌昭和二一年（一九四六）二月末までに、九万四〇〇〇人を超す米軍兵士が進駐した。

進駐直後から、米軍兵士の不法行為も起きている。八月三〇日から九月一〇日までの不法行為は、警察官に対するものが四三件、一般人に対するものが一八八件、強姦二件となっている。多くは窃盗であったが、その動機は記念品・戦利品として持ちかえるためであったようである。その後、米軍憲兵の取り締まりが強化され、また記念品についても、米軍が組織的に収集して分配したり、スーベニア・ショップ（土産品店）が開設されるなどの対策がとられ、さらに慰安施設も開設された。こうして、徐々に米兵の犯罪行為は減少していったが、完全になくなることはなかった。

接収

大規模な部隊の進駐は、当然相応の宿舎を必要とする。当初、将校向けには焼け残ったホテルや民間の洋風家屋などが当てられ、兵士らは焼け残った建物や工場を宿舎とした。その後、米軍は計画的に宿舎の建設に取り組むことになる。一定の要件を満たした将校らは家族を呼び寄せることが許され、家族住宅も山下公園や本牧・根岸に新たに建設された。一般兵士向けには、中心市街地の焼け跡一帯を接収し、カマボコ型の兵舎を建設した。

1　横浜港大さん橋に上陸した第１騎兵師団の兵士たち
横浜港は米陸軍兵士上陸の拠点となり、上陸後トラックや鉄道などで日本各地に移動した。米軍の中でも最精鋭部隊といわれた第１騎兵師団は、上陸後東京一番乗りを果たした。昭和 20 年（1945）9 月 2 日。

2　カマボコ兵舎が建ち並ぶ福富町一帯
伊勢佐木町横の福富町一帯は「キャンプ・コウ」と呼ばれ、米軍兵士の宿舎地区となっていた。この他、港町・真砂町や不老町・翁町など市内各所にカマボコ兵舎が建ち並んでいた。年不詳。

3　占領下の馬車道
日本人に混じって多くの米軍兵士の姿が見られ、なかでも水兵の姿が目立つ。横浜は兵員とともに物資の陸揚げの拠点でもあり、多くの輸送船が入港した。右手には、横浜宝塚劇場が確認できる。昭和 20 年（1945）9 月 20 日。

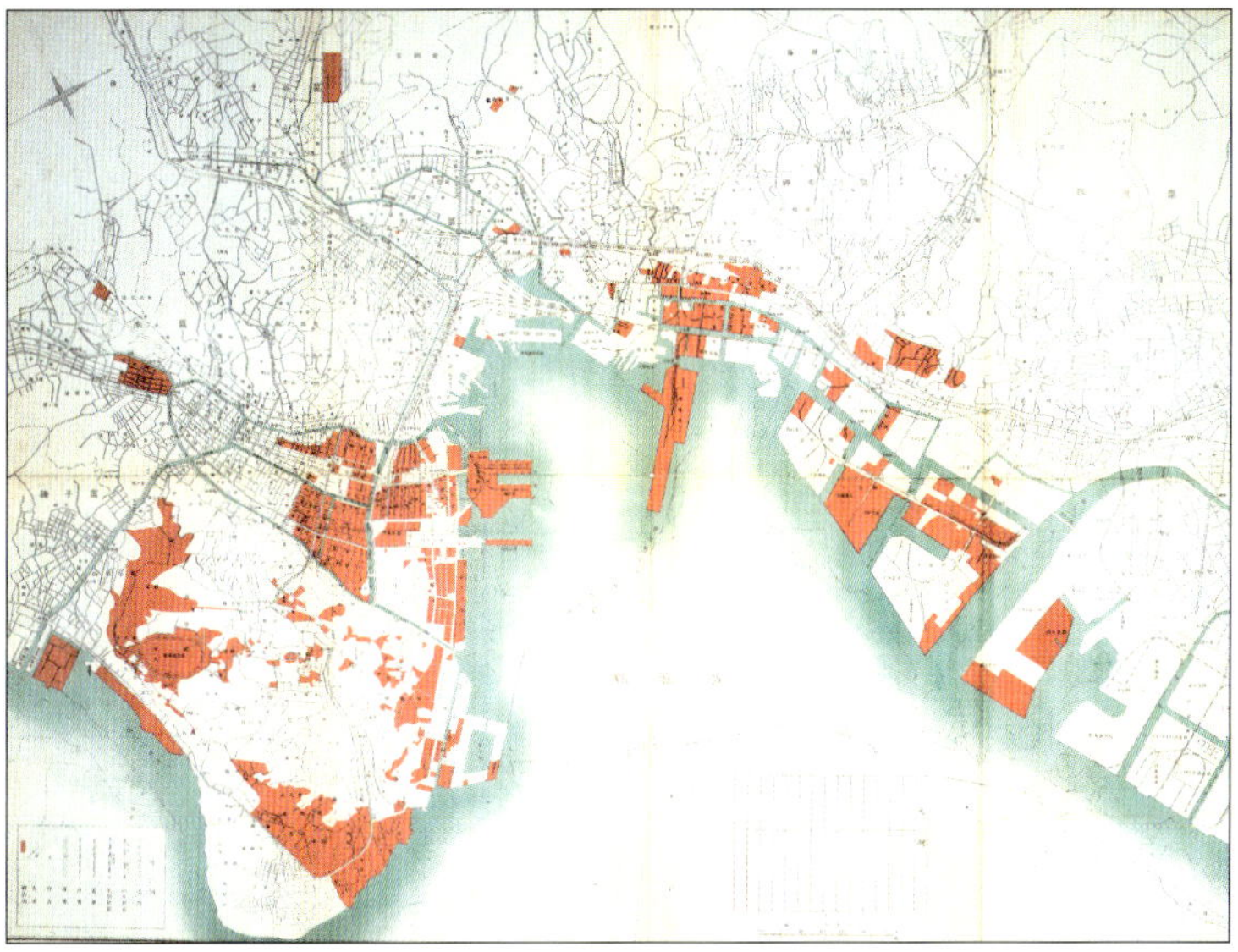

4　横浜港隣接地帯接収現況図
赤く色塗りされている部分が、接収地区である。市街地だけでなく、港湾施設や埋立地の工場地帯が広く接収されていることがわかる。また、山手・本牧・根岸の広大な地域はほとんどが家族住宅地区である。昭和 26 年（1951）8 月。復興建設会議作成。

すでに焼け跡には、住民たちがバラックを建てて暮らしていたが、強制的に立ち退かされた。補償金を受け取ることはできたとはいえ、住宅不足のなかで移り住む家の確保は難しく、横浜を去らざるを得ない人々も多かった。

こうして横浜中心部の主要な建物や焼け跡の土地は、米軍部隊の施設や宿舎のために多くが接収されてしまった。たとえば関内方面では、香港上海銀行や日本郵船横浜支店、開港記念横浜会館、さらに横浜公園などである。伊勢佐木町で焼け残った松屋・野沢屋・不二家などの建物も接収され、PX（購買部）やクラブなどとして利用された。また、港湾施設のほとんども接収された。

しかも横浜には、米第八軍司令部とその後を継いだ在日兵站司令部があったため、接収施設・土地の返還は遅れ、中心部の接収解除が本格的に実現するのは昭和三〇年代以降のことであった。そのため、横浜の戦後復興と都市計画は大きく立ち後れることになる。その上、中心部の施設を移転させるために、岸根などに新たに兵舎が建設され、これらの返還はさらに昭和四〇年代半ば以降までずれ込むことになった。

米軍施設と兵士の暮らし

一方、米軍施設の存在は、アメリカ文化の影響を強く横浜に根付かせる契機ともなった。米軍施設の特徴は、日常生活に必要なあらゆる施設がそろっていたところにある。しかも、家族住宅などは本国の基準に沿って建設されたため、日本人の住居に比べ広さも造りもたいへん贅沢なものであった。

さらに、将兵とその家族の需要にこたえるために、アイスクリームやコーラの工場までつくり、日本の業者が対応しきれなければクリーニング工場もつくった。そして、物品の供給を行う補給部隊だけでなく、娯楽を提供するスペシャル・サービス部隊も編成され、スポーツ施設のほか映画やショーなどを提供するホールやクラブが整えられた。

たとえば、横浜公園球場は接収後ルー・ゲーリックスタジアムと名を変え、米軍野球チームのリーグ戦などが行われた。この他、フライヤー・ジム（体育館）が新たに建設され、宿舎や家族住宅に付属して野球グラウンドやテニスコートも整備された。また、伊勢佐木町のオデヲン座はオクタゴン劇場と名を改め、米軍将兵専用の劇場となった。開港記念横浜会館のメモリアル・ホールや、市内各所に設けられたクラブでは、毎晩さまざまなショーが上演された。

やがて、これらのクラブに出演した日本人や各施設で働く日本人従業員などを通して、アメリカの生活文化が伝わり、受け入れられていった。こうした豊かで自由な暮らしそのものが、当時の日本人にとっては民主主義の象徴的な姿でもあった。他方、その後も存続した米軍基地の存在は、さまざまな制約を今に残してもいるのである。

（羽田博昭）

図版特集

アメリカ軍が写した占領

空襲によって、横浜の市街地はほぼ焼き尽くされた。焼夷弾攻撃が主であったため、鉄筋コンクリート造の建物などは焼け残ったが、それらの多くはやがて米軍に接収されることになる。横浜には、日本の占領と軍政の中核を担う米第八軍の司令部が置かれ、多くの米軍兵士が進駐した。そして、兵舎や家族住宅をはじめさまざまな米軍施設が設置された。そのため、占領下の横浜には、部分的にアメリカの街が出現することになった。

米軍通信部隊所属のカメラマンは、占領下の横浜を数多く撮影している。空襲の生々しい被害状況が記録される一方、整備された米軍の施設や米軍将兵の豊かな暮らしぶりも写し取られている。米軍兵士に混じって日本人の姿もとらえられており、占領下の横浜の街並みと人々の様子が生き生きと伝わってきて、たいへん興味深い。占領下の横浜の街は、アメリカの豊かな生活スタイルを体現していたが、そのかたわらで家を失い、家族を失い、食糧難に苦しむ日本人の暮らしも営まれていた。その対照的な姿の一端を、これらの写真からかいま見ることができる。

（羽田博昭）

1　一面焼け野原となった横浜市中心部
右手に横浜公園球場、左端に吉田橋のたもとに建つ松屋が確認できる。点々と焼け残った建物が散見されるが、その間の港町・真砂町・尾上町・常盤町、さらに手前の不老町・翁町・扇町あたりの市街地は、ほぼ焼き尽くされている。昭和 20 年（1945）8 月 30 日。

2　空襲後の京浜工業地帯
鶴見区安善町方面を望む。前中央に点々と見える穴は、爆弾の落ちた跡であろう。このように、工業地帯には爆弾と焼夷弾を併用した精密爆撃が行われた。しかし、直撃を免れて残された施設・建物があるのもよくわかる。昭和 20 年（1945）。

3　ホテルニューグランドを出るマッカーサー
マッカーサー総司令官は 8 月 30 日に厚木基地に到着、即日横浜のホテルニューグランドに入って宿舎とした。これは、その翌日である。マッカーサーは、9 月 17 日まで横浜に滞在した。警備する兵士たちは、マッカーサーとともに横浜に入った第 11 空挺師団の兵士たちである。昭和 20 年（1945）8 月 31 日。

4　大さん橋でバスを待つ米軍兵士と日本人
この日は横浜港からの上陸が始まった日である。左側の第11空挺師団所属の兵士たちは，肩に小銃をかけている。それと並ぶ日本の学生たちに、とくに緊張はうかがえない。昭和20年（1945）9月2日。

5　横浜港に上陸する米軍兵士
兵員輸送艦ＵＳＳハリス号が横浜港に到着して、大きな荷物を抱えた兵士たちが次々と上陸している。艦上には、トラックが積まれているのも見える。兵士たちは横浜からさらに、トラックや鉄道で日本各地に移動した。昭和20年（1945）9月8日。

6　露店の土産品を見る米軍兵士
手軽な土産品にと、下駄や箸など日用品が並べられている。米兵たちの間から、好奇心旺盛にのぞき込む日本の少年の姿が印象的である。場所は特定できないが、この一帯に露天商が並んでいたようだ。昭和20年（1945）9月20日。

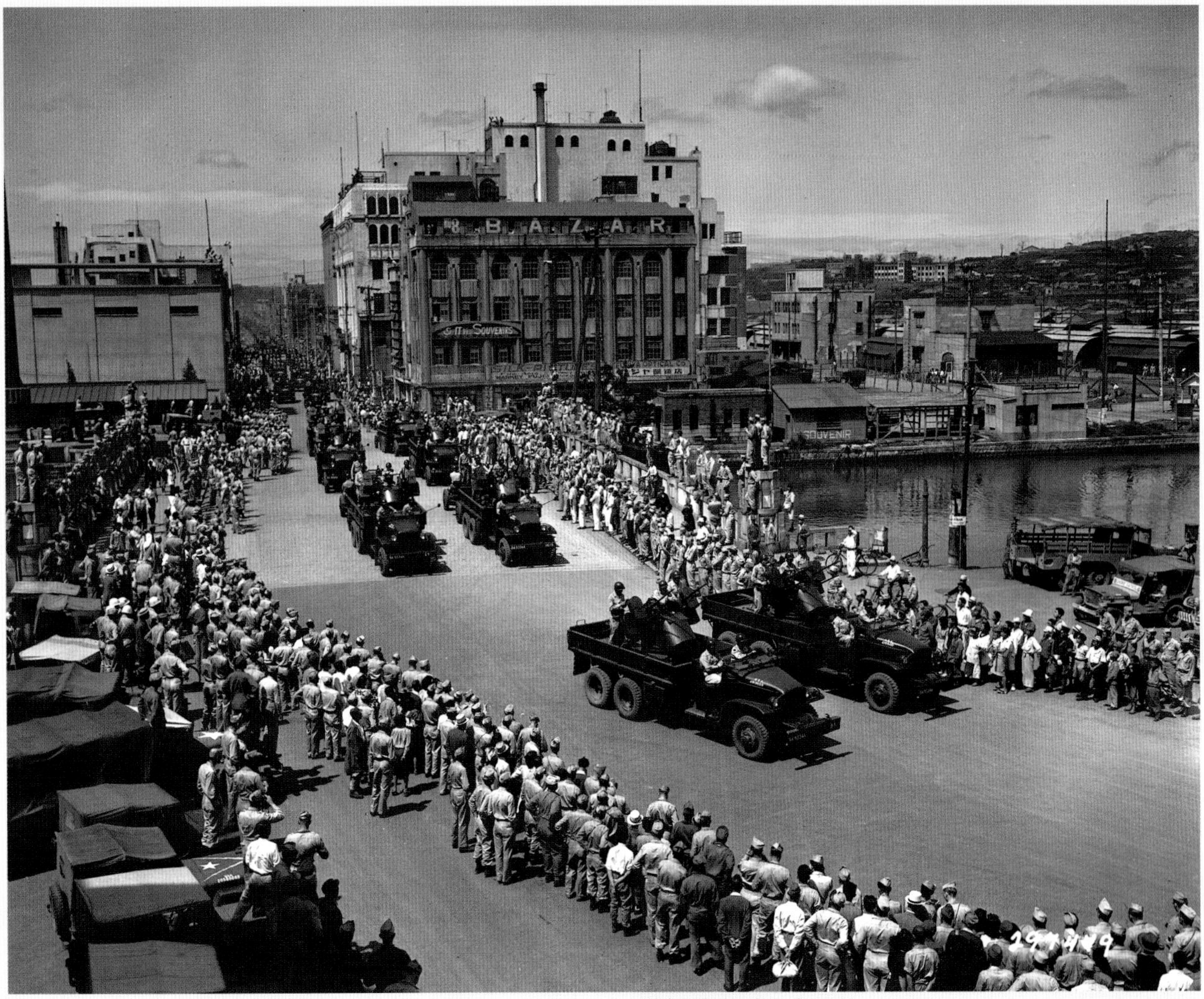

7　独立記念日の米軍パレード
機関砲を積載したトラック部隊が、伊勢佐木町から吉田橋を渡り、馬車道へと入っていく。見物人はほとんど米軍兵士だが、一部日本人の姿も見受けられる。米軍のパレードは、この他、軍記念日などにも行われた。昭和21年（1946）7月4日。

8　接収間もないオクタゴン劇場
松竹系の映画館オデヲン座は、9月に接収を受けた。まだ看板などが整っておらず、正面に「OCTAGON」の文字と第8軍のマークが描かれている。連日映画やショー、コンサートが上演され、多くの米兵が集った。昭和30年（1955）11月21日に返還された。昭和20年（1945）10月16日。

9　横浜サービス・クラブのメイン・ラウンジ
伊勢佐木町の不二家を昭和20年（1945）9月に接収して開設された。ぜいたくな調度品とゆったりとした空間が眼を引く。接収解除は遅れ、昭和28年（1953）5月になってようやく返還された。昭和27年（1952）5月9日。

10　戦後の海岸通り付近
中央の横浜税関に、米第８軍司令部が置かれた。建物の壁面は、戦時中から一部黒く塗られていた。右側手前に開港記念横浜会館、その上に神奈川県庁の塔が見える。大さん橋も新港ふ頭も接収され、サウスピア、センターピアと呼ばれていた。昭和21年（1946）11月。

11　ルー・ゲーリックスタジアム
横浜公園は、昭和20年（1945）９月に接収され、野球場は改修されてルー・ゲーリックスタジアムとなり、武道館にはゴールデン・ドラゴンというクラブが開設された。昭和27年（1952）４月に、球場を含む公園の大部分が返還された。昭和26年（1951）６月14日。

12　アメリカン・リーグ開幕戦の始球式（ルー・ゲーリックスタジアム）
始球式のボールを投じているのは、アイケルバーガー米第８軍司令官である。これ以降、米軍の各チームによる、野球リーグ戦が繰り広げられ、その他アメリカン・フットボールやバスケット・ボールの試合も行われた。昭和21年（1946）５月。

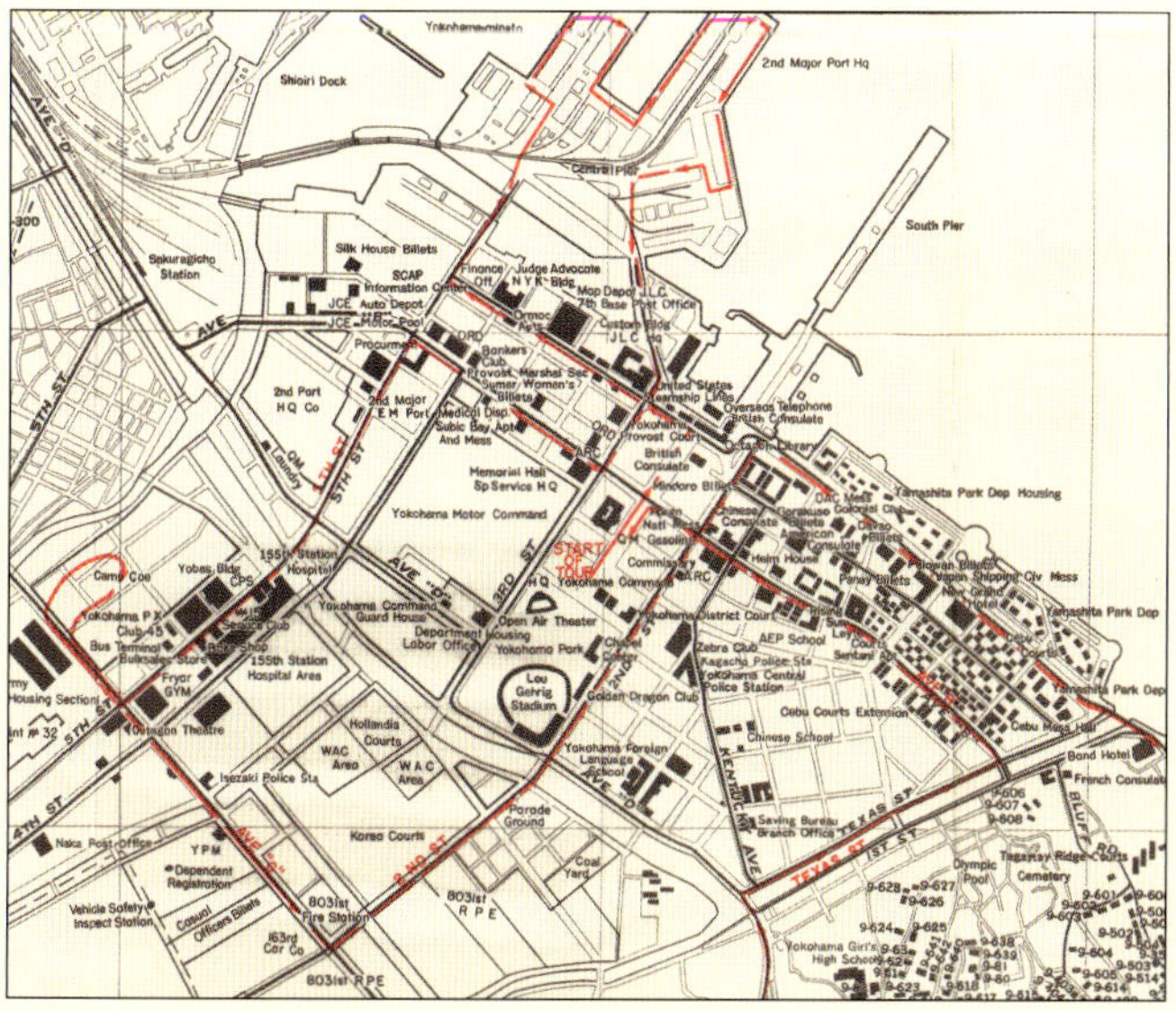

13　Yokohama City Map　米第８軍技術部隊作成
米軍によって接収された施設や、新たに建設された家族住宅、さらに米軍兵舎などが建ち並ぶ接収地域の名称も詳細に記されている。また、街路も馬車道が「５番通り」などと、米軍の呼称が入れられている。昭和25年（1950）頃。

戦後改革と社会

市制の改正と特別市制

GHQが行った戦後改革の大きな流れは分権化と民主化であった。

地方制度の改革の第一歩は、昭和二一年（一九四六）に公布された市制改正である。市に対する県知事の監督事項が縮減され、市条例の改廃と市債の発行の二つに限られるようになった。また、婦人参政権など市会議員の選挙権・被選挙権が大幅に拡張され、市長は市民の直接選挙で選ばれるようになった。生活難を背景に労働運動が復活・高揚するなか、昭和二二年の市長選挙では社会党の石河京市が当選した。

大都市では、戦前より内務大臣と府県知事によるいわゆる二重行政の撤廃、および財政能力の充実などが求められていて、大正八年（一九一九）に六大都市（東京市・大阪市・京都市・名古屋市・神戸市・横浜市）は特別市制の実現を内務大臣に建議していた。特別市制とは、大都市を府県の区域外へ分離し、単一の特別市が総合的で効率的な大都市行政を行おうとするものである。

戦時中、東京市は東京都制実施によって廃止されたため、他の五大都市は、終戦直後の昭和二〇年（一九四五）一一月、五大市市長懇談会の決議をもとに、特別市制の実施を求める陳情書を首相等に提出した。そして、昭和二二年に制定された地方自治法には「特別市」の条項が盛り込まれた。

特別市制を実施するための要件は、当該市の住民の賛成であったが、府県側はこれに反対し、当該府県全体の住民に拡大された。そのため、実質的に特別市制の実現は不可能となった。結局、昭和三一年（一九五六）の地方自治法改正で「特別市」の条項は削除され、代わりに政令指定都市の制度が定められる。

政令指定都市（政令で指定された大都市）は、特別市のように都道府県から完全に分離したものではないが、福祉や都市計画などの分野での都道府県の行政事務について、その権限を譲り受ける。制度発足と同時に政令指定都市となったのは、横浜市をはじめとする「五大都市」であった。

なお、戦時中に南区と西区が中区から分区していたが、二三年には磯子区から金沢区が分区し、横浜市は一〇区になった。

自治体警察・消防

新しい憲法のもと、地方分権の流れの中で警察制度と消防制度も改革された。昭和二二年に警察法が成立、翌年に施行された。市および人口五〇〇〇人以上の町村、つまり都市部に自治体警察がそれぞれ発足し、その他の地域は国家地方警察の管轄となった。自治体警察は、市町村長が議会の同意を得て任命した三名の委員から成る市町村公安委員会が運営管理した。

神奈川県の場合、八市・二一町・一村に二六の自治体警察が誕生した。横浜市に誕生した横浜市警察は本部を横浜駅前（東口）の新庁舎に置き、一二の警察署を管轄した。

警察の改革とともに、警察の一部門であった消防が分離独立し、消防組織法によって自治体消防制度が発足した。つまり、消防活動は市町村が責任を負うことになった。

ところが、自治体警察は多くの自治体にとって大きな財政負担となり、また広域的な捜査に対応できなかったことから、昭和二九年（一九五四）の警察法改正によって都道府県警察として統合された。横浜市をはじめ五大市では市警の廃止に強く反対し、一年間のみ存続されたが、結局翌年には都道府県警察に吸収

1 「特別市制早わかり」
特別市制をＰＲするために、横浜市が作成したパンフレットである。昭和26年(1951)。

2 横浜市警察の警察官
交番の表札には都橋派出所とある。昭和20年代。

された。

教育制度の改革

軍国主義の一掃をはかるGHQにとって教育制度の改革はきわめて重要な課題であった。軍国主義・超国家主義的な教育を徹底的に禁止し、また、教育行政の民主化・分権化・中立化をはかるため、地方自治体に首長からは独立した教育委員会が創設された。

昭和二二年、教育基本法と学校教育法が公布された。国民学校は小学校（六年）となり、義務教育は九年間に延長されて新制中学校（三年）が設置されることになった。また、男女共学が全面化した。横浜市では同年に四三校の新制中学校が開校したが、大半は小学校の一部を間借りしてなどの開校だった。

旧制中学校（男子）は旧制高等女学校などとともに新制高等学校（三年、男女）の母体となった。新制高等学校は昭和二三年に発足し、横浜市内には県立高校八校、市立高校六校が誕生した。

また、昭和二四年（一九四九）には新制大学が発足した。横浜市立経済専門学校（もとは横浜商業専門学校。一般には「Y専」の名で親しまれていた）を母体として横浜市立大学が発足し、また、戦前の横浜高等商業学校と横浜高等工業学校、神奈川師範学校などが合併して横浜国立大学が誕生した。神奈川大学（旧横浜専門学校）や関東学院大学などの私立大学も生まれた。

（岡田直）

3　神奈川区反町に置かれた横浜市役所の仮庁舎
横浜市役所は戦時中より老松国民学校の校舎などを間借りし、昭和25年（1950）、横浜貿易博覧会の神奈川（反町）会場跡地の仮庁舎に移転した。1950年代。

4　金沢区役所
この建物は、昭和46年に金沢区総合庁舎が竣工するまで区役所として使用された。昭和34年（1959）。

5　新制中学校の光景
昭和20年代の映像の一場面。新制中学校が発足したが、校舎は足りず、その建築が急ピッチで進められていることを伝えている。昭和29年（1954）。「市政の歩み」神奈川ニュース映画協会制作より。

図版特集

昭和三〇年ころ まちと人々

昭和三五年（一九六〇）に始まる高度経済成長の波にのり、横浜の街は大きく変貌を遂げる。市内中心部を縦横に流れていた川は埋め立てられ、高速道路や公園に姿を変える。本牧や根岸の海岸も埋立が進んで工業地帯となり、海が人々の暮らしから遠のいていった。

カメラは失われ行く街の表情と、そこに生きる市民の姿をとらえた。モノクロ写真には、当時の横浜が放っていた強烈な光と影が写し出されている。

（伊藤泉美）

【戦争の余韻】

1　小港米軍住宅
エリア１・エリア２と呼ばれた地区には、米軍用の住宅が建ち並び、フェンスの向こうのアメリカが広がっていた。昭和 27 年（1952）。奥村泰宏撮影。

2　焼け跡をひきずって
横浜大空襲で市の中心部は壊滅的な被害を受け、焼け野原となった。進駐軍による接収が解除された後も空き地が広がり、「関内牧場」などと揶揄された。写真は宮川橋付近の福富町。昭和 32 年（1957）4 月。広瀬始親撮影。

3　蓬莱町付近
伊勢佐木町の松屋屋上からの撮影。左端の上にわずかに派大岡川（現在は高速道路）が見える。左手の外壁だけが残る建物は、蓬莱町の日本メソジスト教会。中央の吉田川（現大通り公園）沿いにはカマボコ兵舎がならび、右手前に厳島神社が見える。昭和 32 年（1957）頃。小島利亮撮影。

5　はしけ溜まり
桜木町駅の海側には貨物の東横浜駅があり、その付近がはしけの溜まり場だった。はしけは貨物を運ぶ舟であり、そこで働く人々の住まいでもあった。後方には横浜ドックの煉瓦造りの建物やクレーンなどが見える。昭和29年（1954）10月。広瀬始親撮影。

4　大岡川沿いの船宿
大岡川にははしけを改装した木賃宿が数多く繋留されていた。後方に見えるのは長者橋。昭和29年（1954）5月。広瀬始親撮影。

6　三溪園前で潮干狩り
本牧三溪園の前には、春には潮干狩り、夏には海水浴が楽しめ、冬には上質な海苔がとれる美しい海が広がっていた。昭和30年（1955）5月。広瀬始親撮影。

7　派大岡川をゆくイカダ
イカダ師が竿を巧みに操り、新山下の貯木場から市内の店まで材木を運んでいく。現在の関内駅の側を流れていた派大岡川。左に曲がり蓬莱橋をくぐって、吉田川に入る。昭和40年（1965）。

8　磯子の海岸
後に磯子プリンス・ホテルが建つ高台からの撮影。海岸沿いを海軍道路（現国道16号線）が走る。陽に照らされた海には海苔の養殖場が広がる。昭和30年代から40年代にかけて市南部の海は工業用地として埋め立てられ、浜辺に親しむ生活は失われた。昭和28年（1953）。五十嵐英壽撮影。

【港ヨコハマ】

9　大さん橋の出船
航空機時代が到来するまで、大さん橋は世界へとつながる日本の玄関であった。大型客船の出港に華やぐ大さん橋。手前の船はベトナム号。昭和31年（1956）6月。広瀬始親撮影。

10　鉄道橋を走る蒸気機関車
貨車を連ねた蒸気機関車が、現在は汽車道の一部になっている鉄道橋を走る。後方のクレーンが林立するのは横浜ドック、現在のランドマーク・タワー一帯。昭和29年（1954）3月。広瀬始親撮影。

11　お船眺めて
横浜見物に訪れた親子連れが、大さん橋ターミナルの送迎デッキに腰をおろす。眺める船はアメリカン・プレジデント・ラインズのプレジデント・ウィルソン号。昭和29年（1954）9月。広瀬始親撮影。

12　港へサイクリング
新港橋を渡ってふ頭に向かう。日曜日は港湾作業が休みのため、港はサイクリングの集合場所となった。橋の後ろには横浜税関、右手後方には横浜市開港記念会館の塔がのぞく。昭和32年（1957）。五十嵐英壽撮影。

【ある日の街角】

13　伊勢佐木町で
不二家は昭和28年（1953）5月まで接収されて進駐軍の下士官用E.M. クラブとなっていた。割烹着姿の自然体のおばちゃんに、庶民のたくましさを垣間見る。山口喜一撮影。

15　駄菓子屋のギャング
曙町の駄菓子屋に来襲した子供たち。ソーダは10円、落花生は一袋60円。昭和31年（1956）1月。広瀬始親撮影。

14　野毛坂の出店
なにやら真剣に見つめる家族連れ。おかっぱ頭の女の子とネンネコ姿のお母さんが微笑ましい。春の野毛坂は花見にむかう人々で賑わった。昭和28年（1953）4月。広瀬始親撮影。

16　たばこ屋
「お姉さん、電話ちょっと長くない？」草履をつっかけた素足が寒そう。曙町裏通りのたばこ屋で。昭和31年（1956）1月。広瀬始親撮影。

復興から成長へ

日本貿易博覧会

占領政策のもとでは、民間の貿易も海運も原則として禁止されていた。ようやく終戦から二年がたった昭和二二年（一九四七）八月に制限付きの民間貿易が許可され、さらに一年後、日本船の遠洋進出が許可された。

そして、昭和二四年三月一五日から三か月間、経済復興への期待を込めて、県・市共催で日本貿易博覧会が開催された。神奈川区の反町地区と西区の野毛山地区の二三ヘクタールを会場とし、三六〇万人が入場した。

国際港都建設計画

昭和二五年（一九五〇）、横浜復興の期待を込めて「横浜国際港都建設法」が成立した。その目的は、都市横浜をわが国を代表する国際港都として建設することであり、そうすることで日本の国際文化を向上させ、経済を復興させることであった。そして、横浜市は国際港都建設計画（国際港都として建設するための都市計画）を策定し、国際港都建設事業（国際港都として建設する都市計画事業）を実施する主体と定められた。

しかし、この法律は具体的な財源を保証するものではなく、都心部を接収されていた横浜市の財政は逼迫しており、積極的な動きは鈍かった。計画を策定するための市長の諮問機関として国際港都建設審議会が発足したのは、昭和三〇年（一九五五）だった。

昭和三〇年代になると日本の経済が高度成長を開始し、横浜市の財政は好転する。そして、昭和三〇年に再選した平沼亮三市長は積極的な事業展開に着手した。市長の発表した計画の原案は国際港都建設審議会で審議され、昭和三二年（一九五七）、「横浜国際港都建設総合基幹計画」が決定された。

その地域計画は、計画人口一二〇万人の母市街地を設定し、その周辺にグリーンベルト、さらにその外側に一四の衛星市街地と港北特殊開発地域（後の港北ニュータウンに相当）を設けるというもので、全体の計画人口は二五〇万人と想定した。これらを結ぶ街路計画も定めら

1 「日本貿易大博覧会」ポスター
博覧会の開催を告知する大型のポスター。期日はまだ記されていない。貿易の振興に日本の明るい未来が託されている。昭和24年（1949）。

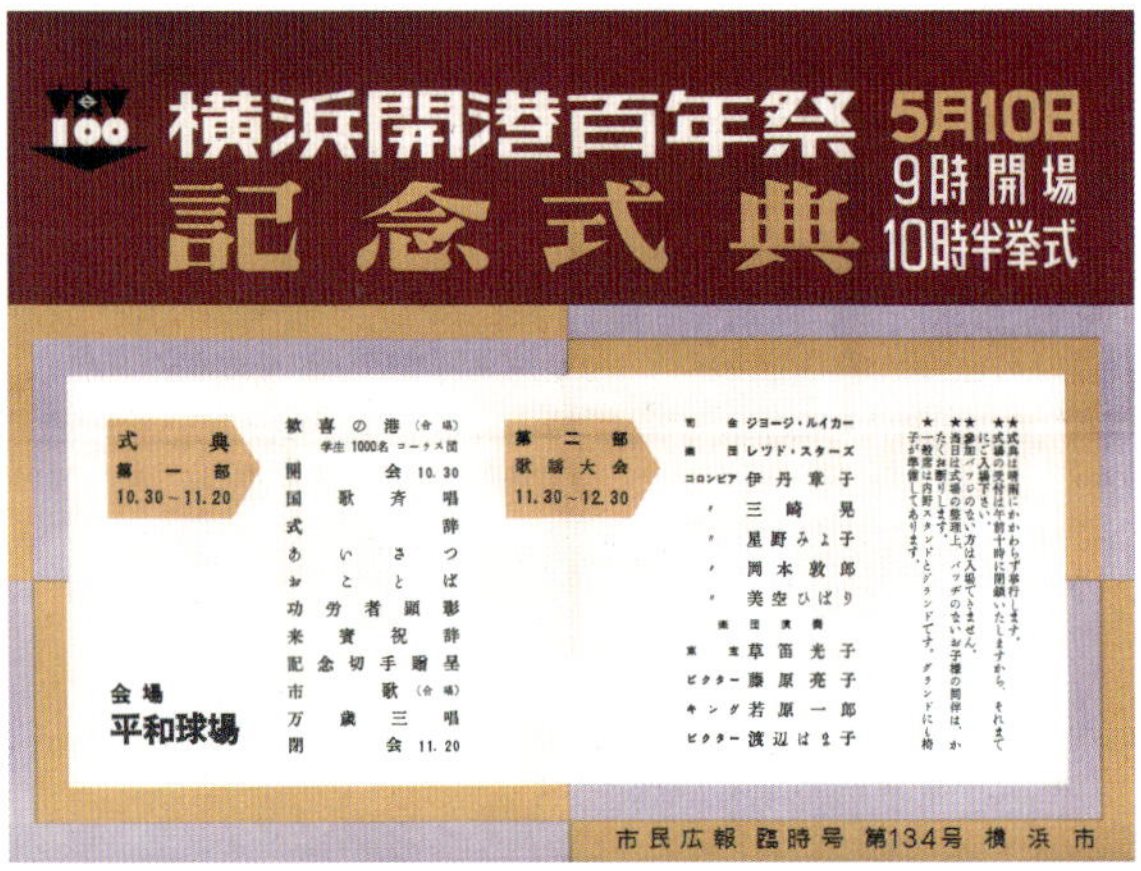

2 「横浜開港百年祭記念式典」ポスター
昭和33年（1958）5月10日に開港百年祭の記念式典が、横浜公園平和野球場で開催された。皇太子臨席のもと市民3万5000人が参加し、式典に続き美空ひばり、渡辺はま子ら横浜出身の歌手による歌謡大会が行われた。

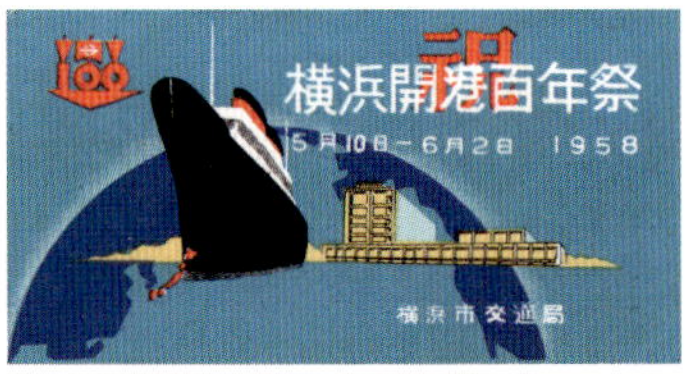

3 横浜開港百年祭の記念乗車券
横浜市交通局が発行した市電の記念切符。使用後の残片である。昭和33年（1958）。

れた。港湾施設拡充計画は、山下ふ頭や出田町ふ頭の整備による港湾設備の増強と、臨港貨物線の延長や操車場の整備による鉄道貨物輸送力の強化であった。臨海工業地帯造成計画は、大黒町地先や本牧町地先などを埋め立てて商工業港湾とし、また、根岸湾に臨海工業地帯を造成しようとするものであった。

しかし、その後の急激な高度経済成長の中で、港湾や工場地帯などの工業基盤の整備に重点が置かれるようになり、同時期に策定された首都圏整備計画の理念との整合性がはかられたものの、生産機能（農業・工業）と人口の適正配置という計画は実現には至らなかった。

4　開港百年祭
開港百年祭の伊勢佐木町の様子。昭和33年（1958）。

工業貿易

横浜市の実質工業生産は、朝鮮戦争特需で昭和二七年に戦前の水準を回復していたが、三〇年に一・六倍、三五年に四・四倍、さらに四〇年には八・〇倍と、重化学工業を中心に急速に拡大した。また、実質貿易額が戦前の水準を超えたのは、ようやく三二年のことであったが、四〇年には二・八倍に拡大した。

5　完成した7代目の横浜市庁舎
これが現在も使われている庁舎である。昭和34年（1959）。

開港百年事業

昭和三三年（一九五八）は、安政六年（一八五九）の横浜開港から一〇〇年目という記念の年であった。五月一〇日から六月三日まで開港百年祭が開催され、国際仮装行列などが行われた。五月一〇日の記念式典は横浜公園平和野球場で行われ、皇太子臨席のもと市民三万五〇〇〇人が参加した。

その他、事前に編集作業が行われてきた『横浜市史』の刊行が同年三月に始まり、また、市庁舎や市民病院の建設なども開港百年の記念事業として進められた。横浜市役所は戦後、一時的に神奈川区反町に置かれていたが、昭和三四年（一九五九）、中区港町（現在地）に市庁舎が完成し、本来の場所に戻された。開港百年祭に間に合わせる予定だったが、工事が難航して遅れた。市民病院は昭和三五年（一九六〇）に保土ヶ谷区に建物が完成し、同年に一部開院した。

（岡田直）

6　造成中の根岸湾埋立地
根岸湾の埋立地には大規模工場が誘致され、京浜工業地帯に続く臨海工業地帯が誕生する。昭和34年（1959）。

臨海部埋立の進展

大黒町地先埋立事業

市街地や港湾設備の接収解除が遅れる中、横浜市では昭和三〇年代以降、工場用地の造成と港湾設備の拡充のため、大規模な埋立事業を市営で推進した。

まず昭和三〇年（一九五五）に京浜臨海工業地帯にある大黒町の地先の埋立を開始した。埋立地は、追加事業を含め昭和三六年に竣工した。進出予定企業から土地売却代金を先取りして工事資金にあてる予納金方式が採用され、自治体による埋立事業のモデルとなった。日東化学、亜細亜石油、東京電力などの企業が進出した。

根岸湾埋立事業

続いて昭和三四年（一九五九）に根岸湾の埋立事業に着手した。埋立地造成の構想は戦前のオリンピック・万国博覧会開催決定時にあったが、戦況の悪化により中止された。戦後は漁業組合の強い反対があり着工が遅れたが、埋立地への国鉄根岸線の建設が大きな説得材料となった。昭和三八年、第一期の工事が完成した。石川島播磨重工業、東京芝浦電気、昭和電工、日本石油精製などの重化学工業が進出し、根岸湾臨海工業地帯が形成された。

昭和三六年（一九六一）には第二期の工事が開始され、昭和四六年に竣工した。東京電力、東京ガスなどのエネルギー関連企業、トヨタ自動車販売などの大手企業と、各種の中小企業が進出した。

重油燃料による大工場の進出は、新たな公害問題を発生させ、その規制が市政の大問題となった。

山下ふ頭

横浜港の港湾設備は大部分が接収され、日本が独立を回復してから接収の解除が始まるものの、主力の新港ふ頭はすぐには解除されなかった。そこで、出田町、山下などのふ頭が建設された。

それでも昭和三〇年代に入ると、入港船舶トン数は戦前の水準を超え、入港した船が岸壁に接岸できない「船混み現象」が発生した。そこで昭和三四年（一九五九）、山下ふ頭の拡張工事が着手され、昭和三八年竣工した。山下ふ頭は当時、「東洋一」と言われる大規模な輸出ふ頭で、新港ふ頭から山下公園の前を横切り、山下ふ頭に至る臨港貨物線も建設された（昭和四〇年）。

本牧ふ頭

昭和三八年（一九六三）には国費による本牧ふ頭の建設工事が始まった。だが当時、世界の国際海

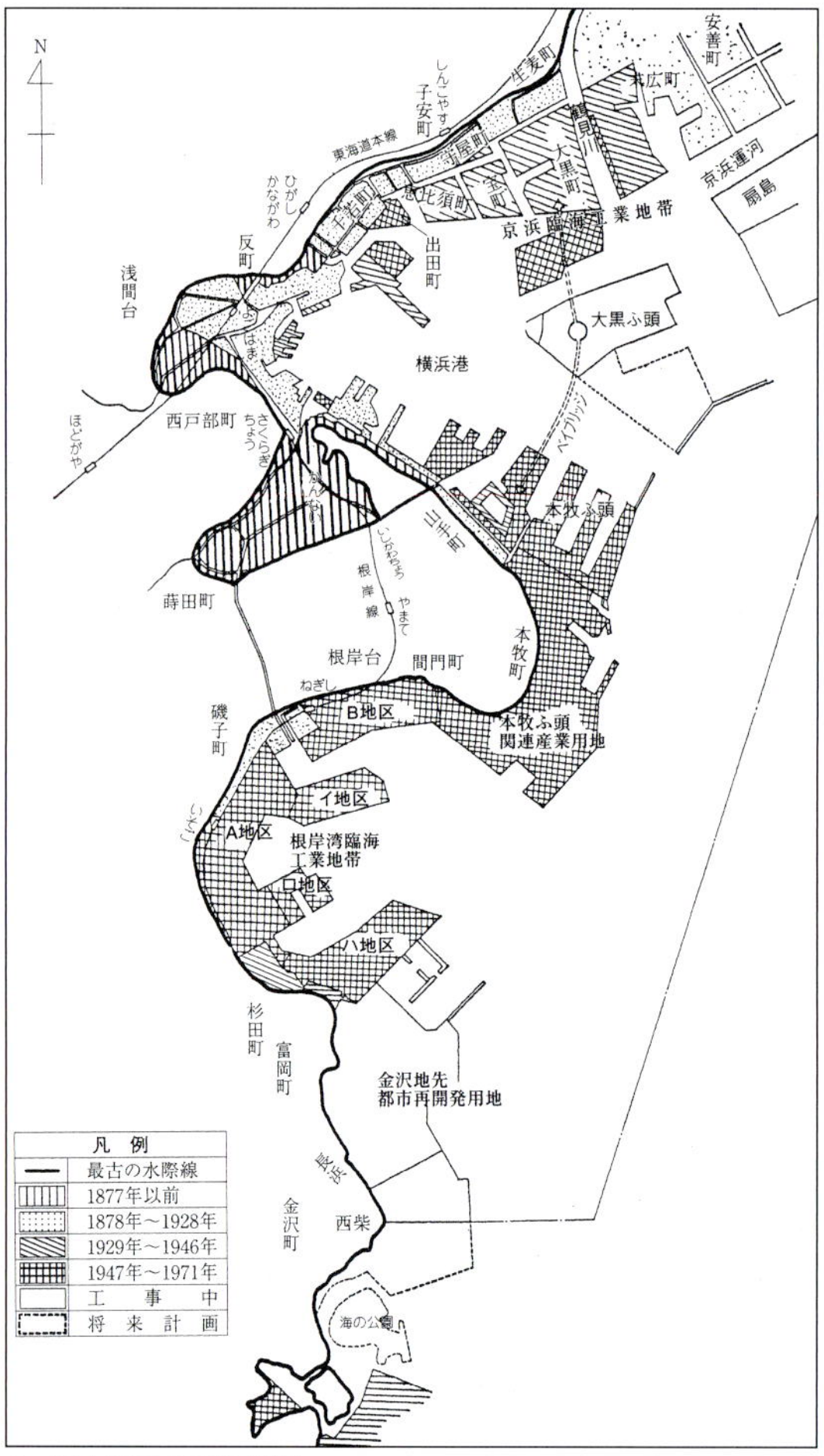

1　埋立事業の実施状況

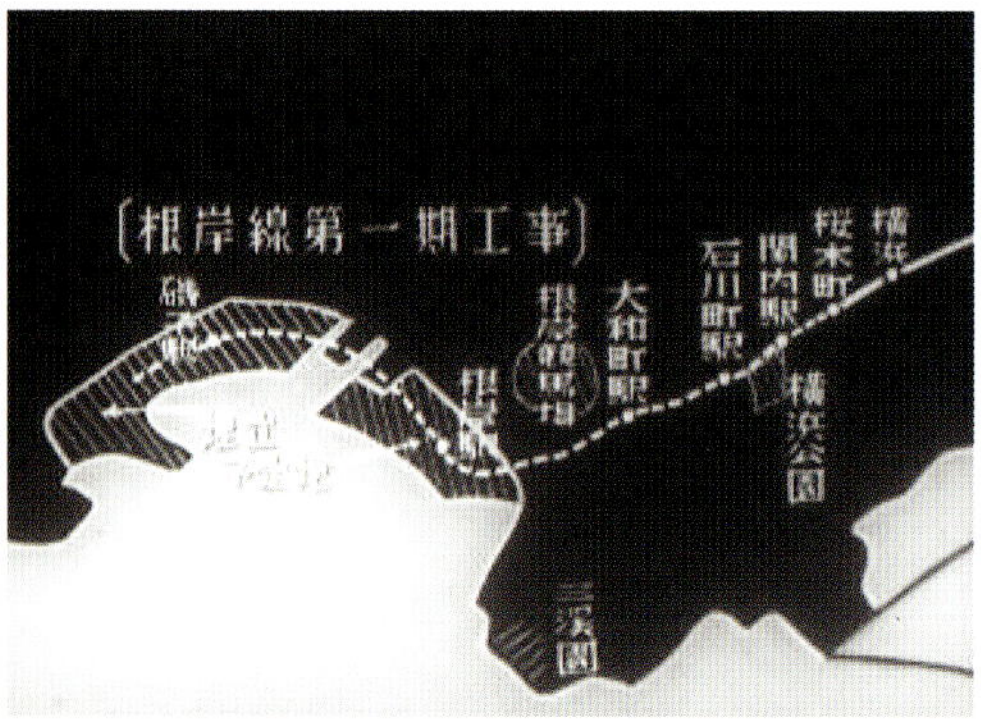

2　根岸線開業を伝えるニュース映像
「根岸線着工準備進む」「待望の根岸線開通」と題するニュース映画の一場面。根岸湾の埋立地図と、埋立地を走る根岸線電車の映像。根岸湾の埋立地には大規模工場が誘致され、京浜工業地帯に続く臨海工業地帯が誕生した。昭和 39 年（1964）。「神奈川ニュース」神奈川ニュース映画協会制作より。

3　造成中の本牧ふ頭
コンテナふ頭（上方）と関連産業用地（下方）。三溪園の背後の断崖は海から遠ざけられた。昭和 42 年 (1967) 頃。

4　渋滞する本町通り
路面電車の軌道敷内での自動車の走行を認めざるをえなかった。昭和 40 年代。

運業はコンテナ輸送の時代に移行しはじめており、日本の港湾もそれに対応することが求められた。造成中の本牧ふ頭は、コンテナふ頭として変更・拡張工事が行われた。そして、昭和四五年に竣工し、山下ふ頭に代わる横浜港の主力ふ頭となった。

その建設と関連して、本牧ふ頭関連産業用地の埋立も予納金方式で進められた。ここには三菱重工業、住友金属工業、日産自動車などが進出した。自然海岸がなくなる代償として市民プールや公園も整備された。

さらに昭和四六年（一九七一）には、島式のふ頭である大黒ふ頭の国費による建設が着工された。昭和四九年に大黒町とを結ぶ大黒大橋が完成。コンテナ貨物が全盛となった昭和五〇年代以降、本牧ふ頭とともに横浜港の主力ふ頭となった。

しかし、本牧ふ頭の大きな問題点は陸上交通との連絡が不十分だったことである。コンテナを積んだトラックがビジネス街の本町通りにあふれる事態が生じた。大黒ふ頭と本牧ふ頭の間に架橋し、都心部を経由しない物流ルートを確保しようとするのが「ベイブリッジ」計画である。だが、その実現は平成を待たなければならない。

（岡田直）

新幹線・地下鉄・高速道路

電車化する鉄道

　戦前の日本では、陸上交通を管轄する官庁の名が「鉄道省」であったことからもわかるように、鉄道が陸上交通の主役だった。その担う旅客輸送の範囲によって鉄道の中にもおよそ次のような役割分担があった。

⑴国土交通（長距離）および⑵地方交通（中距離）＝汽車（蒸気機関車の引く列車）、⑶都市近郊交通（中距離）＝高速電車（国電や私鉄の郊外電車）、⑷都市内交通（近距離）＝路面電車（軌道、主に市電）

　戦後の鉄道の歴史は、高速化とフリークエント（頻発）化、すなわち電車化の歴史と言ってよい。⑶の高速電車が⑵や⑴、あるいは⑷の分野も担うようになっていく。

　まず、横浜周辺の鉄道の歴史をみてみる。

1 「東海道新幹線開業記念」カード
昭和39年（1964）10月1日の開業当日、乗客に配られた記念切符を模したカード。日本国有鉄道発行。

2 関内駅を出る根岸線の電車
桜木町から線路を南伸させる計画は戦前よりあった。根岸線は横浜市南部の工業地帯と住宅地の発展に大きく貢献した。昭和39年（1964）。

　戦前からすでに⑶の国電と私鉄の路線網はできあがっていた。戦後まず⑵の電車化が進む。つまり、昭和二五年（一九五〇）に東海道線の東京—横浜—沼津間で中距離電車の運転が開始された。いわゆる「湘南電車」の誕生である。これによって東京・横浜の通勤圏が湘南地方や小田原方面まで拡大されていく。

　一方、昭和三一年（一九五六）に東海道線の全線電化が完成し、昭和三三年に東京・大阪間を約六時間で結ぶ電車特急「こだま」号の運転が開始された。その途中停車駅は横浜、名古屋、京都であった。そして、昭和三九年、東海道新幹線が開通。東京と大阪の間の所要時間は約三時間となった。横浜市には、中心部を北に大きく外れるが、新横浜駅が設置された。これらは⑴の電車化である。

　また、新幹線開通と同じ年に桜木町から磯子まで根岸線が開通し、ここに京浜東北線の国電が東京方面から直通するようになった（昭和四八年、大船まで全通）。横浜市の中心部や南部地区では、これまで鉄道の便に恵まれず、路面電車（横浜市電）が人々の重要な足であったが、昭和四〇年代以降、その役割は国電が担うようになっていく。

　横浜市電は戦後も路線の拡張が続けられ、昭和三〇年代にその最盛期を迎える。だが、自動車の普及とともに道路渋滞が慢性化し、市電の運行は困難になっていた。市電は次第に道路から追われ、先述の根岸線開通などの影響も受け、昭和四七年（一九七二）までにすべての路線が廃止された。

　その代替交通として建設が始まったのが市営地下鉄である。市電の全廃と同じ年、伊勢佐木長者町・上大岡間がまず開通し、その四年後には開業区間が横浜〜上永谷となった。⑷が高速の電車に置き換えられたことになる。

自動車（道路）交通の発達

　鉄道に代わって、戦後、飛躍的に発達したのが自動車（道路）交通である。公共の自動車交通としてのバスが横浜市内に本格的に走り始めるのは、昭和三年（一九二八）に市営バスが開業してからである。戦後、バスはその路線網を大きく拡張し、路面電車の路線網が既成市街地に限られているのに対して、丘陵地や農村地帯を含めた市域全体をカバーするものに発展した。

　次に、道路整備の歩みを概観してみる。

　横浜の中心部の主要な街路は、関東大震災後の復興事業によって、歩道と車道、軌道（路面電車）の分離した広幅員のものに整備された。幹線道路も京浜間では戦前・戦中より、京浜国道（東海道、旧国道一号、現十五号）、第二京浜国道（現国道一号）などの道路が広幅員で整備されていった。

だが、それらは一部の区間に過ぎず、概して日本の国内の道路は、昭和三一年（一九五六）に来日した米国のワトキンス調査団の報告に「日本の道路は信じ難いほど悪い。世界の工業国でこれほど道路を無視してきた国は日本の他にない」とあるように、極めて貧弱なものだった。道路の整備が進められるのは、自動車が急増し、「マイカー」時代と呼ばれるまでに乗用車が普及した昭和三〇年代後半からである。一般道路はもちろん、自動車専用の高速道路（高速自動車国道）が昭和三八年（一九六三）、栗東（滋賀県）と尼崎（兵庫県）の間に日本で初めて誕生した。

横浜市内では、昭和三四年（一九五九）に国道一号のバイパスとして、神奈川区から戸塚区の間に横浜新道が整備された。この頃、自動車の台数は市民六人に一台（昭和三七年）の割合になった。昭和四〇年には第三京浜道路が京浜間の第三のルートとして全通、昭和四三年に首都高速道路の横浜羽田空港線が羽田から東神奈川まで部分開通した。そして昭和四四年、東名高速道路が全通し、横浜（現横浜町田）インターチェンジが設置された。そこから横浜新道までを結ぶ保土ヶ谷バイパスも昭和四九年に全通した。

なお、昭和四〇年代以降、鉄道から自動車（道路）へのシフトが大きく進んだのは、貨物輸送の分野である。横浜港の中心が大さん橋・新港ふ頭から、コンテナに対応した本牧ふ頭へ移ると、コンテナを搭載したトラックが横浜の都心部を通過するようになった。国道一三三号（本町通り他）などは道路渋滞が慢性化し、「コンテナ街道」と揶揄されるほどだった。

（岡田直）

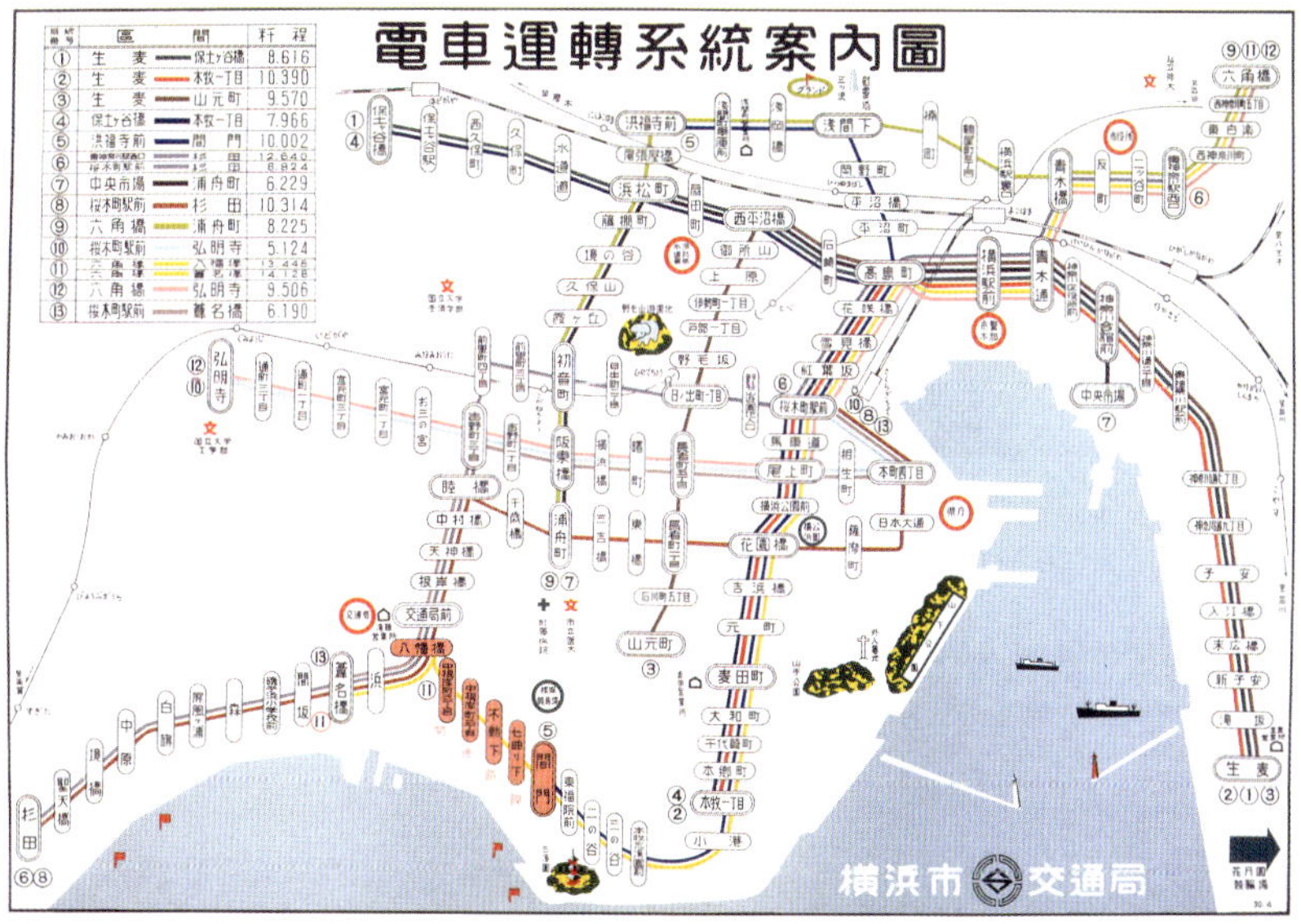

3　電車運転系統案内図
横浜市電の路線距離が最盛期を迎えつつあった頃のもの。横浜市交通局発行。昭和 30 年（1955）。

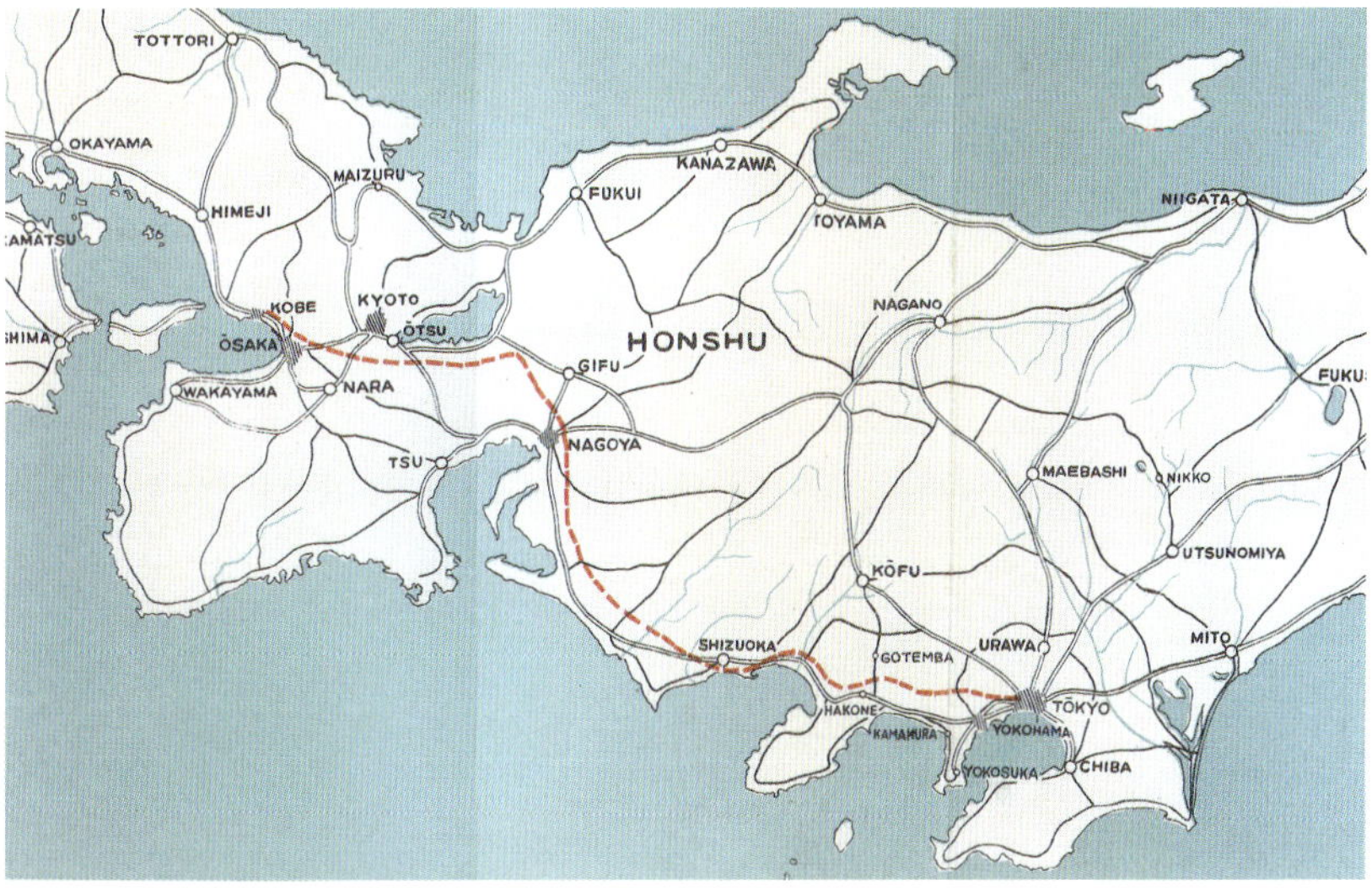

4　東名・名神高速道路の構想図（部分）
日本で最初の高速道路の計画についてまとめた概要書にこの付図が収められている（付図のみ英文）。東京･神戸間の赤線が高速道路で、国内に張り巡らされているのは当時の 1･2 級国道。建設省道路局「東京神戸間高速有料道路建設計画概要書」付図。昭和 29 年（1954）。

5　首都高速道路横羽線（横浜駅東口付近）
昭和 53 年（1978）、横羽線は横浜公園まで完成し、また、首都高速道路三ツ沢線が全通した。三ツ沢線は横羽線と第三京浜・横浜新道を結ぶ。

横浜駅西口とスーパーマーケット

昭和二〇年代後半、米軍による市内中心部の接収が次第に解除されるようになり、伊勢佐木町や元町の復興が始まった。一方で、新たなライバルとして横浜駅周辺の開発も浮上してくる。また、農村部において宅地開発が始まり、商業活動の場が広がり始めていた。高度経済成長期には、このような状況が進んでいく中で商業が拡大していくが、新たな業態のスーパーマーケットの登場により競争も激化していく。

この時期を通して、横浜市の人口は急増したが、特に保土ヶ谷・港北・戸塚の各区は、昭和三〇～五〇年で四倍となった。これに伴い、これらの区では商業も拡大していった。

全市では、店舗数は、三一～四九年で約一・六倍、従業員数は二・一倍、販売額は一五倍であったが、戸塚区（戸塚区＋瀬谷区）・港北区（港北区＋緑区）は販売額で約四〇倍と他の区を大きく上回っていた。また、西区は店舗数では一・二倍ほどであったが、従業員数は三倍、販売額は二五倍となり、一店舗あたりの伸びが大きかった。これは、横浜駅周辺の開発に伴う大型店の進出によるものであった。

1 開発当初の横浜駅西口
写真右側の車が駐まっている辺りが駅の出口。この後、10月30日から始まる国民体育大会に間に合わせるために舗装工事などを急ピッチで行なった。昭和30年（1955）9月。長谷川弘和撮影。

横浜駅周辺の開発

横浜駅は、昭和三年（一九二八）に現在の位置、当時の神奈川区高島町に新築されたが、西口側はスタンダード石油が所有する石炭や砂利置き場であった。第二次大戦後は、戦災復興土地区画整理区域に指定されたが、すぐに接収されたため、改めて昭和二八年（一九五三）八月接収解除整備事業として区画整理が行われることになった。同じ頃、西口の土地は紆余曲折があったが相模鉄道株式会社が取得し、相鉄を中心に開発が進められることになった。同社による開発は、会社の規模と比較して大がかりのものであった。

昭和三一年（一九五六）、まず相鉄駅舎や高島屋ストアー、横浜名品街と名付けられたアーケード街などが開業した。これらは、非常に盛況で、次いで相鉄文化会館の新設と続き、三四年には、売場面積が一万平方メートルを超える横浜高島屋が開業した。同店は、百貨店審議会で売場面積が削減されたが、市内にある他の百貨店の二倍の規模であった。この後、伊勢佐木町の松屋や野沢屋などの百貨店も売場面積を増加させていくこととなる。三七年（一九六二）には、テナント百数十店舗が入ったステーションビルが開業し、初日には二五万人が入場した。三九年にはダイヤモンド地下街も開業した。その結果、三〇年には東西比較で三〇％であった西口の降車客は、三七年には七〇％となり、東口を逆転し引き離していった。

一方で、東口の再開発は、昭和三七年に大規模な計画がたてられたが実行は遅れ、第一期の核となる、回転式展望レストランのある九階建てのスカイビルが完成したのは、四三年（一九六八）になってからであった。その後、五五年（一九八〇）には地下街の横浜ポルタなどが出来たが、商業施設の中心となる新都市ビルに横浜そごうが開業したのは、六〇年（一九八五）であった。

西口は、昭和四〇年代になっても大型店の進出が続いた。四三年一一月には、地上九階・地下二階の横浜岡田屋が開業し、続いて、三越が四八年（一九七三）一一月に開業した。三越の進出には、東口にそごうの出店が決まったこともあり強い反対運動が起こった。また、他の大型店の場合、地元法人による出店を受容したのに対し、支店による出店を譲らなかったことも反発を呼んだ。同年には、三越の出店をにらんで、高島屋が増築、名品街などをリニューアルした相鉄ジョイナスが開業、また、ステーションビルの改築もなって、西口は市内の他の繁華街を大きく超える地位を確固としていった。

昭和五一年（一九七六）でみると、横浜駅西口（地下街・駅ビル・ジョイナスを除く）の販売額は、伊勢佐木町の五倍以上であった。伊勢佐木町は、野沢屋・松屋の百貨店を中心に発展してきており、上大岡駅や戸塚駅周辺に追い上げられてはいたが、それら二駅周辺の合計が伊勢佐木町を若干越えている程度であり、西口を除けば最大の繁華街であった。しかし、西口の拡大はそれを大きく上回っていた。

スーパーマーケットの登場

郊外部の大規模な開発は、新たな商店・商店街の出現や、開発地と最寄り駅間の商店街の活況を生んだ。郊外部の駅周辺は、従来の道路のままで商店が建ち並ぶようになったところも多い。これらの商店は、新たな業態であるスーパーマーケットの登場で大きく影響を受けるようになる。

スーパーマーケットは、セルフサービス形式の大規模店で、多くはチェーン展開をしており、大量仕入れなどにより価格的にも有利であった。百貨店と比較すると、食料品などの日用必需品を主力にしている場合が多く、地域で日用品販売を担ってきた商店街の大きな脅威となった。

市内でスーパーマーケットが増加してきたのは昭和三〇年代後半からで、昭和四九年（一九七四）の市内一五七店舗の創立年をみると、三五年以前は六店舗に対し、三六～四〇年が三七、四一～四五年が六四、四六～四九年が四七となっており、三〇年代後半から急増し、四〇年代を通して増加している。区別では、中区・西区に一二店舗ずつであるのに対し、戸塚区一八、港北区一五、鶴見区一五、神奈川区一三、緑区一〇等と中・西区を超えるか、同等の数が出店しており、郊外部へも多くが出店している。そのなかでも、市内を走る私鉄系のスーパーマーケットが目立ち、相鉄ストア一七、東光ストア（東急系）一一店舗があり、それぞれの沿線や開発地に出店し、不動産開発とともに拡大していった。また、ほていや時代から進出していたユニー、西友やダイエーといった県外資本、早くからセルフサービスを取り入れた生協なども多数参入し、横浜市はスーパーマーケットの「激戦地」と呼ばれるようになった。

その後、さらに郊外の開発が進み、自動車の普及が進むと、郊外の道路沿いに様々な大型店が出店するようになった。また、住宅地や駅周辺には、朝や深夜にも営業するコンビニエンスストアが登場するなど、生活の変化と共に小売商も変化をしてきている。

（百瀬敏夫）

2 横浜駅西口 相鉄ジョイナスの開業
昭和31年（1956）に開業した横浜名品街は、40年代に早くも相鉄文化会館とともに再開発計画がたてられ、昭和46年(1971)に閉業し、横浜高島屋の増床とともに、相鉄ジョイナスとして生まれかわった。昭和48年（1973）11月。

3 相鉄ストア三ツ境店の開業（瀬谷区）
相鉄興業株式会社（のち相鉄ローゼン株式会社）のスーパーマーケット第1号店は、宅地開発が著しい、相鉄沿線の郊外部、三ツ境駅前が選ばれた。昭和38年（1963）11月。

4 郊外部の商店街 中山商店街（現緑区）
南口から台村町交差点へバスは向かっている。郊外部の宅地開発と内陸部の工業化により、バス路線が急増した中山駅前は、この頃「死の混雑」と称された。昭和40年（1965）9月。

大規模団地の登場

ベッドタウン

　横浜市の人口は、昭和三〇年（一九五五）に一〇〇万人を超えて以降、昭和四三年に二〇〇万人、昭和六〇年には三〇〇万人を超えるという急増ぶりを示している。しかも、この間一貫して転入は東京からが最も多く、横浜市の人口増加は、東京のベッドタウンとしての性格を色濃く持っていた。たとえば、昭和五〇年時点で、昼間流入人口二四万人に対し昼間流出人口は四九万人を数え、市内在住就業者・通学者のうち、東京へ通勤・通学する者の占める割合は横浜市内に次いで高く、二三％となっている。

　戦後の横浜市は、市中心部の接収で市街地の再開発が遅れ、この間住宅の確保は、農地の区画整理や郊外の宅地造成によって進められた。そして、昭和三〇年代以降、「団地」に象徴される大規模な住宅地開発が、人口急増を支えることになる。そもそも「団地」とは、広い「一団の土地に〝群〟として建設された」集合住宅のことをいう。一般に「団地」のイメージといえば、郊外の比較的広い土地に中・高層の鉄筋コンクリート造りの集合住宅がずらりと建ちならんでいる、というものだろう。こうした団地のイメージを確立したのは、昭和三〇年設立の日本住宅公団であった。

　横浜市内には、戦後の住宅不足を補うために市営・県営の住宅も建設されたが、当初は平屋あるいは二階建ての連戸、テラス形式の住宅が多かった。これに対して、住宅公団は耐火性能を有する鉄筋コンクリート造りの集合住宅を、全国に次々と建設していった。そして、核家族に適合した間取りである2DKを、標準的間取りとして定着させ、用地節約の視点から四、五階建ての中層住宅を一般化させたのである。

　また、公団住宅の入居資格には、市内居住や在勤の制限がなかったため、横浜では東京のベッドタウン化をさらに促進させる要因となった。

　昭和三七年の市内一三公団住宅の調査によると、東京からの転入者と東京に勤務するものはそれぞれ住民の約七割を占め、市内からの転入者と市内勤務者はそれぞれ二割にも満たなかった。

1　建設が進む市営十日市場団地
十日市場住宅は、市内で初めて2000戸をこす大規模団地であった。初期の公営住宅には、庭付きのテラス形式が多かった。2階建てであったため棟数は324棟に達し、その分、広大な敷地を要した。昭和37年（1962）。

2　公団日吉団地
昭和32年（1957）11月入居開始の日吉団地は、4階建て中層建築が主で公団団地の典型的な姿を示していた。バスなど駅までの交通手段、そして増え始めた自家用車の駐車場が問題となっていた。昭和40年（1965）6月27日。

大規模団地

　市内には、市営・県営・公団の他、神奈川県住宅公社（昭和二五年設立）、横浜市住宅公社（昭和四二年設立）などが、次々と団地を建設していった。昭和三〇年には、一五〇〇戸を超す県営瀬谷団地（瀬谷区）が建設され、市内における大規模団地の先駆けとなった。公団住宅では、昭和三〇年代前半に日吉団地（港北区）や小港団地（中区）・上倉田団地（戸塚区）が、比較的大きな団地として建設され、明神台団地（保土ヶ谷区）のように一〇〇〇戸を超す団地も現れた。

　この後、昭和三〇年代後半には、一〇〇〇戸規模の団地が主に周辺の農村地帯に広い土地を確保して建設されていった。市営十日市場住宅（緑区）・公団南日吉団地（港北区）・県公社汐見台団地（磯子区）・公団公田町団地（栄区）などである。なかでも汐見台団地は、「横浜市営根岸湾埋立による臨海工業地帯の造成によって、立地される産業会社に対し住宅の供給を図るため」とうたっており、一般の住宅と社宅・産業労働者住宅をあわせて三〇〇〇戸という大きな団地であった。

昭和四〇年代には、京浜工業地帯で働く労働者向けに、今まで以上に大規模な、あるいは高層の団地が登場した。四七〇〇戸という公団左近山団地（旭区）をはじめ、三二〇〇戸の市営野庭団地（港南区）、さらに市営ひかりが丘住宅（旭区）・県公社竹山団地（緑区）・県営いちょう団地（戸塚区）と二〇〇〇戸を超える規模の団地が次々と建設された。この間に、募集方法の比重が賃貸から分譲に移っていったのも、大きな特質の一つである。

3　洋光台団地
昭和45年（1970）3月に根岸線が洋光台まで開通するとともに、駅周辺に洋光台北・洋光台南・洋光台中央の公団団地が完成し、さらに翌年には市営洋光台団地も完成した。あわせて5000戸をこす大規模団地となり、まさにニュータウンが出現した。昭和61年（1986）12月。

また、既成市街地の再開発も盛んに実施されるようになり、規模の大きな集合住宅が増加していった。その多くは、一階部分に商店や事務所が入る共同住宅で、「下駄ばき住宅」とも呼ばれた。主に県公社や公団が、中心市街地に一棟から数棟規模で建設した。共同住宅も次第に高層化し、公団井土ヶ谷東団地（南区）は一四階建て二棟で八〇〇戸を超える。

4　公団洋光台中央団地
洋光台駅周辺の公団団地には1階部分にスーパーマーケットが入るなど、公共施設も計画的に整えられた。昭和50年（1975）12月3日。

一方、郊外では、集合住宅による宅地開発だけでなく、上郷団地（戸塚区）のように戸建て住宅による開発も行われた。とくに私鉄沿線では、昭和三〇年代以降、鉄道資本によって開発が進められた。東京急行による田園都市開発や、京浜急行による富岡・上大岡・釜利谷地区の開発、相模鉄道による希望ヶ丘・三ツ境・瀬谷・二俣川地区の開発などである。

ニュータウン

ところで、このような大規模な開発による人口急増は、学校における教室不足、病院などの公共施設や商業施設の不足、そしてバスなどの交通機関の未整備など大きな問題をもたらした。その解消のためには、行政に大きな財政負担を強いることになった。

そこで、横浜市当局は開発行為に一定の規制をかけることにした。昭和四三年には横浜市宅地開発要綱を制定して、公共施設用地の確保を開発業者に義務づけた。こうして、計画段階から公共施設や道路整備を含めた総合的な開発を構想するという、ニュータウン方式が採用されるようになったのである。根岸線の開通にともなう洋光台周辺の開発や、港北ニュータウンの開発がその代表といえる。

横浜市では、中心市街地の再開発と郊外の市街地開発を計画的に行うことによって、単なる東京のベッドタウンを脱却した自立的な都市像が模索されたのである。その後、昭和六〇年代以降、団地に代わって民間業者によるマンション建設が増加し、その開発行為と街づくりのあり方が新たな課題となっている。

（羽田博昭）

団地の生活

核家族と団地

高度経済成長は、人々の生活の革新をもたらした。その主役となったのは、団地に暮らす若い核家族であった。2DKの間取りを標準とした日本住宅公団の団地と、電化製品の普及が、新しいライフ・スタイルの象徴となった。

昭和三〇年代に登場した公団団地は、食事と就寝の場所を分けるという「食寝分離」の考え方に基づいて、居間・寝室の他に食事をするダイニング・キッチンを設けた2DKの間取りを標準とした。やがて、就寝の場所を分けることを優先した「就寝分離」の考え方に基づく間取りとして、ダイニング分のスペースを子ども部屋とした3Kも登場する。いずれも、食事と就寝という生活の基本要素において、核家族にふさわしい生活のスタイルを提供することとなった。

設備面でも、台所に導入されたステンレス製の流し台、椅子式のダイニング・テーブル、各戸に備えつけられた浴室や水洗トイレ、ダストシュートなど、これまでにない機能的な生活のあり方を提示していた。そして、玄関のシリンダー錠の設置は、プライバシーに対する意識を高める結果となった。

また、家事を助ける電化製品の導入も、核家族を単位とした生活スタイルに大きな変化をもたらすこととなった。団地入居者の多くを占めていたサラリーマン層は、教養・文化に対する意識が高かった。昭和三〇年代後半のある家計調査で、市内団地住民の生活を見てみよう。団地住民は、コンサートに定期的に出かけたり、新聞の他数誌の雑誌を購読しているものが多かった。また、電化製品の購入にも積極的だった。当時〝三種の神器〟と呼ばれたテレビ・冷蔵庫・洗濯機も、貯金を下ろしたり、月賦で購入している。この他、家族によっては湯沸かし・クーラー・ステレオ・電動ミシン、さらには自動車を購入するものもあった。このように、電化製品によって家事の労力を節約し、教養・娯楽を楽しむ、新たなライフ・スタイルが、団地の生活空間において確立されていったのである。

コミュニティーづくり

一方、若い核家族が数百から千世帯単位で暮らす団地は、新たな公共性を創出する舞台ともなった。地縁・血縁もない集合住宅の中で、若い核家族は一からコミュニティーづくりを始めたのである。サークル活動や自治会活動がその手段となった。そもそも、農村地帯や郊外の丘陵地帯を新たに開発した団地では、道路整備や学校建設、最寄り駅までの交通手段の確保など、環境整備が整わないままのものが多かった。また、商店や医療施設も不足していた。こうした課題に積極的に取り組むことによって、団地の自治会は大きく成長していった。

たとえば、公団日吉団地（港北区、昭和三二年入居開始）では、コーラス部などのサークル活動をはじめ、ラジオ体操や盆踊り大会などの行事を定期的に開催し、道路補修や住宅補修といった問題に取り組み、また共同購入やバザーなど

1　テレビが置かれた電気店の店頭
テレビの放送が始まったのは、昭和28年（1953）のことであり、昭和30年代半ばから一般に普及し始めた。店頭の14型テレビの価格は、10万8000円となっている。まだ商品の中では、ラジオが幅をきかせている。年不詳。

2　日吉団地の団地市場
団地内には個人商店やスーパーマーケットが出店したが、当初は価格や品質に問題があることが多く、団地住民自ら物価対策のために団地市場を開いたり、生活協同組合を組織するなど消費者運動が盛んであった。昭和40年（1965）。

消費者問題にも関わっていく。なかでも特筆されるのは、「日吉団地居住者の申し合わせ事項」を、自治会が主体となって作成している点である。これは、団地内の生活における騒音やゴミ、駐車場問題などについて、一定のルールを住民に示したものである。まさに、新たなコミュニティーづくりを、自ら試みた一例といえよう。

3　左近山団地の若い家族
左近山団地は昭和43年（1968）入居開始で、全戸数4700戸という市内でも最大規模の団地である。夫婦そろっての買い物帰りだろうか。入居当時の団地住民は、このように小さな子どものいる若い家族が中心だった。昭和47年（1972）4月。

このほか、周辺道路の舗装問題に取り組んだ公団公田町団地（栄区、昭和三九年入居開始）、牛乳の共同購入を行った公団仏向町団地（保土ヶ谷区、昭和三六年入居開始）、最寄り駅までの交通問題解決のためタクシーの相乗りやハイヤーのチャーターなどを試みた公団左近山団地（旭区、昭和四三年入居開始）など、各団地の自治会はそれぞれの実情に応じてさまざまな取り組みを行った。団地自治会は、生活環境を整え、住民間のコミュニティーを育成する上で、大きな役割を果たし、主体ともなったのである。

ミニ・コミ

こうした自治会の活動を支えたのは、各種の広報活動であった。なかでも、「ニュース」「広報」の発行が盛んであった。かつて横浜市広報センターには、市内発行のミニ・コミが寄せられていた。昭和五〇年現在の「ミニコミ一覧表」によると、自治会の広報紙は四五種類寄せられており、そのうち団地で発行されていたものが二八種類と過半を占めている。団地以外でも、八景自由ヶ丘自治会（現金沢区高舟台）や、万騎が原連合自治会（旭区）のように、新興住宅地の自治会のものが目立つ。また、県公社汐見台団地（磯子区、昭和三八年入居開始）の住民が編集に当たり、地域新聞へと成長していった『汐見台ニュース』のような例もある。

4　団地で発行された広報・ニュース
『汐見台ニュース』を除いてすべて団地自治会が発行したもの。創刊当初には、手書きのガリ版刷りのものが多かったが、次第に活字印刷に写真も入り、編集上の工夫もなされるようになった。

高度経済成長期は、核家族が主役となって生活スタイルの革新が進んだ。一方、自治会をはじめPTA・子供会や各種サークル、そして生活協同組合などが盛んに活動を行った。まさに、サークルの時代、あるいはミニ・コミの時代ともいえた。

このような時代背景のなか、団地の生活空間は、〝個〟と〝公共性〟が交差する場でもあった。自治会やサークルといった新たな共同性をはらんだ集団と、個人の生活を何よりも重視する核家族が、共に新たな公共性を追求していく場となったのである。

だが、昭和五〇年代後半以降、広報センターに寄せられる自治会の広報紙が減少している。代わって、さまざまな分野のサークル・団体のものが比重を増していく。コミュニティーづくりの主体が変質していっていることを象徴しているといえよう。

（羽田博昭）

ブルーライト・ヨコハマの時代

映画

昭和三三年（一九五八）、国内の映画館観客動員数は、のべ一一億人を超え、国民一人が月一回は映画館に足を運ぶというレコードを記録した。戦前の「朗かに歩め」「非常線の女」（小津安二郎監督）や「港の日本娘」「恋も忘れて」「信子」（清水宏監督）、「美はしき出発」（山本薩夫監督）、戦後における美空ひばり主演「悲しき口笛」（家城巳代治監督）などの舞台として、横浜はミナト・山下町・山手を中心に、スクリーンにその印象を焼き付けていた。しかしながら、映画は一九六〇年代以降凋落の一途をたどる。

若手映画監督の篠田正浩は、昭和三七年（一九六二）「涙を、獅子のたて髪に」を製作した。粗暴さと優しさをあわせもつ、満たされないこころの青年と、ウェイトレスとして働き青年を健気に見守る娘の恋の物語。ベルト・コンベア導入に危機感をもち、労働組合化をもくろむ横浜の港湾労働者たちと、恩人が差配する荷役会社で彼らの稼ぎをピンハネする青年。青年は組合活動のリーダーをあやまって殺してしまうが、それは愛する娘の父親であったという設定。そこには、引き込み線が敷設されていない山下公園、広大な新山下の貯木場や倉庫群、海岸教会前のレストランなど、ミナトに働く者がいた時代の横浜がロケーションされ、リアリティをもつ作品に仕上げられている。横浜の港湾労働者の世界を織り込んだ映画としては、三船敏郎・池部良が主演し、加山雄三がスクリーン・デビューした「男対男」（昭和三五年）もある。

1 「悲しき口笛」ポスター
昭和24年（1949）公開。出征した兄と幼い妹は、戦争の混乱で離ればなれになったが、兄が作曲した「悲しき口笛」を歌うことで兄妹は再会をはたす。磯子に生まれた美空ひばり（本名加藤和枝）は高い歌唱力を披露した。

うた

旅客を飛行機に奪われ、コンテナ輸送が始まった一九六〇年代後半、ミナトの活気は失われていったが、横浜はベトナム戦争の一時帰休兵を迎え入れるまちになった。昭和四一年（一九六六）のビートルズ来日を機に、日本でGS（グループ・サウンズ）ブームがおこり、アメリカ兵がもたらす洋楽情報を吸収して、本牧でザ・ゴールデン・カップスが誕生した。デイヴ平尾を中心とするメンバーはほとんどが横浜生まれであった。歌謡曲としてヒットした「長い髪の少女」「愛する君に」などの楽曲もあったが、ライヴでは英米のロックやブルースしか演じなかった。ベトナム戦争が終結し、本牧から米兵の姿がなくなると、デイヴ平尾は、俳優藤竜也の作詞、〝カップス〟メンバーのエディ藩作曲による「ジョー・ジャコミン」（昭和五七年）で、一人の米兵がベトナムで受けた心の傷と、変わってゆく横浜のまちを歌った。

ザ・ゴールデン・カップスが活躍した昭和四三年（一九六八）、横浜を歌った二つの歌謡曲が大ヒットした。ハスキー・ボイスの青江三奈は「伊勢佐木町ブルース」で、序奏のメロディーにため息を重ねて、聴き入る者を夜のまちイセザキの雰囲気に引き込んだ。現在でも人気投票において圧倒的な支持を集める、いしだあゆみの「ブルー・ライト・ヨコハマ」は、歌自体がもつ「音感」がなによりも魅力的で、海をへだてた韓国でも歌詞の内容を解さぬままに人気を博した。当時はイギリスから「小枝のような」モデルのツイギーが来日し、高度経済成長下で女性の社会進出が加速して、母性に裏打ちされない女性の魅力が評価される機運があった。いしだあゆみのスレンダーな容姿はそのような社会情勢にかないつつも、歌では「私はゆれて、ゆれてあなたの腕のなか」と、あやうい孤独感をかもし出した。それは都市生活する女性の孤独につうじるものがあった。

テレビドラマ

映画の凋落とともに、大衆文化の担い

手となったのはテレビであった。レコード売り上げもテレビの歌謡番組への出演が大きく左右した。日活アクション路線を引き継ぐようなドラマが制作された。舞台としての横浜には、キザでおしゃれな探偵や刑事がよく似合った。「プロハンター」（一九八一年）に出演した藤竜也が着るブルゾンには、背中に大きく「HONMOKU GANG」と記され、草刈正雄とともに横浜のまちを駆けめぐり、実在する店名がセリフに登場した。横浜に育った藤ならではの心憎いシーンがふんだんにあった。「プロハンター」に出演した柴田恭平は、舘ひろしとともに「あぶない刑事」（一九八六年）に出演。オシャレでコミカルな刑事役を演じた。「あぶない刑事」はシリーズ化され、六本の映画にもなった。テレビのエンディングには、廃墟のような赤レンガ倉庫をバックに疾走する二人が交互に撮影されたが、そこに働く者はいなかった。

その後、みなとみらい地区の整備や新港ふ頭地区の再開発があり、ミナトは集客地となってはいるが、ドラマに不可欠の要素ではなくなり、文化の「場」としての力は低下している。

横浜の文化シーンに登場する「場」として、中村川・大岡川の存在は大きい。「乾いた花」（篠田正浩監督・一九六四年）、「虹をわたって」（前田陽一・一九七二年）、「喜劇家族同盟」（前田陽一・一九八三年）、「ションベン・ライダー」（相米慎二・一九八三年）などが中村川をロケーションしたが、川の上に高速道路が開通して以降は明らかに減少した。対して大岡川に沿った黄金町界隈は、「私立探偵・濱マイク」シリーズ（林海象監督・一九九四～六年）が撮られ、テレビドラマ化もなされている。かつて、麻薬街として「天国と地獄」（黒沢明監督・一九六四年）にも登場した黄金町は、近年まちの再生事業の一環として、「黄金町バザール」などの文化発信をこころみ、注目された。

戦後の大衆文化として映画・テレビからは後退した位置にあった芝居であるが、平成一一年（一九九九）女優の五大路子は「横浜夢座」を立ち上げた。「横浜発の芝居」として新作に取り組み、「横浜行進曲」「奇跡の歌姫　渡辺はま子」「沢村春花一座奮闘記」などの舞台を生み出して、新たな地域文化の創造に尽力している。

（平野正裕）

2　ザ・ゴールデン・カップス「本牧ブルース」レコードジャケット
初期メンバーで日系アメリカ人のケネス伊東が最新の洋楽ナンバーを採り入れる役割を主に果たした。「本牧ブルース」はケネス伊東脱退後のメンバーで販売された。後列右が、ボーカルでリーダーのデイヴ平尾。

3　「伊勢佐木町ブルース」歌碑
伊勢佐木町4丁目イセザキモール内にある。ボタンを押すと約1分間青江三奈の歌が流れ、地元の歌として後世に伝えてゆく取り組みがなされている。平成13年（2001）7月建立。

4　いしだあゆみ「ブルー・ライト・ヨコハマ」レコードジャケット
横浜を歌った歌謡曲は多い。しかしすでに庶民のなかに形成されている横浜イメージの表層を借りたものが多く、「よこはま・たそがれ」「港のヨーコ・ヨコハマ・ヨコスカ」「恋人も濡れる街角」などを例外として、作品数に比較してのヒット作は乏しい。

5　五大路子ひとり芝居「横浜ローザ」チラシ
「横浜夢座」に先立ち、昭和61年（1986）に初演された。実在した「ハマのメリーさん」と呼ばれた女性がモデル。戦争で運命をくるわされた女性が、こころの傷を背負いつつ、繁栄する戦後日本と折り合えずに孤独に生きてゆくさまを描く。

変わる農山村・漁村

ヤトの集落

かつて戸塚区名瀬町で、ある古老から「名瀬はクジュウクヤト」とうかがったことがある。名瀬町には九九を数えるほど、多くのヤトがあるという意味である。ヤトは「谷戸」や「谷」と表記され、「谷」という漢字が示すように湧水によって丘陵や台地に開析された谷筋を指す。

1　ヤトの景観
現在の都筑区荏田東、かつて渋沢ヤトと呼ばれていたヤトのカミからシモを望む。丘陵の裾に位置する緩斜面の畑は、港北ニュータウン地域ではネバタケと呼ばれていた。低地は水田であった。標高数十メートルに開析された谷筋、ヤトの典型的な景観である。昭和40年代。

ヤトでは、谷筋が丘陵や台地の間を木々が枝を伸ばすように入り込む、独特な景観が形成された。内陸部では、名瀬町のように「〇〇はクジュウクヤト」と表現するところは多い。くらしは、このヤトの景観の中で営まれてきた。

人々は水害を受けにくい山裾の微高地に屋敷を構え、ヤトの低地を水田に、丘陵の緩斜面や台地上を畑にした。ヤマと呼ぶ丘陵や台地の急斜面は、クヌギやコナラなどの雑木林と杉や檜の針葉樹林とし、薪炭や用材を生産した。ヤトの生業は、単に農業とはいえないほど多様であった。

さらにヤトは人々のくらしの単位でもあった。一〇～二〇軒からなる講中とかクミと呼ばれる社会組織が、ヤトを基盤として形成された。大きなヤトでは一〇～二〇軒のまとまりごとに、カミ・ナカ・シモというようにヤトを分割して講中を作った。そして冠婚葬祭の手伝いや稲荷講・地神講といった民間信仰、また道普請や茅屋根を葺き替える屋根替えといった共同作業など、日常のくらしは講中やクミを中心に行われてきた。

開発が行われるまで、ヤトがくらしの舞台であった。

2　茅葺き屋根の民家
現在の磯子区上中里。茅葺き屋根の民家が数軒見える。屋敷は、風水害を避けられる丘陵の裾の微高地に構えていた。屋敷裏のヤマにある下草や小枝はふだんの炊事の燃料として使われた。このような景観は、高度経済成長前まで市域内陸部で当たり前にみられた。昭和20～30年代。

海浜部の集落

一方、海浜部は、豊かな東京湾の恵みによって生きる多くの集落があった。アマモなどの藻類が育つ遠浅の海岸や、沖合に点在する根や瀬は絶好の漁場であった。子安や本牧、柴のように打瀬網や巻網などの網漁を得意とするところもあれば、野島のように釣りを得意とするところもあった。生麦や本牧では海底にいるアオヤギなどの貝類を掻き取る大捲漁が行われ、柴や本牧ではタイラガイやミルガイを取る潜水漁も行われた。三溪園前の岩場では、箱眼鏡を覗きながらヤスを構える漁師の姿をみることができた。

江戸時代から続く海苔の養殖も、海浜部の集落には欠かせない生業であった。冬になると沿岸の海は網ひびで埋め尽くされた。べカブネを巧みに操り、網ひびの間を行き来して海苔を取る漁師の姿と、無数の簾が並べられて海苔を干す海辺の光景は、多くの市民に冬の到来を感じさせる横浜の風物詩であった。

鶴見区・神奈川区は京浜工業地帯の形成によって戦前から埋立が進められていたが、本牧から金沢にかけては根岸湾の一部を除いて昭和三〇年代前半まで自然の海岸線が残っていた。漁家の数も昭和三五年（一九六〇）には、市域全体でまだ一一五六を数えていた。

高度経済成長と農村・漁村

高度経済成長の凄まじさは、横浜市に人口急増という形であらわれた。ヤトの風景が広がる内陸部は、人口急増が進む東京のベッドタウンとして注目を浴びた。昭和三〇年代以降、鉄道沿線を中心に公団や公社、鉄道を保有する企業などによる宅地開発が始まった。初期は数百戸規模で、三〇年代後半以降は数千戸規模の団地や宅地が造成されるようになった。耕地や山林が急速な勢いで宅地に変わり、生産基盤が減少した。地域には地縁社会を構成する人々の数十倍から数百倍、場合によっては数千倍の人口が流入し、講中などの維持も難しくなる。開発と人口急増のなかで、農業を中心としたくらしの営みは変わらざるを得なかった。開発が始まる前の昭和二九年（一九五四）、一四九三戸あった農家の数は、昭和五〇年（一九七五）には八四七六戸に減少した。

海浜部では、港湾整備と工業生産力の発展を掲げた行政施策により、港湾整備と工業用地確保を目的とした埋立が相次いで計画された。ついに昭和四三年（一九六八）には、宅地確保を主目的とした金沢地先埋立が可決され、市域からの自然海岸線消滅が決定する。漁業という生業は漁場がないと成立しない。工業化の進展とともに進んだ東京湾の水質汚濁も影響し、昭和四九年（一九七四）には漁家の数は二九八と減少した。

市域の景観やくらしの有り様は、高度経済成長のもとで、大きく変わっていった。

（刈田均）

3　運河に並ぶ打瀬船
現在の神奈川区子安通。明治時代に地先の海が埋め立てられた子安では、漁場を東京湾の沖合として網漁を中心に漁業を続けてきた。運河に並ぶ和船は、打瀬網や桁網を主に行っていた。右上に見える建設中の高架は、首都高速神奈川1号横羽線である。昭和40年（1965）。

4　海苔養殖の風景
埋立が行われる前の根岸湾。網ひびを固定する竹の支柱が無数に立ち、その間をベカブネと呼ばれる海苔採りの船が行き交っている。横浜市域海浜部では冬季になると海苔の養殖がさかんに行われていたが、埋立の進展とともに規模は縮小した。現在でも金沢区野島付近では、網ひびによる海苔養殖が行われている。昭和28年（1953）。広瀬始親撮影。

5　造成地に残された民家
港南区港南台付近の開発途上の風景。開発は、生業の基盤を全く変えてしまう行為である。山林や畑は土が掘り返され、水田は埋められ、そして宅地へと変わっていった。草葺き屋根の民家と周囲の木々だけが取り残された写真は、もうかつてのくらしが維持できない状況を伝えている。

巨大都市の改造計画――六大事業

成長の「ひずみ」との取組み

戦災と接収とで戦後復興に立ち遅れた横浜であったが、その高度成長は予想をはるかに上回るものであった。急速な経済発展に東京のベッドタウン化が加わったことから、工業化による公害問題や人口の急増に伴う都市問題など、横浜における高度成長の「ひずみ」は深刻であった。

昭和三八年（一九六三）に市長に就任した飛鳥田一雄は、「だれでも住みたくなる都市づくり」をとなえて、「横浜方式」と呼ばれた公害規制を実施する一方、四〇年に「国際文化管理都市」を目指す将来構想「横浜の都市づくり」を発表した。

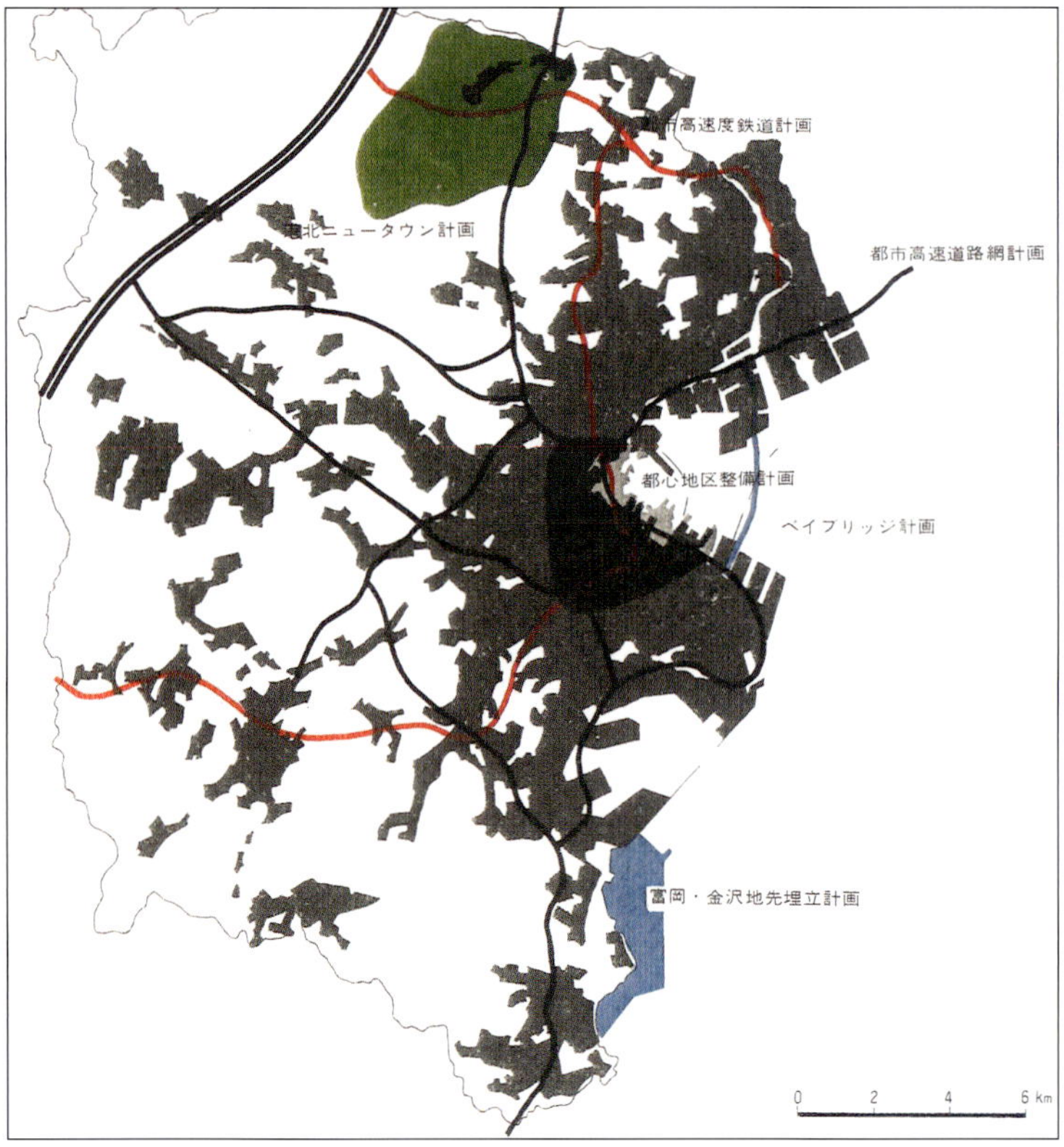

1 「6大事業」の配置図
赤線が高速鉄道（地下鉄）、黒線が高速道路、青線がベイブリッジの計画ルートを 示している。また、緑色の部分は港北ニュータウン、青色の部分は金沢地先埋立地のエリアを示している。「6大事業」は現在の横浜の都市基盤そのものである。

そして、「横浜国際港都建設総合計画中期計画（昭和四三～四八年）」において、「六大事業」の推進計画が正式に明示された。「六大事業」は、以下でそれぞれについて述べるが、ばらばらの単独事業の寄せ集めではなく、相互に連関し合って都市横浜を大きく再整備しようとする総合計画であった。

地域の再配置

(1) 都心部の再開発

横浜の都心機能（行政・経済・商業の中心機能）は、戦前には関内地区とそれに隣接する伊勢佐木町にあった。しかし、昭和四〇年代以降、商業の中心機能が、県市内の鉄道の集中する横浜駅の周辺へ移動し、都心は両地区に二分されるかたちになった。この事業は二つの地区を連結させ、より強大な都心部を形成しようとするものである。

具体的には、両地区にはさまれた位置にある三菱重工業横浜造船所や高島ふ頭、国鉄の臨港貨物線などの港湾機能を移転させ、ここに臨海新都心を建設する計画であった。この事業が後に、「みなとみらい21」として実現される。

(2) 金沢地先の埋立

金沢地先の海面を埋め立て、横浜造船所のほか、中・西区などの住工密集地区にあった中小の零細工場を集団移転させる事業である。埋立地には公害対策を万全にした工場団地を建設するとともに、住宅地と公園緑地などの整備も進め、職住近接のまちづくりが目指された。

金沢付近は横浜市に残された最後の自然海岸であったため、住民の反対運動も大きかったが、昭和四六年（一九七一）に埋立事業に着手した。

(3) 港北ニュータウンの建設

郊外の乱開発を防ぐため、都市と農村の調和が保たれた人口三〇万人規模の大ニュータウンを、市北部に建設しようとする事業である。事業施行を日本住宅公団に委託し、市が指導するかたちをとった。昭和四九年（一九七四）、「港北ニュータウン基本計画」を確定し、建設省によって事業計画が認可された。計画面積は二五三〇ヘクタール、うち公団の開発地区が一三一六ヘクタールで、農業専用地区も設定された。

交通網の整備

(4) 高速鉄道（地下鉄）の建設

旧来の市街地をカバーする路面電車の代替交通機関として、また、中心部と郊外を結ぶ高速の交通機関として地下鉄の建設が計画された。計画された路線は、横浜の中心部（横浜駅・関内地区）から新横浜駅・港北ニュータウン方面、および港南・戸塚方面へ放射状に伸びるルートと、港北ニュータウンと鶴見方面を結ぶ環状ルートであった。このうち最も緊急に建設を要する区間として、伊勢佐木長者町・上大岡間が昭和四七年（一九七二）にまず開通、続いて五一年に横浜駅から関内地区を経て上永谷までの区間が全通した。

(5) 都市高速道路網の建設

市街地の道路交通は自動車の急激な増加によって機能が著しく低下していた。これを解決するとともに、中心部と郊外の連絡を強化し、また、国土幹線である東名高速道路へのアクセスを強化するために、自動車専用の道路として都市高速道路網の建設が計画された。

(6) 横浜ベイブリッジの建設

本牧地区・大黒ふ頭間に道路橋を建設。本牧のコンテナふ頭や根岸湾に造成されつつある臨海工業地帯と、鶴見・川崎方面の旧来の京浜工業地帯とを直結して、横浜の中心部にある関内地区へ進入する工業輸送用の自動車を減らし、大渋滞を解消しようとする事業であった。

（岡田直）

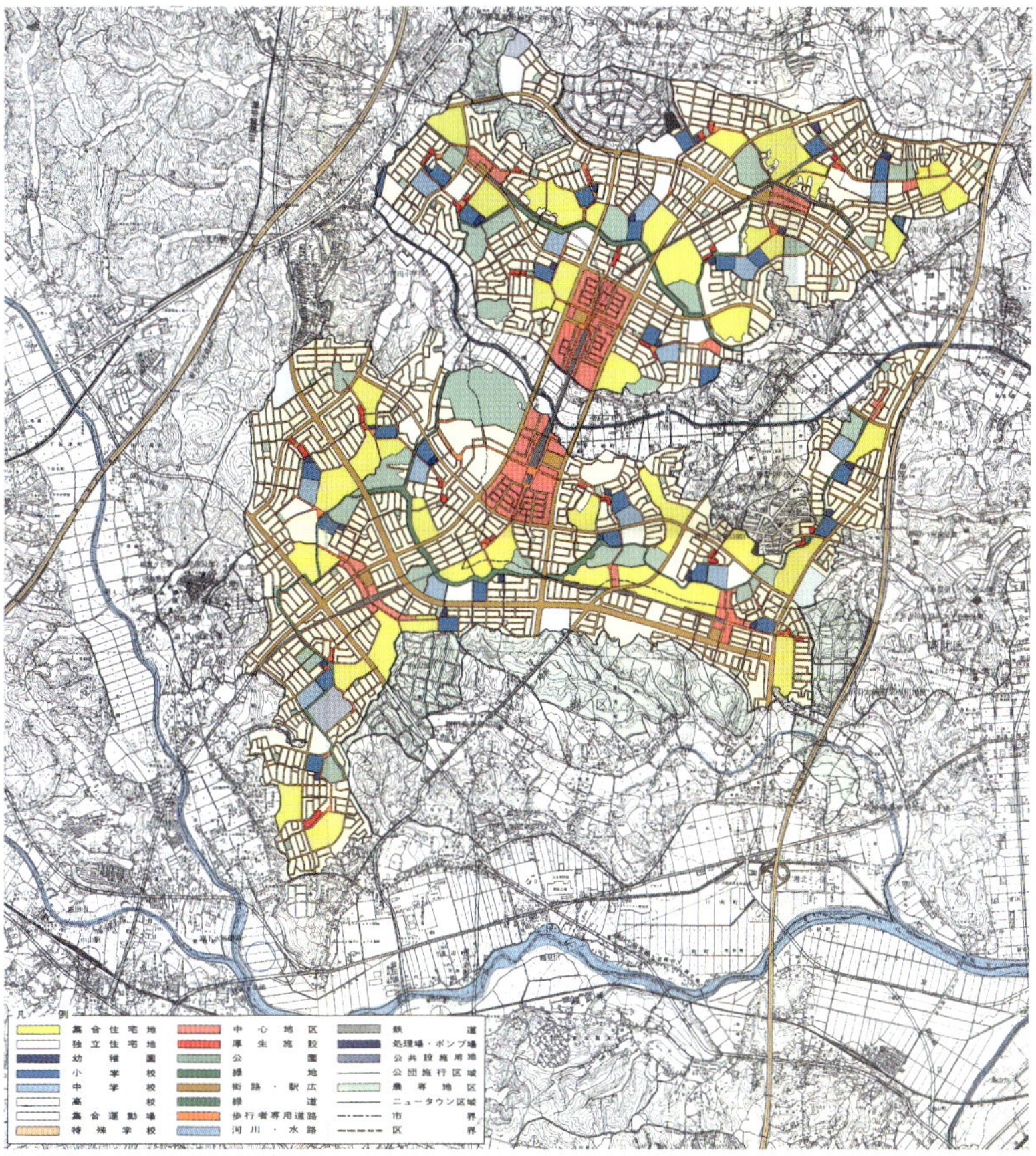

2 港北ニュータウン地域図
早渕川をはさんで向き合う中心地区（赤色部分）が現在のセンター北地区とセンター南地区。昭和49年（1974）。当時のパンフレット「港北ニュータウン」（横浜市計画局）より。

3 完成した港北ニュータウン
港北ニュータウンの仲町台地区の様子。千里ニュータウン（大阪府）や多摩ニュータウン（東京都）と並ぶ日本有数の大規模団地である。平成13年（2001）。

4 地下鉄開通記念のパンフレット「新しい市民の足…地下鉄」
横浜で最初の地下鉄が開通したときに作成されたもの。横浜市交通局。昭和47年（1972）。

5 「横浜の地下鉄と高速道路」
地下鉄と高速道路をはじめ、ベイブリッジ、港北ニュータウン、臨海工業地帯など、未来の都市横浜のイメージがイラストで描かれている絵葉書。昭和40年代前半。

図版特集

現存する歴史的建造物

幕末・明治期の西洋館が数多く残る長崎や神戸と異なり、横浜は大正一二年（一九二三）の関東大震災による被害が大きく、現存する震災以前の建造物は意外に少ない。関東大震災を境に、開港以来の都市の姿は大きく変貌し、街並みの主役は赤煉瓦の洋風建築から耐震耐火構造の鉄筋コンクリート建築へと代わっていく。鉄筋コンクリートという骨格の上には、衣服のごとく多様な建築様式がかぶせられ、やがて世界の潮流と足並みを揃えるように、様式を脱ぎ捨てた白い箱型のモダニズム建築が登場する。

（青木祐介）

1　地蔵王廟　明治 25 年（1892）　横浜市指定文化財
中区大芝台の中華義荘（中国人墓地）に造られた霊廟建築。中国南方に多くみられる、中庭を囲んでロの字型に建物を配置する形式をもつ。木骨煉瓦造の建物で、厚みのない煉瓦壁を補強するために「蝸蝗攀」と呼ばれる金物が外壁の各所に打たれ、外観のアクセントとなっている。

2　ブラフ 80 メモリアルテラス　年代不詳
関東大震災で倒壊した旧マクガワン邸（山手 80 番館）の煉瓦造住宅の遺構。地下部分しか残っていないが、昭和期の洋館が多くを占める山手地区にあって、震災以前の外国人住宅の規模や構造を知ることのできる唯一のもの。地震対策として煉瓦壁に埋め込まれた鉄棒が、要所で顔を出している。

3　旧横浜正金銀行本店本館　明治 37 年（1904）　国指定重要文化財
明治を代表する建築家妻木頼黄の設計になるネオ・バロック様式の銀行建築。ヨーロッパの模倣に努めた明治時代の様式建築の一つの到達点といえる完成度を誇る。関東大震災で壮麗なドームを失ったが、昭和 41 年（1966）からの県立博物館への改修工事で復元された。

5　赤レンガ倉庫1号・2号　1号：大正2年（1913）　2号：明治44年（1911）
横浜市認定歴史的建造物
税関拡張工事で完成した新港ふ頭に設けられた煉瓦造の保税倉庫。妻木頼黄率いる大蔵省臨時建築部の設計。耐震策として煉瓦壁に鉄材を埋め込むことで、関東大震災での全壊は免れたが、1号倉庫は被害の影響で半分に縮小された。平成14年（2002）、大改修を経て文化・商業施設として生まれ変わった。

4　横浜三井物産ビル　明治44年（1911）
躯体すべてを鉄筋コンクリートで造った日本最初のオフィスビル。設計者は鉄筋コンクリート建築の先駆者である遠藤於菟。関東大震災後の昭和2年（1927）に、日本大通り側を正面として現在の2号ビルが増築された。背後の煉瓦造倉庫（明治43年竣工）とあわせて、日本近代の建築技術史が凝縮された存在。

7　神奈川県庁本庁舎　昭和3年（1928）　国登録文化財
関東大震災で被災した旧庁舎に代わり、昭和3年（1928）に完成。設計競技で当選案を作成した技師小尾嘉郎を県に迎えて建設された。中央に塔を立てる典型的な庁舎のスタイルで、キングの塔として知られる塔屋の意匠は寺院を想起させる。外壁を覆っているのは、昭和初期に流行したスクラッチタイル（溝入りタイル）。

8　横浜税関本関庁舎　昭和9年（1934）　横浜市認定歴史的建造物
関東大震災後、日本大通りの突き当たりから現在地へと移転して新築された。設計は大蔵省営繕管財局。イスラム風のドームを頂く高塔（クイーンの塔）は、海側から見るとちょうど建物の中央に位置するよう設計され、竣工当時は県庁舎を上回り横浜一の高さだった。平成15年（2003）、中庭部分に新築建物が増築された。

6　横浜市開港記念会館　大正6年（1917）　国指定重要文化財
開港50周年記念事業として、焼失した横浜町会所の跡地に建設された公会堂。赤煉瓦の外壁に白い花崗岩で水平にアクセントを付けた外観が特徴。角地に立つ時計塔は、ジャックの塔の愛称で親しまれている。関東大震災で屋根と内部を焼失したが、平成元年（1989）に屋根が復元された。

10　旧柳下家住宅　大正年間　横浜市指定文化財
根岸湾を望む斜面地に建つ洋館つき住宅。弁天通で洋鉄物問屋を営んでいた柳下家の住宅として大正年間に建てられた。東館・西館からなる和館に一間の洋館と土蔵が付随する。洋館の屋根には、日本人職人がジェラール瓦を模して製作したフランス瓦が葺かれている。現在は市の施設として一般公開されている。

11　山手 234 番館　昭和 2 年（1927）頃　横浜市認定歴史的建造物
震災復興期に外国人向けに建設された民間の集合住宅。中央の玄関を挟んで、左右 1 階・2 階それぞれに計 4 世帯が入居できる。現在は市の施設として一般公開され、改修工事に際して、玄関ポーチの列柱と 2 階のヴェランダが当初の形に復元された。

13　ベーリック・ホール　昭和 5 年（1930）　横浜市認定歴史的建造物
貿易商ベリックの住宅として建てられたスパニッシュ・スタイルの洋館。設計はアメリカ人建築家モーガンで、山手 111 番館（旧ラフィン邸）とならぶモーガンの住宅建築の代表作。荒く仕上げた外壁や三連アーチを配した玄関ポーチ、四つ葉形の窓などが特徴的。玄関ホールの鉄製手摺やサンルームの壁泉など細部にも見るべきところが多い。

9　日本興亜馬車道ビル　大正 11 年（1922）　横浜市認定歴史的建造物
もとの建物は、矢部又吉の設計で大正 11 年（1922）に竣工した旧川崎銀行横浜支店。平成元年（1989）、旧建物外壁の石材をガラス貼りの新築建物の足元に貼りつける大胆な手法で再生し、横浜市認定歴史的建造物の第 1 号となった。その後の歴史的建造物の活用策に一つの方向性を与えた記念碑的存在。

12　山手資料館　明治 42 年（1909）　横浜市認定歴史的建造物
山手で中澤牧場を経営していた中澤源蔵の息子兼吉が、明治 42 年（1909）に本牧に建設した邸宅の一部。大規模な和館に付属していた一間の洋館が、2 度の移築ののち、現在地で民間の資料館として活用されている。戸部の大工が建設を手がけたといわれ、屋根妻面には、寺社建築にみられるような装飾曲線が見られる。

15　旧横浜松坂屋本館　昭和９年（1934）　横浜市認定歴史的建造物
大正10年（1921）に建てられた野沢屋呉服店の建物を母体とする。現在の外観は昭和９年（1934）増築時のもので、外壁は全面的にテラコッタ（素焼きの装飾陶器）で覆われている。戦前に多くの百貨店を彩ったアールデコの幾何学装飾が、往時の伊勢佐木町の繁栄を偲ばせる。平成20年（2008）10月をもって閉店。安川千秋撮影。

14　ホテルニューグランド本館　昭和２年（1927）　横浜市認定歴史的建造物
市の震災復興事業として、横浜を離れた外国人招致のために建設されたホテル。設計は渡辺仁。クラシックホテルに相応しい重厚な内装が見どころで、正面エレベーター上部の「天女奏楽之図」や桃山風のダイニングルーム（現在のフェニックスルーム）など、和風要素の存在が東洋のホテルを強く印象づける。

16　フェリス女学院大学10号館　昭和４年（1929）　横浜市認定歴史的建造物
日本のモダニズム建築に大きな影響を与えたレーモンドが横浜に残した数少ない作品。もとはライジングサン石油会社の単身者用社宅。モダニズムの大きな特徴である装飾を排除した白い壁と大きな窓の箱型建築は、当時インターナショナルスタイルとして流行した。安川千秋撮影。

17　横浜開港資料館旧館　昭和６年（1931）　横浜市指定文化財
日米和親条約締結の地に建つ旧イギリス総領事館の建物。イギリス工務省の設計になり、18世紀のジョージアン様式を基本とする。外壁は石造を模した擬石仕上げで、意匠の中心となる正面玄関（現在の中庭側）には、アーカンサスの柱頭飾りをもつ巨大な２本のコリント式円柱が立ち、円筒形のヴォールト天井を支える。

18　横浜市大倉山記念館　昭和７年（1932）　横浜市指定文化財
実業家大倉邦彦が設立した大倉精神文化研究所の本館として建設された。古典主義建築の名手として銀行建築を数多く手がけた長野宇平治の晩年の作品。下に行くほど細くなる円柱をはじめ、古代ギリシャ以前のクレタ・ミケーネ様式を用いた世界でも類を見ない建築。社寺建築を思わせる組物が天井を支える殿堂（ホール）の空間が圧巻。

市政百周年 横浜博覧会

三〇〇万都市へ

　昭和四〇年代後半に日本経済は一時オイルショックに見舞われたが、都市横浜の成長は止まらなかった。四三年（一九六八）に二〇〇万人に達した横浜市の人口は、早くも四九年には二五〇万人を超え、大通り公園や横浜スタジアムが完成した五三年には、ついに大阪市を抜いて東京二三区に次ぐ日本第二の大都市になった。

　五六年には細郷道一市長のもと「新たな豊かさを求めて」を副題とする「よこはま21世紀プラン」が策定され、都心臨海部の整備に加えて、新横浜地区を第二の都心、港北ニュータウンのセンター地区や鶴見・上大岡・戸塚各駅周辺を副都心として整備するなどの計画が盛り込まれた。

　人口が市として全国トップになった頃から、その抑制が重要課題になったが、経済の安定成長のもとで昭和六〇年には市人口は三〇〇万人を突破した。人口増加に対応して四四年には南区から港南区、保土ヶ谷区から旭区、港北区から緑区、戸塚区から瀬谷区が分区して、横浜市は一四区になっていたが、六一年にはさらに戸塚区から栄区・泉区が分区して一六区になった。

　この間、横浜開港資料館（昭和五六年）、横浜こども科学館（五九年）、横浜人形の家（六一年）など文化施設も誕生しており、昭和六二年（一九八七）には横浜市は国連から「ピースメッセンジャー」（平和の使徒）に認定された。

横浜博覧会の開催

　平成元年（一九八九）は、横浜市が成立し市政が開始されてから百周年であり、また横浜港が開かれて百三十周年でもあり、都市横浜にとって節目の年だった。開港記念日の六月二日には、第三セクター方式で新横浜駅近くに四月に開設された多目的イベントホール「横浜アリーナ」にて横浜市政百周年・横浜開港百三十周年記念式典が開催され、市政功労者の表彰やミュージカル、記念コンサートなどが行われた。

　最大の記念事業は、三月二五日から一〇月一日まで、造成中のみなとみらい21地区で開催された「市政百周年・開港百三十周年　横浜博覧会」（ＹＥＳ'89）であった。「宇宙と子供たち」というテーマのもとに、きたるべき二一世紀の望ましい姿を展望するとともに、国際文化・情報都市横浜の姿を広くアピールするのがね

1　横浜博覧会のチラシ
開催期間が「昭和64年3月25日から10月1日まで」となっている。財団法人横浜博覧会協会発行。平成元年（1989）。

2　H-Ⅱロケットの実物大展示模型と、会場内の乗り物として活躍した磁気浮上式鉄道（HSST）

3　横浜博覧会の会場　桜木町駅側から見た会場。平成元年（1989）。

4　横浜博覧会のパビリオン
「開港記念村」（右）、「宇宙館・宇宙体験」（左）。平成元年（1989）。

らいだった。

六九ヘクタールの会場には、宇宙飛行士訓練体験のできる「ＹＥＳ'89宇宙館」（横浜博覧会協会）のほか、宇宙旅行シュミレーションシアター「ＮＥＣ＆Ｃ」、幻想的な立体映像の「三菱未来館」、メキシコ発見の一五トンのいん石を展示した「コカ・コーラいん石館」、恐竜映像の「日石地球館」、「三井・東芝ガリバー館」など、多くの有力企業のパビリオンが立ち並び、人気パビリオンには長い行列ができた。

また、当時世界最大の大観覧車は閉会後も人気が続いた。元横浜船渠一号ドックには商船学校の練習船であった日本丸が昭和六〇年から係留されていたが、関連施設として横浜マリタイムミュージアム（現横浜みなと博物館）が、そして横浜美術館が、博覧会に合わせてそれぞれオープンした。

遠隔地からは高速バスが運行され、鉄道利用の人々は桜木町駅前から動く歩道でゲートに向かった。横浜そごうからはゴンドラリフトが、会場から山下公園までは貨物線を利用した臨時列車が運行された。後年「バブル」景気の最盛期として記憶された年の開催ということもあって、期間中の入場者は一三三三万人を数えた。それは、一九八〇年代から九〇年代にかけてブームとなった一連の地方博覧会の中でも最大級のものだった。

5　大観覧車と帆船日本丸
大観覧車のコスモクロック21と帆船の日本丸は、ともに現在も設置されている。大観覧車の下のパビリオンは「三菱未来館」、左は「三井・東芝ガリバー館」。平成元年（1989）。

みなとみらい21の整備

横浜博覧会を契機として、みなとみらい21地区の整備は本格化した。「みなとみらい21」の名称は公募によって決まったものであるが、みなとみらい21事業は、横浜の二つの都心である関内地区と横浜駅周辺地区との間に、新しい臨海都心を整備しようとするものである。一八六ヘクタールの土地に就業人口一九万人、居住人口一万人を想定し、業務・商業・住宅・文化などの多様な都市機能を集積させる計画であった。

その建設工事は昭和五八年（一九八三）、三菱重工業横浜造船所の移転完了後に着手されていた。横浜博覧会の終了後、横浜ランドマークタワー（平成五年）やパシフィコ横浜（平成三年より順次）、クイーンズスクエア横浜（平成九年）などが次々と建設され、この地区は多くの人々を引き寄せる横浜の新名所になっていった。

一九八〇年代以降、工場・倉庫・貨物ヤードの跡地等、埋立地や臨海部の再開発が盛んになり、横浜のほか、東京の臨海副都心（レインボータウン）や千葉の幕張新都心、神戸のハーバーランドなど、全国の各地に新しい臨海型の都心エリアが誕生した（いわゆる「ウォーターフロント」）。その中にはバブル景気の崩壊以降、自治体が過剰な債務を抱える結果となったものもあるが、横浜・みなとみらい21地区は成功事例として参照されることが多い。

（岡田直）

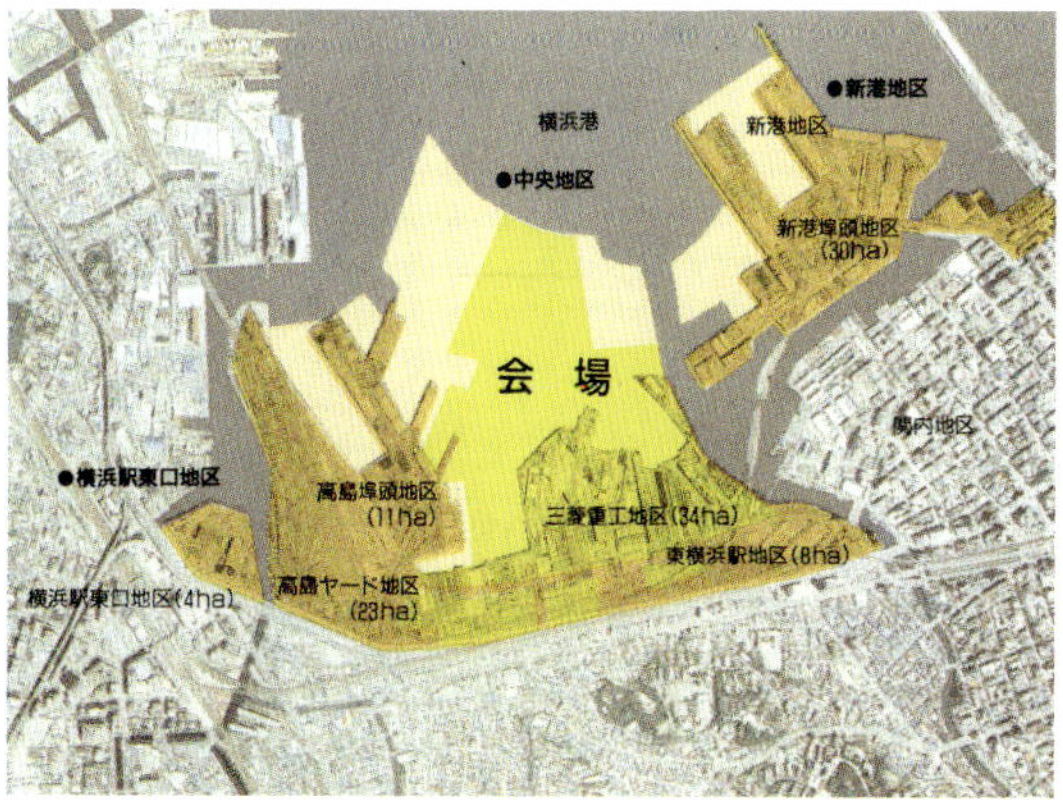

6　みなとみらい地区の埋立計画地図
図中黄色の「会場」の部分が博覧会の会場範囲を示している。埋立地の形状は実際とは異なる部分が一部ある。平成元年（1989）。横浜博覧会の案内パンフレットより。

歴史を活かしたまちづくり

歴史を「残すこと」の難しさ

　現在横浜では、歴史的建造物の保存と活用が積極的に図られているが、とりわけ他都市と比較して特徴的なのは、都市部での近代建築および港湾部での土木構造物の活用事例が豊富なことである。

　昭和六三年（一九八八）、横浜市では「歴史を生かしたまちづくり要綱」にもとづく歴史的建造物の認定制度がスタートした。これはいわゆる文化財の指定制度とは異なり、魅力ある都市景観を保全する観点から、建物の外観に重点を置いたものである。その適用第一号となった日本興亜馬車道ビル（旧川崎銀行横浜支店）では、旧建物の石積み外壁をいったん解体して新築ビルの低層部に貼り付ける手法が採られた。新旧の要素がコラージュされた画期的な建築である。

　開発の波が激しい都市部においては、建造物の保存にはかなりの困難がともなう。街並みのなかで歴史性を維持しようという考え方は、レプリカ建築による奥行きのない街並みにつながる危険性もあるものの、現状を見るかぎり、新築の高層ビルと低層部の歴史的建造物との融合という形で定着している。

　一方、個人住宅の保存活用にはより一層の困難がともなう。その際の有効な手法が移築である。木造建築であれば、一度解体して異なる場所での再建が比較的容易であるため、とくに山手地区では、外交官の家やエリスマン邸など、他所での保存が困難となった住宅の移築例が多く、「西洋館のある街」山手のイメージ作りに大きく寄与している。

歴史的建造物の広がり

　横浜ならではのダイナミックな活用事例の筆頭は、ランドマークタワーの足元に広がるドックヤードガーデンであろう。その名のとおり、明治期に築造された石造ドック（船渠）を公共広場として整備したものである。厳密にいうと現地保存ではなく、いったん解体された後に、場所も大きさも若干変更して再構成された「再現保存」であるが、ドックの内側に立ってこの巨大な石造構造物のスケールを体験できるという点で、他に類を見ない大胆な活用例である。

　こうした活用の背景には、上記の市の認定制度に加えて、文化庁でも平成八年（一九九六）から登録文化財制度を開始したことが挙げられる。従来の指定文化財だけでなく、緩やかな規制のもとに多種多様な歴史遺産を身近な文化財として登録しようというこの制度は、多くの産業遺産を文化財として認知させるきっかけとなった。

　ドック以外にも、横浜では港湾部に点在する遺構の積極的な活用が目立っている。現在赤レンガパークとなっている旧新港ふ頭では、保税倉庫であった煉瓦造倉庫が、年間五〇〇万人ペースで来場者が訪れる文化・商業施設「横浜赤レンガ倉庫」として再生し、ふ頭に架けられた各種橋梁も、JR桜木町駅から山下公園へと向かう遊歩道「汽車道」として、多くの観光客を導いている。

歴史遺産がつくる都市の個性

　今後、歴史遺産の活用事例は更なる広がりを見せるであろう。その広がりゆく先には、大きく二つの方向がある。

　一つは戦後建築である。神奈川県立図書館・音楽堂（前川國男、昭和二七年）、横浜市庁舎（村野藤吾、昭和三四年）、シルクセンター国際貿易観光会館（坂倉準三、昭和三四年）、横浜中央病院（山田守、昭和三三年）など、戦後日本に花開いたモダニズム建築の秀作が横浜には多く残されている。世界的にモダニズ

1　横浜第2合同庁舎
もとは大正15年（1926）竣工の旧横浜生糸検査所庁舎。現在の合同庁舎建設のために解体され、低層部に外観が復元された。新規に復元された建築であっても歴史的建造物に認定されている。

ム建築の評価が定着しつつある現在、戦後建築の保存活用は今後の大きな課題となることは間違いない。

もう一つは近代遺跡である。横浜では都市部の工事現場から、明治・大正時代の遺構が現在も頻繁に発見される。旧居留地にあたる山下町では、二〇年以上も前から、居留地一帯の下水道処理を担った煉瓦造の下水道管やマンホール、居留地消防隊の設備である煉瓦造貯水槽などが発見され、現地で公開されてきた。山手地区の元町公園でも、関東大震災で倒壊した外国人住宅の遺構が整備されている（ブラフ80メモリアルテラス）。

ただし、これらはいずれも公共用地だからこそ保存が実現した事例であり、遺構が埋蔵文化財として扱われない現状（横浜市ではおおむね中世までを埋蔵文化財としている）では、発見されても地中障害物となんら変わりはない。

とはいえ、高島町で発見された大正時代の第二代横浜駅の基礎が、民間開発のマンションの公開空地に現地保存され、神奈川県が「山下居留地遺跡」（県立新ホール建設予定地）の発掘調査を実施するなど、私たちの足元からも少しずつ変化は起きている。

都市の個性はその歩んできた歴史のなかにある。その歴史を現代都市の豊かさとして活かすことで、都市の魅力はさらに熟成していく。歴史遺産の保存活用はすぐれて現代的な課題なのである。

（青木祐介）

3　象の鼻地区で発見されたターンテーブル
明治20年代後半に税関構内に設置されたターンテーブル。関東大震災の被害が大きかった都市部では、地下深く掘り返す工事が行われていなければ、こうした震災以前の遺構が数多く眠っていると考えられる。

2　ドックヤードガーデン
明治29年（1896）築造の横浜船渠会社第2号ドックがイベントスペースとして再生。2006年開催の「悠久の聲」では、高野山と比叡山の僧侶50名が幻想的なライティングのもと「声明」を披露した。

4　外交官の家
もとは東京渋谷の南平台に建てられた外交官内田定槌の住宅で、明治43年（1910）竣工。平成9年（1997）に洋館部分のみが山手へと移された。洋館が建つイタリア山庭園には、他にカトリック山手教会の司祭館も「ブラフ18番館」として移築されている。

開港百五十周年を迎えて

1　ベイブリッジと横浜港
左下が本牧ふ頭、右下が大黒ふ頭。中央上部にランドマークタワー。

2　横浜港大さん橋
平成14年（2002）に新しい客船ターミナルが完成した。屋上は、船の甲板をイメージしたウッドデッキになっている。

3　復元整備された「象の鼻」
幕末に造成され、「象の鼻」と呼ばれていた防波堤の周辺が、開港150周年を記念して、象の鼻パークとして復元整備された。大さん橋に接岸しているのは「飛鳥Ⅱ」。

4　夕暮れの横浜港とみなとみらい21
手前が大さん橋、中央に赤レンガ倉庫、上部やや左にランドマークタワー。

変貌をつづける都市横浜

一寒村に過ぎなかった横浜村は、開港をきっかけに急速な発展を繰り返し、一五〇年の間に巨大な国際都市へと変貌を遂げてきた。開港百三十年から世紀をまたいでの二〇年の間にも、横浜の変貌はとどまることがなかった。

平成元年（一九八九）の横浜博覧会を機に整備されたみなとみらい21地区には、横浜国際平和会議場が完成、直後に国連ピース・メッセンジャー都市会議が開催された（三年）。五年には高さ二九六メートルで日本一のランドマークタワーが完成して、文字通りのランドマークになり、この地区を中心に都心臨海部で現代美術の国際展示トリエンナーレが開催されるようになった（一三年、一七年、二〇年）。

隣接する新港ふ頭地区ではワールドポーターズが開設され（一一年）、一四年には赤レンガパークが整備されて賑わいの場になった。この年には大さん橋国際客船ターミナルが完成して、産業用であった山下臨港鉄道線の跡が遊歩道「開港の道」として生まれ変わった。そこから見下ろせる幕末造成の波止場「象の鼻」が周辺を含めて

3

4

5

6

7

8

9

整備され、百五十周年記念イベントの主会場の一つになっている。

この都心臨海部には一六年にみなとみらい線が開通して、東京方面とみなとみらい、元町・中華街が直接つながるようになった。沿線になった日本大通地区には、開港を記念する横浜開港資料館があったが（開設昭和五六年・一九八一）、横浜情報文化センター（平成一二年）、横浜都市発展記念館・横浜ユーラシア文化館（一五年）など文化施設が整備されていった。

南部臨海部も北部丘陵地帯も

平成元年（一九八九）のベイブリッジ完成で、東京方面との車の流れは一変した。港湾施設として北側に翌年大黒ふ頭が完成し、南側には、世界最大級のコンテナ船に対応する水深一六メートルの南本牧ふ頭も三年に二バースを開業し、引き続き造成が進められている。横浜港は外航船入港隻数で全国のほぼ半分という地位を維持している。

金沢地先埋立で大きく変貌した市域南部臨海部でも、新たな海岸線に沿って新杉田・金沢八景間に金沢シーサイドラインが開設され（元年）、沿線に八景島シーパラダイスが誕生した（五年）。

臨海部と内陸部をつなぐ地下鉄は、平成一一年に湘南台とあざみ野を結んで完成した（現ブルーライン）。沿線の新横浜近くには横浜国際総合競技場が開設され（一〇年）、一四年にはワールド

10

11

5　横浜スタジアム
横浜公園平和野球場の跡地に、昭和53年（1978）に誕生した多目的スタジアム。

6　中華街
旧正月を祝う春節のパレードで賑わう善隣門付近。

7　横浜公園
居留外国人に憩いの場をという求めに応じて、港崎遊郭の跡地を整備し、明治9年（1876）に内外国人共用をうたって開園した。公園内に横浜スタジアムがある。

8　元町・中華街駅
みなとみらい線（横浜－元町・中華街）が平成16年（2004）に開通し、東京と直結した。

9　赤レンガ倉庫
第1次大戦前に建造された赤レンガ倉庫は、平成14年（2002）に赤レンガパークとして整備された。広場で行われているのは「フラワーガーデン2009」。

10　みなとみらい21
平成元年（1989）に開催された横浜博覧会をきっかけに整備が進んだが、まだ続行中である。

11　横浜駅周辺
中央の駅を挟んで上が東口、下が西口。

13

12

12　南本牧ふ頭
平成13年（2001）に、世界最大級のコンテナ船を受け入れる最新ふ頭として使用を開始した。

13　八景島シーパラダイス
金沢地先の人工島・八景島に平成5年（1993）に誕生した複合型遊園地。左上は海の公園、中央奥は柴漁港。

14　金沢シーサイドライン
金沢地先埋立地の臨海部分をつなぐ新交通システムとして平成元年（1989）に開通した。金沢八景駅付近。

14

カップのドイツ対ブラジルの決勝戦がここで行われた。

　また二〇年には日吉と中山を結ぶ地下鉄グリーンラインが開通したが、この沿線に当たる北部丘陵地帯には、開通に先立って横浜市歴史博物館（六年）、横浜国際プール（一〇年）、よこはま動物園ズーラシア（一一年）が開設されている。

新たな都市像を目指して

　都市の活力の源でもある反面、都市問題の原因ともなる人口は、首都東京に次ぐ第二位になった昭和五三年（一九七八）ころから、その抑制が課題になってきたが、六〇年には三〇〇万人を超え、さらに平成一八年（二〇〇六）には三六〇万人台に達した。人口増の多い北部丘陵地帯では、港北区・緑区から分かれて都筑区・青葉区が誕生し（六年）、横浜市は一八区となった。

　横浜市の産業の近年（一八年）における状況はどうであろうか。事業所数・従業員数は東京・大阪・名古屋に次ぐ第四位であるが、「市内総生産」は名古屋を上回って第三位（サービス業の比重は二五％）、市民の生産した付加価値を示す「市民総生産」は東京に次いで第二位であり、横浜市の特徴がにじみ出ている。

　二一世紀の計画的な都市づくりを目指して、「よこはま21世紀プラン」（昭和五六年・一九八一）、「ゆめはま二〇一〇プラン」（平成六年・一九九四）が策定されてきたが、中田宏市長のもと平成

17

15

16

15　新横浜駅
開業後 40 年を経て駅周辺の整備も進み、平成 20 年（2008）には 10 階建ての駅ビル・キュービックプラザが誕生した。

16　センター南駅を出る日吉行き電車
平成 20 年（2008）、2 番目の市営地下鉄グリーンライン（日吉－中山）が開通した。前方はモザイクモールの観覧車。

17　港北ニュータウン
観覧車の左上が市営地下鉄センター北駅。上方のセンター南駅までブルーラインとグリーンラインが並行している。その中間の左に横浜市歴史博物館。

18　よこはま動物園ズーラシア
平成 11 年（1999）、横浜動物の森公園の中に開園。

18

一八年には「横浜市基本構想」と「横浜市中期計画」が決定された。「基本構想」は今後約二〇年間にわたって目指すべき都市像として、「交流拠点都市」「活力創造都市」「生活快適都市」「環境行動都市」「安全安心都市」という五つの柱を打ち出している。

　現実を取り巻くさまざまな困難のなかで、このような都市像を実現していくためには、今日に至る急成長と絶え間のない変貌を担いつづけてきた横浜市民が、あらためてその力をフルに発揮することが求められているといえよう。

（高村直助）

付図

地形図に見る市域と区の変遷

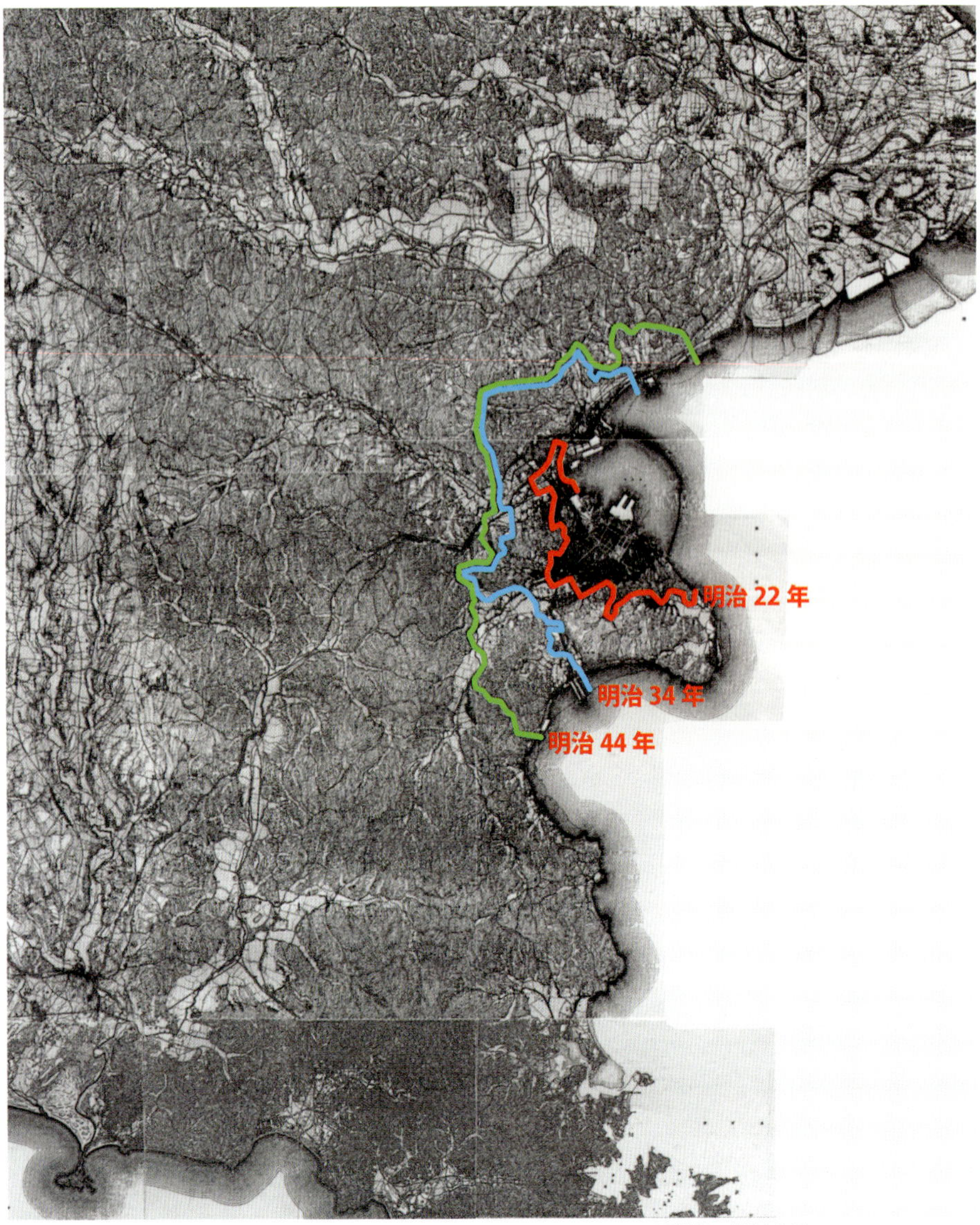

1　明治期の横浜市域
明治 22 年（1889）に市制を施行して誕生した横浜市は、明治 34 年（1901）に最初の市域拡張を行い、神奈川町や本牧村、根岸村などを編入した。そして、明治 44 年（1911）には子安村や磯子地区なども市域に編入した（第 2 次市域拡張）。

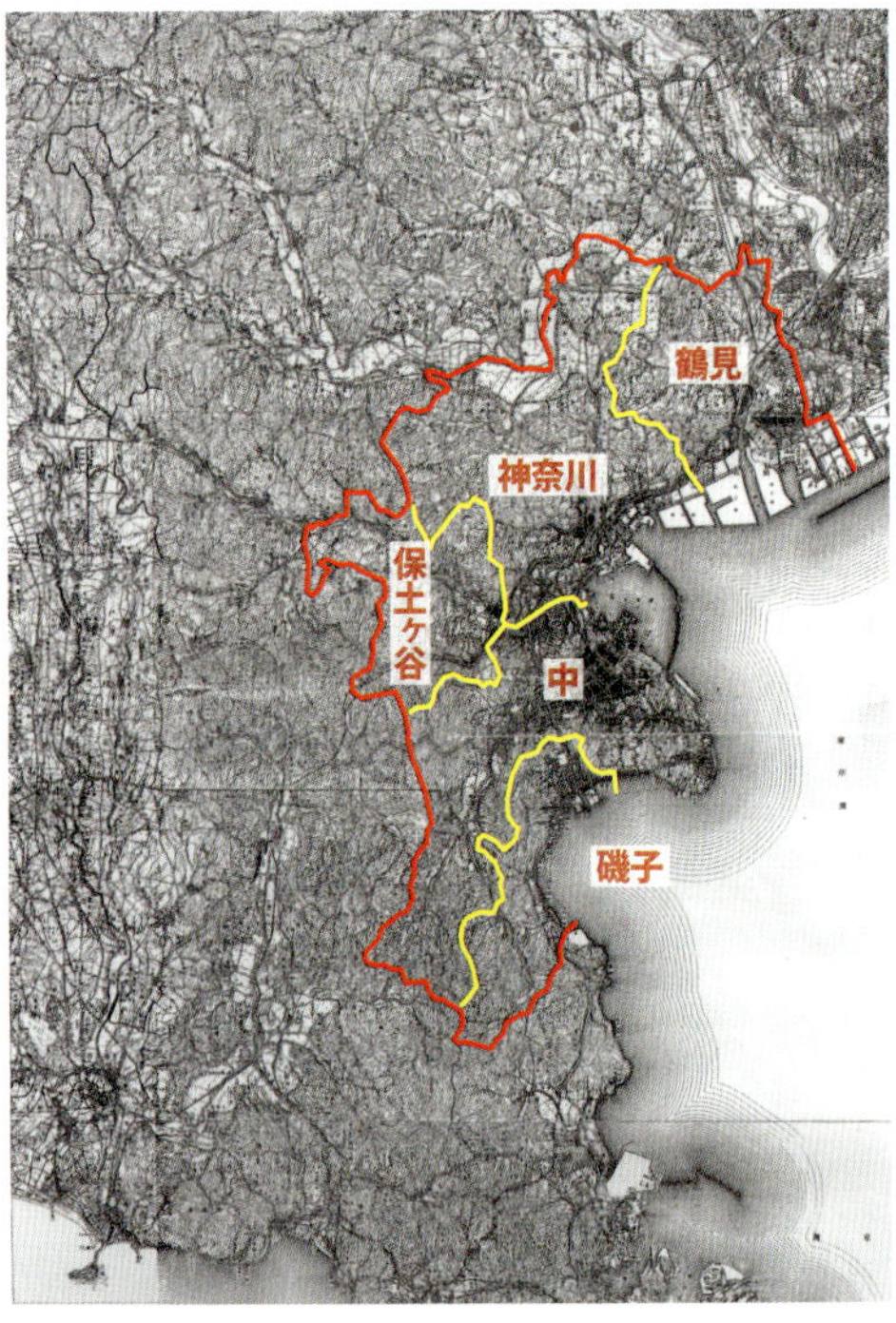

2　震災復興期（昭和 2 年）の横浜市域と行政区
関東大震災からの復興事業が進む昭和 2 年（1927）、横浜市は市街地の膨張にあわせて、面積が 3 倍以上となる大規模な市域拡張を行った（第 3 次市域拡張）。これによって鶴見町や保土ヶ谷町、上大岡地区などが市域に編入された。そして同年中に区制が施行され、広くなった市域は中、神奈川、鶴見、保土ヶ谷、磯子の 5 つの行政区に分割された。

【基図】
1＝正式 2 万分 1 地形図（陸地測量部）を約 10％に縮小
2～6＝5 万分 1 地形図（陸地測量部、地理調査所および国土地理院）を約 14％に縮小

赤字＝新設された区
青字＝既存の区

3　昭和戦前期（昭和 14 年）の横浜市域と行政区
昭和 10 年代前半にも横浜市は拡張を続けた。昭和 11 年（1936）に金沢町など（第 4 次市域拡張）、翌年に日吉村（第 5 次市域拡張）を吸収し、それぞれ磯子区、神奈川区などに編入した。そして昭和 14 年（1939）、面積が 2 倍以上となる大規模な市域拡張を再び行った（第 6 次市域拡張）。これが現在の横浜市域となる。都筑郡や鎌倉郡の多くの町村が編入され、新たに港北区と戸塚区を設置、すでにある行政区もその区域が再編された。

4　戦中戦後の横浜市域と行政区
戦時中に中心部の行政区が改編された。昭和 18 年（1943）、中区より南区が分離し、また、神奈川区の平沼地区などをいったん中区に移し、翌年、中区の戸部地区などとあわせて西区が成立した。さらに終戦直後の昭和 23 年（1948）には、磯子区から金沢区が分離した。

5　高度経済成長期（昭和 44 年）の横浜市域と行政区
高度経済成長期に入り、首都圏のベッドタウンとして急激に人口の増加した市域の周辺部では、昭和 44 年（1969）に南区から港南区、保土ヶ谷区から旭区、戸塚区から瀬谷区、港北区から緑区がそれぞれ分離し、行政区の細分化がはかられた。

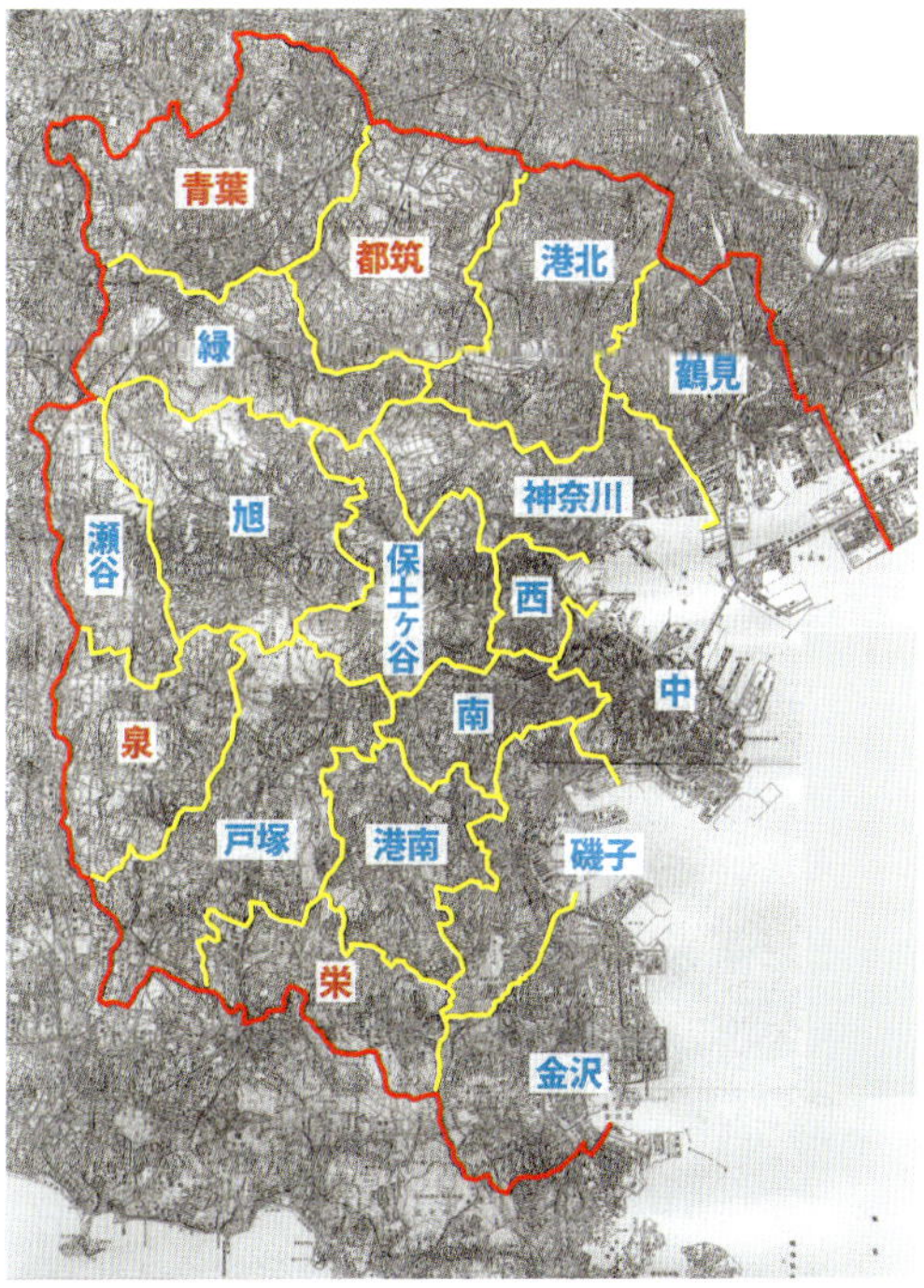

6　現在の横浜市域と行政区
高度経済成長以降も今日に至るまで横浜市の人口は、特に市域の北部と西部で着実に増加を続け、さらに行政区が細分化された。まず、昭和 61 年（1986）に戸塚区から泉区と栄区が分離した。そして平成 6 年（1994）には、港北ニュータウンや多摩田園都市を抱える港北区と緑区から、都筑区と青葉区が分離した。こうして現行の 18 区が成立した。

（作成・岡田直）

◉主要参考文献

※本書の執筆に際して、特に参考とした先行研究等を中心に、主要なもののみを列挙した。

【全般】（複数の章に関わるもの）

石井孝『増訂港都横浜の誕生』有隣堂　一九八八年
神奈川県企画調査部（県民部）県史編集室『神奈川県史』一九七〇～八三年
神奈川県立教育センター『神奈川県教育史』一九七一～七九年
金沢区制五十周年記念事業実行委員会『図説かなざわの歴史』二〇〇一年
神崎彰利・大貫英明・福島金治・西川武臣『神奈川県の歴史』山川出版社　一九九六年
「図説・横浜の歴史」編集委員会『図説・横浜の歴史』横浜市市民局市民情報室広報センター　一九八九年
港北ニュータウン郷土誌編纂委員会『都筑の民俗』一九八九年
高村直助『都市横浜の半世紀』有隣堂　二〇〇六年
都市設計研究所『国際港都横浜の都市づくり』横浜市企画局企画調整部企画課　二〇〇二年
保土ケ谷区史編集部会『保土ケ谷区史』横浜市保土ケ谷区制七〇周年記念事業実行委員会　一九九七年
横浜港振興協会横浜港史刊行委員会編『横浜港史』各編　横浜市港湾局企画課　一九八九年
横浜市『横浜市史』一九五八～八二年
横浜市会事務局『横浜市会史』第一巻～第六巻　横浜市会　一九八三年～八七年
横浜市企画調整局『港町・横浜の都市形成史』一九八一年
横浜市教育委員会『横浜の歴史』一九七一年（初版）
横浜市教育委員会『横浜市教育史』一九七六～八一年
横浜市港湾局臨海開発部『横浜の埋立』一九九二年
横浜市総務局市史編集室『横浜市史　Ⅱ』一九八九～二〇〇四年
横浜市中央図書館開館記念誌編集委員会『横浜の本と文化』横浜市中央図書館　一九九四年
横浜市役所『横浜市史稿』一九三一～三三年

【第1章】

かながわ考古学財団『明神台遺跡・明神台北遺跡　明神台団地建替事業に伴う発掘調査』二〇〇六年
上矢部町富士山古墳調査団『横浜市戸塚区上矢部町富士山古墳調査概要』一九九一年
横浜市埋蔵文化財調査委員会『歳勝土遺跡』一九七五年
横浜市埋蔵文化財調査委員会『綱島古墳』一九八九年
横浜市ふるさと歴史財団埋蔵文化財センター『西ノ谷遺跡』一九九七年
横浜市ふるさと歴史財団埋蔵文化財センター『E5遺跡』二〇〇一年
横浜市ふるさと歴史財団埋蔵文化財センター『八幡山遺跡』二〇〇二年
横浜市ふるさと歴史財団『四枚畑遺跡　川和向原遺跡』二〇〇三年
横浜市ふるさと歴史財団『北川貝塚』二〇〇七年
横浜市ふるさと歴史財団『華蔵台遺跡』二〇〇八年
横浜市埋蔵文化財センター『大塚遺跡』一九九一年
横浜市埋蔵文化財センター『上の山遺跡』一九九二年
横浜市埋蔵文化財センター『C18横穴・矢崎山古墳』一九九六年
横浜市緑政局・横浜市ふるさと歴史財団『笠間中央公園遺跡発掘調査報告』二〇〇三年
大田区立郷土博物館『武蔵国造の乱』一九九四年
横浜市港北ニュータウン埋蔵文化財調査団『古代のよこはま』横浜市教育委員会・横浜市埋蔵文化財調査委員会　一九八六年
横浜市歴史博物館・埋蔵文化財センター『兵（つわもの）の時代―古代末期の東国社会』一九九八年
横浜市歴史博物館・埋蔵文化財センター『縄文文化円熟―華蔵台遺跡と後・晩期社会』二〇〇八年
横浜市歴史博物館『東へ、西へ―律令国家を支えた古代東国の人々』二〇〇二年
横浜市歴史博物館『「諸岡五十戸」木簡と横浜―大宝律令以前の支配システムを探る』二〇〇六年
神奈川県立生命の星・地球博物館企画展ワークテキスト『+2℃の世界―縄文時代に見る地球温暖化』二〇〇四年
池上悟『日本横穴墓の形成と展開』雄山閣　二〇〇四年
神奈川県考古学会『神奈川の古墳―その出現と展開』一九九八年
川崎市役所『川崎市史 通史編　1 自然環境　原始古代・中世』一九九三年
小林謙一『AMS炭素14年代測定を利用した東日本縄紋時代前半期の実年代の研究』平成一七年～一八年度科学研究費補助金基盤研究（c）（1）研究成果報告書　二〇〇七年
白石浩之『旧石器時代の社会と文化』山川出版社　二〇〇二年
町田洋・新井房夫『新編火山灰アトラス―日本列島とその周辺』東京大学出版会　二〇〇三年
松島義章『貝が語る縄文海進―南関東、+2℃の世界』有隣堂　二〇〇六年
安田喜憲『環境考古学事始　日本列島2万年』日本放送出版協会　一九八〇年
安藤広道「弥生時代集落群の地域単位とその構造―東京湾西岸地域における地域社会の一位相」『考古学研究』第五一巻第一号　二〇〇三年
木下尚子「装身具と権力・男女」『古代史の論点2　女と男、家と村』小学館　二〇〇〇年
坪田弘子「神奈川県出土の縄文時代の硬玉製玉類」『玉文化』第二号　二〇〇五年
浜田晋介「前期前方後円墳と円墳―川崎・横浜市域を例として」『川崎市市民ミュージアム紀要』第一三集　二〇〇〇年
浜田晋介「多摩丘陵・下末吉台地における弥生集落の構造」『川崎市市民ミュージアム紀要』第一五集　二〇〇二年
春成秀爾「更新世末の大形獣の絶滅と人類」『国立歴史民俗博物館研究報告』第九〇集　二〇〇一年

【第2章】

神奈川県教育委員会『神奈川県文化財図鑑　彫刻扁』一九七五年
神奈川県教育委員会『神奈川県文化財図鑑　補遺扁』一九八七年
神奈川県立歴史博物館『源頼朝とゆかりの寺社の名宝』一九九九年
埼玉県立歴史博物館『太平記絵巻の世界』一九九六年
土浦市立博物館『中世の霞ヶ浦と律宗―よみがえる仏教文化の聖地』一九九七年
横浜市歴史博物館『秀吉襲来―近世関東の幕開け』一九九九年
横浜市歴史博物館『中世の梵鐘―物部姓鋳物師の系譜と鋳造』二〇〇〇年
横浜市歴史博物館『中世の棟札―神と仏と人々の信仰』二〇〇二年
横浜市歴史博物館『鎌倉御家人平子氏の西遷・北遷』二〇〇三年
横浜市歴史博物館『鶴見合戦―『太平記』にみる横浜』二〇〇七年
横浜市歴史博物館『海賊―室町・戦国時代の東京湾と横浜』二〇〇九年
網野善彦『悪党と海賊』法政大学出版局　一九九五年
石井進『鎌倉武士の実像』平凡社　一九八七年
雲松院『小机城址と雲松院』一九八七年
小田原市『小田原市史　通史編　原始古代中世』一九九八年
北区史編纂調査会『北区史　古代中世2』東京都北区　一九九五年
黒田基樹『扇谷上杉氏と太田道灌』岩田書院　二〇〇四年
黒田基樹『百姓からみた戦国大名』ちくま新書　二〇〇七年
大機山雲頂禅庵『雲頂庵古文書集』一九九九年
段木一行『伊豆七島文書を読む』雄山閣　一九八四年
段木一行『中世村落構造の研究』吉川弘文館　一九八六年
千野原靖方『房総里見水軍の研究』崙書房　一九八一年
坪井良平『日本の梵鐘』角川書店　一九七〇年
東京都大田区『大田の史話　その2』一九八八年
永井晋『金沢貞顕』吉川弘文館　二〇〇三年
廣瀬良弘『禅宗地方展開史の研究』吉川弘文館　一九八八年
藤木久志『豊臣平和令と戦国社会』東京大学出版会　一九八五年
峰岸純夫他『豊島氏とその時代』新人物往来社　一九九八年
滝川恒昭「北条氏の房総侵攻と三船山合戦」『城郭と中世の東国』高志書院　二〇〇五年
彫刻史研究会「シンポジウム　仏師運慶をめぐる新発見と課題」『金澤文庫研究』第三二〇号　二〇〇八年
西岡芳文「港湾都市六浦と鎌倉」『中世都市鎌倉の実像と虚像』高志書院　二〇〇四年
横浜市教育委員会『長尾台遺跡調査報告書』一九八一年
横浜市道路建設事業団・横浜市ふるさと歴史財団『中ノ宮北遺跡発掘調査報告書』一九九九年
横浜市ふるさと歴史財団『寺尾城址発掘調査報告』一九九四年
横浜市ふるさと歴史財団『茅ヶ崎城Ⅲ』二〇〇〇年
横浜市ふるさと歴史財団埋蔵文化財センター・横浜市交通局『下飯田林・中ノ宮・草木遺跡発掘調査報告』一九九七年

【第3章】

横浜市歴史博物館『東海道と神奈川宿』一九九六年

横浜市歴史博物館『海からの江戸時代—神奈川湊と海の道』一九九七年
横浜市歴史博物館『移りゆく横浜の海辺—海とともに暮らしていた頃』一九九九年
横浜市歴史博物館『幕末動乱を生きた武士—武州金沢藩士萩原唯右衛門則嘉の生涯』二〇〇五年
横浜市歴史博物館『横浜の礎（いしずえ）・吉田新田いまむかし』二〇〇六年
横浜市歴史博物館『横浜の神代神楽』二〇〇七年
井上攻『近世社会の成熟と宿場世界』岩田書院　二〇〇八年
岸上興一郎『海港場横浜の民俗文化』岩田書院　二〇〇五年
鈴木良明『寺家の歴史』大曽根銈一　一九九四年
斎藤善之『内海船と幕藩制市場の解体』柏書房　一九九四年
藤田修史「下り塩買入にみる行徳塩田の特質」『市立市川歴史博物館年報』平成元年度　一九九一年
池田真由美「行徳の下り塩購入と浦賀・神奈川湊の荷船」『平成一八年度市川市立博物館館報』二〇〇八年
文化財建造物保存技術協会『重要文化財　関家住宅主屋・書院及び表門保存修理工事報告書』関恒三郎　二〇〇五年
文化財建造物保存技術協会『旧内野家住宅移築修理工事報告書』日本住宅公団港北開発局　一九八〇年
横浜市教育委員会『横浜市指定有形文化財　旧小岩井家主屋並びに表門移築復原工事報告書』二〇〇三年
建文『飯田家表門（長屋門）解体修理工事報告書』飯田助知　一九九七年
伊丹徹・河野喜映「長津田遺跡群宮之前南（No.2）遺跡」『神奈川県立埋蔵文化財センター年報』七　一九八八年

【第4章】

石井寛治『近代日本とイギリス資本』東京大学出版会　一九八四年
石井孝『増訂明治維新の国際的環境』吉川弘文館　一九六六年
オールコック著／山口光朔訳『大君の都』岩波書店　一九六二年
加藤祐三『開国史話』神奈川新聞社　二〇〇八年
神奈川県立博物館『集大成横浜浮世絵』有隣堂　一九七九年
斎藤多喜夫『幕末明治横浜写真館物語』吉川弘文館　二〇〇四年
サトウ著／坂田精一訳『一外交官の見た明治維新』岩波書店　一九六〇年
鈴木雄雅監修『日本初期新聞全集　別巻』ぺりかん社　二〇〇〇年
武内博『横浜外人墓地—山手の丘に眠る人々』山桃舎　一九八五年
西川武臣・伊藤泉美『開国日本と横浜中華街』大修館書店　二〇〇二年
西川武臣『横浜開港と交通の近代化』日本経済評論社　二〇〇四年
萩原延壽『遠い崖』全一四巻　朝日新聞社　二〇〇七～〇八年
ハリス著／坂田精一訳『ハリス日本滞在記』岩波書店　一九五三年
洞富雄『幕末維新期の外圧と抵抗』校倉書房　一九七七年
三谷博『ペリー来航』吉川弘文館　二〇〇三年
横浜開港資料館『横浜もののはじめ考』一九八八年
横浜開港資料館『史料でたどる明治維新期の横浜英仏駐屯軍』一九九三年
横浜開港資料館『横浜中華街』一九九四年
横浜開港資料館『図説アーネスト・サトウ』有隣堂　二〇〇一年
横浜開港資料館『ペリー来航と横浜』二〇〇四年
横浜対外関係史研究会他『横浜英仏駐屯軍と外国人居留地』東京堂出版　一九九九年
横浜プロテスタント史研究会『図説横浜キリスト教文化史』有隣堂　一九九二年
横浜プロテスタント史研究会『横浜開港と宣教師たち—伝道とミッション・スクール』有隣堂　二〇〇八年
横山伊徳「一九世紀日本近海測量について」『地図と絵図の政治文化史』東京大学出版会　二〇〇一年

【第5章】

アーネスト・サトウ著／長岡祥三訳『アーネスト・サトウ公使日記Ⅰ』新人物往来社　一九八九年
秋山佳史「横浜の趣味団体尚趣会」上・中『郷土よこはま』七七・七八号　一九七七年
石井光太郎『碑はつぶやく』横浜市教育委員会文化財課　一九九〇年
稲生典太郎『条約改正論の歴史的展開』小峯書店　一九七六年
今井清一『横浜の関東大震災』有隣堂　二〇〇七年
大西比呂志『横浜市政史の研究』有隣堂　二〇〇四年
神奈川県立神奈川近代文学館『近代文学一〇〇年と神奈川展』一九八四年
神奈川県『神奈川県震災誌』一九二七年
神奈川新聞社『神奈川新聞小史—横浜貿易新聞から九十五年』一九八五年
京浜急行電鉄株式会社『京浜急行百年史』京浜急行電鉄　一九九九年
小柴俊雄『横浜演劇百四十年　ヨコハマ芸能外伝』ケー・エス・シー　二〇〇一年
阪田安雄『明治日米貿易事始　直輸の志士・新井領一郎とその時代』東京堂出版　一九九六年
相模鉄道株式会社社史編纂プロジェクトチーム『相鉄七十年史』相模鉄道　一九八七年
松竹『松竹七十年史』一九六四年
竪山利忠他『神奈川県労働運動史　戦前編』神奈川県労働部労政課　一九六六年
東京急行電鉄社史編纂事務局『東京急行電鉄五〇年史』東京急行電鉄　一九七三年
ノザワ松坂屋『野沢屋から横浜松坂屋への歩み』一九七七年（私家版）
樋口次郎『祖父パーマー』有隣堂　一九九八年
丸岡澄夫『オデヲン座物語』六崎彰　一九七五年
ヨコシネディーアイエー『映像文化の担い手として』一九九五年
横田渉『横浜に於ける中小工業』横浜商工会議所　一九三一年
横浜植木株式会社『横浜植木株式会社一〇〇年史』一九九三年
横浜演劇研究所『神奈川県演劇史』神奈川県立青少年センター　一九九四年
横浜開港資料館『市制施行と横浜の人びと』一九八八年
横浜開港資料館『横浜の芝居と劇場』一九九二年
横浜開港資料館『横浜商人とその時代』有隣堂　一九九四年
横浜近代史研究会他『横浜の近代』日本経済評論社　一九九七年
横浜製作所百年史編さん委員会『三菱重工横浜製作所百年史』三菱重工業横浜製作所　一九九二年
横浜都市発展記念館『シネマ・シティ　横浜と映画』二〇〇五年
横浜マリタイムミュージアム『横浜港と京浜臨海工業地帯』二〇〇三年
横浜マリタイムミュージアム『横浜港を彩った客船』二〇〇四年

【第6章】

五十嵐英壽『横濱みなとの唄・五十嵐英壽写真集』横浜港荷役振興株式会社　二〇〇七年
伊豆利彦『戦時下に生きる』有隣堂　一九八〇年
今井清一『新版大空襲5月29日』有隣堂　一九九五年
奥村泰宏・常盤とよ子『横浜再現・戦後50年二人で写した敗戦ストーリー』平凡社　一九九六年
神奈川県教育委員会『東京内湾漁撈習俗調査報告書』一九六七年
神奈川県建築士会『神奈川県建築史図説』一九六二年
神奈川県住宅公社『磯子団地開発計画』横浜市史資料室所蔵安室吉弥家文書
北中正和『にほんのうた・戦後歌謡曲史』平凡社　二〇〇三年
キネマ旬報編集部・小藤田千栄子『世界の映画作家一〇・篠田正浩、吉田喜重編』キネマ旬報社　一九七九年
首都高速道路公団『首都高速道路公団三十年史』一九八九年
商業界『日本スーパーマーケット名鑑』一九七四年
団地通信「わが家の家計簿」『THE Key』連載
東野伝吉『昭和二十年五月二十九日』講談社　一九七三年
日本住宅公団『日本住宅公団史』一九八一年
服部一馬・斉藤秀夫『占領の傷跡』有隣堂　一九八三年
横浜開港資料館・横浜都市発展記念館『広瀬始親撮影写真・横浜ノスタルジア・昭和三〇年頃の街角』横浜都市発展記念館　二〇〇七年
横浜市『市民生活白書』一九六四年
横浜市磯子区役所『浜・海・道Ⅱ　昭和三〇年頃の磯子』一九九三年
横浜市建築局企画管理課『横浜・都市と建築の一〇〇年』一九八九年
横浜市広報センター『ミニコミ・ニュース　ふれあい』二九　一九七九年七月一五日
横浜市総務局事務管理部統計課『横浜市の商業』一九七六年
横浜市歴史博物館『横浜市歴史博物館民俗調査報告谷戸と暮らし』第一・第二　一九九五・九六年
横浜都市発展記念館『目でみる「都市横浜」のあゆみ』二〇〇三年
横浜の空襲を記録する会・横浜市『横浜の空襲と戦災』一～六　横浜市　一九七五～七七年
横浜夢座実行委員会編『夢・横浜夢座のあゆみ』二〇〇五年
和久井光司編『ザ・ゴールデン・カップスのすべて』河出書房新社　二〇〇五年
E・バートレット・カー『戦略・東京大空爆』光人社　一九九四年

◉掲載図版一覧

＊原則として、図版名、資料(出典)名、所蔵(保管)者名、写真提供者名の順に掲載した。記載のないものは㈶横浜市ふるさと歴史財団の諸施設の撮影である。
＊所蔵者・写真提供者・撮影者の敬称は省略した。

●扉●新撰横浜全図　横浜開港資料館

●口絵●
横浜開港　4
1　安政6年の横浜　神奈川港御貿易場御開地御役屋敷并町々寺院社地ニ至ル迄明細大絵図にあらわす　横浜開港資料館
2　ハリス御城中の図　椎谷堀家
3　開港直後の波止場と市街地　神奈川横浜二十八景　横浜開港資料館
4　開港直後の横浜　P･J･ロシエ撮影　横浜開港資料館
5　横浜休日異人遊行之図　横浜開港資料館
6　横浜開港場の図　横浜開港資料館
7　東海道名所之内横浜風景　横浜開港資料館
開港五十年　港都から工都へ　8
1　横浜税関より大さん橋、新港ふ頭方面を望む　横浜開港資料館
2　開港五十年祭に沸く賑町　有隣堂
3　浜菱と横浜市歌を印刷した扇子　横浜開港資料館
4　2代目横浜市役所　横浜開港資料館
5　白船艦隊歓迎　横浜開港資料館
6　原合名会社と三井物産の生糸商標　横浜開港資料館
7　開港半世紀後の海岸線　横浜開港五十年史付図　横浜開港資料館
開港七十年　震災復興　10
1　神奈川県鳥瞰図　神奈川県立歴史博物館
2　昭和初年の伊勢佐木町3丁目交差点付近　横浜開港資料館
3　野毛山から見た関東大震災直後の横浜市街地　国立科学博物館
4　ホテルニューグランドの開業式と食器類　ホテルニューグランド
5　龍田丸のディナーメニュー　横浜開港資料館
6　復興記念横浜大博覧会鳥瞰図　横浜開港資料館
開港百年　戦後復興　12
1　横浜開港百年祭のパンフレット　横浜開港資料館
2　日本貿易博覧会の会場案内図　横浜市街観光・日本貿易博覧会案内図　神奈川県立図書館
3　日本貿易博覧会野毛山会場　横浜都市発展記念館
4　開国百年祭のパンフレット　横浜開港資料館
5　開港百年祭記念式典　横浜開港百年祭写真集　毎日新聞社撮影　横浜市史資料室
6　開港百年祭の国際仮装行列　横浜市史資料室
7　花火大会のプログラム　横浜開港資料館
開港百三十年　市政百年　14
1　横浜博覧会YES'89　神奈川新聞社
2　横浜博覧会公式ガイドブック　横浜都市発展記念館
3　竣工した横浜ベイブリッジ　横浜市道路局
4　新横浜駅周辺　横浜市道路局
5　横浜駅西口の地下街　座間泰雄撮影　横浜都市発展記念館
6　多摩田園都市（たまプラーザ上空）　多摩田園都市　東京急行電鉄株式会社
7　市営地下鉄のパンフレット「戸塚にタッチ。」　横浜都市発展記念館

第1章　ムラからクニへ〈原始･古代〉

●第1節●旧石器から縄文へ
図版特集　縄文土器のさまざま　22
1　草創期の土器　花見山遺跡　横浜市歴史博物館
2　早期の土器　西ノ谷貝塚　埋蔵文化財センター
3　前期の土器　北川貝塚　埋蔵文化財センター
4　前期終末の土器　石原遺跡　埋蔵文化財センター
5　中期中頃の土器　高山遺跡　埋蔵文化財センター
6　中期後半の土器　大熊仲町遺跡　埋蔵文化財センター
7　後期中頃の土器　華蔵台遺跡　埋蔵文化財センター
8　後期後半の土器　華蔵台遺跡　埋蔵文化財センター
9　晩期の土器　華蔵台遺跡　埋蔵文化財センター
10　晩期の他地方の土器　華蔵台遺跡　埋蔵文化財センター
関東ロームに埋もれた文化　24
1　先土器時代の遺物出土状況　北川表の上遺跡　埋蔵文化財センター
2　礫群　権田原遺跡　埋蔵文化財センター
3　更新世最終氷期（2万年前）の海岸線と姶良・丹沢火山灰（AT）の堆積範囲　町田洋・新井房夫『新編火山灰アトラス』東京大学出版会、安田喜憲『環境考古学事始』日本放送出版協会をもとに山田光洋作図
4　横浜市域における立川ロームの土層堆積状況と先土器時代の遺物・ATの出土層位　明神台遺跡・明神台北遺跡　㈶かながわ考古学財団・埋蔵文化財センター
5　先土器時代のくらし（想像図）　半井馨画
縄文のくらしのはじまり　26
1　隆線文土器　花見山遺跡　埋蔵文化財センター作図
2　狩猟用の石器　花見山遺跡　埋蔵文化財センター作図
3　住居跡と考えられる竪穴状遺構と遺物の出土状況　花見山遺跡　埋蔵文化財センター
4　縄文時代早期前半（撚糸文期）のムラの跡　西ノ谷貝塚　埋蔵文化財センター
気温の上昇と貝塚の形成　28
1　約6000年前の縄文海進時の海岸線と縄文時代前期貝塚の分布　神奈川県立生命の星・地球博物館『+2℃の世界』、『横浜市文化財地図』をもとに山田光洋作図
2　竪穴住居跡の中に形成された地点貝塚　西ノ谷貝塚　埋蔵文化財センター
3　斜面貝塚の発掘調査状況　元町貝塚　埋蔵文化財センター
4　縄文海進時に形成された貝塚の貝層　平台貝塚　埋蔵文化財センター
5　縄文海進時に当時の人々によって採集され、廃棄された貝類　平台貝塚　埋蔵文化財センター
6　都筑区の縄文時代前期貝塚から出土した骨角器　南堀貝塚・北川貝塚　埋蔵文化財センター
縄文社会の最盛期　30
1　神隠丸山遺跡全体図　埋蔵文化財センター作図
2　中期の竪穴住居跡　小丸遺跡　埋蔵文化財センター
3　掘立柱建物跡　前高山遺跡　埋蔵文化財センター
4　墓壙　月出松遺跡　埋蔵文化財センター
5　集石　前高山遺跡　埋蔵文化財センター
縄文社会の成熟と衰退　32
1　敷石住居跡　小丸遺跡　埋蔵文化財センター
2　核家屋と墓域　小丸遺跡　埋蔵文化財センター
3　杉田貝塚の貝層　個人
4　骨や角で作った漁猟用具・装身具　称名寺貝塚　埋蔵文化財センター
5　谷の湿地を渡る木道　古梅谷遺跡　埋蔵文化財センター
●第2節●弥生から古墳へ
図版特集　環濠集落と方形周溝墓　34
1　鶴見川流域の環濠集落と方形周溝墓　橋本昌幸作図
2　中期の環濠集落　大塚遺跡　埋蔵文化財センター
3　後期の環濠集落　四枚畑遺跡　埋蔵文化財センター
4　中期の方形周溝墓群　歳勝土遺跡　埋蔵文化財センター
5　周溝に埋設された土器棺　歳勝土遺跡　埋蔵文化財センター
6　周溝から出土した土器　権田原遺跡　埋蔵文化財センター
7　後期の方形周溝墓　E5遺跡　埋蔵文化財センター
8　巨大な方形周溝墓　折本西原遺跡　埋蔵文化財センター
環濠集落の時代　36
1　弥生時代の主な遺跡　橋本昌幸作図
2　集落跡　八幡山遺跡　埋蔵文化財センター
3　方形周溝墓　権田原遺跡　埋蔵文化財センター
4　弥生土器　大塚遺跡・北川貝塚　埋蔵文化財センター
5　鉄斧　権田原遺跡　埋蔵文化財センター
6　鉄剣と鉄釧　E5遺跡　横浜市歴史博物館
7　青銅製の装飾品　三殿台遺跡　三殿台考古館
8　磨製石斧　横浜市歴史博物館
弥生社会の再編と古墳の成立　38
1　朝光寺原式土器　関耕地遺跡　埋蔵文化財センター／久ヶ原式系統の土器　二ツ池遺跡　明治大学博物館
2　弥生時代後期の環濠集落跡　大原遺跡　埋蔵文化財センター
3　権田原遺跡周辺の弥生遺跡の動態　古屋紀之作図
4　弥生時代後期の2大土器様式圏と前期古墳　古屋紀之作図
5　東野台古墳群　埋蔵文化財センター作図
6　内行花文鏡　日吉観音松古墳　慶応義塾大学
図版特集　埴輪の移り変わり　40
1　壺形埴輪・土器類　稲荷前16号墳　埋蔵文化財センター
2　朝顔形埴輪　日吉矢上古墳　横浜市歴史博物館
3　円筒埴輪と朝顔形埴輪　上矢部町富士山古墳　横浜市歴史博物館
4　形象埴輪群　駒岡堂の前古墳　熊野郷土博物館
5　靫形埴輪と人物埴輪　瀬戸ヶ谷古墳　東京国立博物館
6　馬形・鳥形埴輪　上矢部町富士山古墳　横浜市歴史博物館
図版特集　縄文～古墳時代の装飾品　42
1　髪飾・貝輪・歯加工品　北川貝塚　埋蔵文化財センター
2　玉類・玦状耳飾（ピアス）　南堀貝塚　埋蔵文化財センター
3　玦状耳飾　北川貝塚73号土坑　埋蔵文化財センター
4　垂飾と耳飾（耳栓）　三の丸遺跡・石原遺跡ほか　埋蔵文化財センター
5　ヒスイ大珠（垂飾）　大熊仲町遺跡・三の丸遺跡　埋蔵文化財センター
6　垂飾状鹿角製品　元町貝塚　埋蔵文化財センター
7　貝輪（腕輪）　元町貝塚　埋蔵文化財センター
8　車輪形耳飾（ピアス）　華蔵台遺跡　横浜市歴史博物館
9　鉄釧（腕輪）・玉類（頸飾）　大原遺跡　埋蔵文化財センター
10　垂飾　上谷本第二遺跡A地区3号住居跡　中央大学考古学研究室
11　銅釧（腕輪）　鴨居原古墳石棺主体部　埋蔵文化財センター
12　金環（耳飾）・ガラス玉（頸飾）・玉類　東方横穴墓群　玉川文化財研究所
古墳の展開とムラ　44
1　横浜市域の主な古墳とムラの分布　鈴木重信作図
2　新羽・大熊古墳群中の上の山古墳群　埋蔵文化財センター
3　竪穴住居跡とカマド　矢崎山遺跡　埋蔵文化財センター
横穴墓のひろがり　46
1　横浜市域の高塚古墳と横穴墓の分布図　鹿島保宏作図
2　市ヶ尾横穴墓群　埋蔵文化財センター
3　綱崎山横穴墓群の全景　埋蔵文化財センター
4　綱崎山横穴墓群4号墓の全景　埋蔵文化財センター
5　綱崎山横穴墓群3号墓の閉塞状況　埋蔵文化財センター
6　綱崎山横穴墓群4号墓の玄室　埋蔵文化財センター
●第3節●奈良・平安時代
図版特集　古墳時代の武人　48
1　三角板鋲留短甲と眉庇付冑　朝光寺原1号墳　横浜市歴史博物館
2　朝光寺原1号墳の全景
3　朝光寺原1号墳の主体部の様相
4　鉄鏃　朝光寺原1号墳　横浜市歴史博物館
5　轡金具　朝光寺原2号墳　横浜市歴史博物館
6　剣菱形杏葉　朝光寺原3号墳　横浜市歴史博物館
7　盾持人埴輪　上矢部町富士山古墳　横浜市歴史博物館
武蔵国造の乱と屯倉　50
1　『日本書紀』安閑天皇元年閏12月是月条　天理大学附属天理図書館
2　埼玉古墳群　埼玉県立さきたま史跡の博物館
3　「飛鳥部」が記された木簡（複製）　藤沢市教育委員会生涯学習課博物館準備担当
古代国家と地域支配　52
1　「諸岡五十戸」木簡（複製）　横浜市歴史博物館
2　宮久保遺跡出土木簡（複製）横浜市歴史博物館
3　古代の国・郡と横浜市域　横浜市歴史博物館作図
4　『和名類聚抄』郡郷部　名古屋市博物館
役所と寺院　54
1　長者原遺跡の発掘状況　日本窯業史研究所
2　都筑郡家復元模型　横浜市歴史博物館
3　影向寺遺跡出土の文字瓦　川崎市市民ミュージアム
4　木造十一面観音立像　弘明寺
奈良・平安時代のムラ　56
1　笠間中央公園遺跡　埋蔵文化財センター
2　『延喜式』「神名帳」　横浜市歴史博物館
3　藪根不動原遺跡の仏教施設とその模式図　横浜市歴史博物館
4　東耕地遺跡出土の墨書土器　神奈川県教育委員会
調・庸と力役　58
1　調庸布墨書銘（正倉院御物）　宮内庁正倉院事務所
2　平城宮・京跡出土木簡（複製）　横浜市歴史博物館
3　藤原宮跡出土木簡　奈良文化財研究所
4　『万葉集』巻二〇　国立公文書館
5　足柄峠を望む
「兵」の誕生　60
1　神隠丸山遺跡の平安時代館跡の全景　埋蔵文化財センター
2　西ノ谷遺跡の全景　埋蔵文化財センター
3　鉄札　西ノ谷遺跡　横浜市歴史博物館
4　さまざまな鉄鏃　西ノ谷遺跡　横浜市歴史博物館

第2章　東国武士の世界〈中世〉

●第1節●鎌倉・南北朝時代
図版特集　横浜の中世仏像　66
1　木造阿弥陀三尊像　宝樹院　横浜市教育委員会提

供
2　木造阿弥陀如来及両脇侍像　證菩提寺
3　木造大威徳明王坐像　光明院　神奈川県立金沢文庫保管・提供
4　木造薬師如来坐像　保木薬師堂　神奈川県立歴史博物館保管・提供
5　木造薬師如来坐像　東漸寺　神奈川県立歴史博物館提供
6　木造釈迦如来立像　称名寺　神奈川県立金沢文庫保管・提供
7　木造釈迦如来立像　真福寺　神奈川県立歴史博物館提供
8　木造金剛力士立像　称名寺　神奈川県立歴史博物館提供
9　木造方崖元圭坐像　金龍院　金沢区役所提供
10　木造伽藍神倚像　東漸寺
11　木造達磨大師坐像　東漸寺
12　木造聖徳太子立像　大誓寺　横浜市教育委員会提供
13　木造地蔵菩薩坐像　龍華寺　横浜市教育委員会提供

源頼朝旗揚げと横浜の武士　70
1　伝源頼朝坐像　東京国立博物館
2　富士川の合戦に勝利し八幡大菩薩に感謝する頼朝　平家物語絵巻（巻五下）　林原美術館
3　『吾妻鏡』建久6年3月10日条　横浜市歴史博物館
4　富士塚城址の碑

平子氏と宝生寺・真照寺　72
1　平子氏系図　米沢市上杉博物館
2　宝生寺本堂
3　真照寺本堂
4　平子重経像　源久寺
5　大楽（平子）館付近
6　薭生城址遠景

図版特集　金沢北条氏と称名寺　74
1　金沢実時像　称名寺　神奈川県立金沢文庫保管・提供
2　称名寺絵図并結界図　称名寺　神奈川県立金沢文庫保管・提供
3　金沢瀬戸内海殺生禁断事書　称名寺　神奈川県立金沢文庫保管・提供
4　弥勒菩薩立像　称名寺　神奈川県立金沢文庫提供
5　青磁壺　称名寺　神奈川県立金沢文庫保管・提供
6　称名寺の本堂と赤橋　神奈川県立金沢文庫提供

金沢北条氏と六浦荘　76
1　六浦荘の旧地形模型　横浜市歴史博物館
2　三艘が浦の古事　江戸名所図会　横浜市歴史博物館
3　金沢貞顕像　称名寺　神奈川県立金沢文庫保管・提供
4　金沢貞顕書状　称名寺　神奈川県立金沢文庫保管・提供
5　鎌倉時代仮名消息　横浜市歴史博物館

南北朝内乱と鶴見合戦　78
1　北条高時の遊楽　太平記絵巻（巻一）　埼玉県立歴史と民俗の博物館
2　石川義光軍忠状　宮城県図書館
3　豊嶋範泰着到軍忠状　国立公文書館
4　北条時行の挙兵を受けて鎌倉に向かう足利尊氏の一行　太平記絵巻（巻五）　国立歴史民俗博物館

図版特集　武蔵国鶴見寺尾郷絵図　80
1～7　武蔵国鶴見寺尾郷絵図　神奈川県立金沢文庫
4　鶴見橋
6　東福寺本堂
8　武蔵国鶴見寺尾郷絵図の範囲　2万分1地形図「神奈川」（陸地測量部）を使用

発掘された鎌倉古道　82
1　鎌倉街道の概念図　鹿島保宏作図
2　鎌倉上道と考えられる道路状遺構　中ノ宮北遺跡　埋蔵文化財センター
3　縞状を呈する硬化した道路面　埋蔵文化財センター
4　完掘された波板状凹凸遺構　埋蔵文化財センター
5　中世道路状遺構　笠間中央公園遺跡　埋蔵文化財センター
6　完掘された道路状遺構　埋蔵文化財センター
7　道路状遺構　中ノ宮遺跡　埋蔵文化財センター

●第2節●室町・戦国時代

図版特集　棟札と梵鐘　84
1　杉山神社棟札　杉山神社
1　杉山神社
2　八幡神社棟札　八幡神社　富岡八幡宮保管
2　八幡神社
3　東漸寺梵鐘　東漸寺
4　称名寺梵鐘　称名寺
5　物部姓鋳物師の作風（東漸寺梵鐘の竜頭）　東漸寺
6　妙光寺梵鐘　妙光寺

図版特集　中世城郭と茅ヶ崎城　86
1　横浜市域の主要な中世城郭の分布　平子順一作図
2　茅ヶ崎城址（中郭で検出された遺構群）　埋蔵文化財センター
3　茅ヶ崎城址　埋蔵文化財センター
4　茅ヶ崎城址の出土品　埋蔵文化財センター
5　寺尾城址の空堀　埋蔵文化財センター
6　小机城址　埋蔵文化財センター
7　長尾台の粘土版築による切岸遺構　埋蔵文化財センター

中世の神奈川湊　88
1　北条時宗下知状　鶴岡八幡宮
2　中世神奈川湊概念図　阿諏訪青美作図
3　武蔵国品川・神奈川両湊帆別銭納帳　称名寺　神奈川県立金沢文庫保管・提供
4　伊豆七島全図　横浜市歴史博物館
5　木造女神坐像　優婆夷宝明神社　東京都教育委員会提供

太田道灌と小机落城　90
1　享徳の乱前後の関東の勢力図　阿諏訪青美作図
2　太田道灌状　國學院大學図書館
3　長尾忠景書状　雲頂庵
4　太田道灌像　大慈寺　普済寺保管　川越市立博物館提供
5　小机城址

小机雲松院と天叟順孝　92
1　雲松院境内　江戸名所図会　横浜市歴史博物館
2　北条氏堯朱印状　雲松院
3　季雲永岳像　雲松院
4　天叟順孝像　雲松院
5　笠原氏の墓所

神奈川権現山の合戦　94
1　北条早雲像　早雲寺
2　『鎌倉九代後記』　国立公文書館
3　権現山合戦　神奈川砂子　人間文化研究機構国文学研究資料館
4　明治初期の神奈川権現山周辺　ファー・イースト　1871年10月2日号　横浜開港資料館
5　矢野憲信書状　雲頂庵
6　日現上人自筆裏書　本住寺

小田原北条氏の支配　96
1　北条氏綱像　早雲寺
2　北条氏の領国と支城図　阿諏訪青美作図
3　北条家朱印状　神奈川県立歴史博物館
4　北条家伝馬手形と「常調」印　国立国会図書館
5　小田原衆所領役帳　神奈川県立公文書館
6　弥阿書状　上原雅春　横浜市歴史博物館保管

北条氏海賊衆と里見氏　98
1　北条綱成制札　妙本寺
2　北条氏の房総侵攻図　阿諏訪青美作図
3　柳下豊後守の子孫に伝わる鐙とその由来書　柳下正
4　義高入道の墓　江戸名所図会　横浜市歴史博物館
5　義高入道坐像　松蔭寺

豊臣秀吉の襲来　100
1　豊臣秀吉像　大阪市立美術館
2　小田原陣仕寄陣取図　山口県文書館「毛利家文庫」
3　豊臣秀吉禁制　天正18年4月付　宝生寺
4　豊臣秀吉禁制　天正18年4月付　成仏寺
5　石垣山一夜城址

第3章　江戸近郊の宿と村〈近世〉

●第1節●江戸時代前期

図版特集　描かれた東海道　106
1　東海道図屏風（神奈川宿）　横浜市歴史博物館
2　東海道図屏風（保土ヶ谷宿・戸塚宿）　横浜市歴史博物館
3　東海道図屏風　横浜市歴史博物館
4　東海道絵巻（品川～大磯）　横浜市歴史博物館
5　東海道西海道絵巻（品川～藤沢）　横浜市歴史博物館
6　東海道分間絵図　横浜市歴史博物館
7　東海道分間延絵図（神奈川宿）　郵政資料館
8　東海道分間延絵図（保土ヶ谷宿）　郵政資料館
9　東海道分間延絵図（戸塚宿）　郵政資料館
10　東海道遊歴雙六　横浜市歴史博物館
11　東海道五拾三次之内神奈川　横浜市歴史博物館
12　東海道五拾三次之内保土ヶ谷　横浜市歴史博物館
13　東海道五拾三次之内戸塚　横浜市歴史博物館

徳川家康の江戸入封と代官頭　110
1　東照宮御神影　禅林寺
2　長谷川長綱が再興した幡の芯紙　称名寺　神奈川県立金沢文庫保管・提供
3　海宝院と長谷川長綱の墓所
4　辰之御縄之上定納之事　澤邊信明

神奈川御殿と神奈川陣屋　112
1　東海道絵巻（神奈川宿）　横浜市歴史博物館
2　神奈川方角　神奈川砂子　人間文化研究機構国文学研究資料館
3　金蔵院熊野社　神奈川砂子　人間文化研究機構国文学研究資料館
4　神奈川御殿の板戸　一乗院

東海道三宿の成立　114
1　慶長6年の伝馬朱印状　保土ヶ谷宿元本陣軽部家
2　慶長6年の御伝馬之定　保土ヶ谷宿元本陣軽部家
3　慶長7年の定路次中駄賃之覚　保土ヶ谷宿元本陣軽部家
4　東海道往還町並絵図　保土ヶ谷宿元本陣軽部家
5　軽部家歴代の墓所

矢倉沢往還と中原街道　116
1　神奈川県域街道概念図　横浜市歴史博物館作図
2　大山街道図巻　藤沢市教育委員会生涯学習課博物館準備担当
3　鎌倉江ノ島大山新板往来双六　神奈川県立歴史博物館
4　相州中原海道新道掃除場間数覚　関恒三郎

旗本領の村　118
1　慶長十七年子之歳獅子谷年くの事　横溝和子　横浜開港資料館保管
2　獅子ヶ谷村絵図　横溝和子　横浜開港資料館保管
3　現在の横溝屋敷

吉田新田の開発　120
1　吉田新田開墾図　吉田家
2　吉田新田概念図　横浜市歴史博物館作図
3　日枝神社（お三の宮）　有隣堂

●第2節●江戸時代中期

図版特集　国絵図・村絵図　122
1　武蔵国絵図　横浜市歴史博物館
2　相模国絵図　横浜市歴史博物館
3　武蔵国輿地絵図　横浜市歴史博物館
4　上大岡村絵図　横浜市歴史博物館
5　石川村絵図　横浜市歴史博物館
6　生麦村絵図　神奈川県立公文書館
7　本牧本郷村絵図　横浜市歴史博物館

宝永の砂降りと大岡川の改修　126
1　伊東志摩守日記（写本）　宮崎県立日南高等学校　宮崎県立図書館保管・提供
2　大岡川流域図　横浜市歴史博物館作図
3　吉田新田開墾前図　吉田家
4　横浜村海辺新開場見立絵図　川崎市市民ミュージアム

横浜市域の新田開発　128
1　泥亀新田絵図　神奈川県立公文書館
2　橘樹郡帷子町御林二ヶ所見分案内につき絵図　川崎市市民ミュージアム
3　帷子川河口部新田概念図　横浜西区史

助郷制度の確立　130
1　元禄2年（1689）時の保土ヶ谷宿の助郷村分布図　「元禄以前助郷村配置図」『横浜市史　1巻』をもとに作成
2　享保10年（1725）時の保土ヶ谷宿の助郷村分布図　「元禄・享保期助郷村配置図」『横浜市史　1巻』をもとに作成
3　問屋役所之図　神奈川駅中図会　横浜市歴史博物館
4　東海道五拾三次之内藤枝　神奈川県立歴史博物館
5　明治後期の保土ヶ谷宿　横浜開港資料館

武州金沢藩の成立　132
1　米倉丹後守印鑑「武州金沢藩印」　横浜市歴史博物館
2　米倉丹後守陣屋全図　角田孝　神奈川県立金沢文庫保管
3　武陽金沢八景略図　横浜市歴史博物館

村の枠組みと文書制度　134
1　武州久良岐郡大岡郷御縄打水帳　横浜市歴史博物館
2　巳宗門人別書上帳　横浜市歴史博物館
3　儀定証文之事　横浜市歴史博物館
4　御手本　横溝和子　横浜開港資料館保管

丘陵部の村　136
1　寺家町航空写真　昭和44年度神奈川県撮影
2　谷戸田の風景
3・4　寺家村・鴨志田村裁許絵図　大曽根武

沿岸部の村　138
1　内湾沿岸町村絵図　人間文化研究機構国文学研究資料館
2　滝頭村絵図　横浜市歴史博物館
3　滝頭浦絵図　横浜市歴史博物館
4　明治後期の滝頭村　横浜開港資料館

●第3節●江戸時代後期

図版特集　金沢八景　140
1　金沢飛石金龍院山上八景眺望之図　横浜市歴史博物館
2　金沢・近江八景図屏風　横浜市歴史博物館
3　金沢勝槩一覧之図　江戸名所図会　横浜市歴史博物館
4　武陽金沢八勝夜景　横浜市歴史博物館
5　金沢八景図　横浜市歴史博物館

図版特集　近世の民家　142
1　関家住宅　関恒三郎
2　関戸家住宅主屋　安川千秋撮影　横浜市教育委員会提供
3　旧小岩井家住宅主屋
4　旧安西家主屋
5　飯田家住宅長屋門　飯田助知
6　旧奥津家長屋門
7　旧澤野家長屋門

市域北部の住まい　144
1　関家住宅　関恒三郎
修理前住宅配置図　横浜市教育委員会

修理竣工後主屋平面図　重要文化財関家住宅主屋・書院及び表門保存修理工事報告書　㈶文化財建造物保存技術協会
2　旧長沢家住宅
3　旧内野家住宅
名所・旧跡をめぐる人々　146
1　台町の茶屋　神奈川砂子　人間文化研究機構国文学研究資料館
2　細見神奈川絵図　神奈川県立金沢文庫
3「戸塚宿紺屋友八西国旅日記」行程図　井上攻作図
宿場の生活　148
1　戸塚宿の留女　東海道五十三次細見図会戸塚　横浜市歴史博物館
2　神奈川台町の茶屋街夜景　五十三次名所図会神奈川台の茶屋海上見はらし　横浜市歴史博物館
3　神奈川宿の魚問屋　神奈川砂子　人間文化研究機構国文学研究資料館
4　神奈川宿の遊所　神奈川砂子　人間文化研究機構国文学研究資料館
5　神奈川宿石井本陣　神奈川砂子　人間文化研究機構国文学研究資料館
6　復元された高札場
神代神楽　150
1　熊野社弓矢神楽　神奈川砂子　人間文化研究機構国文学研究資料館
2　現在の神奈川熊野神社の神楽奉納（横越政義社中）
3　萩原氏神楽奉納場所一覧　小林紀子作図
4「黄津醜女」（萩原諄夫社中）
神奈川湊の繁栄　152
1　阿波国廻船問屋が大綱金刀比羅神社に奉納した灯籠の台座　大綱金刀比羅神社　横浜市歴史博物館保管
2　内海船絵馬　龍江寺　日本福祉大学知多半島総合研究所提供
3　安政6年（1859）の神奈川湊　P・J・ロシエ撮影　横浜開港資料館
海防と横浜　154
1　モリソン号の図　浦賀奉行異船打払ノ始末届書　国立公文書館
2　音吉の図　海防彙議補　国立公文書館
3　弘化二巳年三月中アメリカ国より来船浦賀江御引附之節図〆之図　横浜市歴史博物館
4　浦賀沖海岸警備絵図　横浜市歴史博物館

第4章　国際港都の誕生〈開国・開港〉

●第1節●ペリー来航
図版特集　ハイネが描いたペリー来航　160
1　ルビコンを越える　日本遠征画集　横浜開港資料館
2　久里浜上陸　日本遠征画集　横浜開港資料館
3　日本の武士　ペリー艦隊日本遠征記　横浜開港資料館
4　横浜上陸　日本遠征画集　横浜開港資料館
5　横浜村の小さな神社　日本遠征石版画集　横浜開港資料館
6　ウェブスター島　ペリー艦隊日本遠征記　横浜開港資料館
図版特集　黒船絵巻　162
1　神奈川宿付近から対岸の横浜村の遠望　黒船来航画巻　横浜開港資料館
2　米艦渡来紀念図　横浜開港資料館
3　応接所付近の光景　黒船来航画巻　横浜開港資料館
4　パイプをふかすペリーと煙草を吸う参謀長アダムズ　米艦渡来紀念図　横浜開港資料館
5　ペリー艦隊乗組員　米艦渡来紀念図　横浜開港資料館
6　ペリー艦隊の旗艦であったポーハタン号　黒船来航画巻　横浜開港資料館
7　バッテーラと呼ばれた上陸用舟艇　黒船来航画巻　横浜開港資料館
8　乗組員が携帯していた短銃　黒船来航画巻　横浜開港資料館
9　主席通訳官ウィリアムズ　米艦渡来紀念図　横浜開港資料館
10　応接所の見取り図　黒船来航画巻　横浜開港資料館
11　ペリー艦隊乗組員の帽子など　米艦渡来紀念図　横浜開港資料館
12　ペリー艦隊乗組員の持ち物　米艦渡来紀念図　横浜開港資料館
日米和親条約の締結　166
1　ペリー艦隊の日本遠征を伝えるイギリスの新聞　絵入りロンドン・ニュース1853年5月7日号　横浜開港資料館
2　久里浜上陸　ペリー浦賀来航図　彦根城博物館
3　横浜応接所に入るペリー一行　ペリー艦隊日本遠征記　横浜開港資料館
4　ポーハタン号上後甲板での大宴会　ペリー艦隊日本遠征記　横浜開港資料館
5　相撲の披露　ペリー艦隊日本遠征記　横浜開港資料館
6　模型の蒸気車　㈶黒船館
村人が見たペリー来航　168
1　亜米理駕船渡来日誌　添田有道
2　汽車の模型と電信機　ペリー艦隊日本遠征記　横浜開港資料館
3　ウィリアムズの葬儀　米国使節彼理提督来朝図絵　横浜開港資料館
4　武州久良岐郡横浜酒食賜墨夷之図　横浜開港資料館
図版特集　開国・開港を伝える瓦版　170
1　北亜墨利加人物ペルリ像　横浜開港資料館
2　豆州・相州・武州・上総・下総・房州御固　横浜開港資料館
3　蒸気船之図　横浜開港資料館
4　北亜墨利加合衆国帝王ヨリ献上貢物品々蒸気車之図十分一　横浜開港資料館
5　力士力競　横浜開港資料館
6　神奈川横浜交易場曲輪揚屋図　横浜開港資料館
7　五ケ国御貿易場　横浜開港資料館
測量された日本の沿岸　172
1　ラ・ペルーズ作成の日本図第2図　横浜開港資料館
2　W・L・モーリー大尉　横浜開港資料館
3　江戸湾図 Yedo, Bay and Harbour　イギリス海軍水路部刊　横浜開港資料館
4　神奈川港図　横浜開港資料館
5　フランス週刊紙に報道された堺事件　ル・モンド・イリュストレ1868年6月13日号　横浜開港資料館
●第2節●横浜開港
図版特集　絵地図が語る開港場　174
1　御持場海岸分見画図　松平文庫　福井県立図書館保管
2　御開港横浜之全図　横浜開港資料館
3　横浜居留地防衛地図　イギリス国立公文書館
4　Plan of the Settlement of Yokohama　神奈川県立図書館
5　新鐫横浜全図　横浜開港資料館
6　横浜弌覧之真景　横浜開港資料館
修好通商条約の締結　178
1　ハリス登城の図　㈶黒船館
2　岩瀬忠震　阿部正弘事蹟　横浜開港資料館
3　岩瀬が木村喜毅に贈った扇面　木村家寄託・横浜開港資料館保管
4　日英修好通商条約談判の日本側委員　ヴィクトリア・アンド・アルバート・ミュージアム
5　咸臨丸難航図　木村家寄託・横浜開港資料館保管
外交官の活躍　180
1　ハリス　米国議会図書館 LC-DIG-cwpbh-01611
2　横浜山手のアメリカ公使邸　横浜開港資料館
3　オールコック　A. Michie, *The Englishman in China*　横浜開港資料館
4　ド・ベルクール　ル・モンド・イリュストレ1864年2月20日号　横浜開港資料館
5　サトウ　横浜開港資料館
6　イギリス公使館　横浜高台英役館之全図　横浜開港資料館
7　スミス中尉の描いた生麦事件　スミス家寄託・横浜開港資料館保管
神奈川台場　182
1　神奈川台場図　横浜開港資料館
2　増補再刻御開港横浜之全図　横浜開港資料館
3　台場建築資材運搬に関する文書　堤真和家寄託・横浜開港資料館保管
4　地図に描かれた神奈川台場　3000分1地形図「神奈川」（横浜市作成）を使用　横浜開港資料館
開港場と居留地の建設　184
1　横浜開港地割ノ図　横浜市中央図書館
2　横浜居留地地図　横浜開港資料館
3　明治初年のイギリス領事館　ファー・イースト1871年7月17日号　横浜開港資料館
図版特集　横浜浮世絵　186
1　横浜交易西洋人荷物運送之図　横浜開港資料館
2　武州横浜名所図波戸場亜墨利加美女　横浜開港資料館
3　魯西亜英吉利　横浜開港資料館
4　横浜渡来之孛漏国人拳玉打勝負戯遊之図　横浜開港資料館
5　横浜岩亀見込之図　横浜開港資料館
6　横浜異人屋敷之図　横浜開港資料館
7　蛮国名勝尽競之内亜墨利加華盛頓府　横浜開港資料館
8　横浜繁栄之図　横浜開港資料館
9　横浜波止場ヨリ海岸通異人館之真図　横浜開港資料館
10　外国軍尽之図　横浜開港資料館
居留地貿易の発展　190
1　御開港横浜大絵図二編外国人住宅図　横浜都市発展記念館
2　横浜亜三番商館繁栄之図　横浜開港資料館
3　大谷嘉兵衛・若尾幾造・原善三郎　横浜諸会社諸商店之図　横浜開港資料館
4　バビエル商会　日本絵入商人録　横浜開港資料館
開港場の基盤整備　192
1「象の鼻」上からみた海岸通り　ファー・イースト1874年8月31日号　横浜開港資料館
2　吉田橋　横浜吉田橋ヨリ馬車道之図　横浜開港資料館
3　日本大通り　横浜開港資料館
4　電信局　東京横浜名所一覧図会横浜裁判所　横浜開港資料館
5　伊勢山下ガス会社　横浜名勝競伊勢山下瓦斯本局雪中の一覧　横浜開港資料館
横浜英仏駐屯軍　194
1　横浜防衛権移譲を決めた幕府と英仏代表との秘密会談　ル・モンド・イリュストレ1863年9月26日号　横浜開港資料館
2　山手185番のフランス軍兵舎　横浜開港資料館
3　山手のイギリス軍陣営　イギリス第9連隊第2大隊所属士官旧蔵写真帳　横浜開港資料館
4　乗馬に興じるイギリス第9連隊指揮官夫人と士官、日本人別当　イギリス第9連隊第2大隊所属士官旧蔵写真帳　横浜開港資料館
5　イギリス軍南陣営閲兵場（山手116番）に整列するイギリス第10連隊第1大隊　ラング旧蔵写真帳　ミュージアム・オブ・リンカンシャー・ライフ
図版特集　英駐屯軍中尉の水彩画　196
1　水彩画をのこしたスミス（James Smyth）　スミス家寄託・横浜開港資料館保管
2　熱帯の海で行った月明かりを頼りのサメ釣り　スミス家寄託・横浜開港資料館保管
3　第20連隊の兵舎から見渡した横浜の町の風景　スミス家寄託・横浜開港資料館保管
4　立ち合い前の力士　スミス家寄託・横浜開港資料館保管
5　清水清次の処刑　スミス家寄託・横浜開港資料館保管
6　新道に設けられた見張番所のようす　スミス家寄託・横浜開港資料館保管
7　夜のお出かけのスミス一行　スミス家寄託・横浜開港資料館保管
8　第20連隊第2大隊の陣営　スミス家寄託・横浜開港資料館保管
中国人の進出　198
1　横浜異人館之図　横浜開港資料館
2　欧米商館の中国人スタッフ　横浜開港資料館
3　増補再刻御開港横浜之全図　横浜開港資料館
4　関帝廟　ファー・イースト1871年9月16日号　横浜開港資料館
●第3節●文明開化
図版特集　黎明期の写真家たち　200
1　神奈川宿　ロシエ撮影　横浜開港資料館
2　本覚寺本堂　ウィルソン撮影　横浜開港資料館
3　山手から見た居留地　ベアト撮影　横浜開港資料館
4　谷戸橋と関門番所　ソンダース撮影　横浜開港資料館
5　山手より元町5丁目を望む　下岡蓮杖撮影　横浜開港資料館
6　居留地本町通り　シュティルフリート撮影　横浜開港資料館
7　吉田橋　ファー・イースト1871年2月1日号　横浜開港資料館
8　横浜駅　臼井秀三郎撮影　横浜開港資料館
9　馬車道の枡屋　鈴木真一撮影　横浜開港資料館
10　大江橋　臼井秀三郎撮影　横浜開港資料館
11　元町増徳院薬師堂前の雪景色　ファルサーリ撮影　横浜開港資料館
図版特集　横浜もののはじめ　204
1　伊勢山下のガス会社　横浜都市発展記念館
2　横浜水道事務所　横浜水道写真帳　横浜開港資料館
3　堤石鹸型　横浜開港資料館
4　煉瓦造卵形下水管　横浜都市発展記念館
5　山手公園　横浜開港資料館
6　山手天沼風景　横浜開港資料館
7　中川嘉兵衛の横浜氷会社　ファー・イースト1870年12月16日号　横浜美術館
8　リズレーの牧場　ジャパン・パンチ1866年8月号　横浜開港資料館
9　スミスの農園　ジャパン・パンチ1866年10月号　横浜開港資料館
図版特集　横浜の輸出陶磁器　206
1　高浮彫牡丹ニ眠猫覚醒蓋付水差　田邊哲人　神奈川県立歴史博物館提供
2　緑釉紫百合香炉　田邊哲人　神奈川県立歴史博物館提供
3　真葛香山　横浜諸会社諸商店之図　横浜開港資料館
4　上絵樹木遊鳥図花瓶　田邊哲人　神奈川県立歴史博物館提供
5　上絵金彩薔薇山鳩図盤　田邊哲人　神奈川県立歴史博物館提供
6　上絵金彩花鳥図卵形花生　田邊哲人　神奈川県立歴史博物館提供
7　上絵金彩忠臣蔵図ティーセット　田邊哲人　神奈川県立歴史博物館提供
図版特集　ハリリ・コレクションにみる明治の輸出工芸　208
1　金銀蒔絵芝山細工鶏図小箪笥　ハリリ・ファミ

リー・トラスト
2　四分一象嵌壺　ハリリ・ファミリー・トラスト
3　卵型蓋付壺　ハリリ・ファミリー・トラスト
4　金蒔絵芝山細工鷺鶩翡翠鳩図二曲屏風　ハリリ・ファミリー・トラスト
5　大関定次郎　横浜諸会社諸商店之図　横浜開港資料館
6　金蒔絵筆筒　ハリリ・ファミリー・トラスト
宣教師の来日　210
1　成仏寺の宣教師とその家族　横浜開港資料館
2　東街道金川駅略図　横浜開港資料館
3　S・R・ブラウン著『日常会話篇』横浜開港資料館
4『和英語林集成』初版本　横浜開港資料館
5『新約聖書約翰伝』横浜開港資料館
6　横浜商館天主堂ノ図　横浜開港資料館
ミッション・スクールの創設　212
1　キダー　フェリス女学院
2　アイザックフエリス女学校　日本絵入商人録　横浜開港資料館
3　共立女学校最初の校舎　横浜共立学園
4　美美新教会英和学校　日本絵入商人録　横浜開港資料館
5　カンヴァース　捜真学院
6　捜真女学校の校舎　横浜開港資料館
7　紅蘭女学校　横浜開港資料館
外国人墓地に眠る人々　214
1　初期の外国人墓地　横浜土産二編　横浜開港資料館
2　軍人墓地　ファー・イースト 1871 年 8 月 16 日号　横浜開港資料館
3　明治初期の山手外国人墓地遠景　横浜開港資料館
4　明治中期の山手外国人墓地　横浜開港資料館
5　現在の山手外国人墓地
横浜道から鉄道開通まで　216
1　御開港横浜正景　横浜開港資料館
2　東京・横浜往返蒸気飛脚船　田島健一
3　東京築地ホテル館　横浜開港資料館
4　鉄道開通当時の横浜駅　横浜開港資料館
5　横浜往返鉄道蒸気車ヨリ海上之図　横浜開港資料館
日刊新聞の誕生　218
1『デイリー・ジャパン・ヘラルド』1864 年 11 月 18 日　横浜開港資料館
2『ジャパン・ガゼット』の社員たち　ガゼット 50 年史　横浜開港資料館
3『万国新聞紙』初集　横浜開港資料館
4『横浜毎日新聞』創刊号　国立国会図書館
5　新聞小政　横浜開港資料館
6　諸新聞縦覧茶亭窟螻蟻　仮名読新聞・明治 9 年 7 月 8 日　横浜開港資料館
図版特集　開港場の案内記　220
1『横浜土産』横浜開港資料館
2『横浜開港見聞誌』横浜開港資料館
3『みなとのはな横浜奇談』横浜開港資料館
4『珍事五ヶ国横浜はなし』横浜開港資料館
5『横浜新誌』横浜開港資料館
6『横浜繁昌記』横浜開港資料館
7『横浜吉原細見記』横浜開港資料館
8『横浜八景詩画』横浜開港資料館
9『牛店雑談　安愚楽鍋』横浜開港資料館
10『西洋道中膝栗毛』横浜開港資料館

第 5 章　市制施行から「大横浜」へ〈近代〉

●第 1 節●横浜市の発足
図版特集　彩色写真にみる風景　226
1　イギリス波止場　横浜開港資料館
2　本町通り　横浜開港資料館
3　居留地のメインストリート　横浜開港資料館
4　山手居留地の洋館　横浜開港資料館
5　元町通り　横浜開港資料館
6　蒔絵アルバムの表紙　横浜開港資料館
7　弁天通り　放送大学附属図書館
横浜政界の幕開け　228
1　横浜町会所と神奈川県庁　横浜繁栄本町通時計台　神奈川県全図　横浜開港資料館
2　横浜公民親睦会　横浜開港資料館
3　共有物払下事件の風刺画　團團珍聞・明治 21 年 12 月 29 日号　国立国会図書館
4　伏島近蔵　伏島靖豊家寄託・横浜開港資料館保管
5　中村房次郎　横浜開港資料館
世界につながる定期航路　230
1　横浜大さん橋　有隣堂
2　イギリスから横浜までの航路図　ランバート氏写真アルバム　横浜開港資料館
3　北米定期航路の発着表　横浜開港資料館
水道敷設と築港工事　232
1　水道敷設用の軽便鉄道　横浜水道写真帳　横浜開港資料館
2　敷設当時の導水管とパーマーの肖像
3　大日本横浜築港船架略図　国立公文書館
4　完成した横浜大さん橋で出港を待つ土佐丸　日本郵船株式会社　神奈川県立歴史博物館提供
5　横浜船渠の開渠式　牛島辰五郎旧蔵写真帳　恩地薫　横浜開港資料館保管
条約改正と居留地撤廃　234
2　鹿鳴館　横浜開港資料館
3　駐日公使時代のアーネスト・サトウ　横浜開港資料館
4『監獄英語必携』横浜開港資料館
5　英語がわからなくても外国人の挨拶に応えるお巡りさん　警官のたぼう（ビゴー画）　横浜開港資料館
横浜華僑社会の成熟　236
1　中華街大通り　有隣堂
2　横浜公園での大同学校生徒集合写真　新民叢報第 9 号　国立国会図書館
3　関帝廟改修二十五周年祭　横浜開港資料館
4　中華義荘　㈶中華会館提供
横浜商人の成長　238
1　新井領一郎　絹と武士
2『横浜貿易商青年会会誌』第 1 号　横浜開港資料館
3　横浜植木株式会社編『Lilies of Japan』横浜植木株式会社　横浜開港資料館保管
4　原富岡製糸所の生糸商標　横浜開港資料館
5　合名会社茂木商店の事務室　横浜市史資料室「小野昭子家資料」
6　野沢屋模範工場　行啓記念写真帳（福井市編）　福井県立歴史博物館
明治の村々と地方名望家たち　240
1　下川井村都岡付近　明治前期手書彩色関東実測図 - 第一軍管地方二万分一迅速測図原図復刻版（建設省国土地理院監修）
2　鎌倉郡下柏尾村の不動坂付近　明治前期手書彩色関東実測図 - 第一軍管地方二万分一迅速測図原図復刻版（建設省国土地理院監修）
3　飯田助太夫永室之図　大日本博覧絵　横浜開港資料館
4　相州改良社製糸場　日本博覧図　伊東久子
5　都岡村下川井櫻井光興の邸宅　日本博覧図　伊東久子
広がる学校教育　242
1　神奈川県師範学校諸規則　横浜開港資料館
2　横浜学校　横浜開港資料館
3　横浜平沼高等女学校　横浜開港資料館
4　神奈川県立第一横浜中学校　横浜開港資料館
盛り場・伊勢佐木界隈　244
1　伊勢佐木町通り　放送大学附属図書館
3　羽衣座　横浜開港資料館
4　古着呉服相模屋ご披露　横浜開港資料館
5　見世物小屋　横浜開港資料館
6　伊勢佐木町 2 丁目角から 1 丁目を望む　横浜開港資料館
●第 2 節●港都から工都へ
図版特集　横浜絵葉書　246
1　大さん橋　横浜開港資料館
2　横浜駅　有隣堂
3　本町通り 52 番付近　横浜開港資料館
4　中華街　横浜開港資料館
5　元町　横浜開港資料館
6　グランドホテル　横浜開港資料館
7　日本大通り　横浜開港資料館
図版特集　原富太郎と三溪園　248
1　原富太郎（三溪）　㈶三溪園保勝会
2　外苑風景　㈶三溪園保勝会
3　旧燈明寺三重塔
4　臨春閣
5　臨春閣第三屋内部　㈶三溪園保勝会
6　鶴翔閣　㈶三溪園保勝会
7　聴秋閣　㈶三溪園保勝会
8　荒井寛方　竹林の聴法　㈶三溪園保勝会
9　今村紫紅　伊達政宗　横浜美術館
10　速水御舟　寺の径　㈶三溪園保勝会
11　小林古径　いでゆ　東京国立博物館
12　下村観山　白狐　東京国立博物館
13　下村観山　春雨　東京国立博物館
14　安田靫彦　五合庵の春　東京国立博物館
15　前田青邨　遊魚　㈶三溪園保勝会
拡がる埋立　252
1　横浜埋立事件の風刺画　團團珍聞・明治 32 年 10 月 28 日　国立国会図書館
2　明治後期から大正期の埋立　横浜港近海　㈶日本水路協会
3　浅野總一郎の銅像　浅野学園
4　浅野造船所前の海面を浚渫中のサンドポンプ船　横浜開港資料館
5　鶴見臨港鉄道　鶴見臨港鉄道株式会社
港湾都市の基盤整備　254
1　新港ふ頭設備図　横浜税関新設備報告　横浜開港資料館
2　岸壁と地洋丸　横浜税関新港設備概要　横浜開港資料館
3　2 代目横浜駅と市街電車　横浜開港資料館
4　神奈川停車場　横浜開港資料館
大工場と小工場　256
1　キリンビール天沼工場　キリンビール株式会社
2　横浜船渠 3 号ドック開渠式　牛島辰五郎旧蔵写真帳　恩地薫　横浜開港資料館保管
3　スカーフ君塚手巾工場　横浜市家内工業調査委員会誌　横浜開港資料館
4　輪出麻真田田島三蔵工場　横浜市家内工業調査委員会誌　横浜開港資料館
5　横浜七十四銀行　横浜開港資料館
大衆社会と社会運動　258
1　横浜電線株式会社本社工場　横浜電線　横浜開港資料館
2　浅野造船所・白鹿丸進水式　我社の生立（原正幹編）　横浜開港資料館
3　富士瓦斯紡績保土ヶ谷工場少女歌劇　法政大学大原社会問題研究所
4　開港記念横浜会館　横浜開港資料館
5　麗かなる天日下熱烈普選の叫び　横浜貿易新報・大正 11 年 2 月 20 日　横浜開港資料館
日清・日露戦争と第一次大戦　260
1　旅順陥落を伝える活動写真の番付　横浜開港資料館
2　平沼停車場での日露戦争出征風景　横浜開港資料館
3　第 1 次大戦戦捷祝賀の内外人連合仮装行列　横浜開港資料館
4　横浜憲兵隊　有吉家寄託・横浜開港資料館保管
5　忠魂碑の除幕　横浜市史資料室「赤尾亀代家資料」
『実業之横浜』と『横浜貿易新聞』　262
1『実業之横浜』1 巻 10 号　横浜開港資料館
2　石渡道助　石渡悠史
3『横浜貿易新聞』明治 26 年 1 月 17 日　横浜開港資料館
4　牧内元太郎　横浜開港資料館
5　震災前の横浜貿易新報社　横浜開港資料館
芝居・映画・遊園地　264
1「ハンケチ芝居」の賑座　横浜開港資料館
2　横浜座で上演の「十六夜清心」　演芸画報・大正 5 年 4 月号　個人
3　横浜の劇場街・賑町　横浜開港資料館
4　オデヲン座で上映された「カビリア」　松田集
5　子どもの歓声が聞こえてきそうな花月園　横浜開港資料館
●第 3 節●震災と復興
図版特集　記録映画「横浜大震火災惨状」　266
1 ～ 8「横浜大震火災惨状」株式会社ヨコシネディーアイエー
関東大震災　268
1　横浜市とその周辺の震災被害　神奈川県管内震災被害図（神奈川県震災誌付図）　横浜開港資料館
2　伊勢山より市街地を望む　川島あい
3　地震直後の中心市街地　横浜開港資料館
4　天神橋の自警団　根岸小学校震災写真帖　横浜開港資料館
5　午前 11 時 58 分で止まった横浜駅の時計　横浜開港資料館
「大横浜」の時代　270
1　秩父宮に復興の町並みを案内する有吉市長　有吉家寄託・横浜開港資料館保管
2　十年後の横浜港　横浜開港資料館
3　工事中の山下公園　復興局横浜出張所工事状況写真（其七）　横浜開港資料館
4　復興祝賀の市民奉迎式　有吉家寄託・横浜開港資料館保管
工業化への道のり　272
1　内田造船所　株式会社内田造船所概要　神奈川県立図書館
2　大横浜建設記念式の記念絵葉書の封筒　横浜開港資料館
3　空から見た市営埋立地の全景　横浜開港資料館
4　市営埋立地の絵葉書　横浜開港資料館
5　日産自動車工場　日産自動車株式会社
碑でたどる地域の開発　274
1　伏島近蔵翁記念碑
2　守屋町埋立記念碑
3　保土ヶ谷第二耕地整理組合記念碑
4　白幡開道記念碑
5　県下新住宅地十佳選当選記念瀬谷住宅地
6　横浜市大正村合併記念碑
三代目横浜駅と私鉄網　276
1　3 代目横浜駅舎　横浜都市発展記念館
2　横浜駅の移転地図
3　神中鉄道の沿線案内　横浜都市発展記念館
4　京浜・湘南電鉄のチラシ　横浜都市発展記念館
5　日吉台住宅地分譲並に住宅建築案内　横浜都市発展記念館
図版特集　大正～戦前の風景画　278
1　速水御舟　横浜　西丸山和楽庵
2　中島清之　馬車道
3　牛田雞村　蘽街の夕　横浜市民ギャラリー
4　牛田雞村　関内　横浜市民ギャラリー
5　小茂田青樹　横浜海岸通り　横浜美術館
6　宮田重雄　横浜風景　神奈川県立近代美術館
7　高間惣七　夏の海岸風景　京都市美術館
8　国領經郎　山手風景　横浜美術館

9　三橋兄弟治　教会の見える風景　横浜市民ギャラリー
10　松本竣介　Y 市の橋　東京国立近代美術館
図版特集　大衆文学の作家たち　282
1　長谷川伸・海岸通りで　㈶新鷹会
2　長谷川伸『瞼の母』　神奈川近代文学館
3　吉川英治・地蔵坂で　吉川英治記念館
4　吉川英治『忘れ残りの記』　横浜開港資料館
5　獅子文六・野毛のヤミ市で　田沼武能撮影
6　獅子文六の原稿　日本近代文学館
7　大佛次郎・横浜港をバックに　大佛次郎記念館
8　大佛次郎『霧笛』の挿絵　横浜開港資料館
9　「天狗廻状」　大佛次郎記念館
シネマとデパートのまち伊勢佐木　284
1　オデヲン座と『オデヲン座ウィークリー』昭和 11 年 6 月 4 日号　横浜開港資料館
2　長者町方面からみた伊勢佐木町 1 丁目　横浜開港資料館
3　野沢屋で催された「コドモ会」プログラム　横浜開港資料館
4　モダンな表紙の野沢屋「年末年始・御贈答品の栞」　添田有道
5　夜のイセザキ　横浜開港資料館
「横浜学」の系譜　286
1　横浜開港五十年祭での万国橋　有隣堂
2　『横浜開港五拾年紀念史料展覧会陳列品画帖』　横浜開港資料館
3　市史稿写本　横浜開港資料館
4　宮川香山の窯場に集う尚趣会の人々　軽部光正
5　『横浜歴史年表』編纂委員　横浜開港資料館

第 6 章　戦災都市から三六〇万都市へ〈現代〉

●第 1 節●戦争と占領
図版特集　戦時下の市民のくらし　292
1　「紀元二千六百年記念日本万国大博覧会」パンフレット　横浜都市発展記念館
2　神中鉄道のチラシ「新緑を行く」　横浜都市発展記念館
3　陶器製のガス七輪　横浜都市発展記念館
4　国民服儀礼章　横浜都市発展記念館
5　翼賛双六　横浜都市発展記念館
6　射撃訓練をする女学生　横浜都市発展記念館
7　生活必需品購入通帳　横浜都市発展記念館
戦時体制の進行　294
1　東京開港絶対反対の横断幕を吊るした市内電車　中野武正撮影
2　横浜市振興計画図　横浜市振興対策要綱付図　横浜開港資料館
3　青年学校訓練大会　横浜開港資料館
4　紀元二千六百年記念奉祝に沸く伊勢佐木町　横浜開港資料館
5　「健民健兵」を唱える隣組回報　高橋更一
横浜大空襲　296
1　横浜大空襲の平均弾着点を記した航空写真　米国国立公文書館
2　一斉に煙を吹き始めた横浜　米空軍図書館　横浜市史資料室提供「横浜の空襲と戦災関連資料」
3　横浜の戦災焼失地域　横浜戦災状況図（昭和 44 年復刻）より作成
4　焼夷弾の筒　横浜市史資料室「横浜の空襲と戦災関連資料」
占領と接収　298
1　横浜港大さん橋に上陸した第 1 騎兵師団の兵士たち　米国国立公文書館　横浜市史資料室提供
2　カマボコ兵舎が建ち並ぶ福富町一帯　広瀬始親撮影　横浜開港資料館
3　占領下の馬車道　米国国立公文書館　横浜市史資料室提供
4　横浜港隣接地帯接収現況図　内山勝朗家　横浜市史資料室提供
図版特集　アメリカ軍が写した占領　300
1　一面焼け野原となった横浜市中心部　米国国立公文書館　横浜市史資料室提供
2　空襲後の京浜工業地帯　米空軍図書館　横浜市史資料室提供「横浜の空襲と戦災関連資料」
3　ホテルニューグランドを出るマッカーサー　米国国防総省
4　大さん橋でバスを待つ米軍兵士と日本人　米国国立公文書館　横浜市史資料室提供
5　横浜港に上陸する米軍兵士　米国国立公文書館　横浜市史資料室提供
6　露店の土産品を見る米軍兵士　米国国立公文書館　横浜市史資料室提供
7　独立記念日の米軍パレード　米国国立公文書館　横浜市史資料室提供
8　接収間もないオクタゴン劇場　米国国防総省
9　横浜サービス・クラブのメイン・ラウンジ　米国国立公文書館　横浜市史資料室提供
10　戦後の海岸通り付近　米国国立公文書館　横浜市史資料室提供
11　ルー・ゲーリックスタジアム　米国国立公文書館
12　アメリカン・リーグ開幕戦の始球式（ルー・ゲーリックスタジアム）　米国国立公文書館　横浜市史資料室提供
13　Yokohama　City　Map　米第 8 軍技術部隊作成　米国国立公文書館　横浜市史資料室提供
戦後改革と社会　304
1　「特別市制早わかり」　東京市政調査会
2　横浜市警察の警察官　横浜都市発展記念館
3　神奈川区反町に置かれた横浜市役所の仮庁舎　横浜市史資料室「広報課写真資料」
4　金沢区役所　横浜市史資料室「広報課写真資料」
5　新制中学校の光景　市政の歩み（神奈川ニュース映画協会）　横浜都市発展記念館
●第 2 節●高度成長
図版特集　昭和三〇年ころ　まちと人々　306
1　小港米軍住宅　奥村泰宏撮影
2　焼け跡をひきずって　広瀬始親撮影　横浜開港資料館
3　蓬莱町付近　小島利亮撮影
4　大岡川沿いの船宿　広瀬始親撮影　横浜開港資料館
5　はしけ溜まり　広瀬始親撮影　横浜開港資料館
6　三溪園前で潮干狩り　広瀬始親撮影　横浜開港資料館
7　派大岡川をゆくイカダ　神奈川新聞社
8　磯子の海岸　五十嵐英壽撮影
9　大さん橋の出船　広瀬始親撮影　横浜開港資料館
10　鉄道橋を走る蒸気機関車　広瀬始親撮影　横浜開港資料館
11　お船眺めて　広瀬始親撮影　横浜開港資料館
12　港へサイクリング　五十嵐英壽撮影
13　伊勢佐木町で　山口喜一撮影
14　野毛坂の出店　広瀬始親撮影　横浜開港資料館
15　駄菓子屋のギャング　広瀬始親撮影　横浜開港資料館
16　たばこ屋　広瀬始親撮影　横浜開港資料館
復興から成長へ　310
1　「日本貿易大博覧会」ポスター　横浜都市発展記念館
2　「横浜開港百年祭記念式典」ポスター　横浜開港資料館
3　横浜開港百年祭の記念乗車券　横浜都市発展記念館
4　開港百年祭　広瀬始親撮影　横浜開港資料館
5　完成した 7 代目の横浜市庁舎　横浜開港資料館
6　造成中の根岸湾埋立地　横浜都市発展記念館
臨海部埋立の進展　312
1　埋立事業の実施状況　横浜港二十年の歩み（横浜市港湾局）
2　根岸線開業を伝えるニュース映像　神奈川ニュース（神奈川ニュース映画協会）　横浜都市発展記念館
3　造成中の本牧ふ頭　横浜開港資料館
4　渋滞する本町通り　横浜市道路局
新幹線・地下鉄・高速道路　314
1　「東海道新幹線開業記念」カード　横浜都市発展記念館
2　関内駅を出る根岸線の電車　横浜市史資料室「広報課写真資料」
3　電車運転系統案内図　横浜開港資料館
4　東名・名神高速道路の構想図　横浜都市発展記念館
5　首都高速道路横羽線　横浜市道路局
横浜駅西口とスーパーマーケット　316
1　開発当初の横浜駅西口　長谷川弘和撮影　横浜市史資料室「横浜の空襲と戦災関連資料」
2　横浜駅西口相鉄ジョイナスの開業　横浜市史資料室「広報課写真資料」
3　相鉄ストア三ツ境店の開業　相鉄ローゼン株式会社　横浜市史資料室提供
4　郊外部の商店街中山商店街　横浜市史資料室「広報課写真資料」
大規模団地の登場　318
1　建設が進む市営十日市場団地　横浜市史資料室「広報課写真資料」
2　公団日吉団地　横浜市史資料室「広報課写真資料」
3　洋光台団地　横浜市史資料室「広報課写真資料」
4　公団洋光台中央団地　横浜市史資料室「広報課写真資料」
団地の生活　320
1　テレビが置かれた電気店の店頭　個人　横浜市史資料室提供
2　日吉団地の団地市場　サンヴァリエ日吉自治会　横浜市史資料室提供
3　左近山団地の若い家族　横浜市史資料室「広報課写真資料」
4　団地で発行された広報・ニュース　横浜市史資料室「広報課写真資料」
ブルーライト・ヨコハマの時代　322
1　「悲しき口笛」ポスター　日高コレクション・日高靖一
2　ザ・ゴールデン・カップス「本牧ブルース」レコードジャケット　EMIミュージック・ジャパン
3　「伊勢佐木町ブルース」歌碑
4　いしだあゆみ「ブルー・ライト・ヨコハマ」レコードジャケット　コロムビアミュージックエンターテインメント株式会社
5　五大路子ひとり芝居「横浜ローザ」チラシ　横浜夢座提供
変わる農山村・漁村　324
1　ヤトの景観　港北ニュータウン歴史民俗調査団撮影　横浜歴史博物館
2　茅葺き屋根の民家　横浜市歴史博物館
3　運河に並ぶ打瀬船　横浜市歴史博物館
4　海苔養殖の風景　広瀬始親撮影　横浜開港資料館
5　造成地に残された民家　横浜市史資料室「広報課写真資料」
巨大都市の改造計画　六大事業　326
1　「6 大事業」の配置図　横浜の都市づくり（横浜市総務局）
2　港北ニュータウン地域図　港北ニュータウン（横浜市計画局）
3　完成した港北ニュータウン　横浜市道路局
4　地下鉄開通記念のパンフレット「新しい市民の足…地下鉄」　横浜都市発展記念館
5　「横浜の地下鉄と高速道路」　横浜都市発展記念館
●第 3 節●世紀を超えて
図版特集　現存する歴史的建造物　328
1　地蔵王廟
2　ブラフ 80 メモリアルテラス
3　旧横浜正金銀行本店本館
4　横浜三井物産ビル
5　赤レンガ倉庫 1 号・2 号
6　横浜市開港記念会館
7　神奈川県庁本庁舎
8　横浜税関本関庁舎
9　日本興亜馬車道ビル
10　旧柳下家住宅
11　山手 234 番館
12　山手資料館
13　ベーリック・ホール
14　ホテルニューグランド本館
15　旧横浜松坂屋本館　安川千秋撮影
16　フェリス女学院大学 10 号館　安川千秋撮影
17　横浜開港資料館旧館
18　横浜市大倉山記念館
市政百周年　横浜博覧会　332
1　横浜博覧会のチラシ　横浜都市発展記念館
2　H-II ロケットの実物大展示模型と、会場内の乗り物として活躍した磁気浮上式鉄道（HSST）　横浜都市発展記念館
3　横浜博覧会の会場　横浜市
4　横浜博覧会のパビリオン　横浜都市発展記念館
5　大観覧車と帆船日本丸　横浜都市発展記念館
6　みなとみらい地区の埋立計画地図
歴史を活かしたまちづくり　334
1　横浜第 2 合同庁舎
2　ドックヤードガーデン　神奈川新聞社
3　象の鼻地区で発見されたターンテーブル　横浜市港湾局
4　外交官の家
●開港百五十周年を迎えて　336
1　ベイブリッジと横浜港　神奈川新聞社
2　横浜港大さん橋　神奈川新聞社
3　復元整備された「象の鼻」
4　夕暮れの横浜港とみなとみらい 21　神奈川新聞社
5　横浜スタジアム　神奈川新聞社
6　中華街　神奈川新聞社
7　横浜公園　松尾健撮影
8　元町・中華街駅　松尾健撮影
9　赤レンガ倉庫
10　みなとみらい 21　神奈川新聞社
11　横浜駅周辺　神奈川新聞社
12　南本牧ふ頭　神奈川新聞社
13　八景島シーパラダイス　神奈川新聞社
14　金沢シーサイドライン　横浜市道路局
15　新横浜駅
16　センター南駅を出る日吉行き電車
17　港北ニュータウン　神奈川新聞社
18　よこはま動物園ズーラシア　神奈川新聞社
付図　地形図に見る市域と区の変遷　342
1　明治期の横浜市域　正式 2 万分 1 地形図（陸地測量部）を使用
2　震災復興期（昭和 2 年）の横浜市域と行政区　5 万分 1 地形図（陸地測量部）を使用
3　昭和戦前期（昭和 14 年）の横浜市域と行政区　5 万分 1 地形図（地理調査所）を使用
4　戦中戦後の横浜市域と行政区　5 万分 1 地形図（地理調査所）を使用
5　高度経済成長期（昭和 44 年）の横浜市域と行政区　5 万分 1 地形図（国土地理院）を使用
6　現在の横浜市域と行政区　5 万分 1 地形図（国土地理院）を使用

あとがき

明治42年の開港50年には『横浜開港五十年史』、開港70年には『横浜史料』が刊行され、また100年を前に『横浜市史』、130年を前に『横浜市史Ⅱ』の編集が開始されるなど、横浜には開港記念の年を区切りとして歴史を振り返る伝統があります。

本書は、この良き伝統を引き継ぎたいという思いのもと、開港130年に刊行された『図説横浜の歴史』を意識しつつ、横浜市ふるさと歴史財団の各館企画展や図録などで発表してきた研究成果を極力盛り込んで、編集・執筆に取り組みました。

ただし、一部美術関係の分野については専門家の方々に執筆をお願いしました。おかげで「歴史と文化」の名にふさわしいものができたように思います。また、出版については、横浜に関する歴史書出版で定評のある有隣堂に、同社創業百周年記念事業の一つとして引き受けていただきました。社長の松信裕氏をはじめ、同社出版部に厚く御礼申し上げます。

最後になりましたが、図版提供などでお世話になりました資料所蔵者・所蔵機関関係者のほか、ご協力いただいた多くの方々に、心から感謝の意を表します。

編集委員一同

【執筆者一覧】

監修
高村直助（横浜市ふるさと歴史財団理事長・東京大学名誉教授・フェリス女学院大学名誉教授）

横浜市ふるさと歴史財団
石井寛・鹿島保宏・鈴木重信・橋本昌幸・平子順一（元）・古屋紀之・水澤裕子・山田光洋（埋蔵文化財センター）

阿諏訪青美・井上攻・※遠藤廣昭・刈田均・小林紀子・※斉藤司・※平野卓治・吉川久雄〈一部撮影担当〉（横浜市歴史博物館）

石崎康子・伊藤泉美・上田由美・中武香奈美・※西川武臣・平野正裕・※松本洋幸（横浜開港資料館）

青木祐介・※岡田直・斎藤多喜夫（元）（横浜都市発展記念館）

羽田博昭・百瀬敏夫・吉田律人（横浜市史資料室）

※印は編集委員

佐藤登美子（元）（神奈川県立歴史博物館）
青島さくら・清水緑（三溪園保勝会）
齋藤里紗（横浜市民ギャラリー）
沼田英子（横浜美術館）

開港150周年記念
横浜　歴史と文化

発行日　平成21年6月2日　初版第1刷

編　者　財団法人横浜市ふるさと歴史財団
監修者　高村直助
発行者　松信　裕
発行所　株式会社有隣堂
本　社　〒231-8623　横浜市中区伊勢佐木町1-4-1
出版部　〒244-8585　横浜市戸塚区品濃町881-16
〔電話〕045-825-5563　〔振替〕00230-3-203
印刷所　図書印刷株式会社
装幀・レイアウト　小林しおり
編　集　椎野佳宏　山本友子

定価は函に表示してあります。
落丁・乱丁本はお取り替えいたします。

ISBN978-4-89660-205-0